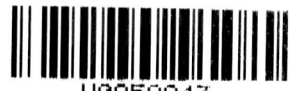

文成天縱

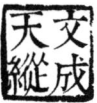

『国家重点档案保护与开发』项目

主编 朱璧 李蓉

呼和浩特市档案馆藏

民国时期教育档案汇编

4

师范教育卷

广西师范大学出版社
GUANGXI NORMAL UNIVERSITY PRESS
·桂林·

“国家重点档案保护与开发”项目

《呼和浩特市档案馆藏民国时期教育档案汇编》

编辑委员会

序　言

民国时期的教育是中国教育近代化的一个重要阶段，在中国近现代教育史上起着承前启后的作用。对于民国时期呼和浩特地区教育状况，学界以往研究成果较少。由于地方教育文献史料未能系统整理，造成国民政府边疆教育和日本帝国主义殖民教育在呼和浩特地区具体实施情况的研究缺乏相应的史料支撑。基于这样的状况，呼和浩特市档案馆对馆藏民国时期教育档案进行了系统整理，采用原件影印的方式公开出版《呼和浩特市档案馆藏民国时期教育档案汇编》（以下简称“《汇编》”），“让历史说话，用史实发言”，用翔实的档案资料系统地反映民国时期呼和浩特地区教育发展情况。《汇编》所遴选的档案珍品近两千页，均为首次刊印，史料翔实，内容丰富，是研究地方教育史、学校沿革史等方面的重要史料，是研究国民政府教育制度极为珍贵的文献汇集，是揭露内蒙古中西部沦陷时期日本帝国主义实行奴化教育的有力证据，不仅有利于民国时期呼和浩特地区教育史研究，也能助推边疆少数民族教育状况的深入研究，具有较高的学术价值和应用价值。

相较于国内其他地区的教育而言，民国时期呼和浩特地区的教育无论从时间上还是规模上都有较大差距，但也初具本地特色。1931 年 3 月，国民政府教育部实施蒙藏地区教育计划，蒙藏各地限期成立教育行政委员会，对倡办或捐资兴办蒙藏教育的私人和团体均给予特别奖励，明确规定了小学、中学、职业学校、师范学校在成立时间、设置地点、招生区域、经费预算、教材使用等方面的规章制度，边疆教育得到了发展。而呼和浩特地区也借助区位优势，积极开设小学、中学、职业、师范等各级各类学校，学生数量日趋增多，教育质量显著提升。内蒙古中西部沦陷时期，日本侵略者通过其扶植成立的伪蒙疆政权，在当时的内蒙古地区建立了一整套殖民化教育体系。从教育主管部门到教育团体、学校种类、学校学制、教师聘任、课程设置、教材编纂等方面，制定了一整套政策措施，实行奴化、分化教育。而这一时期的呼和浩特地区教育，成为日本在沦陷区内实行殖民教育体系的一个组成部分。抗战胜利后，国民政府实施教育复员计划，研究制定了各项方针政策、措施办法。1945 年，教育部公布《边疆初等教育设施办法令》《边疆教育督导员办法令》《收复区各县市国民学校教员登记甄审训练办法》。1946 年，又公布《国立各级边疆学校教员服务奖励办法令》。呼和浩特地区陆续恢复了抗战前各级学校和社教机关，接收和整顿日伪教育机关，甄审和培训教师、学生，中小学教育、师范教育、职业教育、社会教育在恢复的基础上均略有发展。但由于社会动荡、经费不足等条件限制，这一时期的教育发展受到了严重影响。

呼和浩特市档案馆藏中华人民共和国成立前档案共 19 个全宗，13549 卷件，为国家重点档案。这批档案于 1987 年 4 月由市公安局和市法院接收，大部分保存完整，经重新整理，全文扫描，已编制了机读目录，建立了档案数据库。其中，涉及教育方面的档案分散在各个全宗中，计 12000 余件，多为汉文档案，偶有日文或英文档案。形式有训令、指令、布告、呈文、批文、报告、函、通知、代电、通告等，内容包括政策法规、教育制度、组织机构、教育活动、调查统计等。具体涉及两个时期的档案：

一是国民政府时期档案。时间为 1934 年至 1937 年和 1945 年至 1949 年。这些档案内容丰富、资料翔实，涉及地方政府颁布的有关教育的政策、法规、训令、制度，涉及初等教育、中学教育、师范教育、学前教育、职业教育、社会教育等方面内容，对教育领域的行政工作（法规政策、制度、调查统计）、经费管理、总务工作（设施设备、衣食住行）、教务工作（课程、教材、招生）、教师管理（任免、履历）、学生管理（奖惩、花名册）、教育活动以及抗战胜利后教育复员、战时教育文化事业损失的调查统计等进行了详细记录，是系统研究民国教育的原始资料。

二是内蒙古中西部沦陷时期档案。时间为 1937 年至 1945 年。包括政策制度、学校行政、学制、教材等内容，涉及学校教育、社会教育和日本语教育等方方面面，对日本侵略者奴化教育活动的政策方针、目的手段、机构设置、表现形式等进行了详细记载，尤其对内蒙古中西部沦陷时期各级各类教育遭受严重破坏，校舍遭到日军占领，教学设备被损坏，学校被迫停止教学、迁移等情况进行了真实记录。此外，档案对日本侵略者的宣传、宣抚活动和学术掩盖下的侵略活动也做了详尽记载：一方面，日本侵略者查禁抗日书刊，建立文化侵略机构，利用报纸、杂志、书籍等出版物和广播电台、电影等媒体进行宣传，并通过举行集会、宣传周、展览会、宣抚班，张贴标语和散发传单等形式，开展宣传、宣抚活动，进行所谓的“日蒙亲善、民族协和、反共反苏”的奴化教育，积极煽动民族分裂；另一方面，日本侵略者以学术研究为名进行了大量调查活动，并且在学术研究的掩盖下进行思想侵略和奴化教育。这些档案都是日本帝国主义侵华罪行的真实记录。

近年来，通过深挖馆藏历史档案资料、出版档案专题汇编，呼和浩特市档案馆加大了档案信息开发利用力度，并收到了良好的社会效益。此部《汇编》是呼和浩特市档案馆承担“国家重点档案保护与开发”项目的成果，是档案工作服务文化建设的一项重要举措。让档案走出库房，让档案激活历史，让历史昭示未来。希望通过本书的编纂出版，能充分发挥馆藏档案的独特优势，展示呼和浩特的历史、人文底蕴，彰显档案工作的社会价值，发挥档案在“存史、资政、育人”方面的独特功能。

呼和浩特市档案馆概述

一、机构沿革

呼和浩特市档案馆（以下简称“档案馆”）成立于1959年4月29日，与呼和浩特市档案管理处为“一套机构，两个牌子”，人员编制5人。20世纪60—70年代，呼和浩特市档案馆同档案管理处一起，经历了几次撤并和恢复。1985年，档案管理处升格为政府直属准局级机关，由市委办公室领导改归市政府领导，档案局、档案馆合署办公。1992年，档案局升格为正局级行政管理机关。档案馆与档案局分设，隶属于市档案局领导，为准局级事业单位，定编18人，内设办公室、保管利用科、技术科、编研科。1995年，档案馆重新与档案局合并，改为事业单位，挂档案局牌子，由市委办公厅管理。1996年机构改革时，档案馆再次与档案局分设。档案馆被定为副处级单位，编制23人，使用事业编制，内设保管利用科、收集整理科、技术科、编研科4个科室。2008年6月，档案馆同市档案局一并列入《中华人民共和国公务员法》管理范围，档案局（馆）为市直属相当正处级事业单位，内设11个科室：办公室、宣传教育科、档案馆室业务监督指导科、经济档案业务监督指导科、法规科、保管利用科、收集整理科、老干部科、技术科、编研科、现行文件中心。经费实行全额拨款，核定事业编制50名。2018年行政单位机构改革，根据呼和浩特市机构编制委员会办公室《关于呼和浩特市档案局（馆）行政职能认定的函》（呼机编办函字〔2018〕60号），呼和浩特市档案局（馆）承担的11项行政职能回归市委办公厅，实行局、馆分设。市委办公厅加挂呼和浩特市档案局牌子，行使档案行政管理职能。市档案馆仍保留为市委直属的正处级公益一类事业单位。2019年3月，按照《呼和浩特市机构改革职责和人员转隶工作实施方案》（呼党办发电〔2019〕6号）要求，原市档案局（馆）人员编制保留在市档案馆。2021年2月，按照事业单位机构改革要求，根据《中共呼和浩特市委办公室关于印发〈呼和浩特市档案馆职能配置、内设机构和人员编制规定〉的通知》（呼党办通〔2021〕10号），呼和浩特市档案馆内设7个机构：办公室、法治宣教科、档案业务指导科、收集整理科、档案信息技术科、保管利用科、资源开发科；并设党支部和离退休人员工作科，事业编制41名。下设两个相当于正科级专业分馆：呼和浩特市城建档案馆由市住房和城乡建设局划入，核定事业编制32名；呼和浩特市艺术档案馆由市文化旅游广电局划入，核定事业编制7名。

二、馆藏档案概述

（一）馆藏档案来源、途径

呼和浩特市档案馆馆藏档案来源、途径主要有以下几个方面：

一是按规定定期接收现行机关的档案，包括市委、市人大、市政府、市政协机关和市总工会、团市委、市妇联等群众团体及各部委办局、直属临时单位移交的档案，这是馆藏的主要来源；二是接收撤并转机构的档案，即中华人民共和国成立以后，因各种原因，如机构改革中撤销、合并、转制的机关、团体、企业、事业单位形成的档案；三是收集历史档案，包括革命历史档案和旧政权档案；四是征集散失在社会组织和个人手中有保存价值的档案；五是档案馆之间互相交换的档案，就是馆与馆之间因行政区划的变动和档案馆结构的变化等，对档案馆馆藏和接收范围进行调整，相互移交档案。

（二）馆藏档案简介

截至2020年底，呼和浩特市档案馆馆藏档案87.6万卷（册），包括文书档案、科技档案、会计档案、专门档案、声像档案、实物档案等，起止年代为1486年至2019年。其中，形成于中华人民共和国成立前的档案计19个全宗，13549卷件。

明清档案汇集于一个全宗，计 17 件。其中明宪宗于成化二十二年（1486 年）册封锁南奔为通慧禅师的敕命，有珍贵的历史和文物价值，是全区综合档案馆现存形成时间最早的档案，为卷轴式缣帛载体。其余 16 件清代档案，为清道光至光绪年间（1821—1908 年）四朝皇帝封授官员及其亲属的诰命、敕命、功牌。

地契档案全宗内有清朝契约 139 件、民国契约 71 件。这些契约种类有官契和民契，内容涉及土地房产租赁契、典当契、买卖契，形式包括“买契”“契尾”“契式”“执照”“验契收证”“契纸”，有的契约上贴有印花税票，还有少量的清朝和民国连体地契。

民国档案于 1987 年 4 月由市公安局和市法院陆续接收，已经重新整理，共 9978 卷，形成时间为 1912 年至 1949 年，包括归绥市政府、归绥县政府、归绥市警察局、归绥地方法院、归绥市商业联合会、归绥市各区公所全宗汇集，归绥市师范学校及女子师范学校全宗汇集，归绥中学恒清中学恒昌店小学全宗汇集，绥远毛织厂归绥被服厂全宗汇集，绥远省救济院、绥远省电灯面粉股份有限公司、归绥市县联合银行等 12 个全宗，主要反映国民政府时期呼和浩特地区政治、经济、民政、司法、文化教育、社会团体等方面的历史情况。

内蒙古中西部沦陷时期的档案有伪厚和市公署、伪厚和市警察局、伪厚和市屠宰场、伪巴彦县公署等 4 个全宗，共 3297 卷。档案形成于 1937 年至 1945 年，文字有汉文、蒙古文、日文、英文等，包括军事占领、殖民统治、文化侵略、奴化教育等各方面，是研究日军侵占呼和浩特地区历史的重要史料。

革命历史档案是 1985 年从内蒙古自治区档案馆复制并汇集成的一个全宗，共 47 卷，形成时间为 1948 年至 1949 年，内容包括“厚和事件”经过，归绥市军事委员会组织规章、布告，接管归绥市计划及进入归绥城物资草案、工作方案、任务与政策，绥蒙区党委对进入归绥市工作计划、方案的意见及接管归绥市、包头市的决定，绥蒙区党委关于进入归绥后工作情况以及统计调查表等。这批档案数量虽然不多，但是反映了 1949 年归绥市接管工作的具体情况。

中华人民共和国成立后档案包括市级党政机关、人民团体、企事业单位、撤并转机关和临时机构、破产企业所形成的档案。这些档案基本上反映了呼和浩特市政治、经济、文化、科学、教育、体育、卫生、艺术等方面的发展变化情况。从形成时间上，大致可划分为以下几个阶段的档案：

第一，1949 年至 1966 年的档案。主要内容有 1950 年土地改革档案，1951 年至 1954 年形成的归绥市抗美援朝工作档案，1952 年形成的中共呼和浩特市委有关“三反”和“五反”的档案、贯彻党的民族宗教政策档案，1958年“大跃进”档案、人民公社化运动档案、知识青年“上山下乡”运动档案等。其中，人民公社化运动档案数量比较多，主要有呼和浩特市人民公社化运动发展情况、东风区（今新城区）人民公社工作情况、公社生产事业组织建设情况和公社集体福利事业组织情况统计表等；知识青年“上山下乡”运动档案有市委关于呼和浩特市知识青年“上山下乡”工作办公室机构设置的批复、召开动员大会简报、市属各中学知识青年“上山下乡”统计表、宣传提纲等。

第二，1966年至1976年的档案。主要内容有市革委会常委会、市革委会全委（扩大）会、市革委会主任办公会、市委常委会、市委全委（扩大）会议的记录、纪要、议定事项、录音等，市革委会关于各级机构（包括临时机构）成立、撤销、合并、更改名称、启用公章等的决定、通知、请示、报告、批复等，内蒙古自治区、呼和浩特市关于干部调动及干部任免的报告、批复、通知等，关于下达国民经济计划、搞好增产节支和严格审查财政工作、加强财政管理的报告、批复、通知等，关于战备、征兵、民兵工作的命令、意见、报告、通知等，关于贯彻落实全国“工业学大庆、农业学大寨”会议精神和工作安排等。还有2003年从个人手中征集到的1966年至1976年的日记、票证、邮票、书信、明信片、毛泽东主席像章、袖标、唱片、年画、样板戏海报、剪纸、大字报、传单等。

第三，中国共产党十一届三中全会后档案。这个阶段的馆藏以文书档案为主。随着档案事业的发展，科技档案、会计档案、诉讼档案、婚姻档案、声像档案、著名人物和名人字画档案门类更加全面、内容日益增多。文书档案内容主要有市党代会、人代会、政协会议等各种大型会议的文件，市委常委会议、市政府常务会议、办公会议等的记录、纪要、指示及录音磁带等，有关组织、宣传、人事、纪检、监察、政法、统战、民族、宗教、民政工作、机构编制和行政区划方面的规定、指示、报告、批复等，党群、工交、财贸、文教、卫生、农牧林水部门的请示、报告、计划、统计报表及组织发展和人员变动情况，破产企业档案，国有企业退休人员人事档案，呼和浩特市人力资源和社会保障局社保档案等。此外，重大活动档案包括昭君文化节、中国民族商品交易会、中国金鸡百花电影节、“两个文明”现场会、呼和浩特市抗击非典型性肺炎活动、“三讲”教育活动、保持共产党员先进性教育活动、贯彻落实科学发展观、“三严三实”教育实践活动以及呼和浩特市庆祝内蒙古自治区成立六十周年、七十周年活动等档案。此外，名人档案、名胜档案、名产档案，家谱、剪纸、字画等各种门类和载体的档案被征集进馆，极大地丰富了馆藏档案。

（三）馆藏资料简况

呼和浩特市档案馆馆藏资料包括公共图书、报纸杂志、特种载体资料三类，共39000余册。

公共图书19322册，含清朝乾隆以来编修刊刻的《二十四史》《古丰识略》《蒙古游牧记》《绥远旗志》《归绥县志》《公主府志》等史志类文献，还有内蒙古中西部沦陷时期翻译、编印的《绥乘》（日文）、《"厚和特别市"概况》（日文）、《"蒙疆"天主教大观》（日文）等。另有文件汇编1986册，包括各时期政策汇编，组织、宣传、统战等基本情况统计资料。报纸杂志16946份，包括中华人民共和国成立前老一辈革命家创刊的杂志合订本《新青年》《工人之路》《湘报》《向导》等，《人民日报》《解放军报》《中国农民报》《光明日报》《经济日报》《工人日报》等报纸合订本4568本，还有《红旗》《求是》《实践》《新华月报》《新华文摘》《历史知识》《民国档案》《世界博览》等杂志。特种载体资料89件，主要有归绥市国民党部长名戳和蓝底白字徽章、绥远省人民政府工作人员徽章、归绥市人民政府各单位工作人员徽章、归绥市各界代表会纪念章及部分音像资料等。

（四）利用情况概述

呼和浩特市档案馆设有专门的开放档案查阅室和政府政务信息公开公共查阅室，为利用者提供了极大的便利。

多年来，呼和浩特市档案馆通过提供档案原件、档案复制件和档案汇编材料等形式为读者提供服务，采取接待查阅、函电代查等方式，先后为编史修志、学术研究、落实政策、总结经验、工资调级、评定职称、确定工龄、解决各类纠纷以及领导决策提供参考依据。为更有效地开发档案信息资源，更好地满足读者需求，呼和浩特市档案馆编制了一系列检索工具，包括指南、目录、索引等。指南有《档案馆指南》和《全宗指南》；目录有书本式、卡片式和机读目录三种；索引有卡片式、簿册式人名索引，包括人事档案人名索引、评残档案人名索引、历史档案人名索引、诉讼档案人名索引（多按姓氏笔画或汉语拼音音序排列）。呼和浩特市档案馆通过档案专题汇编的形式挖掘馆藏、开发档案价值，为利用者提供了解相关档案的工具书，主要有《1945—1949年归绥市工商业同业公会档案简况》、日伪统治归绥地区史料专题汇编之《伪蒙疆政权时期的"巴彦塔拉盟"——

呼和浩特市档案局（馆）专题档案概况》《日伪统治时期的归绥——呼和浩特市档案局（馆）专题档案概况》等。近年来，馆内还编制机读目录，建立了档案数据库，录入案卷级、文件级目录 60 余万条供检索，拓宽了档案利用途径，为利用者查全、查准提供了技术保障。

编辑说明

本书采用分类遴选档案并影印的方式，对呼和浩特市档案馆藏民国时期教育档案资料进行专题介绍。编辑过程中，为能全面、准确地反映馆藏档案情况，最大限度地为使用者提供便利，编者进行了相关整理，现说明如下：

一、本书收录的档案图版全部来自呼和浩特市档案馆馆藏，均为首次出版，时间起自 1934 年，止于 1949 年 9 月 30 日。

二、本书依据呼和浩特市档案馆藏民国时期教育档案集中反映的内容，按专题分编为教育总览卷、初等教育卷、中学教育卷、师范教育卷、学前教育卷、职业教育卷、社会教育卷七卷。每一卷均包含本卷档案概述文字资料和相应的档案图版。

三、本书各卷依据档案图版内容分类编排，各类内部以时间为序。因各卷图版所涉内容不同，故分设的类别也有所不同。各类内部又根据内容及内在逻辑，尽可能分成更小的类别，小类别不在目录及标题部分专门标注，每个小类内部均尽可能按照时间顺序排列。

四、档案图版的选择原则为内容适合篇章主题，以清晰且有代表性为主。具体选择时，参照以下原则：

（一）注重内容及事件的连贯性。如报请类呈文，尽量与上级机关的批示同时选用。针对学校教育的相关特点、具体事件，依照发展过程，逐一选择，予以收录。

（二）为保证内容完整，大部分档案尽可能选用全部页面。篇幅较大者，页面择优选用。部分花名册、统计表等以能充分展现原档案内容为主，对原件图片进行节选。

（三）个别档案中涉及部分学校迁往他地并在他地形成的档案资料，也按呼和浩特地区档案进行选择。

五、各图版序号在全书中具有唯一性，主要由三部分构成：卷名、类名、在本类中的位置。现以“图 1–1–1”为例，将图序结构说明如下：

第一个“1”指卷名。如第二条所述，全书共包括七卷，编号依次为 1 至 7。其中，教育总览卷编号为“1”。

第二个“1”指类名。教育总览卷分设“一　政策法规”“二　教育制度”“三　组织机构”“四　教育现状”“五　教育动态”“六　教育活动”“七　调查统计”等七类，另有“附录　内蒙古中西部沦陷时期教育总览档案”，编号依次对应 1 至 7 及“附录”。其中，“一　政策法规”类编号为“1”。不同卷次类号分别从 1 起排。

第三个“1”指出现在“一　政策法规”类中的第一张图。此后序号依次递增，直至本类结束。不同类别内部图序分别从 1 起排。

六、为方便读者查阅，档案名称以呼和浩特市档案馆拟定档案标题为主，对其中存在的缺字现象，采用编者注的方式进行补充，补字部分用六角括号“〔 〕”。关于档案形成时间，无法准确判断年份的，以“□年”表示；根据同类档案推测出来的时间加“[ ]”以示区别。

总目录

总目录

第一册
卷一总论

第二卷
卷二

第三册
卷三

第四册
卷四

第五册
卷五
卷六
卷七

分卷目录

师范教育卷

师范教育卷

呼和浩特市档案馆藏
民国时期师范教育档案概述

呼和浩特市档案馆藏民国时期教育档案主要收集自归绥市政府全宗、归绥市各区公所全宗汇集，归绥师范学校及女子师范学校全宗汇集，归绥中学恒清中学恒昌店小学全宗汇集等。经过档案归类整理，师范教育部分主要形成行政工作、经费管理、教务工作、总务工作、教师管理、学生管理、教育活动等7个方面的档案格局，另有内蒙古中西部沦陷时期师范教育档案。档案类型主要是电报、信函以及具体学校政策文件等。档案藏量较丰富，辐射面较广，具有一定的参考价值和史料价值。师范教育是学校教育制度中的重要一环，是绥远教育体系的主要部分之一，整理、研读相关档案，对了解和描述呼和浩特地区民国时期教育状况具有重要的意义。

一、归绥师范学校的建立及分布

绥远师范学校于1922年10月28日成立，是绥远地区第一所独立设置的师范学校。“先办乙种讲习科及五年制完全科各一班，迨后讲习科改为两年，完全科改为六年。”[①]乙种讲习科和五年完全科是“壬子癸丑学制”中的规定，讲习科

① 王维新、陈金林、戴建国：《中国百年师范教育图志》，上海辞书出版社，2009，第14页。

二年和完全科六年是“壬戌学制”中的规定。绥远师范学校的建立标志着在全国教育改革浪潮的推动下，绥远地区师范教育也逐渐步入正轨。

1925年3月，冯玉祥创办五族学院，后改名中山学院。中山学院的建立旨在提高蒙古族、回族子弟的教育水平，师范教育首当其冲。“依当时社会情形，师范尤为需要，故先招初师一、二、三，三班及初中一班。”1928年7月，中山学院招收高等师范一个班。高师一班于1931年7月毕业，毕业生17人。五族学院“虽然存在的时间不长，又未达到预期的目的，但是是内蒙古地区筹建高等学府的最早尝试，在内蒙古教育史上占有一席之地”。①

“民国十四年，绥远都统李鸣钟、教育厅长沙明远鉴于省垣女子学校，仅有归绥县立第一女子小学一处，不但女学无从发展，而现有小学毕业女生，亦若无升学之地。为培养女师资，并普及女学计，遂有创办本校之动机。于八月初筹备，九月一日正式成立。原名绥远区立第一女子师范学校。十八年一月改称今名。校址初设在归绥县城会馆巷前绥远会馆旧址。”②1936年，在归绥设立“国立绥远蒙旗师范学校”。师范教育的学校设置全面，覆盖了各个方面，为师范教育在绥远全境铺开和建设奠定了基础，做出了榜样。

鉴于归绥的地理、政治及人口特点，师范教育起步虽然晚于内地，但其办学规格、教学内容有法可依，且有内地多所成熟的师范学校办学经验可借鉴，有规范的办学模式、丰富的教学内容和明确的培养目标，毕业生的质量有很大保证。

二、归绥师范教育概况

归绥师范教育的实践主要包括行政工作、经费管理、教务工作、总务工作、教师管理、学生管理、教育活动等7个方面。

（一）行政工作

师范教育与普通教育、实业教育是“壬子癸丑学制”三大系统。“1912年，南京临时政府颁布《师范教育令》《师范学校规程》，接着颁布《高等师范学校规程》，对师范学校和高等师范学校的设置原则、入学条件、修业年限、课程设

① 参考绥远通志馆编纂《绥远通志稿》第六册，内蒙古人民出版社，2007，第216页。

② 牛敬忠：《近代绥远地区的社会变迁》，内蒙古大学出版社，2001，第11页。

置、学生待遇、学校附属机构等均提出具体要求，基本形成较完备的师范教育制度。”① “1922 年 11 月，北京政府教育部颁布《学校系统改革案》，这就是通常所说的‘新学制’，又称‘壬戌学制’。”② “民国十一年二月，成立绥远全区学务局，所有以前道尹公署承办教育各事宜，悉行移归办理，是为本省教育设置专管官署之始。”③ 1923 年，教育部公布《县教育局规程》，全国多数县将劝学所改为教育局，归绥亦不例外。“十三年春，中央国务会议议决，各特别行政区准仿照各省设置教育厅。是年八月，呈准改组学务局为绥远教育厅。”教育是系统工程，需要多部门统筹合作，绥远教育厅只有教育行政权，间接导致其办学自主权较差，在某种程度上限制了归绥师范教育的发展。为提升培养质量，绥远教育厅《绥远省政府为颁发师范生训练实施方案及师范生训练考核办法给省立归绥师范学校代电》（附实施方案及考核办法、考核表）（1947 年 5 月 20 日）从 4 个维度进行了规定：一是学科训练，要求加强各科课程之督导、加强教育学科之研究与实行、训练课外阅读与写作习惯；二是精神训练，要确立教育事业之信念，坚定献身教育之意志，养成乐于为公服务之精神，养成自发自动自律的习惯，养成有始有终言行一致的作风；三是生活训练，要求养成合理化之生活习惯，养成遵守时间秩序之习惯，养成勤俭之习惯；四是专业训练，即教学技术训练、讲话技术训练、板书训练。

（二）经费管理

在各项支出上，绥远省师范学校一般按照较为严格的经费预算用于俸给费、办公费、购置费、特别办等各个科目的支出。在教职员工资上，严格按照行政职务、专业技术职级、工勤系列进行薪酬预算。在学生经费预算上，主要用于议义费、膳食费、灯油费、学生食堂煤炭费、主副食费、师范教育运动周奖金、奖学金等。归绥市师范生一般是公费生，在招生时根据《绥远省立归绥师范学校报名费收据存根》（1946 年 8 月）显示，学生需缴纳报名费一千元。另外，归绥市政府非常重视学生实习实践，每年都为师范和农工科毕业生旅外参观设定专门预算且遵照执行，如《绥远省政府为旅外专科以上学生津贴及师范农工科学校毕业生参观旅费各办法核准照办给归绥市政府代电》（1947 年 5 月 12 日）中就有显示。

① 王维新、陈金林、戴建国：《中国百年师范教育图志》，上海辞书出版社，2009，第 104 页。

② 王维新、陈金林、戴建国：《中国百年师范教育图志》，上海辞书出版社，2009，第 104 页。

③ 参考绥远通志馆编纂《绥远通志稿》第六册，内蒙古人民出版社，2007，第 84 页。

但如果各县市确实艰苦，依《归绥市政府为本年应届毕业师范生参观旅费停发给国立绥远中学公函》（1949 年 6 月 4 日）可知，参观旅费也会暂行停止发放。总的来说，绥远省师范学校的经费保障为绥远省师范教育办学和人才培养提供了较为坚实的物质保障。

（三）教务工作

在教务工作方面，归绥师范教育教学实践也有一定特色，对现今的教师教育仍有一定的启示意义。为将师范生训练的指示精神落地，前文所述本卷“行政工作”部分《绥远省立归绥师范学校呈送本校训练考核委员会组织规程考核表和委员姓名表及绥远省政府准予备查的代电》（附组织规程考核表和委员姓名表）（1947 年 7 月 14 日）的附件中，显示出当时在调研的基础上形成具体的实施路径。如在国文作业中明确提出在作文之外，利用日记训练学生思想与创作能力，并使其少写错别字与练习小楷。相关部门制定了《训练考核表》，对师范生的学期表现进行评价。在教材选用上，统一使用指定教材，不准以伪教科书为教材。在《绥远省政府为私自翻版国定教科书应予查禁并没收其所印课本给省立归绥师范学校代电》（1946 年 10 月 28 日）中明确规定，不得私自篡改国定教科书。教师进修书籍同样是统一指定。在课程设置上，除了设置合作概要、历史、地理、算术、修身、教育概论、教育心理、民众教育、小学教材及教学法等必修课目，还设置选修课。如在《教育部颁布的师范学校选修科目教学时数表》（1947 年 8 月）中可以看到，在第二学年和第三学年，按照不同的学期设置了社会教育、美术、音乐、地方行政、地方建设、体育、医药常识等课。通过选修课的设置，一方面拓宽了师范生知识的宽度，全面提升了个人素养；另一方面在选修课中融入了地方性知识，利于师范生在毕业后工作时更具有地缘性。在实习实践上，1942 年 2 月 6 日，教育部为增进师范生实习效能并加强师范生专业训练，特制定《师范学校师范生实习办法》。1942 年，教育部公布《师范生实习要点》，要求各师范学校（科）应依照教育部《师范生实习办法》，参酌实际情形制定实施细则。于是，绥远地区开始重视师范生的教育实习工作，于 1943 年公布了《绥远省教育厅师范生实习要点》，绥远教育厅参照《教育部师范生实习办法》以及《绥远省教育厅师范生实习办法》，对实习指导委员，实习时间、地点、内容，实习要求等均做了明确要求，还规定学生实习成绩不及格者不得毕业，可以看出绥远省比较重视师范生的实习工作。至此，绥远师范教育已经形成比较成熟的人才培养体系。

（四）总务工作

民国时期呼和浩特地区各师范学校的总务管理基本上和现代学校的后勤管理内容相当，总体包括物资校产管理、总务勤杂管理等。在物资校产管理上主要负责学校房屋的修缮工作，这在《绥远省立归绥师范学校修建校舍所需各项工料估价总册》（1946 年 4 月 30 日）中就有所体现。还有就是负责日常基本教学用具的购置，如在《绥远省立归绥师范学校购置器具估价清册》（1946 年 4 月 30 日）中显示，绥远师范学校总务部门要购置桌凳、粉笔、电灯、信箱、师生佩戴的徽章等。在总务勤杂管理上主要是负责学生的衣食住行，如《绥远省立归绥师范学校为请领新旧学生本年冬季棉服致绥远省政府代电》（1947 年 9 月 24 日）则是冬季来临时，给新旧生发放冬季棉服。总务工作虽然是常规工作，但是保证了师范生的基本生活，使其能在学校继续学习，为绥远地区的师资培养做出了贡献。

（五）教师管理

民国时期呼和浩特地区各师范学校在教师聘用、考核及具体管理方面要求较高。民国时期教师的专业化程度相对较高，从《绥远省立归绥师范学校为送教职员公役及学生一览表致归绥市警察局公函》（附表）（1947 年 4 月 23 日）中可发现，教职员中很多人是当时国内知名大学的毕业生，如北平师范大学、国立北平大学、北平中国大学等，且从教经验丰富，这保证了绥远师范教育发展的质量。绥远相关部门在教员选拔上，除了看重学历和经历，还考察家庭状况、个人志趣、身体健康状况，尤其侧重对世界观、人生观和价值观的考察。如《绥远省立归绥师范学校工作人员详细履历表及自传》中，就明确要求教员陈述对古人及时人最敬佩的是谁、最厌恶的是谁。另外，绥远省教育厅从教师专业发展结构的角度出发，明确规定师范学校应慎选师资，各科教师对所任之学科必须有充分之研究，对于教育方案，必须有相当之素养，教育学科教员对于初等教育学理与经验必须并重。同时指出，师范学校教师之教学，应由教育厅严格考核，每届学期开始，先由学校拟定各科教学进度表，随时考查课程进展状况，并于学期终了，会成备核。①

① 阴瑞芬：《民国时期绥远地区师范教育研究》，内蒙古师范大学硕士论文，2014 年 8 月。

在教员管理上，师范学校教师不得任意缺课或旷课，如有因事因病或因公而请假在一星期以上者，须请人代理或由校内教职员暂行兼代，如无故旷课者应分别扣薪或辞退。①从以上内容可见，归绥师范教育的发展与其较高的招聘标准和严格的管理是分不开的。

（六）学生管理

民国时期呼和浩特地区各师范学校在学生管理方面也颇具实践智慧。在招生方面，限归绥市本市户籍，户籍所在地保长要签署《学生籍贯保证书》。学生入学后，每学期要接受考核，成绩差者要降班；太差无班可降者暂入附设补习班，后与降级生和新生共同考试，重新编班。在待遇方面，绥远地区师范生均为公费生，在校待遇，除免学杂等费及供给书籍、制服，还给予伙食津贴，全年按 10 个月发给。食宿、灯油、煤炭等费均由学校供给。制服、书籍及应用文具等费，在开办初期亦由学校供给，后改归自备。可见当时政府比较支持师范教育的发展，也给更多的人提供了进一步学习的机会，有利于培养更多的师范人才。在奖助学金方面，为鼓励师范生安心学习，绥远省教育厅除对师范学校成绩之考核做了进一步完善，还奖励优秀师范生，鼓励师范生安心努力学习。在就业方面，通过《绥远省立归绥师范学校呈送应届毕业生履历和历年成绩表及省政府准予备查的代电》（附表）（1947 年 5 月 20 日）等文件可以看出，绥远师范学校毕业生是政府统一分配工作，分配去向一般为政府部门或者小学，这无疑增加了师范专业的吸引力。在日常管理方面，如学生违反日常管理条例，会受到警告、记大过、开除学籍等处罚。

（七）教育活动

民国时期呼和浩特地区各师范学校举办的教育活动可谓丰富多彩，既有围绕师范专业进行的参观小学教学、师范运动周师生参观学校教学、推进师范教育运动周发起募集师范生奖学金运动等活动，又有围绕学生成长而举办的归绥省立师范学校开学典礼、归绥省立师范学校升旗仪式、归绥省立师范学校运动会、归绥省立师范学校毕业典礼等活动，还有归绥省立师范学校校庆纪念日、复校纪念大会等主题活动，以及全体师生外出旅行等促进师生身心愉悦的活动。同时，归绥

---

① 阴瑞芬：《民国时期绥远地区师范教育研究》，内蒙古师范大学硕士论文，2014 年 8 月。

市政府也特别注重毕业生的游学和参观活动，对旅外学生进行资助，帮助贫困学生开拓视野、增进见识等。民国时期呼和浩特地区各师范学校举办的各类教育活动既愉悦了师生身心，强健了学生体魄，开拓了他们的视野，又成为学校德育教育的重要途径，可谓一举多得。

综上所述，可以看出民国时期呼和浩特地区的师范教育理念与实践具有一定的积极意义，在教育行政工作、经费管理、教务工作、总务工作、教师管理、学生管理及教育活动等 7 个方面都提出较有教育学意义的创见，对当今教师教育仍具一定的借鉴和启示意义。

一 行政工作

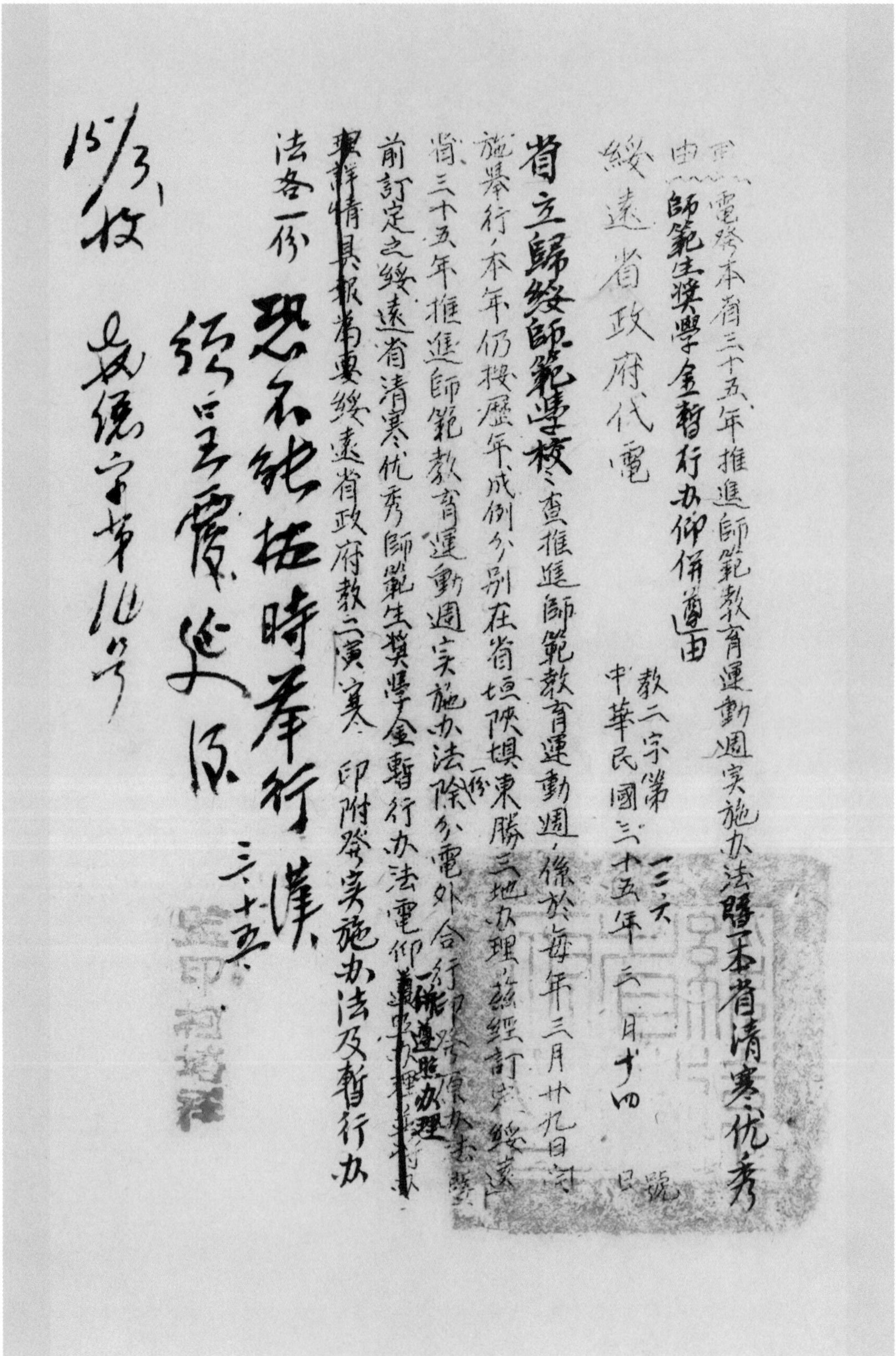

事由：電發本省三十五年推進師範教育運動週実施办法暨本省清寒優秀師範生奬學金暫行办法仰併遵由

綏遠省政府代電　教二字第一三六號

中華民國三十五年三月十四日

省立歸綏師範學校：查推進師範教育運動週，係於每年三月廿九日實施舉行，本年仍援歷年成例分別在省垣陝壩東勝三地办理，茲經訂定綏遠省三十五年推進師範教育運動週实施办法，除分電外，合行印發原办法一份，前訂定之綏遠省清寒優秀師範生奬學金暫行办法，電仰遵照办理具報，綏遠省政府教二寅寒。印附發实施办法及暫行办法各一份。

恐不能按時舉行。漢　三十五

15/3，收

图 4-1-1　绥远省政府为印发三十五年推进师范教育运动周实施办法暨清寒优秀师范生奖学金暂行办法给省立归绥师范学校代电（附实施办法及暂行办法）（1946 年 3 月 14 日）（一）

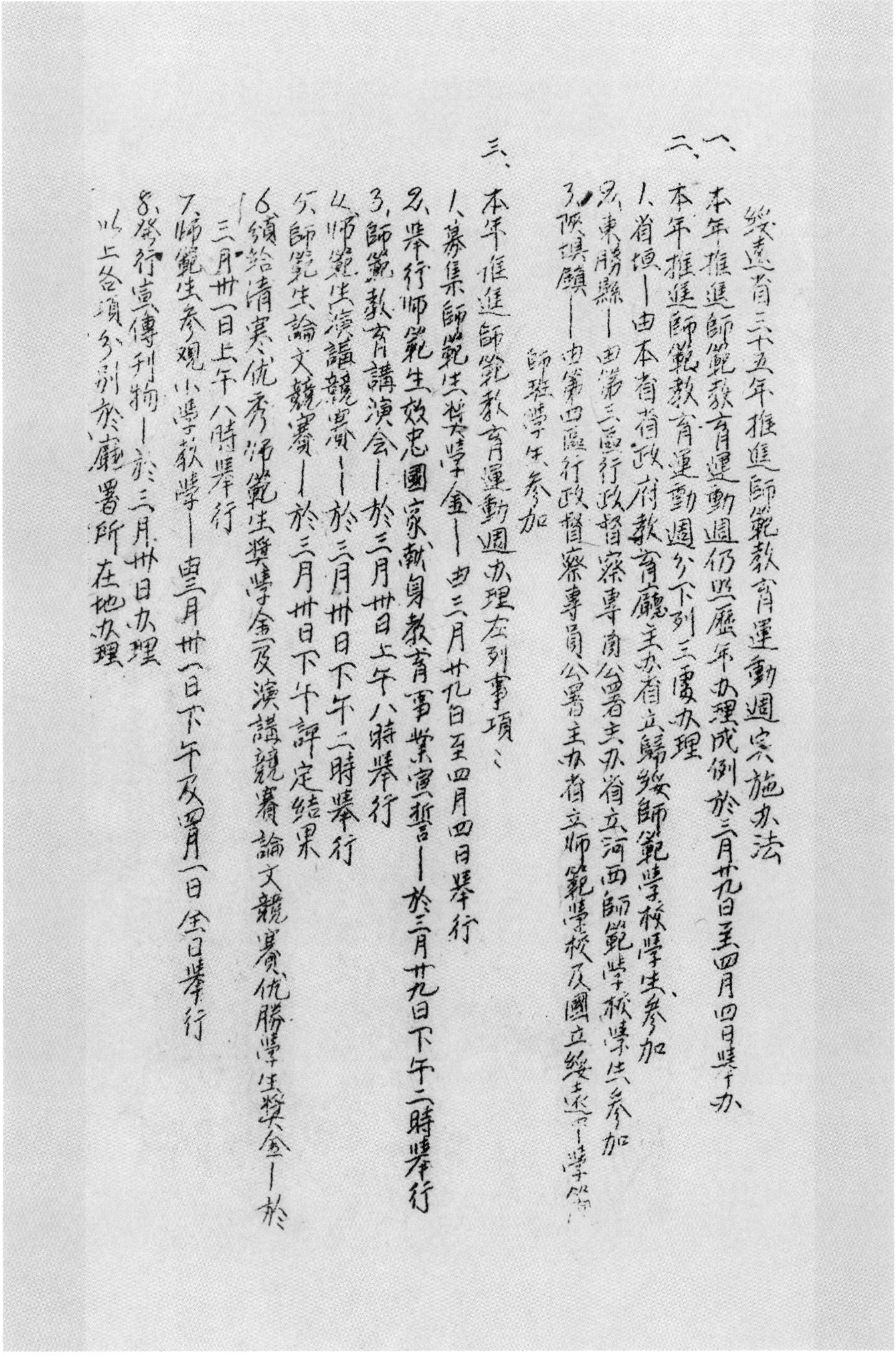

綏遠省三十五年推進師範教育運動週實施办法

一、本年推進師範教育運動週仍照歷年办理成例於三月廿九日至四月四日舉办

二、本年推進師範教育運動週分下列三處办理

1、省垣——由本省省政府教育廳主办省立歸綏師範學校學生參加

2、東勝縣——由第三區行政督察專員公署主办省立河西師範學校學生參加

3、陝壩鎮——由第四區行政督察專員公署主办省立師範學校及國立綏遠中學師範學生參加

三、本年推進師範教育運動週办理左列事項：

1、募集師範生奬學金——由三月廿九日至四月四日舉行

2、舉行師範生效忠國家獻身教育事業宣誓——於三月廿九日下午二時舉行

3、師範教育講演会——於三月卅日上午八時舉行

4、師範生演講競賽——於三月卅日下午二時舉行

5、師範生論文競賽——於三月卅日下午評定結果

6、頒給清寒優秀師範生奬學金及演講競賽論文競賽優勝學生奬金——於三月卅一日上午八時舉行

7、師範生參觀小學教學——由三月卅一日下午及四月一日全日舉行

8、發行宣傳刊物——於三月卅日办理

以上各項分別於廳署所在地办理

图 4-1-1　绥远省政府为印发三十五年推进师范教育运动周实施办法暨清寒优秀师范生奖学金暂行办法给省立归绥师范学校代电（附实施办法及暂行办法）（1946 年 3 月 14 日）（二）

四、師範生效忠國家献身教育事業宣誓誓詞如左：

余深信教育為救國之本，而作育兒童之小學教育又為救國教育之本，誓以至誠從事救國始基之小學教育，遵照中華民國教育宗旨，完成三民主義教育之基本建設工作，如有違背誓言，願受國家社会最嚴厲之制裁，謹誓。

五、須給清寒優秀師範生獎學金依照綏遠省清寒優秀师範生獎學金暫行办法办理之，但本年獎學金數額每人定為三千元

六、師範生演講競賽及論文競賽按年級分組办理，每組各錄取優勝學生四名，無相同年級者可變通在本組內競賽，每班各錄取優勝學生二名，其獎金第一名三千元，第二名二千元，第三名一千五百元，第四名一千元，前五六兩條獎學金（六演講競賽論文競賽優勝學生獎金）統由本省省政府撥發

七、募集师範生獎學金由主办机關負責保管支配之，得一次分配於全体參加师範生以示獎勵

八、推進師範教育運動週所需一切費用由各主办机關公費項下支給

九、各專署办理推進師範教育運動週情形應擬具報告書於舉办後一個月內呈報本省省政府，由本省省政府教育廳彙齊連同教育廳办理情形一併呈報教育部備查

图 4-1-1　绥远省政府为印发三十五年推进师范教育运动周实施办法暨清寒优秀师范生奖学金暂行办法给省立归绥师范学校代电（附实施办法及暂行办法）（1946 年 3 月 14 日）（三）

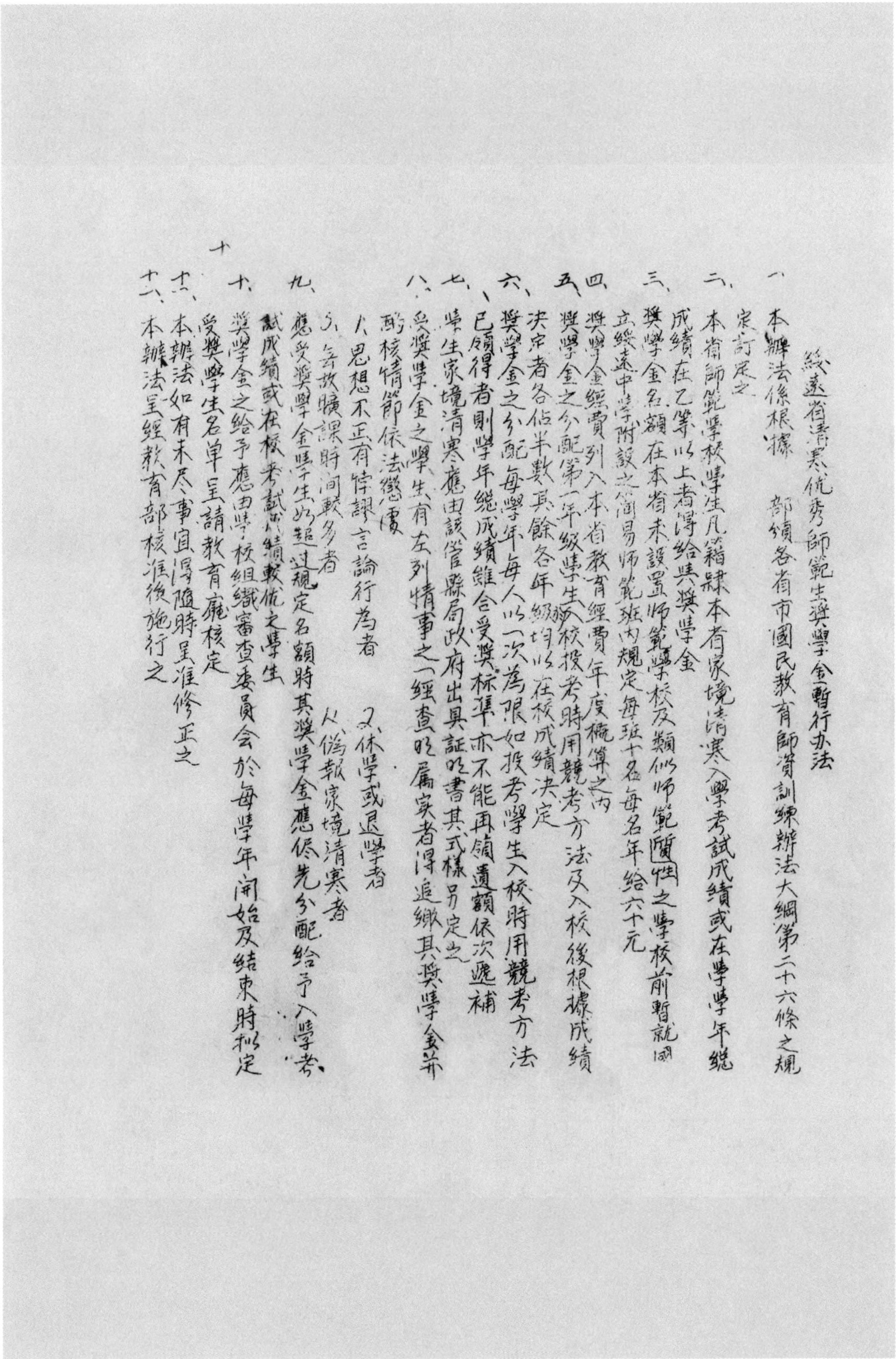

綏遠省清寒優秀師範生奬學金暫行办法

一、本辦法係根據　部頒各省市國民教育師資訓練辦法大綱第二十六條之規定訂定之

二、本省師範學校學生凡籍隸本省家境清寒入學考試成績或在學學年總成績在乙等以上者得給與奬學金

三、奬學金名額在本省未設置師範學校及類似師範性質之學校前暫就國立綏遠中學附設之簡易師範班內規定每班十名每名年給六十元

四、奬學金經費列入本省教育經費年度概算之內

五、奬學金之分配第一年級學生入校投考時用競考方法及入校後根據成績決定者各佔半數其餘各年級均以在校成績決定

六、奬學金之分配每學年每人以一次為限如投考學生入校時用競考方法已領得者則學年總成績雖合受奬標準亦不能再領遺額依次遞補

七、學生家境清寒應由該管縣局政府出具證明書其式樣另定之

八、受奬學金之學生有左列情事之一經查明屬實者得追繳其奬學金并酌核情節依法懲處
1. 思想不正有悖謬言論行為者
2. 休學或退學者
3. 無故曠課時間較多者
4. 偽報家境清寒者

九、應受奬學金學生如超過規定名額時其奬學金應儘先分配給予入學考試成績或在校考試成績較優之學生

十、奬學金之給予應由學校組織審查委員會於每學年開始及結束時擬定受奬學生名單呈請教育廳核定

十一、本辦法如有未盡事宜得隨時呈准修正之

十二、本辦法呈經教育部核准後施行之

图 4-1-1　绥远省政府为印发三十五年推进师范教育运动周实施办法暨清寒优秀师范生奖学金暂行办法给省立归绥师范学校代电（附实施办法及暂行办法）（1946 年 3 月 14 日）（四）

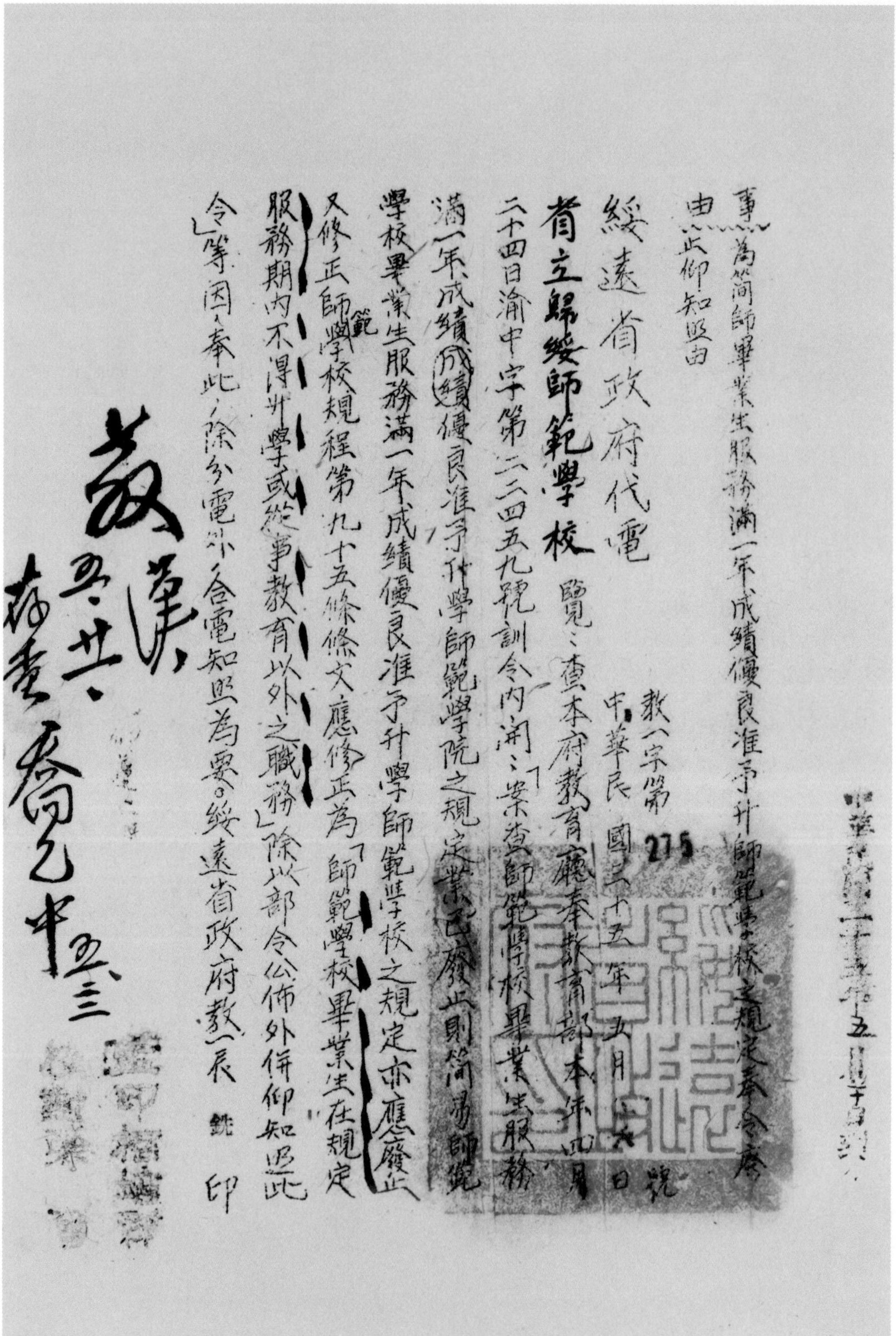
事由：為簡師畢業生服務滿一年成績優良准予升師範學校之規定奉令廢止仰知照由

綏遠省政府代電　教人字第　號　中華民國三十五年五月十六日

省立歸綏師範學校覽：查本府教育廳奉教育部本年四月二十四日渝中字第二二四五九號訓令內開：「案查師範學校畢業生服務滿一年成績優良准予升學師範學院之規定業已廢止，則簡易師範學校畢業生服務滿一年成績優良准予升學師範學校之規定亦應廢止。又修正師範學校規程第九十五條條文應修正為『師範學校畢業生在規定服務期內不得升學或從事教育以外之職務』。除以部令公佈外，併仰知照。此令。」等因。奉此，除分電外，合電知照為要。綏遠省政府教□辰銑印

图 4-1-2　绥远省政府为简师毕业生服务满一年成绩优良准予升师范学校之规定奉令废止给省立归绥师范学校代电（1946 年 5 月 16 日）

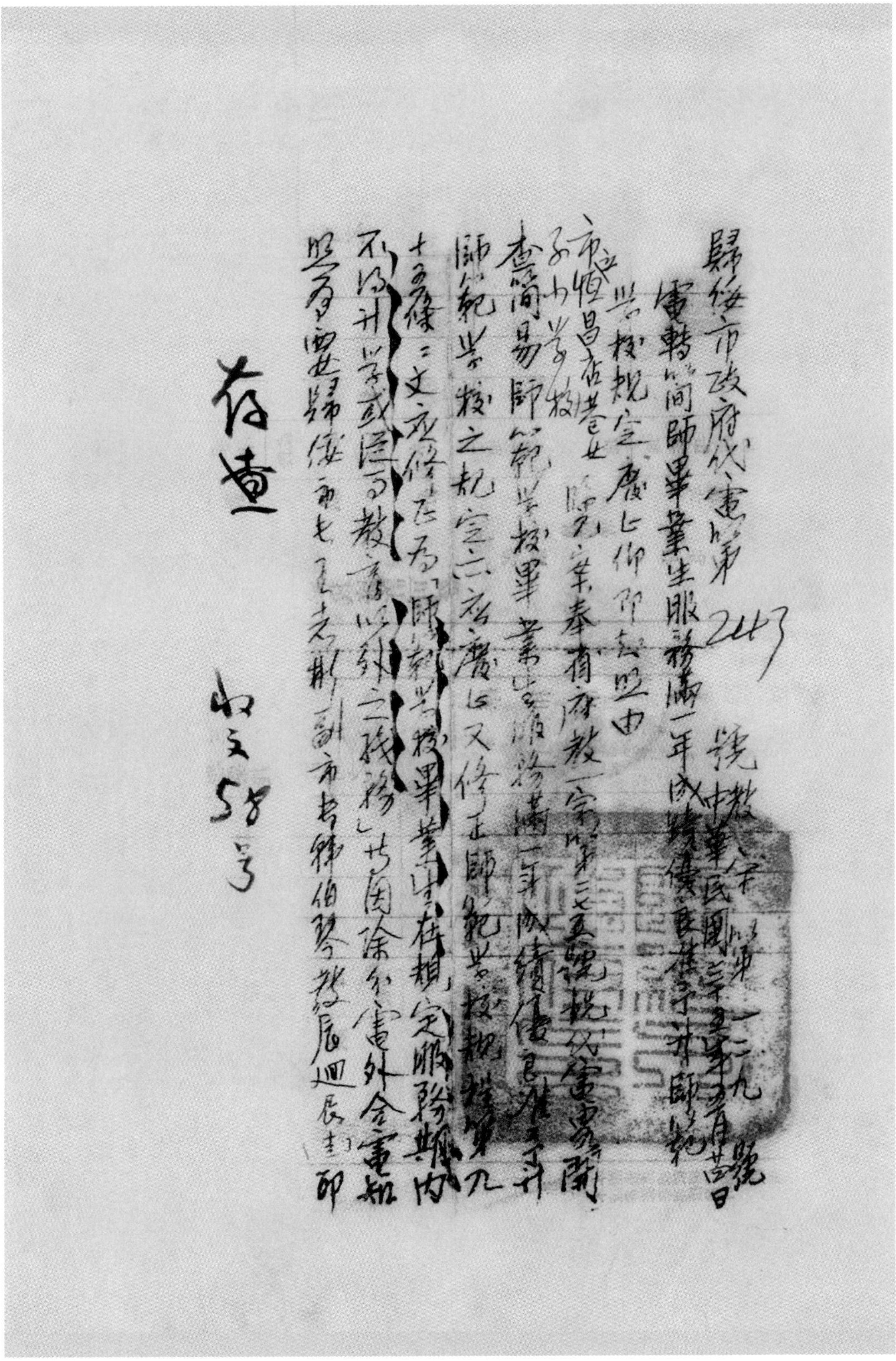

图 4-1-3　归绥市政府为转发简师毕业生服务满一年成绩优良准予升师范学校规定废止给市立恒昌店巷女子小学校代电（1946 年 5 月 24 日）

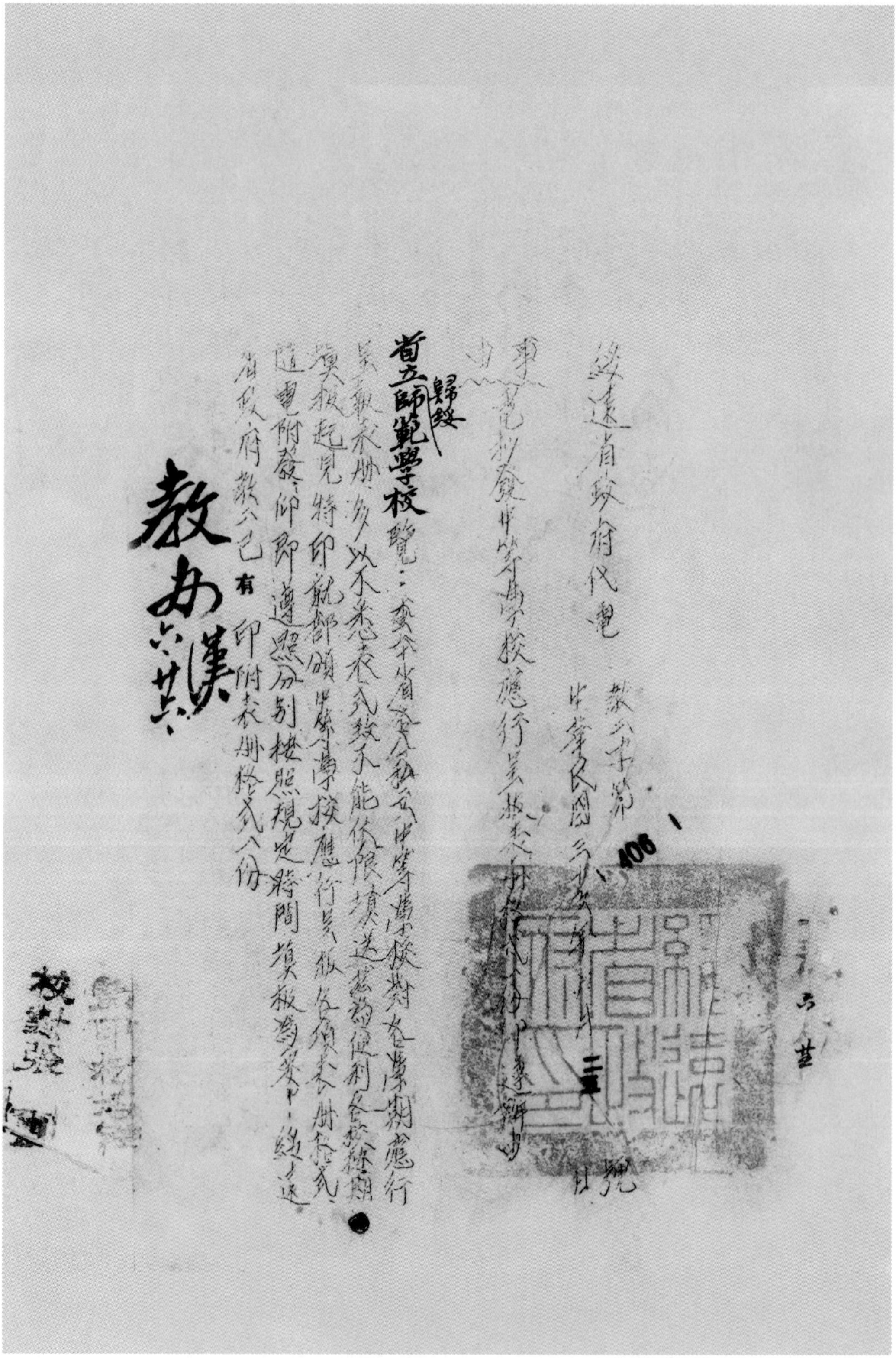

图 4-1-4　绥远省政府为抄发中等学校应行呈报表册格式给省立归绥师范学校代电（附教育部训令）（1946 年 6 月 25 日）（一）

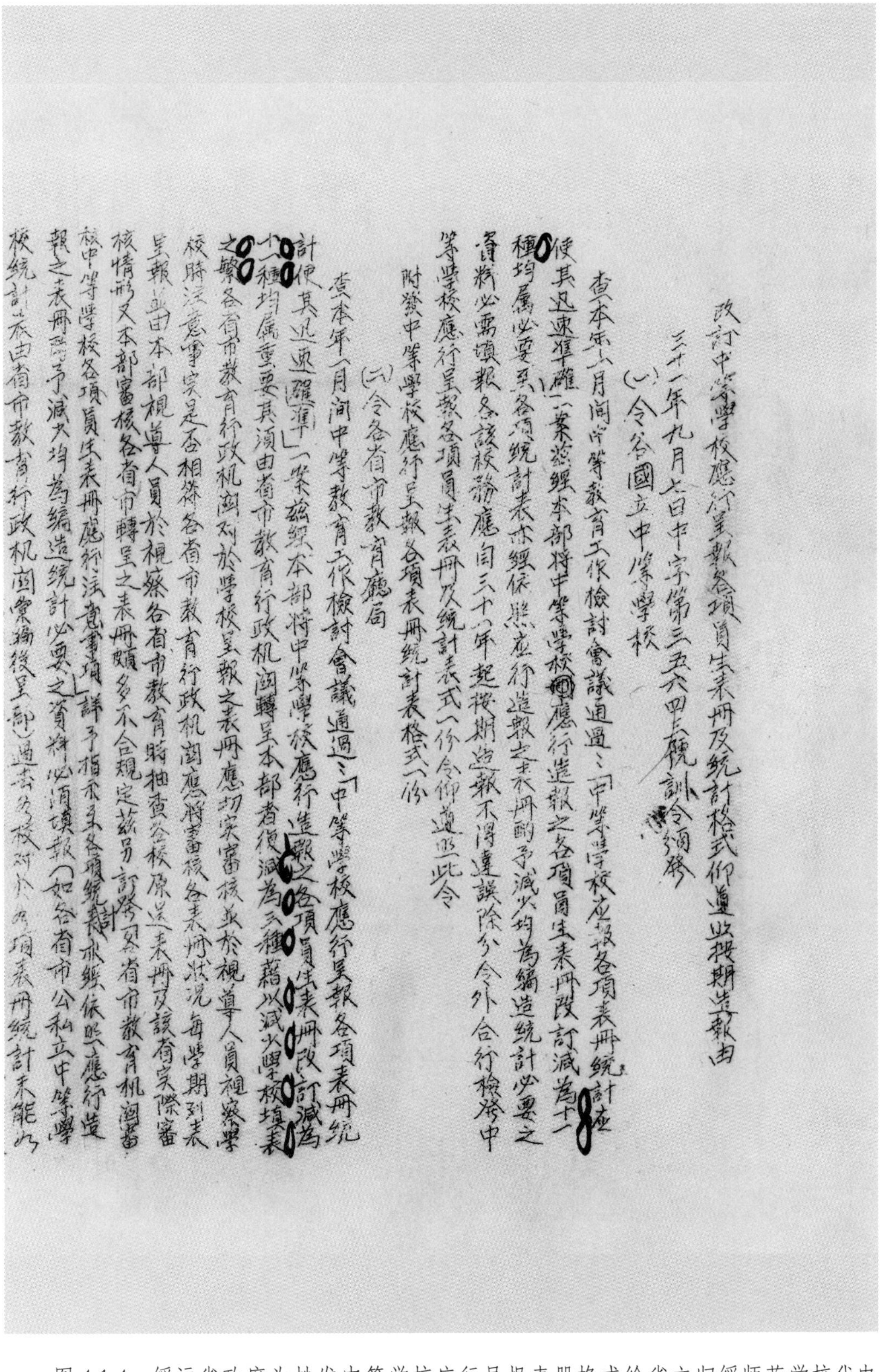

政訂中等學校應行呈報各項員生表冊及統計格式仰遵照按期造報由

三十一年九月七日中字第三五六四七號訓令頒發

(一)令各國立中等學校

查本年八月間中等教育工作檢討會議通過「中等學校應報各項表冊統計應使其迅速準確」一案，茲經本部將中等學校應行造報之各項員生表冊改訂減為十一種，均屬必要；至各項統計表亦經依照應行造報之表冊酌予減少，均為編造統計必要之資料，必需填報，各該校務應自三十二年起按期造報，不得違誤。除分令外，合行檢發中等學校應行呈報各項員生表冊及統計表式一份，令仰遵照。此令

附發中等學校應行呈報各項表冊統計表格式一份

(二)令各省市教育廳局

查本年八月間中等教育工作檢討會議通過「中等學校應行呈報各項表冊統計使其迅速確準」一案，茲經本部將中等學校應行造報之各項員生表冊改訂減為三種，藉以減少學校填表之繁。各省市教育行政機關對於學校呈報之表冊應切實審核，並於視導人員視察學校時注意事實是否相符。各省市教育行政機關應將審核各表冊狀況每學期列表呈報，並由本部視導人員於視察各省市教育時抽查各校原送表冊及該省實際審核情形。又本部審核各省市轉呈之表冊，殊多不合規定，茲另訂發「各省市教育機關審核中等學校各項員生表冊應行注意事項」，詳予指示；至各項統計表亦經依照應行造報之表冊酌予減少，均為編造統計必要之資料，必須填報（如各省市公私立中等學校統計表由省市教育行政機關彙編後呈部）；過去各校對於各項表冊統計未能如

图 4-1-4 绥远省政府为抄发中等学校应行呈报表册格式给省立归绥师范学校代电（附教育部训令）（1946 年 6 月 25 日）（二）

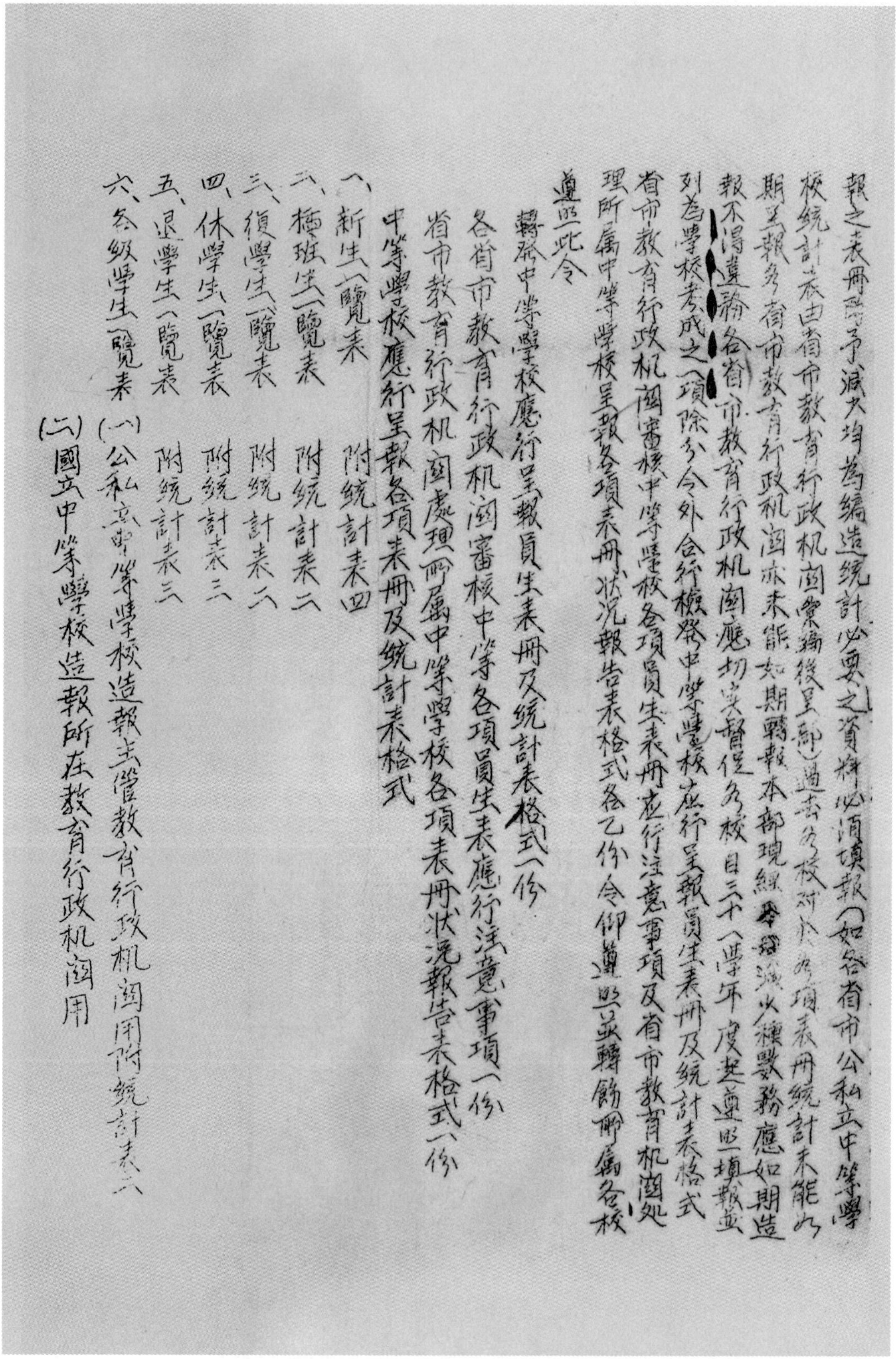

图 4-1-4 绥远省政府为抄发中等学校应行呈报表册格式给省立归绥师范学校代电（附教育部训令）（1946 年 6 月 25 日）（三）

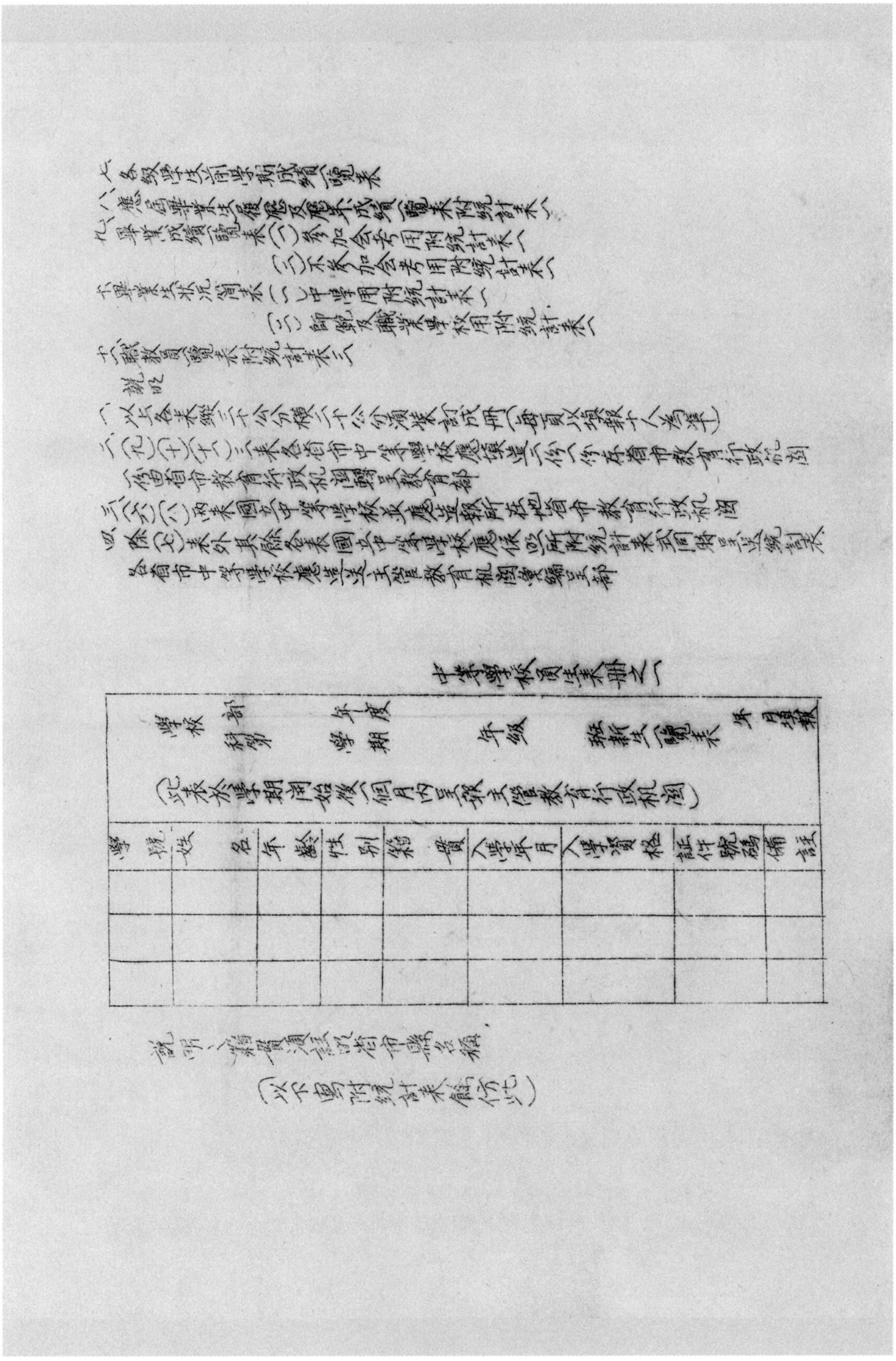

七、各級學生前學期成績一覽表
八、應屆畢業生履歷及肄業成績一覽表附統計表一
九、畢業成績一覽表(一)參加會考用附統計表一
(二)不參加會考用附統計表一
十、畢業生狀況簡表(一)中學用附統計表一
(二)師範及職業學校用附統計表一
十一、職教員一覽表附統計表三
說明
一、以上各表縱三十公分橫二十公分須裝訂成冊(每頁以填報十人為準)
二、(九)(十)(十一)三表各省市中等學校應填造二份一份存省市教育行政機關一份由省市教育行政機關轉呈教育部
三、(六)(八)兩表國立中等學校並應造報所在地省市教育行政機關
四、除(七)表外其餘各表國立中等學校應依照所附統計表式同時呈送統計表
各省市中等學校應造送主管教育機關彙編呈部

中等學校員生表冊之一

學校 部 科別 年度 學期 年級 班新生一覽表 年 月 填報

(此表於學期開始後一個月內呈報主管教育行政機關)

學號	姓名	年齡	性別	籍貫	入學年月	入學資格	證件號碼	備註

說明、籍貫須註明省市縣名稱
(以下寫附統計表餘仿此)

图 4-1-4　绥远省政府为抄发中等学校应行呈报表册格式给省立归绥师范学校代电（附教育部训令）（1946 年 6 月 25 日）（四）

附
民國——年度
立——學校　　新生統計表
第——學期

一、高級新生入學資格

科別	共計			初中畢業者									與初中同等學校畢業者			同等學力		
				小計			上學年度畢業者			以前各學年度畢業者								
	計	男	女	計	男	女	計	男	女	計	男	女	計	男	女	計	男	女
總計																		

二、初中新生入學資格

科別	共計			小學畢業者									同等學力		
				小計			上學年度畢業者			以前各學年度畢業者					
	計	男	女	計	男	女	計	男	女	計	男	女	計	男	女
總計															

——年——月——日　辦理統計人員簽名盖章　　校長簽名盖章

說明：本表隨同新生一覽表每學期呈報一次

三、新生籍貫

籍別 科別	共計	江蘇	浙江	安徽	江西	湖北	湖南	四川	西康	河北	山東	山西	河南	陝西	甘肅	青海	福建	廣東	廣西
總計 男																			
總計 女																			
高級 男																			
高級 女																			
初級 男																			
初級 女																			

籍別 科別	雲南	貴州	遼寧	吉林	黑龍江	熱河	察哈爾	綏遠	寧夏	新疆	南京	上海	北京	天津	青島	重慶	東特區	威海衛	蒙古	西藏
總計 男																				
總計 女																				
高級 男																				
高級 女																				
初級 男																				
初級 女																				

年　月　日　辦理統計人員簽名盖章　　校長簽名盖章

說明：1、本表隨同新生一覽表每學期呈報一次
2、國立中等學校新生之籍貫就省市名稱統計不分市縣省市立以下公私立中等學校新生籍貫得以其主管教育行政機關之需要更就縣市名稱統計
3、省市名稱次序依照本表規定如有外籍新生其籍貫名稱加列西藏之後

图 4-1-4　绥远省政府为抄发中等学校应行呈报表册格式给省立归绥师范学校代电（附教育部训令）（1946 年 6 月 25 日）（五）

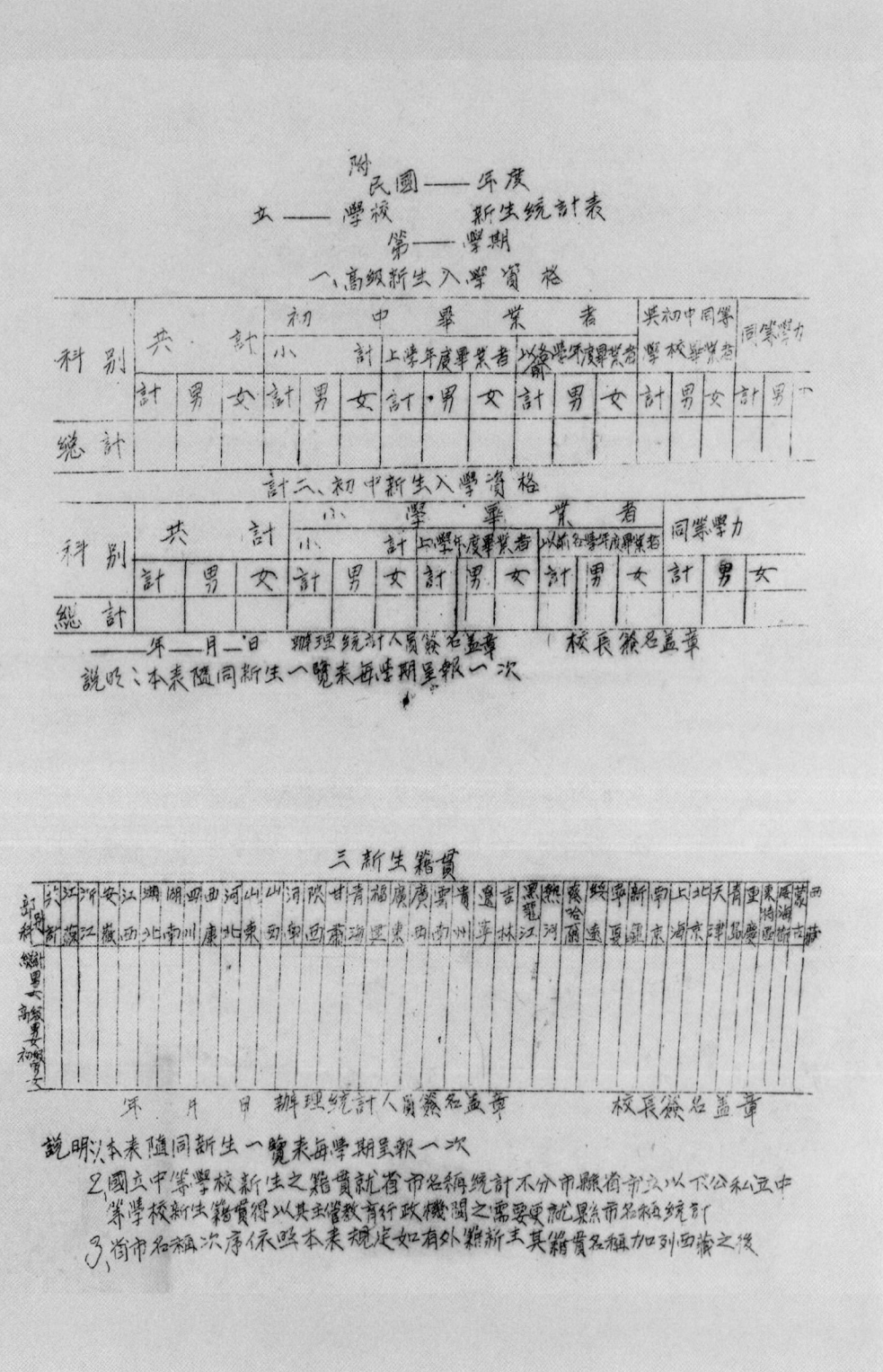

四、新生入學年齡

部科別	共計			十一歲			十二歲			十三歲			十四歲			十五歲			十六歲			十七歲			十八歲			十九歲			二十歲			二十一歲		
	計	男	女	計	男	女	計	男	女	計	男	女	計	男	女	計	男	女	計	男	女	計	男	女	計	男	女	計	男	女	計	男	女	計	男	女
總計																																						

____年____月____日　辦理統計人員簽名蓋章　　校長簽名蓋章

說明：本表隨同新生一覽表每學期呈報一次

中等學校呈報表冊之二

學校第　　年度　　學期轉班生一覽表　　年　　月　　填報

（此表於學期開始後一個月內呈報主管教育行政機關）

學號	姓名	年齡	性別	籍貫	部科別	轉入年級	入校年月	學歷	證件號碼	備註

說明：籍貫須註明省市縣名稱

图 4-1-4　绥远省政府为抄发中等学校应行呈报表册格式给省立归绥师范学校代电（附教育部训令）（1946 年 6 月 25 日）（六）

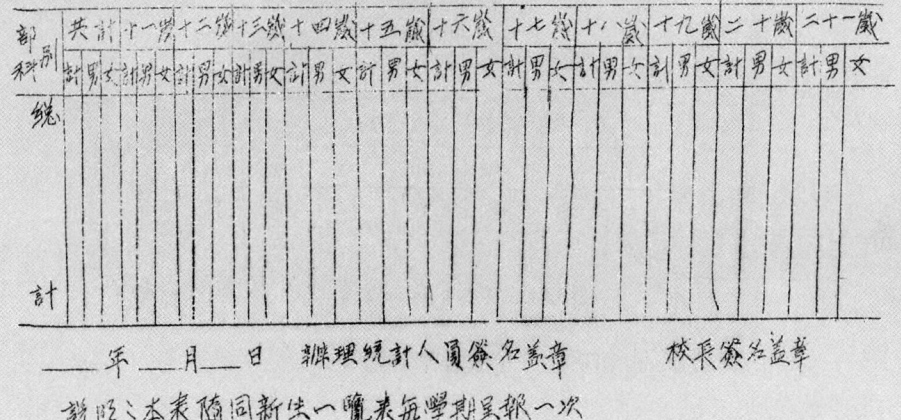

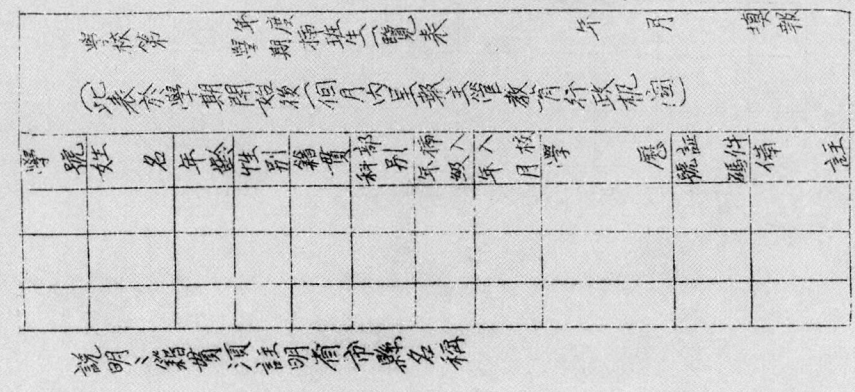

附

民國____年度

____文____學校　插班生統計表

第____學期

一、高　級

年級	共計	部		科	部		科	部		科
		計	男	女	計	男	女	計	男	女
總計										

二、初　級

年級	共計	部		科	部		科	部		科
		計	男	女	計	男	女	計	男	女
總計										

年　月　日辦理統計人員簽名蓋章　　校長簽名蓋章

說明：本表隨同插班生一覽表每學期呈報一次

中等學校員生表冊之三

學校第　學年度　學期復學生一覽表　　年　月　填報

（此表於學期開始後一個月內呈報主管教育行政機關）

學號	姓名	年齡	性別	籍貫	部科別	休學年級	休學年月	復學年度	復學年月	備註

說明：籍貫須註明省市縣名稱

图 4-1-4　绥远省政府为抄发中等学校应行呈报表册格式给省立归绥师范学校代电（附教育部训令）（1946 年 6 月 25 日）（七）

附　民國——年度

——立——學校　復學生統計表

第——學期

一、高　級

年級	共計	部科			部科			部科		
		計	男	女	計	男	女	計	男	女
總計										

二、初　級

年級	共計	部科			部科			部科		
		計	男	女	計	男	女	計	男	女
總計										

年　月　日辦理統計人員簽名蓋章　　校長簽名蓋章

說明：隨同復學生一覽表每學期呈報一次

中等學校員生表冊之四

學校第　年度　學期　休學生一覽表　　年　月　填報

（此表於學期開始後一個月內呈報主管教育行政機關）

學號	姓名	年齡	性別	籍貫	部科別	休學年級	休學年月	休學原因	備考

說明：休學原因須詳細註明

图 4-1-4　绥远省政府为抄发中等学校应行呈报表册格式给省立归绥师范学校代电（附教育部训令）（1946 年 6 月 25 日）（八）

附

民國——年度

——文——學校　　休學生統計表

第——學期

一、高级

年级	共計	部		科	部		科	部		科
		計	男	女	計	男	女	計	男	女
總計										

二、初级

年级	共計	部		科	部		科	部		科
		計	男	女	計	男	女	計	男	女
總計										

——年——月——日　辦理統計人員簽名蓋章　　校長簽名蓋章

説明：本表隨同休學生一覽表每學期呈報一次

三、休學原因

原因	共計	部		科	部		科	部		科
		計	男	女	計	男	女	計	男	女
總計										

年　月　日辦理統計人員簽名蓋章　　校長簽名蓋章

説明：本表隨同休學生一覽表每學期呈報一次

图 4-1-4　绥远省政府为抄发中等学校应行呈报表册格式给省立归绥师范学校代电（附教育部训令）（1946 年 6 月 25 日）（九）

中等學校員生表冊之五

學校第　　年度　　學期退學生一覽表　　年　月填報

（此表於學期開始後一個月內呈報主管教育行政機關）

學號	姓名	年齡	性別	籍貫	科別	退學年級	退學年月	退學原因	備註

說明：籍貫須註明省市縣名稱

號

民國____年度

____立____學校　　退學生統計表

第____學期

一、高級

年級	共計	部		科	部		科	部		科
		計	男	女	計	男	女	計	男	女
總計										

二、初級

年級	共計	部		科	部		科	部		科
		計	男	女	計	男	女	計	男	女
總計										

____年____月____日　辦理統計人員簽名蓋章　　校長簽名蓋章

說明：本表隨同退學生一覽表每學期呈報一次

三、退學原因

原因	共計	部科			部科			部科		
		計	男	女	計	男	女	計	男	女
總計										

____年____月____日　辦理統計人員簽名蓋章　　校長簽名蓋章

說明：本表隨同退學生一覽表每學期呈報一次

图 4-1-4　绥远省政府为抄发中等学校应行呈报表册格式给省立归绥师范学校代电（附教育部训令）（1946 年 6 月 25 日）（十）

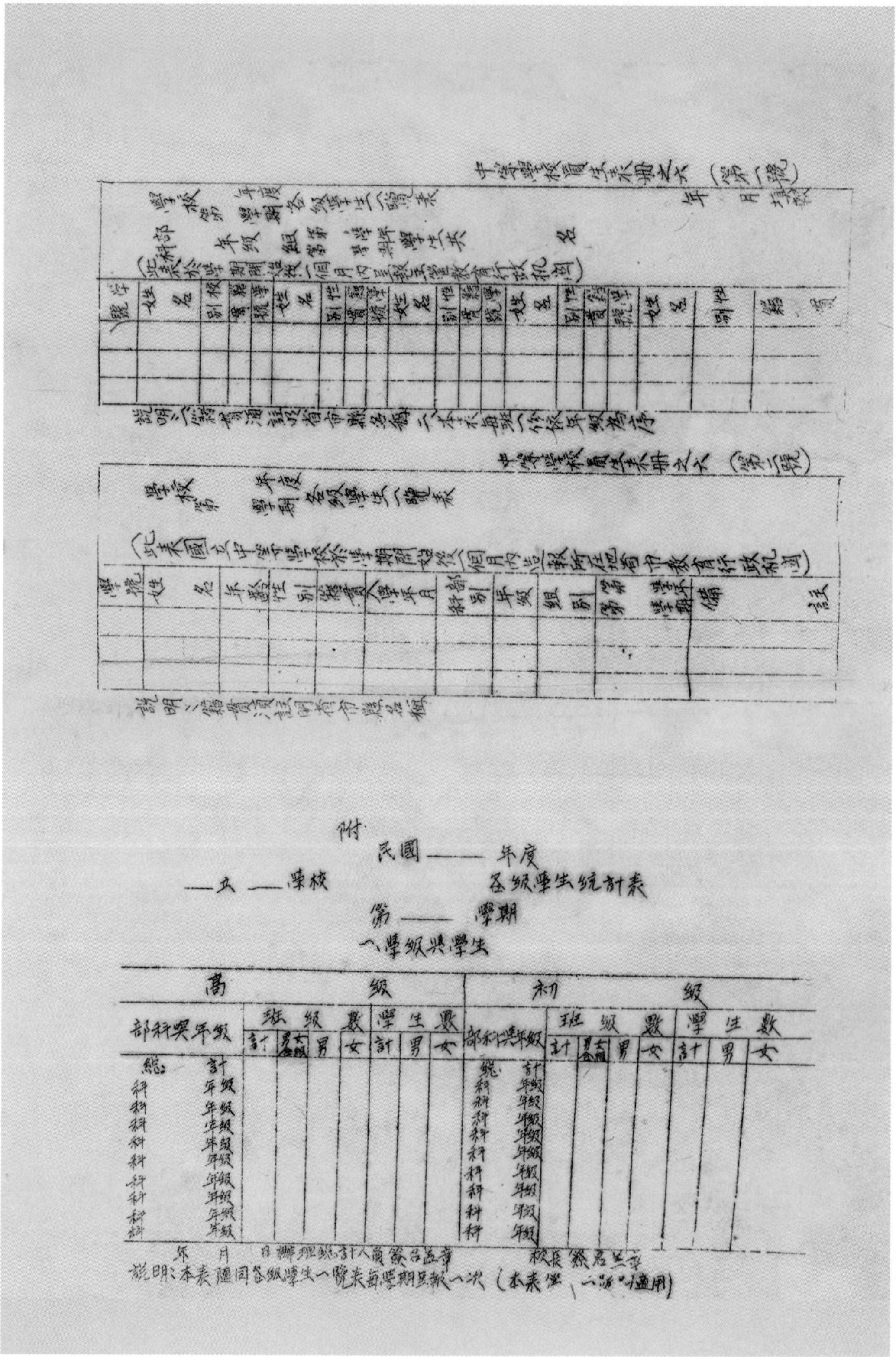

中等学校员生表册之六（第一号）

学校 年度 学期 各级学生一览表

部 科 年级 组 学生共 名

（此表于每学期开始后一个月内呈报主管教育行政机关）

学号	姓名	性别	籍贯	学号	姓名	性别	籍贯	学号	姓名	性别	籍贯	学号	姓名	性别	籍贯	学号	姓名	性别	备考

说明：（一）籍贯须注明省市县名（二）本表每班一份，依年级为序

中等学校员生表册之六（第二号）

学校 年度 学期 各级学生一览表

（此表国立中等学校于每学期开始后一个月内径报教育部及主管省市教育行政机关）

学号	姓名	年龄	性别	籍贯	入学年月	部科别	年级	组别	学籍	毕业期	备注

说明：籍贯须注明省市县名

附

民国——年度

——学校 各级学生统计表

第——学期

一、学级与学生

高级								初级							
部科与年级	班级数				学生数			部科与年级	班级数				学生数		
	计	男女合班	男	女	计	男	女		计	男女合班	男	女	计	男	女
总计								总计							
科 年级								科 年级							
科 年级								科 年级							
科 年级								科 年级							
科 年级								科 年级							
科 年级								科 年级							
科 年级								科 年级							
科 年级								科 年级							
科 年级								科 年级							
科 年级								科 年级							

年 月 日 填表人员签名盖章 校长签名盖章

说明：本表随同各级学生一览表每学期呈报一次（本表与一、二号均适用）

图 4-1-4 绥远省政府为抄发中等学校应行呈报表册格式给省立归绥师范学校代电（附教育部训令）（1946 年 6 月 25 日）（十一）

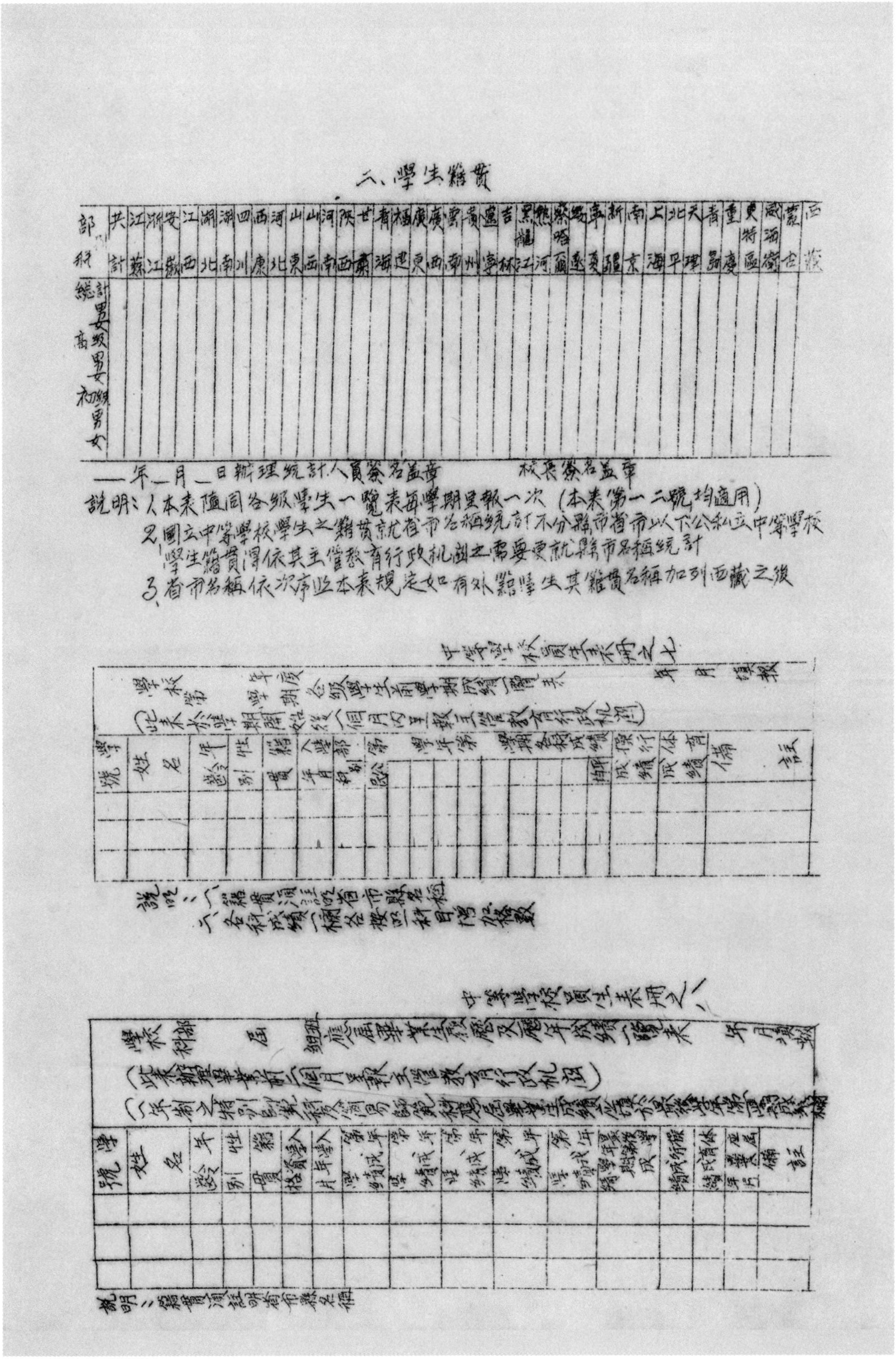

六、學生籍貫

部別	共計	江蘇	浙江	安徽	江西	湖北	湖南	四川	西康	河北	山東	山西	河南	陝西	甘肅	青海	福建	廣東	廣西	雲南	貴州	遼寧	吉林	黑龍江	熱河	察哈爾	綏遠	寧夏	新疆	南京	上海	北平	天津	青島	重慶	東特區	威海衛	蒙古	西藏
總計 男																																							
總計 女																																							
高級 男																																							
高級 女																																							
初級 男																																							
初級 女																																							

—年—月—日辦理統計人員簽名蓋章　　校長簽名蓋章

說明：1.本表隨同各級學生一覽表每學期呈報一次（本表第一二號均適用）

2.國立中等學校學生之籍貫就省市名稱統計不分縣市省市以下公私立中等學校學生籍貫得依其主管教育行政機關之需要更就縣市名稱統計

3.省市名稱依次序照本表規定如有外籍學生其籍貫名稱加列西藏之後

中等學校用表之七

學校 部 年度 第 學期 各級學生學期成績一覽表 年 月 填報

（此表於學期開始後一個月內呈報主管教育行政機關）

學號	姓名	年齡	性別	籍貫	入學年月	部別	年級	學科成績				學期各科成績				操行成績	體育成績	備註

說明：一、籍貫須註明省市縣名稱

二、各科成績欄[illegible]

中等學校用表之八

學校 科部 屆 組班 應屆畢業生歷年成績一覽表 年 月 填報

（此表於畢業前二個月呈報主管教育行政機關）

（[illegible]）

學號	姓名	年齡	性別	籍貫	入學資格	入學年月	第一學年成績	第二學年成績	第三學年成績	第四學年成績	第五學年成績	第六學年成績	[illegible]	[illegible]	體育成績	[illegible]	備註

說明：籍貫須註明省市縣名稱

图 4-1-4　绥远省政府为抄发中等学校应行呈报表册格式给省立归绥师范学校代电（附教育部训令）（1946 年 6 月 25 日）（十二）

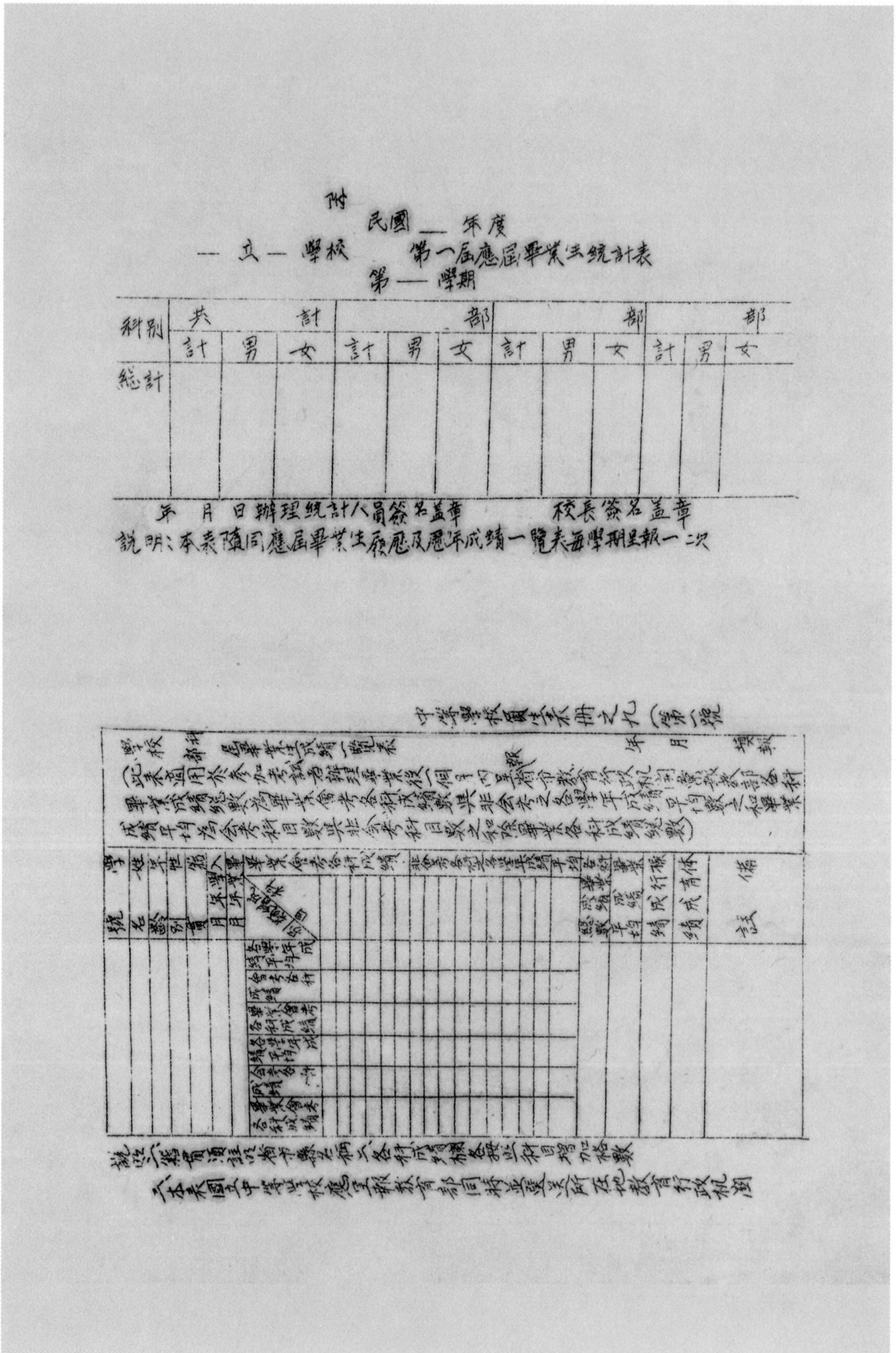

附

民國＿年度

＿立＿學校　第＿屆應屆畢業生統計表

第＿學期

科別	共計			部			部			部		
	計	男	女	計	男	女	計	男	女	計	男	女
總計												

年　月　日辦理統計人員簽名蓋章　　校長簽名蓋章

說明：本表隨同應屆畢業生履歷及歷年成績一覽表每學期呈報一次

中等學校表冊之九（第一號）

學校　部科　應屆畢業生成績一覽表　年　月　填報

（此表適用於參加會考[illegible]為辦理畢業後一個月內呈報教育行政機關[illegible]畢業成績總數為畢業會考各科成績總數與非會考之各學年成績平均數之和，畢業成績平均為會考科目數與非會考科目數之和除畢業各科成績總數）

學號	姓名	年齡	性別	籍貫	入學年月	畢業年月	畢業會考各科成績	非會考各科各學年成績平均	畢業成績 總數 平均	操行成績	體育成績	備註

說明：一、[illegible]各科成績欄[illegible]增加格數

二、本表由公立中等學校應呈報教育部同時並送所在地教育行政機關

图 4-1-4　绥远省政府为抄发中等学校应行呈报表册格式给省立归绥师范学校代电（附教育部训令）（1946 年 6 月 25 日）（十三）

中等學校呈送表冊之九（第二號）

學校　科部　應屆畢業生畢業成績一覽表

（此表適用於不參加會考者於辦理畢業後一個月內呈報主管教育行政機關）

學號	姓名	年齡	性別	籍貫	入學年月	畢業年月	科目／成績／學期別															各科畢業成績總數	畢業成績平均	操行成績	體育成績	備註
							各學期成績平均																			
							各科畢業考試成績																			
							各科畢業成績																			
							各學期成績平均																			
							各科畢業考試成績																			
							各科畢業成績																			

說明：一、籍貫須註明省市縣名稱　二、各科成績一欄各按必修科目填於格內

三、本表於國立中等學校應呈教育部同時並送所在地教育行政機關

附

——部
——立——學校　　畢業生統計表
——科

民國年度第——學期　　第一號（參加會考者）

科別	共	計		部			部		
	計	男	女	計	男	女	計	男	女
總計									

民國——年度第——學　　第二號（未參加會考者）

科別	共	計		部			部		
	計	男	女	計	男	女	計	男	女

年　月　日辦理統計人員簽名蓋章　　　校長簽名蓋章

說明：本表隨同畢業生成績一覽表每學期呈報一次

图 4-1-4　绥远省政府为抄发中等学校应行呈报表册格式给省立归绥师范学校代电（附教育部训令）（1946 年 6 月 25 日）（十四）

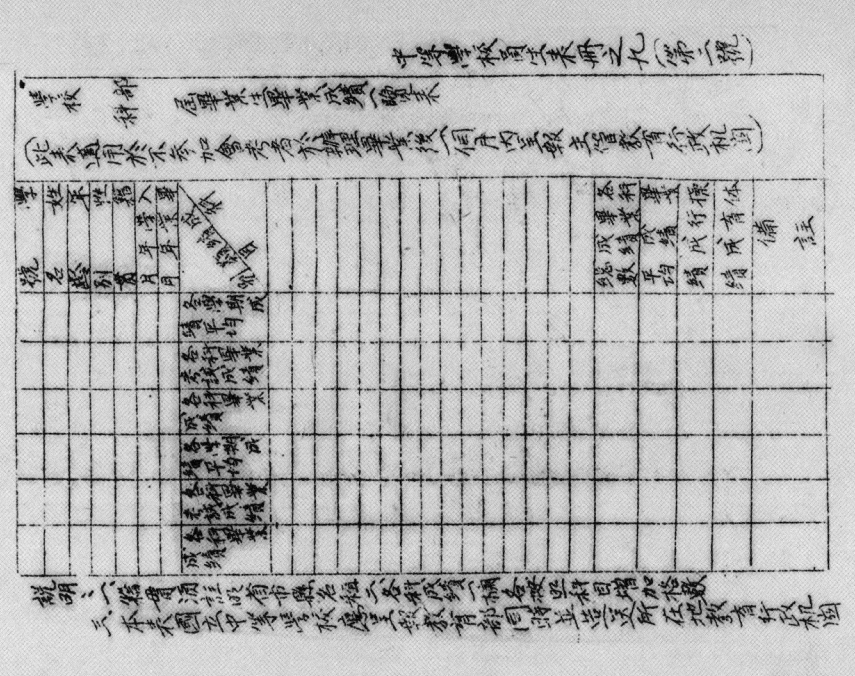

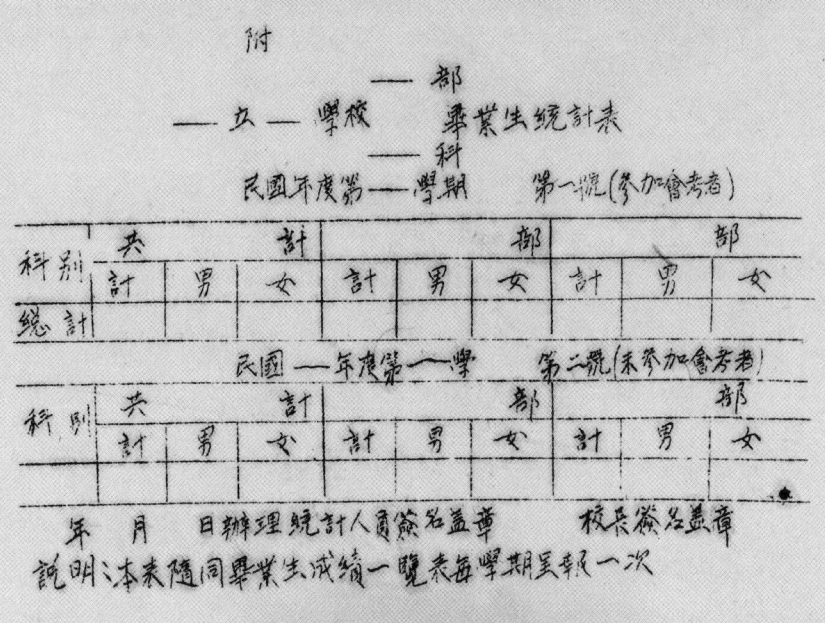

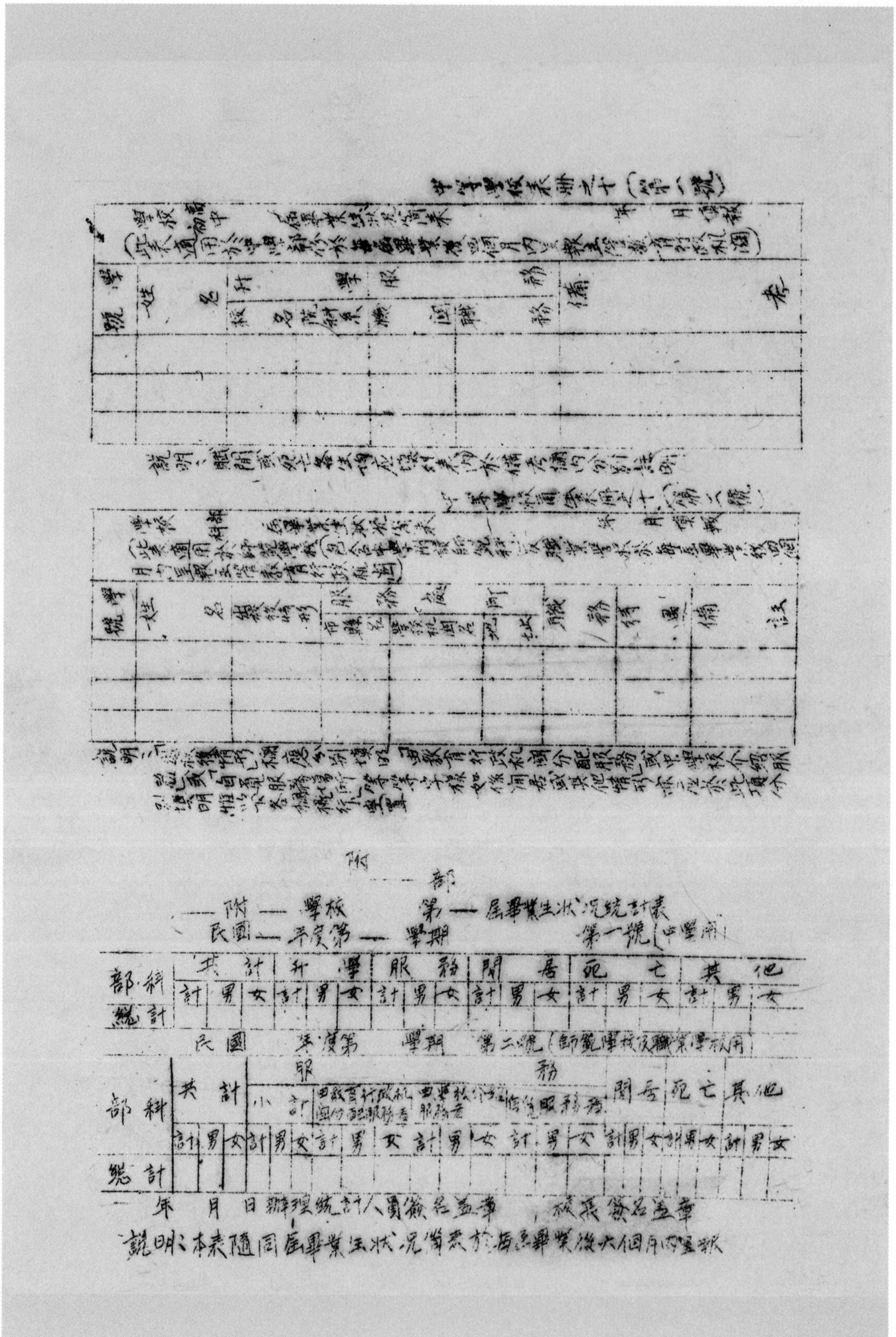

附

——部

——附——學校 第——屆畢業生狀況統計表

民國——年度第——學期 第一號（中學用）

部科	共計			升學			服務			閒居			死亡			其他		
	計	男	女	計	男	女	計	男	女	計	男	女	計	男	女	計	男	女
總計																		

民國 年度第 學期 第二號（師範學校及職業學校用）

部科	共計			服務												閒居			死亡			其他		
				小計			由教育行政機關分配服務者			由學校介紹服務者			自覓服務者											
	計	男	女	計	男	女	計	男	女	計	男	女	計	男	女	計	男	女	計	男	女	計	男	女
總計																								

年 月 日 辦理統計人員簽名蓋章 校長簽名蓋章

說明：本表隨同屆畢業生狀況簡表於每屆畢業後六個月內呈報

图 4-1-4　绥远省政府为抄发中等学校应行呈报表册格式给省立归绥师范学校代电（附教育部训令）（1946 年 6 月 25 日）（十五）

中等學校職員表冊之十一

[illegible]

學號	姓名	年齡	性別	籍貫	學歷	經歷	職務	擔任學科	每週教學時數	月薪	專任或兼任	到校年月	備考

附

民國——年度

——立——學校職教員統計表

第——學期

一、職別每週教學時數及月薪

職別											專任教員每週教學時數		專任教員月薪（元）	
共計			學長		專任教員		兼任教員		職員		每週教學時間總數	平均數	月薪總數	平均數
計	男	女	男	女	男	女	男	女	男	女				

說明：1、教員兼本校職務者以專任教員論，兼任教員指兼外職務職員，職員指本校辦理會計出納庶務文書等工作人員言

2、專任教員每週教學時數欄內之平均數以專任教員人數除全部專任教員每週教學時間之總數

3、專任教員月薪欄內之平均數其計算法與專任教員每週教學時數欄內平均數同

二、職教員籍貫

性別	共計	江蘇	浙江	安徽	江西	湖北	湖南	四川	西康	河北	山東	山西	河南	陝西	甘肅	青海	福建	廣東	廣西	雲南	貴州	遼寧	吉林	黑龍江	熱河	察哈爾	綏遠	寧夏	新疆	南京	上海	北平	天津	青島	重慶	東特區	威海衛	蒙古	西藏
總計																																							
男																																							
女																																							

——年——月——日 辦理統計人員簽名蓋章　　　　校長簽名蓋章

說明：1、本表隨同職教員一覽表每學期呈報一次

2、國立中等學校籍各省之職教員其籍貫暫就省名統計，不分縣市，省市以下公私立中等學校職教員籍貫得依其主管教育行政機關之需要更就縣市名稱統計

3、省市名稱次序依照本表規定，如有外籍職教員其籍貫名稱加列西藏之後

图 4-1-4　绥远省政府为抄发中等学校应行呈报表册格式给省立归绥师范学校代电（附教育部训令）（1946 年 6 月 25 日）（十六）

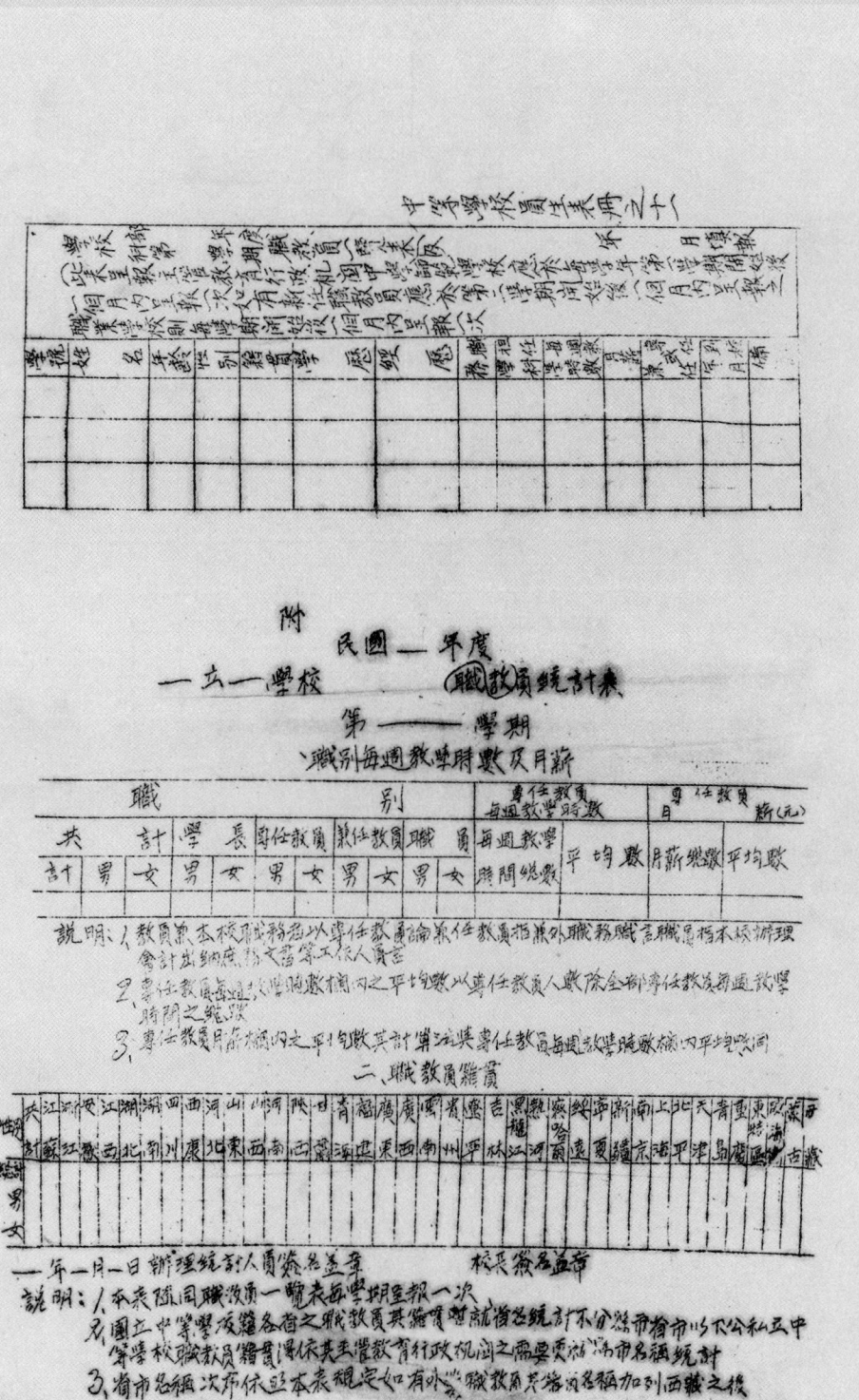

三、職教員資格

資格類別	計	男	女
總計			
普通科職教員			
1.受中學師範教員檢定合格者			
2.國內外師範大學或大學教育學院科系畢業者			
3.國內外大學本科高等師範或專修科畢業者			
4.國內外專科學校或專門學校本科畢業者			
5.中等學校畢業者			
6.其他			
職業科職教員			
1.受職業科師資檢定合格者			
2.職業師資訓練机關畢業者			
3.國內外大學專科學校或高級師範畢業者			
4.有專门職業技能曾任職業机關職務者			
5.高級職業學校或與高級職業學校相當之學校畢業			

年　月　日辦理統計人員簽名蓋章　　　　校長簽名蓋章

說明：本表隨同職教員一覽表每學期呈報一次

图 4-1-4　绥远省政府为抄发中等学校应行呈报表册格式给省立归绥师范学校代电（附教育部训令）（1946 年 6 月 25 日）（十七）

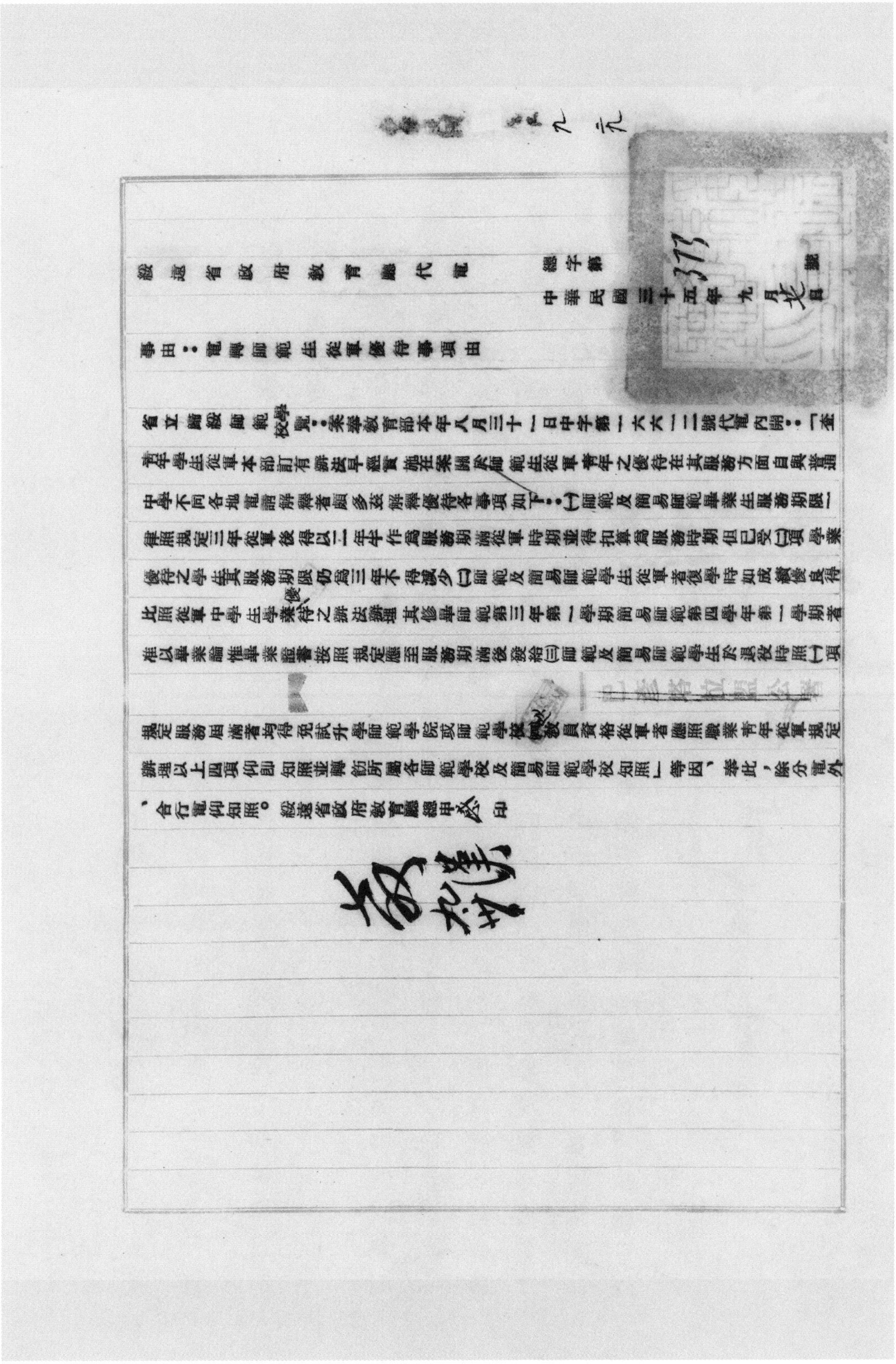
綏遠省政府教育廳代電
綏字第373號
中華民國三十五年九月廿七日
事由：電轉師範生從軍優待事項由
省立歸綏師範學校覽：案奉教育部本年八月三十一日中字第一六六一二號代電內開：「查青年學生從軍本部訂有辦法早經實施在案關於師範生從軍青年之優待在其服務方面自與普通中學不同各地呈請解釋者頗多茲將優待各事項如下：(一)師範及簡易師範畢業生服務期限一律照規定三年從軍後得以二年作爲服務期滿從軍時期並得扣算爲服務時期但已受(二)項學業優待之學生其服務期限仍爲三年不得減少(二)師範及簡易師範學生從軍者復學時如成績優良得比照從軍中學生學業優待之辦法辦理其修畢師範第三年第一學期簡易師範第四學年第一學期者准以畢業論准畢業證書按照規定應至服務期滿後發給(三)師範及簡易師範學生於退役時照(一)項規定服務期滿者均得免試升學師範學院或師範[illegible]教員資格從軍者應照職業青年從軍規定辦理以上四項仰即知照並轉飭所屬各師範學校及簡易師範學校知照」等因，奉此，除分電外，合行電仰知照。綏遠省政府教育廳甲[illegible]印

图 4-1-5　绥远省政府教育厅为转师范生从军优待事项给省立归绥师范学校代电（1946 年 9 月 27 日）

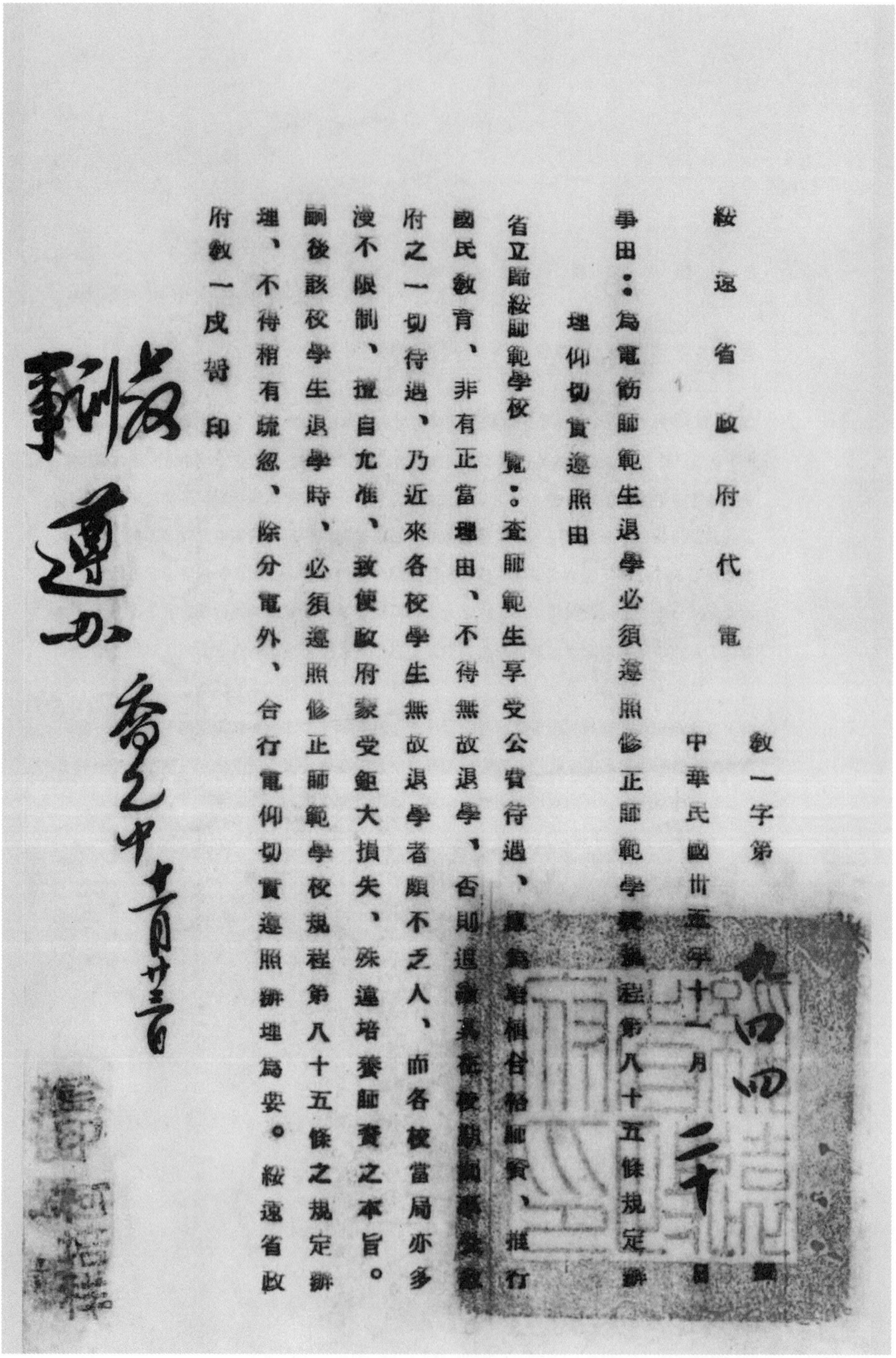

綏遠省政府代電　教一字第　號

中華民國卅五年十一月　日

事由：為電飭師範生退學必須遵照修正師範學校規程第八十五條規定辦理仰切實遵照由

省立歸綏師範學校覽：查師範生享受公費待遇、擔負培植合格師資、推行國民教育、非有正當理由、不得無故退學、否則追繳其在校期間享受政府之一切待遇、乃近來各校學生無故退學者頗不乏人、而各校當局亦多漫不限制、擅自允准、致使政府蒙受鉅大損失、殊違培養師資之本旨。嗣後該校學生退學時、必須遵照修正師範學校規程第八十五條之規定辦理、不得稍有疏忽、除分電外、合行電仰切實遵照辦理為要。綏遠省政府教一戌哿印

图 4-1-6　绥远省政府为师范生退学必须遵照修正师范学校规程规定办理给省立归绥师范学校的代电（1946 年 11 月 20 日）

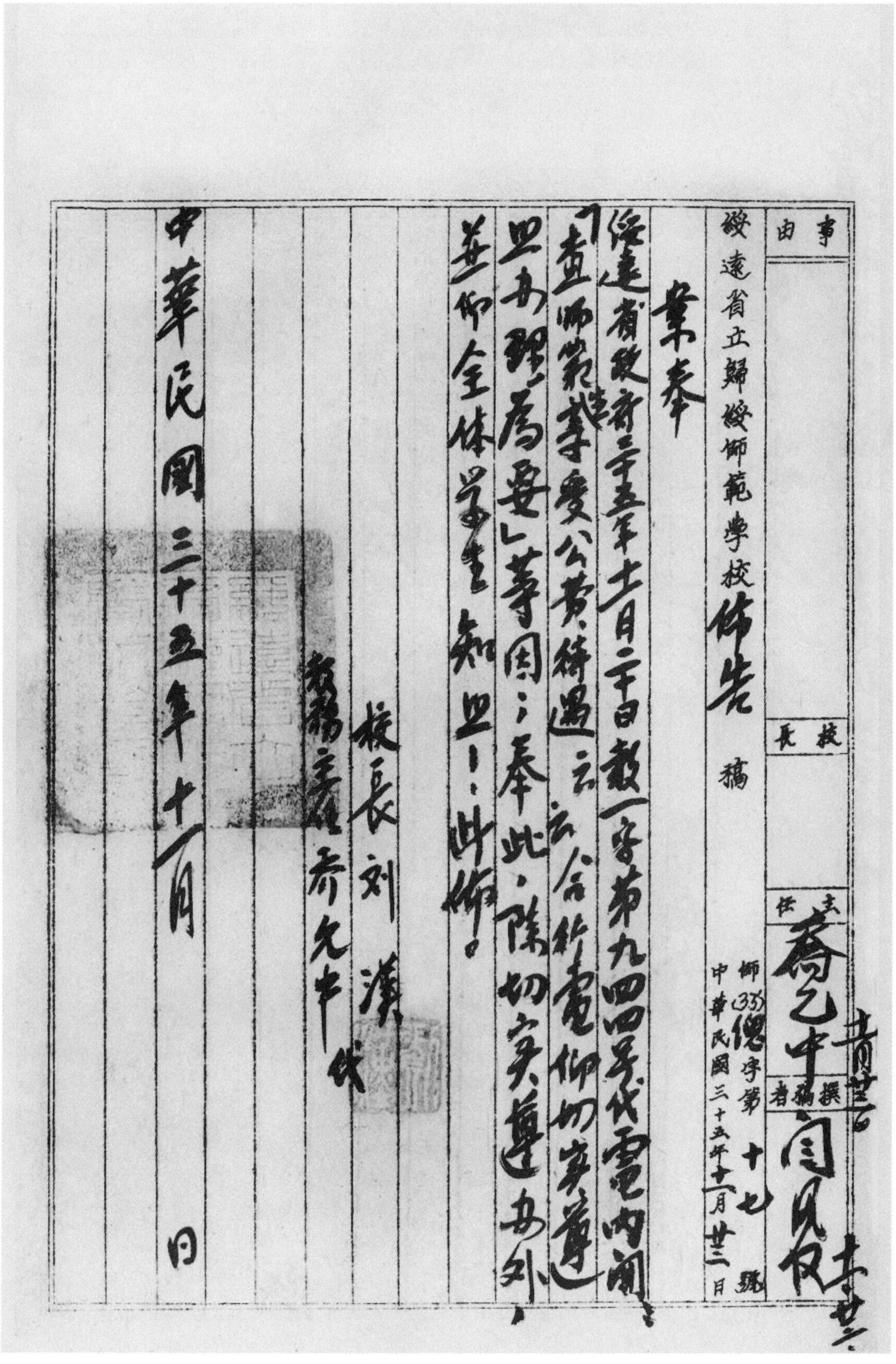

事由：綏遠省立歸綏師範學校佈告 稿

校長

主任 喬乙中

撰稿者 閆鳳岐

師(35)總字第十七號

中華民國三十五年十一月廿三日

案奉

綏遠省政府三十五年十月二十日教一字第九四四四號代電內開：「查師範生等享受公費待遇云云，合行電仰切實遵照辦理為要」等因；奉此，除切實遵照外，並仰全体學生知照！！此佈！

校長 刘漢

教務主任 喬乙中 代

中華民國三十五年十一月 日

图 4-1-7　绥远省立归绥师范学校关于师范生享受公费待遇的布告（1946 年 11 月 23 日）

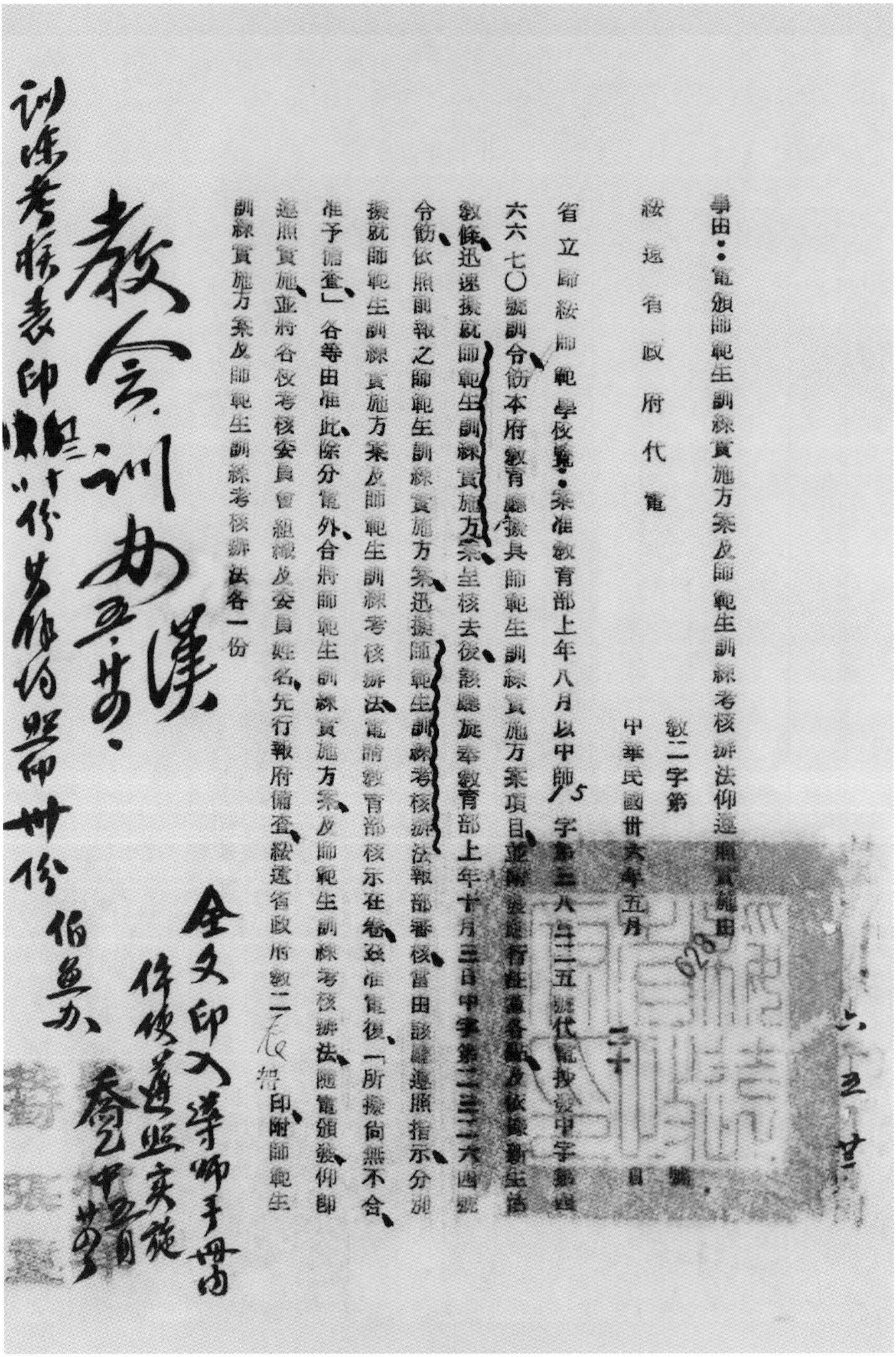
事由：電頒師範生訓練實施方案及師範生訓練考核辦法仰遵照實施由

綏遠省政府代電　教二字第　號

中華民國卅六年五月二十日

省立歸綏師範學校覽：案准教育部上年八月以中師15字第三八三二五號代電抄發中字第四六六七〇號訓令飭本府教育廳擬具師範生訓練實施方案項目並擬定施行程序各點及依據新生活教條迅速擬就師範生訓練實施方案呈核去後，該廳旋奉教育部上年十月三日中字第二三二六四號令飭依照前報之師範生訓練實施方案迅擬師範生訓練考核辦法報部審核，當由該廳遵照指示分別擬就師範生訓練實施方案及師範生訓練考核辦法，電請教育部核示在卷。茲准電復，「所擬尚無不合，准予備查」各等由，准此，除分電外，合將師範生訓練實施方案，及師範生訓練考核辦法隨電頒發，仰即遵照實施，並將各校考核委員會組織及委員姓名，先行報府備查。綏遠省政府教二辰印，附師範生訓練實施方案及師範生訓練考核辦法各一份

图 4-1-8　绥远省政府为颁发师范生训练实施方案及师范生训练考核办法给省立归绥师范学校代电（附实施方案及考核办法、考核表）（1947 年 5 月 20 日）（一）

綏遠省師範生訓練實施方案

一、學科訓練

1.各科課程之督導：師範生所習之學科俱為將來教學實用之學識，知之不詳，教之難通，故在學習時應有透澈之了解與純熟之研究，每期應習課程不准有片斷或剩餘，各科教師應確實講解嚴厲督導，文學教師尤應注重詞字之考證，科學教師應注重系統之分析，術科教師應注意方法上純熟之練習。

2.加強教育學科之研究與實行：教育學科向為一般學生所忽視，往往於學習時不深加研究或研究而不付諸實行，造成教學方法之不進步，學習效率之減低現象，殊不知教育學科所習之理論為中外教育學者所公認，又皆係可行而易效者，今後除課堂講習外，應組織各種研究會並於輔導地方教育時注重實行之技術問題。

3.訓練課外閱讀及寫作之習慣：師範生必須有豐富之常識與新穎之思想，若僅課程內所學者殊不足以應用，故必訓練其課外閱讀能力，（第一）要養成其每日看報習慣，（第二）要組織讀書會，合資訂購書籍雜誌輪流閱讀或研討，高年級生應研讀歷朝學案與教育法令，養成學生隨時隨地讀書之習慣，於散步小憩之時或候車之際，皆為閱讀之機會，（第三）要使學生每日為日記，不論在校歸家或旅途中，不可一日間斷，最初須強迫督導，久之則成為自然之習慣，為日記要偏重於讀書心得或感想，勿使流於俗套。

图 4-1-8　绥远省政府为颁发师范生训练实施方案及师范生训练考核办法给省立归绥师范学校代电（附实施方案及考核办法、考核表）（1947 年 5 月 20 日）（二）

4. 搜集研究一切教育資料：師範學生當以教育為終身事業，應於日常閱讀中，遇有教育價值之事例或統計數字，隨時隨地搜集紀載，並研究之。

二、精神訓練

1. 確立教育事業之信念堅定獻身教育之意志：過去多數師範生畢業後，不從事教育工作，或服務未久，即遂改業，斯皆信念不堅定所致，其於國家於個人損失甚大，訓練辦法：第一、在平常多舉中外教育名人事跡，作經常之曉喻，第二、在每年舉辦師範教育運動週，確實遵行部頒倡導師範教育實施要點，第三、實行獎勵師範學校教員學生研究實施要點，以資倡導。

2. 養成樂於為公服務之精神：(一)在學校內或班級中之各種事務，盡量由學生服務，(二)藉輔導地方教育工作時發揮為公服務之精神。

3. 養成自發自動自律的習慣：(一)藉各種課外活動事項，如自治會合作社等，令其自動發起自動組織，自定規章，校方從傍指導與監督，(二)於各種學校規章，必須切實講解，使其明瞭守法意義，表現自律精神。

4. 養成有始有終言行一致之作風：凡事有始無終，有言無行，或言行而不能一致，乃為今日社會一般之流弊，師範學生自應矯正此缺點，以作下一代之楷模，故於學生平常一切活動中，要培養有始有終言行一致之作風。

(三)生活訓練

1. 養成合理化之生活習慣：要於衣食住行中，培養其合理之生活習慣，如衣不求華麗而貴整潔，食不求饜口而

图 4-1-8　绥远省政府为颁发师范生训练实施方案及师范生训练考核办法给省立归绥师范学校代电（附实施方案及考核办法、考核表）（1947 年 5 月 20 日）（三）

重當責任，不必樓廈，以使陽光空氣充足爲宜，早起早操爲健身要訣，務使學生深明此理，不論何時何地，永遠如斯。

2.養成遵守時間秩序之習慣：在集會時，多不遵守時間，出入會堂車站街衢中，多不遵守秩序，此爲一般[illegible]不可諱言之惡習，凡爲師範生，應當視爲自己之責任，勿使下一代再沿此種惡習，故於求學時代，先養成遵守時間與秩序之習慣，方能爲人師表。

3.養成勤儉之習慣：勤儉爲人生之美德，勤能補拙，儉可養廉，凡爲師範學生者，均應自己洗滌衣服，整潔寢室教室周圍環境，並栽花種菜澆灌等事，以養其勤，指導學生作合理之用款，勿染不良嗜好，造成儉樸之校風，以養成其儉。

四、專業訓練

1.教學技術之訓練：師範生異於一般中學生者，端在教學之技術，故在平時要深明各教育學科之理論，在實習時，應研討實施此理論之技術問題，並常請富於經驗之各科教師指導學生覓機練習。

2.講話技術之訓練：教學之技術首在講話，(一)應使學生組織經常講演會，輪流練習，相互批評，(二)使學生多閱讀關於練習講話之書籍，(三)聘請善於言辭者講演，以作觀摩，(四)參加各種講演競賽。

3.板書之訓練：(一)利用剩餘之粉筆截節，平時在黑板上練習有系統之寫字與繪圖，絕對禁止在黑板以外亂肆寫畫，(二)在校內交通中心地點設置黑板三張，一樣時事，一錄格言，一示有益圖畫或漫畫，每日或間日，由學生分別輪流擔任選擇與書寫工作。

图 4-1-8　绥远省政府为颁发师范生训练实施方案及师范生训练考核办法给省立归绥师范学校代电（附实施方案及考核办法、考核表）（1947 年 5 月 20 日）（四）

綏遠省師範生訓練考核辦法

一、本辦法依據卅五年十月教育部中字第一三三二六四號訓令及本省師範生訓練實施方案訂定之。

二、各師範學校均應組織師範生訓練考核委員會，各設委員五人至七人，以各校長為主任委員，各主任及導師為委員，依照本辦法辦理考核事宜。

三、本廳於每學期派員赴各師範學校視察時，得依照本辦法詳細考核各校師範生訓練情形，並將考核結果專案呈報教育廳。

四、各師範學校應於每學期終了後一週內，將該校師範生訓練考核辦法，並將考核結果專案呈報教育廳。

五、考核項目及百分比：

一、學科訓練一百分

1.各科課程之訓練，百分之二十 2.加強教育學科之研究與實行，百分之二十 3.訓練課外閱讀及寫作之習慣，百分之二十 4.搜集研究一切教育資料，百分之二十 5.體育理論研討之養成，百分之二十

二、精神訓練一百分

1.確立教育事業之信念，百分之二十 2.養成樂於為公服務之精神，百分之二十 3.養成自發自動自律的習慣，百分之二十 4.養成有始有終言行一致之作風，百分之二十 5.養成仁愛合群之體育道德，百分之二十

三、生活訓練一百分

1.養成合理化之生活習慣，百分之二十五 2.養成遵守時間秩序之習慣，百分之二十五 3.養成勤儉之習慣，

图 4-1-8 绥远省政府为颁发师范生训练实施方案及师范生训练考核办法给省立归绥师范学校代电（附实施方案及考核办法、考核表）（1947 年 5 月 20 日）（五）

百分之二十五4.養成活潑進取之體育習慣百分之二十五

四、專業訓練一百分

1.教學技術之訓練百分之二十五2.講話技術之訓練百分之二十五3.板書之訓練百分之二十五4.體育技術之訓練百分之二十五

六、考核方法：考核委員會應根據訓練實施方案所列各項細目擬製考核表隨時分別記錄並定期召開考核委員會於開會時各將平時考核情形提出討論將討論結果專案送廳備轉

七、本辦法考核各項目各以百分法計算六十分為及格總成績以考核委員會與視察人員之考核結果各佔百分之五十無視察人員之報告時亦以百分計算

八、辦理師範生訓練成績優良之學校予以獎勵過劣者予以懲誡之

九、本辦法自呈准之日施行

图 4-1-8　绥远省政府为颁发师范生训练实施方案及师范生训练考核办法给省立归绥师范学校代电（附实施方案及考核办法、考核表）（1947年5月20日）（六）

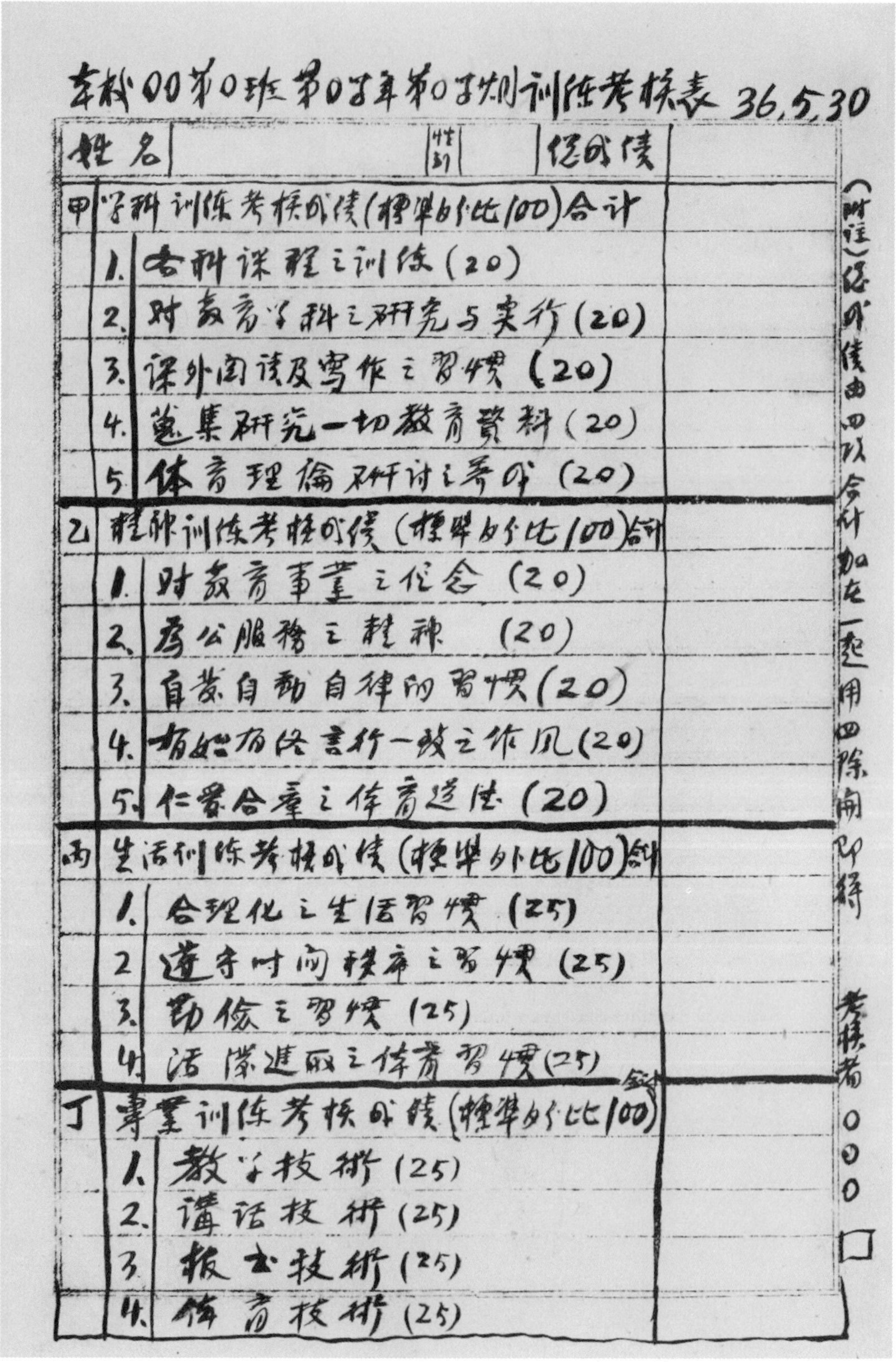

本校00第0班第0学年第0学期训练考核表 36.5.30

姓名		性别	总成绩
甲	学科训练考核成绩（标准分比100）合计		
	1. 各科课程之训练（20）		
	2. 对教育学科之研究与实行（20）		
	3. 课外阅读及写作之习惯（20）		
	4. 蒐集研究一切教育资料（20）		
	5. 体育理论研讨之养成（20）		
乙	精神训练考核成绩（标准分比100）合计		
	1. 对教育事业之信念（20）		
	2. 为公服务之精神（20）		
	3. 自发自动自律的习惯（20）		
	4. 有始有终言行一致之作风（20）		
	5. 仁爱合群之体育道德（20）		
丙	生活训练考核成绩（标准分比100）合计		
	1. 合理化之生活习惯（25）		
	2. 遵守时间秩序之习惯（25）		
	3. 勤俭之习惯（25）		
	4. 活泼进取之体育习惯（25）		
丁	专业训练考核成绩（标准分比100）合计		
	1. 教学技术（25）		
	2. 讲话技术（25）		
	3. 板书技术（25）		
	4. 体育技术（25）		

（附注）总成绩由四项合计加在一起用四除间即得

考核者 000 □

图 4-1-8 绥远省政府为颁发师范生训练实施方案及师范生训练考核办法给省立归绥师范学校代电（附实施方案及考核办法、考核表）（1947 年 5 月 20 日）（七）

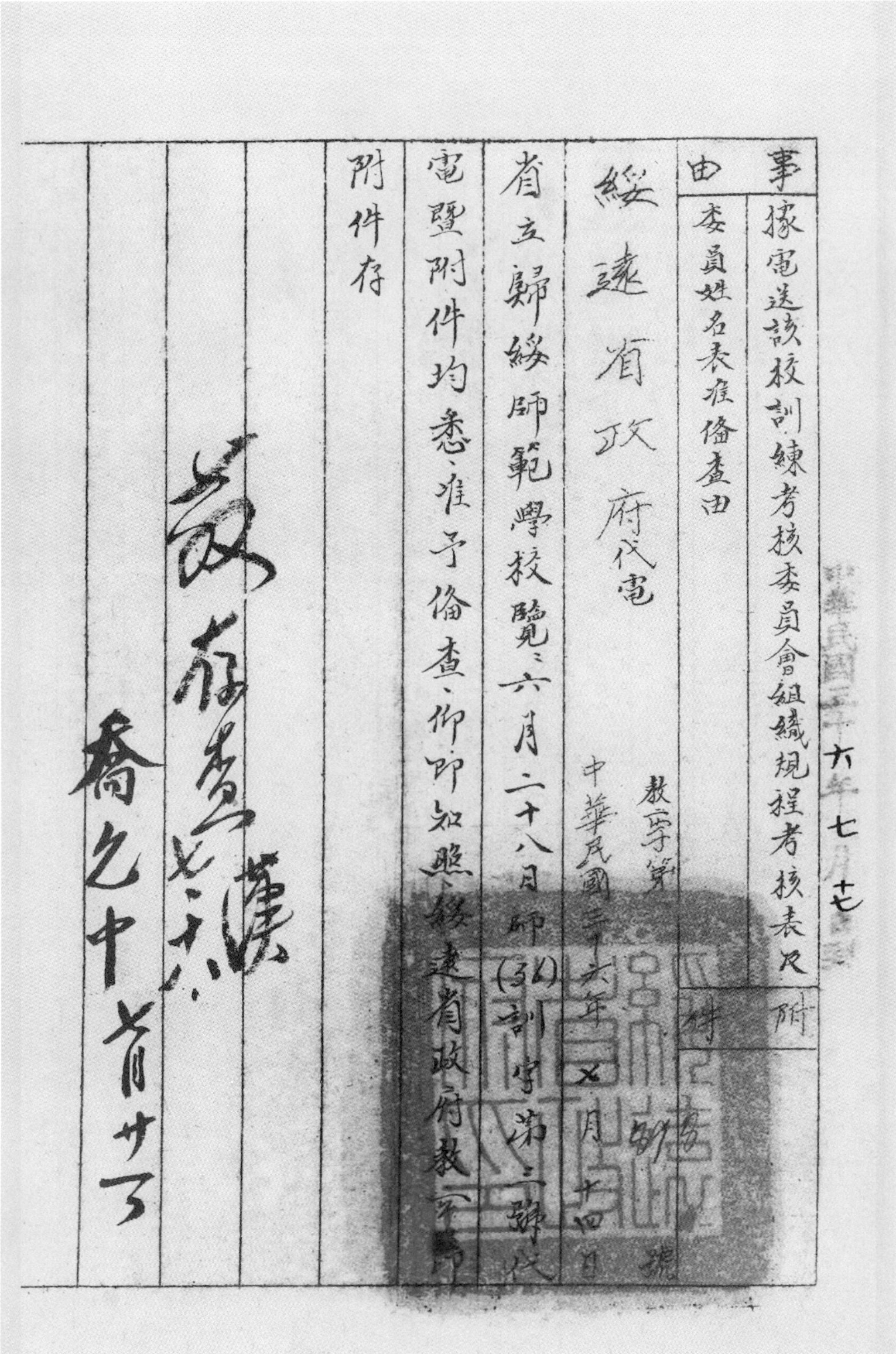
事由
據電送該校訓練考核委員會組織規程考核表及委員姓名表准備查由

附件

六七
十七

綏遠省政府代電

教字第　號

中華民國三十六年七月十四日

省立歸綏師範學校覽：六月二十八日師(36)訓字第三號代電暨附件均悉，准予備查，仰即知照。綏遠省政府教(印)

附件存

图 4-1-9　绥远省立归绥师范学校呈送本校训练考核委员会组织规程考核表和委员姓名表及绥远省政府准予备查的代电（附组织规程考核表和委员姓名表）（1947 年 7 月 14 日）（一）

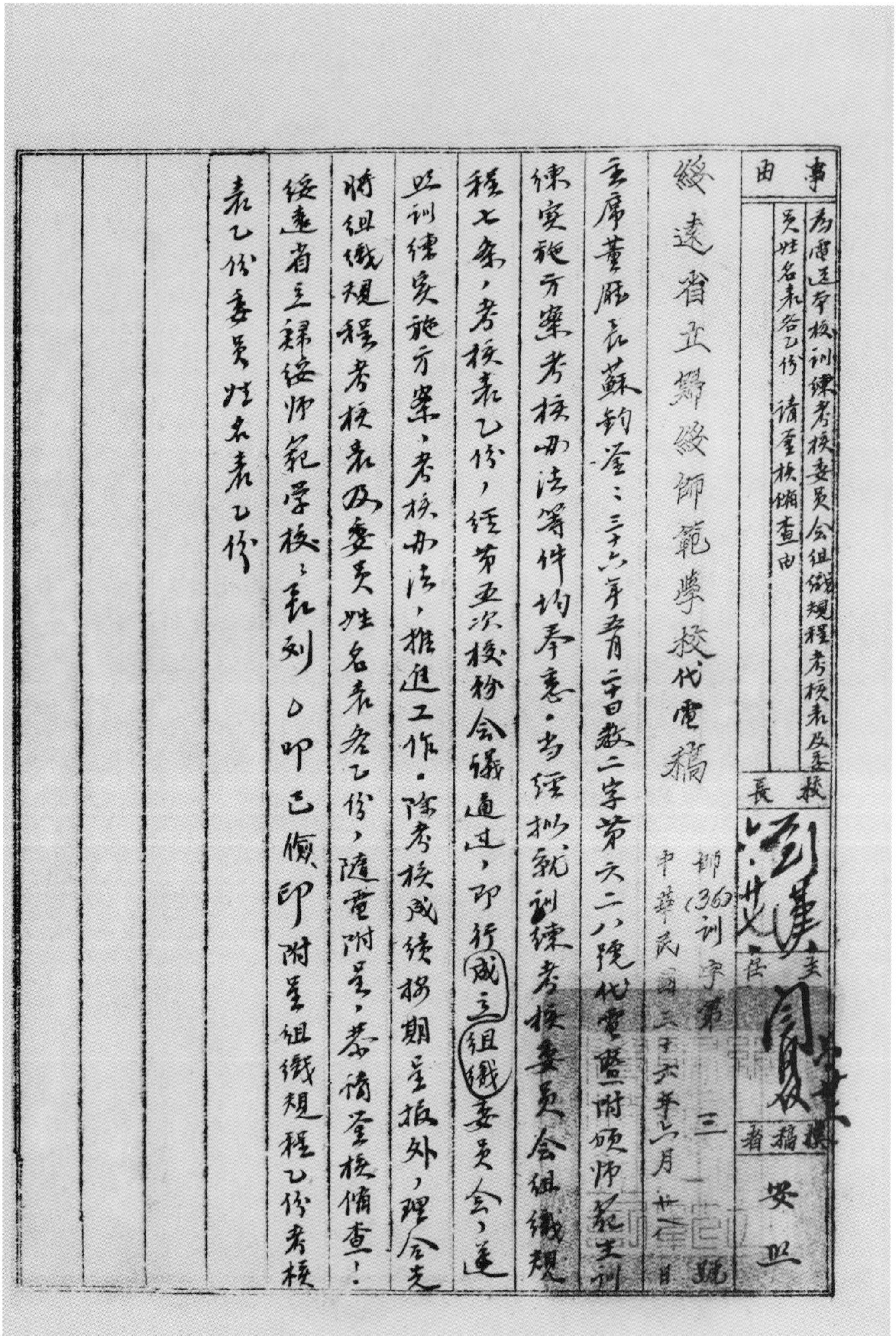

事由：為電送本校訓練考核委員会組織規程考核表及委員姓名表各乙份請鑒核備查由

校長 劉漢 主任 閻

擬稿者 安巴

歸(36)訓字第三一號

中華民國三十六年七月 日

綏遠省立歸綏師範學校代電稿

主席董、廳長蘇鈞鑒：三十六年五月二十日教二字第六二八號代電暨附頒師範生訓練實施方案、考核辦法等件均奉悉。當經擬就訓練考核委員會組織規程七条，考核表乙份，經第五次校務会議通過，即行成立組織委員会，遵照訓練實施方案、考核辦法，推進工作。除考核成績按期呈報外，理合先將組織規程考核表及委員姓名表各乙份，隨電附呈，恭請鑒核備查！綏遠省立歸綏師範學校校長劉〇叩巳願印 附呈組織規程乙份、考核表乙份、委員姓名表乙份

图 4-1-9 绥远省立归绥师范学校呈送本校训练考核委员会组织规程考核表和委员姓名表及绥远省政府准予备查的代电（附组织规程考核表和委员姓名表）（1947 年 7 月 14 日）（二）

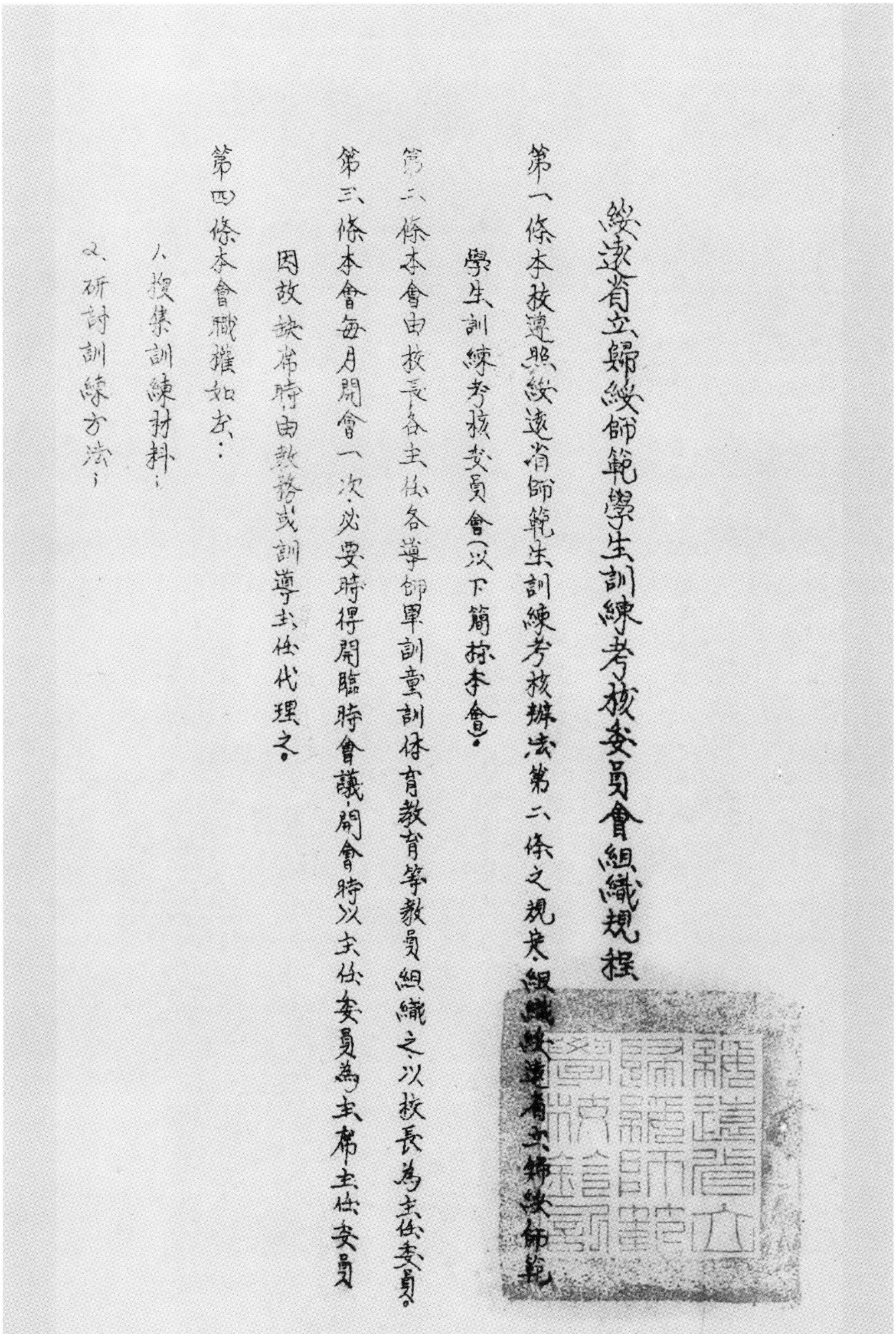

綏遠省立歸綏師範學生訓練考核委員會組織規程

第一條 本校遵照綏遠省師範生訓練考核辦法第二條之規定組織綏遠省立歸綏師範學生訓練考核委員會（以下簡稱本會）。

第二條 本會由校長各主任各導師軍訓童訓体育教育等教員組織之，以校長為主任委員。

第三條 本會每月開會一次，必要時得開臨時會議，開會時以主任委員為主席，主任委員因故缺席時由教務或訓導主任代理之。

第四條 本會職權如左：

1、搜集訓練材料；

2、研討訓練方法；

图 4-1-9 绥远省立归绥师范学校呈送本校训练考核委员会组织规程考核表和委员姓名表及绥远省政府准予备查的代电（附组织规程考核表和委员姓名表）（1947 年 7 月 14 日）（三）

3. 擬訂考核表册；

4. 評定考核成績；

5. 其他有關訓練考核一切事宜；

第五條 本會遵照綏遠省師範生訓練實施方案，着重平時精神訓練，並隨時考核紀錄，於每學期終了開總考核會議一次，評定各生成績，專案呈報教育廳備查。（考核表另定之）

第六條 凡本會委員對各班學生，均應隨時隨地負訓練考核之責，其他專任教職員對每個學生之性行，亦應隨時予以訓練或糾正，並提供意見，作為本會訓練考核之參考。

第七條 本規程經校務會議通過，自呈奉核准之日施行。

图 4-1-9 绥远省立归绥师范学校呈送本校训练考核委员会组织规程考核表和委员姓名表及绥远省政府准予备查的代电（附组织规程考核表和委员姓名表）（1947 年 7 月 14 日）（四）

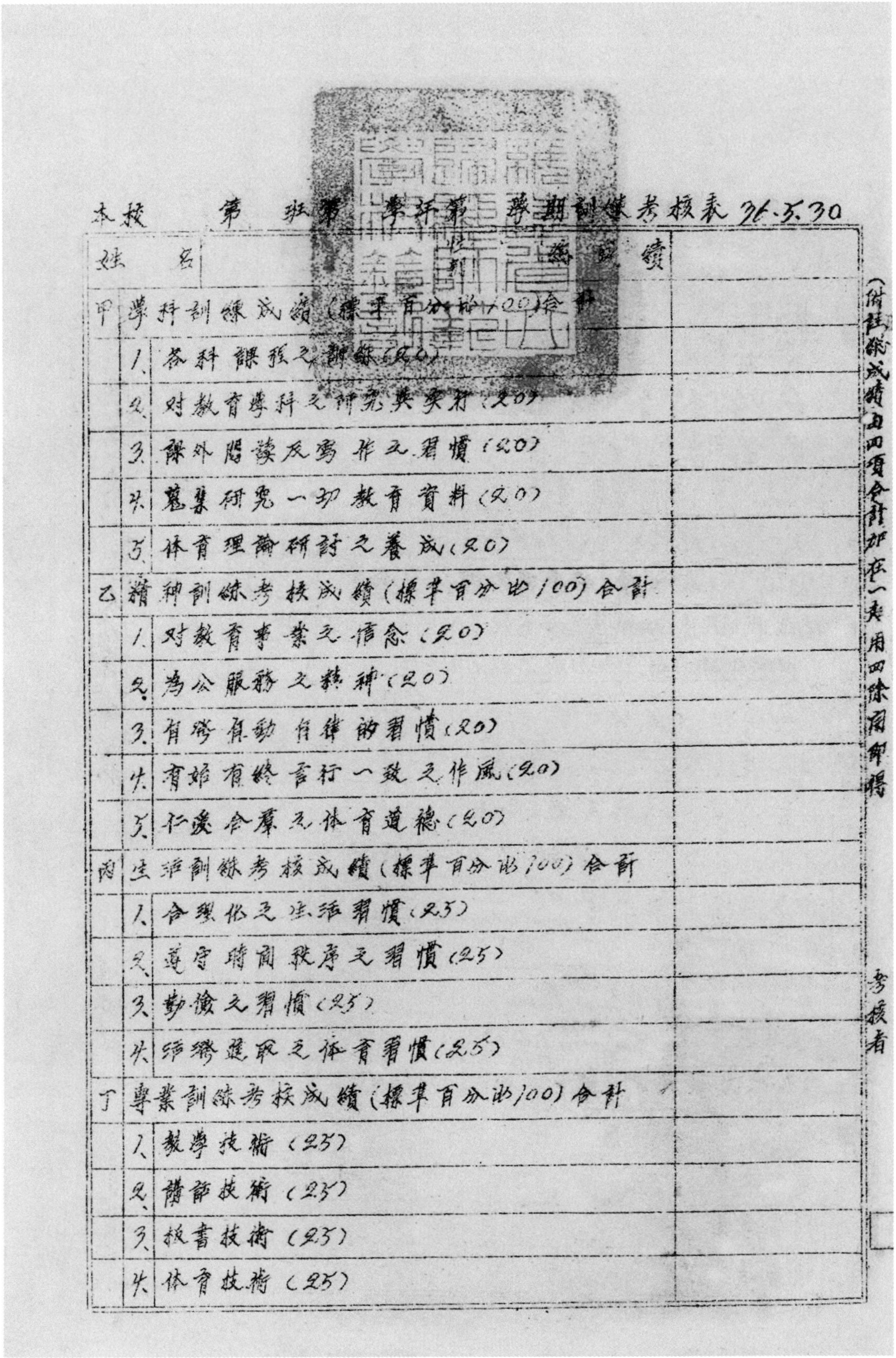

本校　第　班第　學科第　學期訓練考核表　36.5.30

姓名		總成績	
甲	學科訓練成績（標準百分比100）合計		
	1、各科課程之熟練(20)		
	2、對教育學科之研究興趣(20)		
	3、課外閱讀及寫作之習慣(20)		
	4、蒐集研究一切教育資料(20)		
	5、体育理論研討之養成(20)		
乙	精神訓練考核成績（標準百分比100）合計		
	1、對教育事業之信念(20)		
	2、為公服務之精神(20)		
	3、自發自動自律的習慣(20)		
	4、有始有終言行一致之作風(20)		
	5、仁愛合群之体育道德(20)		
丙	生活訓練考核成績（標準百分比100）合計		
	1、合理化之生活習慣(25)		
	2、遵守時間秩序之習慣(25)		
	3、勤儉之習慣(25)		
	4、活潑進取之体育習慣(25)		
丁	專業訓練考核成績（標準百分比100）合計		
	1、教學技術(25)		
	2、講演技術(25)		
	3、板書技術(25)		
	4、体育技術(25)		

（附註：總成績由四項合計加在一起用四除即得）

考核者

图 4-1-9　绥远省立归绥师范学校呈送本校训练考核委员会组织规程考核表和委员姓名表及绥远省政府准予备查的代电（附组织规程考核表和委员姓名表）（1947 年 7 月 14 日）（五）

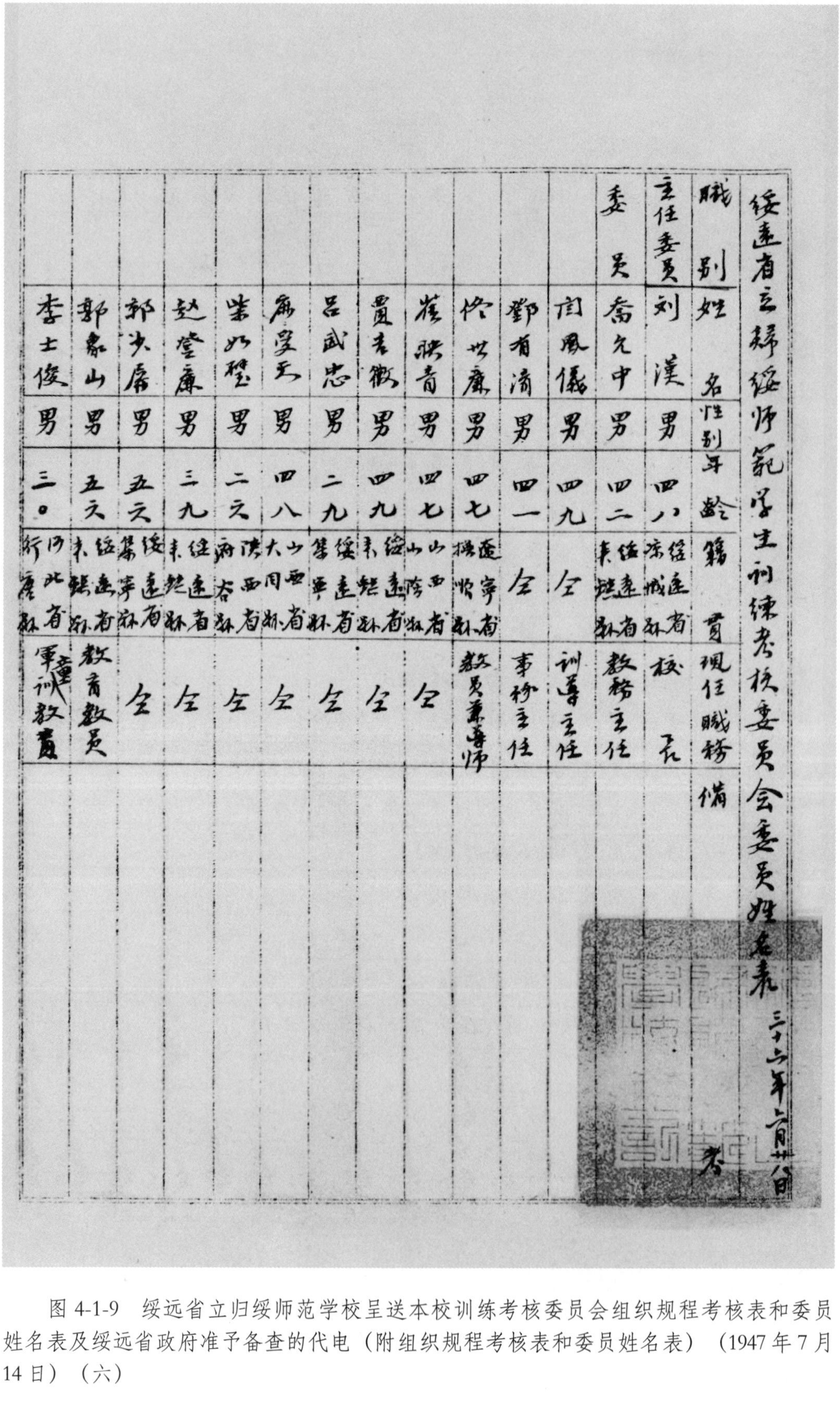

绥远省立归绥师范学生训练考核委员会委员姓名表 三十六年六月廿八日

职别	姓名	性别	年龄	籍贯	现任职务	备考
主任委员	刘汉	男	四八	绥远省凉城县	校长	
委员	乔允中	男	四二	绥远省东胜县	教务主任	
	阎凤仪	男	四九	仝	训导主任	
	邓有滴	男	四一	仝	事务主任	
	佟世廉	男	四七	辽宁省抚顺县	教员兼导师	
	崔联青	男	四七	山西省山阴县	仝	
	贾书徵	男	四九	绥远省东胜县	仝	
	吕武忠	男	二九	绥远省集宁县	仝	
	庞学天	男	四八	山西省大同县	仝	
	柴如璧	男	二六	陕西省府谷县	仝	
	赵登廉	男	三九	绥远省东胜县	仝	
	郝汝庸	男	五六	绥远省集宁县	仝	
	郭象山	男	五六	绥远省东胜县	教育教员	
	李士俊	男	三〇	河北省行唐县	童军训教官	

图 4-1-9 绥远省立归绥师范学校呈送本校训练考核委员会组织规程考核表和委员姓名表及绥远省政府准予备查的代电（附组织规程考核表和委员姓名表）（1947 年 7 月 14 日）（六）

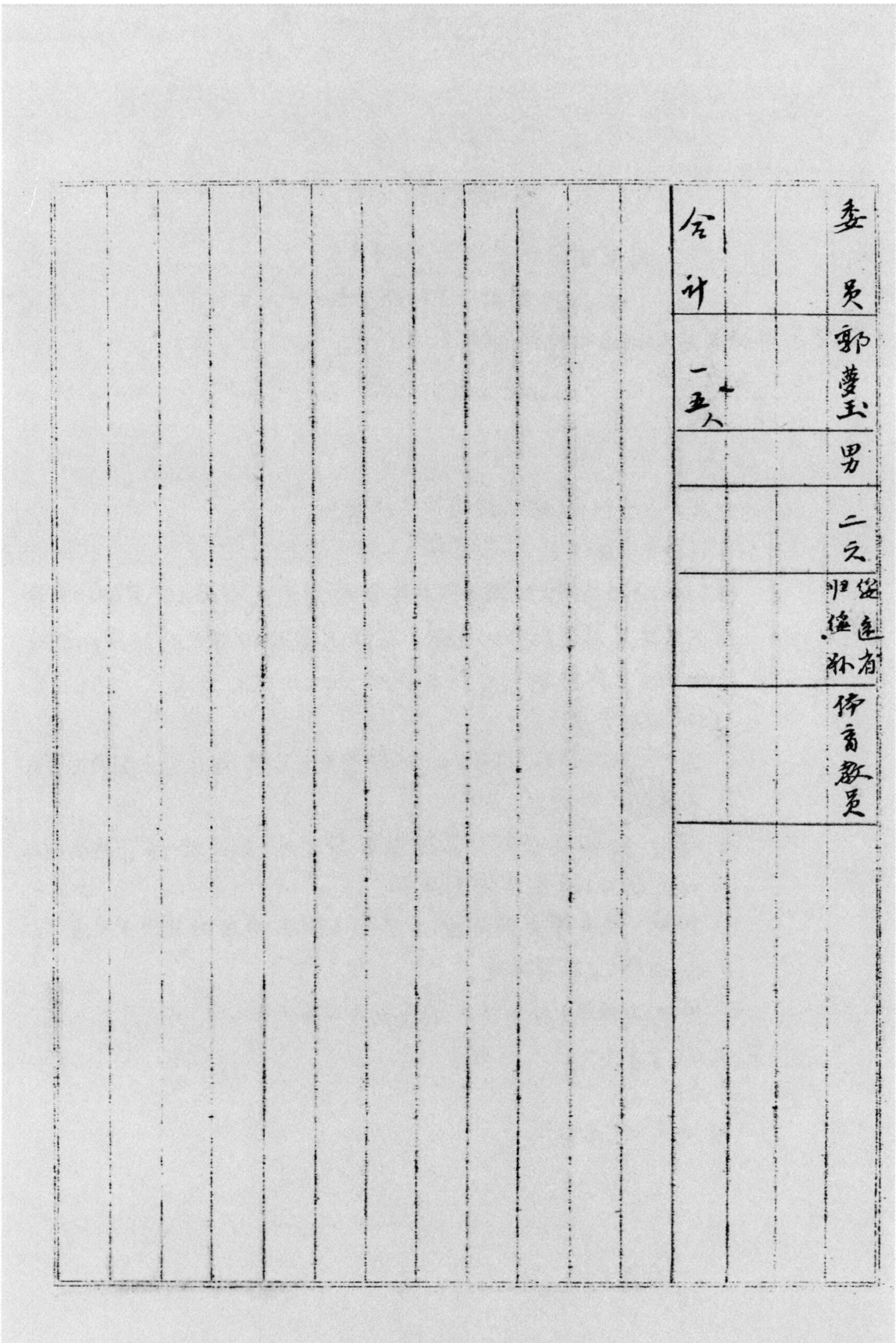

委员	郭梦玉	男	二六	绥远省归绥师	体育教员
合计	一五人				

图 4-1-9　绥远省立归绥师范学校呈送本校训练考核委员会组织规程考核表和委员姓名表及绥远省政府准予备查的代电（附组织规程考核表和委员姓名表）（1947 年 7 月 14 日）（七）

師範生訓練實施概況調查表

綏遠省立歸綏女子師範學校三十七年二月　日

(一)訓練主持人姓名及職務如何？

校長田玉册

(二)訓練項目

(1)如何舉行各學科訓練以提高學生程度？

子、各科研究方面？

由各科教員指導學生組織各科研究會如讀書會、壁報社、算術研究會，標本蒐集團，書法美術研究會及歌詠團等，俾使學生除課內研讀外，並就其願望與興趣隨意擇選會社，加入研究之。

丑、各科作業方面？

一、國文：除作文之外，利用日記訓練學生之思想，創作能力，並校正學生寫差別字與練習小楷。

二、算術：除督促學生演算課內習題之外，並供給優秀學生課外補充題，以適應其個別差異。

三、史地：輔導學生解答課內問題並指導繪製地圖及歷史圖等以提高學生之學習興趣。

四、博物：鼓勵學生採集標本，並實習園藝飼養家畜。

寅、假期作業方面？

一、國文方面：

a.確定作文題數題、

图 4-1-10　绥远省立归绥女子师范学校师范生训练实施概况调查表（1948 年 2 月）（一）

b.規定每日寫日記及大楷.

c.搜集鄉土材料作雜記數則.

二、算術方面：確定算術課外題160.

三、史地：命其叙述鄉土史地概況.

四、博物：命其搜集鄉土標本.

五、其他：鼓勵學生輔助家庭烹飪縫補等雜務及教導弟妹識字並宣傳鄉里及齡兒童入學等.

卯、學科比賽方面？

一、每學期舉辦論文及描寫文競賽四次.

二、每學期舉辦算術競賽四次.

三、經常展覽學生之地圖.歷史圖.博物標本及圖畫等.

辰、學術講演與觀摩方面？

一、利用週會作學科指導之專題講演.

二、約請本市名流作學術講演.

三、遇有外來之名人.隨時約請講演.

四、參觀本市各機關.文化團體.學校及工廠等.以達成直觀教學並收觀摩之效.

巳、其他有關學科訓練事項？

一、利用話劇團訓練學生欣賞文學之興趣.

二、利用歌詠團促進學生對音樂之欣賞興趣.

三、利用壁報以提高學生寫作及發表之興趣.

(2)如何舉行德行訓練以養成學生良好品行？

图 4-1-10　绥远省立归绥女子师范学校师范生训练实施概况调查表（1948 年 2 月）（二）

子、目標如何？

一、以全國總校訓（禮義廉恥）為訓練目標、

二、以八德為訓練目標之綱領、

三、以新生活標準整齊、清潔、簡單、樸素、迅速、確實為生活訓練之標準、

丑、訓練德目：

一、愛國、二、孝順、三、尊師、四、仁愛、五、誠信、六、敬業、七、樂群、八、互助、九、義勇、十、整潔、十一、樸素、十二、活潑、十三、敏捷、十四、精細、十五、確實、十六、勤勞、十七、文雅、十八、節儉、為訓練德目、

寅、訓練方式：

一、中心訓練週方面：生活原係多方面之綜合組織、故本校訓練不以週為單位、而採取綜合訓練方式、

二、自治組織方面？

除照章組織自治會之外，並於各班組織班分會及指導學生組織各項課外活動之自治團體、

三、環境布置方面：在艱苦環境中一切有關教學及訓練之必要圖表均由教師指導學生根據整潔樸素之原則自行製作懸掛於教室及禮堂中，藉以培養學生創造能力及愛好簡樸整肅之優良習慣、

四、導師感化方面？導師均依照部頒導師手冊中之規定積極領導學生改進生活習慣、且導師均須以身作則、勤苦耐勞俾收

图 4-1-10　绥远省立归绥女子师范学校师范生训练实施概况调查表（1948 年 2 月）（三）

潜移默化之效

五、家庭联络方面？本校与学生家长经常取得密切联系，关于学生学行之记载亦得时时通知其家长，尤其对于特殊学生之教导，均与家长磋商研讨较妥善之有效方法。

六、品格测验方面？本校尚未采取现行之各种品格测验（惟对考核方面自行制定如下标准）但依据上项德行训练德目随时测验之。

a.修己：1.体态、2.言语思想、3.整洁、4.勤劳、5.守纪律

b.对他：1.仁爱（孝）、2.诚信、3.助人（义）、4.礼节、

c.治事治学：1.有恒、2.精细、3.负责、

共十二目，每目分五等级，藉以考查其品行为训导时之参考注意学生之日常生活习惯及偶发事项随时修正其品德。

七、其他训练方式？

(3)如何举行生活训练以培养学生优良生活习惯？

子、劳动服务方面？本校复员未久，修建工程浩大，故学生协助各项工程之劳动服务机会极多，如整饰校院运送器材、修整道路等，此种劳动服务，系由教师领导充分利用课余时间，以不伤害学生之身心健康而能提高其服务兴趣为原则，寓创造建设训练于其中，实施半年，学生颇能认识劳动之真义并已剔除其娇惰之恶习而能兴趣浓厚，不视劳动为畏途，实为训导方面收效最大之一项。

丑、整洁美化方面？本校实施清洁检查，每日检查学生之教室及寝室

图 4-1-10　绥远省立归绥女子师范学校师范生训练实施概况调查表（1948 年 2 月）（四）

之整潔、每禮拜六下午、由導師及訓導員督導學生洗濯及縫補衣履禮拜日早晨舉行大掃除，並檢查學生之襯衣，頭髮等易於藏匿虱虫之處此外鼓勵學生撲滅蚊、蠅、虱、蚤、等害虫，且用競賽方式培養其愛好整潔美化之習慣、

寅、守時守法方面？

一、守時方面：早操、自習、上課以及各種集會，均嚴格督促學生迅速守時，並於每禮拜日學生返校時確實點名，對遲到學生均嚴厲懲處、使其養成守時之習慣、此外常講述古今偉人守時故事以為勉勵、

二、守法方面：除嚴厲執行學校規定各項規約外、並指導學生自治會及各課外活動團體確立生活規約、利用群眾制裁以收守法之效、

卯、健康娛樂方面？

一、關於健康方面：充分利用各種體育活動及清潔檢查等以增進學生之健康並鼓勵及領導學生參加旅行團體及本市各届運動會，對羸弱學生、隨時請校醫嚴密檢查、如遇傳染病症時、採取嚴格隔離辦法或商同家長送往病院、

二、關於娛樂方面：日常利用休閒時間由教師領導作各種遊戲或講故事猜燈謎等有趣之活動、並於每月舉行遊藝晚會一次提倡正當娛樂並隨時講說正當娛樂之益處、

辰、團體生活方面？

無論課內課外、均積極訓練學生養成樂群愛群之優良心理排

图 4-1-10　绥远省立归绥女子师范学校师范生训练实施概况调查表（1948 年 2 月）（五）

除其自私、偏狭等習氣與地域班級等觀念使鎔為一爐、

巳、其他生活訓練方面？

利用假期及星期日使學生知孝順父母及愛姊妹兄弟學習治理家政與隣居聯絡感情互助合作對本鄉親隣之文盲隨時教其識字、

(二)如何舉行專業訓練以培養專業精神？

子、教育事業興趣與信念培養方面？

本校現僅有一年級學生、一切專業科目尚未列入課程、故對於專業訓練僅利用學術講演、日常談話、以及參觀隣近小學等極力闡發教育事業之價值及興趣而已、

丑、教育方法及技術養成方面？

尚未實施、

寅、其他專業訓練方面？

尚未實施、

(三)訓練時間支配？

(1)課内

學科訓練佔85%

德行訓練佔10%

生活訓練佔5%

(2)課外

學科訓練佔15%

德行訓練佔40%

生活訓練佔40%

图 4-1-10　绥远省立归绥女子师范学校师范生训练实施概况调查表（1948 年 2 月）（六）

專業訓練佔5%

(3)假期

學科訓練佔60%

德行訓練佔40%　(註:因無留校生故其他訓練不得實施)

(4)集會

學科訓練佔10%

德行訓練佔25%

生活訓練佔25%

專業訓練佔40%

(5)其他　(無)

(四)訓練經費來源及支配情形如何?

茲值物價騰貴時本校辦公費奇絀所有訓練費完全由校長及教員捐助.

(五)實施訓練有何困難?

(1)本校復校伊始圖書儀器掛圖及體育設備不足.

(2)學生課程負担繁重故生活訓練之實施頗感困難、

(3)校舍房間太少盥漱室飯廳自習室等均付缺如.

(六)改進意見

(1)現正向本省教育當局請求撥款俾能修建校舍購置圖書儀器及校具等.

(2)聘請品學兼優热心教育事業之教職員以身作則、

图 4-1-10　绥远省立归绥女子师范学校师范生训练实施概况调查表（1948年2月）（七）

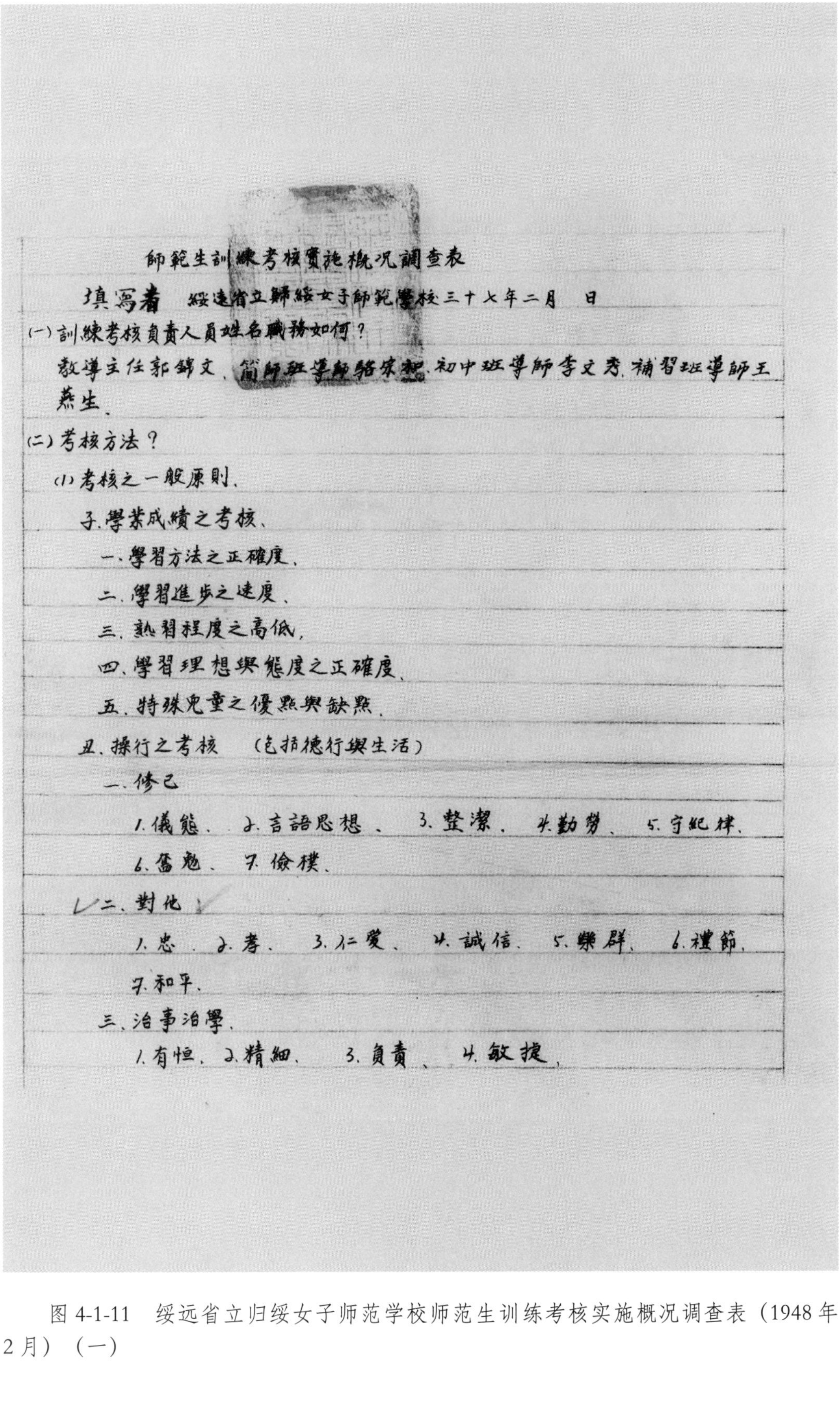

師範生訓練考核實施概況調查表

填寫者 綏遠省立歸綏女子師範學校 三十七年二月 日

(一)訓練考核負責人員姓名職務如何？

教導主任郭錦文、簡師班導師駱宋杞、初中班導師李文秀、補習班導師王燕生、

(二)考核方法？

(1)考核之一般原則、

子、學業成績之考核、

一、學習方法之正確度、

二、學習進步之速度、

三、熟習程度之高低、

四、學習理想與態度之正確度、

五、特殊兒童之優點與缺點、

丑、操行之考核 (包括德行與生活)

一、修己

1.儀態、 2.言語思想、 3.整潔、 4.勤勞、 5.守紀律、

6.奮勉、 7.儉樸、

二、對他

1.忠、 2.孝、 3.仁愛、 4.誠信、 5.樂群、 6.禮節、

7.和平、

三、治事治學、

1.有恒、 2.精細、 3.負責、 4.敏捷、

图 4-1-11 绥远省立归绥女子师范学校师范生训练考核实施概况调查表（1948 年 2 月）（一）

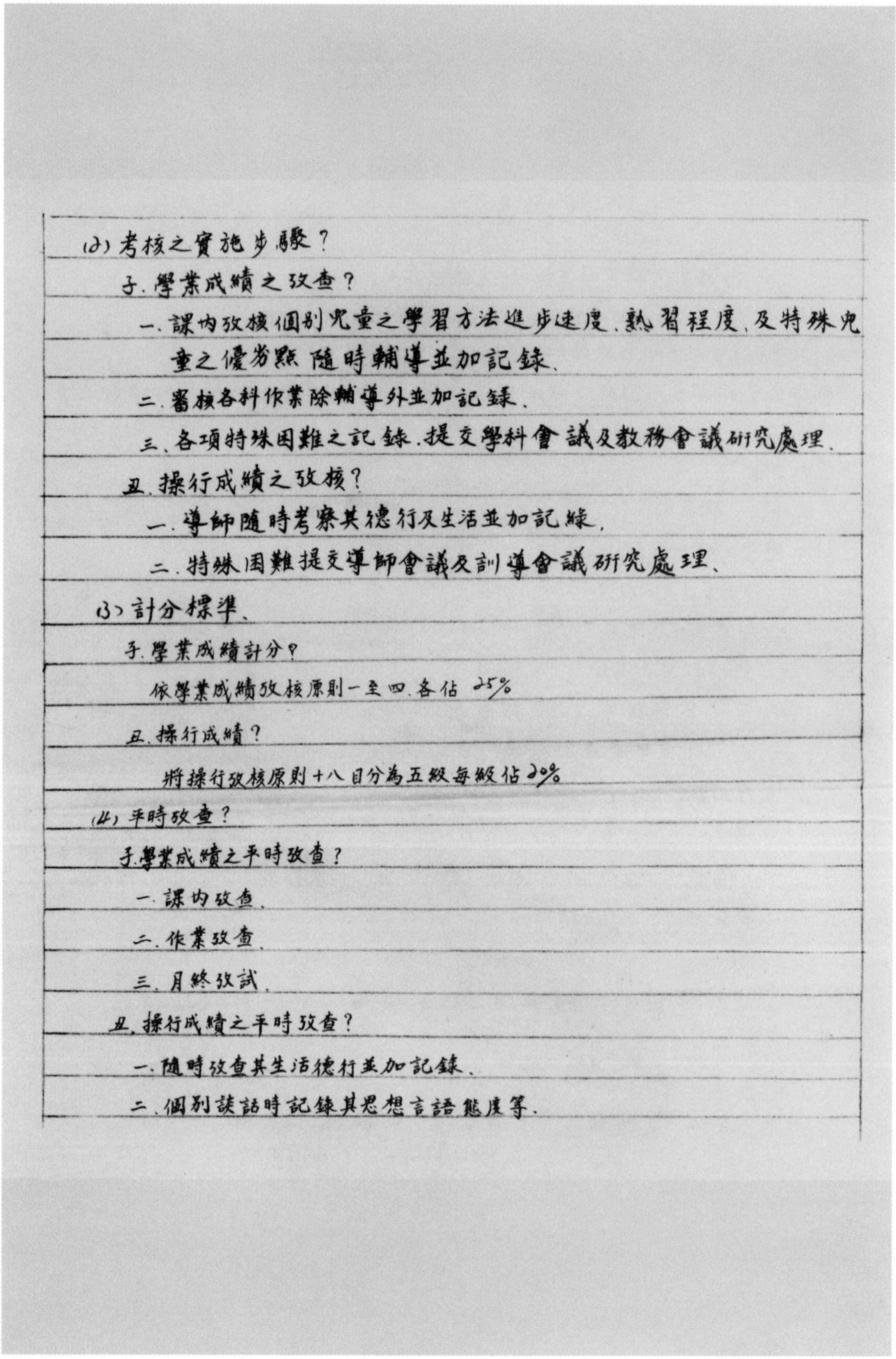

(2) 考核之實施步驟？

子. 學業成績之攷查？

一、課內攷核個別兒童之學習方法進步速度、熟習程度、及特殊兒童之優劣點隨時輔導並加記錄、

二. 審核各科作業除輔導外並加記錄、

三、各項特殊困難之記錄、提交學科會議及教務會議研究處理、

丑. 操行成績之攷核？

一. 導師隨時考察其德行及生活並加記錄、

二. 特殊困難提交導師會議及訓導會議研究處理、

(3) 計分標準、

子. 學業成績計分？

依學業成績攷核原則一至四. 各佔 25%

丑. 操行成績？

將操行攷核原則十八目分為五級每級佔 20%

(4) 平時攷查？

子. 學業成績之平時攷查？

一. 課內攷查、

二. 作業攷查、

三. 月終攷試、

丑. 操行成績之平時攷查？

一. 隨時攷查其生活德行並加記錄、

二. 個別談話時記錄其思想言語態度等、

图 4-1-11 绥远省立归绥女子师范学校师范生训练考核实施概况调查表（1948 年 2 月）（二）

(5) 學期攷查?

子. 學業成績之學期攷查?

根據學期攷試、

丑. 操行成績之學期攷查?

根據全學期之記錄提交訓導會議審核平定.

(6) 總分計算?

子. 學業成績之總分計算?

一. 各學科之平時成績佔60%學期攷試佔40%.

二. 以其各學科之平均分數乘授課時數然後相加得總分.

三. 總分以全部受課時數除之得總平均數、

四. 依請假時數扣除總平均分數(請假十小時扣.5)得實得分數、

丑. 操行成績之總分計算?

一. 依據操行成績評定十八目之等第得分、

二. 將十八等第之得分相加得總分、

三. 將總分除以十八得總平均、

四. 依獎懲記錄經訓導會議審核酌情加減其總平均而得實得分數.

(三) 攷核結果處理?

(1) 是否呈報廳局?　依法呈報、

(2) 執行情形?　依照教導會議訂定之訓練攷核實施條例確實執行.

(3) 獎懲情形?　依照教導會議訂定之各項規則及獎懲辦法予以獎懲.

(四) 攷核之困難情形及如何改進?

(1) 困難: 尚未能依據教料學之品格測驗及新法攷試實施、故所得結果恐不能完

图 4-1-11　绥远省立归绥女子师范学校师范生训练考核实施概况调查表（1948 年 2 月）（三）

全合乎科學原則、

(2)改進現正搜集各種品格測驗法及新法致試作參攷以期下學期之改進、

(五)教育廳局評語

图 4-1-11　绥远省立归绥女子师范学校师范生训练考核实施概况调查表（1948 年 2 月）（四）

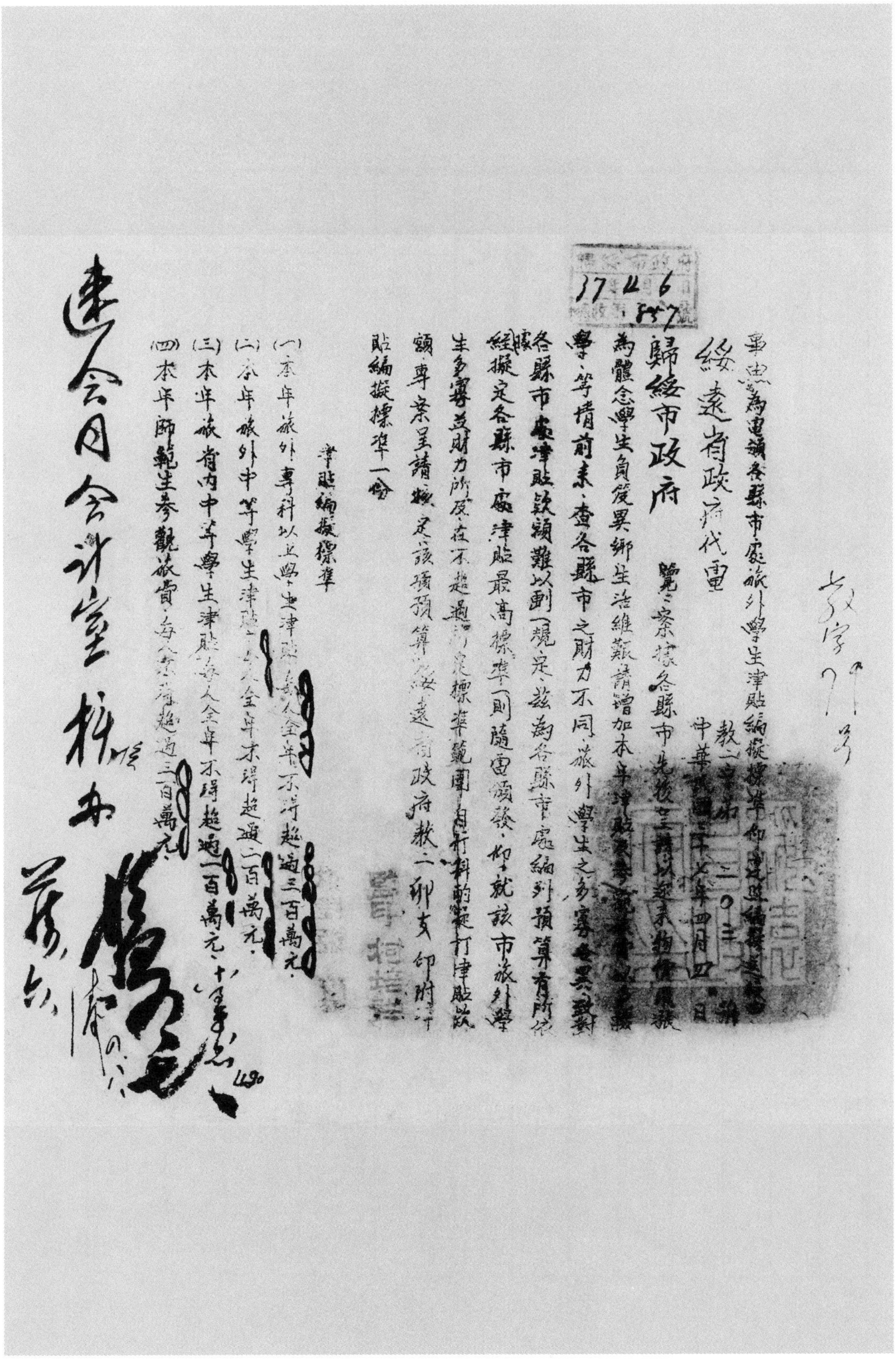

事由：為電頒各縣市處旅外學生津貼編擬標準仰遵照編擬

綏遠省政府代電 教二字第二〇三號 中華民國三十七年四月四日

歸綏市政府覽：案據各縣市先後呈報以近來物價飛漲，為體念學生負笈異鄉生活維艱，請增加本年津貼數額……等情前來。查各縣市之財力不同，旅外學生之多寡各異，對各縣市處津貼數額難以劃一規定，茲為各縣市處編列預算有所依據，擬定各縣市處津貼最高標準（一）則隨電頒發，仰即就該市旅外學生多寡並財力所及，在不超過所定標準範圍內自行斟酌擬訂津貼數額，專案呈請核定，該項預算……綏遠省政府教二卯支印附津貼編擬標準一份

津貼編擬標準

（一）本年旅外專科以上學生津貼每人全年不得超過三百萬元。

（二）本年旅外中等學生津貼每人全年不得超過二百萬元。

（三）本年旅省內中等學生津貼每人全年不得超過一百萬元。

（四）本年師範生參觀旅費每人全年不得超過三百萬元。

图 4-1-12 绥远省政府关于颁发各县市处旅外学生津贴编拟标准的代电（1948 年 4 月 4 日）

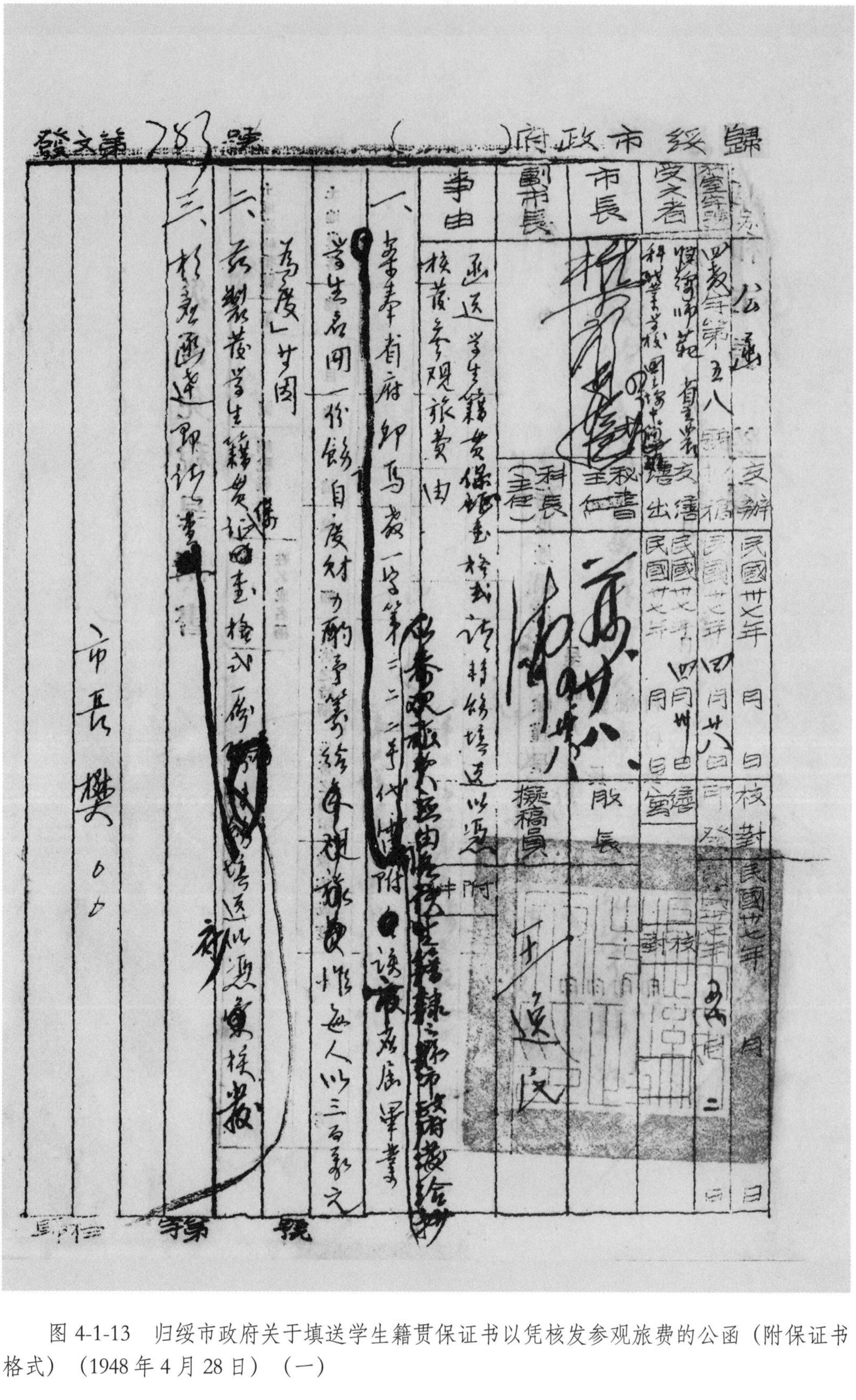
歸綏市政府（　）發文第283號

文別：公函

發文字號：四教字第五八號

受文者：綏遠省立歸綏師範、科學職業學校……

市長

副市長

事由：函送學生籍貫保證書格式請轉飭填送以憑核發參觀旅費由

一、案奉省府卯馬教一字第二二二號代電……附……學生名冊一份，飭自度財力酌予籌給參觀旅費，惟每人以三百萬元……

二、茲製發學生籍貫保證書格式一份……填送以憑彙核發。

三、相應函達，即請查照。

市長 樊○○

民國卅七年四月廿八日

图 4-1-13　归绥市政府关于填送学生籍贯保证书以凭核发参观旅费的公函（附保证书格式）（1948 年 4 月 28 日）（一）

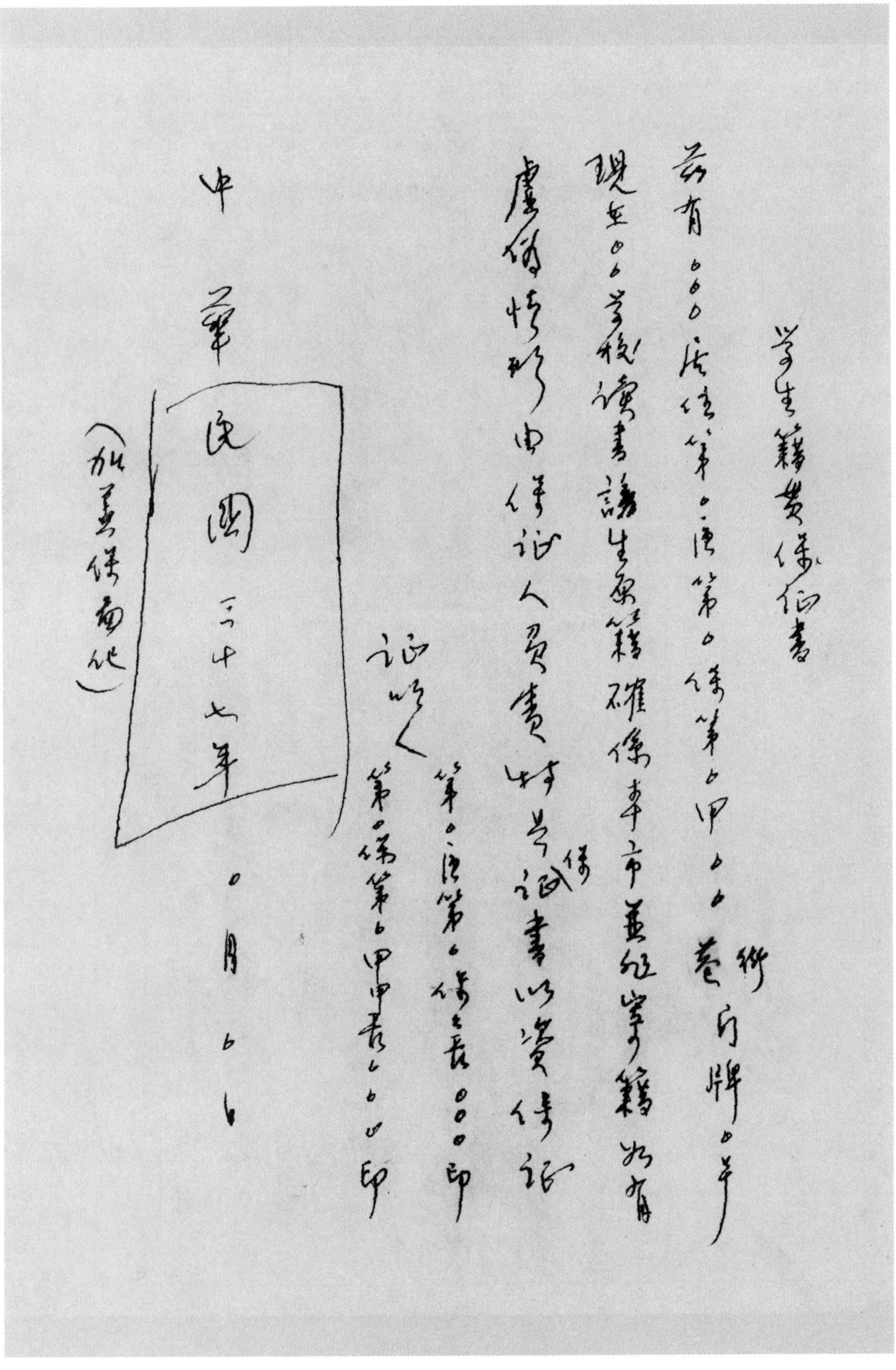
學生籍貫保證書

茲有○○○居住第○保第○甲○○巷（街）門牌○號

現在○○學校讀書該生原籍確係本市县經審籍如有

虛偽情形由保證人負責特具（保）證書以資保證

證明人

第○保第○保長○○○印

第○保第○甲甲長○○○印

中華民國三十七年○月○日

（加蓋保甲圖記）

图 4-1-13　归绥市政府关于填送学生籍贯保证书以凭核发参观旅费的公函（附保证书格式）（1948 年 4 月 28 日）（二）

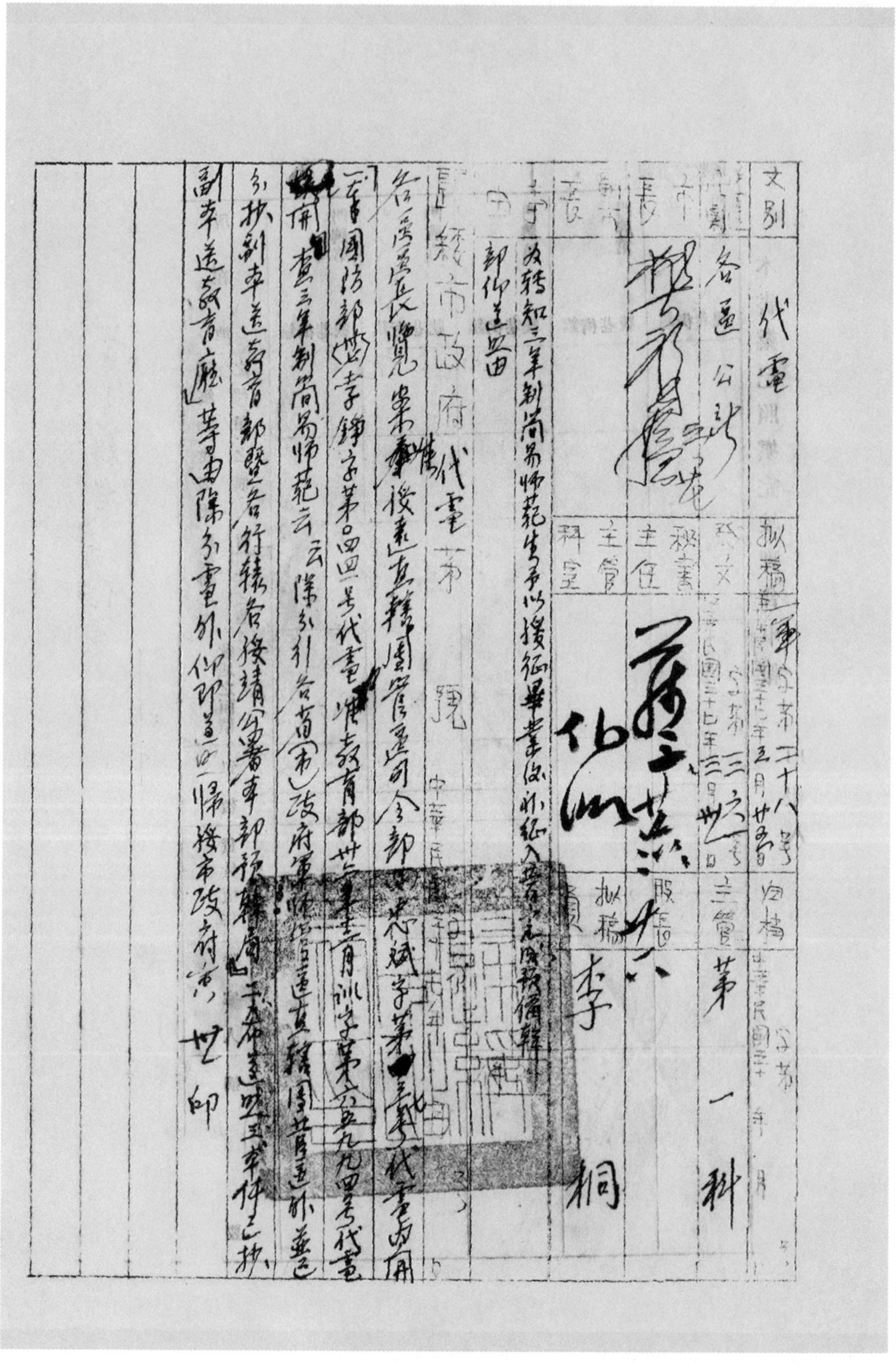
文别 代電
事由 為轉知三年制簡易師範生予以緩征畢業後補征入營完成預備幹部仰遵照由
歸綏市政府代電 第 號

图 4-1-14　归绥市政府关于转知三年制简易师范生予以缓征毕业后补征入营完成预备干部的代电（附绥远省直辖团管区司令部代电）（1948 年 3 月 31 日）（一）

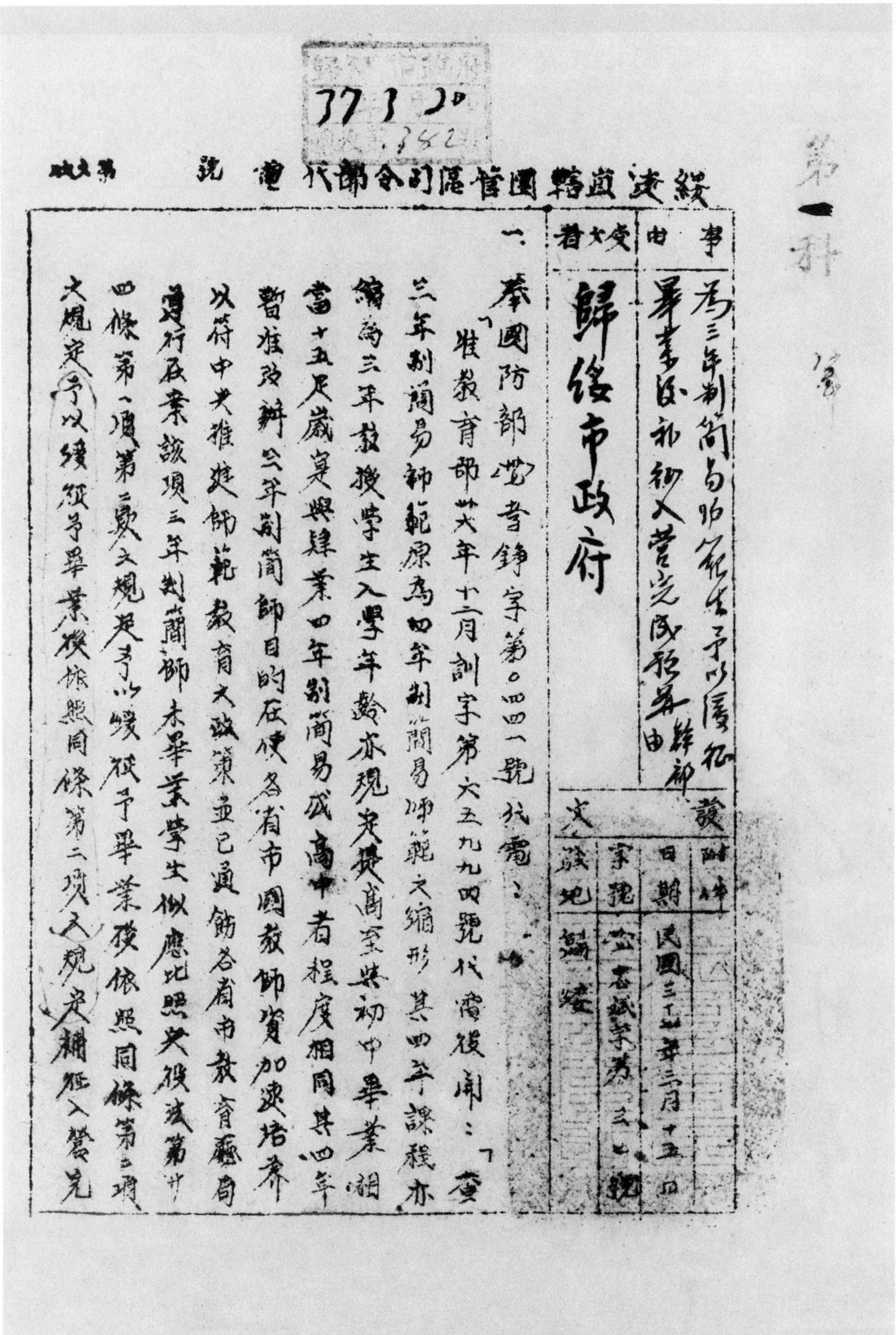
綏遠省直轄團管區司令部代電　號　收文第

事由：為三年制簡易師範生予以緩征畢業後補征入營完成預幹由　轉飭

受文者：歸綏市政府

一、奉國防部蒙寅字第〇四四一號代電：
「准教育部卅六年十二月訓字第六五九九四號代電復開：「查
三年制簡易師範原為四年制簡易師範之縮形，其四年課程亦
縮為三年，故投學生入學年齡亦規定須高小或初中畢業，湘
當十五足歲，實與肄業四年制簡易成高中者程度相同，其四年
暫准改辦三年制簡師目的在使各省市國教師資加速培養
以符中央推進師範教育之政策，並已通飭各省市教育廳局
遵行在案。該項三年制簡師未畢業學生似應比照兵役法第廿
四條第一項第二款之規定予以緩征予畢業後依照同條第二項
之規定予以緩征予畢業後依照同條第二項之規定補征入營完

附件

日期：民國三十七年三月十五日

字號：

發地：歸綏

图 4-1-14　归绥市政府关于转知三年制简易师范生予以缓征毕业后补征入营完成预备干部的代电（附绥远省直辖团管区司令部代电）（1948 年 3 月 31 日）（二）

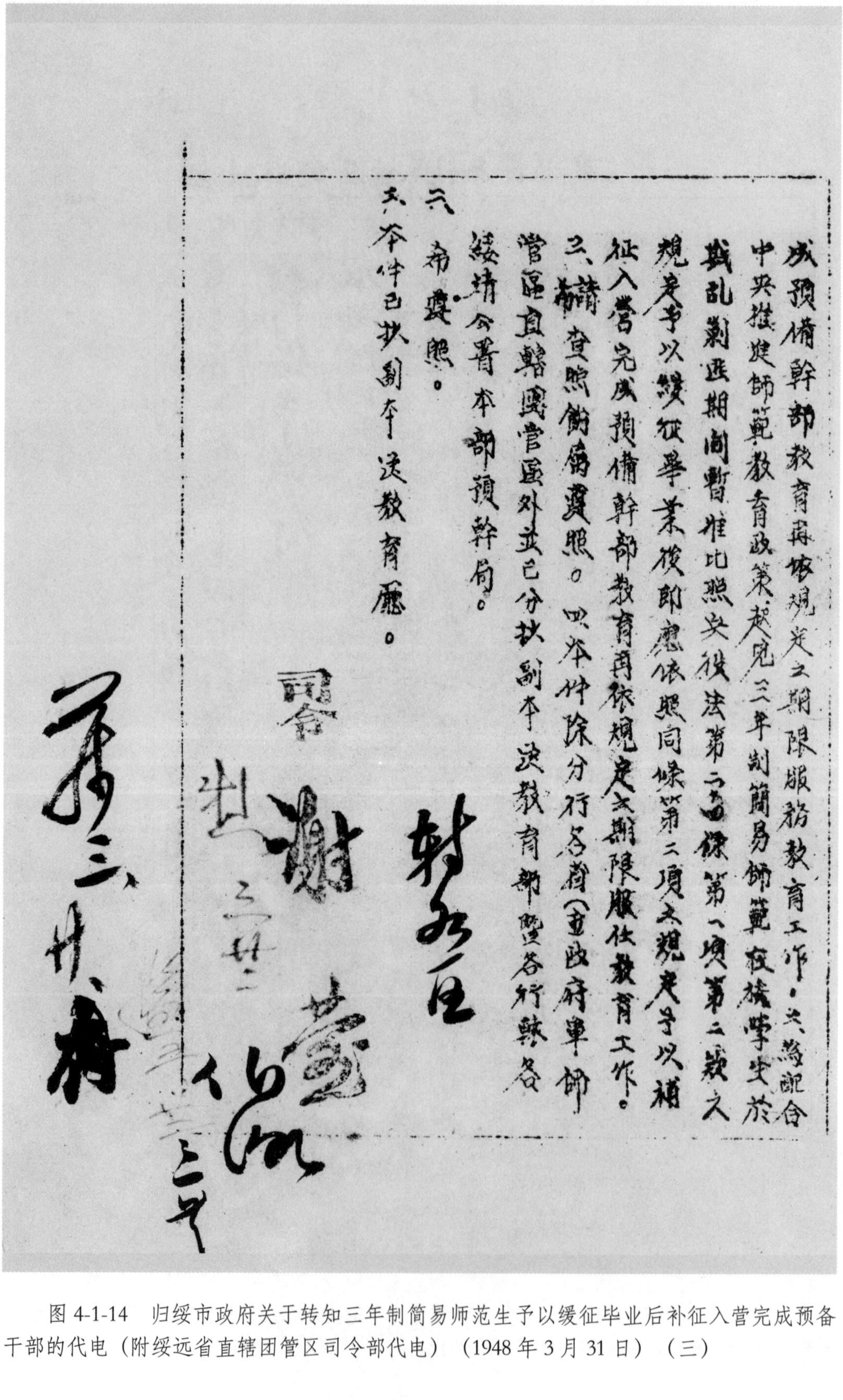
成預備幹部教育再依規定之期限服務教育工作。六、為配合
中央推進師範教育政策起見，三年制簡易師範在校學生於
戡亂剿匪期間暫准比照兵役法第二十四條第一項第二款之
規定予以緩征，畢業後即應依照同條第二項之規定予以補
征入營完成預備幹部教育再依規定之期限服仕教育工作。
七、請查照飭屬遵照。以本件除分行各省(市)政府、軍師
管區直轄團管區外並已分抄副本送教育部暨各行轅各
綏靖公署本部預幹局。
八、希遵照。
九、本件已抄副本送教育廳。

司令 謝

图 4-1-14　归绥市政府关于转知三年制简易师范生予以缓征毕业后补征入营完成预备干部的代电（附绥远省直辖团管区司令部代电）（1948 年 3 月 31 日）（三）

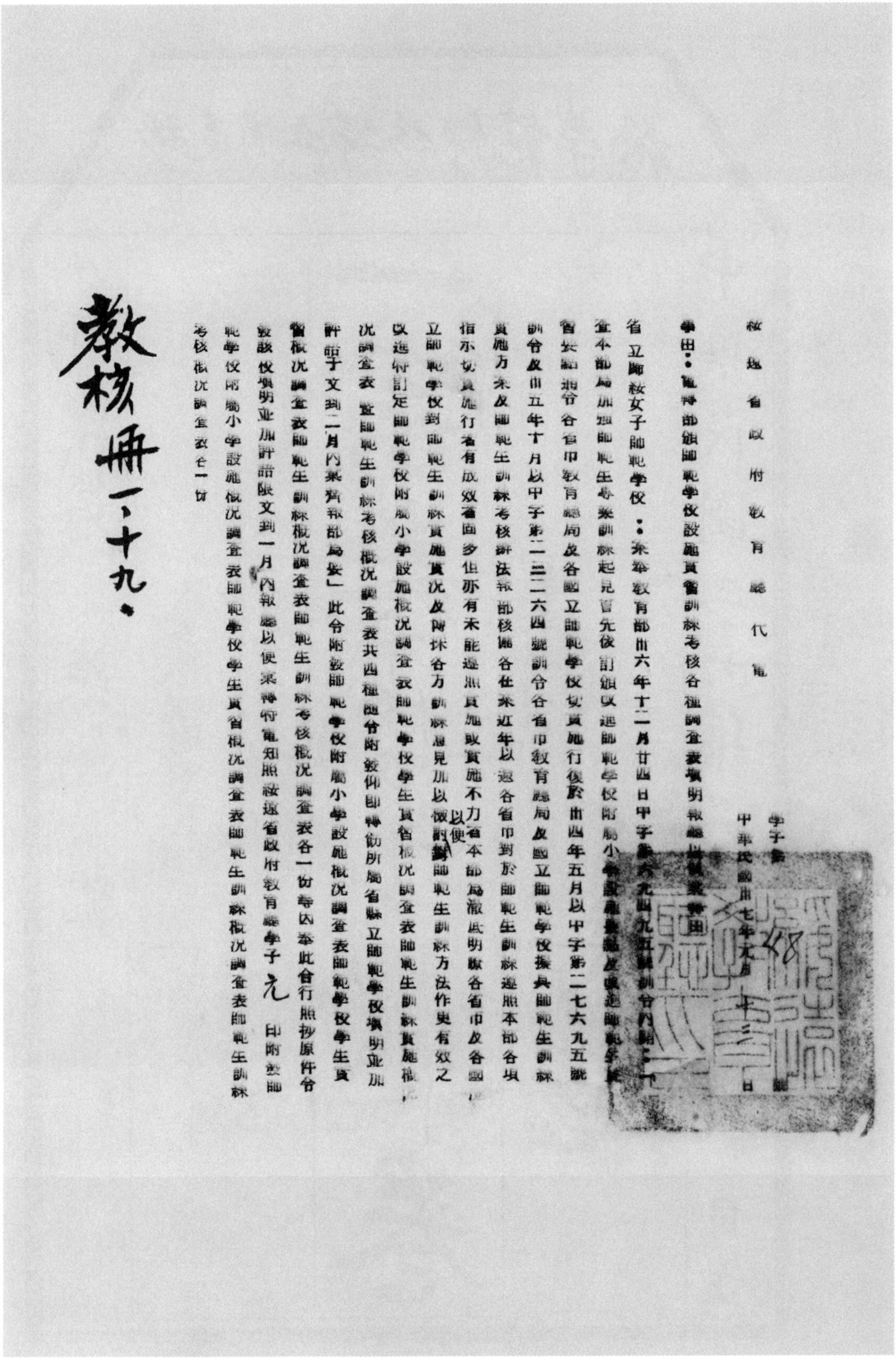

綏遠省政府教育廳代電

學字第　號

中華民國卅七年九月十三日

事由：為轉部頒師範學校設施實習訓練考核各種調查表填明報廳以憑彙轉由

省立師範校女子師範學校：案奉教育部卅六年十二月廿四日中字第六九四九五號訓令內開：「查本部為加強師範生專業訓練起見曾先後訂頒改進師範學校附屬小學設施及改進師範學校暨女[illegible]通令各省市教育廳局及各國立師範學校切實施行復於卅四年五月以中字第二七六九五號訓令及卅五年十月以中字第一三一六四號訓令令各省市教育廳局及國立師範學校振興師範生訓練實施方案及師範生訓練考核辦法報部核備各在案近年以還各省市對於師範生訓練遵照本部各項指示切實施行者有成效者固多但亦有未能遵照實施或實施不力者本部為澈底明瞭各省市及各國立師範學校對師範生訓練實施實況及附屬各方面訓練意見加以研討以便對師範生訓練方法作更有效之改進特訂定師範學校附屬小學設施概況調查表師範學校學生實習概況調查表師範生訓練實施概況調查表暨師範生訓練考核概況調查表共四種隨令附發仰即轉飭所屬省縣立師範學校填明並加評語于文到二月內彙齊報部為要」此令附發師範學校附屬小學設施概況調查表師範學校學生實習概況調查表師範生訓練概況調查表師範生訓練考核概況調查表各一份等因奉此合行照抄原件令發該校填明並加評語限文到一月內報廳以便彙轉為要。綏遠省政府教育廳學子元印附發師範學校附屬小學設施概況調查表師範學校學生實習概況調查表師範生訓練概況調查表師範生訓練考核概況調查表各一份

教核冊一、十九、

图 4-1-15　绥远省政府教育厅关于转部颁师范学校设施实习训练考核各种调查表的代电（1948 年 9 月 13 日）

綏遠省立歸綏師範學校

師字第柒號

一宗關於本校沿革及概況設立計劃卷

中華民國三十六年元月一日立

图 4-1-16　绥远省立归绥师范学校沿革及概况设立计划（1947 年）（一）

绥远省立归绥师范学校沿革

一、成立年月及历任校长 本校创始于民国十二年九月十三日，第一任校长为何际时，其后历任校长为马定国、郭景林、苏耀祖、曹武、宋志刚、阎肩静山等。十八年十一月二十五日刘汉接任校长，一直至二十六年九月十三日绥垣陷落前，将校转进至五原。

二、学校停顿与复校 二十六年九月间，因抗日战争日形激烈，奉令暂行停顿，学生各自星散。直到三十四年八月十日日寇无条件投降后，前任校长刘汉由陕坝返来进行复校，一面接收伪盟立师范学生开学上课。十月二十七日[redacted]奉命西移东胜，至三十五年二月二十六日始全部移回。

三、历年毕业班级与人数 自民国十二年至二十六年共十四年，其间毕业过一年讲习科二班，二年讲习科一班，五年科一班，六年科一班，大美塞级毕业……

图4-1-16　绥远省立归绥师范学校沿革及概况设立计划（1947年）（二）——学校沿革（1）

四年制第一班十九年寒假毕业，第二班二十年寒假毕业，第三班二十二年寒假毕业，第四班二十三年暑假毕业，第五班二十三年寒假毕业，第六班二十四年暑假毕业，第七班及初中第一班同在二十五年暑假毕业，初中第二班与师范第一班均于二十六年暑假毕业

四年制七班，初级中学二班，现制师范一班，合计十五班，共五百余人。

四、事变时在本校之班级与人数 政府规定暂办师范三班，简师四班，至二十六年暑假，除毕业师范一班外，本校尚有师范三班，简师二班，共五班，合计学生二百名。

五、校舍之扩充 民国十三年成立时，仅占公主府原有房舍七十三间，校址不过八亩，嗣于十九二十两年之扩展，新建学生寝室六十间，膳厅、音乐教室、储藏室二十一间，学生厨房茶炉十一间，以及运动场体育设备等项，校址共有九十八亩，此外尚有校园地两顷，树林地三块，共一顷三十余亩。

图 4-1-16 绥远省立归绥师范学校沿革及概况设立计划（1947 年）（三）——学校沿革（2）

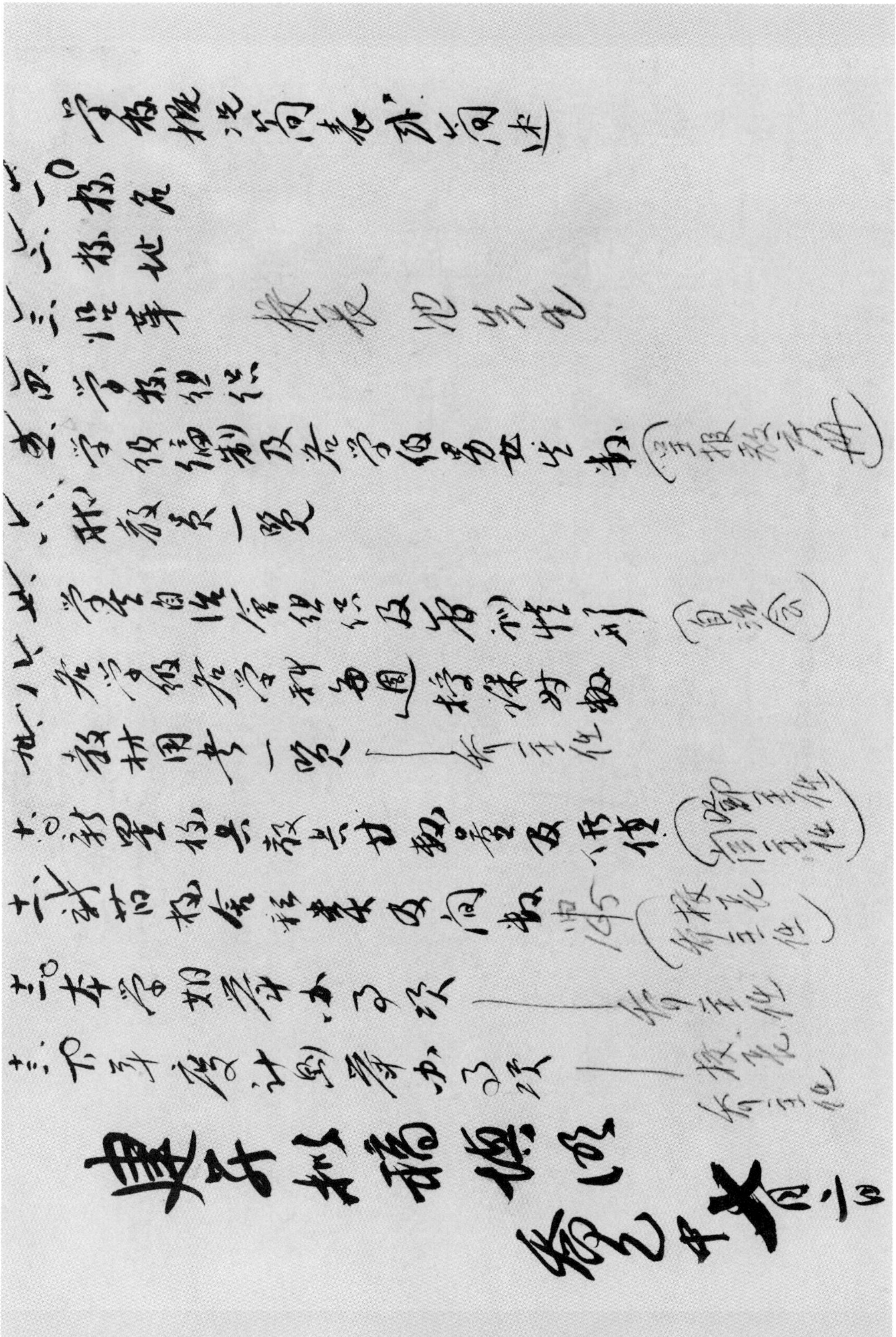

图 4-1-16　绥远省立归绥师范学校沿革及概况设立计划（1947 年）（四）——概况简表或简述任务分配（7 月 2 日）

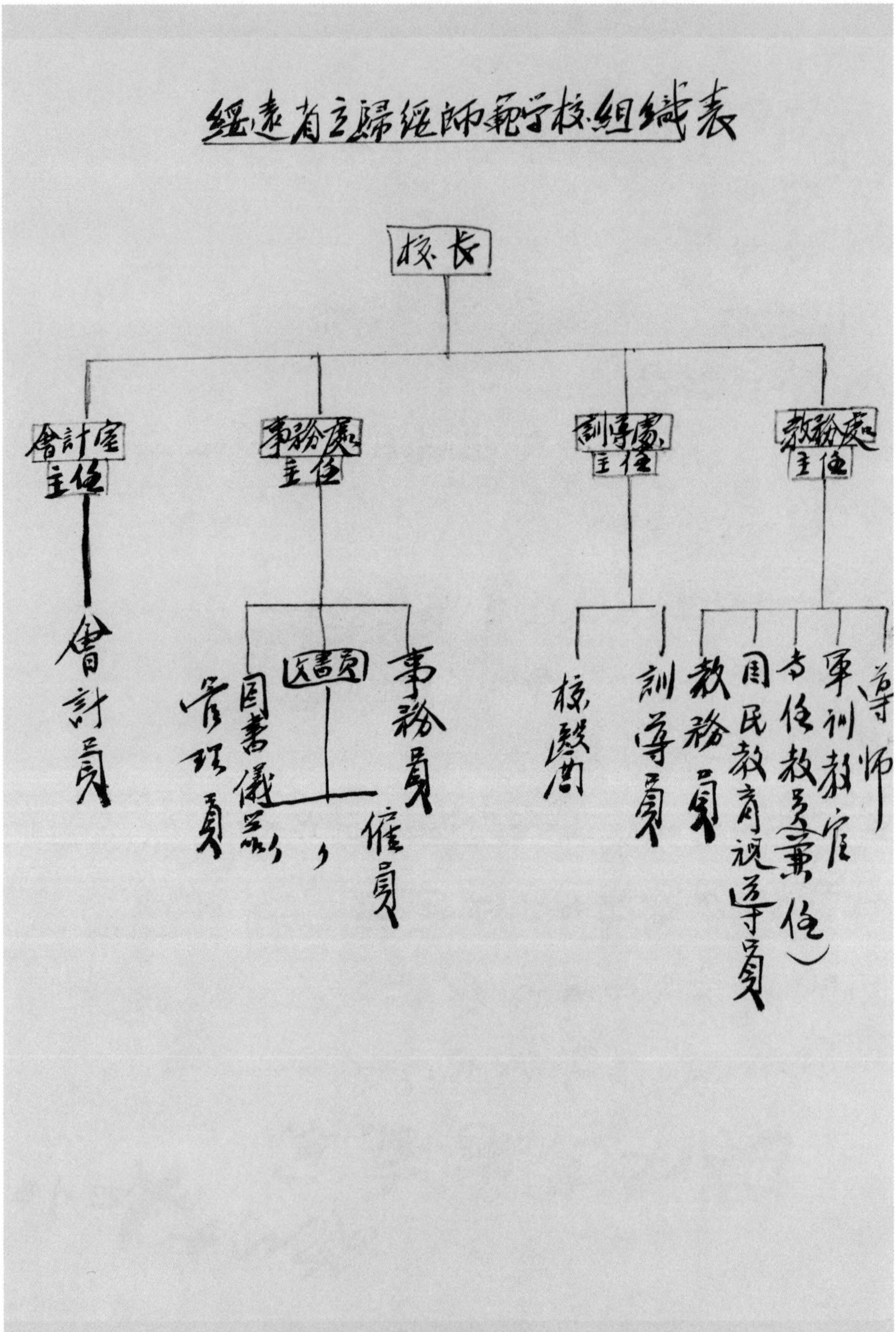

图 4-1-16　绥远省立归绥师范学校沿革及概况设立计划（1947 年）（五）——学校组织表

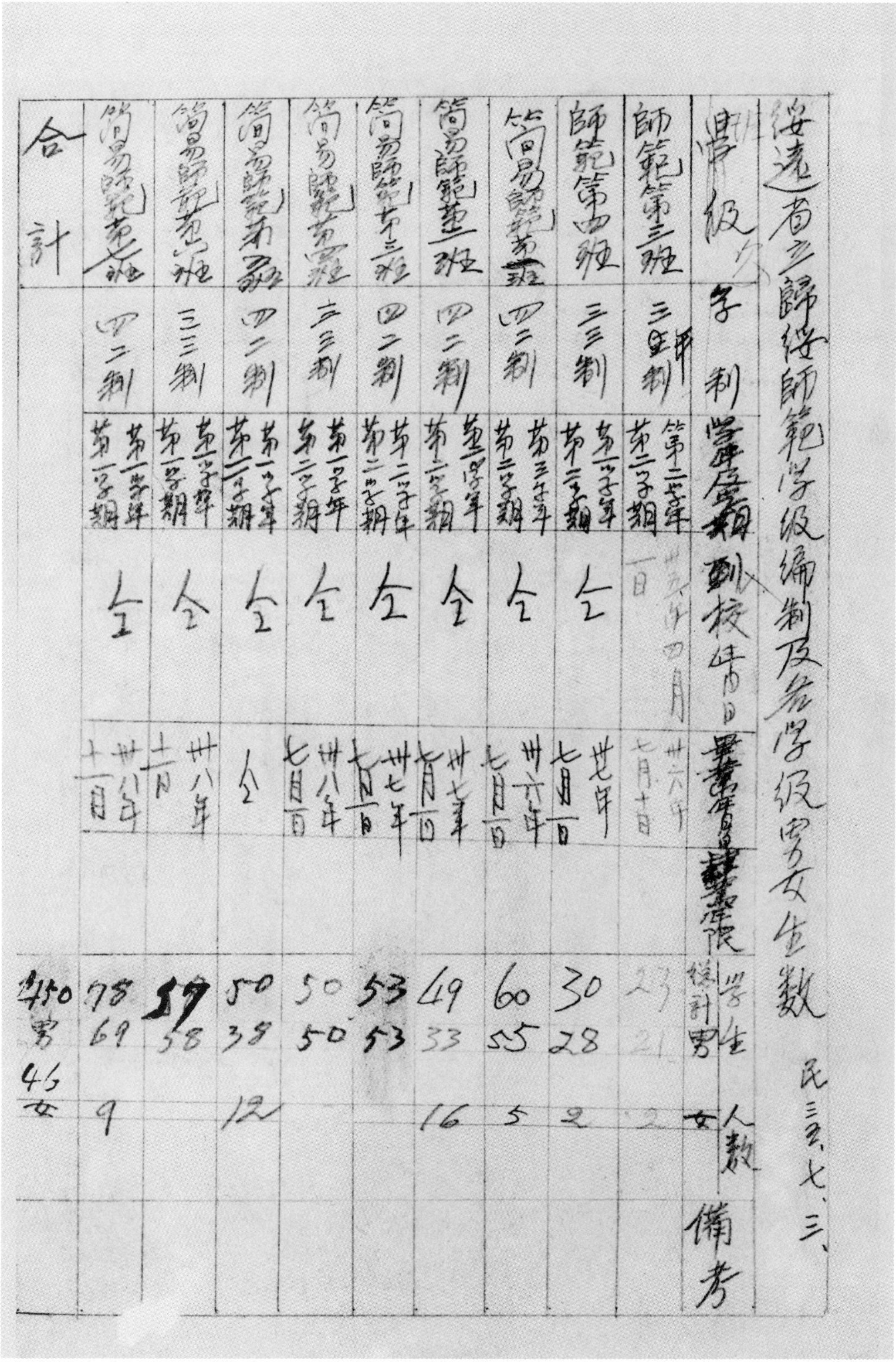

绥遠省立歸綏師範学级編制及各学级男女生数　民三六、七、三

班級次	学制	學年學期	創校年月日	畢業年月日	学生人数 總計	男	女	備考
師範第三班	三三制	第二学年第二学期	卅六年四月一日	卅六年七月十日	23	21	2	
師範第四班	三三制	第一学年第二学期	仝	卅七年七月一日	30	28	2	
简易師範第一班	四二制	第三学年第二学期	仝	卅六年七月一日	60	55	5	
简易師範第五班	四二制	第一学年第二学期	仝	卅七年七月一日	49	33	16	
简易師範第三班	四二制	第二学年第二学期	仝	卅七年七月一日	53	53		
简易師範第四班	三三制	第一学年第二学期	仝	卅八年七月一日	50	50		
简易師範第六班	四二制	第一学年第二学期	仝	仝	50	38	12	
简易師範第八班	三三制	第一学年第一学期	仝	卅八年十一月	59	58		
简易師範第七班	四二制	第一学年第一学期	仝	卅八年十一月一日	78	69	9	
合計					450	男	46 女	

图 4-1-16　绥远省立归绥师范学校沿革及概况设立计划（1947 年）（六）——学校编制及各学级男女生数

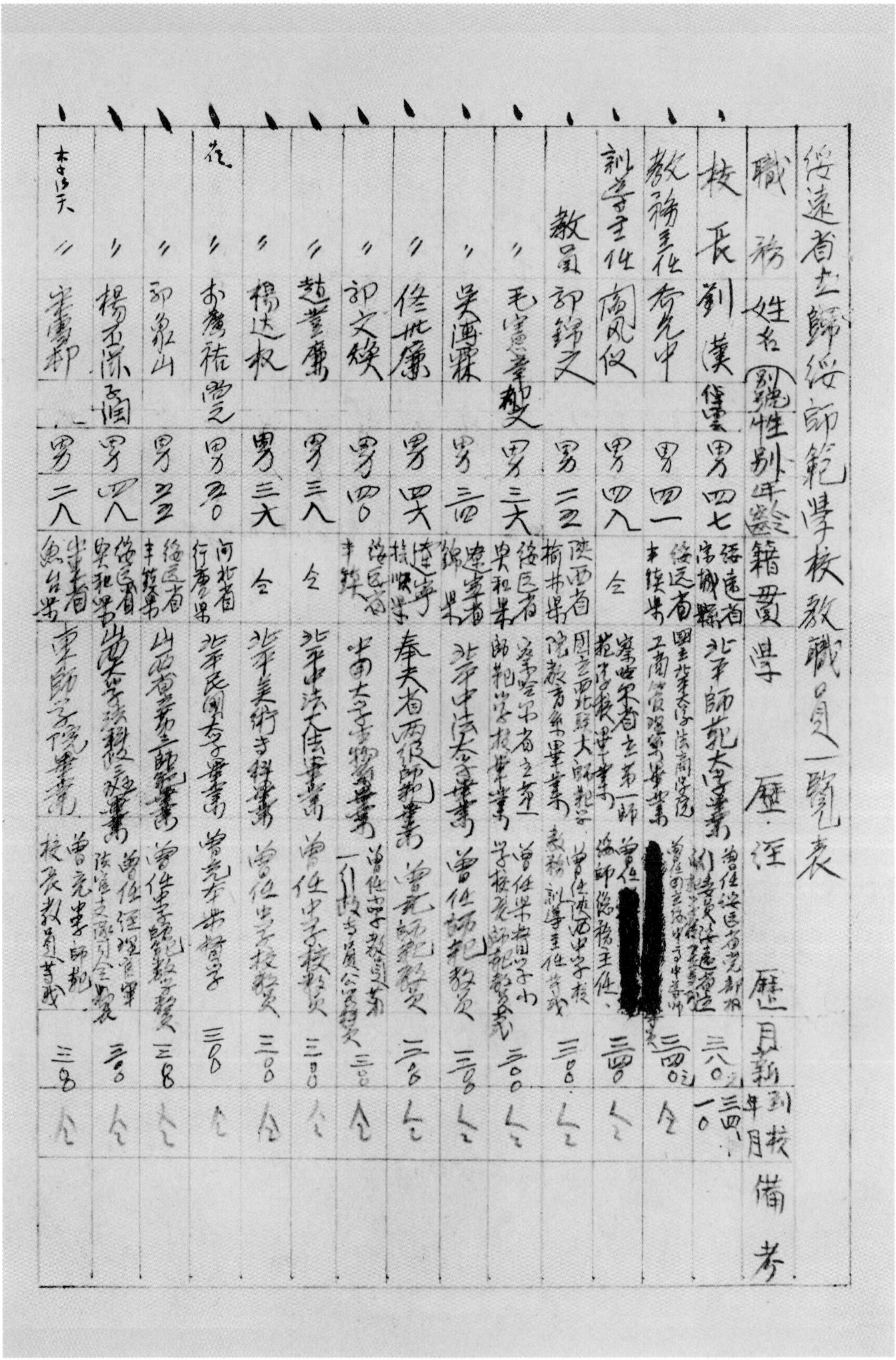

绥远省立归绥师范学校教职员一览表

职务	姓名	别号	性别	年龄	籍贯	学历	经历	月薪	到校年月	备考
校长	刘汉	倬云	男	四七	绥远省凉城县	北平师范大学毕业	曾任绥远省党部[?]训导员、绥远省立[?]	三八〇元	三四年十月	
教务主任	李允中		男	四一	绥远省丰镇县	国立北平大学法商学院工商管理系毕业	[redacted]曾任国立绥[?]中学等师[?]	三四〇元	仝	
训导主任	阎凤仪		男	四八	仝	察哈尔省立第一师范本科毕业	曾任[redacted]绥师总务主任、	三四〇	仝	
教员	郭锡之		男	三三	陕西省榆林县	国立西北联大师范学院教育系毕业	曾任陕西中学校教务训导主任等职	三〇〇	仝	
〃	毛宪章	焕文	男	三六	绥远省归和县	察哈尔省立第一师范学校毕业	曾任归绥中小学校长师范教员	三〇〇	仝	
〃	吴海霖		男	三四	辽宁省锦县	北平中法大学毕业	曾任师范教员	三〇〇	仝	
〃	徐[?]廉		男	四六	辽宁省抚顺县	奉天省两级师范毕业	曾充师范教员	三〇〇	仝	
〃	郭文焕		男	四四	绥远省丰镇县	中国大学[?]毕业	曾任中学教员第一行政专员公署科员	三〇〇	仝	
〃	赵丰廉		男	三八	仝	北平中法大学毕业	曾任中学校教员	三〇〇	仝	
〃	杨达权		男	三六	仝	北平美术专科毕业	曾任中学校教员	三〇〇	仝	
花 〃	赤嘉祐	觉之	男	三〇	河北省行唐县	北平民国大学毕业	曾充本县督学	三〇〇	仝	
〃	郭象山		男	三三	绥远省丰镇县	山西省立第二师范毕业	曾任中学师范教员	三〇〇	仝	
〃	杨玉琛	子固	男	四八	绥远省归和县	山西大学法科政治系毕业	曾任经理官署张家口[?]分会会长	三〇〇	仝	
李[?]天 〃	崔宪邦		男	二八	山东省鱼台县	东北师范学院毕业	曾充中学师范校长教员等职	三〇〇	仝	

图 4-1-16 绥远省立归绥师范学校沿革及概况设立计划（1947 年）（七）——学校教职员一览表（1）

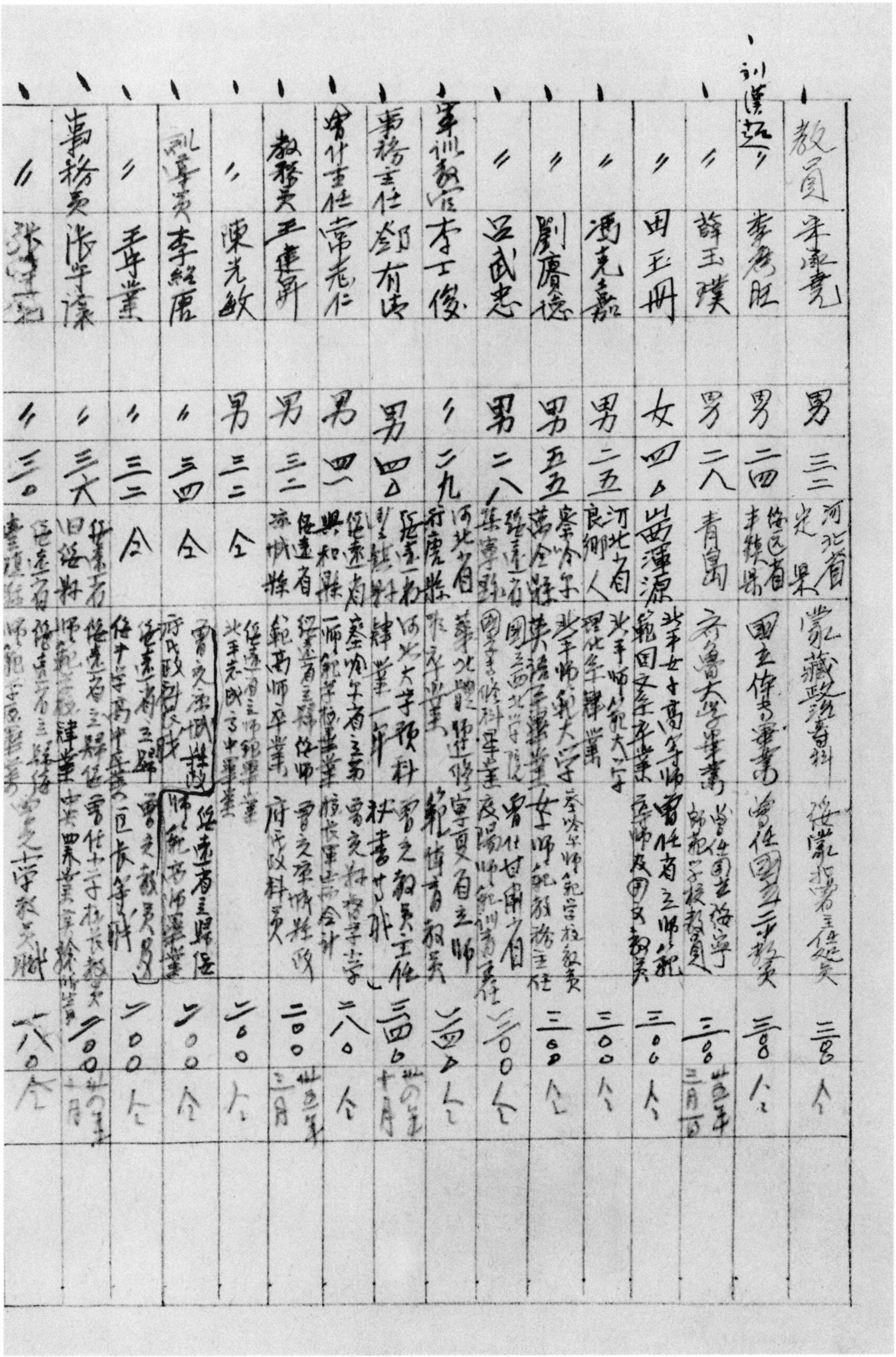

教员	宋泳亮	男	三二	河北省定县	蒙藏政治专科	经任蒙北省立[illegible]	二〇〇	仝
训導主〃	李彦旺	男	二四	绥远省丰镇县	国立体专毕业	曾任国立二中教员	三〇〇	仝
〃	薛玉璞	男	二八	青岛	齐鲁大学毕业	曾任国立绥宁师范学校教员	三〇〇	卅五年三月
〃	田玉珊	女	四〇	山西浑源	北平女子高等师范国文系毕业	曾任省立师范学校及国文教员	三〇〇	仝
〃	冯克嘉	男	二五	河北省良乡人	北平师范大学理化系肄业	[illegible]	三〇〇	仝
〃	刘广德	男	五五	察哈尔万全县	北平师范大学英语系毕业	察哈尔师范学校教员、女子师范教务主任	三〇〇	仝
〃	吕武忠	男	二八	绥远省集宁县	国立西北学院[illegible]科毕业	曾任甘肃省[illegible]师范训育主任	二〇〇	仝
军训教官	李士俊	〃	二九	河北省行唐县	华北[illegible]毕业	[illegible]师范体育教员	二四〇	仝
事务主任	邹有洪	男	四四	绥远省[illegible]县	河北大学预科肄业一年	曾充教员、主任秘书	三四〇	卅四年十月
会计主任	常光仁	男	四一	绥远省兴和县	察哈尔省立第一师范学校毕业	曾充[illegible]校长、会计	二八〇	仝
教务员	王建昇	男	三二	绥远省凉城县	绥远省立归绥师范高师毕业	曾充[illegible]县政府[illegible]科员	二〇〇	卅三年三月
〃	陈光敏	男	三二	仝	绥远省立师范毕业、北平[illegible]中学毕业	[illegible]	二〇〇	仝
训导员	李維唐	〃	三四	仝	曾充[illegible]县政府[illegible]	绥远省立归绥师范学校毕业	二〇〇	仝
〃	王守业	〃	三二	仝	绥远省立归[illegible]	曾充教员及[illegible]	二〇〇	仝
事务员	张守谦	〃	三六	绥远省归绥县	绥远省立归绥师范肄业	曾任[illegible]校长	二〇〇	卅四年三月
〃	张[illegible]	〃	三〇	绥远省丰镇县	绥远省立[illegible]师范学校毕业	[illegible]学教员	一八〇	仝

图 4-1-16　绥远省立归绥师范学校沿革及概况设立计划（1947 年）（八）——学校教职员一览表（2）

事务员	马鹏图		男	四五	绥远省凉城县	北平平民大学肄业	曾充[illegible]县技术员	一〇〇	仝
会计员	郑焕卿		男	二七	山西省五台县	山西省五台县立简易师范毕业	曾充和林县科长等职	一〇〇	仝
国民教育视导员	王建栋		男	三〇	绥远省凉城县	绥远省立归绥师范学校毕业	曾充县立小学校长及县督学等职	一〇〇	仝
图书仪器管理员	邱锡龄		男	三五	丰镇县	绥远省立归绥师范学校毕业	曾充丰镇县立小学教员	一六〇	仝
校医	冯振玺		男	五一	河北省良乡县	陆军部医学馆第一期毕业	曾充地方法院及各学校医官等职	一〇〇	仝
文书员	岳超五		男	四八	绥远省凉城县	绥远省立归绥中学校毕业	曾充凉城县政府科员科长等职	一〇〇	七二
雇员	池伯鱼		男	四四	仝	凉城县立高级小学毕业	凉城县政府科员事务员书记等职	七〇	七二
仝	王增荣		男	二〇	河北省徐水县	师范附设师范进修班毕业	曾充绥远省[illegible]师范学校书记	七〇	七二
仝	陈耀武		男	六八	绥远省凉城县人	绥远省立中学毕业	曾充小学教员等职	七〇	七二
仝	张先广		男	四六	山西省介休县	晋军步兵学校毕业	曾充书记司书科员等职	七〇	七二
合计	四〇名		女一 男三九						

图 4-1-16　绥远省立归绥师范学校沿革及概况设立计划（1947 年）（九）——学校教职员一览表（3）

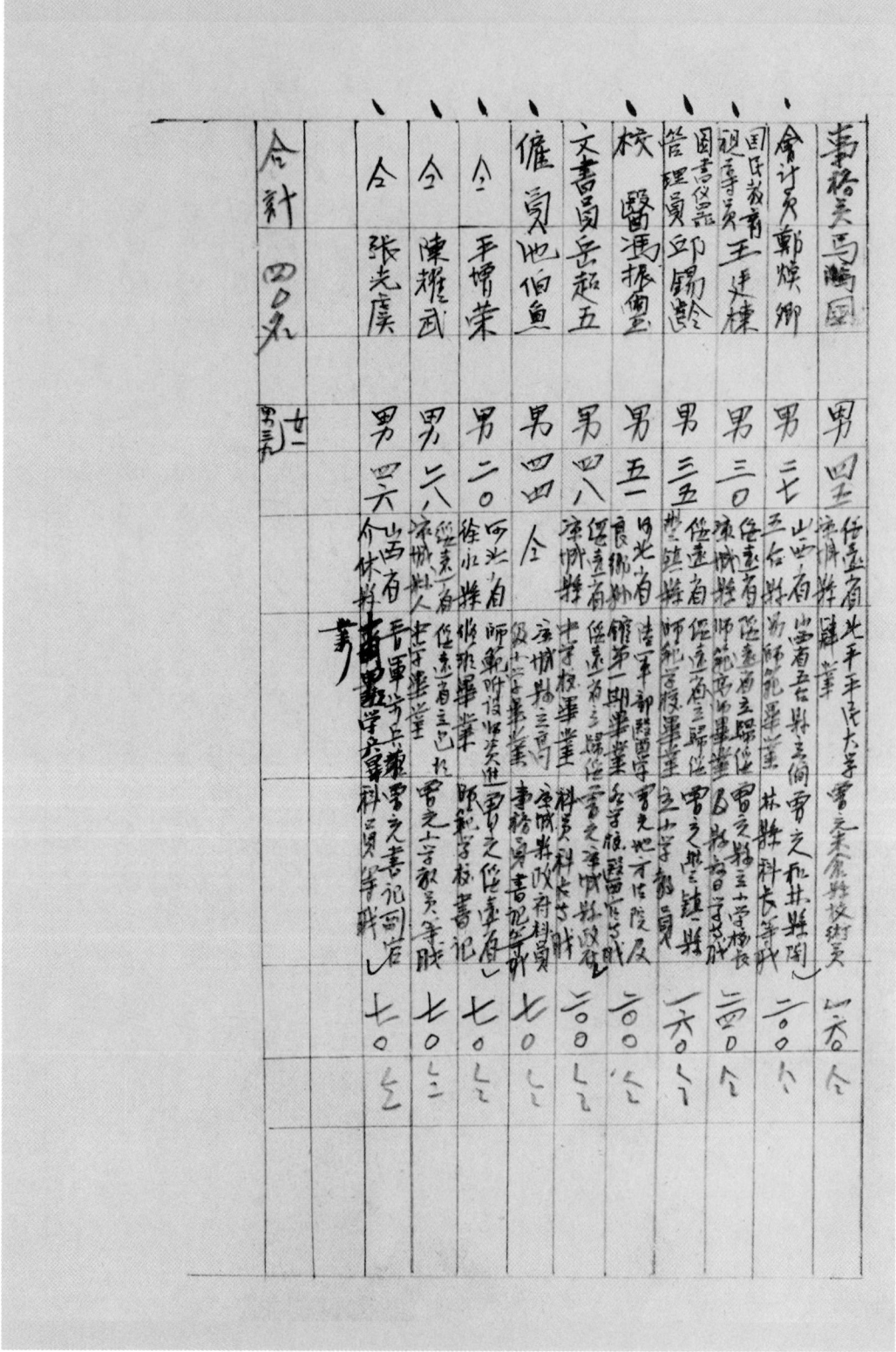

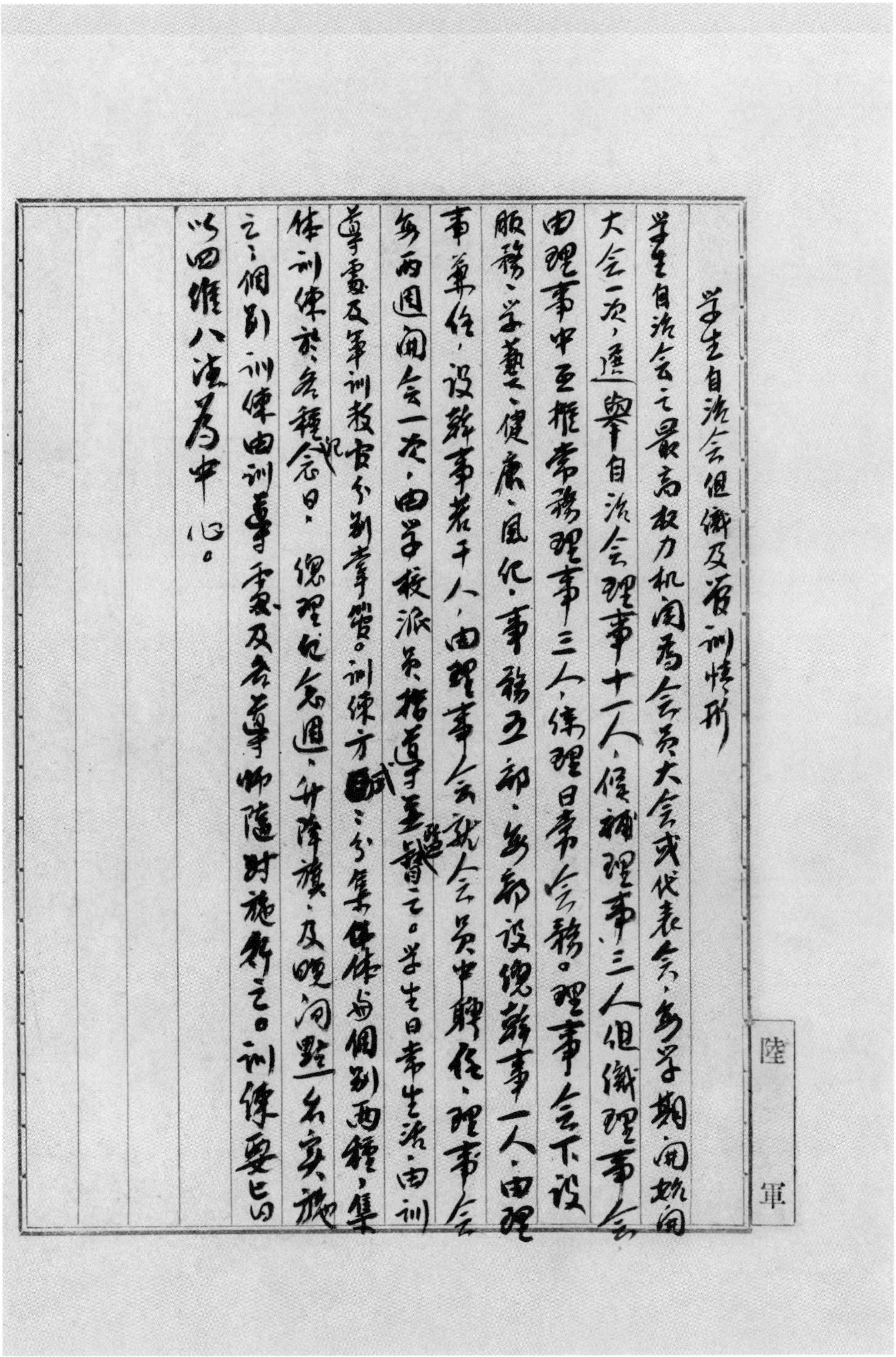

学生自治会组织及管训情形

学生自治会之最高权力机关为会员大会或代表会，每学期开始开大会一次，选举自治会理事十一人，候补理事三人组织理事会，由理事中互推常务理事三人，总理日常会务。理事会下设服务、学艺、健康、风纪、事务五部，每部设总干事一人，由理事兼任，设干事若干人，由理事会就会员中聘任，理事会每两周开会一次，由学校派员指导监督之。学生日常生活由训导处及军训教官分别掌管。训练方式分集体与个别两种，集体训练于各种纪念日、总理纪念周、升降旗、及晚间点名实施之；个别训练由训导处及各导师随时施教之。训练要旨曰以四维八德为中心。

图 4-1-16　绥远省立归绥师范学校沿革及概况设立计划（1947 年）（十）——学生自治会组织及管训情形

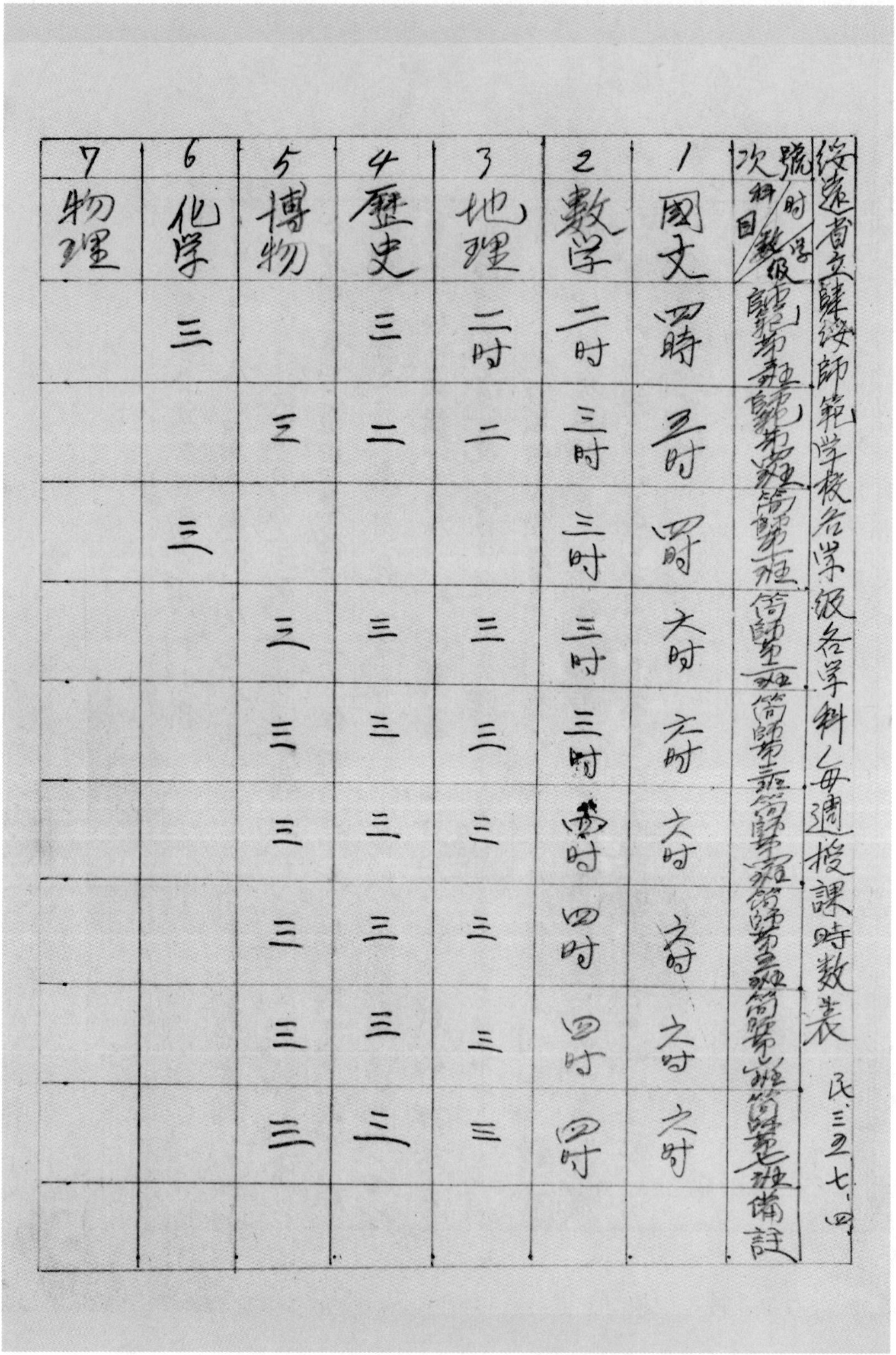

绥远省立归绥师范学校各学级各学科每週授课时数表 民三五、七、四

号次	科目（时数／学级）	师范第五班	师范第六班	简师第一班	简师第二班	简师第三班	简师第四班	简师第五班	简师第六班	简师第七班	备注
1	国文	四時	三时	四时	六时	六时	六时	六时	六时	六时	
2	数学	二时	三时	三时	三时	三时	四时	四时	四时	四时	
3	地理	二时	二		三	三	三	三	三	三	
4	歷史	三	二		三	三	三	三	三	三	
5	博物		三		三	三	三	三	三	三	
6	化学	三		三							
7	物理										

图 4-1-16　绥远省立归绥师范学校沿革及概况设立计划（1947 年）（十一）——各学级各学科每周授课时数表（1）

20 地方自治	19 測驗及统計	18 教育心理	17 教材及教学法	16 教育行政	15 教育概論	14 音乐	13 美術	12 公民	11 童子軍教練	10 軍事訓練	9 衛生	8 体育
	二		二			二	二	一		四		三
		三				二	二	二		四		三
三	二		二	二		二	二	一	一		二	三
		二				二	二	一	一			三
		二				二	二	一	一			三
						三	二	一	二			二
						三	二	一	二			二
						三	二	一	二			二
						三	二	一	二			二

图 4-1-16　绥远省立归绥师范学校沿革及概况设立计划（1947 年）（十二）——各学级各学科每周授课时数表（2）

21 農村經濟及合作										
22 實用技藝	二	三	三	三	三	三	三	三	三	
23 實習										
24 選科	二									
25 合計	三四	三四	三三	三二	三二	三二	三二	三二	三二	

学生自治會組織之應由學校訓導處或教導處指定每年級或每院系学生二人至三人先成立籌備會由籌備會於成立一星期內登記會員召開大會通過本會細則及選定職員正式成立之学生自治會

繪一自治會工作人員表附簡章一份

图 4-1-16　绥远省立归绥师范学校沿革及概况设立计划（1947 年）（十三）——各学级各学科每周授课时数表（3）

本校教材一覽

科目	著者	出版處	備攷
國文	葉楚傖	正中書局	
數學	駱師曾	商務印書館	
地理	王成組	仝上	
歷史	應九功	正中書局	
博物	童致棱	商務印書館	
化學	黃素封	正中書局	
物理	張向圻	仝上	
衛生	陳周[illegible]	仝上	
公民	葉楚傖	仝上	
教育概論	莊澤宣	仝上	
教育行政	王懋祖	仝上	
教學法	王懋祖	仝上	
教育心理	陳[illegible]民	仝上	
測驗統計	王書林	仝上	
地方自治		中央訓練委員會	
英語	王學文	商務印書館	師範之選科

图 4-1-16　绥远省立归绥师范学校沿革及概况设立计划（1947 年）（十四）——教材一览

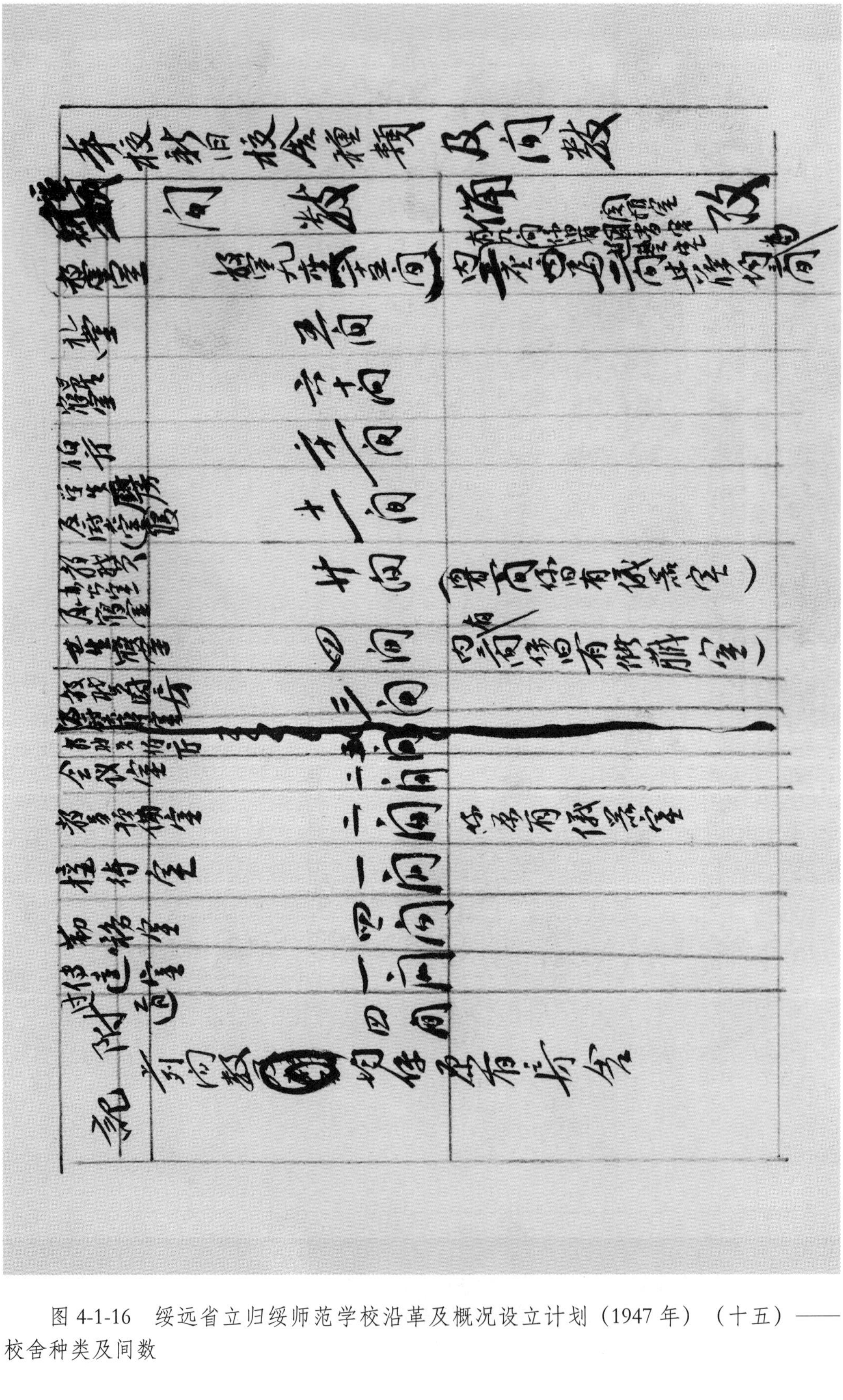

图 4-1-16　绥远省立归绥师范学校沿革及概况设立计划（1947 年）（十五）——校舍种类及间数

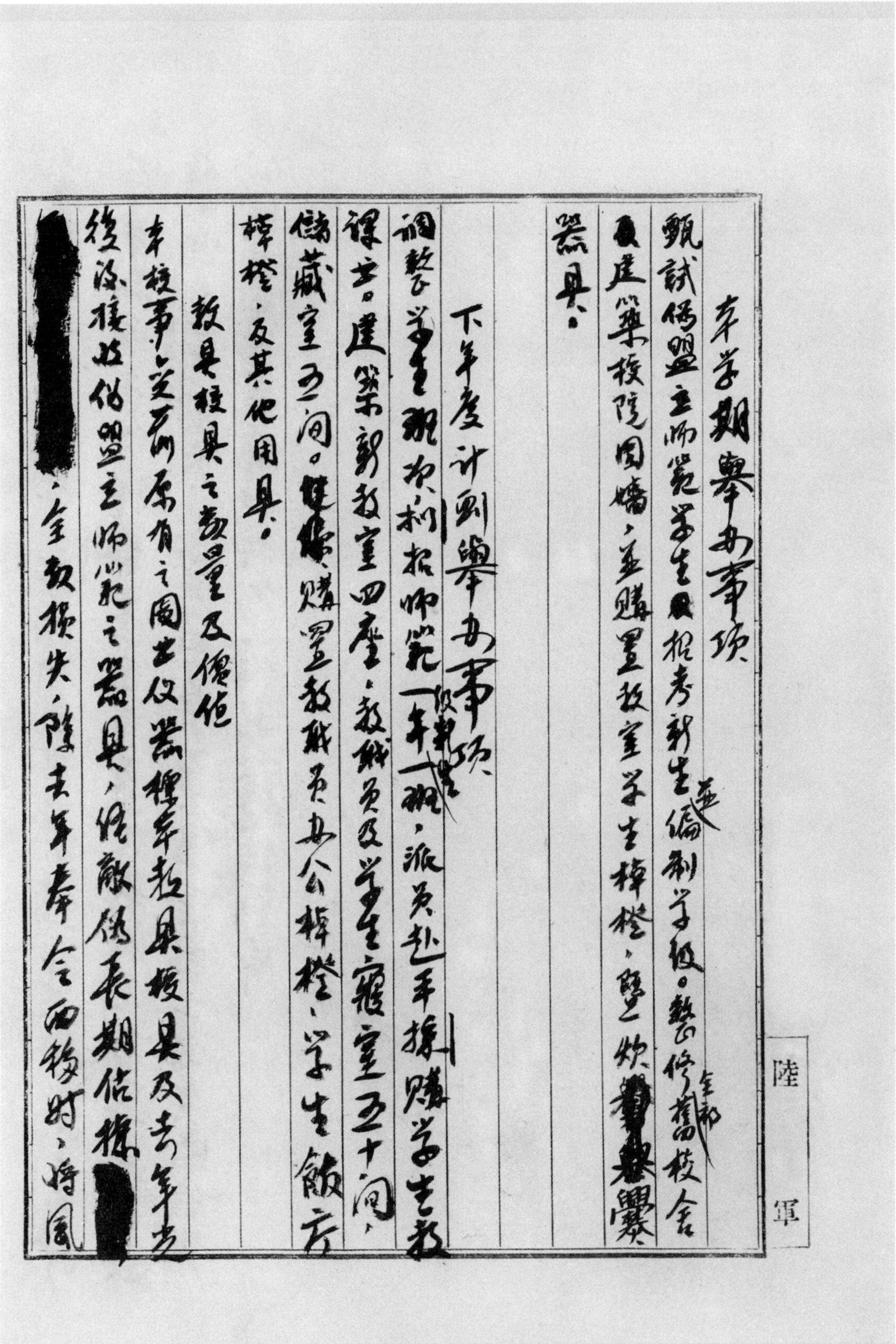

本学期举办事项

甄试伪盟立师范学生，并招考新生，并编制学级。整修全部旧校舍及建筑校院围墙，并购置教室学生桌凳、暨炊爨器具。

下年度计划举办事项

调整学生班次，扩招师范一年级一班，派员赴平采购学生教课书。建筑新教室四座，教职员及学生寝室五十间，储藏室五间。增修购置教职员办公桌椅、学生饭厅桌凳，及其他用具。

教具、校具之数量及价值

本校事变前原有之图书仪器标本教具、校具，及去年光复后接收伪盟立师范之器具，经敌伪长期占据[redacted]，全数损失。随去年奉令西移时，将风

陸軍

图 4-1-16　绥远省立归绥师范学校沿革及概况设立计划（1947 年）（十六）——本学期举办事项（1）

琴两架，带到后日方，现尚保存外，其余一桌一凳，亦已云散
存。本期开学后，催新置教室学生桌凳四百五十套、教
桌十张，教职员及学生厨房炊爨器具数十件，由肆上购买教职员办
公临时应用旧有桌椅凳数十件，其价值约计

图 4-1-16　绥远省立归绥师范学校沿革及概况设立计划（1947 年）（十七）——本学期举办事项（2）

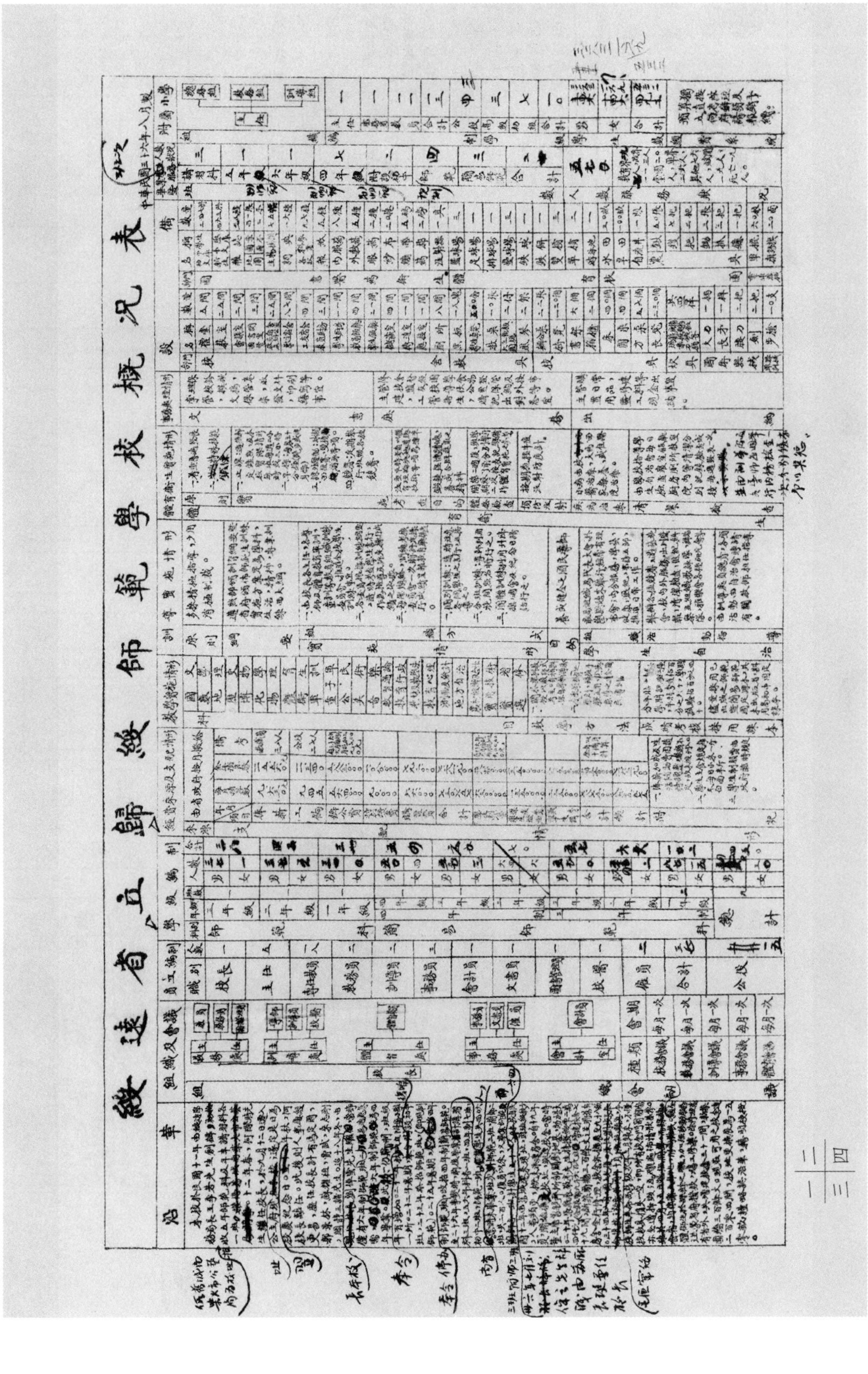
绥远省立归绥师范学校概况表

图 4-1-17　绥远省立归绥师范学校概况表（1947 年 8 月）

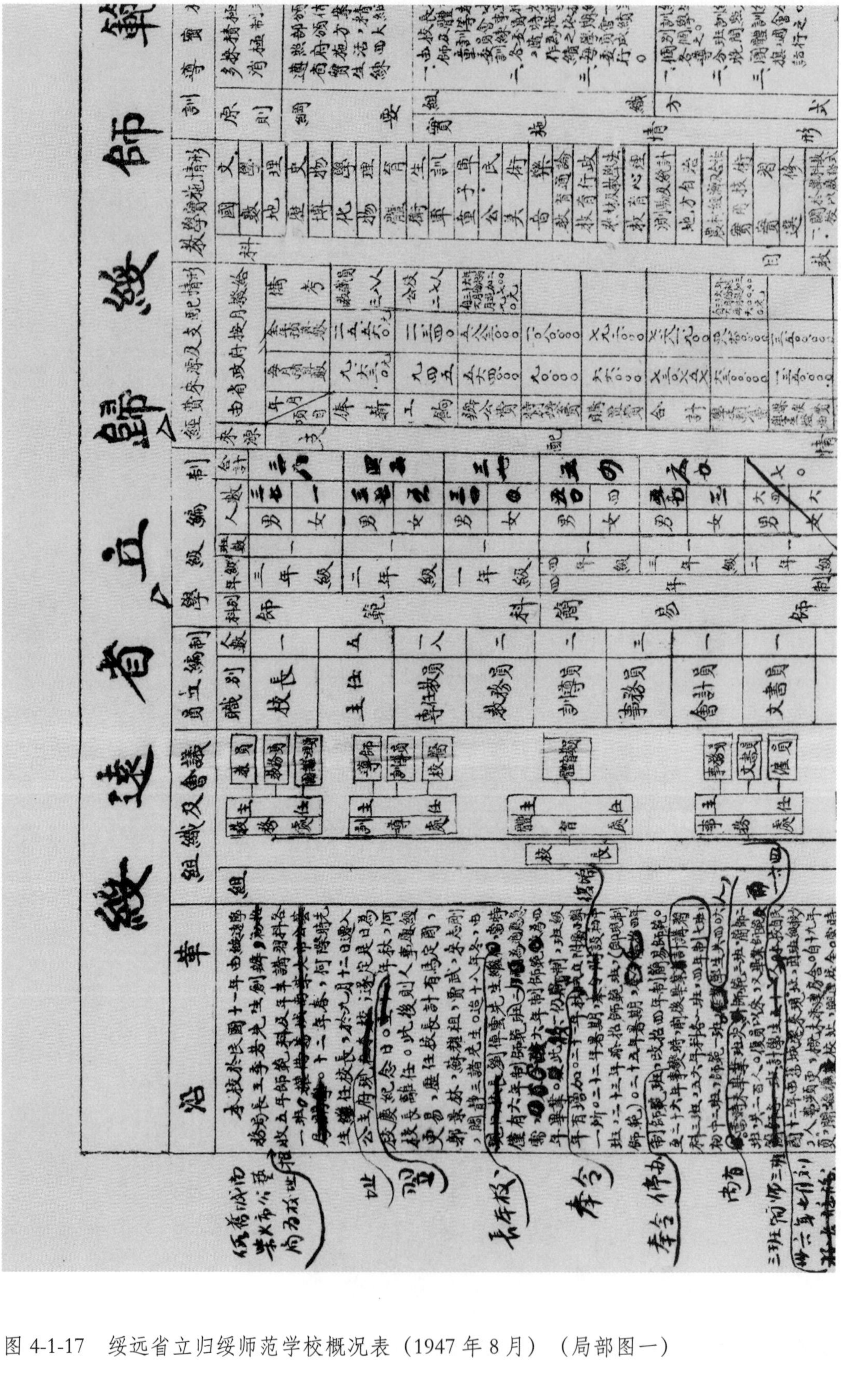

图 4-1-17　绥远省立归绥师范学校概况表（1947 年 8 月）（局部图一）

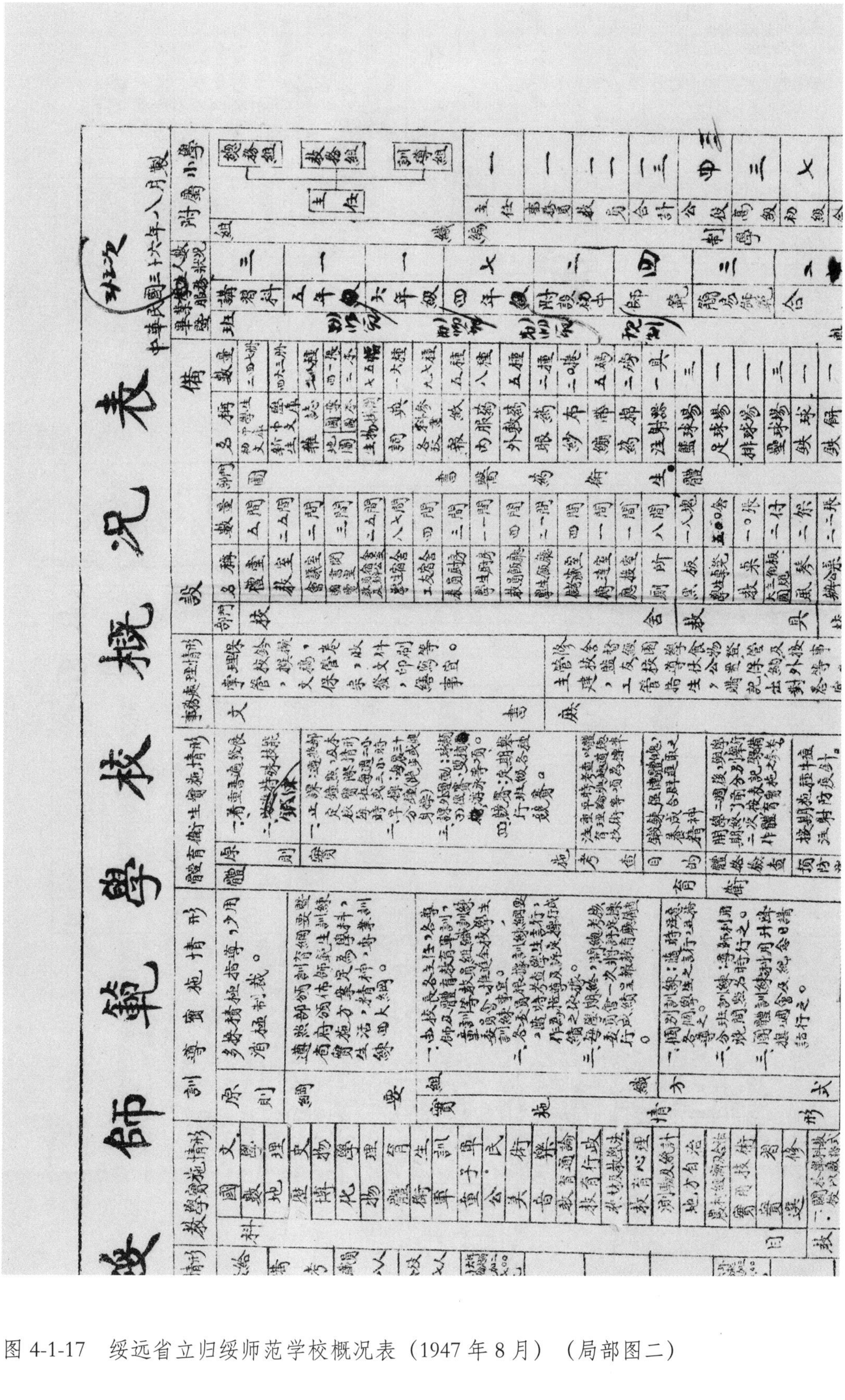

图 4-1-17　绥远省立归绥师范学校概况表（1947 年 8 月）（局部图二）

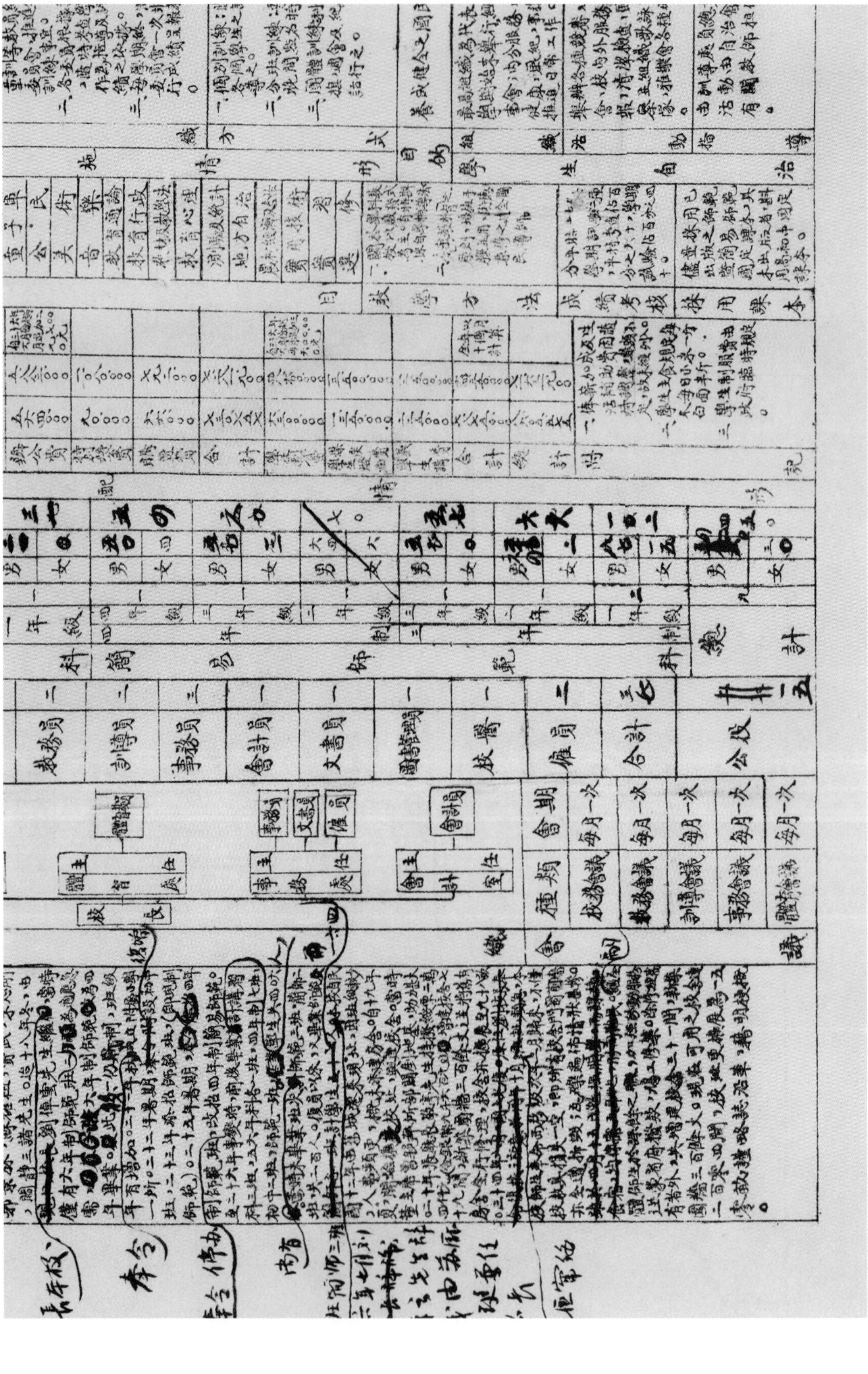

图 4-1-17　绥远省立归绥师范学校概况表（1947 年 8 月）（局部图三）

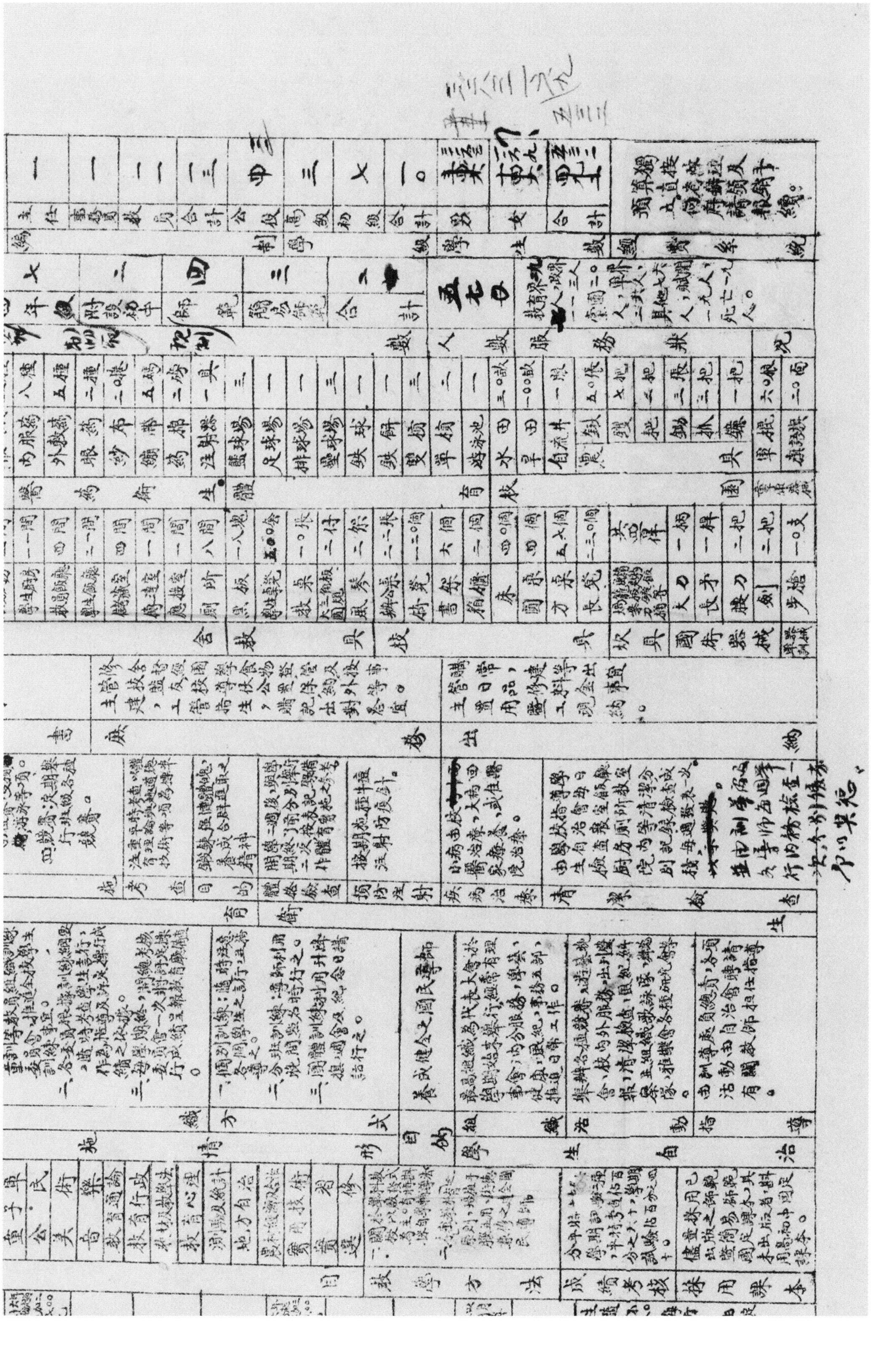

图 4-1-17　绥远省立归绥师范学校概况表（1947 年 8 月）（局部图四）

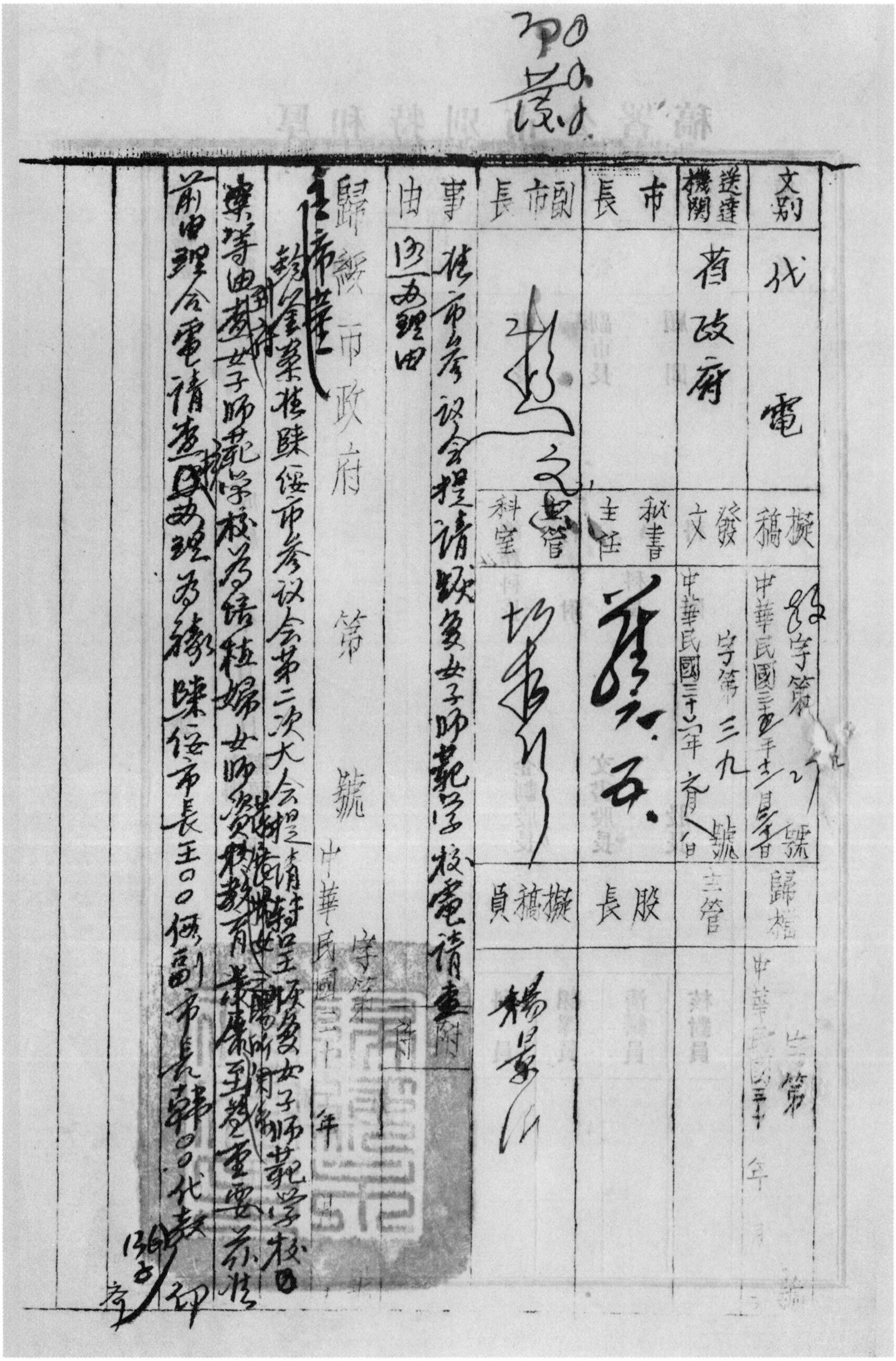

文别	代電
送達機關	省政府
市長	
副市長	
事由	據市參議會提請恢復女子師範學校電請查核由
擬稿	字第 號
發文	中華民國三十六年 月 日 字第三九號

歸綏市政府 第 號

主席董鈞鑒：案准歸綏市參議會第二次大會提請恢復女子師範學校等由，查女子師範學校為培植婦女師資、推行教育……重要……前由理合電請查照核辦為禱。歸綏市長王〇〇、副市長韓〇〇代叩

图 4-1-18 归绥市政府为转呈市参议会提请恢复女子师范学校致绥远省政府代电（1947 年 1 月 8 日）

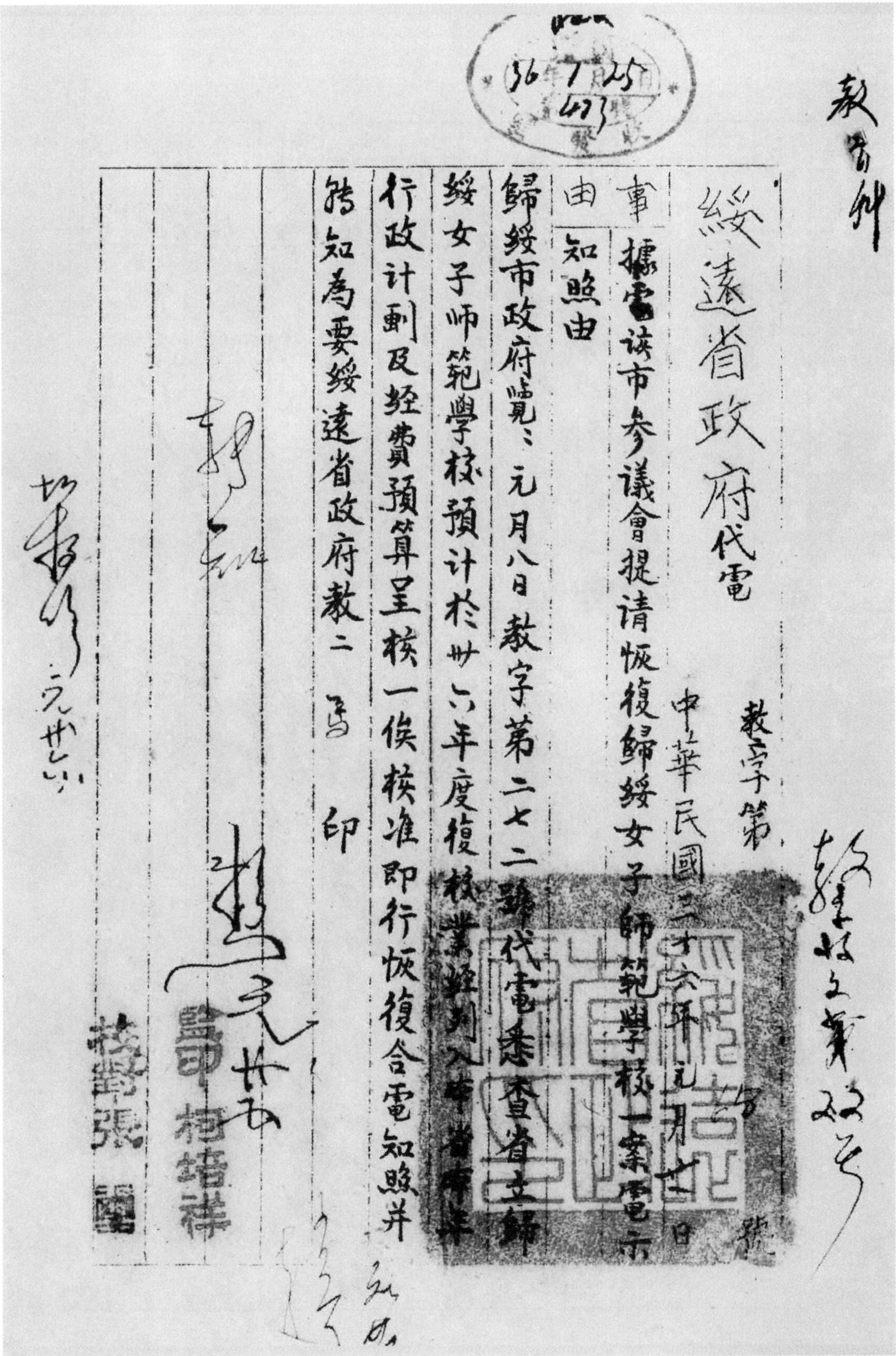

綏遠省政府代電

教字第　號

中華民國三十六年元月廿一日

事由：據電該市參議會提請恢復歸綏女子師範學校一案電示知照由

歸綏市政府覽：元月八日教字第二七二號代電悉。查省立歸綏女子師範學校預計於卅六年度復校，業經列入本年省行政計劃及經費預算呈核，一俟核准即行恢復，合電知照，并飭知為要。綏遠省政府教二（印）印

图 4-1-19　绥远省政府为核准恢复归绥女子师范学校给归绥市政府代电（1947 年 1 月 21 日）

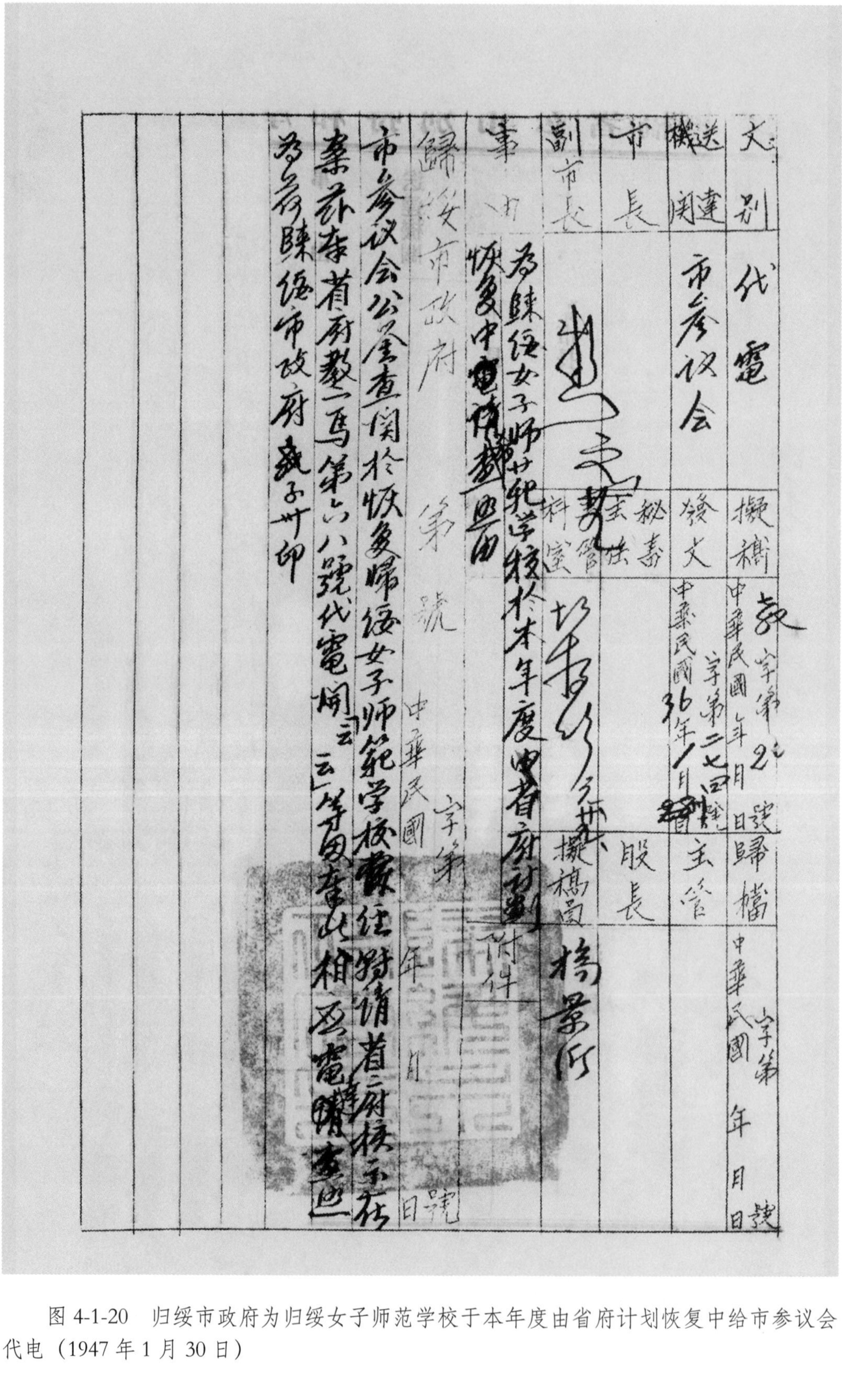
文別：代電

送達機關：市参议会

市長

副市長

事由：為歸綏女子师範学校於本年度由省府計劃恢復中由

附件

歸綏市政府 第 號

市参议会公鉴：查關於恢復歸綏女子师範学校業經呈請省府核示在案，茲奉省府教一焉第六八號代電開"云云"等因，奉此，相應電請查照。

歸綏市政府 子卅 叩

图 4-1-20 归绥市政府为归绥女子师范学校于本年度由省府计划恢复中给市参议会代电（1947 年 1 月 30 日）

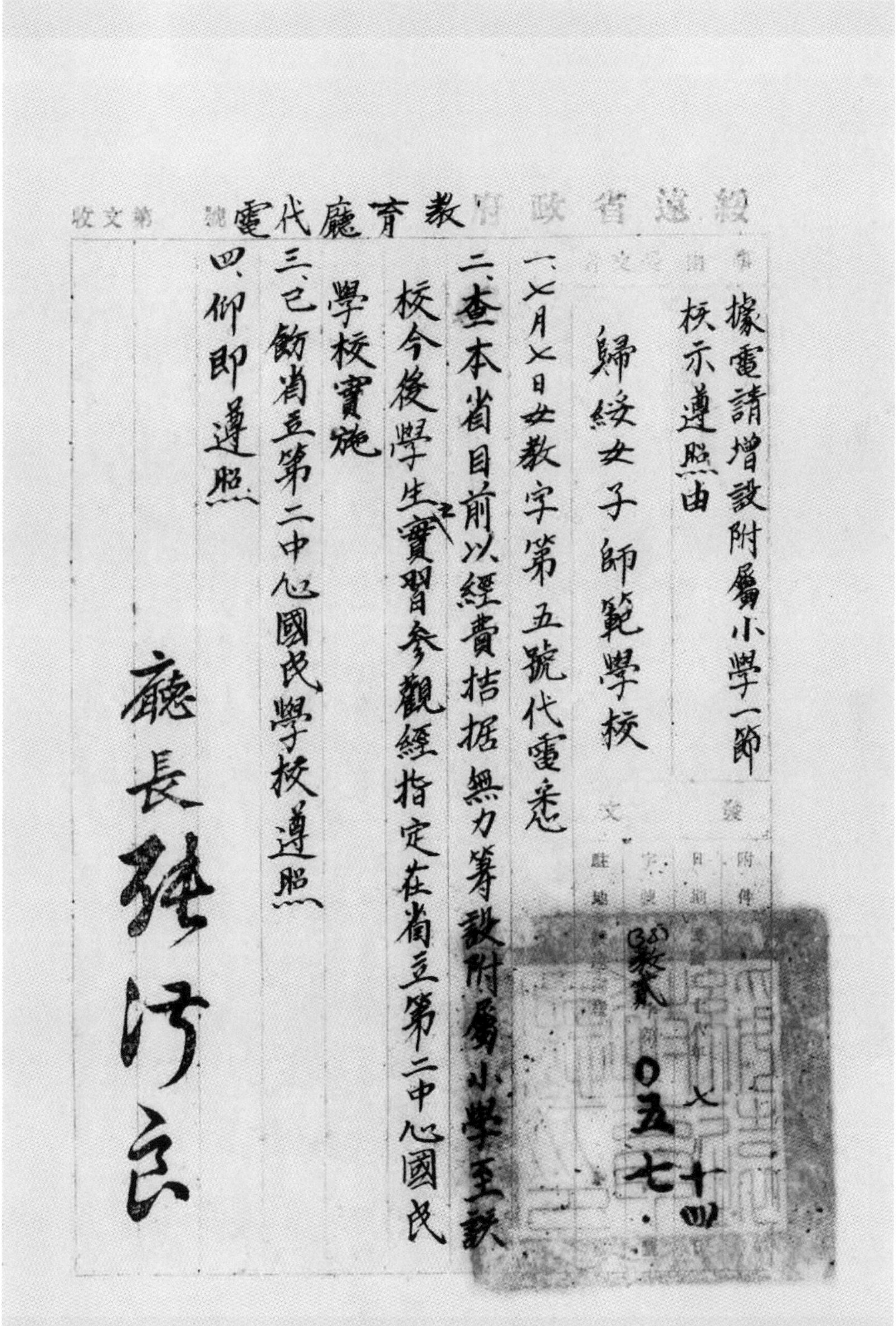

綏遠省政府教育廳代電　收文第　號

事由：據電請增設附屬小學一節核示遵照由

歸綏女子師範學校

一、七月七日女教字第五號代電悉

二、查本省目前以經費拮据無力籌設附屬小學至該校今後學生實習參觀經指定在省立第二中心國民學校實施

三、已飭省立第二中心國民學校遵照

四、仰即遵照

廳長 張[illegible]良

發文 字號 (38)教貳 〇五七 日期 七 十四

图 4-1-21　绥远省立归绥女子师范学校呈请准予成立附属小学及绥远省政府教育厅核示的代电（1949 年 7 月 14 日）（一）

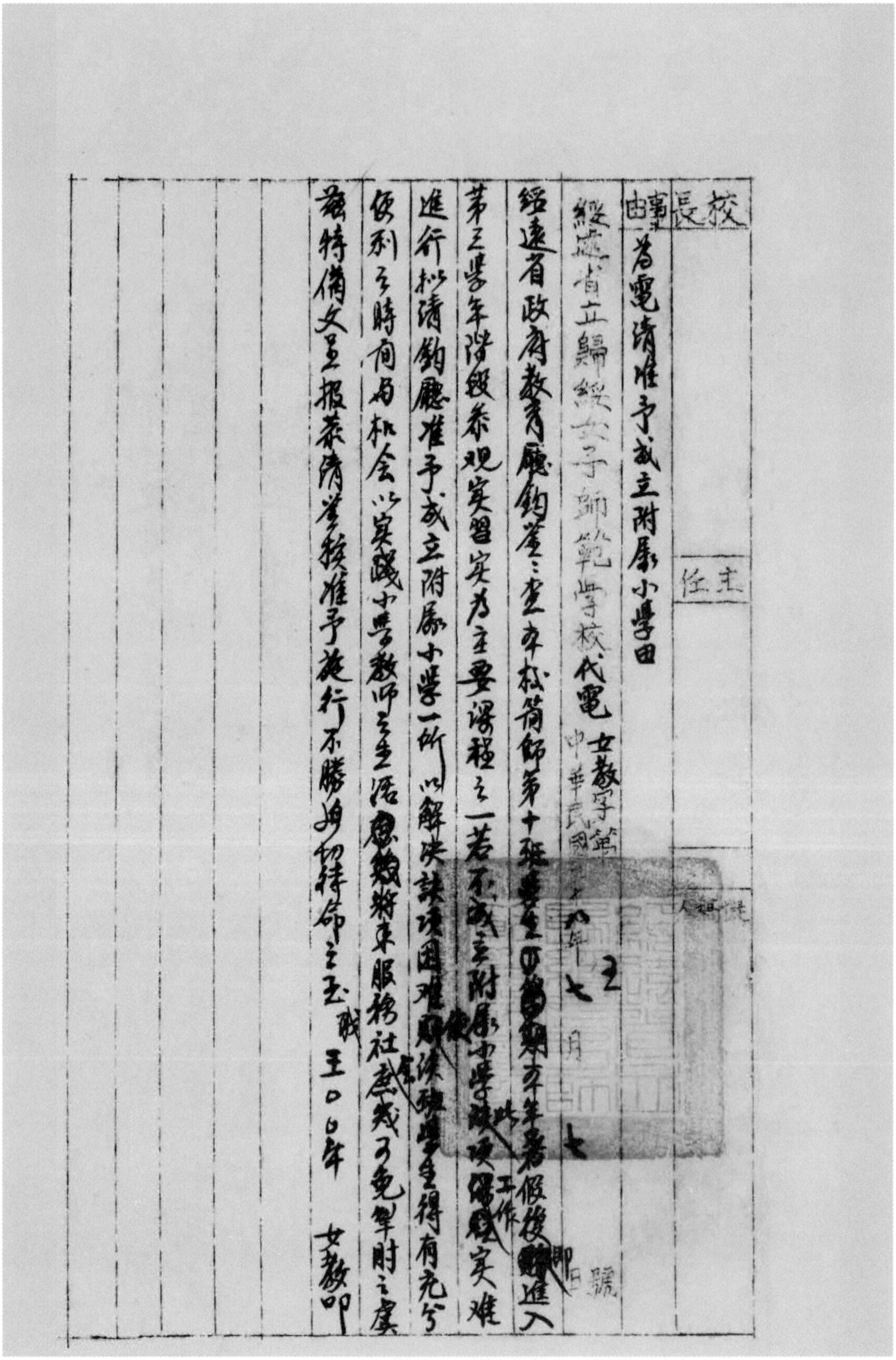
校長

主任

事由：為電請准予成立附屬小學由

綏遠省立歸綏女子師範學校代電　女教字第　號

中華民國三十八年七月七日

綏遠省政府教育廳鈞鑒：查本校簡師第十班學生四十名本年暑假後即進入第三學年階段，參觀實習實為主要課程之一，若不成立附屬小學，此項工作殊難進行，抄請鈞廳准予成立附屬小學一所，以解決該項困難，使學生得有充分研習之時間與機會，以實踐小學教師之生活，庶幾將來服務社會，或可免臨時之虞。茲特備文呈報，恭請鑒核，准予施行，不勝迫切待命之至。職王〇〇叩　女教叩

图 4-1-21　绥远省立归绥女子师范学校呈请准予成立附属小学及绥远省政府教育厅核示的代电（1949 年 7 月 14 日）（二）

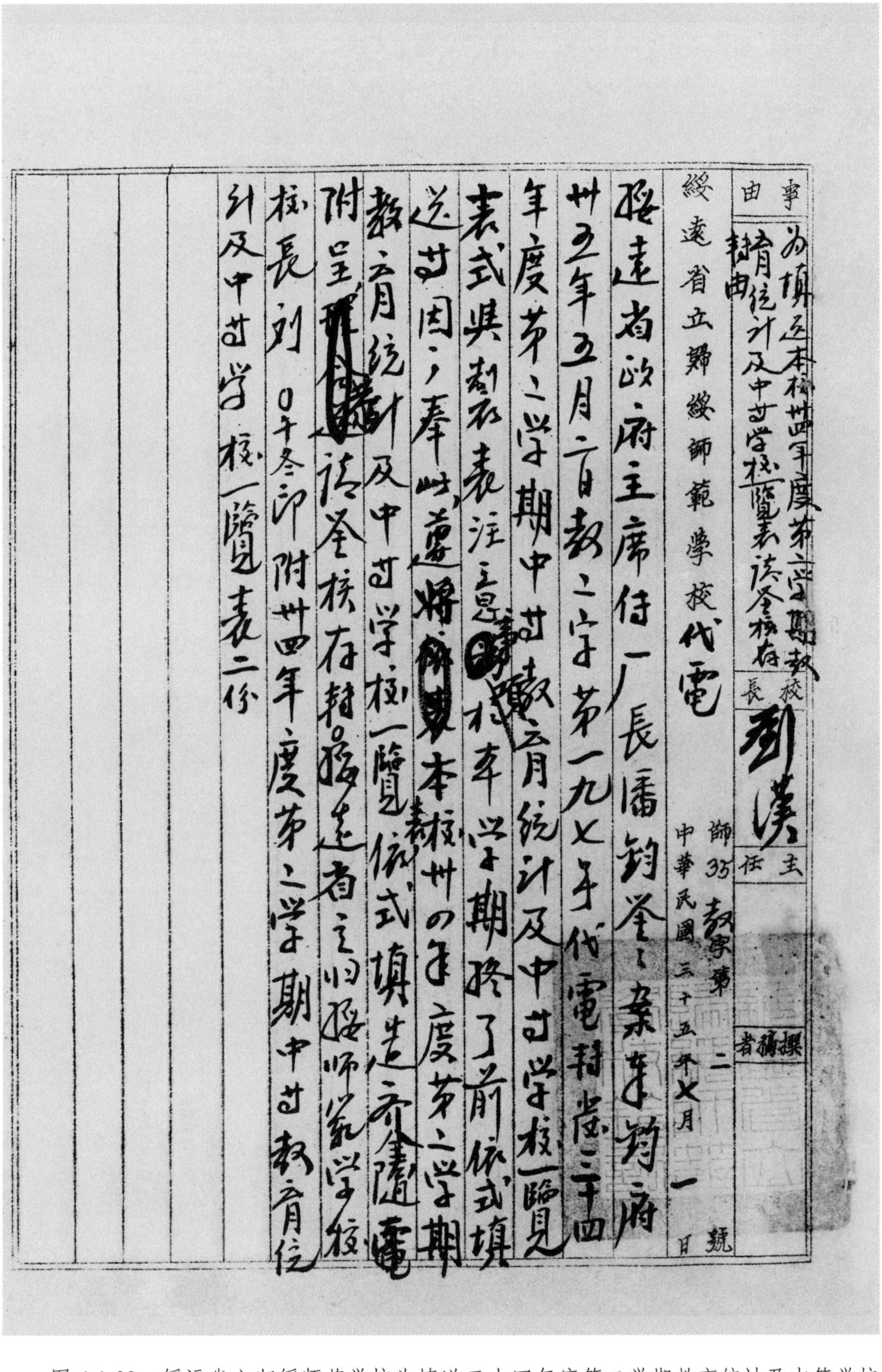

事由：为填送本校卅四年度第二学期教育统计及中等学校一览表请鉴核存转由

校长 刘汉

主任

撰稿者

绥远省立归绥师范学校代电

师35教字第二 号

中华民国三十五年七月一日

绥远省政府主席傅、厅长潘钧鉴：案奉钧府卅五年五月二日教二字第一九七号代电，转发卅四年度第二学期中等教育月统计及中等学校一览表式，嘱按表注意事项于本学期终了前依式填送等因，奉此。遵将本校卅四年度第二学期教育统计及中等学校一览依式填造，齐全随电附呈，请鉴核存转。绥远省立归绥师范学校校长刘○午冬印

附卅四年度第二学期中等教育统计及中等学校一览表二份

图 4-1-22　绥远省立归绥师范学校为填送三十四年度第二学期教育统计及中等学校一览表致绥远省政府代电（附教育统计表及学校一览表）（1946 年 7 月 1 日）（一）

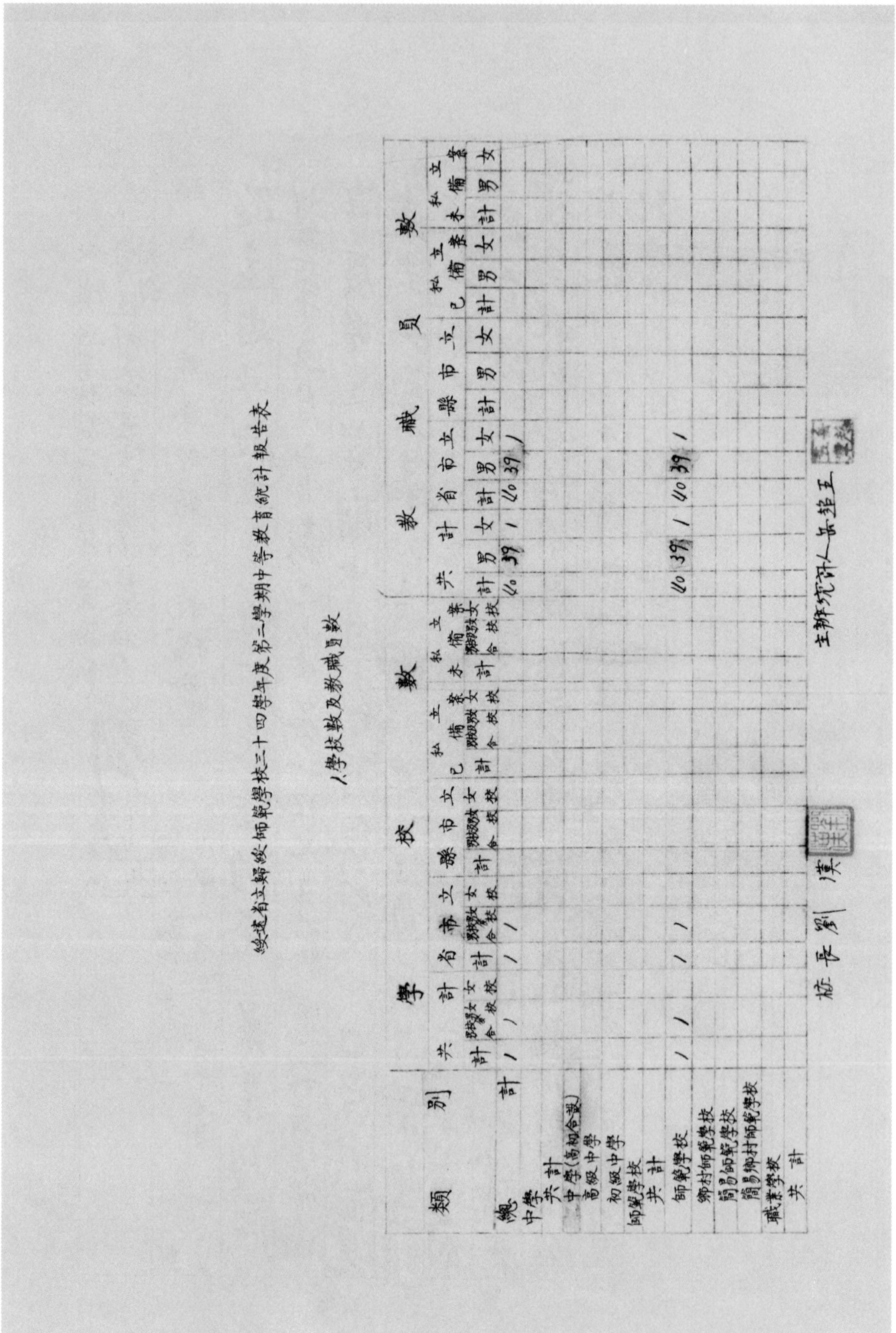

綏遠省立歸綏師範學校三十四學年度第二學期中等教育統計報告表

1.學校數及教職員數

類別	學校數															教職員數														
	共計			省市立			縣市立			私立已備案			私立未備案			共計			省市立			縣市立			私立已備案			私立未備案		
	計	男校及男女合校	女校	計	男校及男女合校	女校	計	男校及男女合校	女校	計	男校及男女合校	女校	計	男校及男女合校	女校	計	男	女	計	男	女	計	男	女	計	男	女	計	男	女
總計	1	1		1	1											40	39	1	40	39	1									
中學																														
共計																														
中學(高初合設)																														
高級中學																														
初級中學																														
師範學校																														
共計																														
師範學校	1	1		1	1											40	39	1	40	39	1									
鄉村師範學校																														
簡易師範學校																														
簡易鄉村師範學校																														
職業學校																														
共計																														

校長劉　漢

主辦統計人岳鉉王

图 4-1-22　绥远省立归绥师范学校为填送三十四年度第二学期教育统计及中等学校一览表致绥远省政府代电（附教育统计表及学校一览表）（1946 年 7 月 1 日）（二）

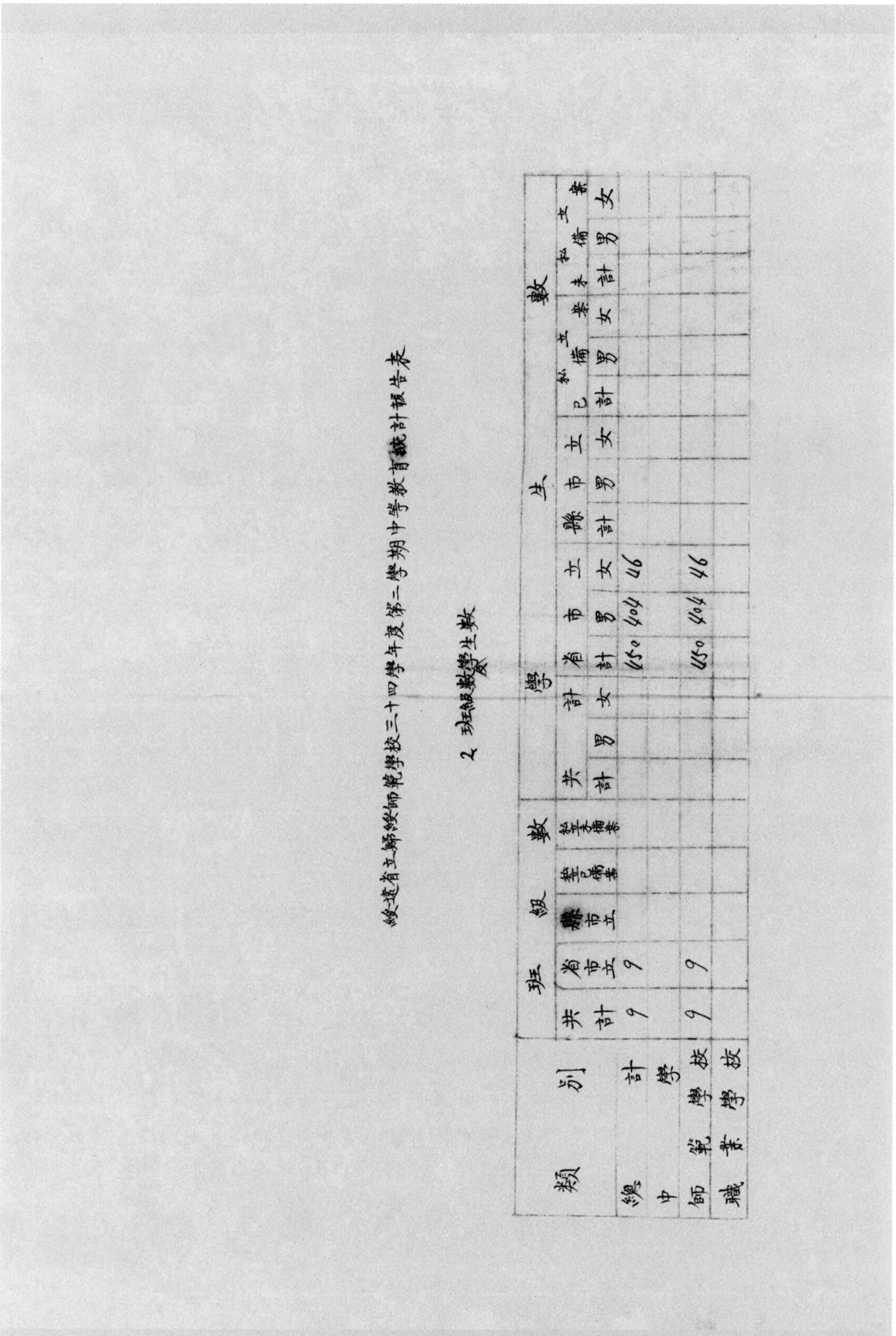

綏遠省立歸綏師範學校三十四學年度第二學期中等教育統計報告表

2、班級數及學生數

類別	班級數					學生數														
	共計	省市立	縣市立	私立已備案	私立未備案	共計			省市立			縣市立			私立已備案			私立未備案		
						計	男	女	計	男	女	計	男	女	計	男	女	計	男	女
總計	9	9							450	404	46									
中學																				
師範學校	9	9							450	404	46									
職業學校																				

图 4-1-22　绥远省立归绥师范学校为填送三十四年度第二学期教育统计及中等学校一览表致绥远省政府代电（附教育统计表及学校一览表）（1946 年 7 月 1 日）（三）

綏遠省立歸綏師範學校三十四學年度第二學期中等教育統計報告表

2.班級數及學生數

類別	班級數					學生數														
	共計	省市立	縣市立	私立已備案	私立未備案	共計			省市立			縣市立			私立已備案			私立未備案		
						計	男	女	計	男	女	計	男	女	計	男	女	計	男	女
總計	9	9							450	404	46									
師範																				
共計	2	2							53	49	4									
三年級																				
二年級	1	1							23	21	2									
一年級	1	1							30	28	2									
鄉村師範																				
共計																				
三年級																				
二年級																				
一年級																				
簡易師範																				
共計	7	7							397	355	42									
四年級																				
三年級	1	1							60	55	5									
二年級	2	2							101	85	16									
一年級	4	4							236	215	21									
簡易鄉村師範																				
共計																				
四年級																				
三年級																				
二年級																				
一年級																				

图 4-1-22　绥远省立归绥师范学校为填送三十四年度第二学期教育统计及中等学校一览表致绥远省政府代电（附教育统计表及学校一览表）（1946 年 7 月 1 日）（四）

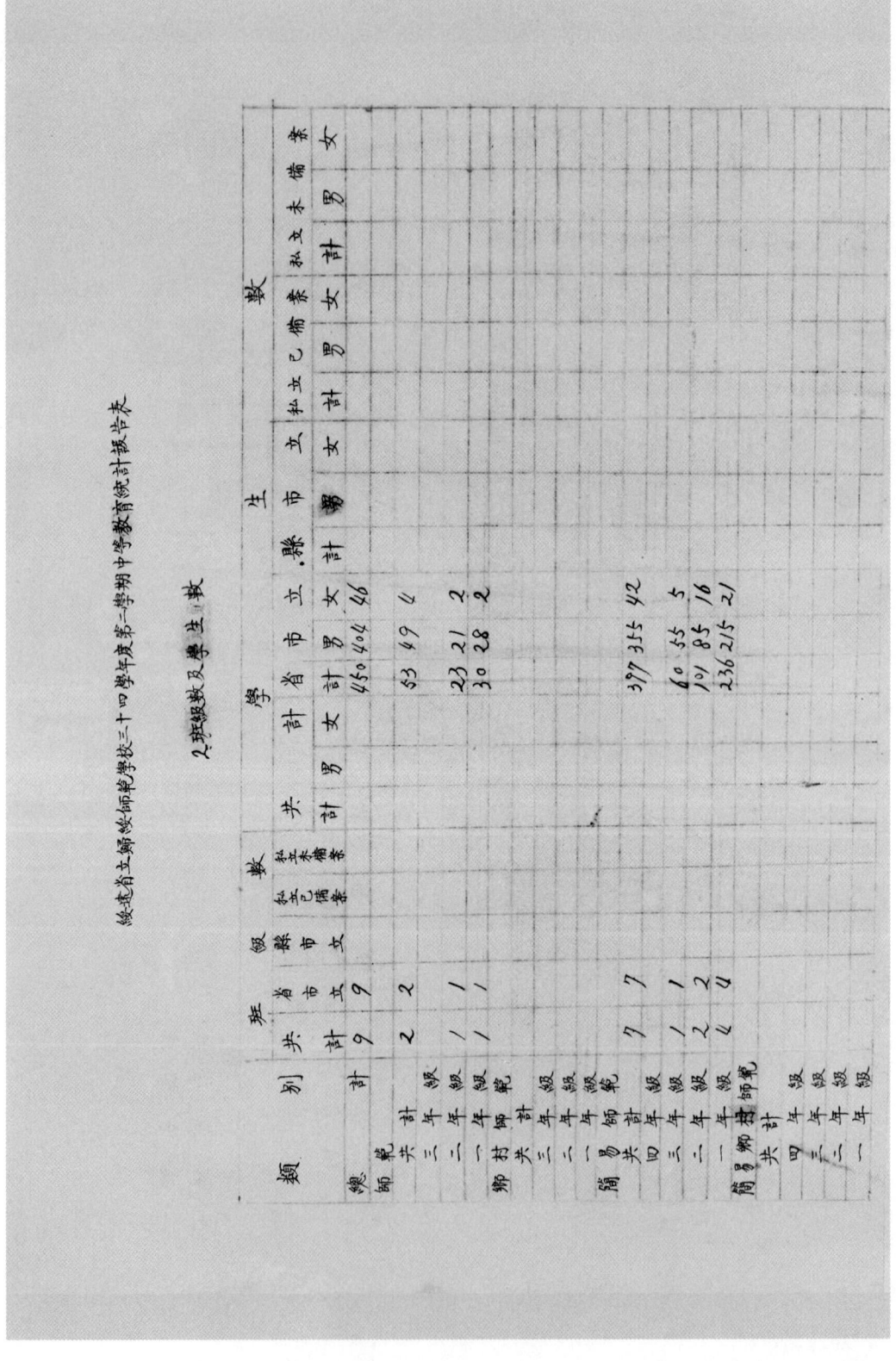

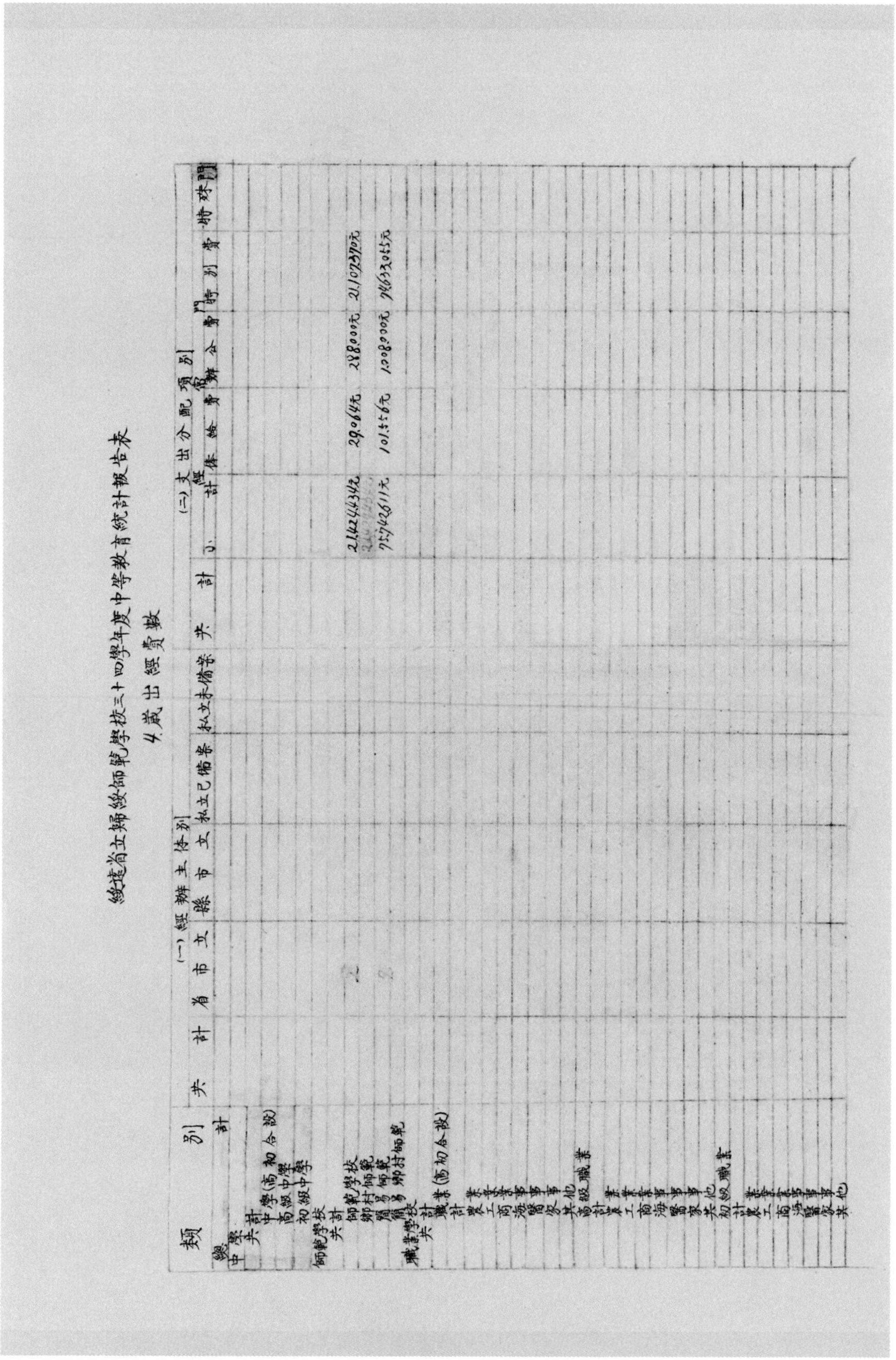

綏遠省立歸綏師範學校三十四學年度中等教育統計報告表

4.歲出經費數

類別	(一)經辦主体別					(二)支出分配項別					
	共計	省市立	縣市立	私立已備案	私立未備案	共計	經常門 小計	俸給費	辦公費	特別費	特殊門
總計											
中學											
共計											
中學(高初合設)											
高級中學											
初級中學											
師範學校											
共計											
師範學校							21,424,434元	29,064元	288,000元	21,107,370元	
鄉村師範											
簡易師範							75,742,611元	101,556元	1,008,000元	74,633,055元	
簡易鄉村師範											
職業學校											
共計											
職業(高初合設)											
計											
農業											
工業											
商業											
海事											
醫事											
家事											
其他											
高級職業											
計											
農業											
工業											
商業											
海事											
醫事											
家事											
其他											
初級職業											
計											
農業											
工業											
商業											
海事											
醫事											
家事											
其他											

图 4-1-22　绥远省立归绥师范学校为填送三十四年度第二学期教育统计及中等学校一览表致绥远省政府代电（附教育统计表及学校一览表）（1946 年 7 月 1 日）（五）

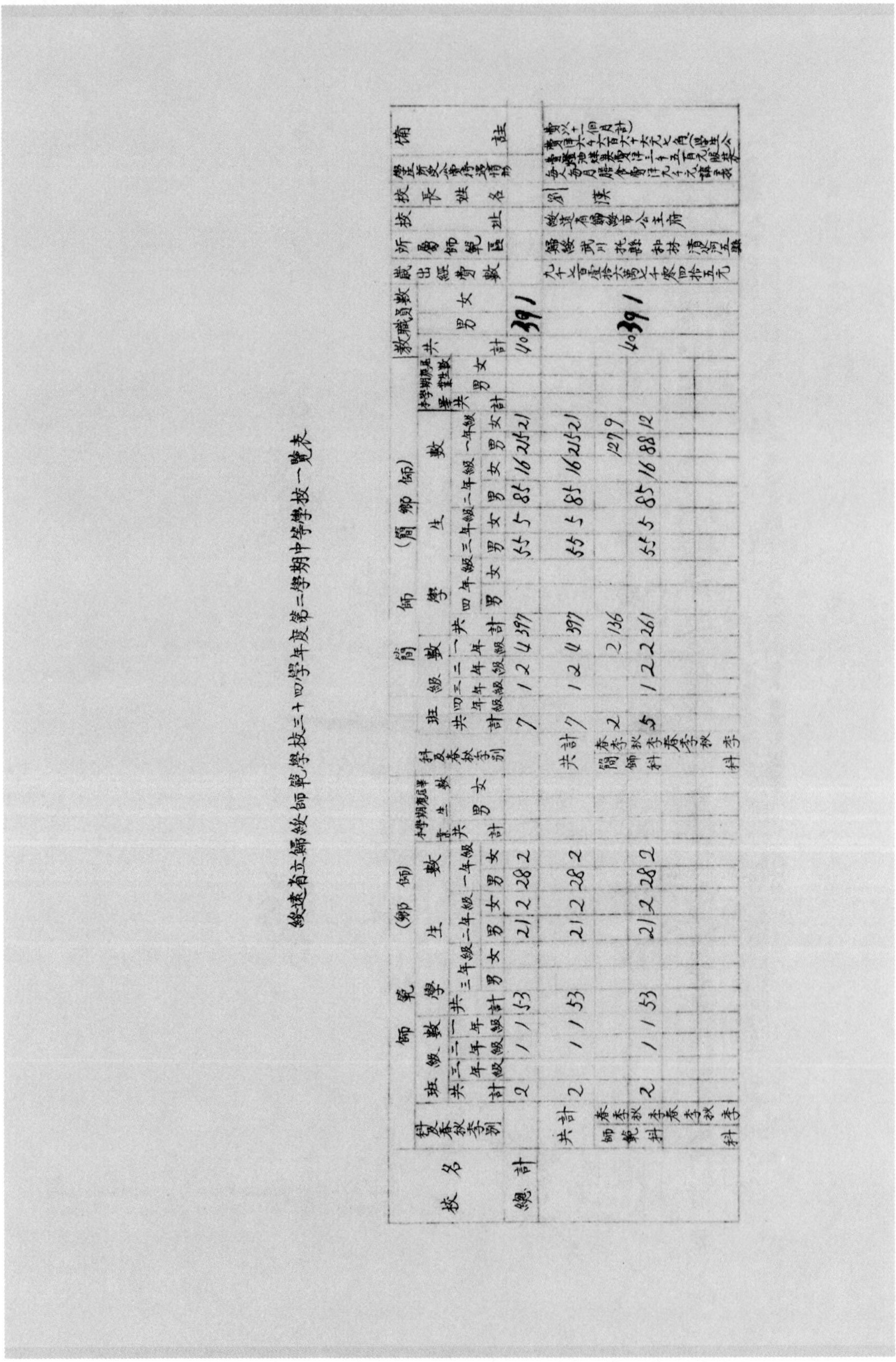

綏遠省立歸綏師範學校三十四學年度第二學期中等學校一覽表

校名	科及春秋季別	師範（鄉師）班級數 共計	三年級	二年級	一年級	學生數 共計	三年級 男	三年級 女	二年級 男	二年級 女	一年級 男	一年級 女	本學期應屆畢業生數 共計	男	女
總計		2		1	1	53			21	2	28	2			
	共計	2		1	1	53			21	2	28	2			
	師範科 春季														
	師範科 秋季	2		1	1	53			21	2	28	2			
	科 春季														
	科 秋季														

校名	科及春秋季別	簡師（簡鄉師）班級數 共計	四年級	三年級	二年級	一年級	學生數 共計	四年級 男	四年級 女	三年級 男	三年級 女	二年級 男	二年級 女	一年級 男	一年級 女	本學期應屆畢業生數 共計	男	女
總計		7		1	2	4	397			55	5	85	16	215	21			
	共計	7		1	2	4	397			55	5	85	16	215	21			
	簡師科 春季	2				2	136							127	9			
	簡師科 秋季	5		1	2	2	261			55	5	85	16	88	12			
	科 春季																	
	科 秋季																	

校名	教職員數 共計	男	女	歲出經費數	所屬師範區	校址	校長姓名	學生所受公費待遇情形	備註
總計	40	39	1						
	40	39	1	九千七百壹拾六萬七千零四拾五元	歸綏 武川 托縣 和林 清水河五縣	綏遠省歸綏市公主府	劉漢	每人每月膳食費洋九千元、燈油煤炭費洋三千五百元、服裝費洋六千六百六十六元七角（學生公費以十二個月計）謹表	

图 4-1-22　绥远省立归绥师范学校为填送三十四年度第二学期教育统计及中等学校一览表致绥远省政府代电（附教育统计表及学校一览表）（1946 年 7 月 1 日）（六）

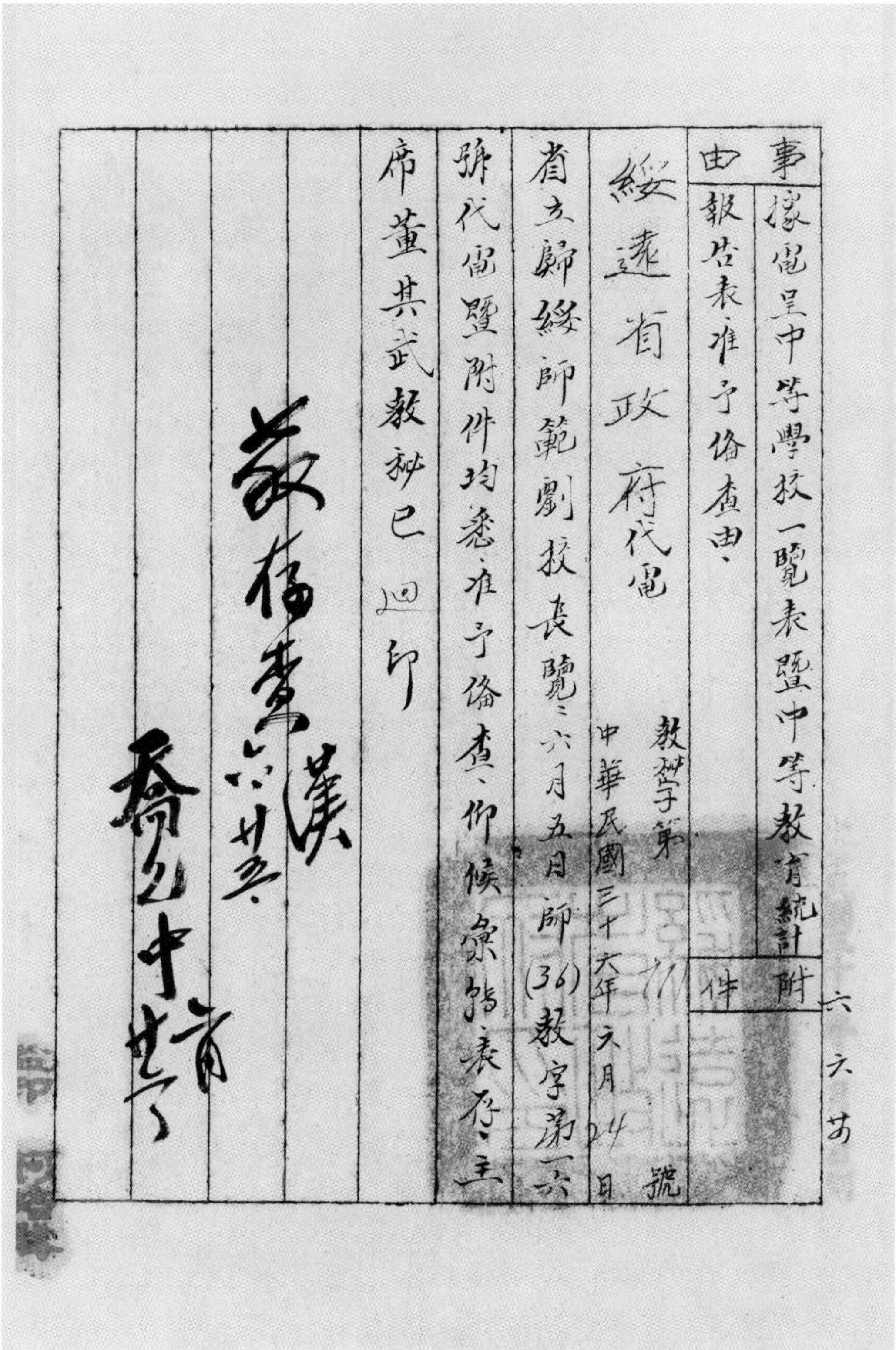
事由：據電呈中等學校一覽表暨中等教育統計報告表、准予備查由、
附件
綏遠省政府代電 教秘字第 號
中華民國三十六年六月24日
省立歸綏師範劉校長覽：六月五日師(36)教字第一六號代電暨附件均悉、准予備查、仰候彙報表存。主席董其武教秘巳 印

图 4-1-23　绥远省立归绥师范学校为按期填送中等学校一览表和中等教育统计报告表及绥远省政府准予备查的代电（附学校一览表及教育统计表）（1947 年 6 月 24 日）（一）

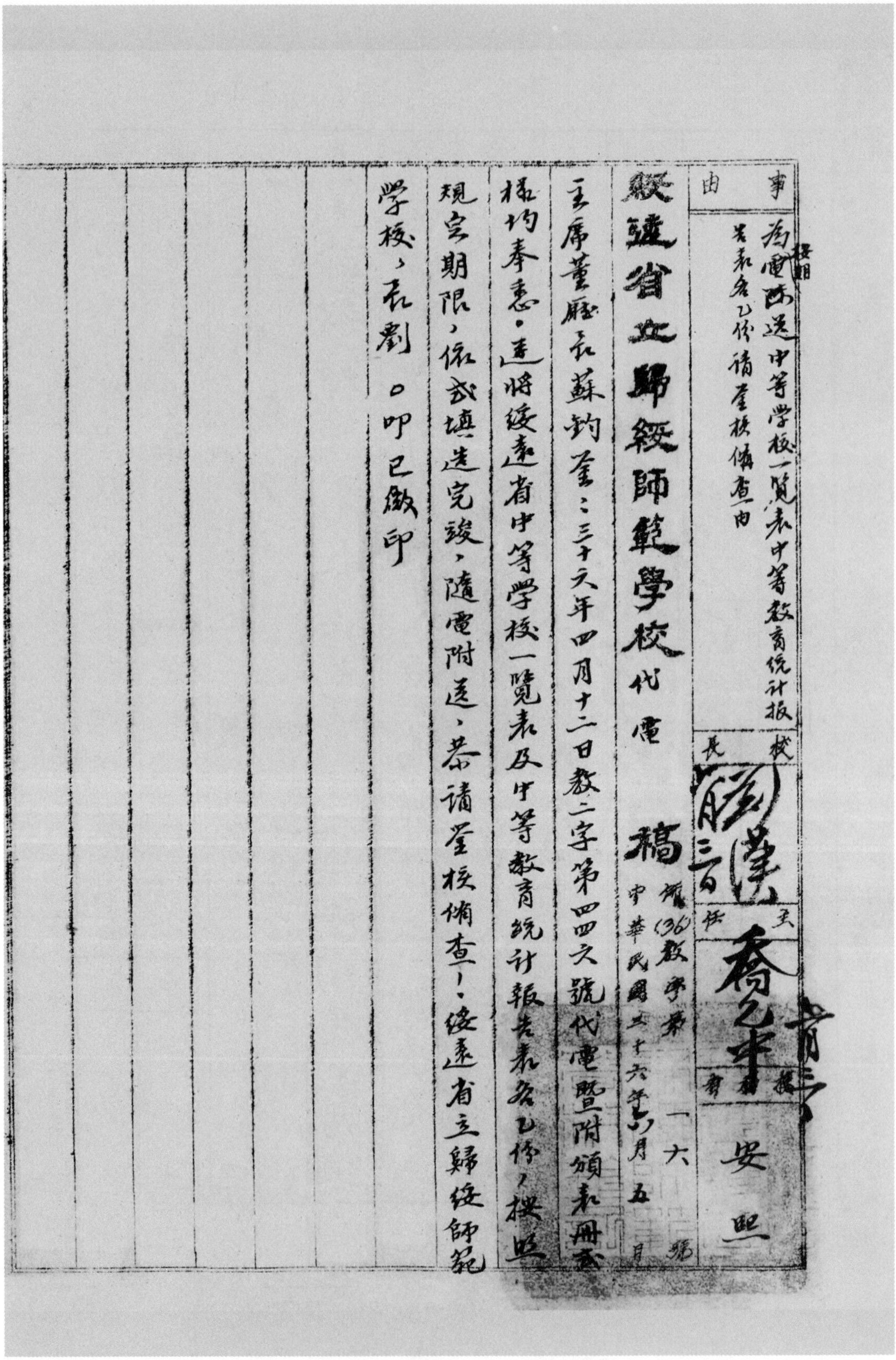

事由：為電陳送中等學校一覽表中等教育統計報告表各乙份請鑒核備查由

綏遠省立歸綏師範學校代電稿

(36)教字第 一六 號

中華民國三十六年六月 五 日

主席董廳長蘇鈞鑒：三十六年四月十二日教二字第四四六號代電暨附頒表冊式樣均奉悉。茲將綏遠省中等學校一覽表及中等教育統計報告表各乙份，按照規定期限，依式填造完竣，隨電附送，恭請鑒核備查！綏遠省立歸綏師範學校校長劉○叩巳微印

校長

主任

書

安熙

图 4-1-23　绥远省立归绥师范学校为按期填送中等学校一览表和中等教育统计报告表及绥远省政府准予备查的代电（附学校一览表及教育统计表）（1947 年 6 月 24 日）（二）

學教字第12

綏遠省三十五年度第二學期中等學校一覽表

三十六年六月　日填

校名		班級數 共計	班級數 四年級	班級數 三年級	班級數 二年級	班級數 一年級	學生數 共計	四年級 男	四年級 女	三年級 男	三年級 女	二年級 男	二年級 女	一年級 男	一年級 女	本學期應屆畢業 班級數	本學期應屆畢業 學生數 男	本學期應屆畢業 學生數 女	教職員數 共計	教員 男	教員 女	職員 男	職員 女	校長姓名	校址
總計		9	1	2	3	3	450	33	2	73	5	142	15	168	12	2	54	3	38	21		17		劉漢	歸綏市公主府
綏遠省立歸綏師範學校	師範科			1	1	1	84			21	1	21	1	38	2	1	21	1							
	簡易師範科	1	1	2	2	366	33	2	52	4	121	14	130	10	1	33	2								
備考																									

校長劉漢

辦理統計人員安熙

图 4-1-23　绥远省立归绥师范学校为按期填送中等学校一览表和中等教育统计报告表及绥远省政府准予备查的代电（附学校一览表及教育统计表）（1947 年 6 月 24 日）（三）

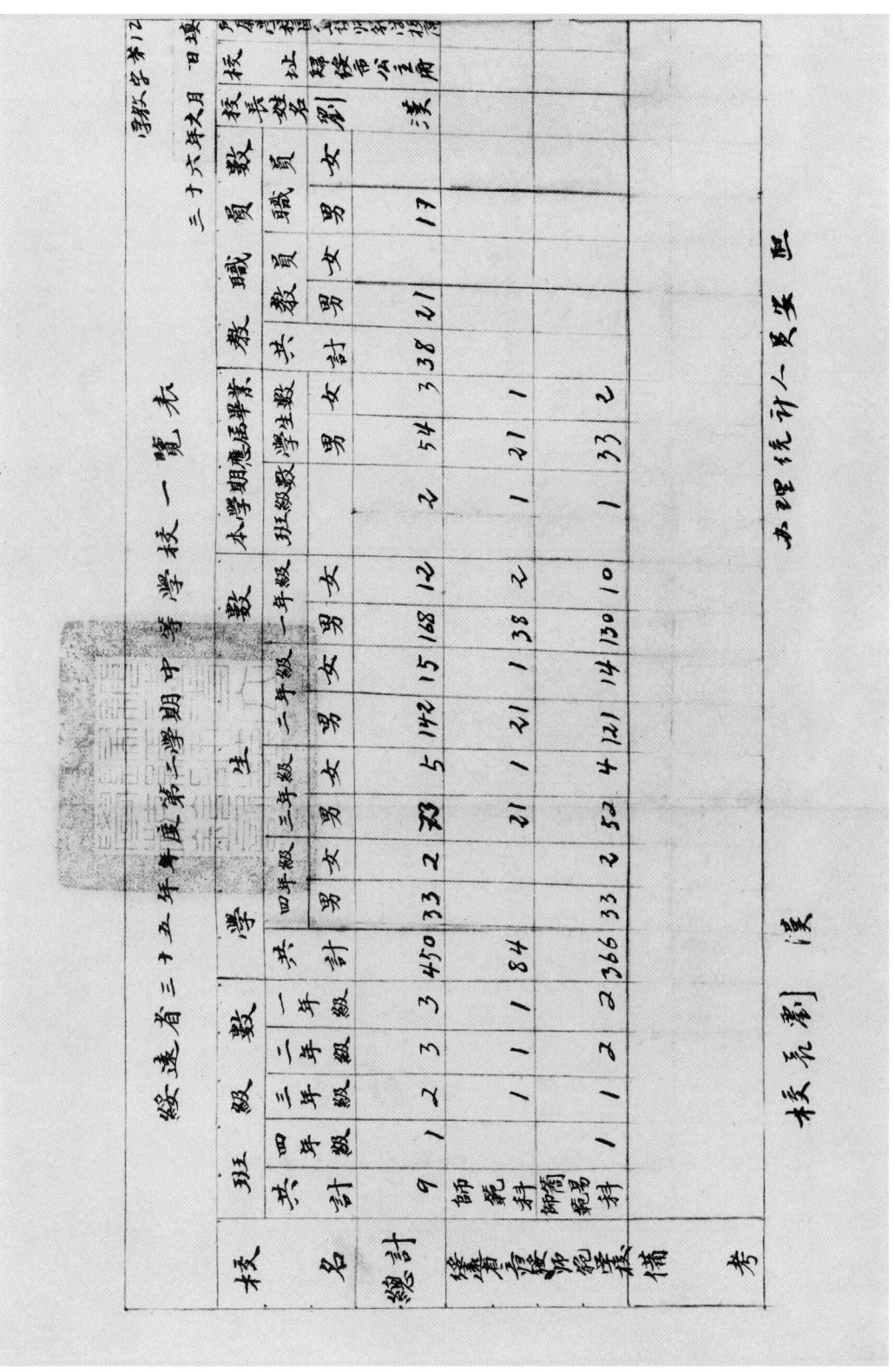

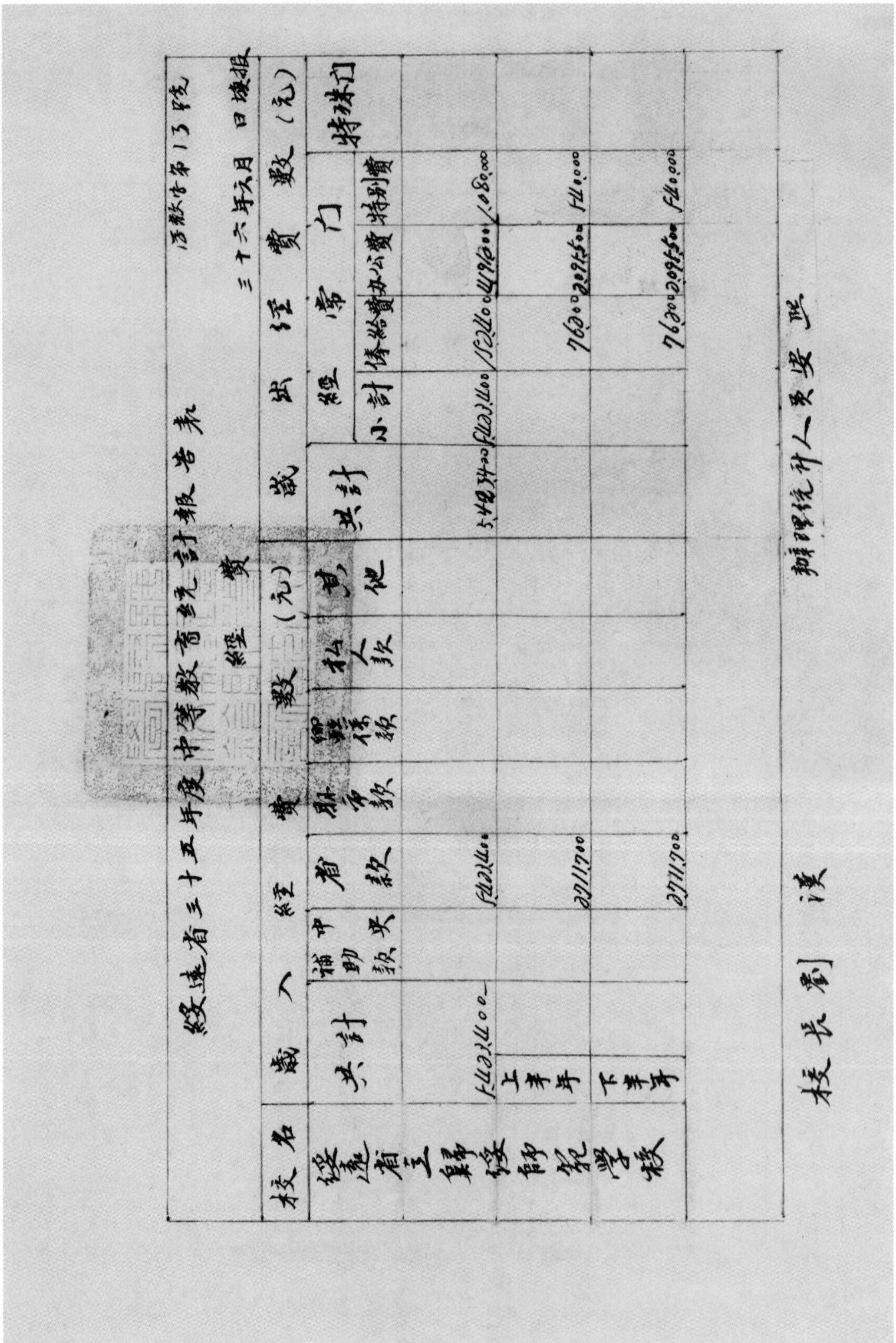

绥远省三十五年度中等教育统计报告表

[illegible]教字第13号

三十六年元月 日填报

校名		岁入经费数（元）共计	补助款 中央	省款	县市款	乡镇公款	私人捐款	其他	岁出经费数（元）共计	经常门 小计	经常门 俸给费	经常门 办公费	经常门 特别费	特殊门
绥远省立归绥师范学校		5423400		5423400					[illegible]	[illegible]	1524000	4197000	1080000	
	上半年			2711700							762000	2098500	540000	
	下半年			2711700							762000	2098500	540000	

校长 刘 谟

办理统计人员 安 墨

图 4-1-23　绥远省立归绥师范学校为按期填送中等学校一览表和中等教育统计报告表及绥远省政府准予备查的代电（附学校一览表及教育统计表）（1947 年 6 月 24 日）（四）

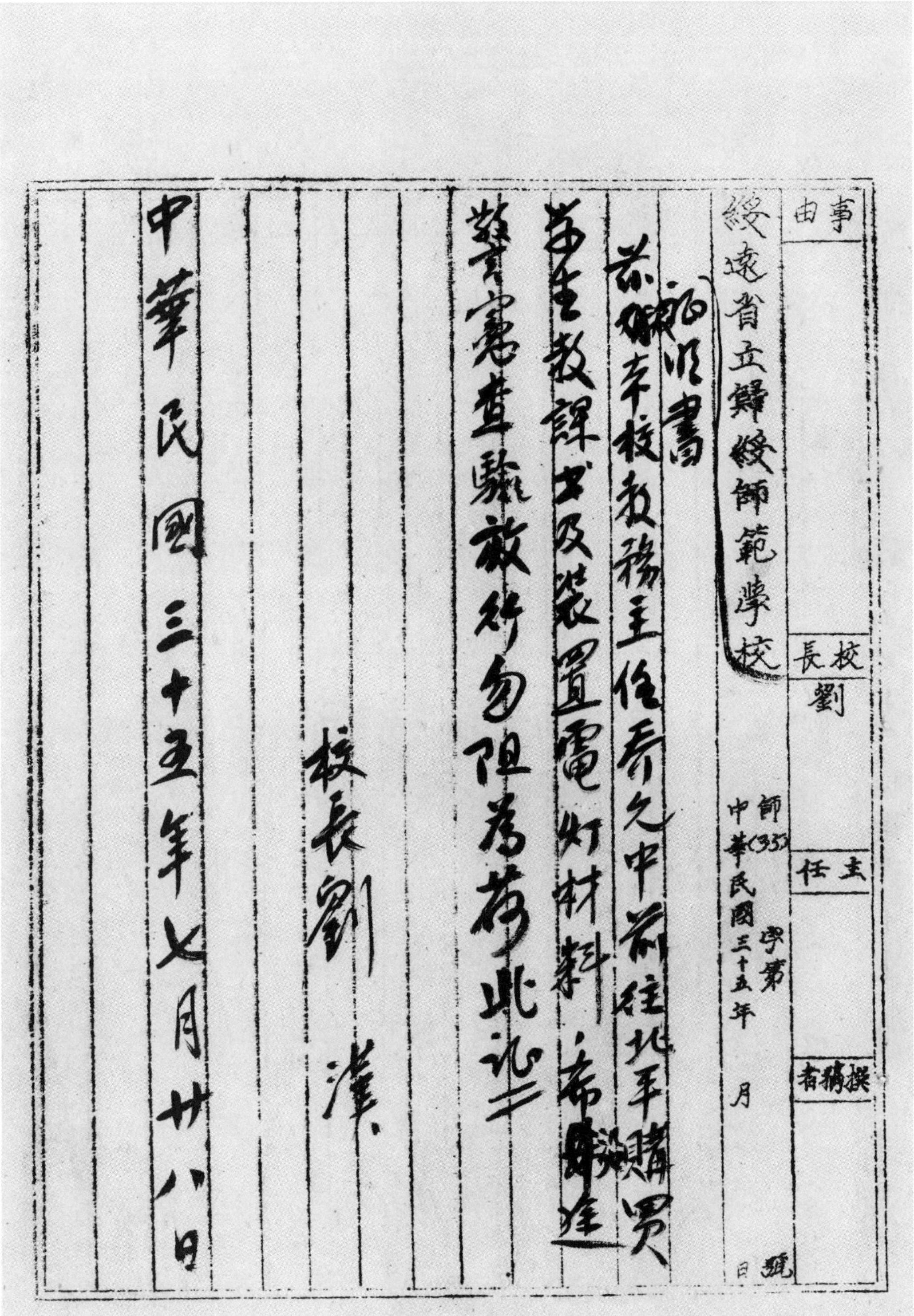

事由

綏遠省立歸綏師範學校

校長 劉

師(35)字第 號

中華民國三十五年 月 日

主任

撰稿者

證明書

茲證明本校教務主任喬元中前往北平購買學生教課書及裝置電燈材料希沿途軍憲查驗放行勿阻為荷 此證

校長 劉漢

中華民國三十五年七月廿八日

图 4-1-24　绥远省立归绥师范学校教务主任乔元中前往北平购买教科书等的证明书（1946 年 7 月 28 日）

二 经费管理

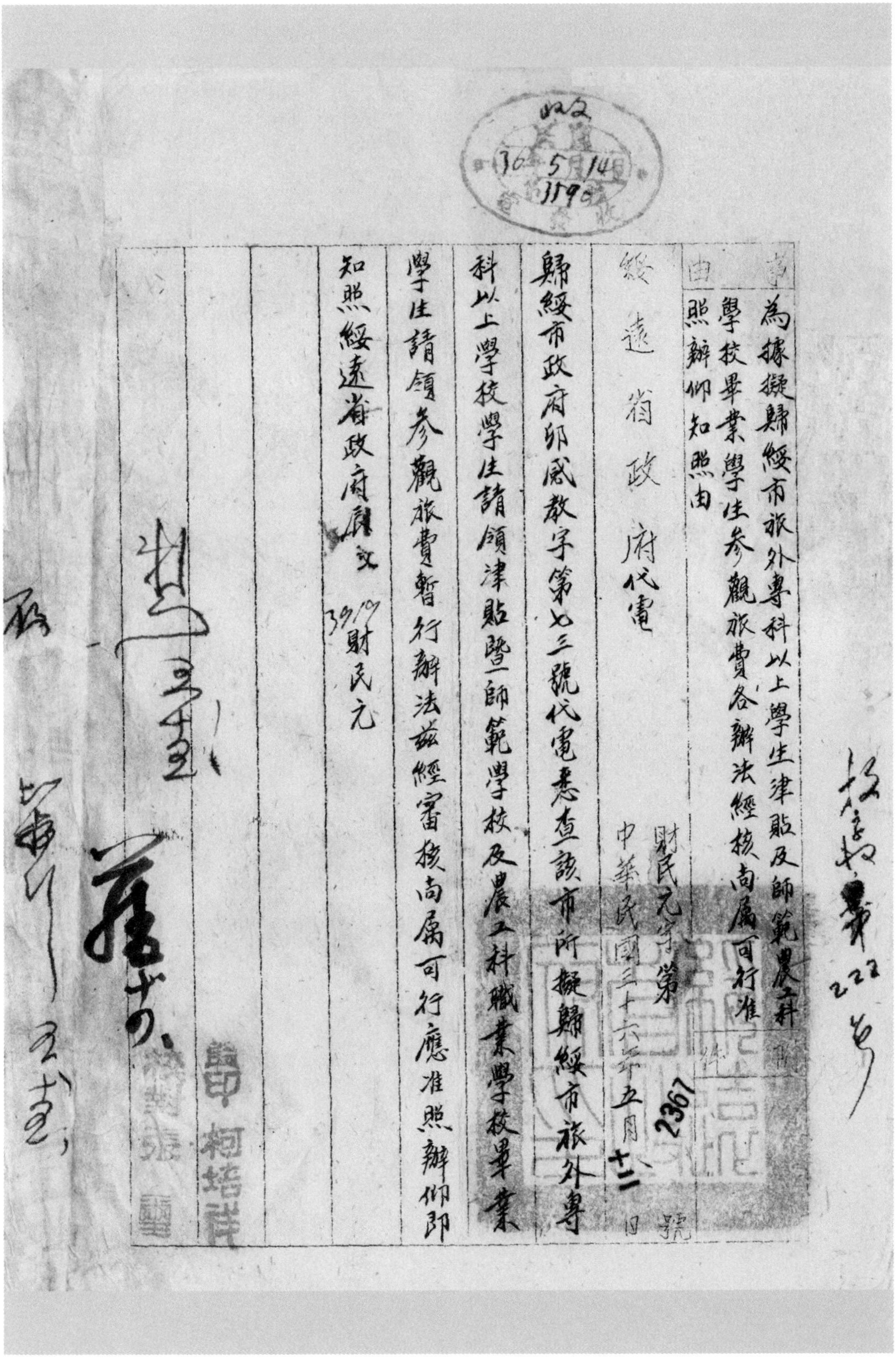

事由：為據擬歸綏市旅外專科以上學生津貼及師範農工科學校畢業學生參觀旅費各辦法經核尚屬可行准照辦仰知照由

綏遠省政府代電　財民元字第　號　中華民國三十六年五月十二日

歸綏市政府卯感教字第七三號代電悉查該市所擬歸綏市旅外專科以上學校學生請領津貼暨師範學校及農工科職業學校畢業學生請領參觀旅費暫行辦法茲經審核尚屬可行應准照辦仰即知照綏遠省政府寅文　財民元

图 4-2-1　绥远省政府为旅外专科以上学生津贴及师范农工科学校毕业生参观旅费各办法核准照办给归绥市政府代电（1947 年 5 月 12 日）

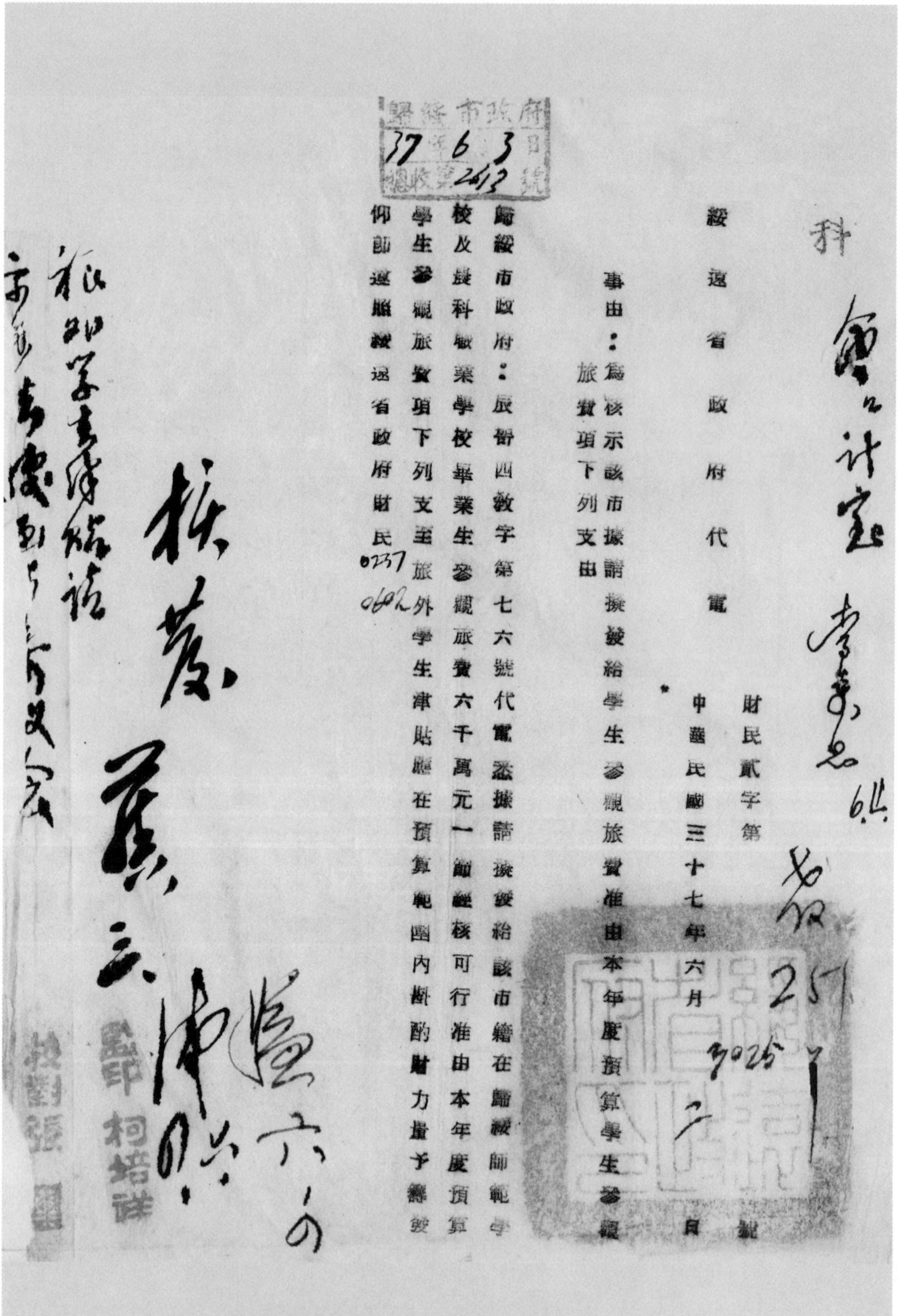

綏遠省政府代電

財民貳字第　號

中華民國三十七年六月　日

事由：為核示該市據請撥發給學生參觀旅費准由本年度預算學生參觀旅費項下列支由

歸綏市政府：辰嘯西教字第七六號代電悉據請撥發給該市歸綏師範學校及農科職業學校畢業生參觀旅費六千萬元一節經核可行准由本年度預算學生參觀旅費項下列支至旅外學生津貼應在預算範圍內斟酌財力量予籌發仰即遵照綏遠省政府財民

图 4-2-2　绥远省政府为发给学生参观旅费由本年度预算学生参观旅费项下列支给归绥市政府代电（1948 年 6 月 2 日）

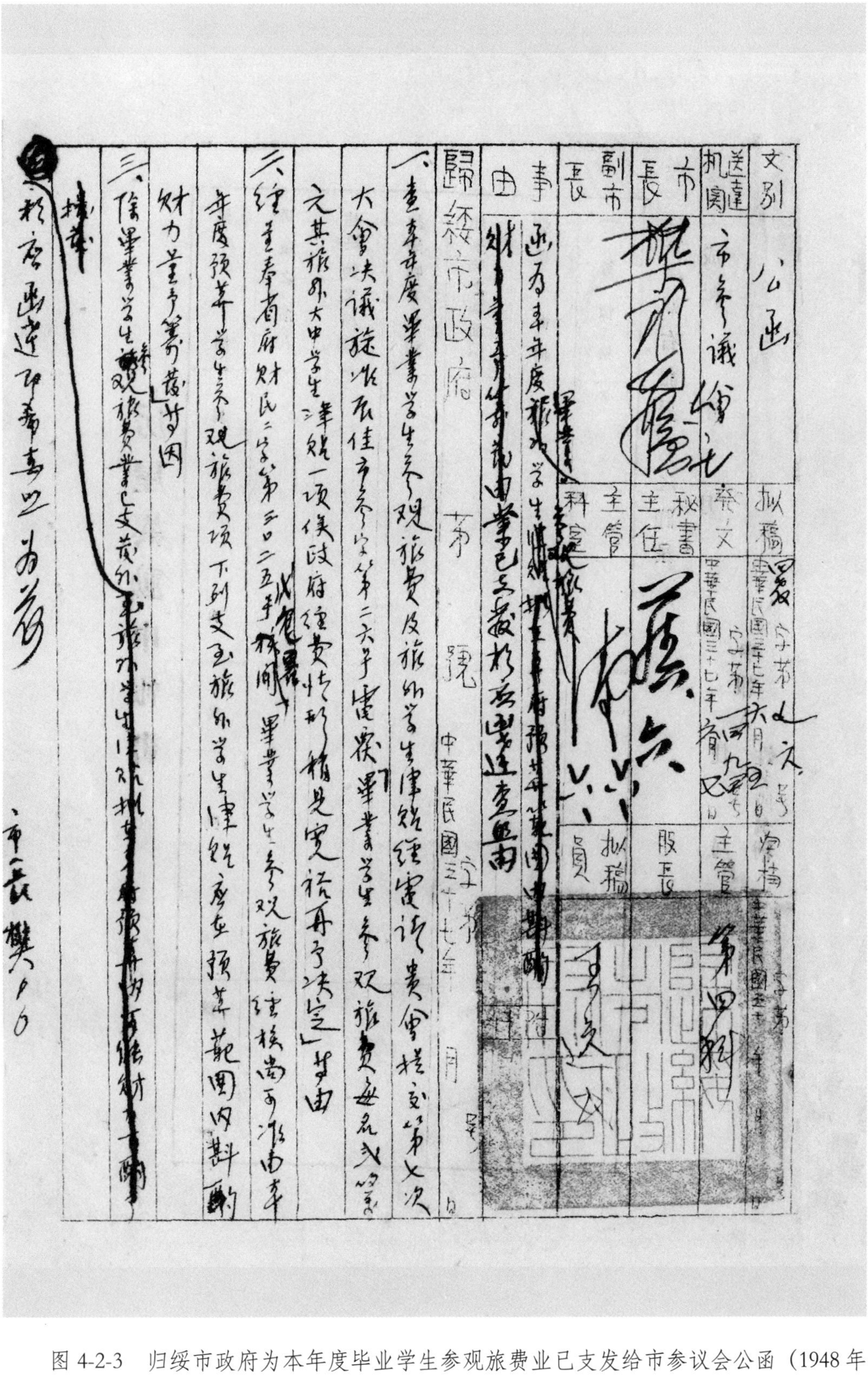

文别：公函
送达机关：市参议会
市长：樊
副市长
事由：函为本年度毕业学生参观旅费业已支发，请查照由
拟稿：中华民国三十七年六月 日
发文：字第 号 中华民国三十七年六月九日
秘书主任
科室主管
股长
拟稿员
归绥市政府 第 号 中华民国三十七年 月 日

一、查本年度毕业学生参观旅费及旅外学生津贴经费，请贵会提交第七次大会决议，旋准佳市参字第二六二号「准复毕业学生参观旅费每名以□元，其旅外大中学生津贴一项俟政府经费情形稍见宽裕再予决定」等由。
二、经呈奉省府财民二字第三四二五号指令：「毕业学生参观旅费经核尚可，准由本年度预算毕业学生参观旅费项下列支，至旅外学生津贴应在预算范围内斟酌财力，量予筹发」等因。
三、除毕业学生参观旅费业已支发外，其旅外学生津贴……
相应函达即希查照为荷。
市长 樊

图 4-2-3　归绥市政府为本年度毕业学生参观旅费业已支发给市参议会公函（1948 年 6 月 7 日）

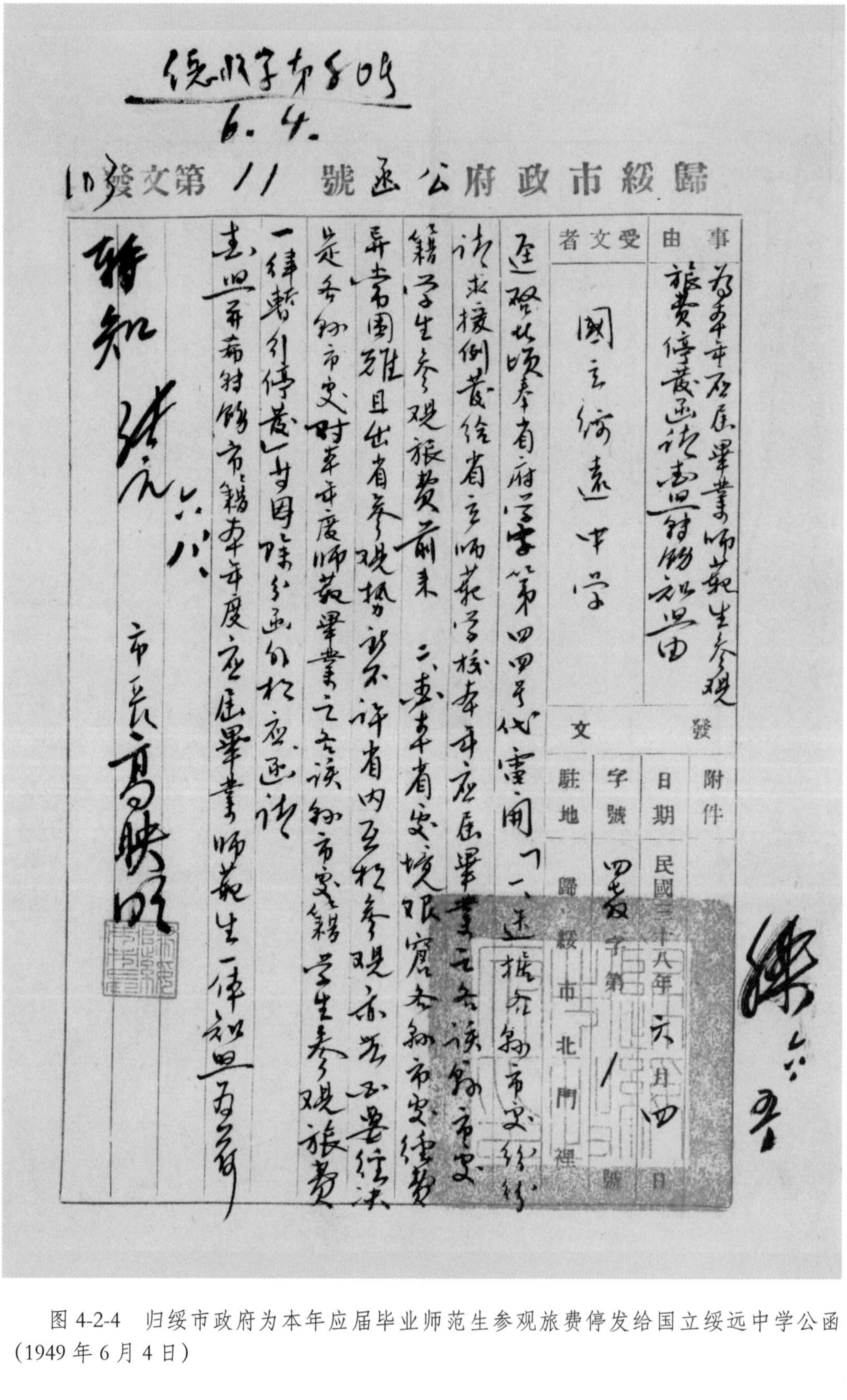
绥收字第8号
6.4.

歸綏市政府公函發文第11號

事由：為本年應屆畢業師範生參觀旅費停發函請查照轉飭知照由

受文者：國立綏遠中學

發文 日期：民國三十八年六月四日 字號：字第1號 駐地：歸綏市北門裡 附件：

逕啟者：頃奉省府字第四四號代電開："一、迭據各縣市政府請求援例發給省立師範學校本年應屆畢業之各該縣市籍學生參觀旅費前來。二、查本省受境限窘，各縣市經費異常困難，且出省參觀，環境亦不許，省內各校參觀亦無必要，經決定各縣市對本年度師範畢業之各該縣市籍學生參觀旅費一律暫行停發。"等因，除分函外，相應函請查照，並希轉飭市籍本年度應屆畢業師範生一體知照為荷。

此致

市長 高映明

轉知 張元 六.八.

傑 六.五.

图 4-2-4　归绥市政府为本年应届毕业师范生参观旅费停发给国立绥远中学公函（1949 年 6 月 4 日）

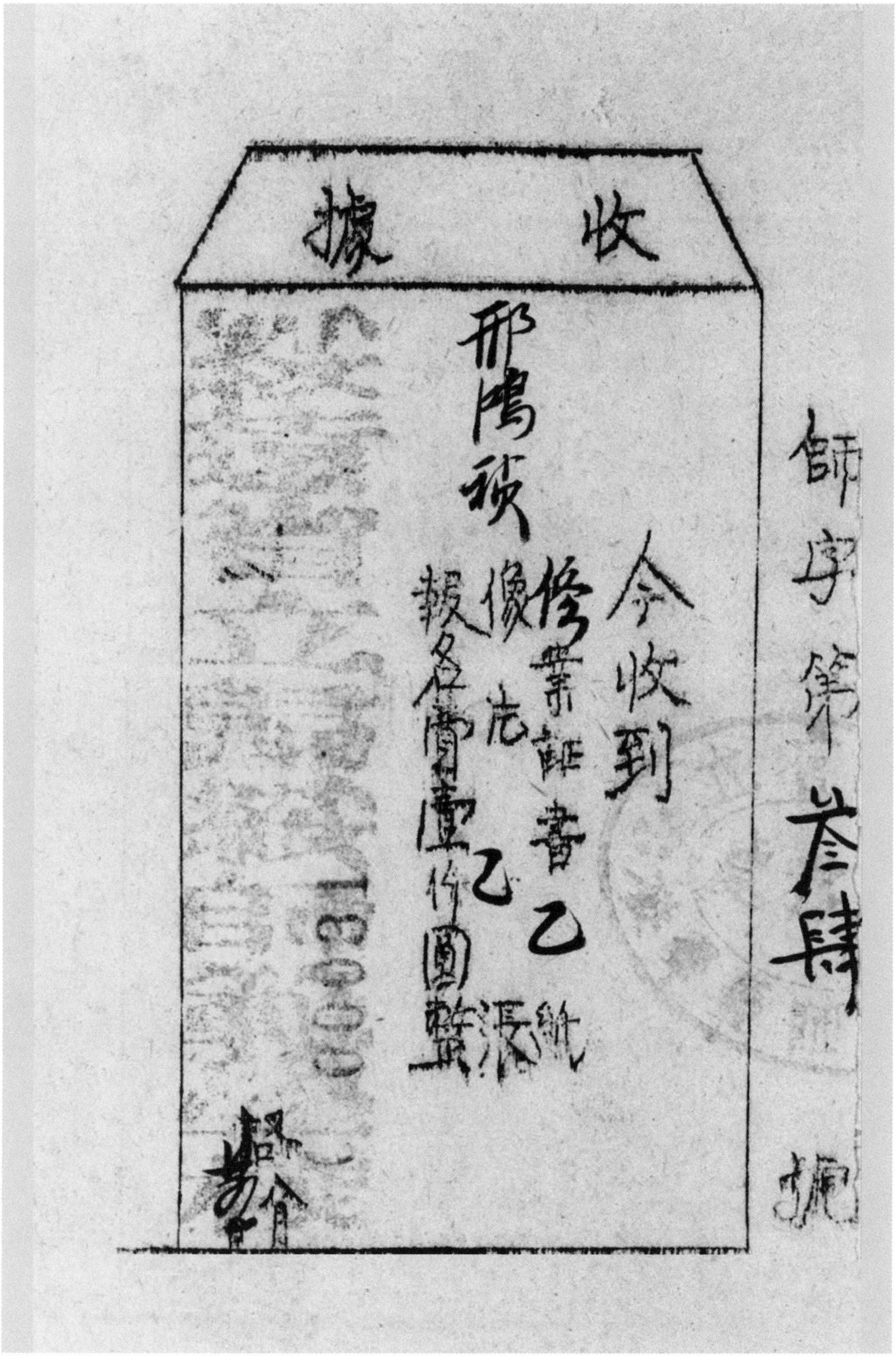

图 4-2-5　绥远省立归绥师范学校报名费收据存根（节选）（1946 年 8 月）（一）

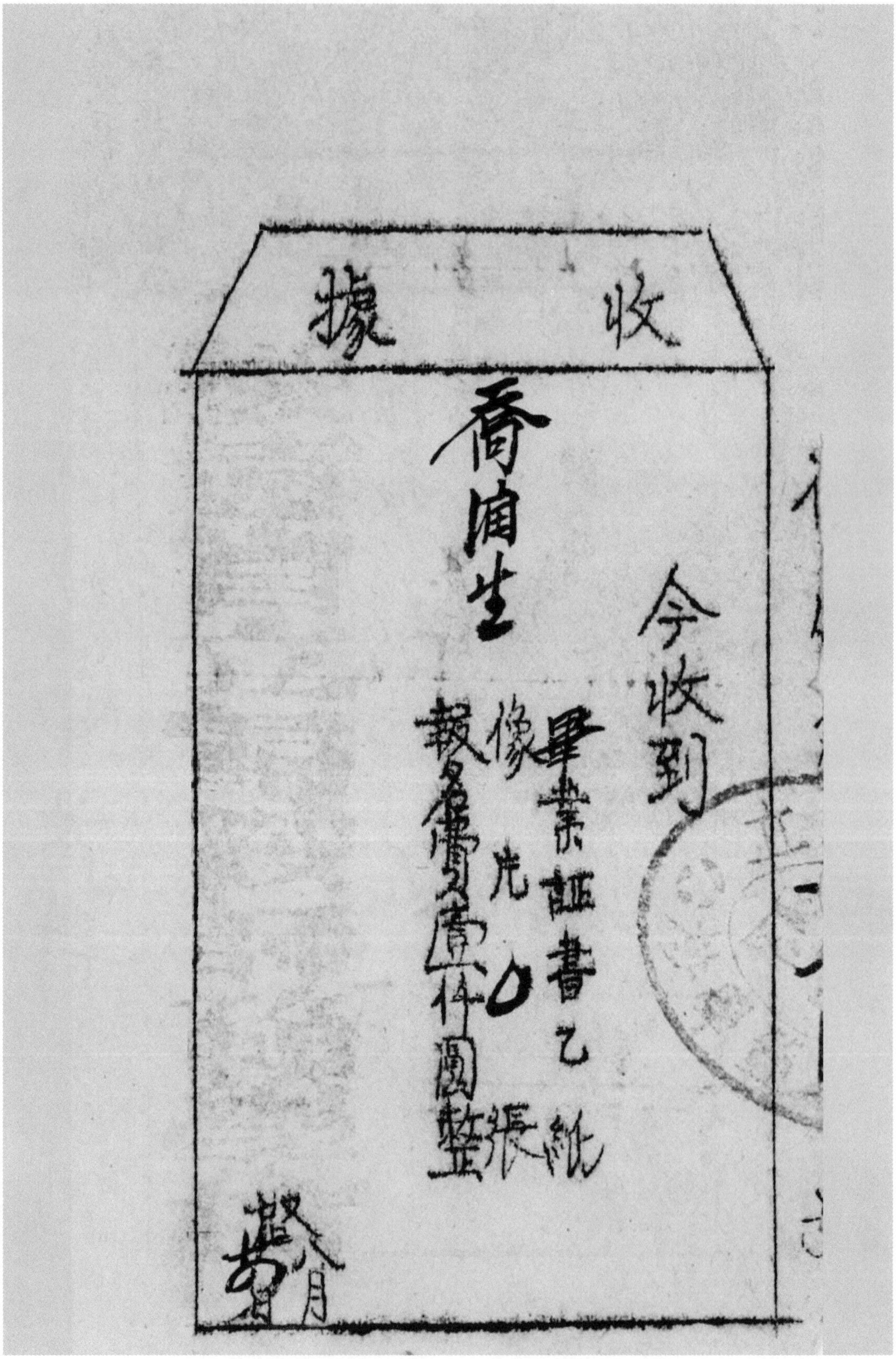

收據

今收到

喬潤生

畢業證書乙紙

像片○張

報名費壹仟圓整

卅五年八月

图 4-2-5　绥远省立归绥师范学校报名费收据存根（节选）（1946 年 8 月）（二）

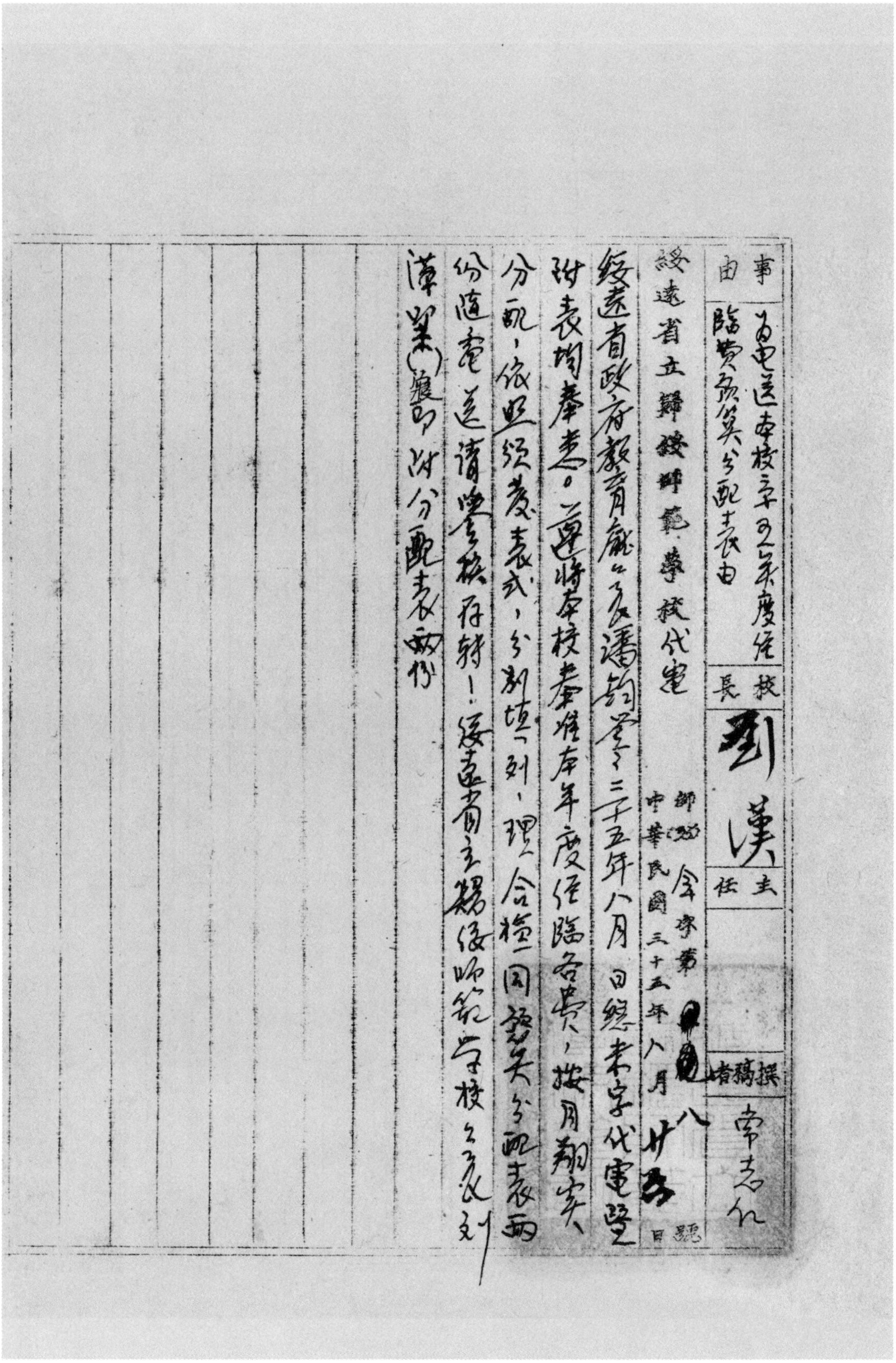
事由：為電送本校三十五年度經臨費預算分配表由

校長 劉漢

主任

撰稿者 常志仁

中華民國三十五年八月廿六日

[illegible]字第 號

綏遠省立歸綏師範學校代電

綏遠省政府教育廳公鑒：[illegible]三十五年八月 日總 字代電暨附表均奉悉。遵將本校本年度經臨各費，按月翔實分配，依照規定表式，分別填列，理合檢同預算分配表兩份隨電送請鑒核存轉！綏遠省立歸綏師範學校[illegible]

附分配表兩份

图 4-2-6 绥远省立归绥师范学校为送三十五年度经临费预算分配表致绥远省政府教育厅代电（附预算分配表两份）（1946 年 8 月 26 日）（一）

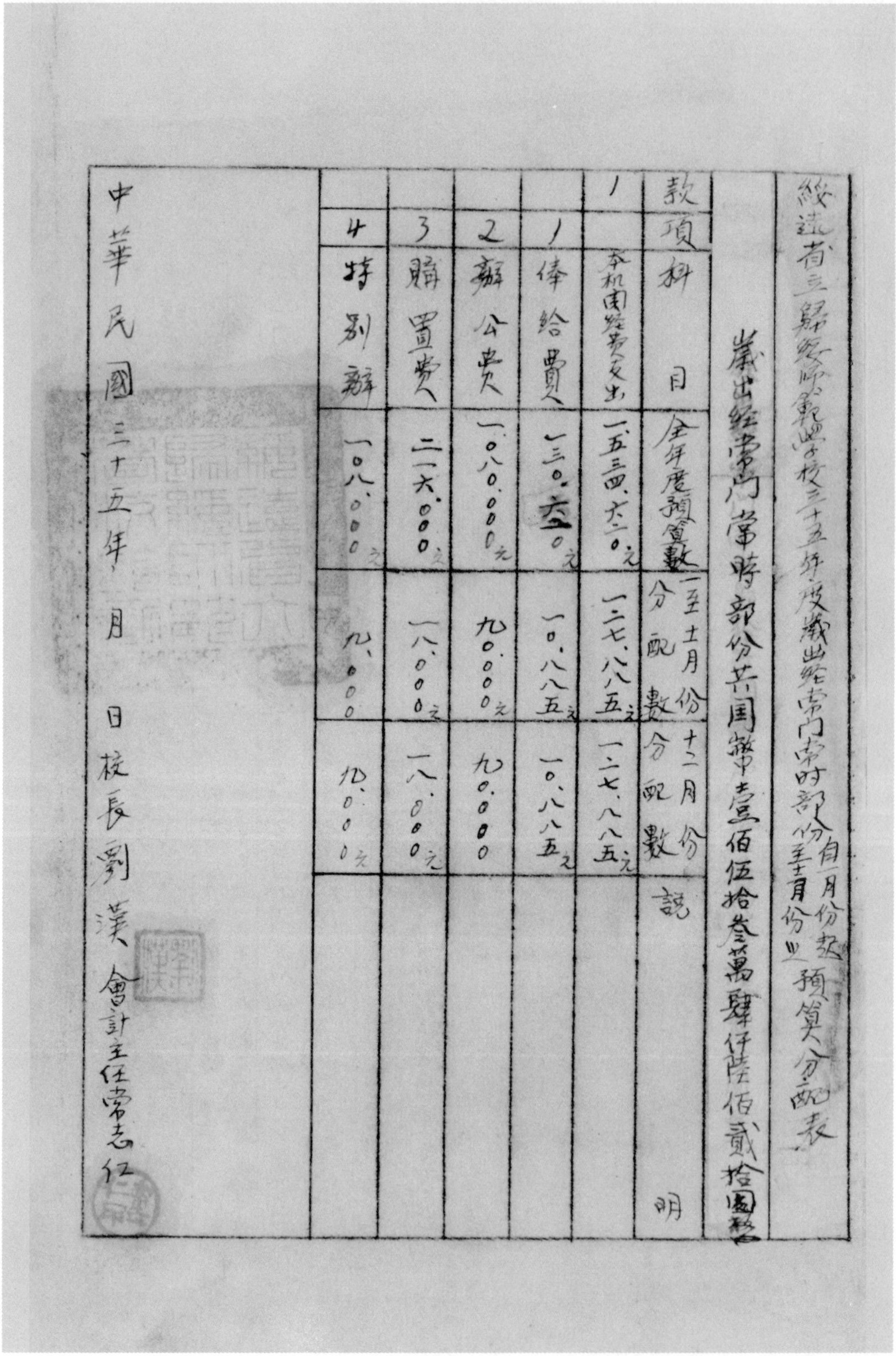

綏遠省立歸綏師範學校三十五年度歲出經常門常時部份自一月份起至十二月份止預算分配表

歲出經常門常時部份共國幣壹佰伍拾叁萬肆仟陸佰貳拾圓整

款	項	科目	全年度預算數	一至十一月份分配數	十二月份分配數	說明
1		本機關經費支出	一五三四、六二〇元	一二七、八八五元	一二七、八八五元	
	1	俸給費	一三〇、六二〇元	一〇、八八五元	一〇、八八五元	
	2	辦公費	一〇八〇、〇〇〇元	九〇、〇〇〇元	九〇、〇〇〇	
	3	購置費	二一六、〇〇〇元	一八、〇〇〇元	一八、〇〇〇元	
	4	特別辦	一〇八、〇〇〇元	九、〇〇〇元	九、〇〇〇元	

中華民國三十五年 月 日 校長劉漢 會計主任常志仁

图 4-2-6　绥远省立归绥师范学校为送三十五年度经临费预算分配表致绥远省政府教育厅代电（附预算分配表两份）（1946 年 8 月 26 日）（二）

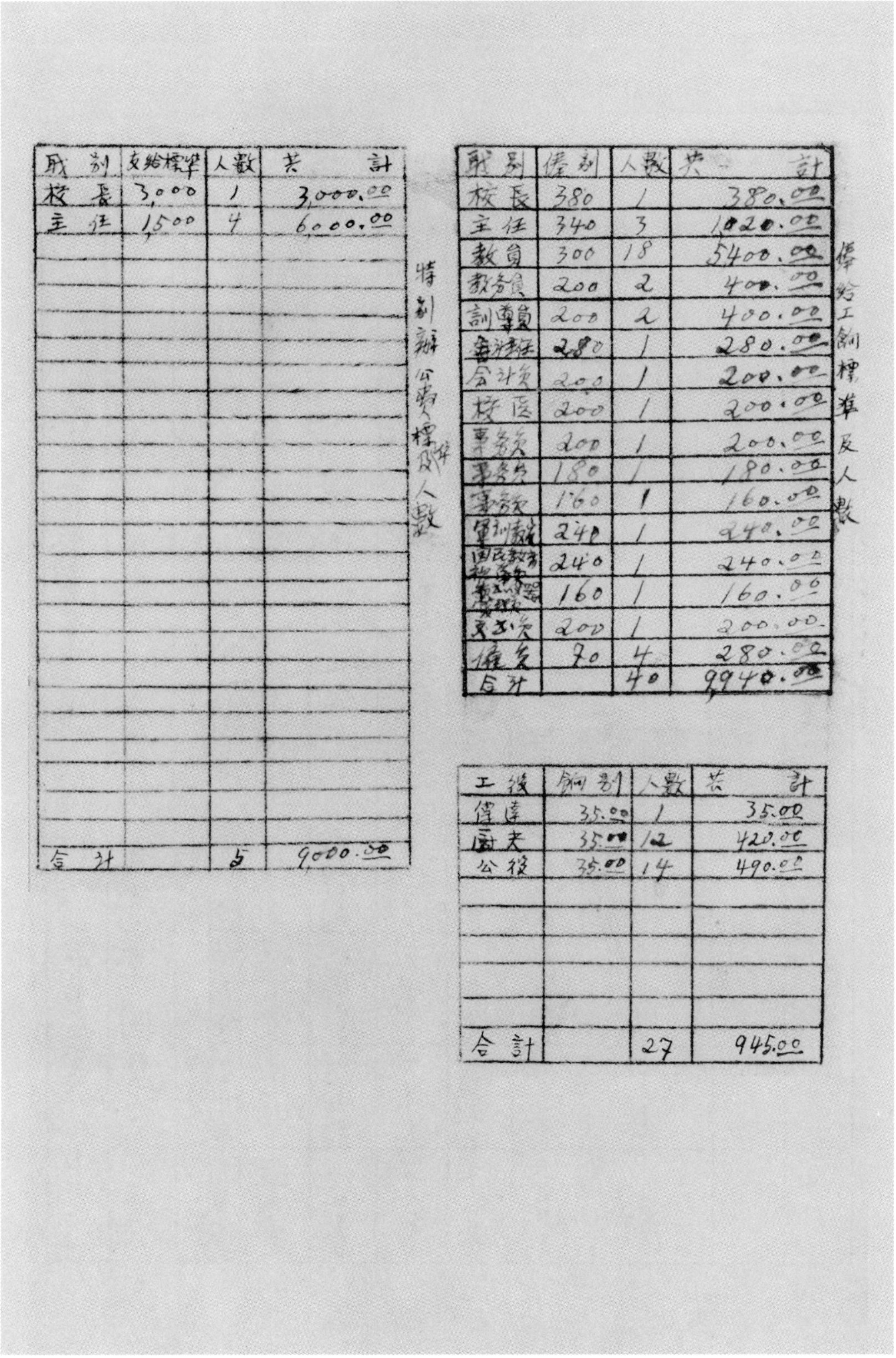

特别办公费标准及人数

职别	支给标准	人数	共计
校长	3,000	1	3,000.00
主任	1,500	4	6,000.00
合计		5	9,000.00

俸给工饷标准及人数

职别	俸别	人数	共计
校长	380	1	380.00
主任	340	3	1,020.00
教员	300	18	5400.00
教务员	200	2	400.00
训导员	200	2	400.00
[illegible]	280	1	280.00
会计员	200	1	200.00
校医	200	1	200.00
事务员	200	1	200.00
事务员	180	1	180.00
事务员	160	1	160.00
军训教官	240	1	240.00
[illegible]	240	1	240.00
[illegible]	160	1	160.00
[illegible]	200	1	200.00
[illegible]	70	4	280.00
合计		40	9,940.00

工役	饷别	人数	共计
传达	35.00	1	35.00
厨夫	35.00	12	420.00
公役	35.00	14	490.00
合计		27	945.00

图 4-2-6 绥远省立归绥师范学校为送三十五年度经临费预算分配表致绥远省政府教育厅代电（附预算分配表两份）（1946 年 8 月 26 日）（三）

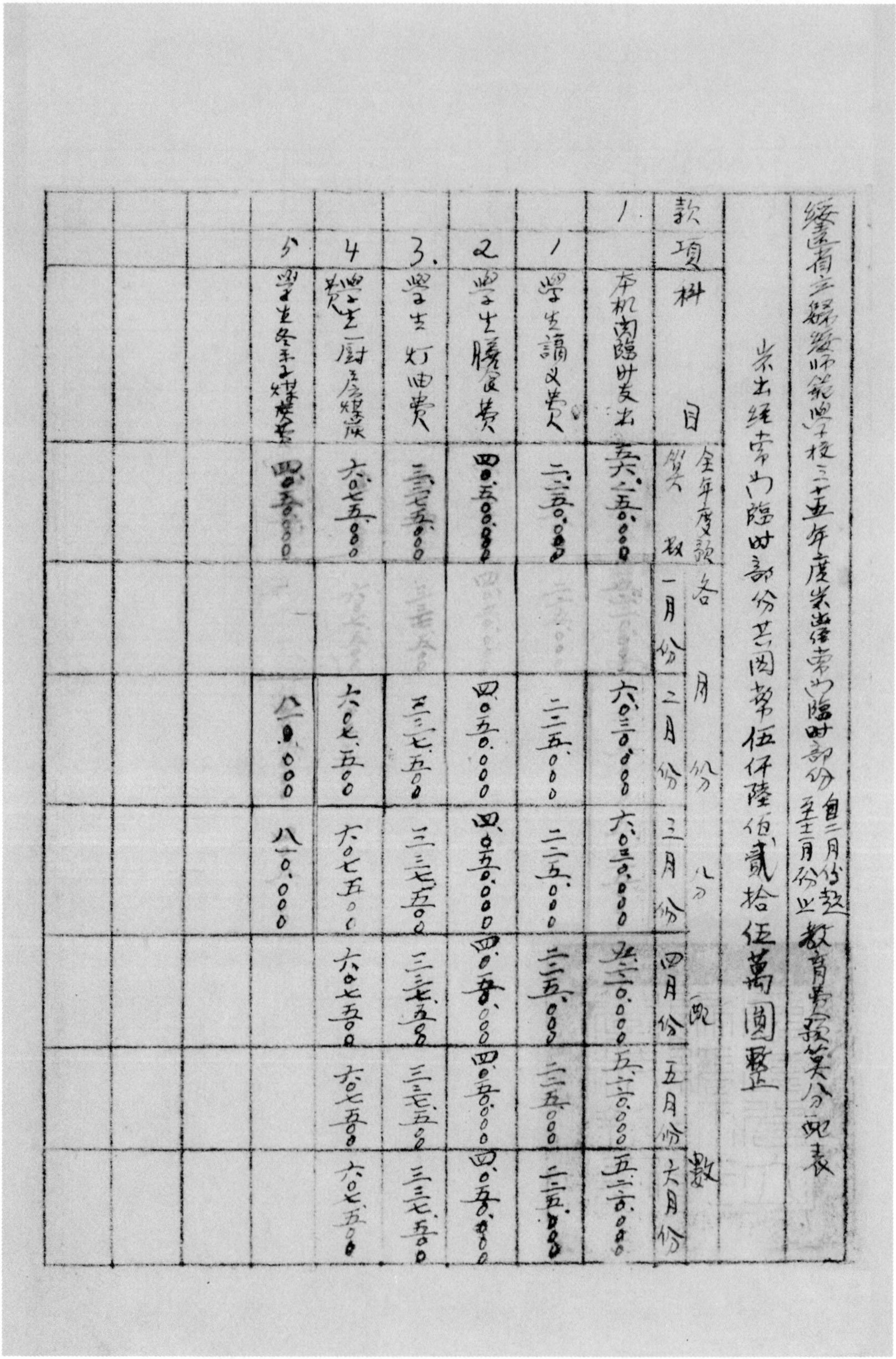

绥远省立归绥师范学校三十五年度岁出经常门临时部分自二月份起至十二月份止教育费预算分配表

岁出经常门临时部分共国币伍仟陆佰贰拾伍萬圆整

款项科目	全年度预算数	一月份	二月份	三月份	四月份	五月份	六月份
1. 本机关临时支出	五六,二五〇,〇〇〇		六,〇三〇,〇〇〇	六,〇三〇,〇〇〇	五,二二〇,〇〇〇	五,二二〇,〇〇〇	五,二二〇,〇〇〇
1 学生讲义费	二,二五〇,〇〇〇		二二五,〇〇〇	二二五,〇〇〇	二二五,〇〇〇	二二五,〇〇〇	二二五,〇〇〇
2 学生膳食费	四〇,五〇〇,〇〇〇		四,〇五〇,〇〇〇	四,〇五〇,〇〇〇	四,〇五〇,〇〇〇	四,〇五〇,〇〇〇	四,〇五〇,〇〇〇
3. 学生灯油费	三,三七五,〇〇〇		三三七,五〇〇	三三七,五〇〇	三三七,五〇〇	三三七,五〇〇	三三七,五〇〇
4 学生厨房煤炭费	六,〇七五,〇〇〇		六〇七,五〇〇	六〇七,五〇〇	六〇七,五〇〇	六〇七,五〇〇	六〇七,五〇〇
5 学生冬季煤炭费	四,〇五〇,〇〇〇		八一〇,〇〇〇	八一〇,〇〇〇			

图 4-2-6　绥远省立归绥师范学校为送三十五年度经临费预算分配表致绥远省政府教育厅代电（附预算分配表两份）（1946 年 8 月 26 日）（四）

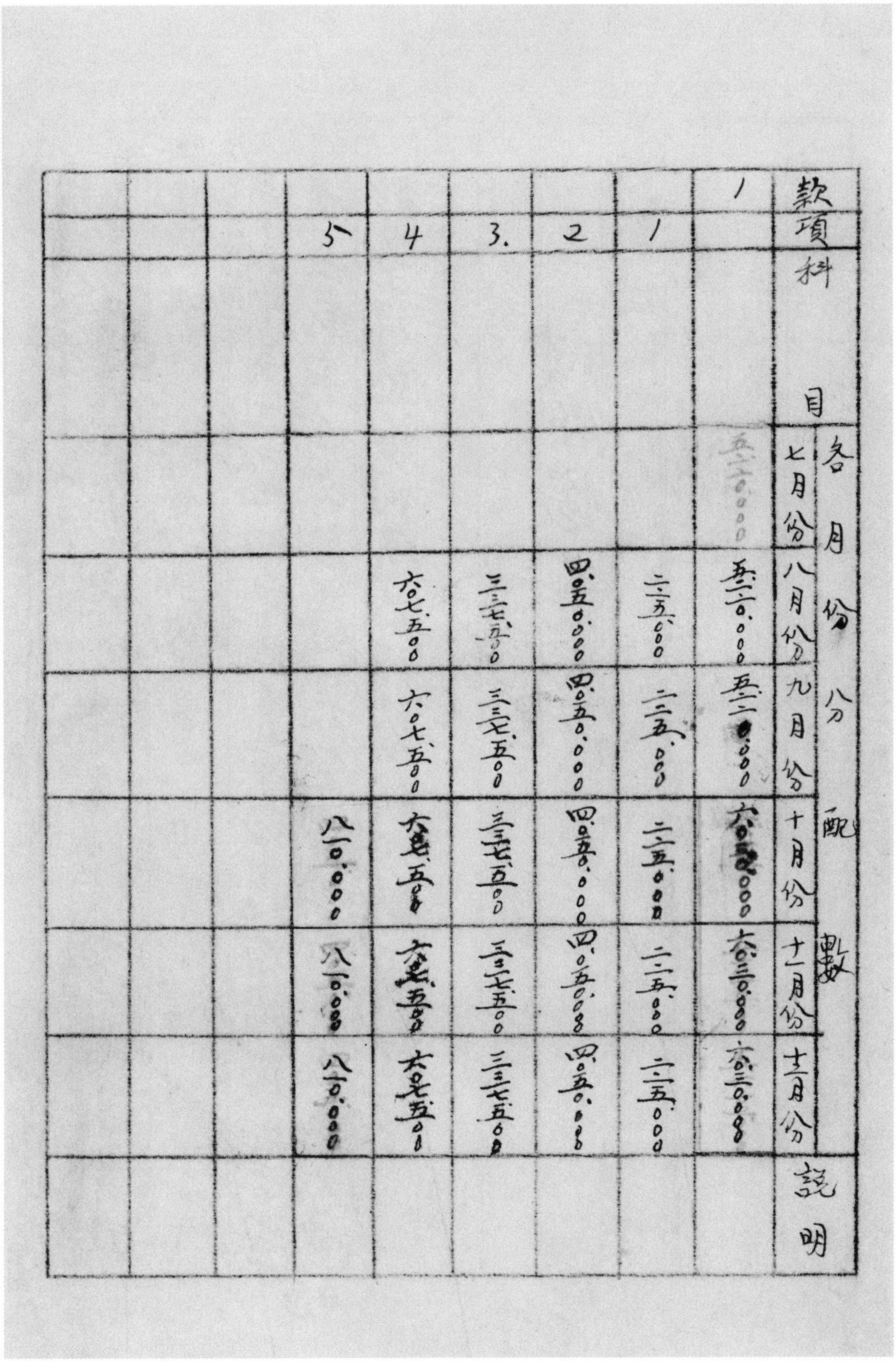

科目		各月份分配數						說明
款	項	七月份	八月份	九月份	十月份	十一月份	十二月份	
1		五二〇,〇〇〇	五二〇,〇〇〇	五二〇,〇〇〇	六〇[illegible]〇〇〇	六〇三,〇〇〇	六〇三,〇〇〇	
	1		二二五,〇〇〇	二二五,〇〇〇	二二五,〇〇〇	二二五,〇〇〇	二二五,〇〇〇	
	2		四〇五,〇〇〇	四〇五,〇〇〇	四〇五,〇〇〇	四〇五,〇〇〇	四〇五,〇〇〇	
	3.		三三七,五〇〇	三三七,五〇〇	三三七,五〇〇	三三七,五〇〇	三三七,五〇〇	
	4		六〇七,五〇〇	六〇七,五〇〇	六〇七,五〇〇	六〇七,五〇〇	六〇七,五〇〇	
	5				八〇,〇〇〇	八〇,〇〇〇	八〇,〇〇〇	

图 4-2-6　绥远省立归绥师范学校为送三十五年度经临费预算分配表致绥远省政府教育厅代电（附预算分配表两份）（1946 年 8 月 26 日）（五）

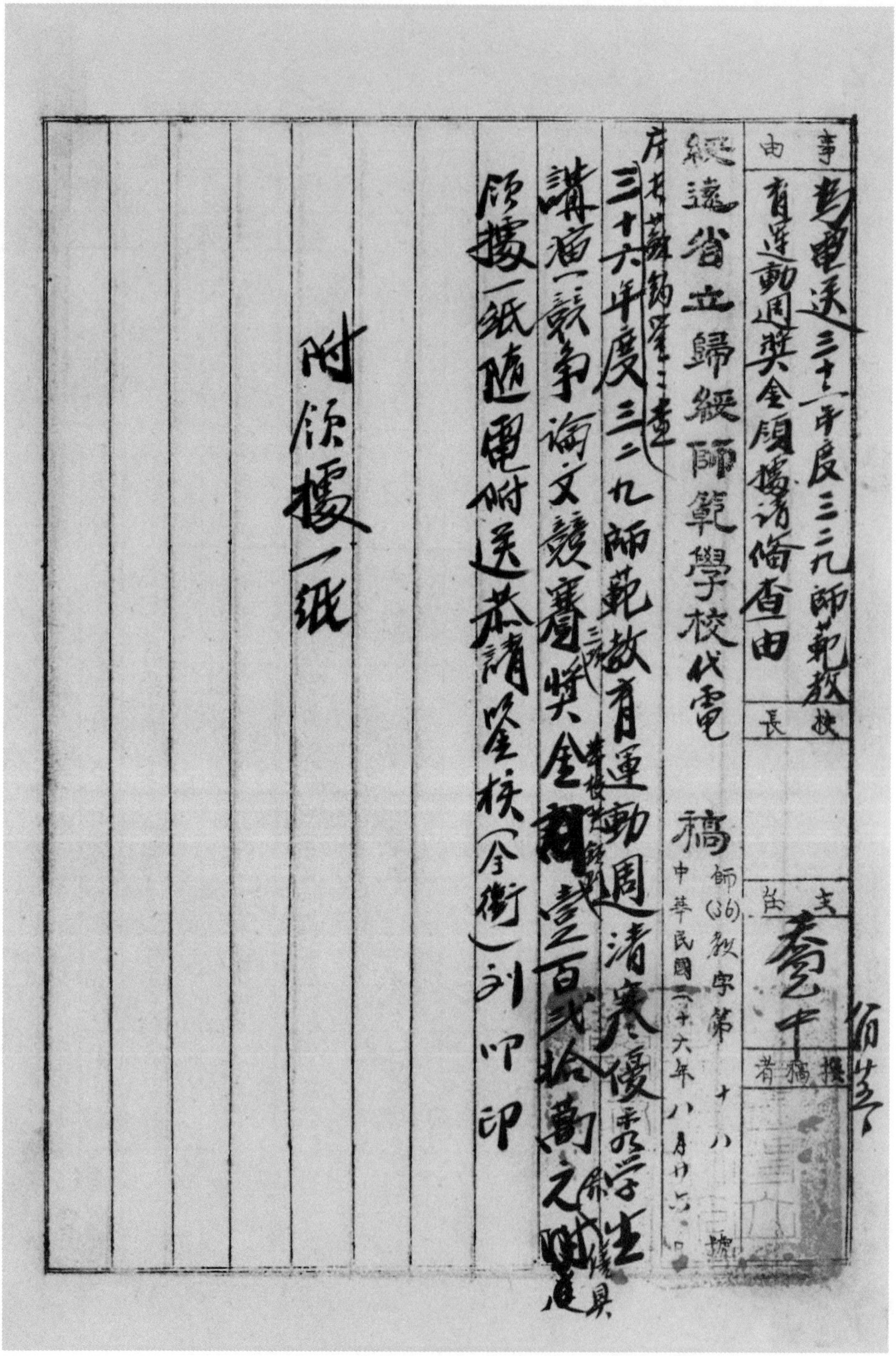

事由：呈送三十六年度三二九師範教育運動週獎金領據請備查由

校長

稿　師(36)教字第十八號
中華民國三十六年八月廿六日

主稿：喬中

綏遠省立歸綏師範學校代電

廳長蘇鈞鑒：查

三十六年度三二九師範教育運動週清寒優秀學生

講演競賽、論文競賽三項獎金本校共領國幣壹百貳拾萬元之譜

領據一紙隨電附送，恭請鑒核。（全銜）劉叩印

附領據一紙

图 4-2-7　绥远省立归绥师范学校为呈送三十六年度三二九师范教育运动周奖金领据致绥远省政府教育厅代电（附领据）（1947 年 8 月 26 日）（一）

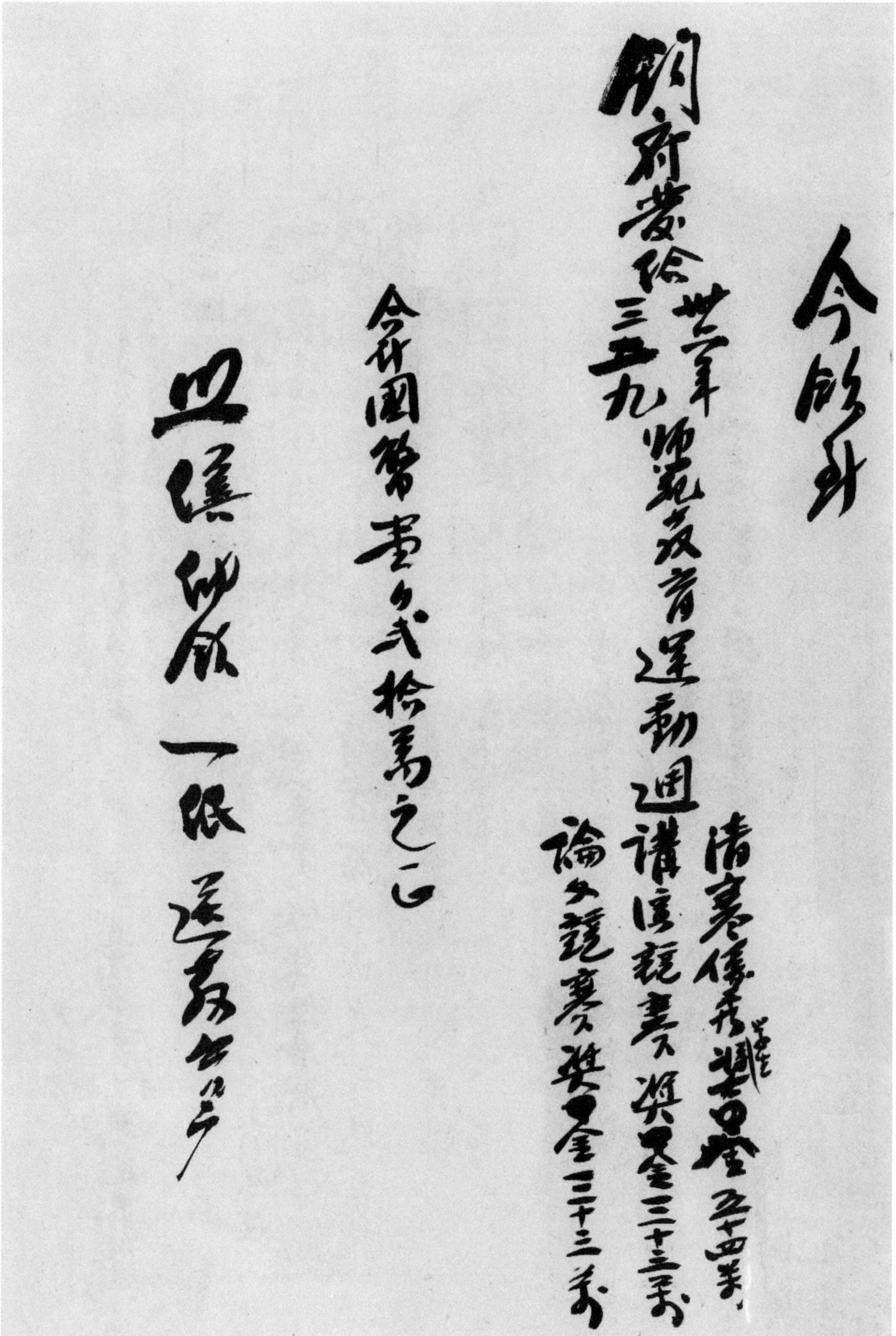

今领到
钧府发给卅六年三二九师范教育运动週
清寒优秀学生奖金五十四万元
讲演竞赛奖金三十三万元
论文竞赛奖金二十三万元
合计国币壹百壹拾万元正
此据 [illegible]

图 4-2-7 绥远省立归绥师范学校为呈送三十六年度三二九师范教育运动周奖金领据致绥远省政府教育厅代电（附领据）（1947 年 8 月 26 日）（二）

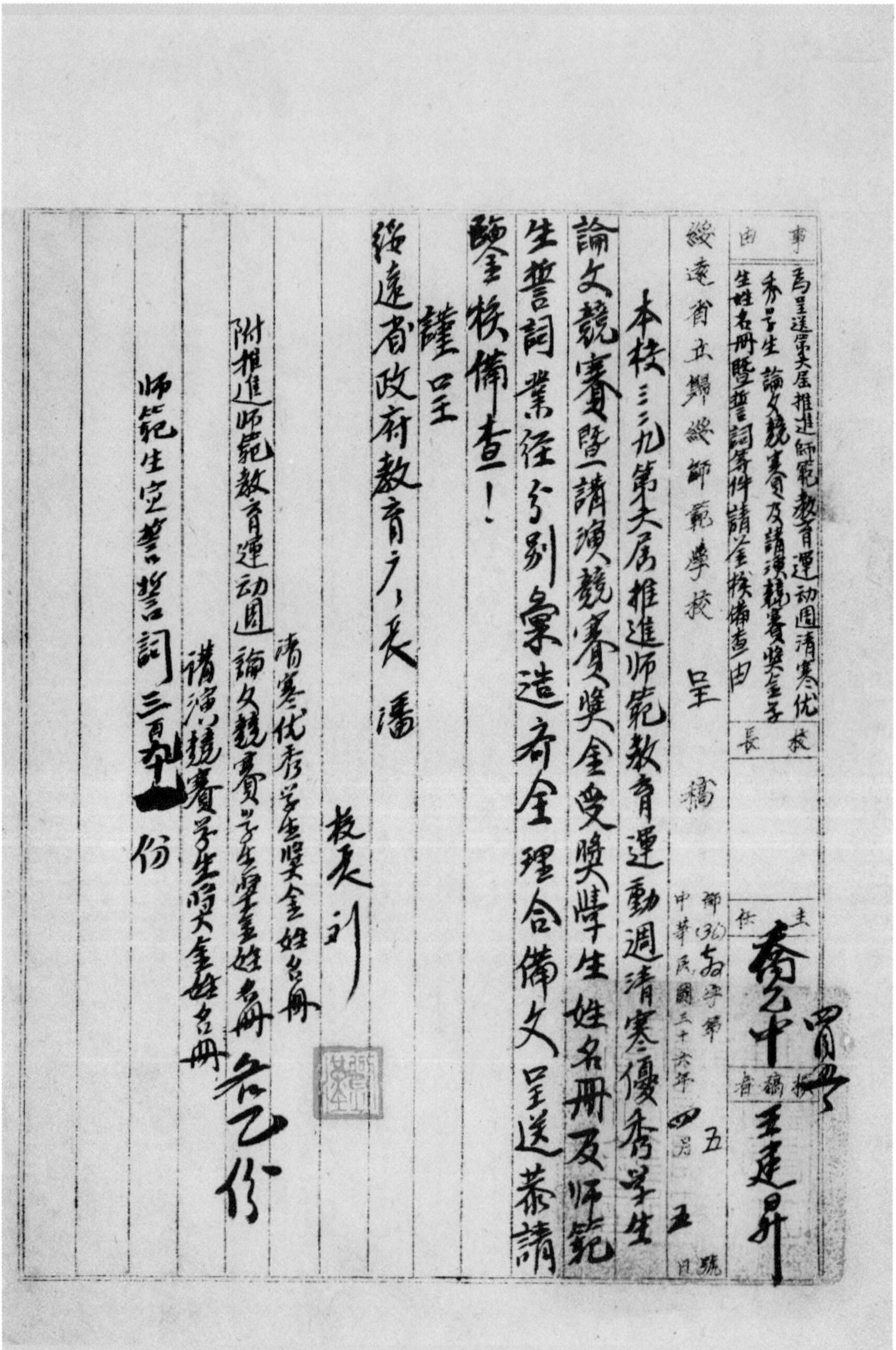

事由：為呈送第六屆推進師範教育運動週清寒優秀學生論文競賽及講演競賽奬金學生姓名册暨誓詞等件請查核備查由

校長

綏遠省立歸綏師範學校 呈 稿

主任 喬乙中

擬稿者 王建昇

中華民國三十六年四月五日 歸(36)教字第五號

本校三九第六屆推進師範教育運動週清寒優秀學生論文競賽暨講演競賽奬金受奬學生姓名册及師範生誓詞業經分別彙造齊全，理合備文呈送，恭請

鑒核備查！

謹呈

綏遠省政府教育廳長潘

校長 劉

附推進師範教育運動週清寒優秀學生奬金姓名册

論文競賽學生奬金姓名册

講演競賽學生奬金姓名册 各乙份

師範生宣誓誓詞三百[illegible]份

图 4-2-8　绥远省立归绥师范学校为呈送第六届推进师范教育运动周受奖学生姓名册及誓词等件致绥远省政府教育厅代电（附宣誓人数统计表）（1947 年 4 月 5 日）（一）

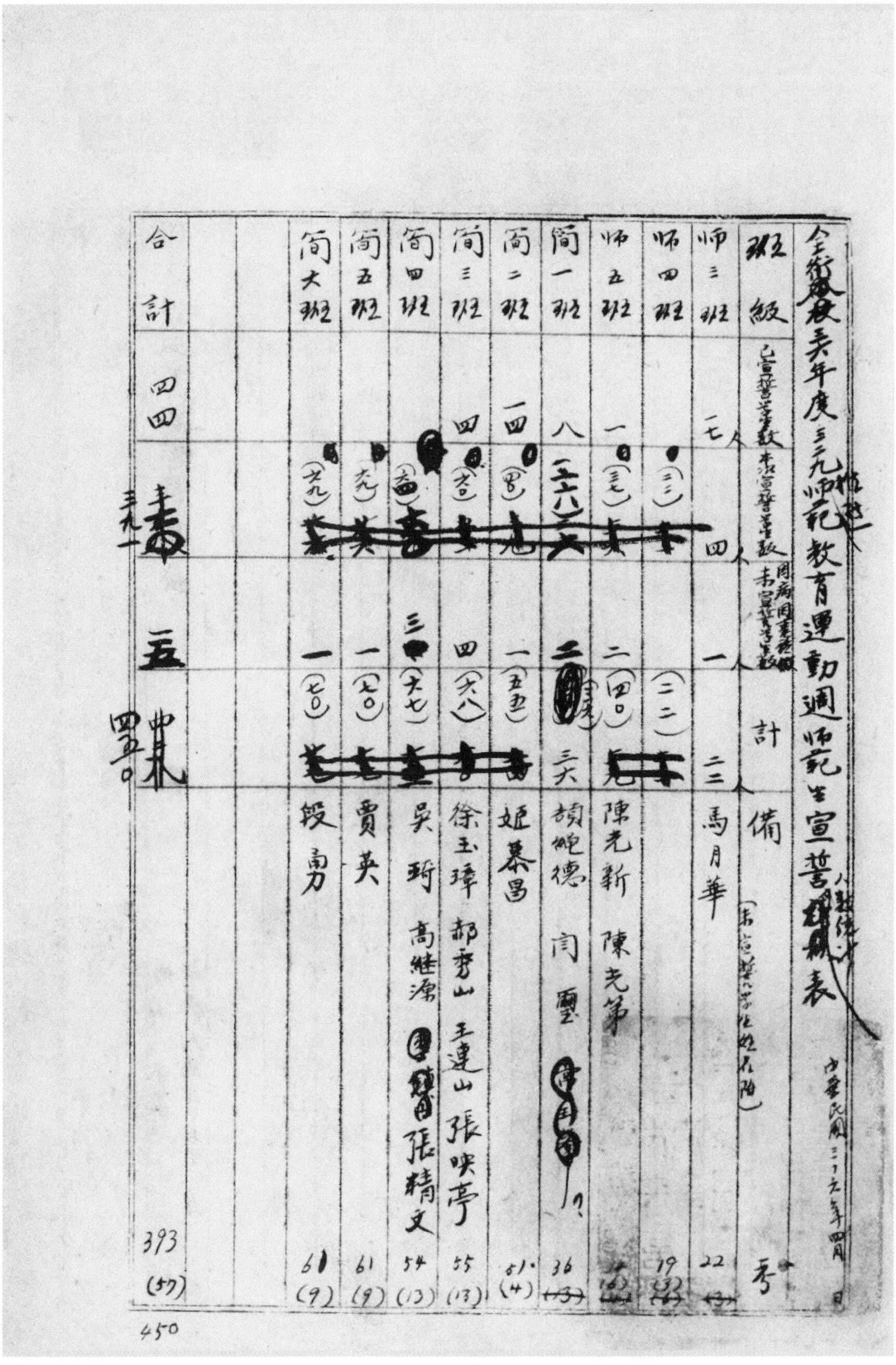

全綏[illegible]三十五年度三九師範教育運動週師範生宣誓[illegible]表

班級	已宣誓學生數	未宣誓學生數	因病因事請假未宣誓學生數	計	備	
师三班	二七人	四人	一人	二三人	馬月華	22 (3)
师四班		(三)	(二)	[illegible]		19 (3)
师五班	一	(三)	二 (四)	[illegible]	陳光新 陳光第	[illegible]
简一班	八	(三八)	二	三六	趙[illegible]德 閆[illegible]	36 (3)
简二班	一四	(四)	一 (五)	[illegible]	姬慕昌	61 (4)
简三班	四	(三)	四 (六)	[illegible]	徐玉璋 郝秀山 王連山 張映亭	55 (13)
简四班		(四)	三 (七)	[illegible]	吳琦 高繼源 [illegible] 張精文	54 (13)
简五班		(六)	一 (七)	[illegible]	賈英	61 (9)
简六班		(九)	一 (七)	[illegible]	段勇	61 (9)
合計	四四	三九一	五	四五〇		393 (57)

（未宣誓之學生姓名附）

中華民國三十六年四月 日

450

图 4-2-8　绥远省立归绥师范学校为呈送第六届推进师范教育运动周受奖学生姓名册及誓词等件致绥远省政府教育厅代电（附宣誓人数统计表）（1947 年 4 月 5 日）（二）

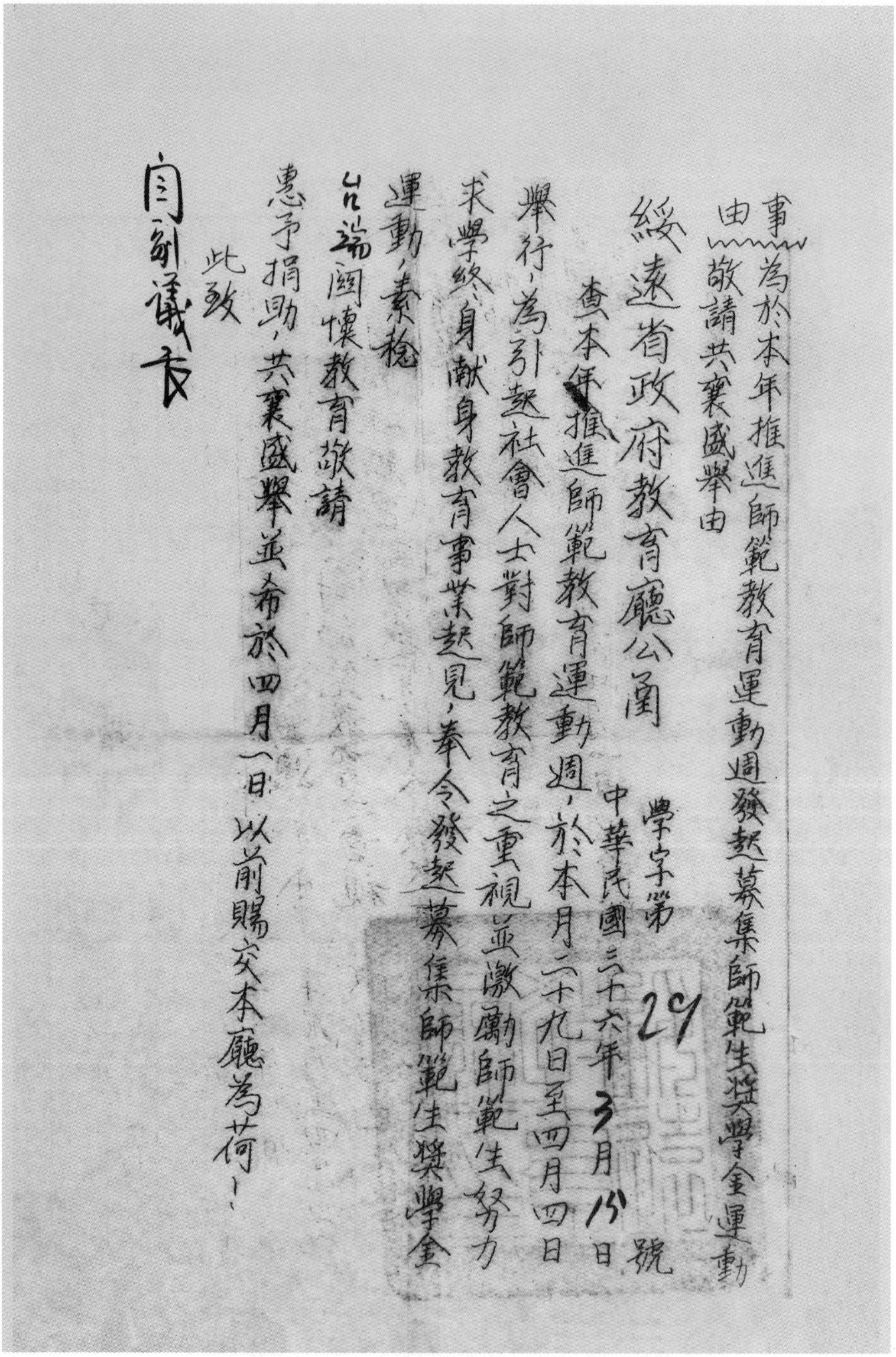
事由：為於本年推進師範教育運動週發起募集師範生獎學金運動敬請共襄盛舉由

綏遠省政府教育廳公函　學字第 29 號

中華民國三十六年 3 月 15 日

查本年推進師範教育運動週，於本月二十九日至四月四日舉行，為引起社會人士對師範教育之重視並激勵師範生努力求學終身獻身教育事業起見，奉令發起募集師範生獎學金運動，素稔

台端關懷教育，敬請

惠予捐助，共襄盛舉，並希於四月一日以前賜交本廳為荷！

此致

白副議長

图 4-2-9　绥远省政府教育厅关于推进师范教育运动周发起募集师范生奖金运动的公函（1947 年 3 月 15 日）

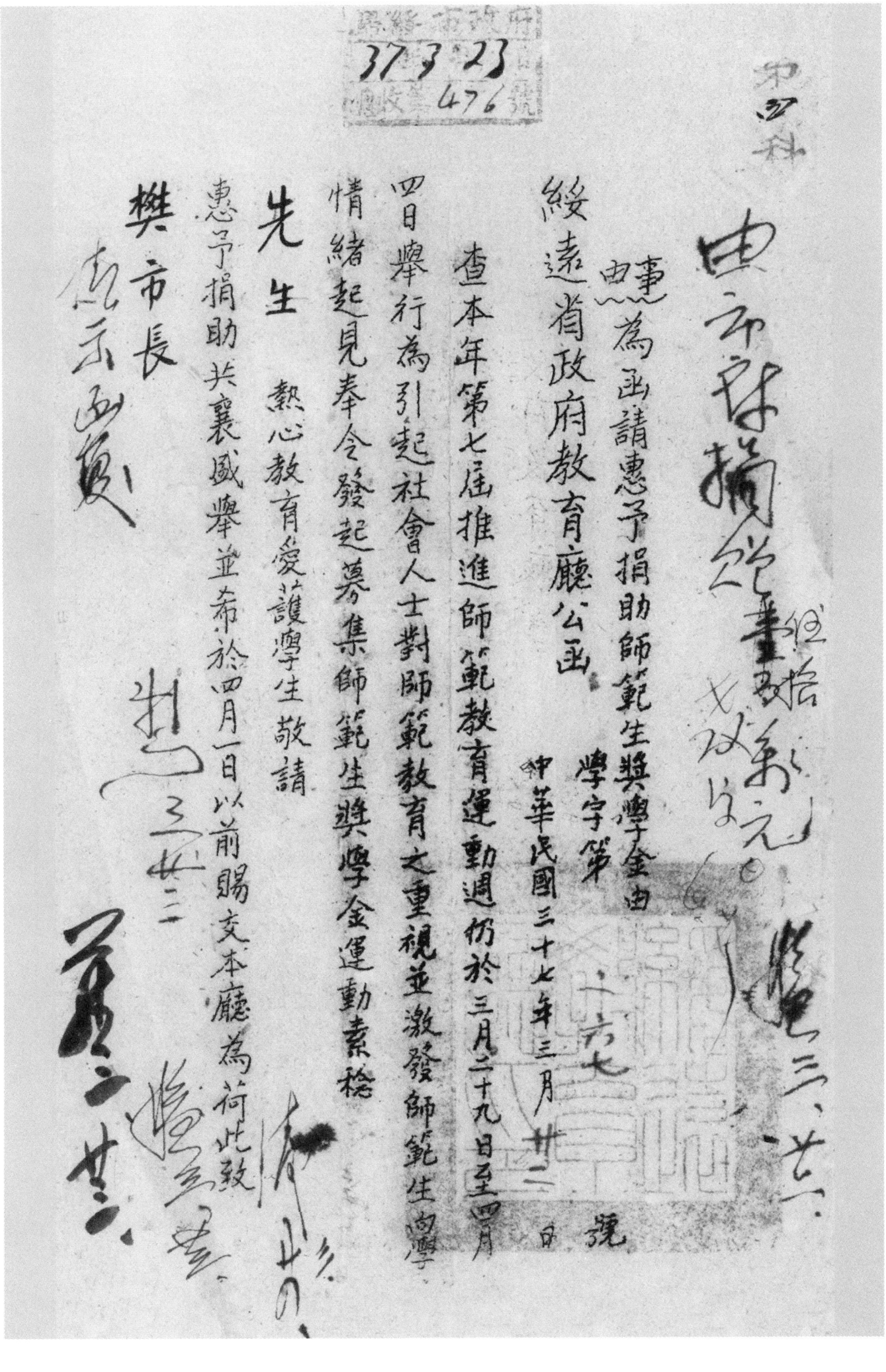

事由：為函請惠予捐助師範生獎學金由

綏遠省政府教育廳公函 學字第 號

中華民國三十七年三月 日

查本年第七屆推進師範教育運動週仍於三月二十九日至四月四日舉行為引起社會人士對師範教育之重視並激發師範生向學情緒起見奉令發起募集師範生獎學金運動素稔

先生熱心教育愛護學生敬請

惠予捐助共襄盛舉並希於四月一日以前賜交本廳為荷此致

樊市長

图 4-2-10　绥远省政府教育厅关于募集师范生奖学金的公函（1948 年 3 月 22 日）

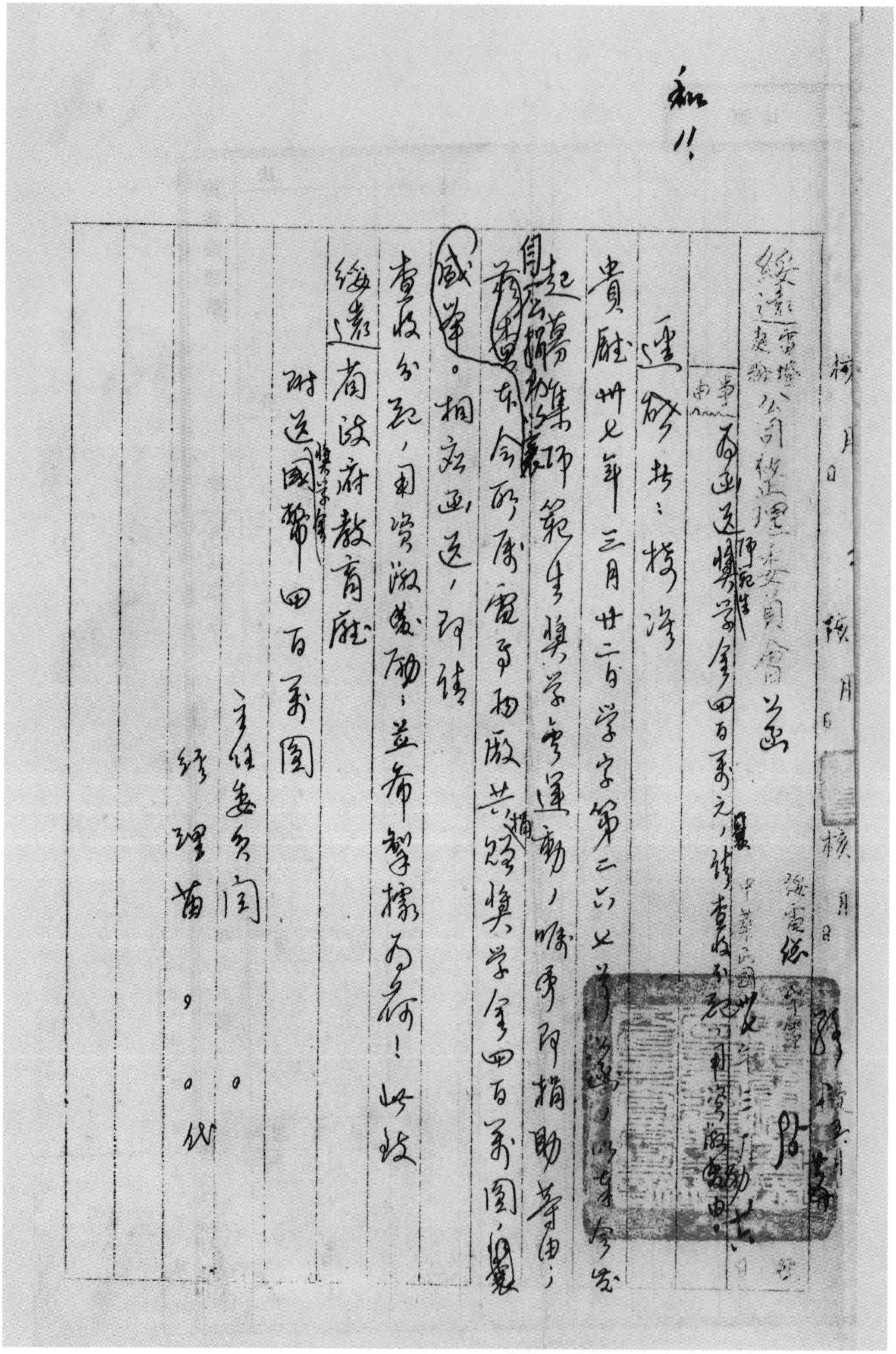

绥远电灯面粉公司整理委员会公函

事由：为函送师范生奖学金四百万元，请查收由

逕启者：接准

贵厅卅七年三月廿二日学字第二六七一号公函，以本会应自动发起募集师范生奖学金运动，嘱为捐助等由；兹经本会所属电灯面粉厂共捐奖学金四百万圆，襄盛举。相应函送，即请

查收分配，用资激发励，并希掣据为荷！此致

绥远省政府教育厅

附送奖学金国币四百万圆

主任委员 闫

经理 苗 ○○代

图 4-2-11　绥远电灯面粉公司整理委员会为捐助师范生奖学金四百万元致绥远省政府教育厅公函（1948 年 3 月 26 日）

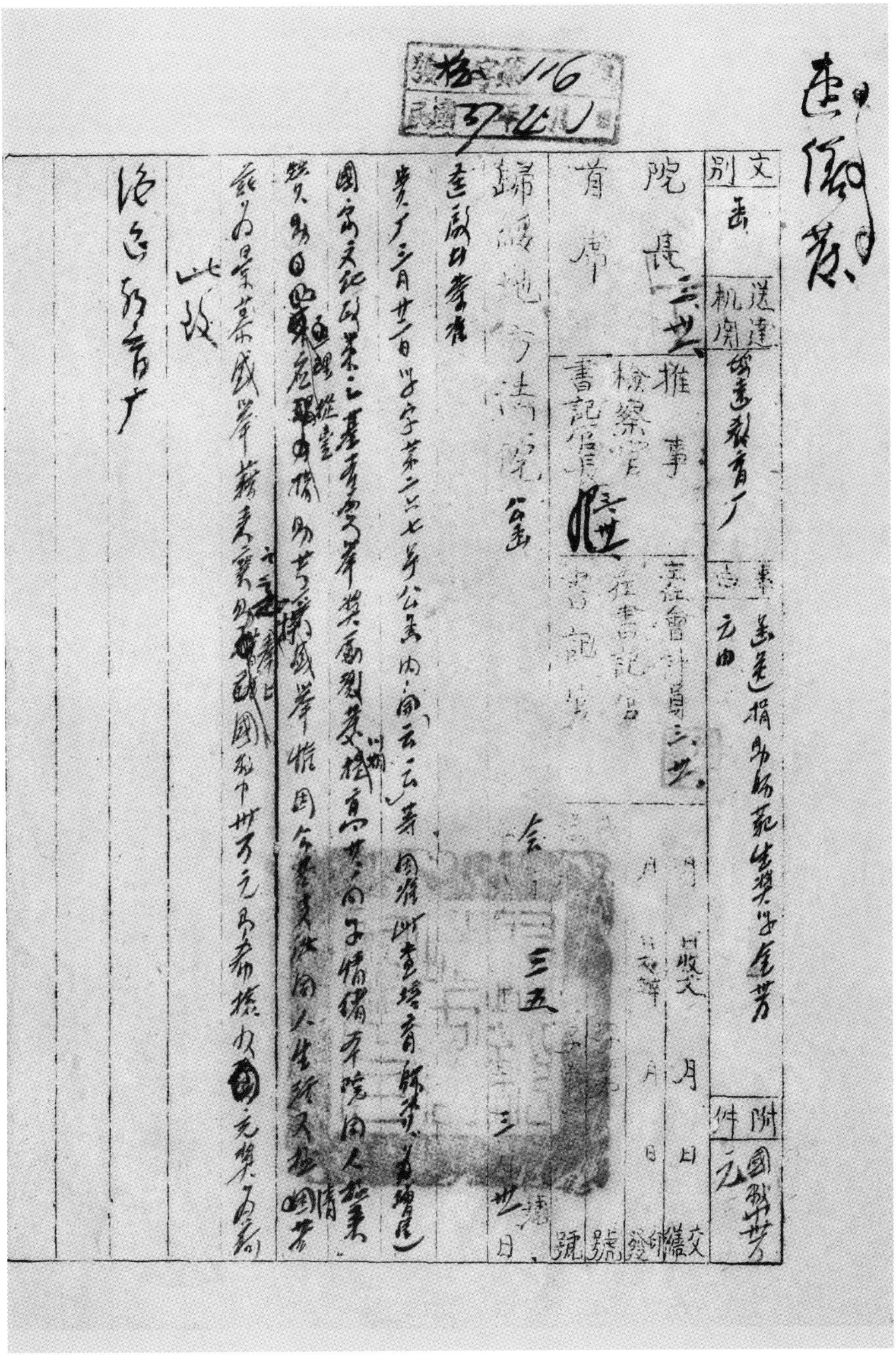

图 4-2-12　归绥地方法院为捐助师范生奖学金三十万元致绥远省政府教育厅公函（1948 年 3 月 31 日）

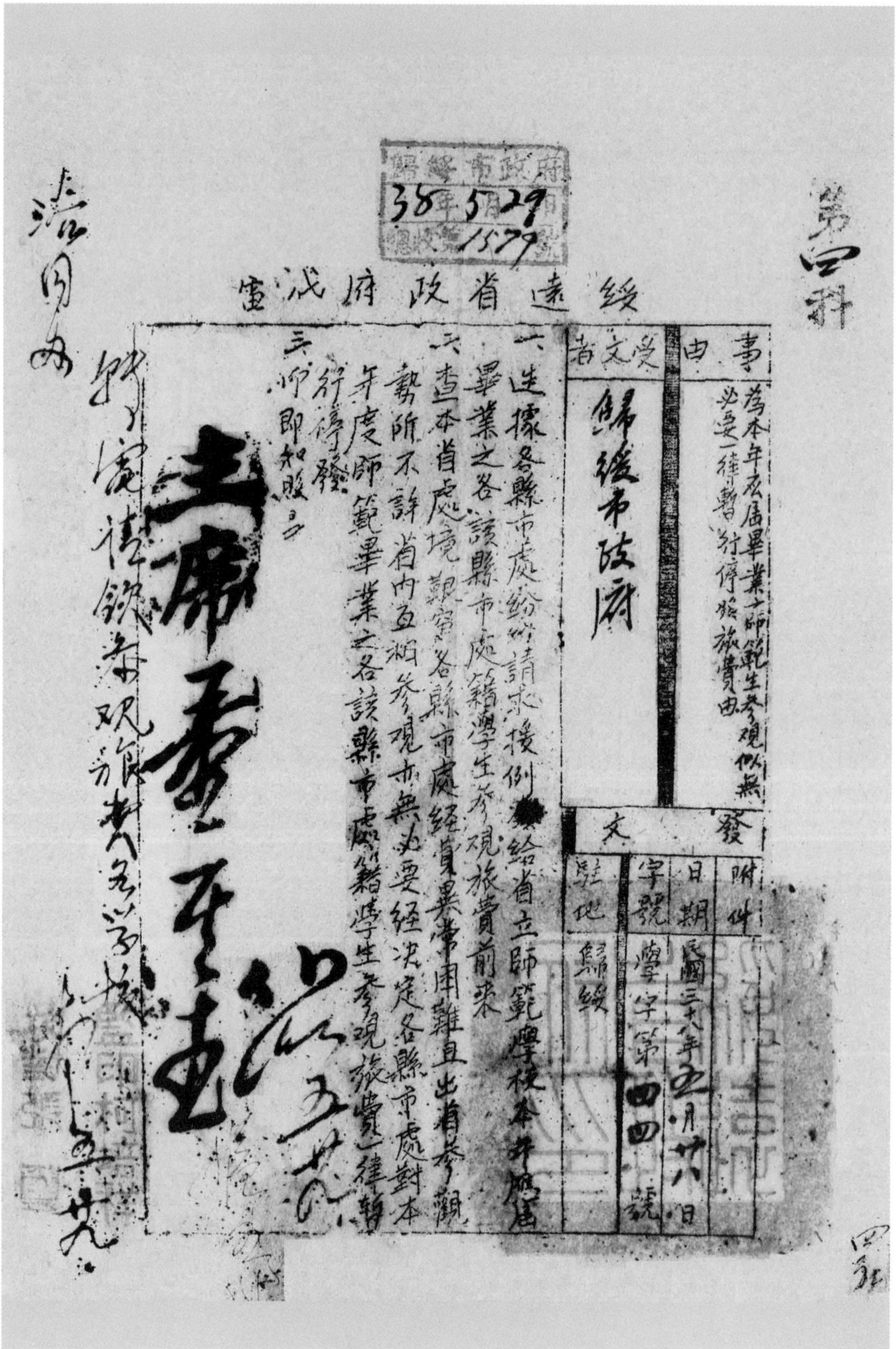

綏遠省政府代電

歸綏市政府 收文 38年5月29日 總收文第1579號

事由	為本年應屆畢業之師範生參觀似無必要一律暫行停發旅費由
受文者	歸綏市政府

一、迭據各縣市處紛紛請求援例發給省立師範學校本年應屆畢業之各該縣市處籍學生參觀旅費前來

二、查本省處境艱窘，各縣市處經費異常困難，且出省參觀勢所不許，省內互相參觀亦無必要，經決定各縣市處對本年度師範畢業之各該縣市處籍學生參觀旅費一律暫行停發

三、仰即知照為要

主席 董其武

發文	
附件	
日期	民國三十八年五月廿八日
字號	學字第四四號
駐地	歸綏

图 4-2-13 绥远省政府为本年应届毕业师范生参观似无必要一律暂行停发旅费给归绥市政府代电（1949 年 5 月 28 日）

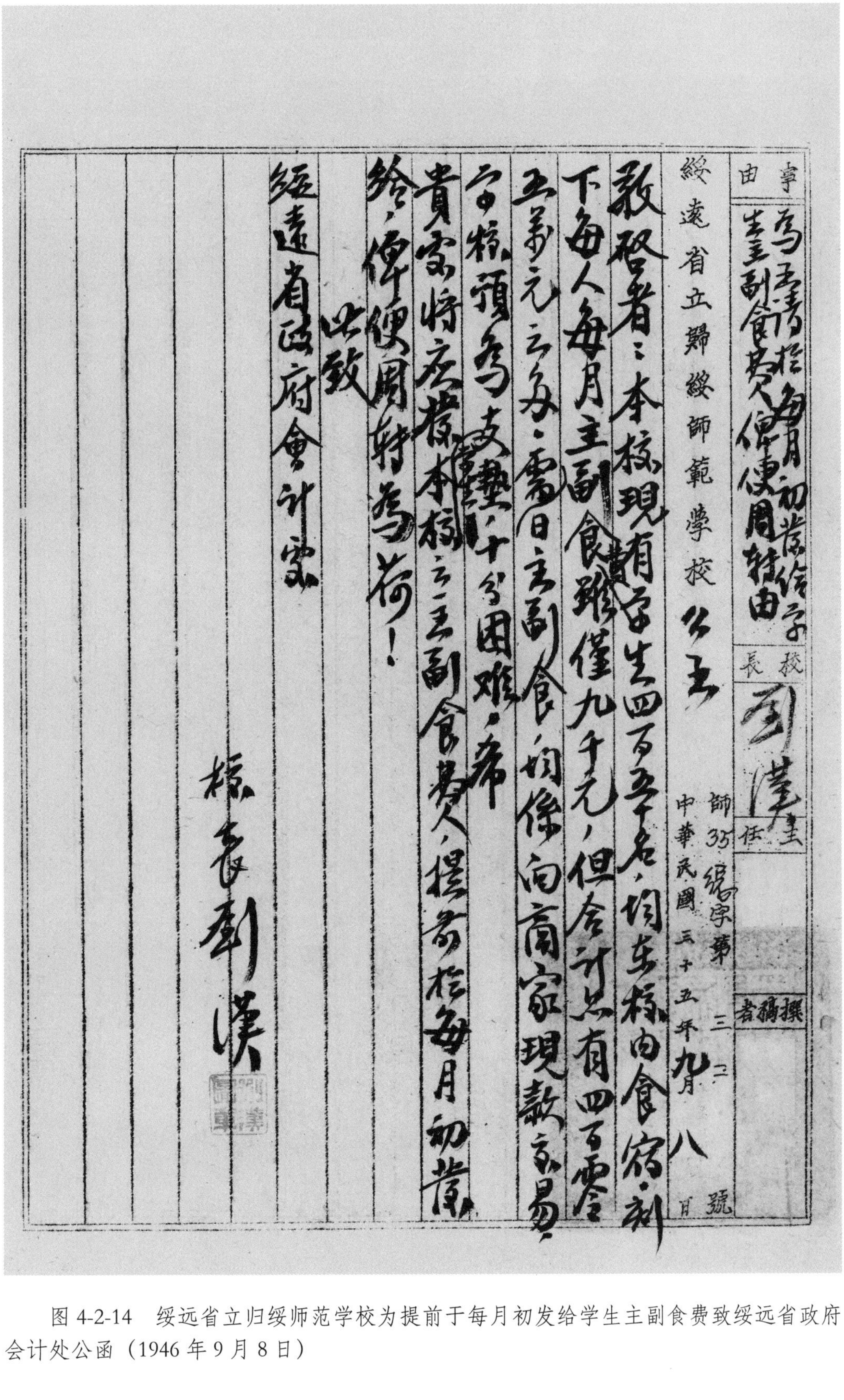

事由：為請於每月初發給學生主副食費俾便周轉由

校長 劉漢

主任

師35 綏字第 三二 號

中華民國三十五年九月八日

撰稿者

綏遠省立歸綏師範學校 公函

敬啓者：本校現有學生四百五十名，均在校內食宿。刻下每人每月主副食費僅九千元，但合計只有四百零五萬元之多。每日主副食均係向商家現款交易，本校須為支墊，十分困難。希貴處將應發本校之主副食費人，提前於每月初發給，俾便周轉為荷！

此致

綏遠省政府會計處

校長 劉漢

图 4-2-14　绥远省立归绥师范学校为提前于每月初发给学生主副食费致绥远省政府会计处公函（1946 年 9 月 8 日）

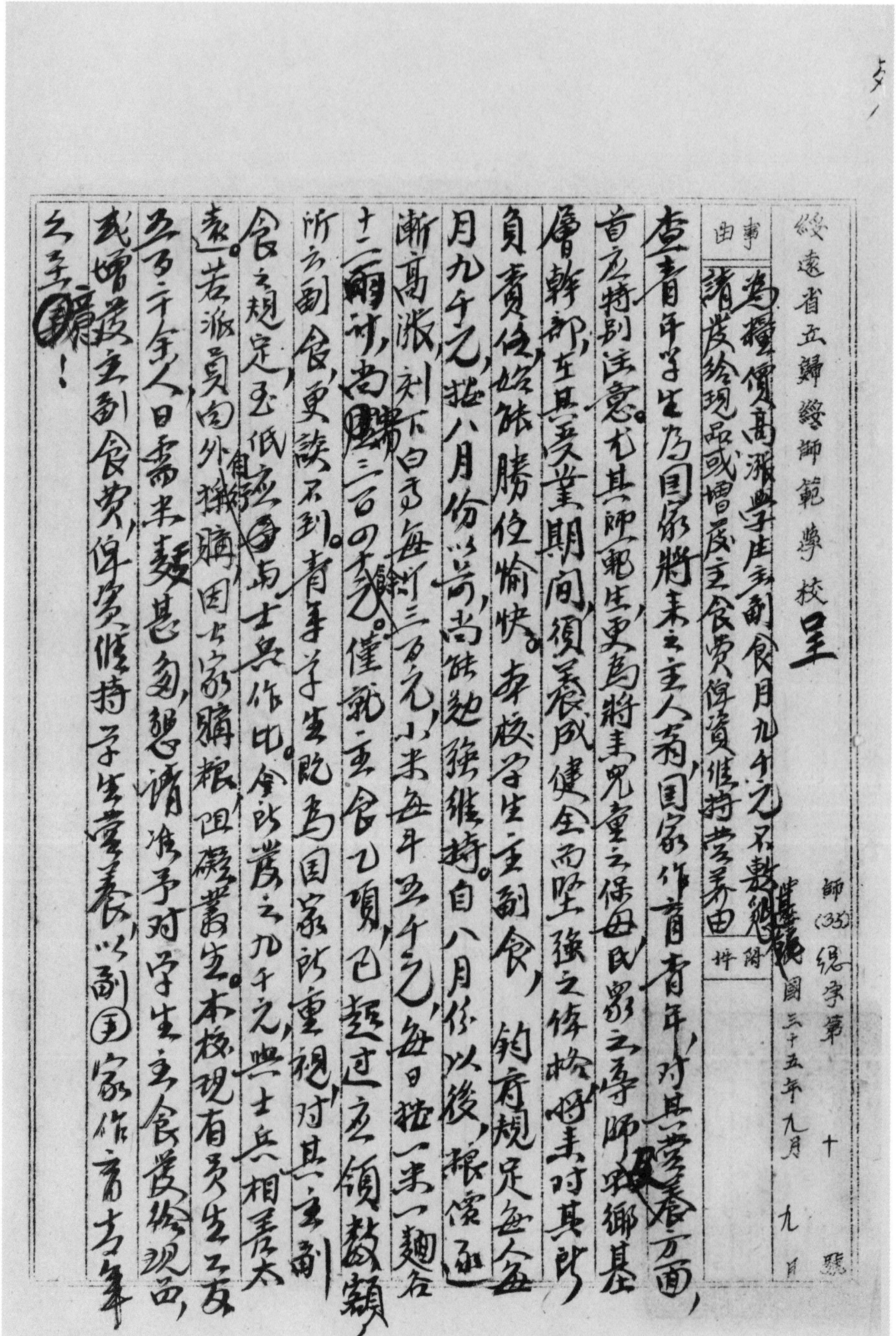

綏遠省立歸綏師範學校呈

師（35）綏字第十號

民國三十五年九月九日

事由：為糧價高漲學生主副食月九千元不敷甚鉅懇請發給現品或增發主副食費俾資維持營養由

附件

查青年學生為國家將來之主人翁，國家作育青年，對其營養方面，首應特別注意。尤其師範生更為將來兒童之保姆，民眾之導師，農鄉基層幹部，在其受業期間，須養成健全而堅強之體格，將來對其所負責任始能勝任愉快。本校學生主副食，鈞府規定每人每月九千元，按八月份以前尚能勉強維持。自八月份以後，糧價逐漸高漲，刻下白麵每斤三百元，小米每斗五千元，每日按一米一麵合十二兩計，尚需三百四十餘元。僅就主食一項，已超過應領數額，所云副食更談不到。青年學生既為國家所重視，對其主副食之規定亦不應低於每一士兵之作比。今所發之九千元與士兵相差太遠。若派員向外採購，因各家購糧阻礙叢生。本校現有學生工友五百二十餘人，日需米麵甚多，懇請准予對學生主食發給現品，或增發主副食費，俾資維持學生營養，以副國家作育青年之至意！

图 4-2-15　绥远省立归绥师范学校为粮价高涨学生主副食月九千元不敷甚巨恳请发给现品或增发主副食费致绥远省政府教育厅呈（1946 年 9 月 9 日）（一）

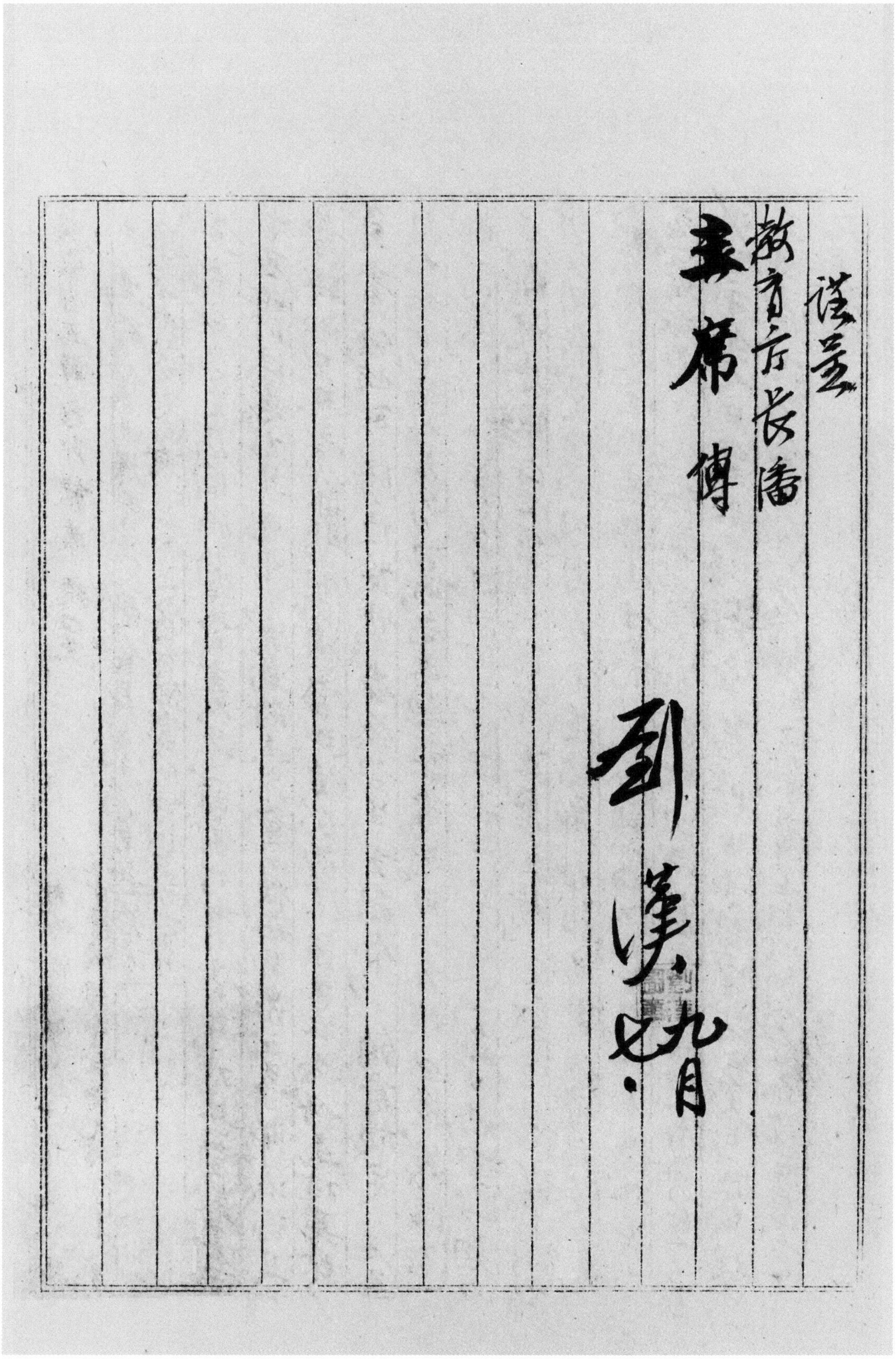
谨呈
教育厅长潘
主席傅
刘汉 九月

图 4-2-15　绥远省立归绥师范学校为粮价高涨学生主副食月九千元不敷甚巨恳请发给现品或增发主副食费致绥远省政府教育厅呈（1946 年 9 月 9 日）（二）

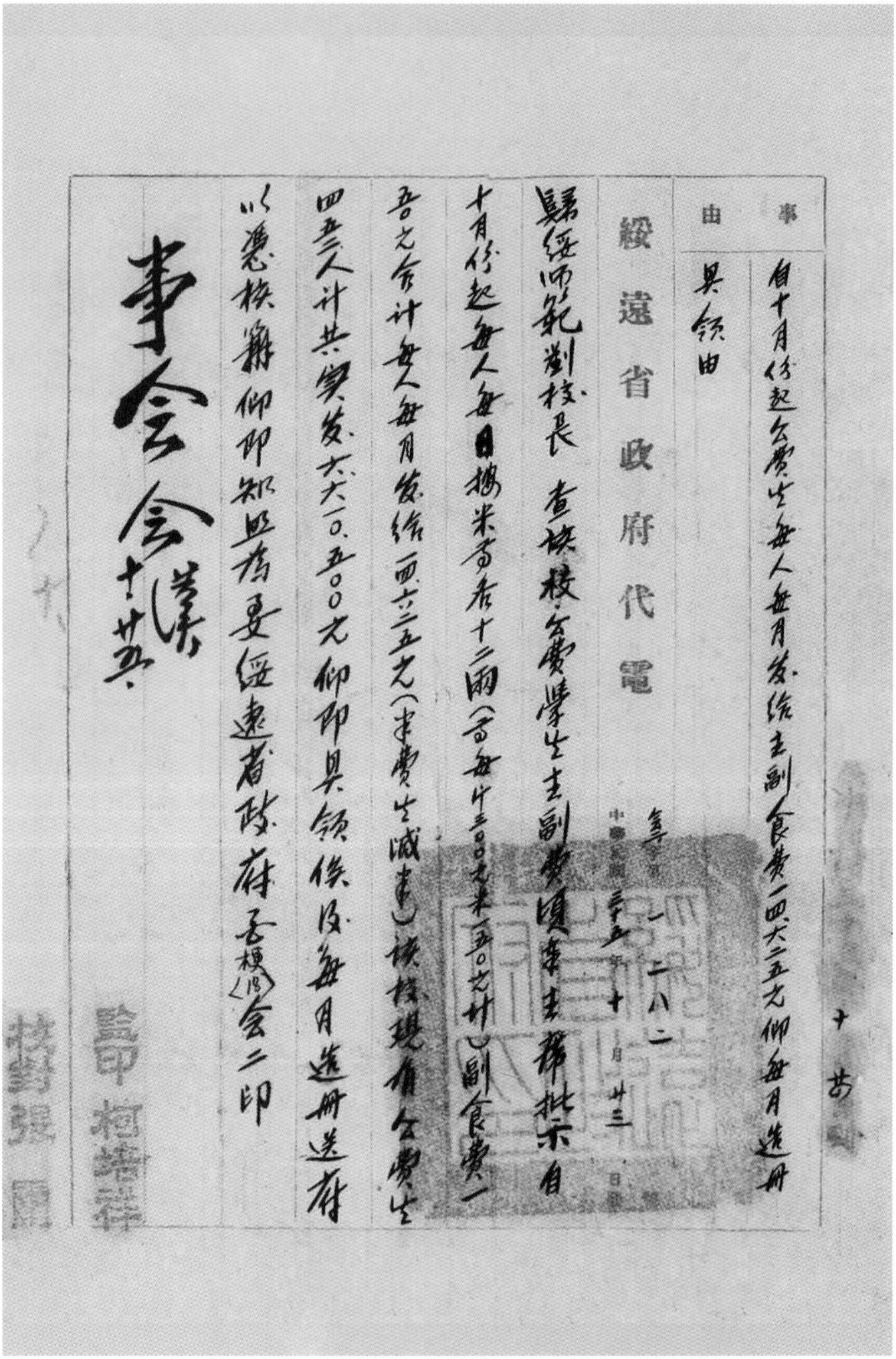
事由　自十月份起公費生每人每月發給主副食費一四、六二五元仰每月造冊具領由

綏遠省政府代電

歸綏師範劉校長　查該校公費學生主副費頃奉主席批示自十月份起每人每日撥米面各十二兩（面每斤二〇〇元米一五〇元計）副食費一五元合計每人每月發給一四、六二五元（半費生減半）該校現有公費生四五二人計共實發六、六一〇、五〇〇元仰即具領俟後每月造冊送府以憑核辦仰即知照為要綏遠省政府丞梗（18）会二印

中華民國三十五年十月廿三日　字第二八二號

監印　柯增祥　校對　強

图 4-2-16　绥远省政府为自十月份起公费生每人每月发给主副食费一四·六二五元给归绥师范学校代电（1946 年 10 月 23 日）

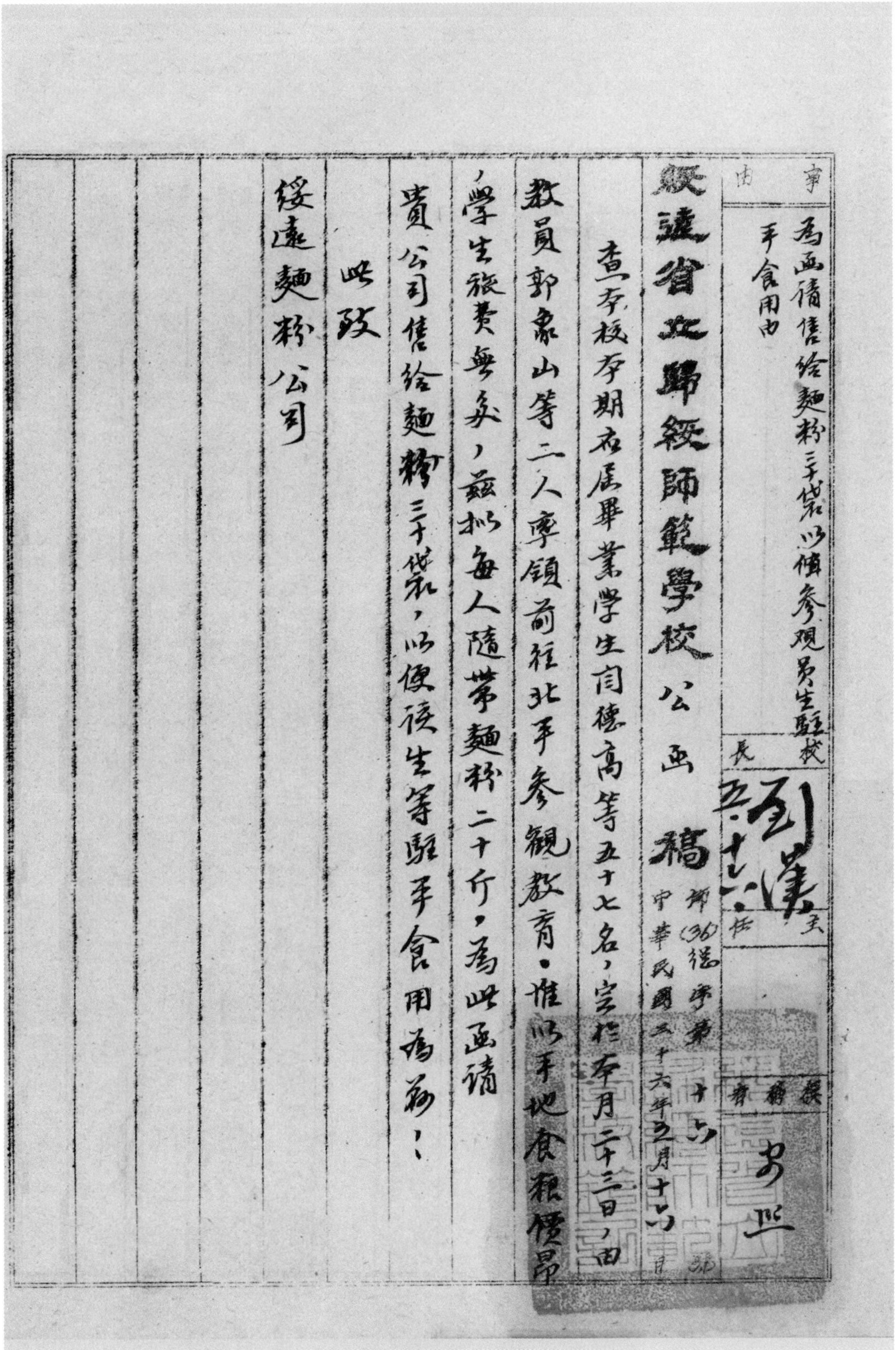

事由：為函請售給麵粉三十袋以備參观员生駐平食用由

校長 劉漢 主任 擬稿

綏遠省立歸綏師範學校公函稿

（36）綏字第十六號

中華民國三十六年五月十六日

查本校本期在屆畢業学生閆德高等五十七名，定於本月二十三日，由教員郭象山等二人率領前往北平參觀教育。惟以平地食糧價昂，學生旅費無多，茲擬每人隨帶麵粉二十斤，為此函請

貴公司售給麵粉三十袋，以便該生等駐平食用為荷！

此致

綏遠麵粉公司

图 4-2-17　绥远省立归绥师范学校为请售给面粉三十袋以备参观员生驻平食用给绥远面粉公司公函（1947 年 5 月 16 日）

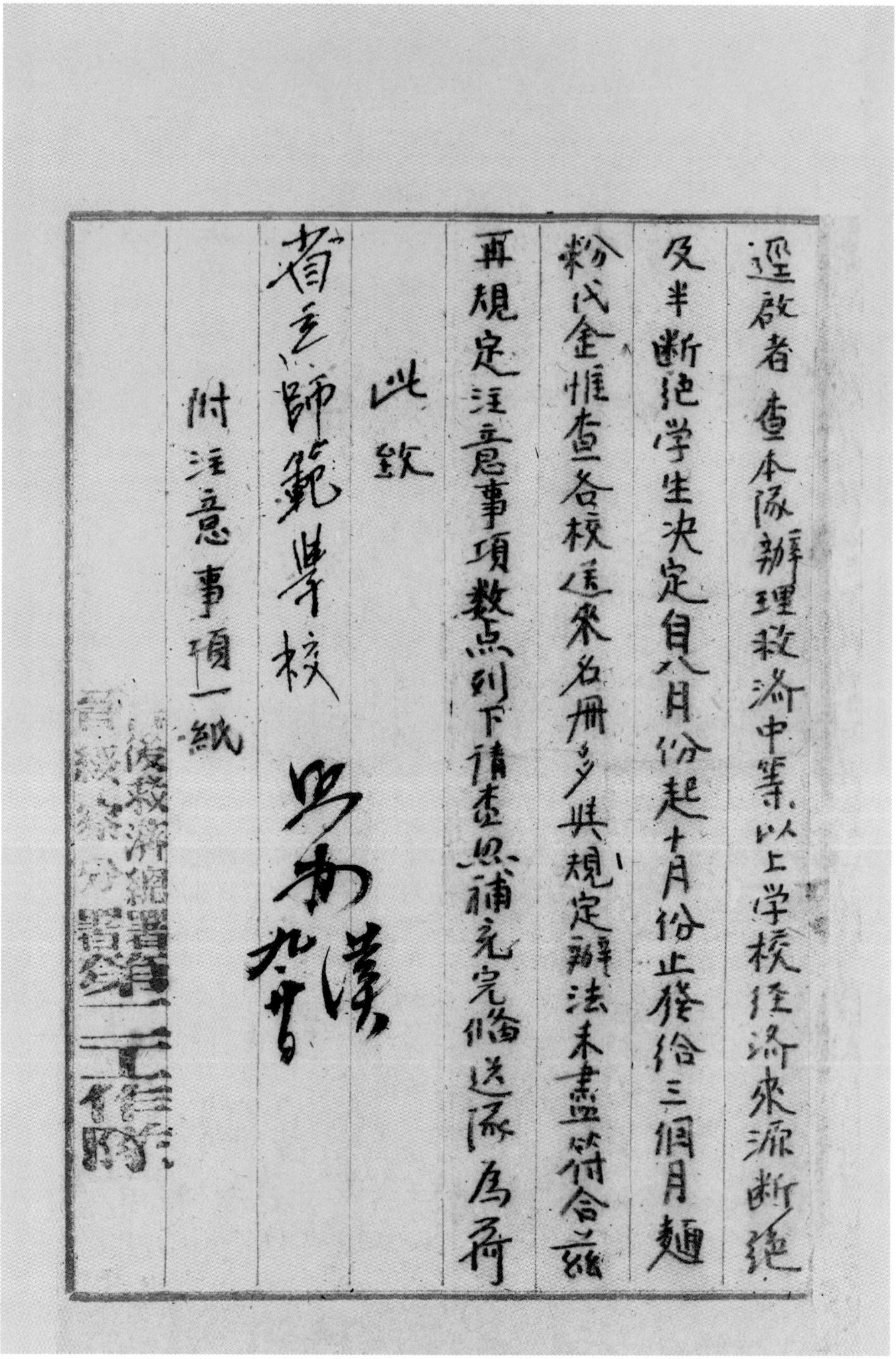

逕啟者 查本隊辦理救濟中等以上學校經濟來源斷絕及半斷絕學生決定自八月份起十月份止發給三個月麵粉代金惟查各校送來名冊多與規定辦法未盡符合茲再規定注意事項數點列下請查照補充完備送隊為荷

此致

省立師範學校

附注意事項一紙

[illegible]

（印）後救濟總署晉綏察分署第二工作隊

图 4-2-18 善后救济总署晋绥察分署第二工作队为学生救济面粉代金发放名册注意事项致省立师范学校公函（附注意事项）（1946 年 9 月）（一）

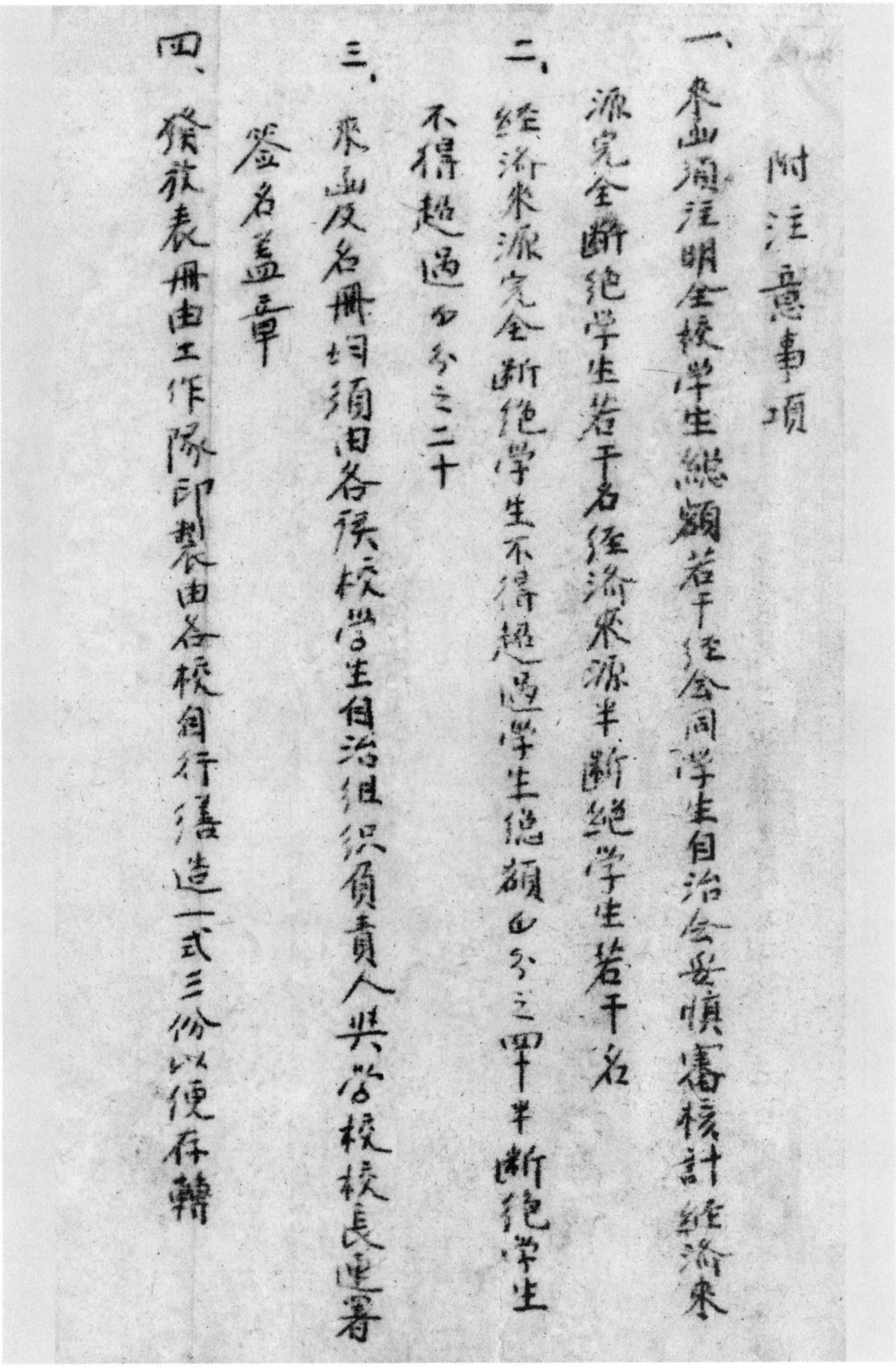

附注意事项

一、表内須注明全校學生總額若干經會同學生自治會妥慎審核計經濟來源完全斷絶學生若干名經濟來源半斷絶學生若干名

二、經濟來源完全斷絶學生不得超過學生總額百分之四十半斷絶學生不得超過百分之二十

三、表内及名冊均須由各該校學生自治組織負責人與學校校長連署簽名蓋章

四、發放表冊由工作隊印製由各校自行繕造一式三份以便存轉

图 4-2-18　善后救济总署晋绥察分署第二工作队为学生救济面粉代金发放名册注意事项致省立师范学校公函（附注意事项）（1946 年 9 月）（二）

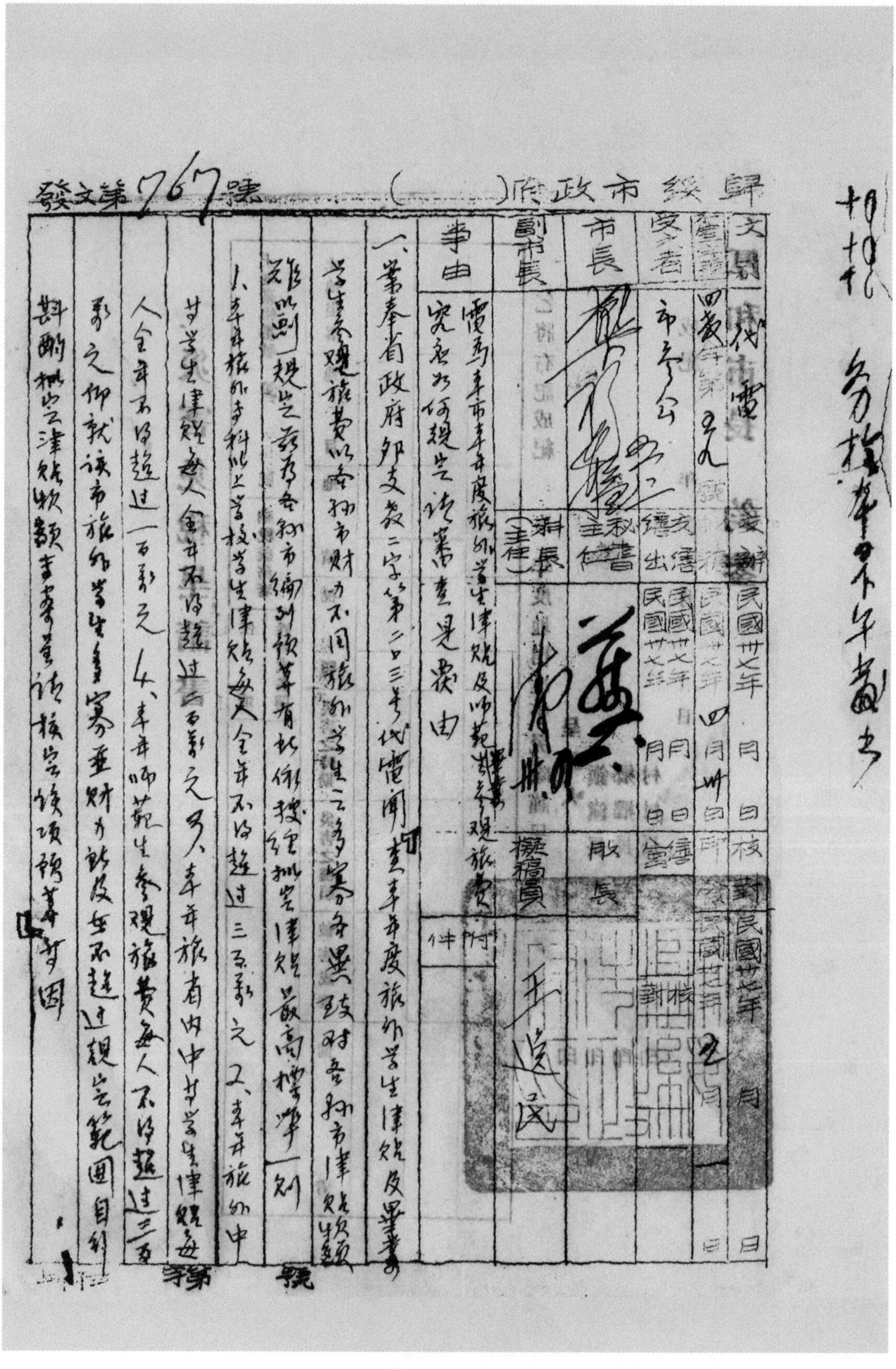

歸綏市政府（　　）代電　發文第767號

受文者：市參議會

事由：電為本市本年度旅外學生津貼及師範畢業生參觀旅費究應如何規定請鑒查見復由

一、案奉省政府卯支教二字第二〇三號代電開：查本年度旅外學生津貼及畢業學生參觀旅費以各縣市財力不同，旅外學生之多寡各異，致對各縣市津貼數額難以劃一規定，茲由各縣市編列預算有案，惟擬定津貼最高標準一則：1.本年旅外專科以上學校學生津貼每人全年不得超過三百萬元；2.本年旅省內中等學生津貼每人全年不得超過二百萬元；3.本年旅外中等學生津貼每人全年不得超過一百萬元；4.本年師範生參觀旅費每人不得超過二百萬元之。仰就該市旅外學生多寡暨財力狀況在不超過規定範圍自行斟酌擬定津貼數額專案呈請核定，該項預算並……

图 4-2-19　归绥市政府为规定本年度旅外学生津贴及师范毕业生参观旅费致市参议会代电（1948 年 5 月 1 日）（一）

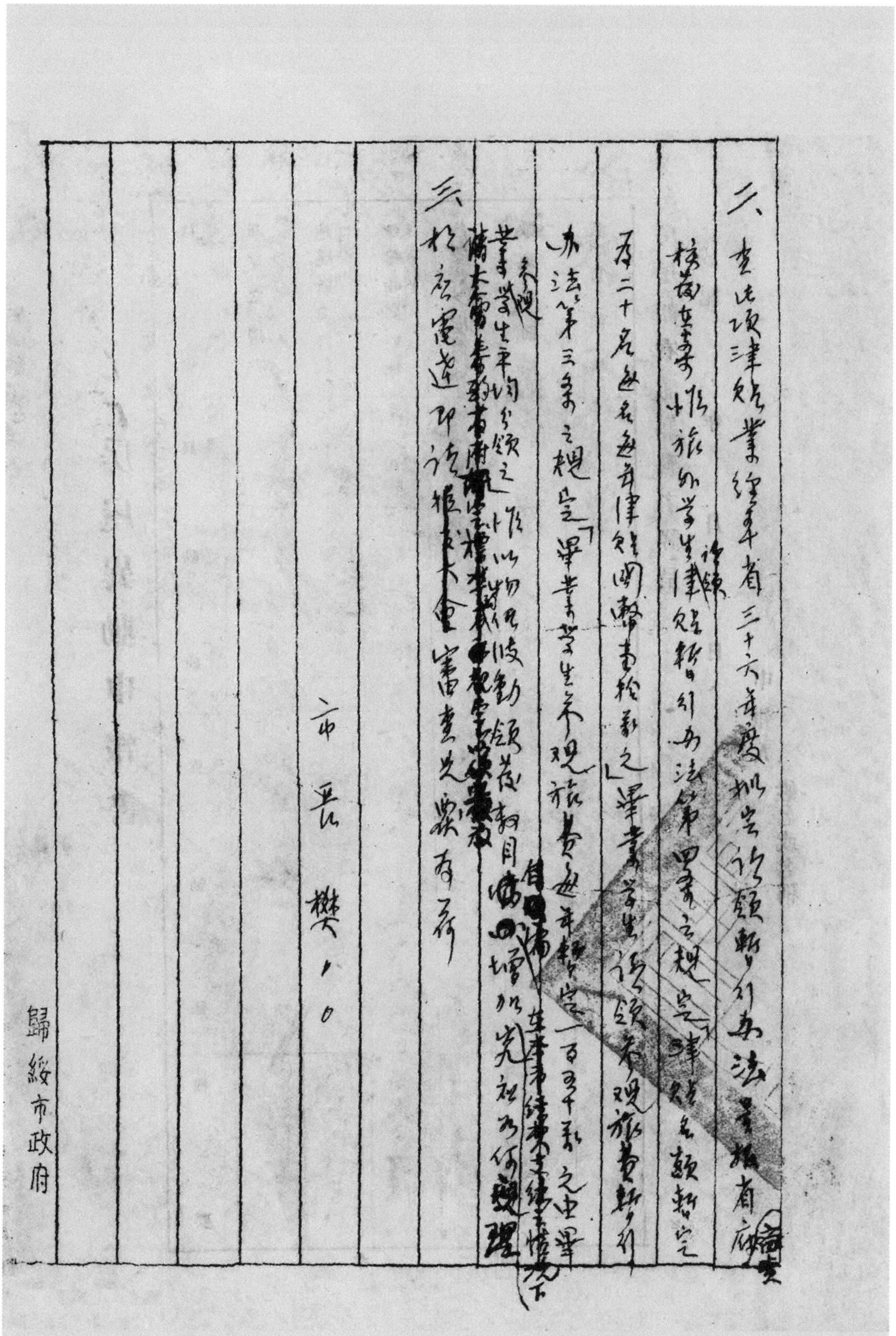

二、查此项津贴业经本省三十六年度规定领暂行办法第四条规定

标准按旅外学生津贴暂行办法第四条之规定津贴名额暂定

为二十名每名每年津贴国币肆拾万元之「毕业学生领费参观旅费暂行

办法」第三条之规定「毕业学生参观旅费每年规定一百五十万元之由毕

业学生平均分领之」惟以物价波动领款数目[illegible]

三、相应电达即请查照大会审查见覆为荷

市长 樊××

歸綏市政府

图 4-2-19　归绥市政府为规定本年度旅外学生津贴及师范毕业生参观旅费致市参议会代电（1948 年 5 月 1 日）（二）

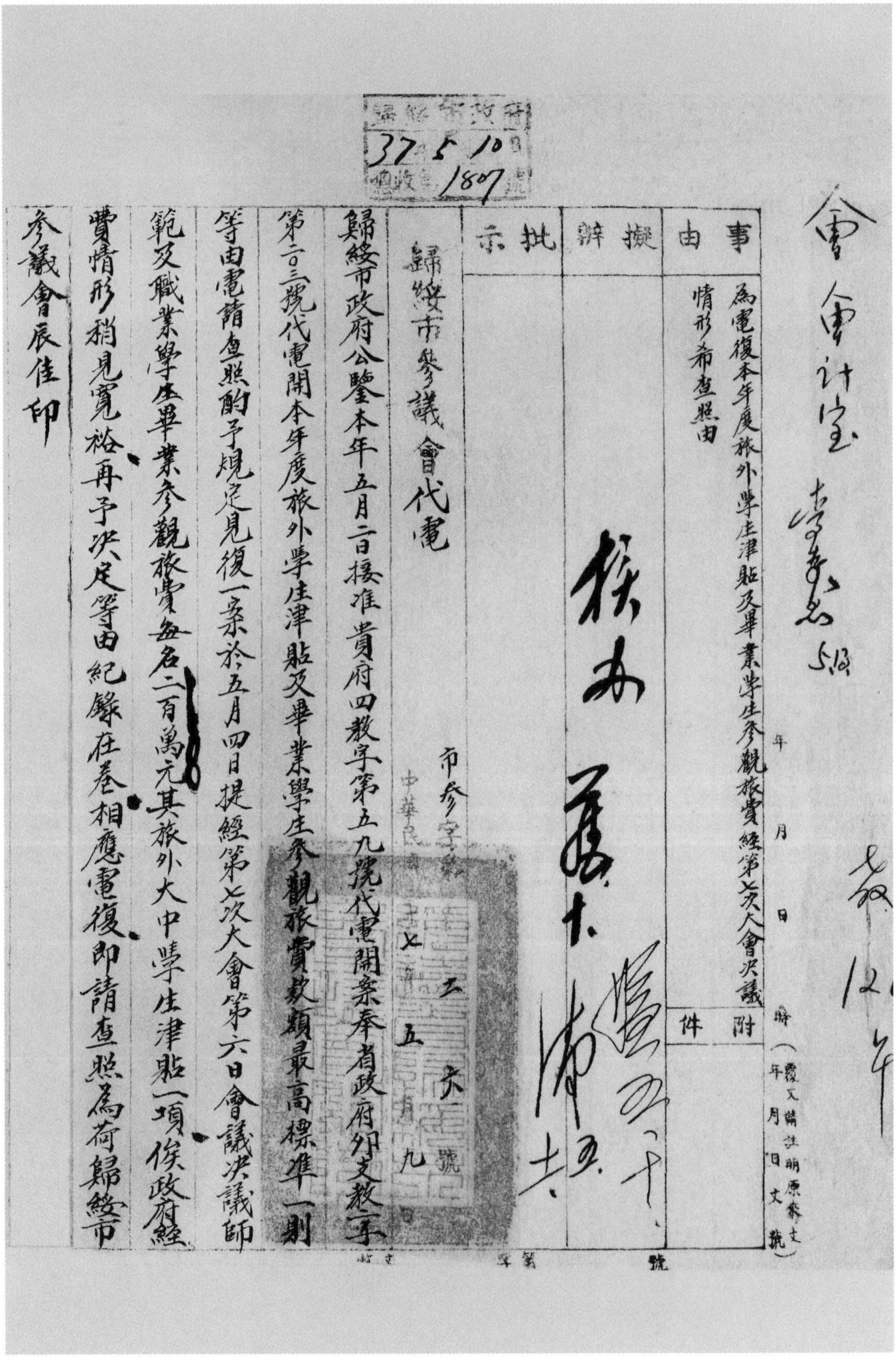

事由：為電復本年度旅外學生津貼及畢業學生參觀旅費經第七次大會決議情形希查照由

擬辦：核辦

批示

附件

歸綏市參議會代電

歸綏市政府公鑒本年五月二日接准貴府四教字第五九號代電開案奉省政府卯支教（二）字第二三號代電開本年度旅外學生津貼及畢業學生參觀旅費款額最高標準一則等由電請查照酌予規定見復一案於五月四日提經第七次大會第六日會議決議師範及職業學生畢業參觀旅費每名二百萬元其旅外大中學生津貼一項俟政府經費情形稍見寬裕再予決定等由紀錄在卷相應電復即請查照為荷歸綏市參議會辰佳印

市參字第　號

中華民國　年五月九日

图 4-2-20　归绥市参议会为本年度旅外学生津贴及毕业学生参观旅费经第七次会议决议情形致归绥市政府代电（1948 年 5 月 9 日）

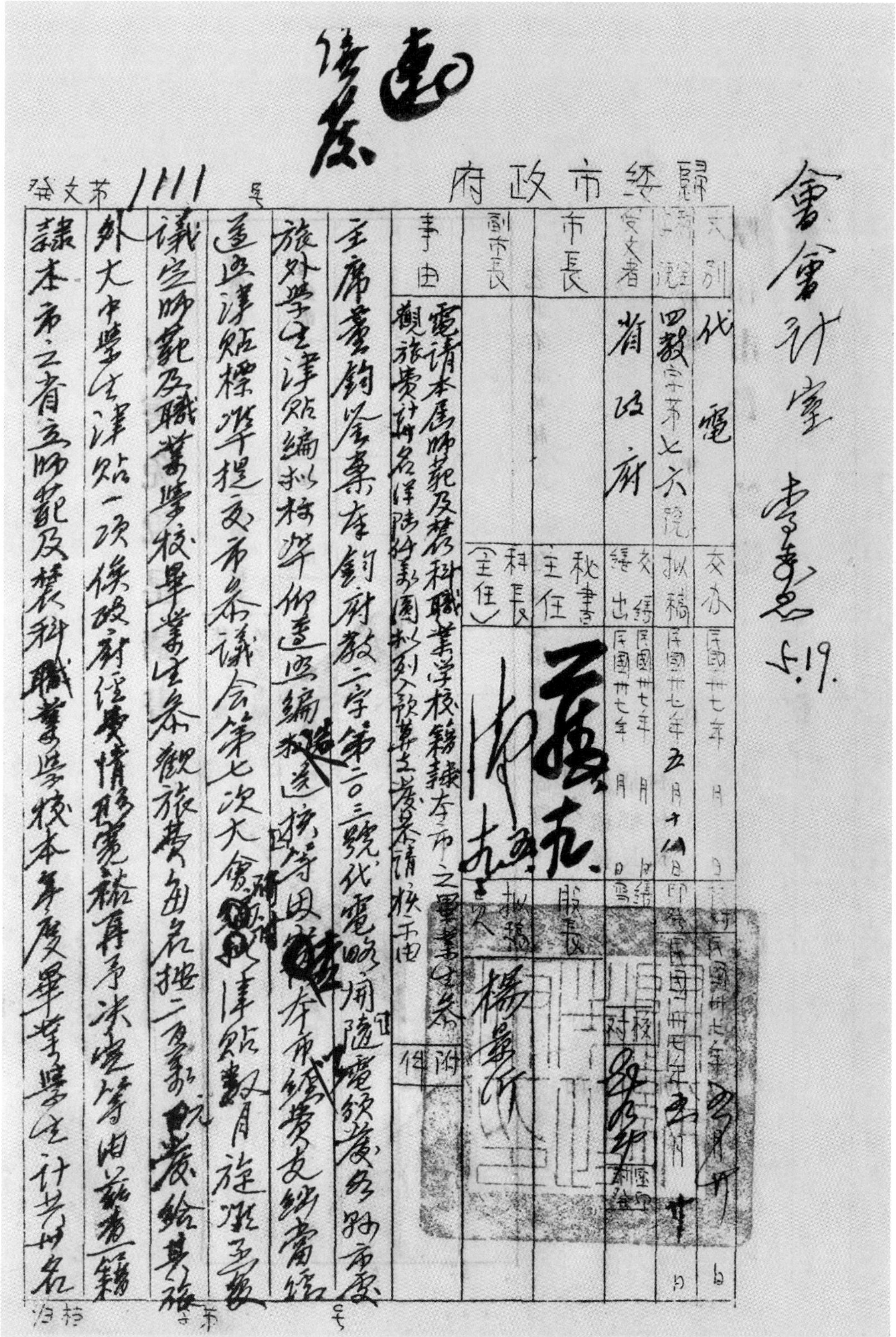

图 4-2-21　归绥市政府为本届师范及农科职业学校籍隶本市毕业生参观旅费拟列入预算支发致绥远省政府代电（1948 年 5 月 20 日）（一）

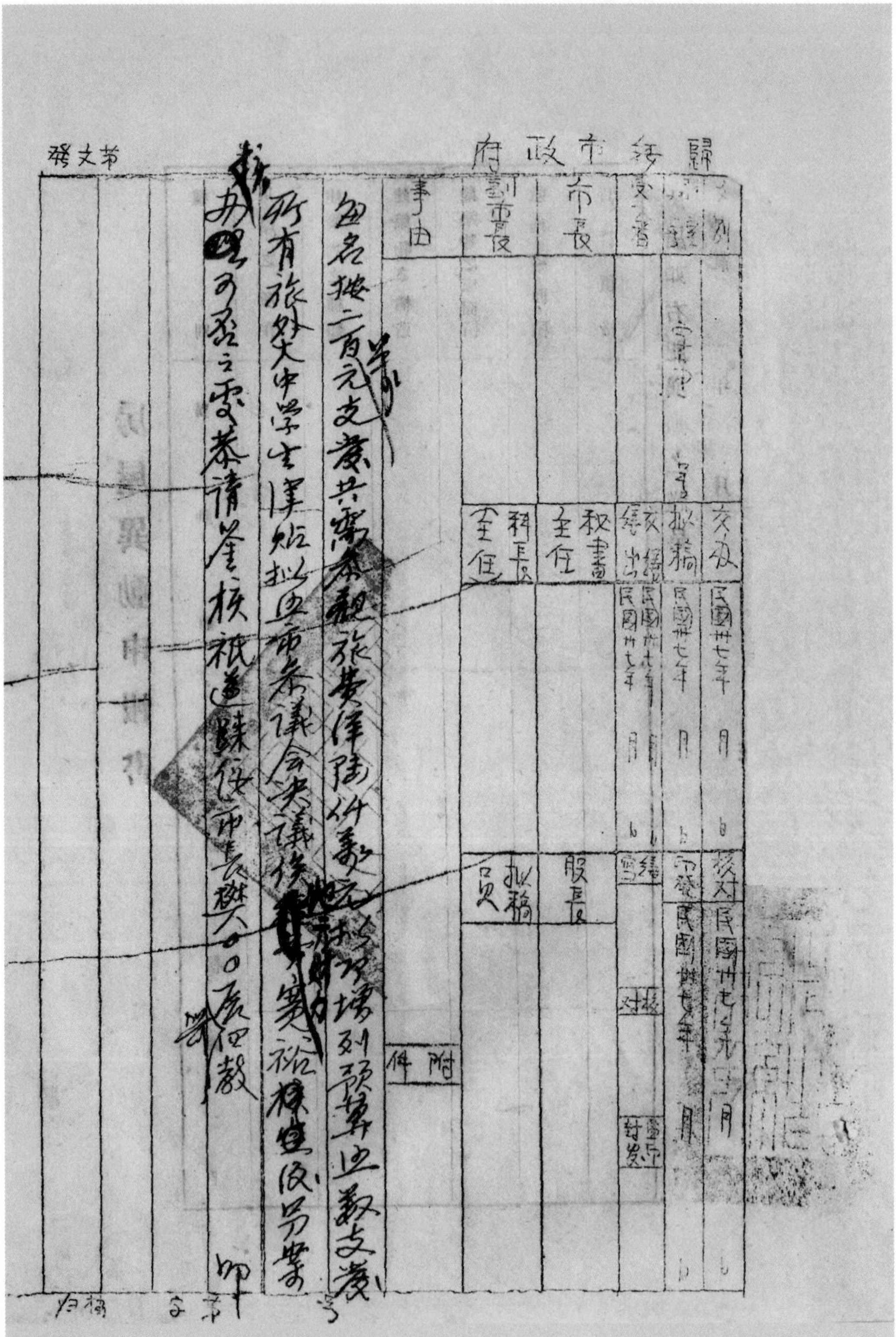

图 4-2-21　归绥市政府为本届师范及农科职业学校籍隶本市毕业生参观旅费拟列入预算支发致绥远省政府代电（1948 年 5 月 20 日）（二）

三　教务工作

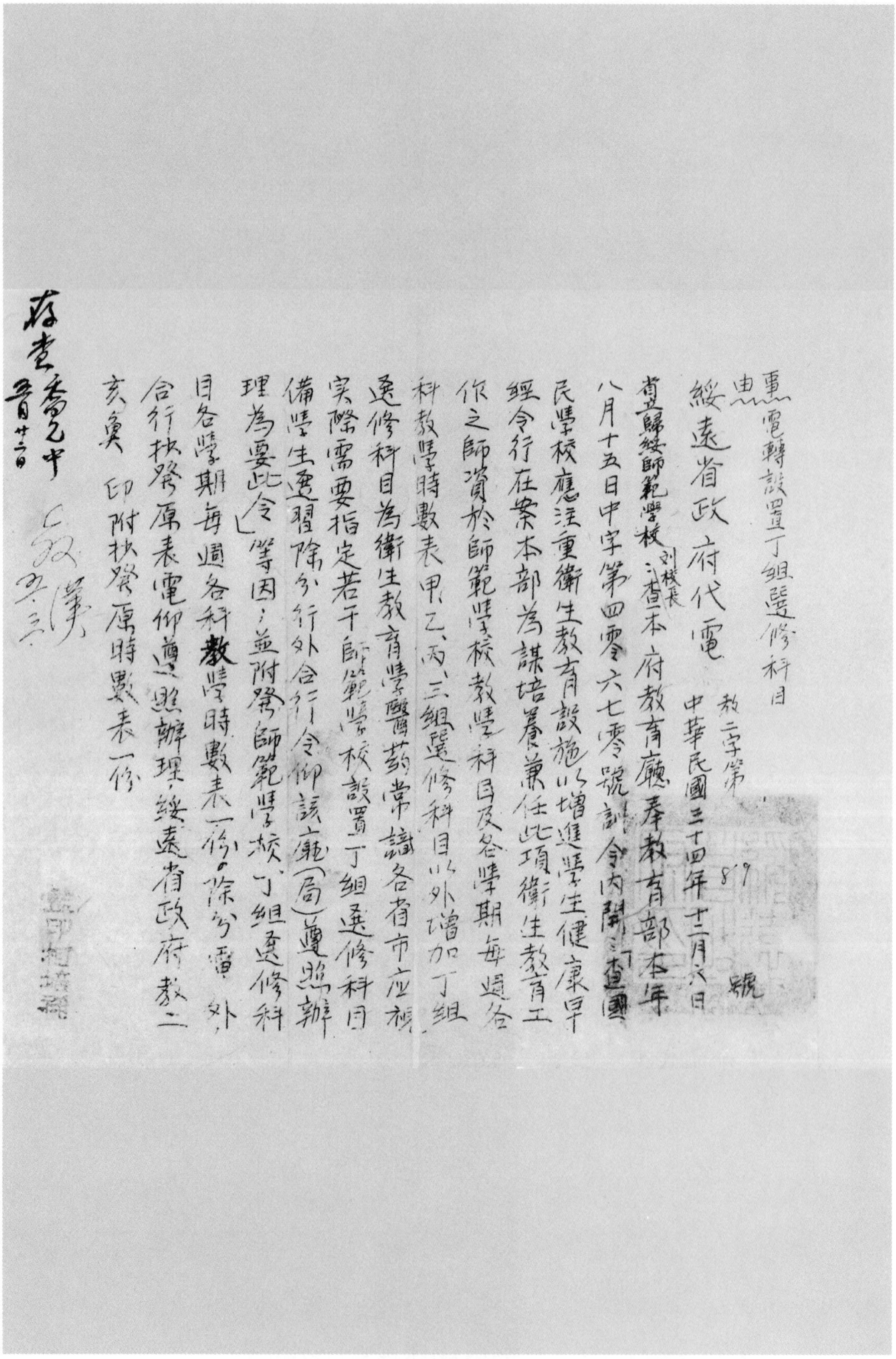
事由 電轉設置丁組選修科目

綏遠省政府代電 教二字第87號 中華民國三十四年十二月六日

省立歸綏師範學校劉校長：查本府教育廳奉教育部本年八月十五日中字第四零六七零號訓令內開「查國民學校應注重衛生教育設施以增進學生健康，早經令行在案。本部為謀培養兼任此項衛生教育工作之師資，於師範學校教學科目及各學期每週各科教學時數表甲、乙、丙三組選修科目以外，增加丁組選修科目為衛生教育、醫藥常識。各省市應視實際需要，指定若干師範學校設置丁組選修科目，備學生選習。除分行外，合行令仰該廳（局）遵照辦理為要。此令」等因，並附發師範學校丁組選修科目各學期每週各科教學時數表一份。除分電外，合行抄發原表，電仰遵照辦理。綏遠省政府教二亥魚 印 附抄發原時數表一份

存查

图 4-3-1 绥远省政府为转发设置丁组选修科目给省立归绥师范学校代电（附时数表）（1945 年 12 月 6 日）（一）

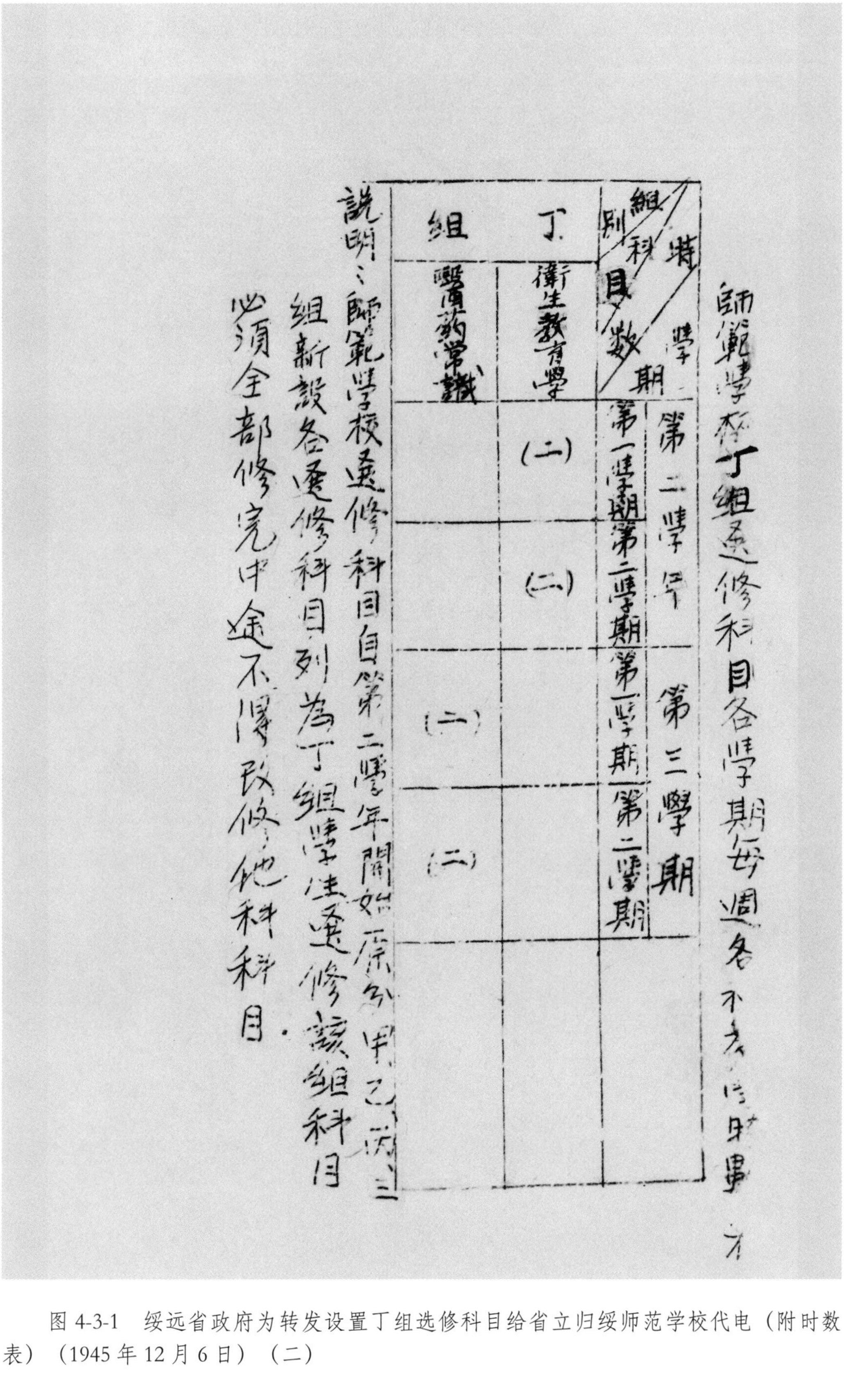

師範學校丁組選修科目各學期每週各科教學時數表

學期 / 科目 / 組別 / 時數		第二學年 第一學期	第二學年 第二學期	第三學年 第一學期	第三學年 第二學期	
丁組	衛生教育學	(二)	(二)			
	醫藥常識			(二)	(二)	

說明：師範學校選修科目自第二學年開始原分甲乙丙三組新設各選修科目列為丁組學生選修該組科目必須全部修完中途不得改修他科科目。

图 4-3-1　绥远省政府为转发设置丁组选修科目给省立归绥师范学校代电（附时数表）（1945 年 12 月 6 日）（二）

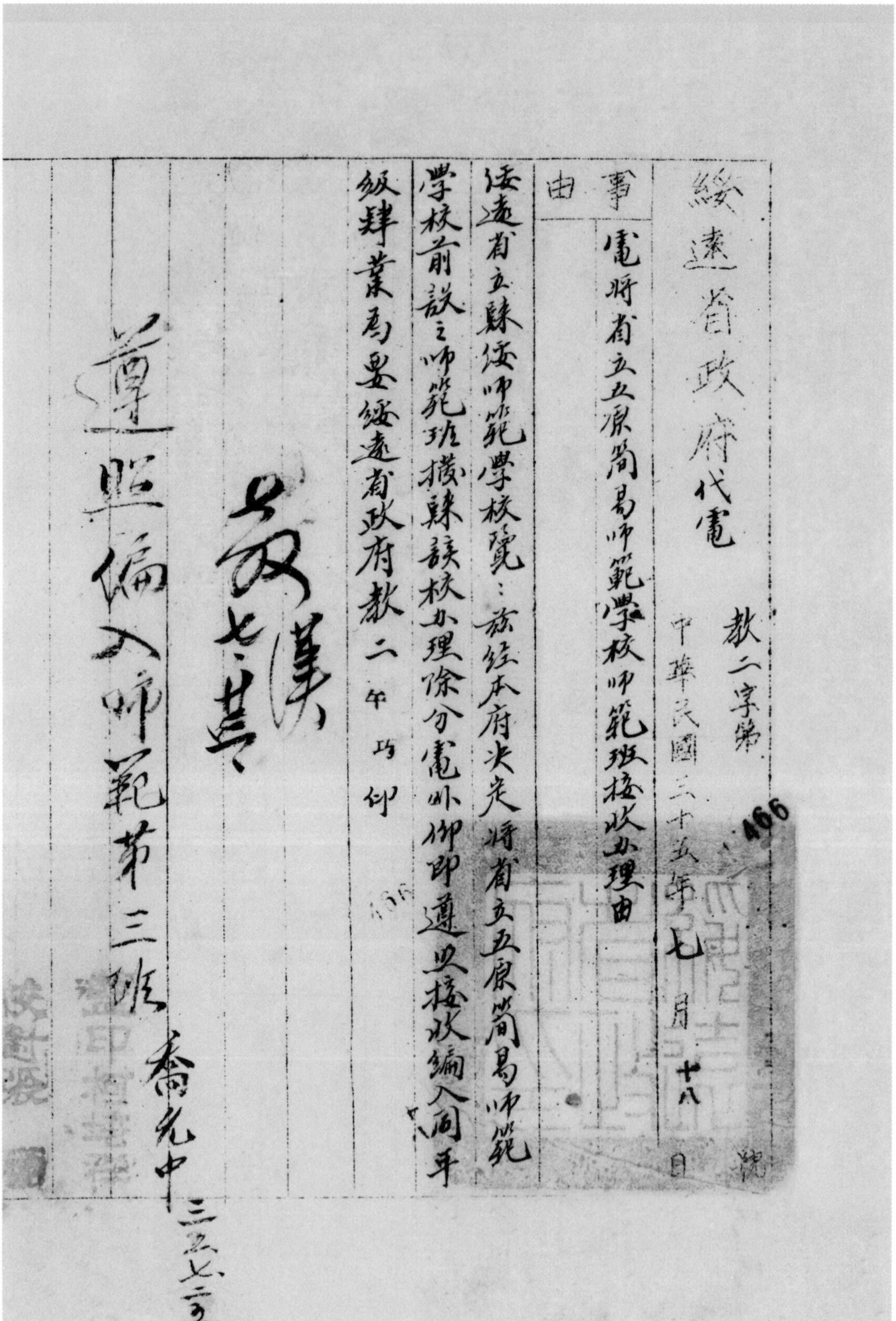

綏遠省政府代電　教二字第　號

中華民國三十五年七月十八日

466

事由　電將省立五原簡易師範學校師範班接收辦理由

綏遠省立歸綏師範學校覽：兹經本府決定將省立五原簡易師範學校前設之師範班撥歸該校辦理，除分電外，仰即遵照接收，編入同年級肄業為要。綏遠省政府教二午巧印

效漢 七、廿

遵照編入師範第三班 喬允中 三五、七、二五

图 4-3-2　绥远省政府为将省立五原简易师范学校师范班接收办理给绥远省立归绥师范学校代电（1946 年 7 月 18 日）

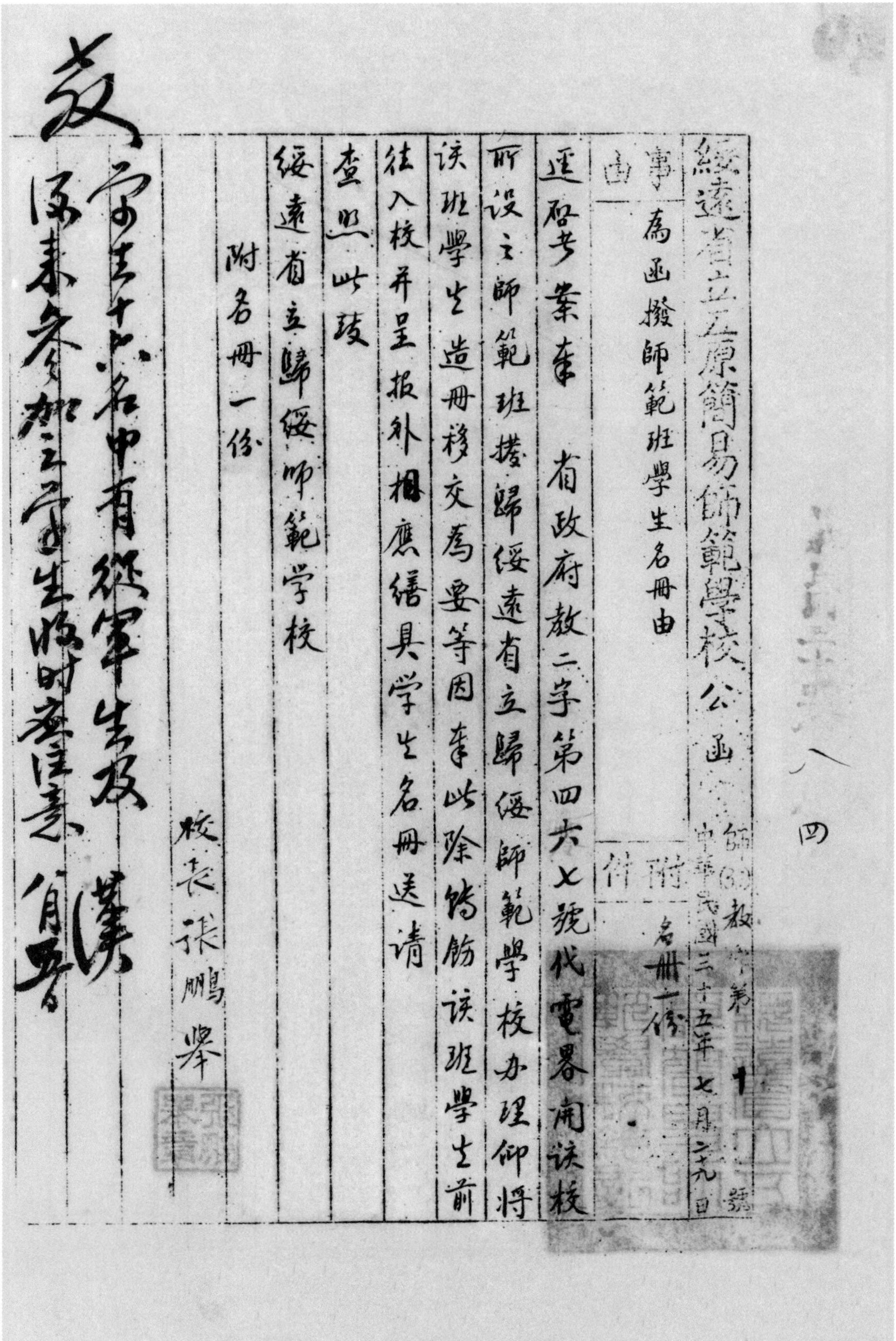

綏遠省立五原簡易師範學校公函　師[illegible]教字第　號

中華民國三十五年七月二十九日

事由：爲函撥師範班學生名冊由

附件：名冊一份

逕啓者案奉省政府敎二字第四六七號代電略開该校所設之師範班撥歸綏遠省立歸綏師範學校办理仰将该班學生造冊移交爲要等因奉此除飭该班學生前往入校并呈报外相應繕具学生名冊送请查照此致

綏遠省立歸綏師範学校

附名冊一份

校長 張鵬舉

该学生十六名中有從軍生及原来参加之学生收时应注意

漢

八月五日

图 4-3-3　绥远省立五原简易师范学校为移交师范班学生名册给绥远省立师范学校公函（附名册）（1946 年 7 月 29 日）（一）

綏遠省立五原簡易師範學校移交師範班學生名冊

	學號	姓名	性別	年齡	籍貫	備考
	4	戴仁毓	男	一九	遼寧省瀋陽縣	從軍
7	6	李治家	男	二一	綏遠省狼山縣	八月廿五日到
2	8	王擇鄰	女	二〇	山西省偏關	三五 八、三 到校
	11	高東鐸	男	二一	綏遠省臨河縣	從軍
3	14	高嘉福	男	二〇	陝西省府谷縣	八月廿一日到
	29	張萬耀	男	二二	綏遠省固陽縣	從軍
	40	焦定字	男	二三	綏遠省五原縣	從軍
10	48	趙斌	男	二一	綏遠省臨河縣	八月廿八日到
11	49	王永信	男	一九	河北省獻縣	八月廿八日到

图 4-3-3　绥远省立五原简易师范学校为移交师范班学生名册给绥远省立师范学校公函（附名册）（1946 年 7 月 29 日）（二）

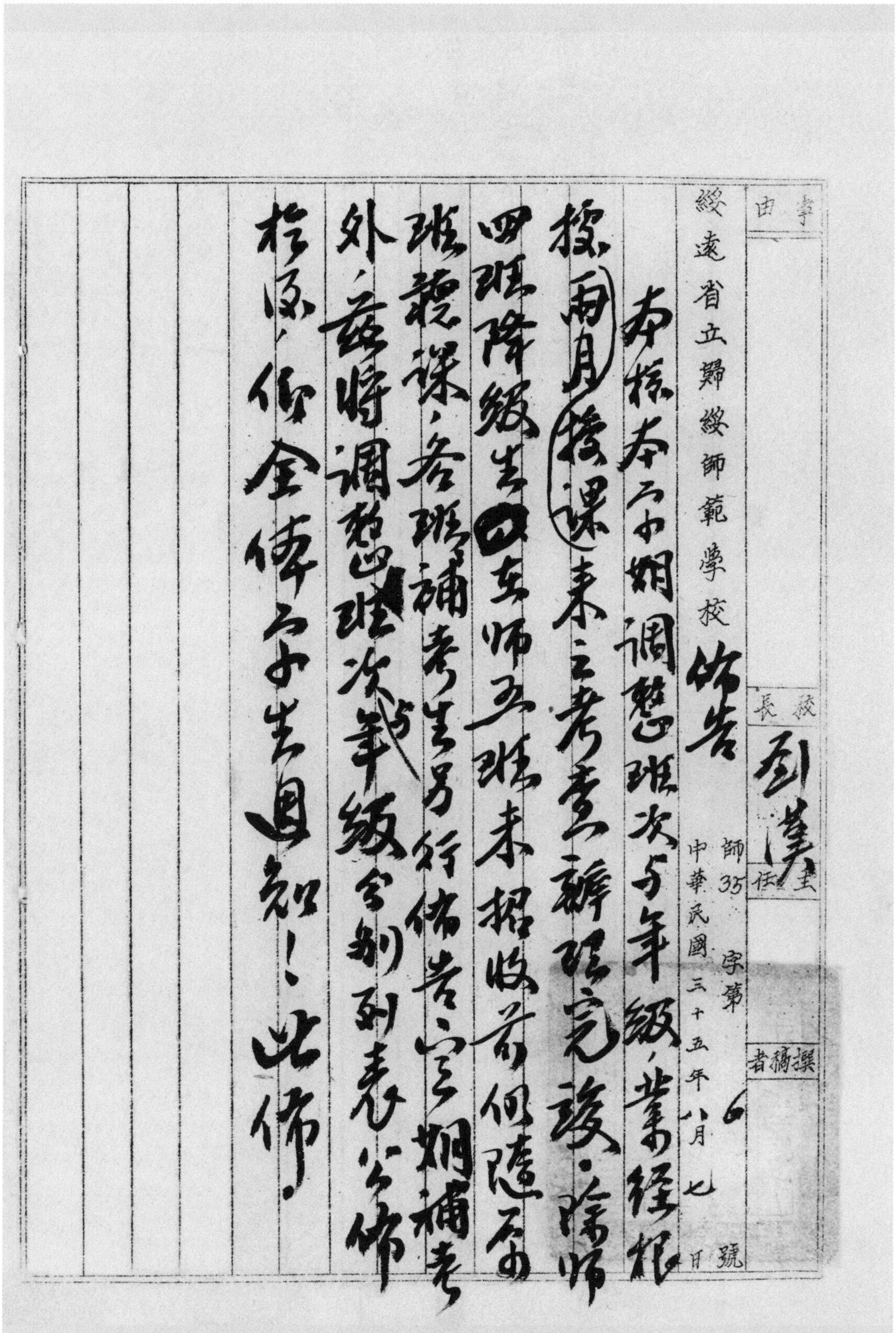

事由
綏遠省立歸綏師範學校佈告
本校本學期調整班次與年級，業經根
據兩月授課來之考查辦理完竣，除師
四班降級生四女師五班未招收前仍隨本學
班聽課，各班補考生另行佈告，本學期補考
外，茲將調整班次與年級分別列表公佈
於後，仰全體學生周知！此佈

校長 劉漢
主任
師35字第6號
中華民國三十五年八月七日
撰稿者

图 4-3-4　绥远省立归绥师范学校关于调整班次与年级的布告(附补习班学生名额)(1946 年 8 月 7 日)　(一)

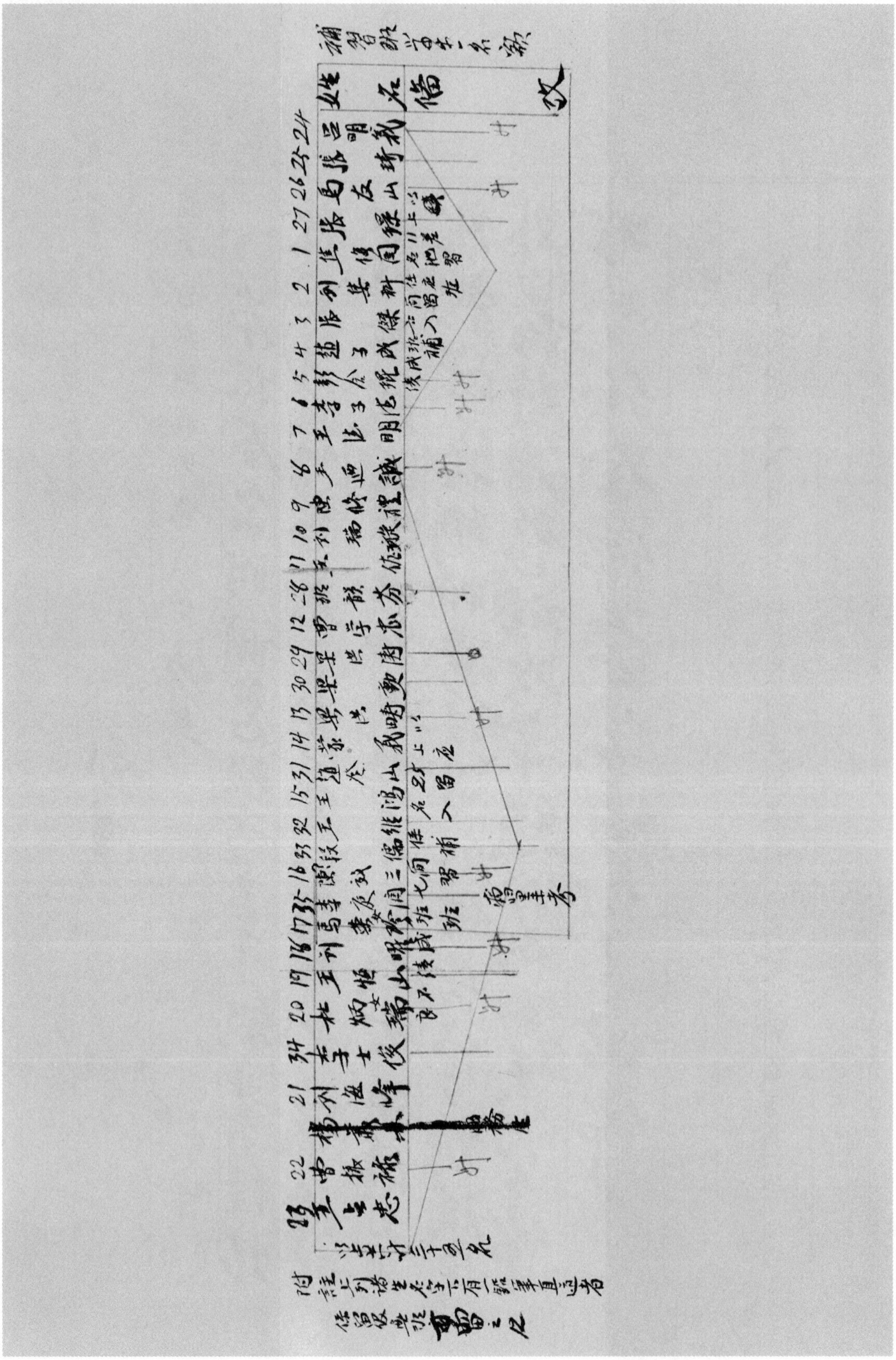

图4-3-4　绥远省立归绥师范学校关于调整班次与年级的布告(附补习班学生名额)(1946年8月7日)（二）

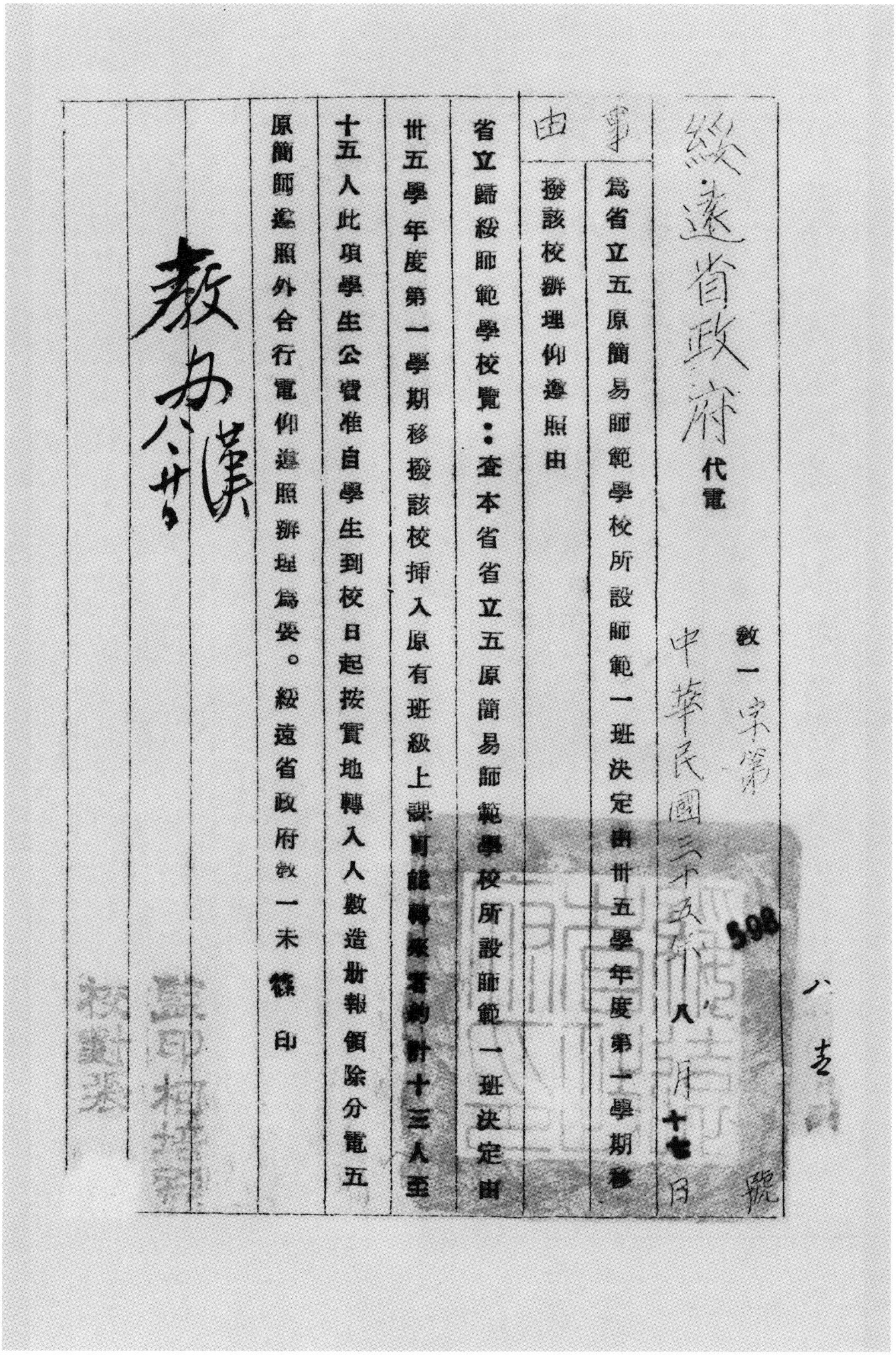

綏遠省政府代電 教一字第　　號

中華民國三十五年八月十七日

事由：為省立五原簡易師範學校所設師範一班決定由卅五學年度第一學期移撥該校辦理仰遵照由

省立歸綏師範學校覽：查本省省立五原簡易師範學校所設師範一班決定由卅五學年度第一學期移撥該校插入原有班級上課計能轉來者約計十三人至十五人此項學生公費准自學生到校日起按實地轉入人數造册報領除分電五原簡師遵照外合行電仰遵照辦理為要。綏遠省政府教一未篠印

图 4-3-5　绥远省政府为省立五原简易师范学校所设师范一班决定由三十五学年度第一学期移拨该校办理给省立归绥师范学校代电（1946 年 8 月 17 日）

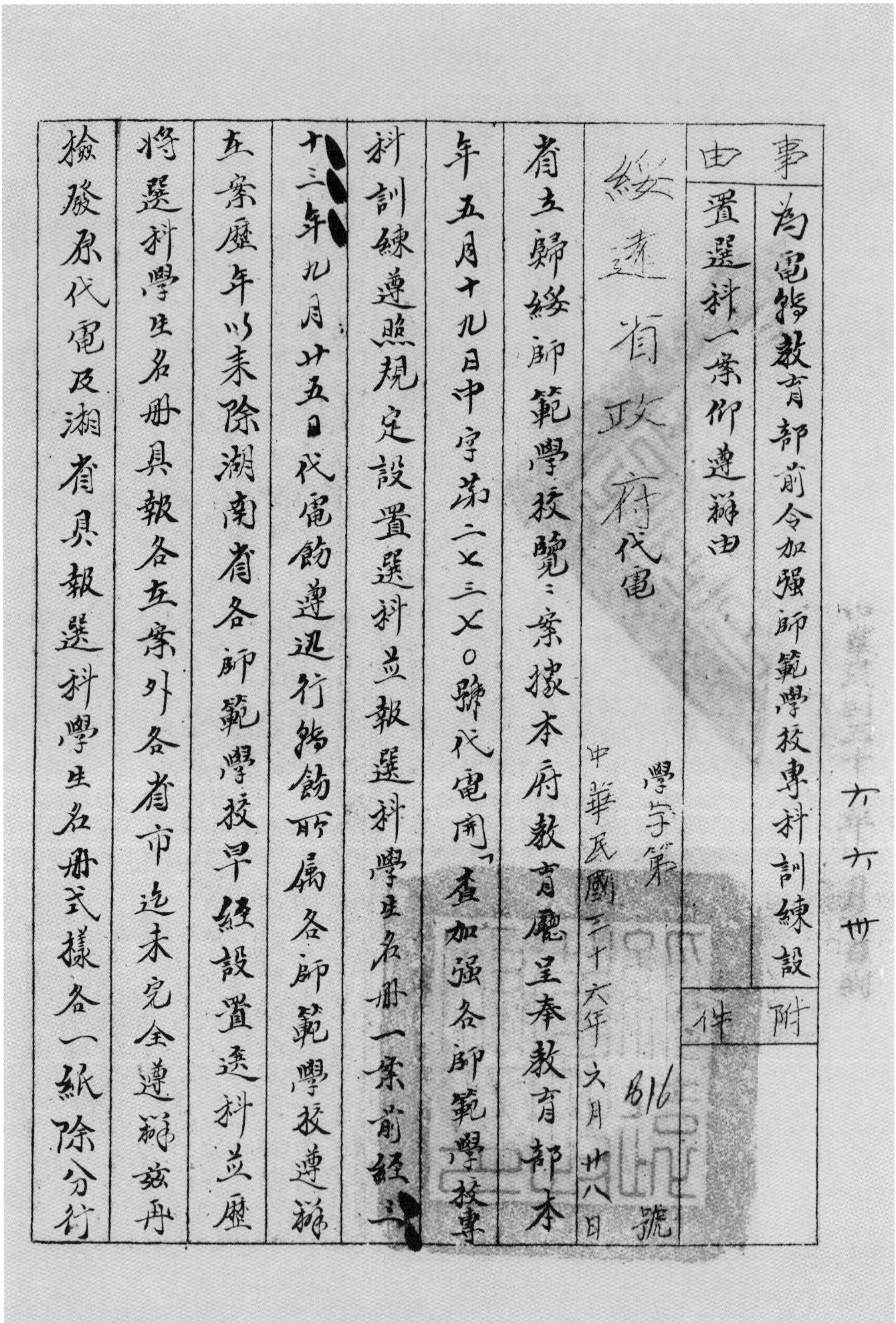

事由 為電飭教育部前令加强師範學校專科訓練設置選科一案仰遵辦由

附件

六年六月卅

綏遠省政府代電

學字第816號

中華民國三十六年六月廿八日

省立歸綏師範學校覽：案據本府教育廳呈奉教育部本年五月十九日中字第二七三七〇號代電開：「查加强各師範學校專科訓練遵照規定設置選科並報選科學生名冊一案前經三十三年九月廿五日代電飭遵迅行飭飭所屬各師範學校遵辦在案歷年以來除湖南省各師範學校早經設置選科並歷將選科學生名冊具報各在案外各省市迄未完全遵辦茲再檢發原代電及湖省具報選科學生名冊式樣各一紙除分行

图 4-3-6　绥远省政府为转教育部前令加强师范学校专科训练设置选科给省立归绥师范学校代电（附教育部原代电）（1947 年 6 月 28 日）（一）

外合亟電飭督導各師範學校切實遵辦仍仰將辦理情形先
行具報為要」等因；附發第四六一五〆號代電及選科學生一覽
表式樣一紙奉此、請轉飭師範學校遵辦等情、合行抄發原代
電及選科學生一覽表式樣各一紙電仰遵照辦理、並將辦理情形
報府、以憑轉報、綏遠省政府教二巳儉印附原代電及選科
學生一覽表式各一紙

图 4-3-6　绥远省政府为转教育部前令加强师范学校专科训练设置选科给省立归绥师范学校代电（附教育部原代电）（1947 年 6 月 28 日）（二）

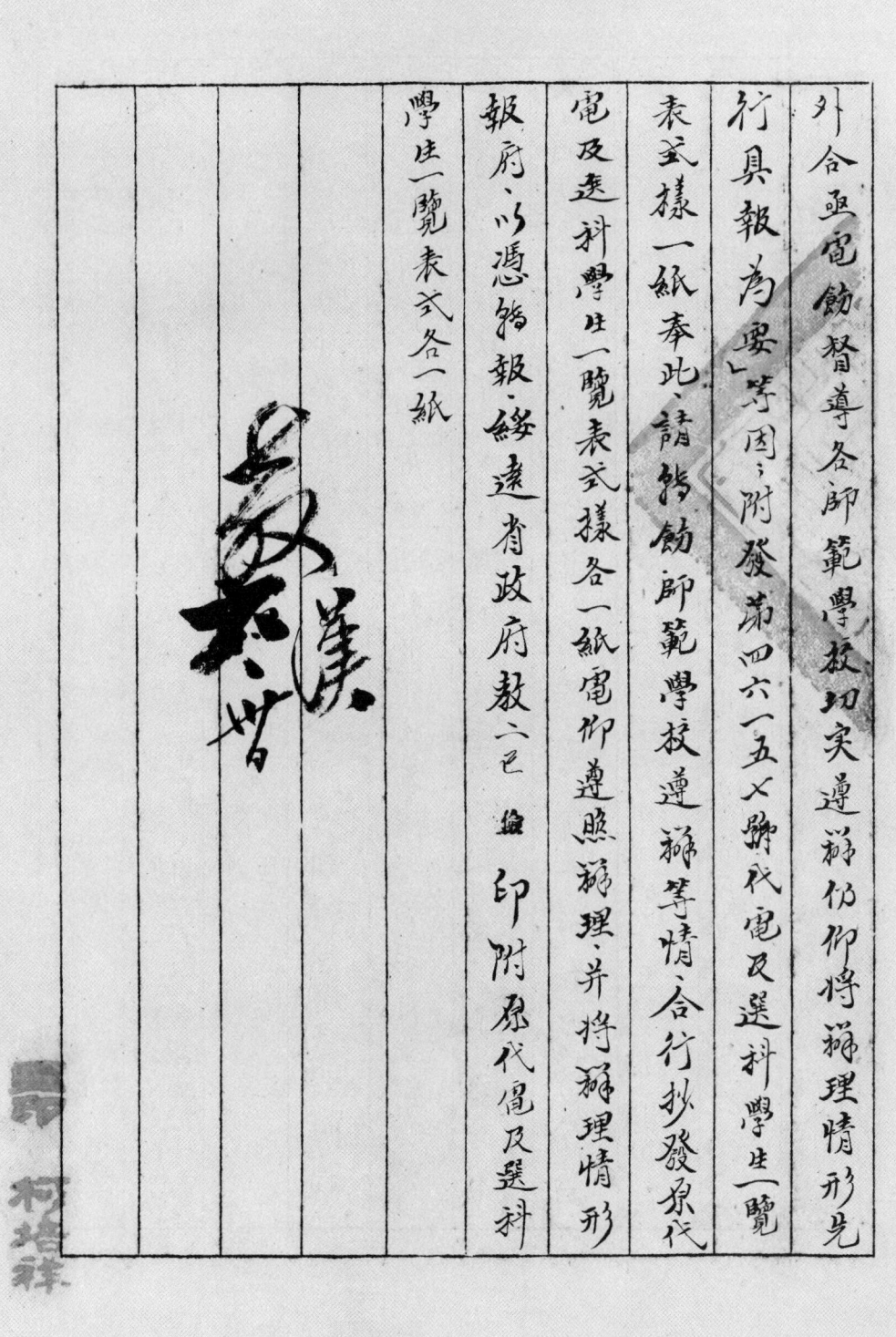

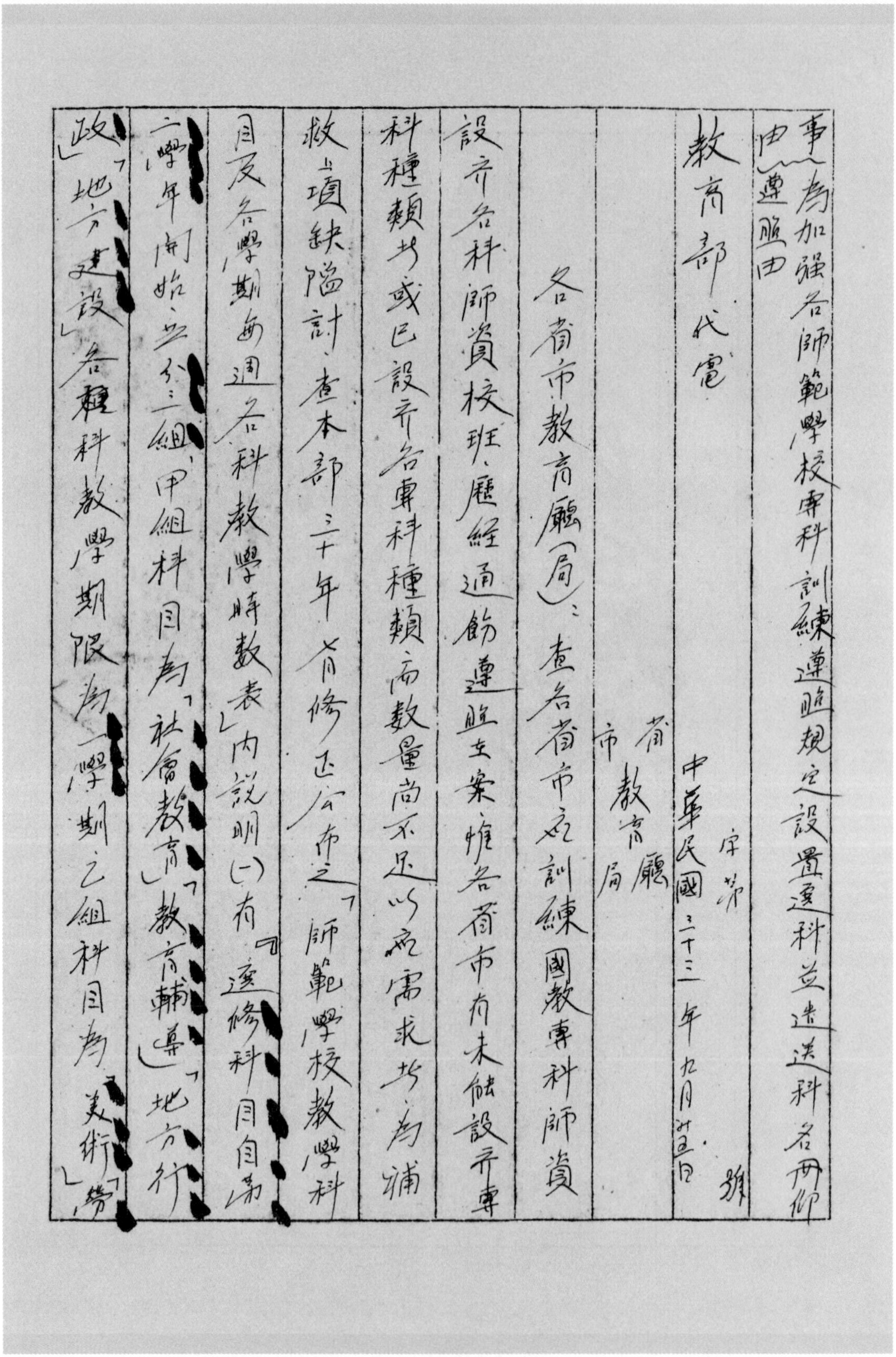
事由：為加强各師範學校專科訓練遵照規定設置選科並造送科名冊仰遵照由
教育部代電　宇第　號　中華民國三十三年九月廿五日
省教育廳
市　　局
各省市教育廳（局）：查各省市應訓練國教專科師資
設立各科師資校班，歷經通飭遵照在案，惟各省市有未能設立專
科種類者，或已設立各專科種類而數量尚不足以應需求者，為補
救此項缺陷計，查本部三十年九月修正公布之「師範學校教學科
目及各學期每週各科教學時數表」內說明(一)有「選修科目自第
二學年開始，並分二組，甲組科目為「社會教育」「教育輔導」「地方行
政」「地方建設」各種科目教學期限為一學期，乙組科目為「美術」「勞

图 4-3-6　绥远省政府为转教育部前令加强师范学校专科训练设置选科给省立归绥师范学校代电（附教育部原代电）（1947 年 6 月 28 日）（三）

作」丙組科目為音樂」体育」各科教學期限為一學年，各校可
視地方情形設置選修科目一組或二組，學生必須選修一組科
目，中途不得請求變更」其規定，茲查各省市除湖南省外，大部
尚未將各師範學校實施選科情形報部，茲為加強各師範學校
內專科訓練起見，自本年下學期起各省市所屬各師範學
校應遵照規定設置選修科目，指導各生選修，並於每學期終
了時將各該校設置選修科目科別、選修學生姓名並說明
全校師範班級數、師範學生數造冊報由該廳（局）由該廳（局）
彙集齊全，並查明全省（市）需要各科專科師資數、每學期
預計培養專科師資數，一併連同上項冊數送部備查，合亟

图 4-3-6　绥远省政府为转教育部前令加强师范学校专科训练设置选科给省立归绥师范学校代电（附教育部原代电）（1947 年 6 月 28 日）（四）

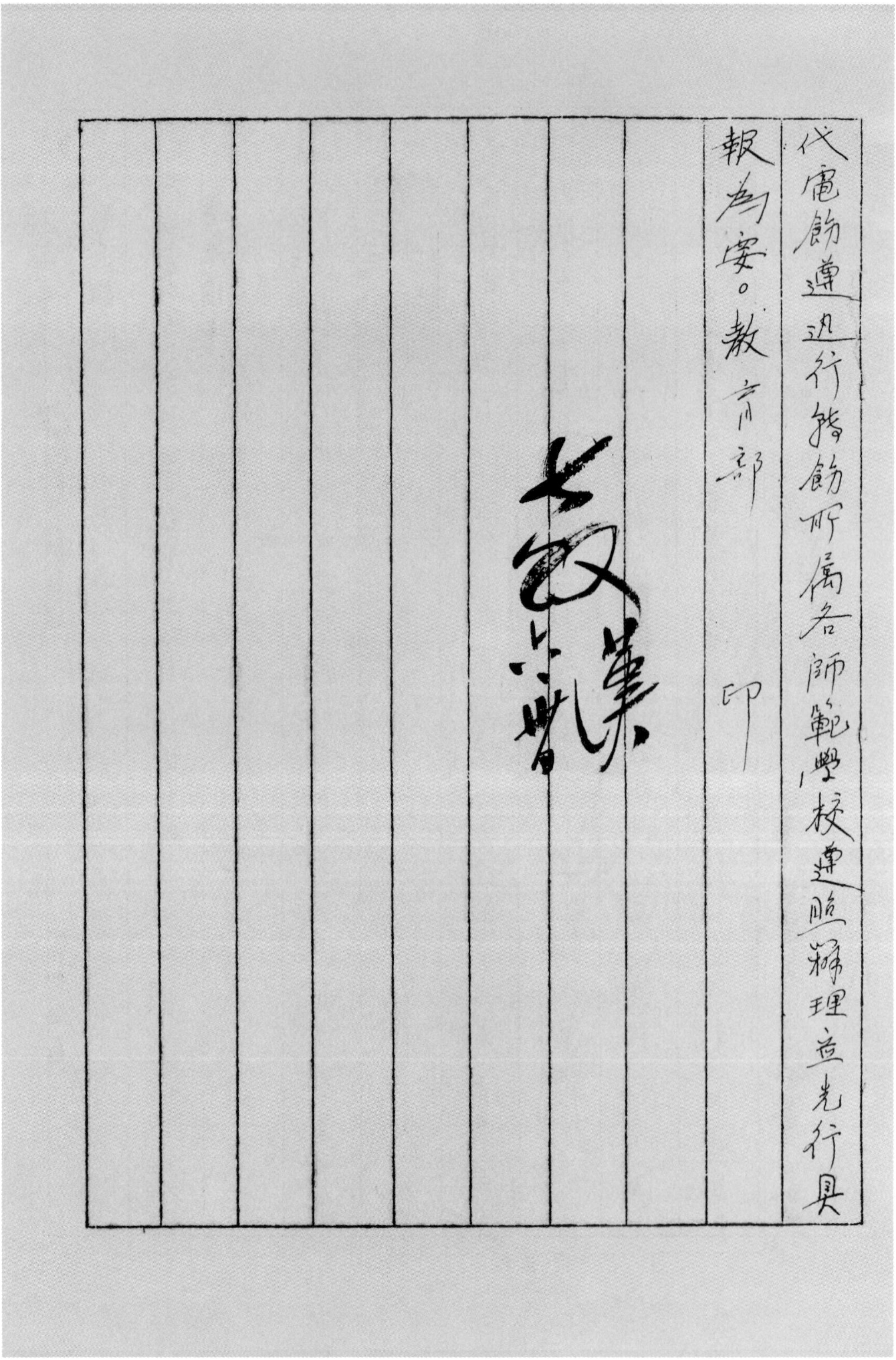
代電飭遵迅行轉飭所屬各師範學校遵照辦理並先行具
報為要。教育部 印

图 4-3-6 绥远省政府为转教育部前令加强师范学校专科训练设置选科给省立归绥师范学校代电（附教育部原代电）（1947 年 6 月 28 日）（五）

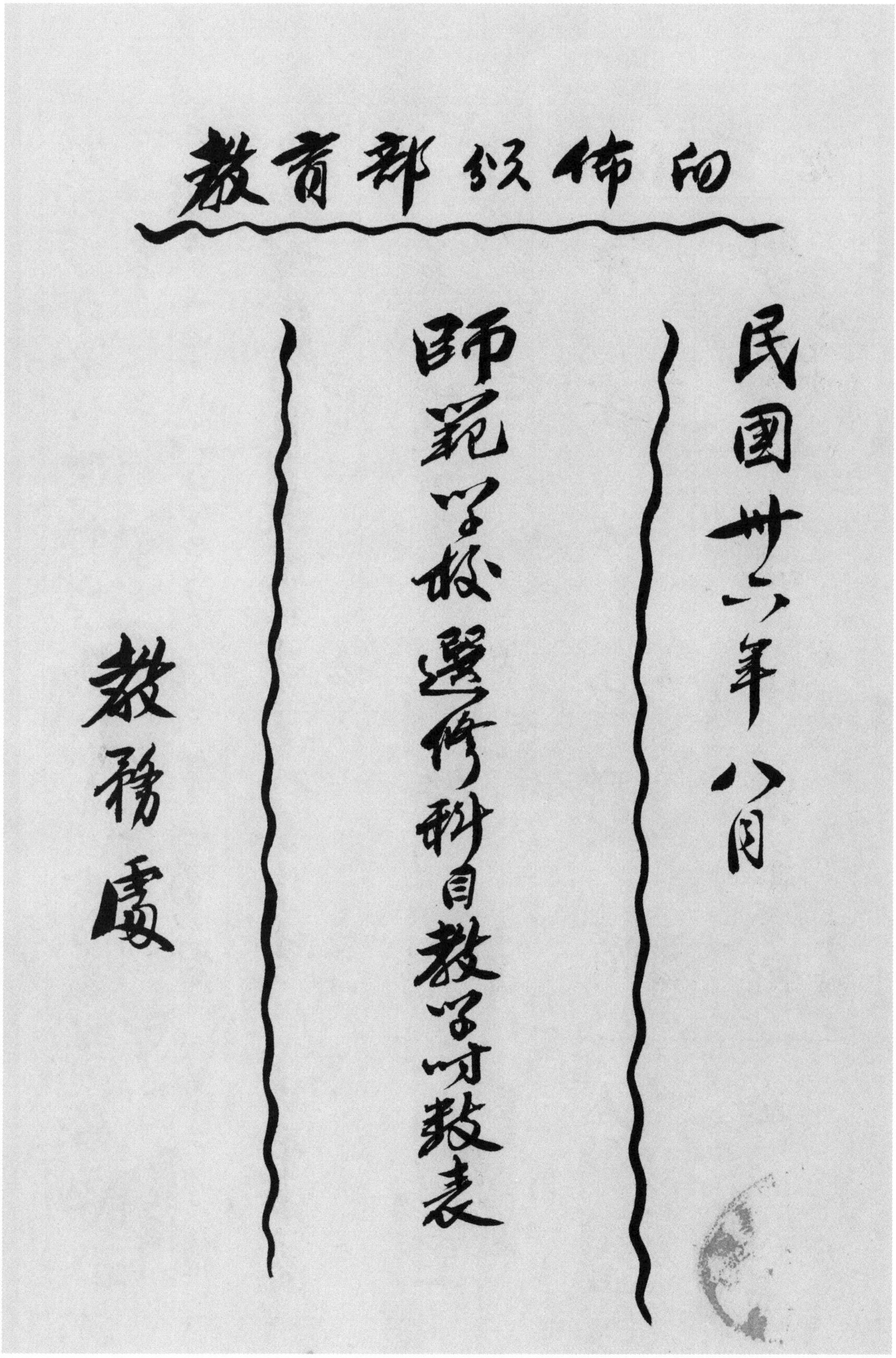

教育部頒佈印

民國卅六年八月

師範學校選修科目教學時數表

教務處

图 4-3-7　教育部颁布的师范学校选修科目教学时数表（1947 年 8 月）（一）

师範學校分組選修科目各學期每週各科教學時數表

組別	第二學年 第一學期	第二學年 第二學期	第三學年 第一學期	第三學年 第二學期
甲組	社會教育 二小时	教育輔導 仝	地方行政 二小时	地方建設 仝
乙組	美術 二小时	仝上 仝	勞作 二小时	仝上 仝
丙組	音樂 二小时	仝上 仝	體育 二小时	仝上 仝
丁組	衛生教育 二小时	仝上 仝	醫藥常識 二小时	仝上 仝

图 4-3-7　教育部颁布的师范学校选修科目教学时数表（1947 年 8 月）（二）

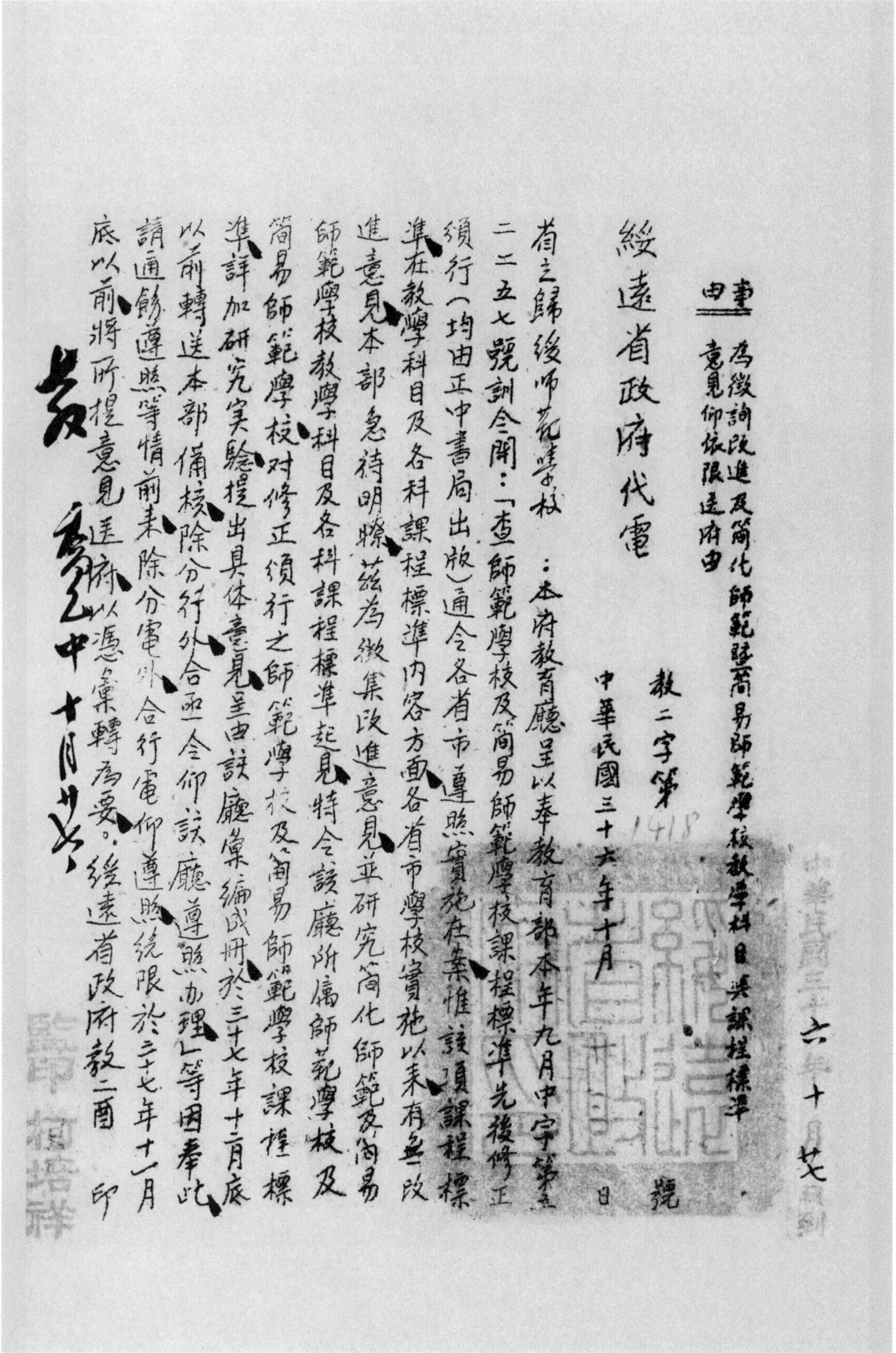

事由：為徵詢改進及簡化師範暨簡易師範學校教學科目與課程標準意見仰依限送府由

綏遠省政府代電

教二字第1418號

中華民國三十六年十月　日

省立歸綏師範學校：本府教育廳呈以奉教育部本年九月中字第五二二五七號訓令開：「查師範學校及簡易師範學校課程標準先後修正頒行（均由正中書局出版）通令各省市遵照實施在案。惟該項課程標準在教學科目及各科課程標準內容方面各省市學校實施以來有無改進意見，本部急待明瞭。茲為徵集改進意見，並研究簡化師範及簡易師範學校教學科目及各科課程標準起見，特令該廳所屬師範學校及簡易師範學校對修正頒行之師範學校及簡易師範學校課程標準詳加研究，实驗提出具体意見，呈由該廳彙編成冊，於三十七年十二月底以前轉送本部備核。除分行外，合亟令仰該廳遵照辦理」等因，奉此，請通飭遵照等情，前来，除分電外，合行電仰遵照，統限於三十七年十一月底以前將所提意見送府，以憑彙轉為要。綏遠省政府教二酉　印

图 4-3-8　绥远省政府为征询改进及简化师范暨简易师范学校教学科目与课程标准意见给省立归绥师范学校代电（1947 年 10 月 23 日）

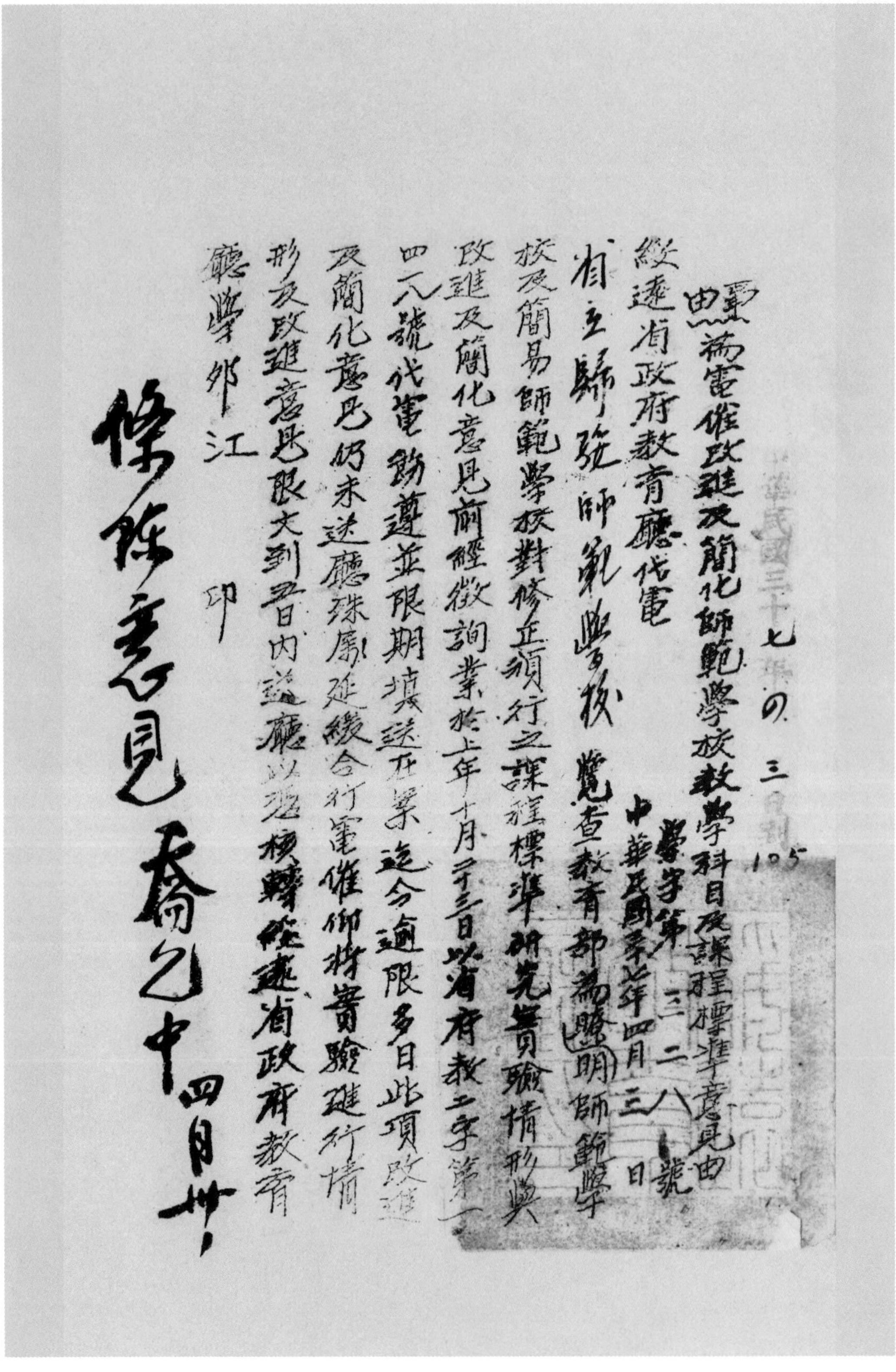

电催改進及簡化師範學校教學科目及課程標準意見由

綏遠省政府教育廳代電

學字第三二八號

中華民國三十七年四月三日

省立歸綏師範學校覽查教育部為聯明師範學校及簡易師範學校對修正須行之課程標準研究實驗情形與改進及簡化意見前經徵詢業於上年十月二十三日以省府教二字第一四八號代電飭遵並限期填送在案迄今逾限多日此項改進及簡化意見仍未送廳殊屬延緩合行電催仰將實驗進行情形及改進意見限文到五日內送廳以憑核轉綏遠省政府教育廳學郊江 印

图 4-3-9　绥远省政府教育厅为催改进及简化师范学校教学科目与课程标准意见给省立归绥师范学校代电（1948 年 4 月 3 日）

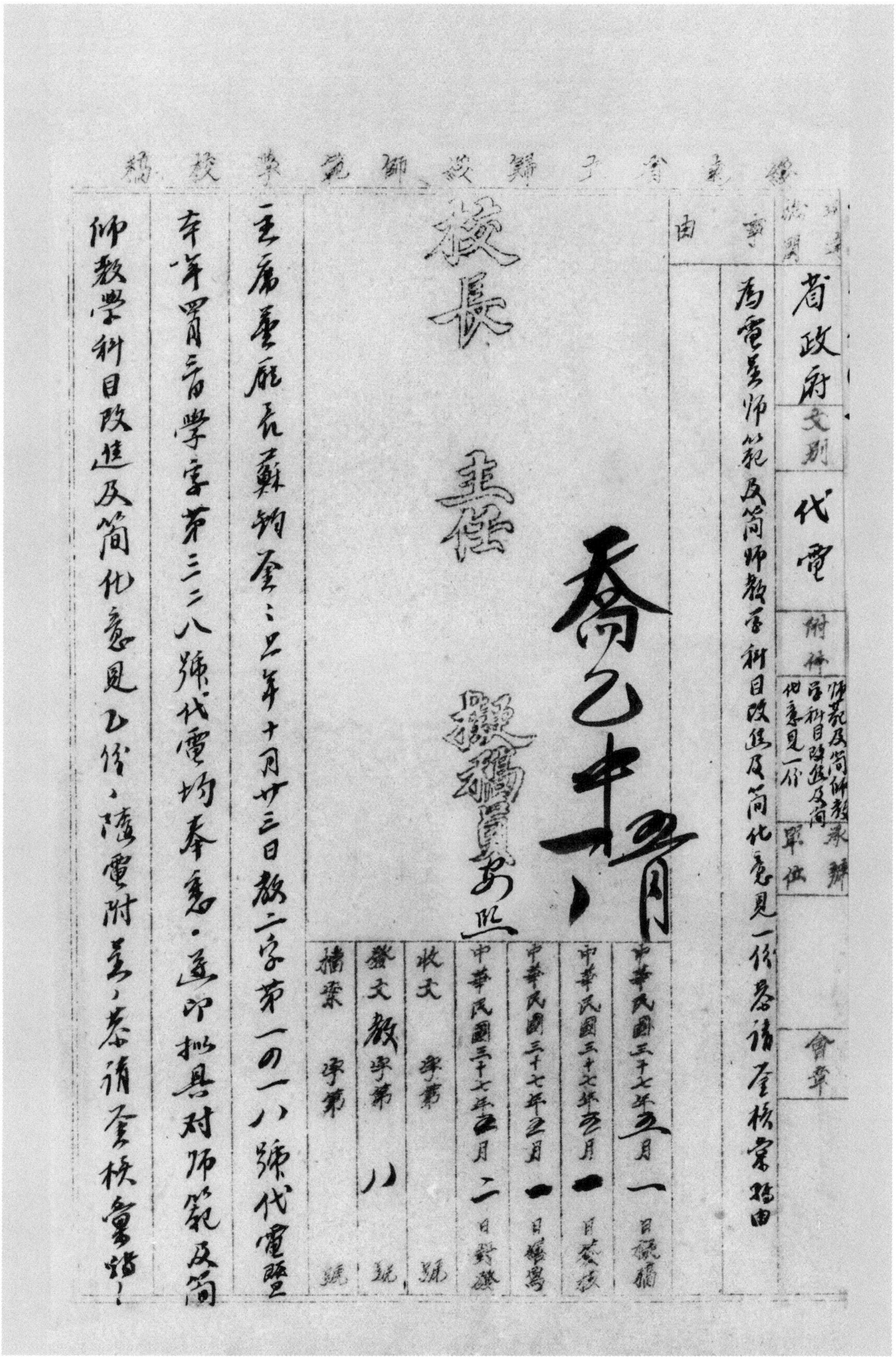
绥远省立归绥师范学校稿

事由：为电呈师范及简师教学科目改进及简化意见一份恳请查核汇转由

省政府　文别：代电

附件：师范及简师教学科目改进及简化意见一份

承办单位

会章

校长

中华民国三十七年五月一日拟稿
中华民国三十七年五月一日核稿
中华民国三十七年五月一日誊写
中华民国三十七年五月二日封发

收文　字第　号
发文　教字第　八　号
摘案　字第　号

主席董钧鉴：三七年十月廿三日教二字第一〇一八号代电暨本年四月三日学字第三二八号代电均奉悉。遵即拟具对师范及简师教学科目改进及简化意见一份，随电附呈，恳请查核汇转。

图 4-3-10　绥远省立归绥师范学校为呈师范及简师教学科目改进及简化意见致绥远省政府代电（附意见）（1948 年 5 月 2 日）（一）

绥遠省立歸綏師範學校叩辰東印

图 4-3-10　绥远省立归绥师范学校为呈师范及简师教学科目改进及简化意见致绥远省政府代电（附意见）（1948 年 5 月 2 日）（二）

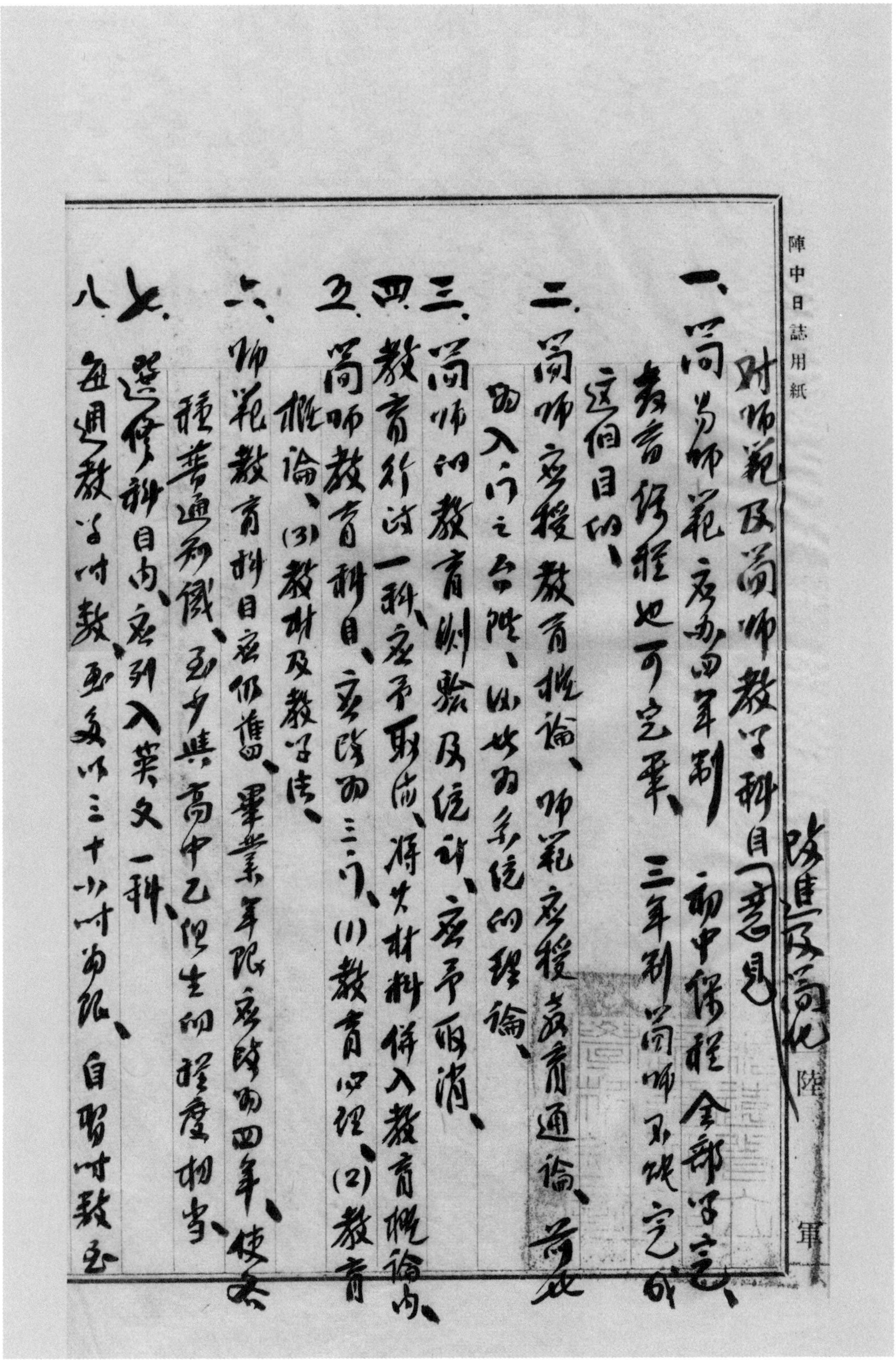

陣中日誌用紙

陸軍

附师範及简师教学科目改進及简化意見

一、简易师範應办四年制、初中課程全部学完、教育課程也可完畢、三年制简师不能完成這個目的、

二、简师應授教育概論、师範應授教育通論、前者為入門之台階、後者為系統的理論、

三、简师的教育測驗及統計、應予取消、

四、教育行政一科、應予取消、將其材料併入教育概論內、

五、简师教育科目、應改為三門、(1)教育心理、(2)教育概論、(3)教材及教学法、

六、师範教育科目應仍舊、畢業年限應改為四年、使各種普通知識、至少與高中乙组生的程度相當、

七、選修科目內、應列入英文一科、

八、每週之教学時數、至多以三十小時為限、自習時數至

图 4-3-10　绥远省立归绥师范学校为呈师范及简师教学科目改进及简化意见致绥远省政府代电（附意见）（1948 年 5 月 2 日）（三）

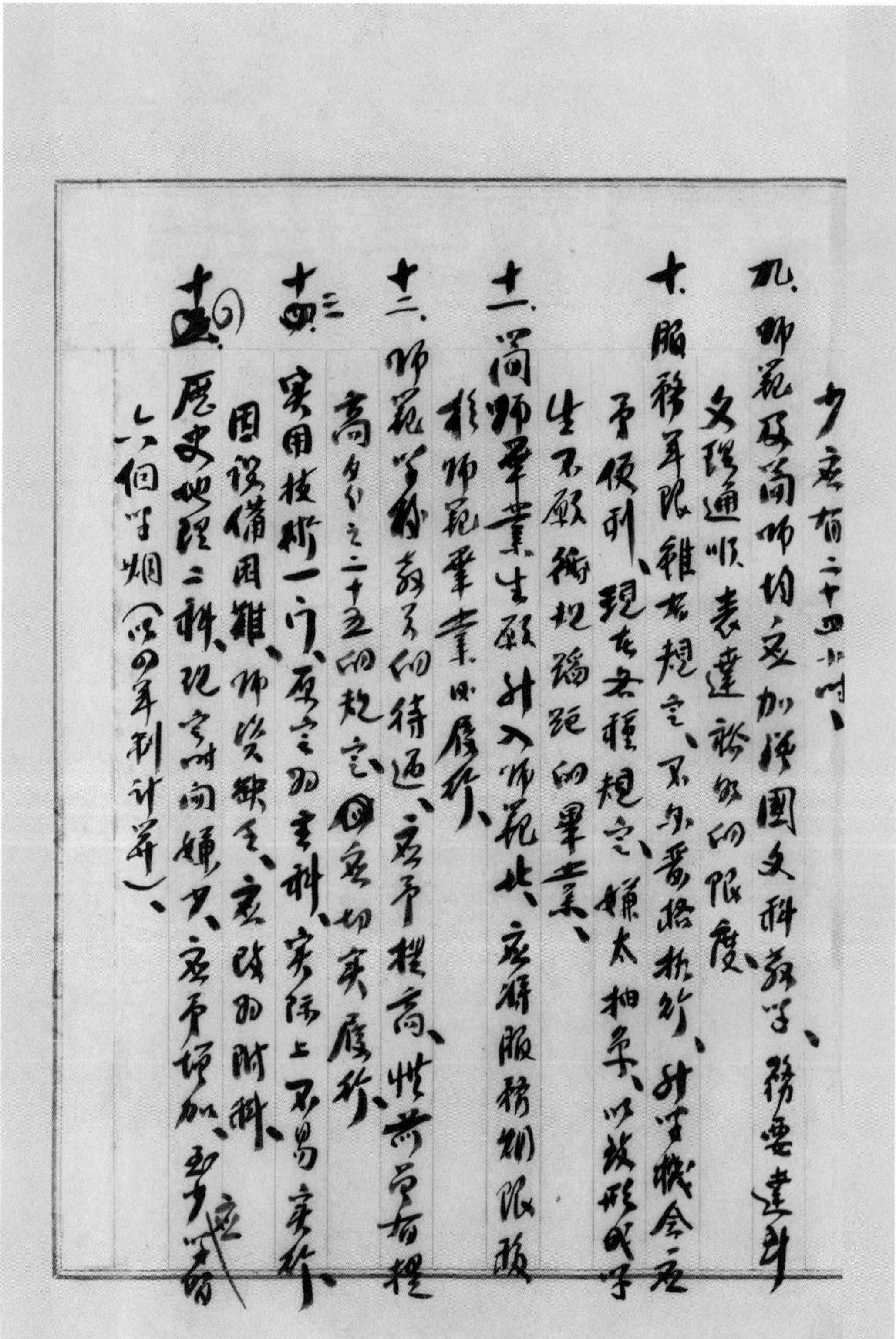
少應有二十四小時、
九、師範及簡師均應加强國文科教學、務要達到
文理通順、表達能力的限度、
十、服務年限雖有規定、不必嚴格執行、對學生概令應
予便利、現有各種規定、嫌太細碎、以致形成學
生不願循規蹈矩的畢業、
十一、簡師畢業生願升入師範者、應將服務期限改
於師範畢業以後履行、
十二、師範學校教員的待遇、應予提高、惟前曾有提
高百分之二十五的規定、因應切實履行、
十三、實用技術一門、原定為主科、實際上不易實行、
因設備困難、師資缺乏、應改為附科、
十四、歷史地理二科、現定時間嫌少、應予增加、至少應有
六個學期（以四年制計算）、

图 4-3-10　绥远省立归绥师范学校为呈师范及简师教学科目改进及简化意见致绥远省政府代电（附意见）（1948 年 5 月 2 日）（四）

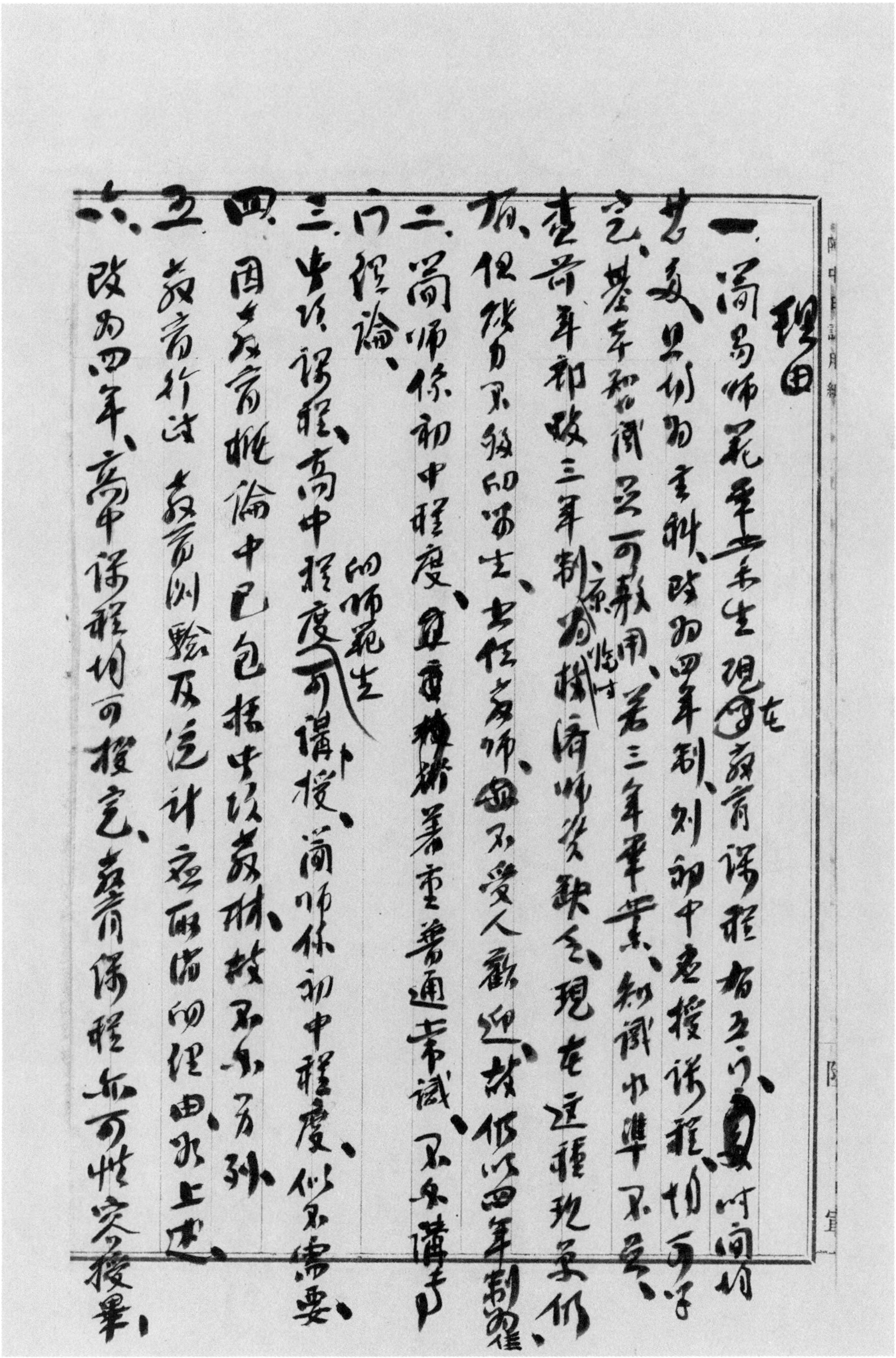
理由

一、简易师范学生现在教育课程有五门、且时间均甚多、且均为重科、改为四年制、则初中应授课程均可学完、基本知识足可敷用、若三年毕业、知识水准不足、

查前年部改三年制、原为临时救济师资缺乏、现在这种现象仍存、但经分级的学生、出任为教师、并不受人欢迎、故仍以四年制为佳、

二、简师系初中程度、宜着重普通常识、不必讲专门理论、

三、此项课程、高中程度的师范生可讲授、简师系初中程度、似不需要、

四、因教育概论中已包括此项教材、故不必另列、

五、教育行政 教育测验及统计应删除的理由如上述、

六、改为四年、高中课程均可授完、教育课程亦可增加授课、

图 4-3-10　绥远省立归绥师范学校为呈师范及简师教学科目改进及简化意见致绥远省政府代电（附意见）（1948 年 5 月 2 日）（五）

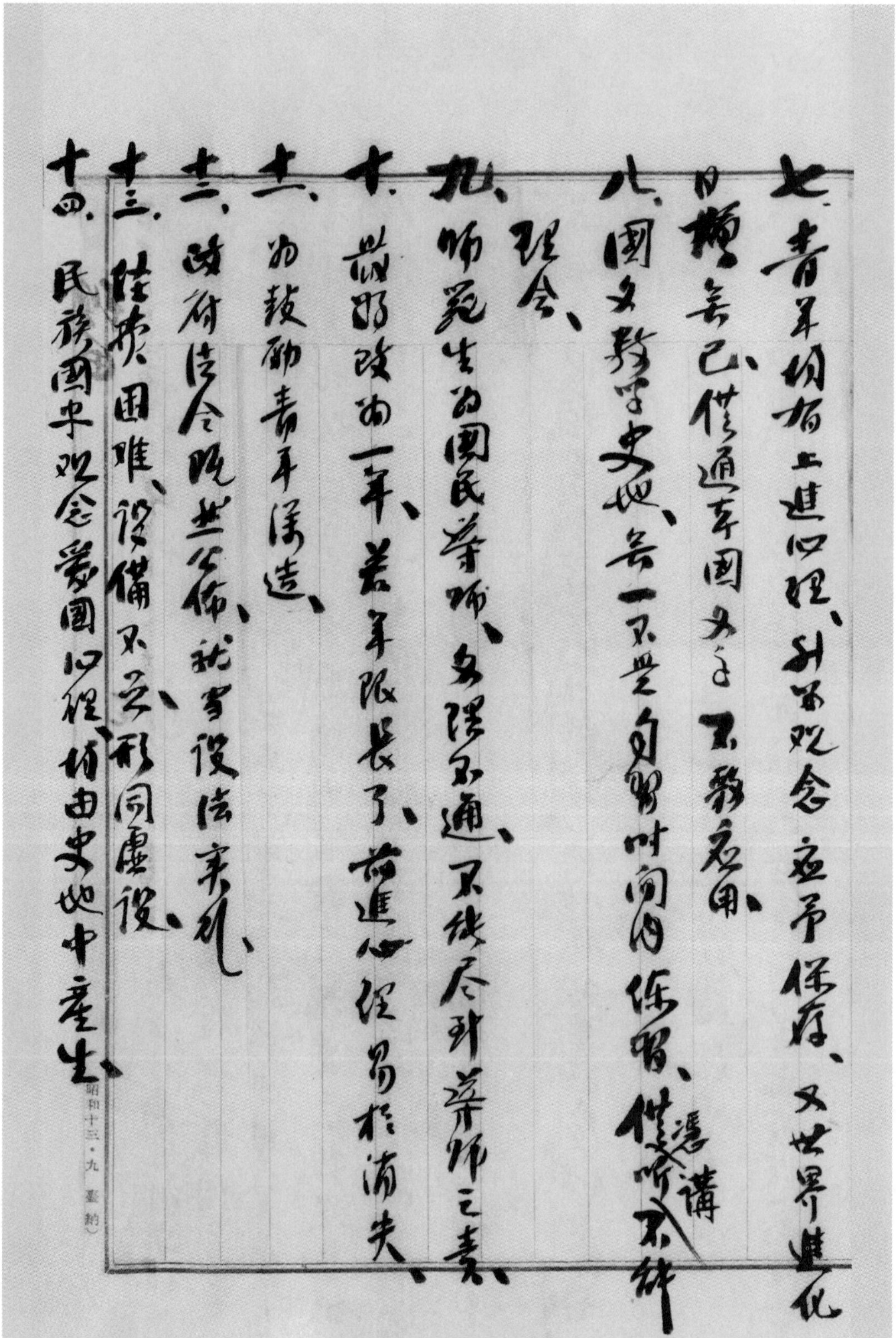
七、青年须有上进心理、科学观念应予保存、又世界进化日繁无已、仅通本国文字不敷应用、

八、国文数学史地无一不要自習时间内练習、仅凭讲听不够理会、

九、师范生为国民导师、文理不通、不能尽到导师之责、

十、最好改为一年、若年限长了、前进心理易于消失、

十一、为鼓励青年深造、

十二、政府法令既经公布、就当设法实现、

十三、经费困难、设备不全、形同虚设、

十四、民族国家观念、爱国心理、须由史地中产生、

（昭和十三・九 臺紡）

图 4-3-10　绥远省立归绥师范学校为呈师范及简师教学科目改进及简化意见致绥远省政府代电（附意见）（1948 年 5 月 2 日）（六）

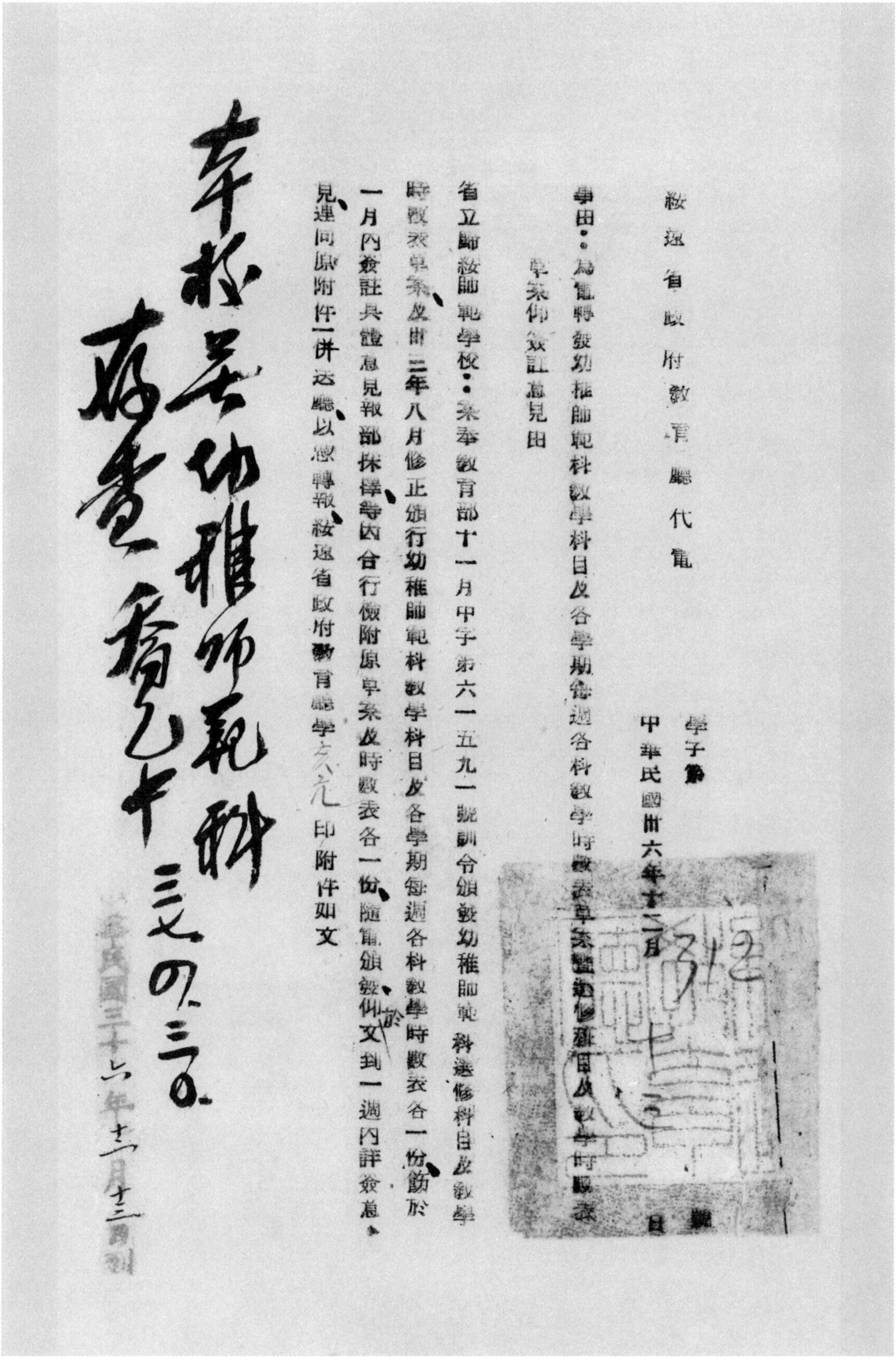
綏遠省政府教育廳代電

事由：為電轉發幼稚師範科教學科目及各學期每週各科教學時數表草案暨選修科目及教學時數表草案仰簽註意見由

學字第　號

中華民國卅六年十二月　日

省立歸綏師範學校：案奉教育部十一月甲字第六一五九一號訓令頒發幼稚師範科選修科目及教學時數表草案及卅六年八月修正頒行幼稚師範科教學科目及各學期每週各科教學時數表各一份飭於一月內簽註具體意見報部採擇等因合行檢附原草案及時數表各一份隨電頒發仰文到一週內詳簽意見連同原附件一併送廳以憑轉報綏遠省政府教育廳學亥元印附件如文

图 4-3-11　绥远省政府教育厅为转发幼稚师范科教学科目及各学期每周各科教学时数表草案暨选修科目及教学时数表草案给省立归绥师范学校代电（附时数表草案）（1947 年 12 月 13 日）（一）

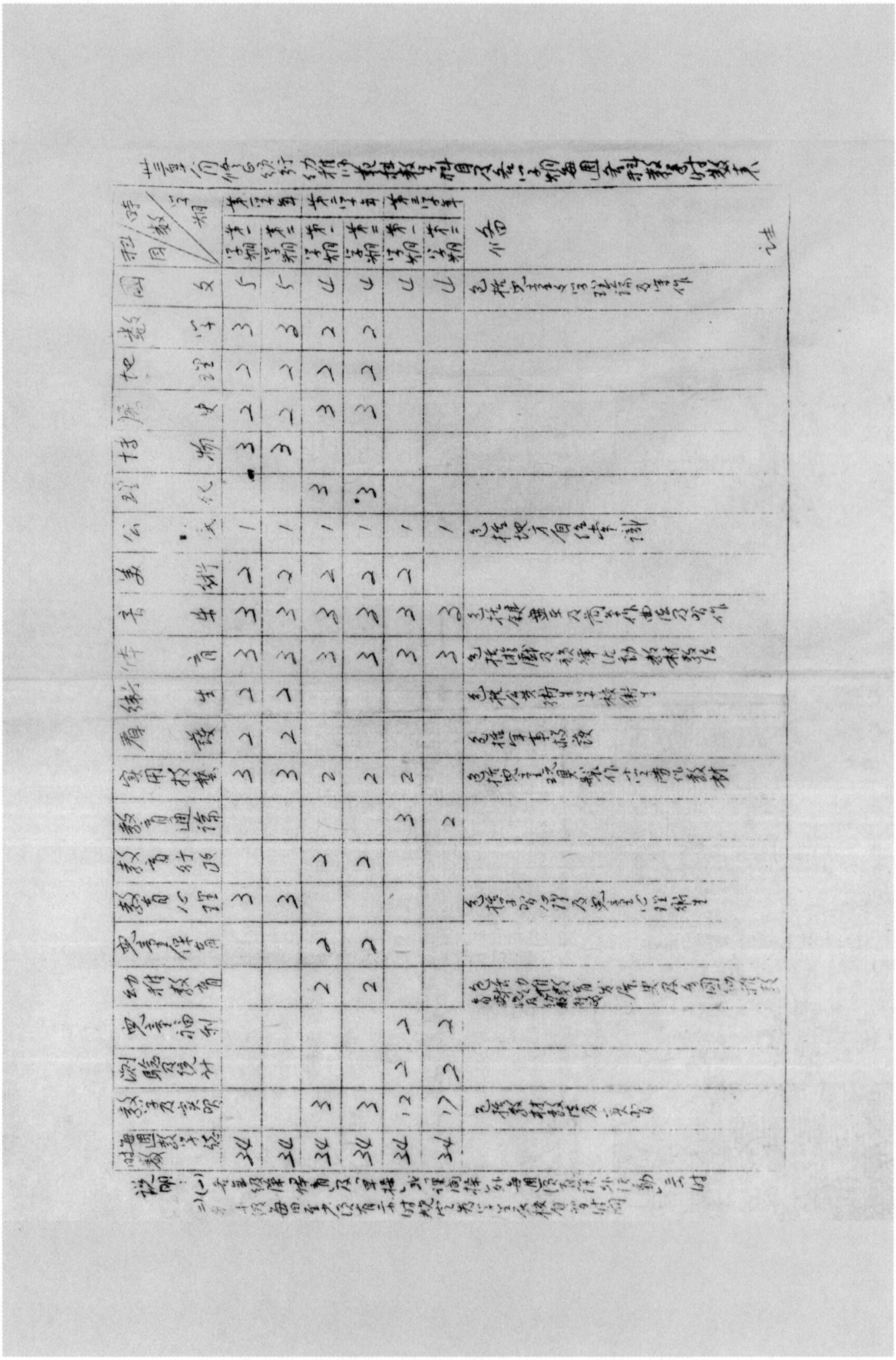

图 4-3-11　绥远省政府教育厅为转发幼稚师范科教学科目及各学期每周各科教学时数表草案暨选修科目及教学时数表草案给省立归绥师范学校代电（附时数表草案）（1947 年 12 月 13 日）（二）

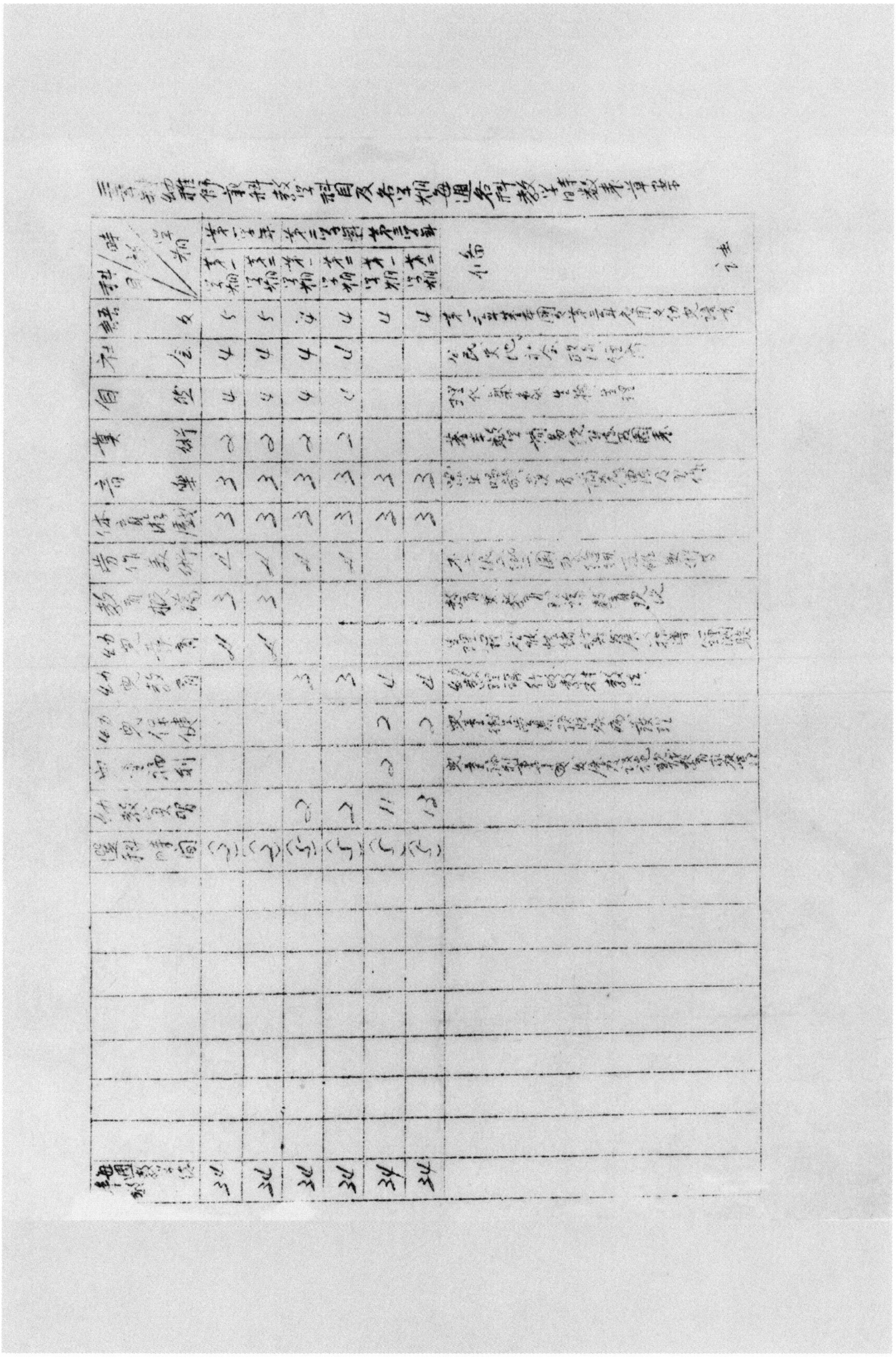

图 4-3-11　绥远省政府教育厅为转发幼稚师范科教学科目及各学期每周各科教学时数表草案暨选修科目及教学时数表草案给省立归绥师范学校代电（附时数表草案）（1947 年 12 月 13 日）（三）

三年制幼稚师範科選修科目及教学時数表草案

科目 \ 時数 \ 学期	第一学年 第一学期	第一学年 第二学期	第二学年 第一学期	第二学年 第二学期	第三学年 第一学期	第三学年 第二学期
英文	2	2	2	2	2	2
音樂					3	3
数学			3	3		
每周教学総时数	2	2	5	5	5	5
備注						

图 4-3-11　绥远省政府教育厅为转发幼稚师范科教学科目及各学期每周各科教学时数表草案暨选修科目及教学时数表草案给省立归绥师范学校代电（附时数表草案）（1947 年 12 月 13 日）（四）

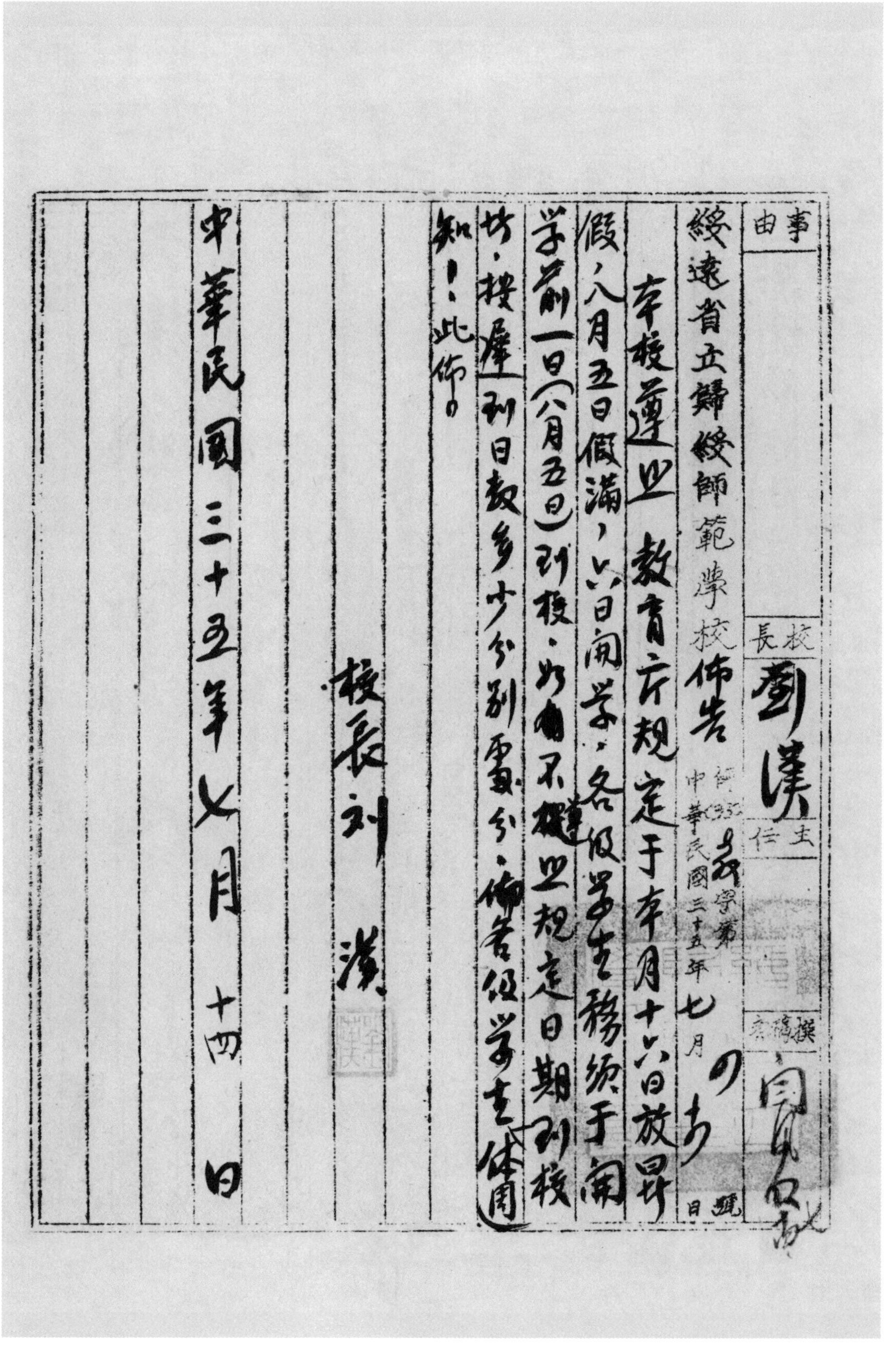
事由

綏遠省立歸綏師範學校佈告

教字第　號

中華民國三十五年七月　日

校長 劉漢

主任

撰稿

本校遵照教育廳規定于本月十六日放暑假，八月五日假滿，六日開學。各級學生務須于開學前一日（八月五日）到校。如有不遵照規定日期到校者，按遲到日數多少分別處分。仰各級學生一體周知！此佈。

校長 劉漢

中華民國三十五年七月十四日

图 4-3-12　绥远省立归绥师范学校关于放暑假的布告（1946 年 7 月 14 日）

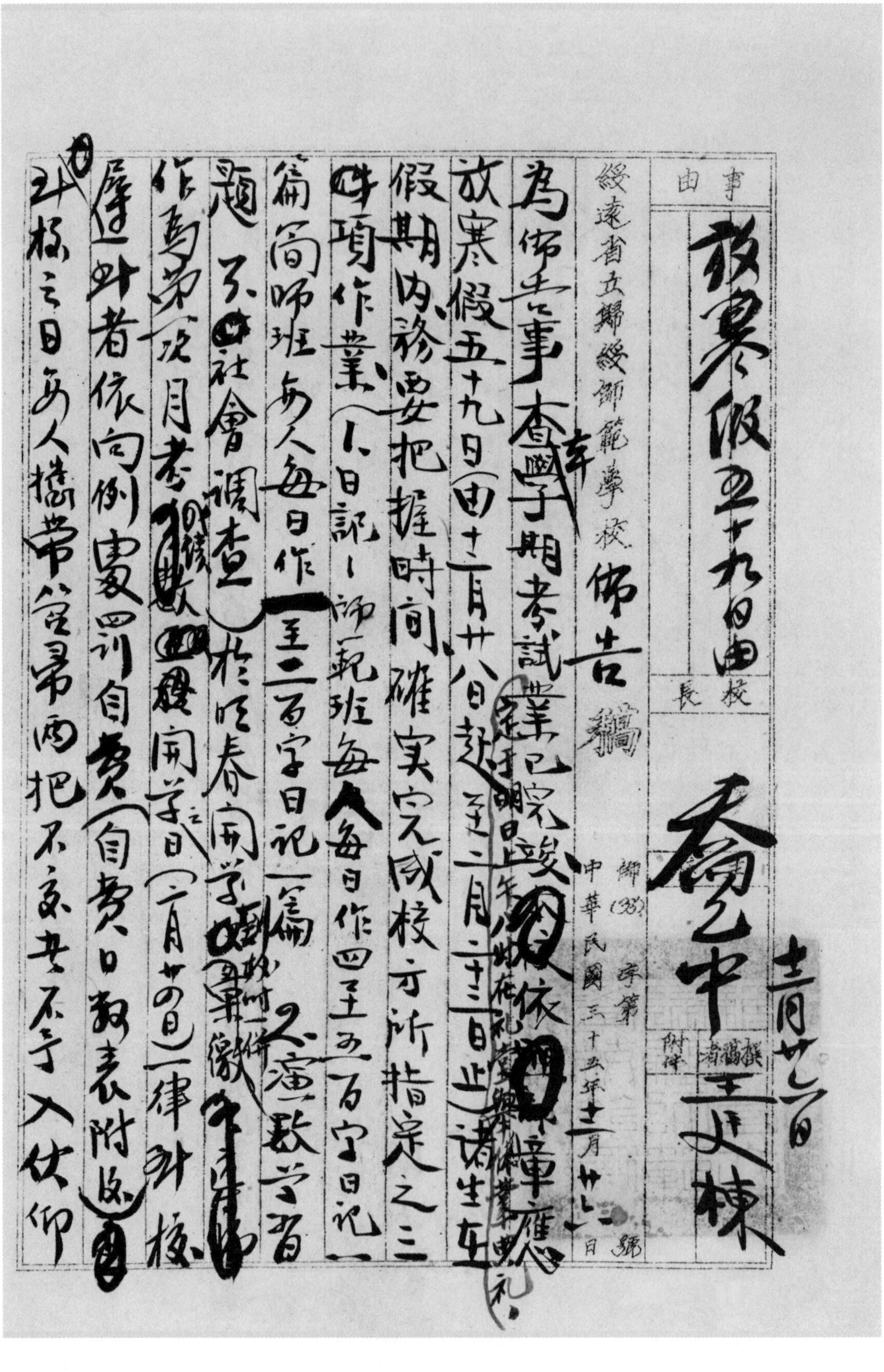
事由：放寒假五十九日由

校長 秦[illegible]中 王[illegible]棟

綏遠省立歸綏師範學校佈告 中華民國三十五年十二月廿六日

為佈告事：查本學期考試業已完竣，依照規定[illegible]

放寒假五十九日，由十二月廿八日起至二月二十三日止。諸生在

假期內務要把握時間，確實完成校方所指定之三

件項作業：（1、日記：師範班每人每日作四至五百字日記一

篇，簡師班每人每日作二百字日記一篇；2、演數學習

題；3、社會調查）。於明春開學[illegible]

作為第一次月考成績。開學日（二月廿四日）一律到校。

逾期到者依向例處罰自責（自責日數表附後）。

[illegible]

图 4-3-13 绥远省立归绥师范学校关于放寒假的布告（1946 年 12 月 26 日）（一）

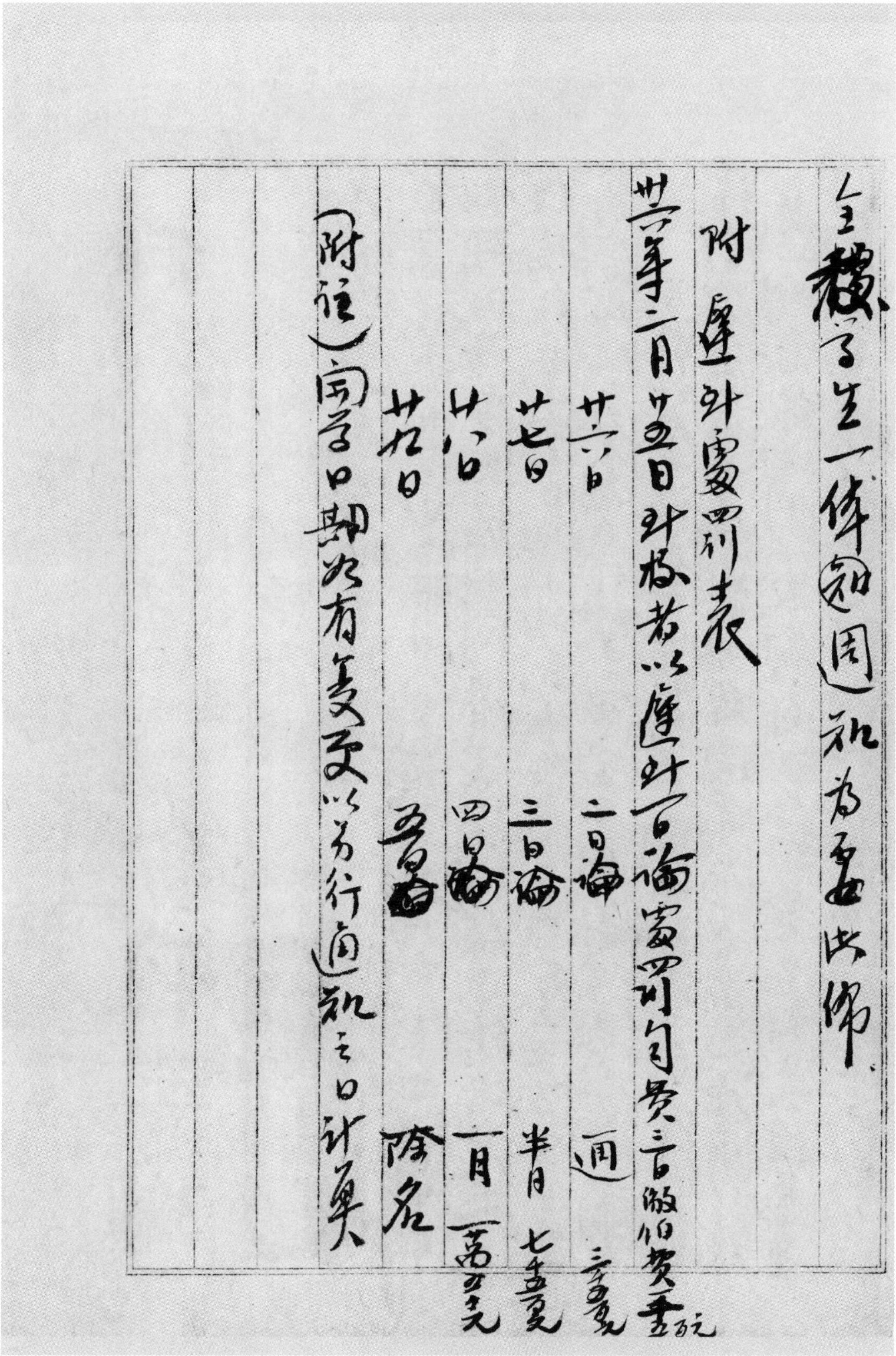

全體學生一體週知為要此佈

附 違犯處罰表

卅六年二月廿五日到校若以違犯一日論處罰伙費三百 繳伙費壹百元

廿六日	二日論	一週 三千五百元
廿七日	三日論	半月 七千五百元
廿八日	四日論	一月 一萬五千元
廿九日	五日論	除名

（附註）開學日期如有變更以另行通知之日計算

图 4-3-13　绥远省立归绥师范学校关于放寒假的布告（1946 年 12 月 26 日）（二）

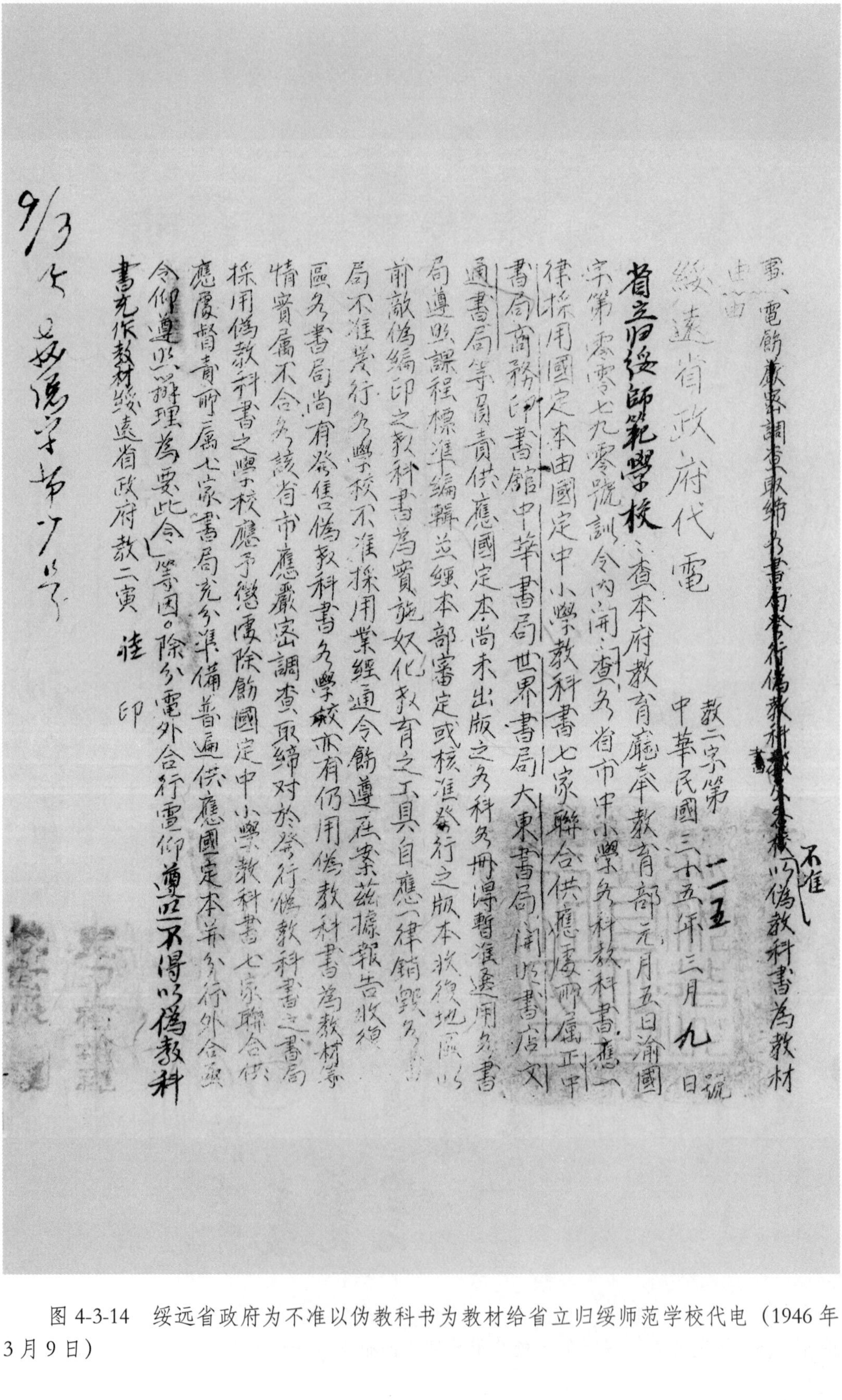

電、電飭嚴予調查取締各書局發行偽教科書並各校不准以偽教科書為教材

事由

綏遠省政府代電

教二字第一一五號

中華民國三十五年三月九日

省立歸綏師範學校：查本府教育廳奉教育部元月五日渝國字第零零七九零號訓令內開：查各省市中小學各科教科書應一律採用國定本，由國定中小學教科書七家聯合供應處所屬正中書局、商務印書館、中華書局、世界書局、大東書局、開明書店、文通書局等負責供應。國定本尚未出版之各科各冊，得暫准選用各書局遵照課程標準編輯並經本部審定或核准發行之版本。收復地區以前敵偽編印之教科書為實施奴化教育之工具，自應一律銷毀，各書局不准發行，各學校不准採用，業經通令飭遵在案。茲據報告，收復區各書局尚有發售偽教科書，各學校亦有仍用偽教科書為教材等情，實屬不合。各該省市應嚴密調查，取締對於發行偽教科書之書局，採用偽教科書之學校，應予懲處，除飭國定中小學教科書七家聯合供應處督責所屬七家書局充分準備，普遍供應國定本並分行外，合亟令仰遵照辦理為要。此令。等因。除分電外，合行電仰遵照，不得以偽教科書充作教材。綏遠省政府教二寅佳印

9/3

图 4-3-14　绥远省政府为不准以伪教科书为教材给省立归绥师范学校代电（1946 年 3 月 9 日）

图 4-3-15　绥远省政府为私自翻版国定教科书应予查禁并没收其所印课本给省立归绥师范学校代电（1946 年 10 月 28 日）

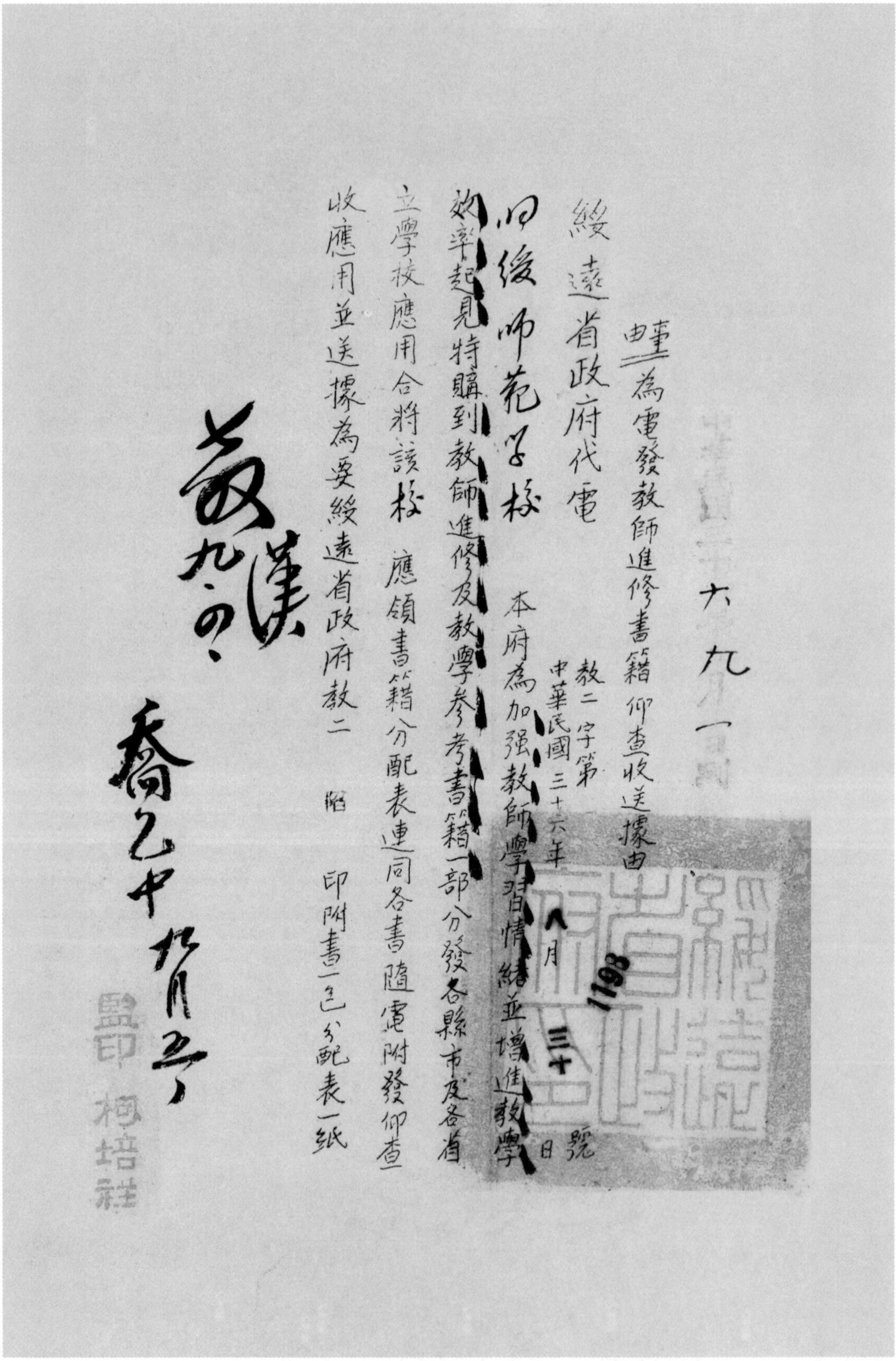
六九一
事由 為電發教師進修書籍仰查收送據由
教二 字第 號
中華民國三十六年 八月 三十 日
綏遠省政府代電
歸綏師範學校
本府為加強教師學習情緒並增進教學效率起見特購到教師進修及教學參考書籍一部分發各縣市及各省立學校應用合將該校應領書籍分配表連同各書隨電附發仰查收應用並送據為要綏遠省政府教二 印 附書一包分配表一紙

图 4-3-16　绥远省政府为发教师进修书籍给省立归绥师范学校代电（1947 年 8 月 30 日）

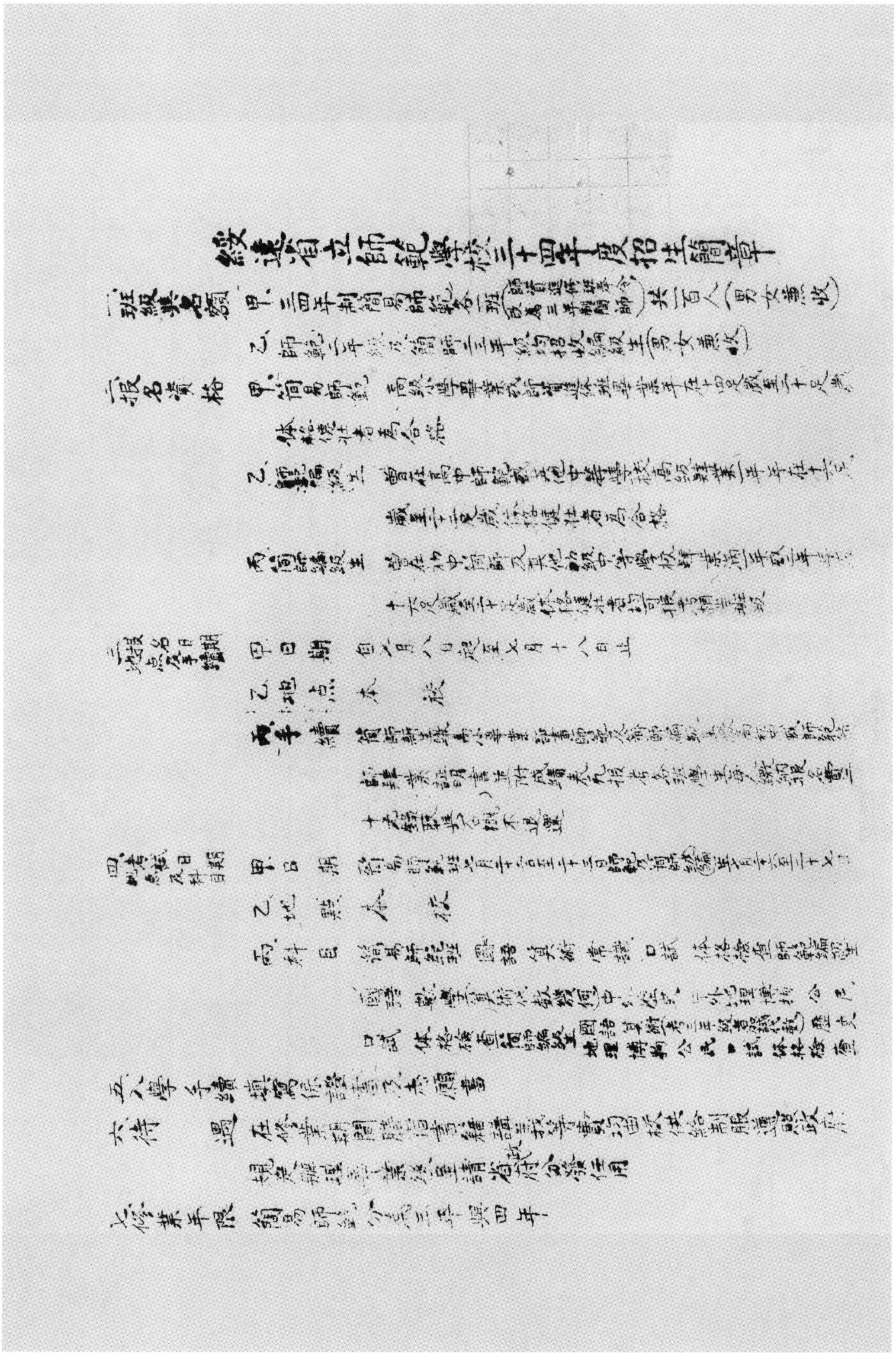

绥远省立师范学校三十四年度招生简章

一、班级与名额 甲、三四年制简易师范各一班（[illegible]）共一百人（男女兼收）

乙、师范三年级及简师三年级均招收编级生（男女兼收）

二、报名资格 甲、简易师范 高级小学毕业或同等学力年在十四足岁至二十足岁体格健壮者为合格

乙、师范编级生 曾在高中师范或其他中等学校高级肄业一年年在十六足岁至二十二足岁体格健壮者为合格

丙、简师编级生 [illegible]十六足岁至二十足岁体格健壮者均可报考[illegible]

三、报名日期地点及手续 甲、日期 自七月八日起至七月十八日止

乙、地点 本校

丙、手续 [illegible]

四、考试日期地点及科目 甲、日期 [illegible]

乙、地点 本校

丙、科目 简易师范 国语 算术 常识 口试 体格检查 [illegible]

[illegible]

五、入学手续 填写保证书及志愿书

六、待遇 [illegible]

七、修业年限 简易师范分为三年与四年

图 4-3-17 绥远省立师范学校三十四年度招生简章

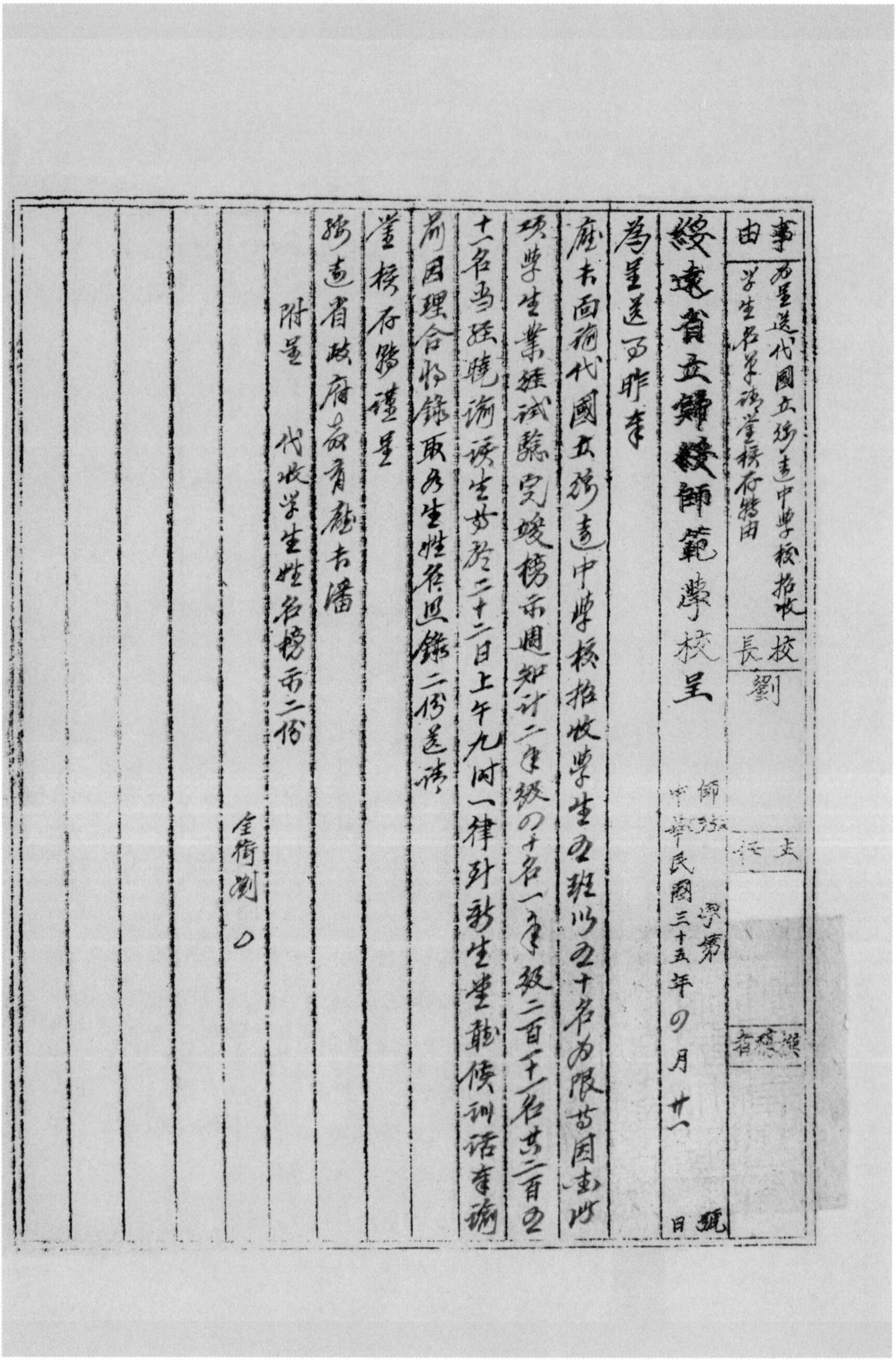
事由：為呈送代國立綏遠中學校招收學生名單請鑒核存轉由

校長 劉

綏遠省立歸綏師範學校呈

中華民國三十五年○月廿一日 師教字第 號

為呈送西非事

廳去函補代國立綏遠中學校招收學生五班以五十名為限茲因本次
考學生業經試驗完竣榜示週知計二年級四十名一年級二百十一名共二百五十
一名為謹遵諭該生等於二十二日上午九時一律到新生堂聽候訓話奉諭
前因理合將錄取各生姓名照錄二份送請
鈞核存轉謹呈
綏遠省政府教育廳長潘
附呈 代收學生姓名榜示二份
全銜劉○

图 4-3-18　绥远省立归绥师范学校为报送代国立绥远中学招收学生名单致绥远省政府教育厅呈（1946 年 4 月 21 日）

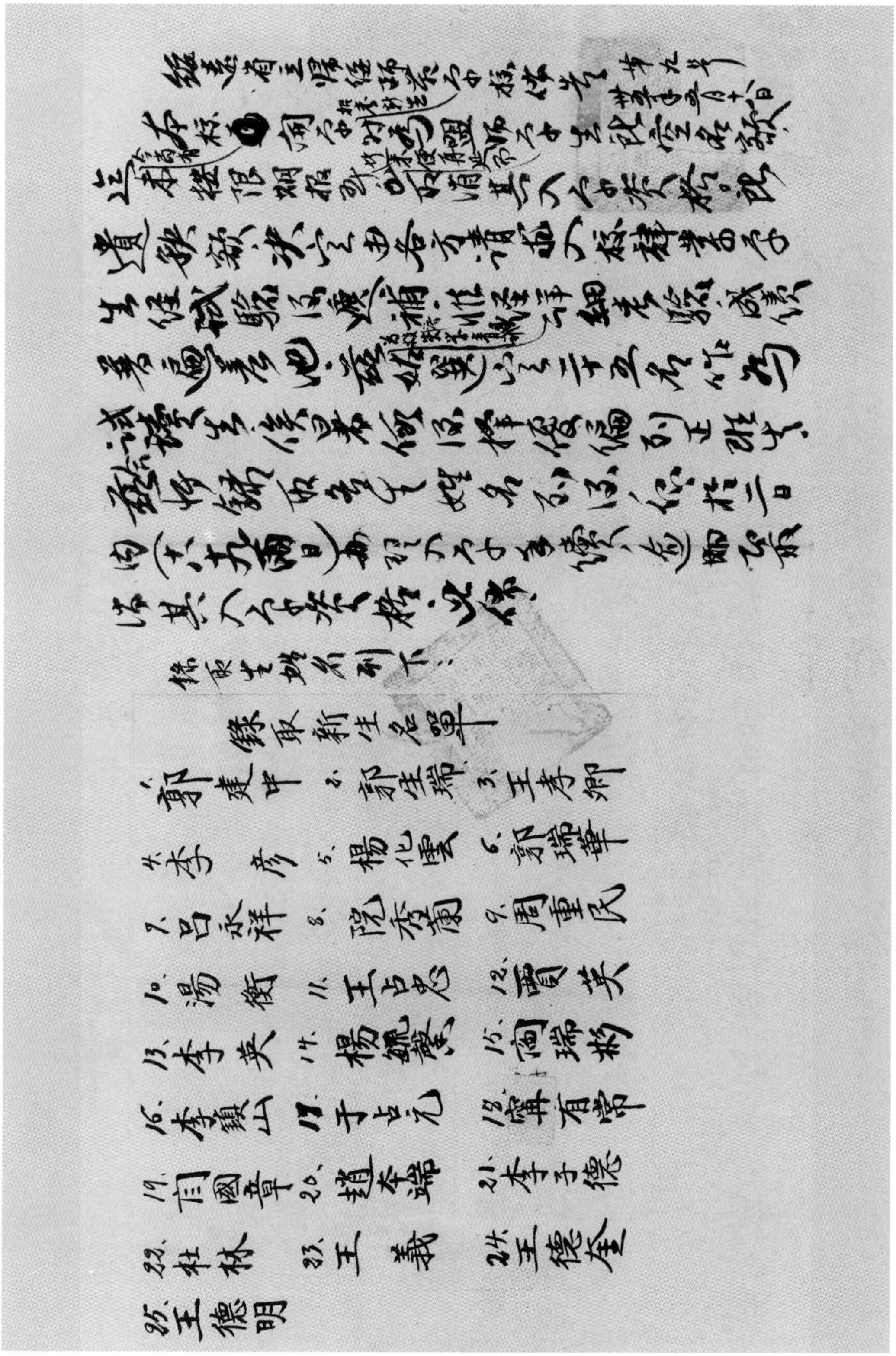

图 4-3-19　绥远省立归绥师范学校关于录取试读生的布告（1946 年 5 月 18 日）

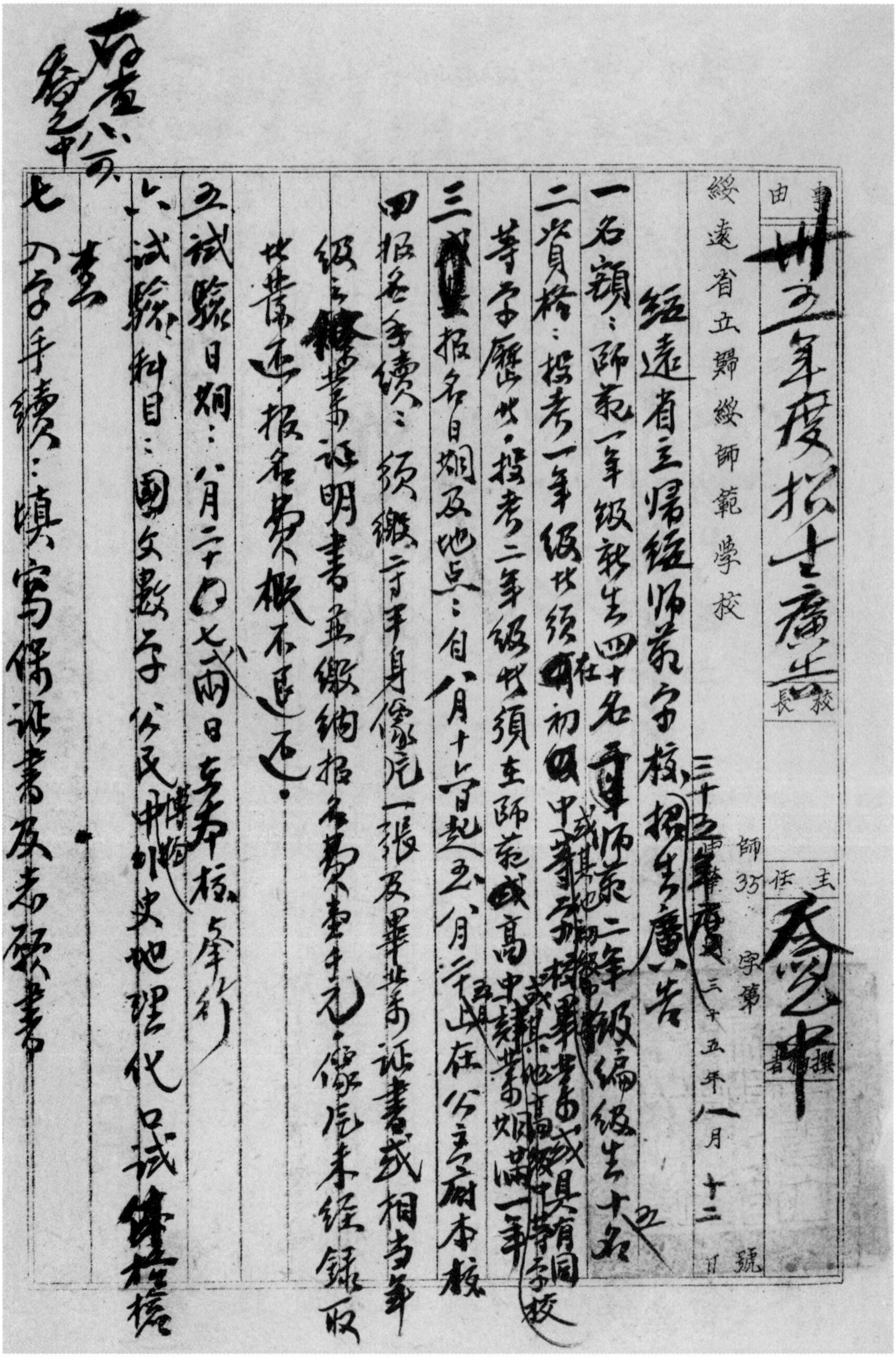
存查 八、十六 喬之中

事由：卅五年度招生廣告

綏遠省立歸綏師範學校

校長

主任 喬之中

撰者

師35字第 號

三十五年八月十二日

綏遠省立歸綏師範學校招生廣告

一、名額：師範一年級新生四十名，簡易師範二年級編級生十五名

二、資格：投考一年級者須在初級中學畢業或具有同等學歷者，投考二年級者須在師範或高中肄業滿一年

三、報名日期及地點：自八月十六日起至八月二十五日止在公立府本校

四、報名手續：須繳二寸半身像片一張及畢業證書或相當年級之修業證明書，並繳納報名費二千元，像片未經錄取者發還，報名費概不退還。

五、試驗日期：八月二十七、八兩日在本校舉行

六、試驗科目：國文、數學、公民、博物、史地、理化、口試、體格檢查

七、入學手續：填寫保證書及志願書

图 4-3-20　绥远省立归绥师范学校三十五年度招生广告（节选）（1946年8月12日）（一）

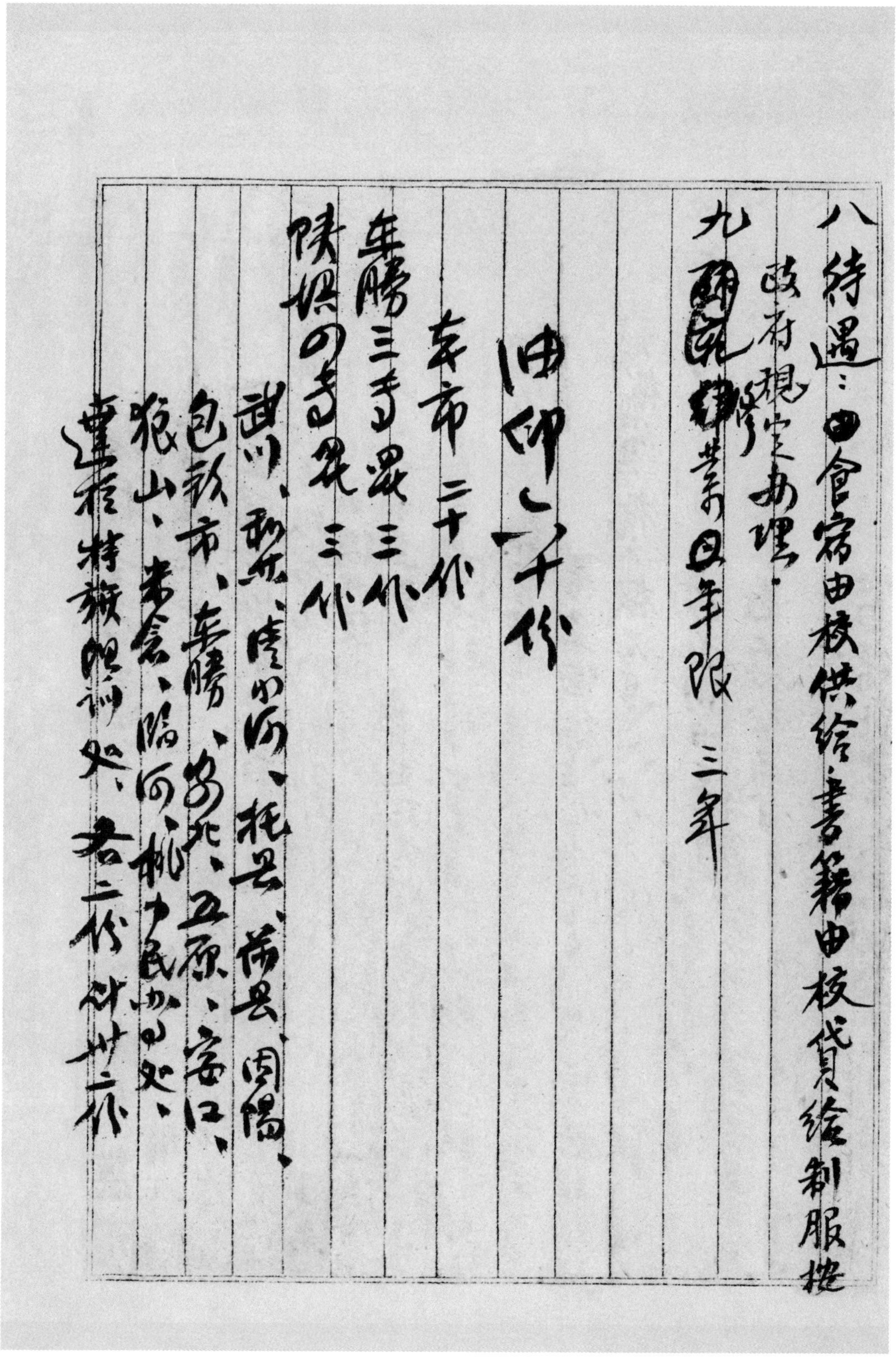

八、待遇：㈠食宿由校供給，書籍由校代貸，繪制服裝
　政府規定辦理。
九、肄業年限 三年
　歸綏一十名
　包市 二十名
　東勝三專署 三名
　陝壩四專署 三名
　武川、和林、清水河、托縣、薩縣、固陽、
　包頭市、東勝、安北、五原、晏江、
　狼山、米倉、臨河、杭錦民眾處、
　達拉特旗組訓處、各二名 計卅二名

图 4-3-20　绥远省立归绥师范学校三十五年度招生广告（节选）（1946 年 8 月 12 日）（二）

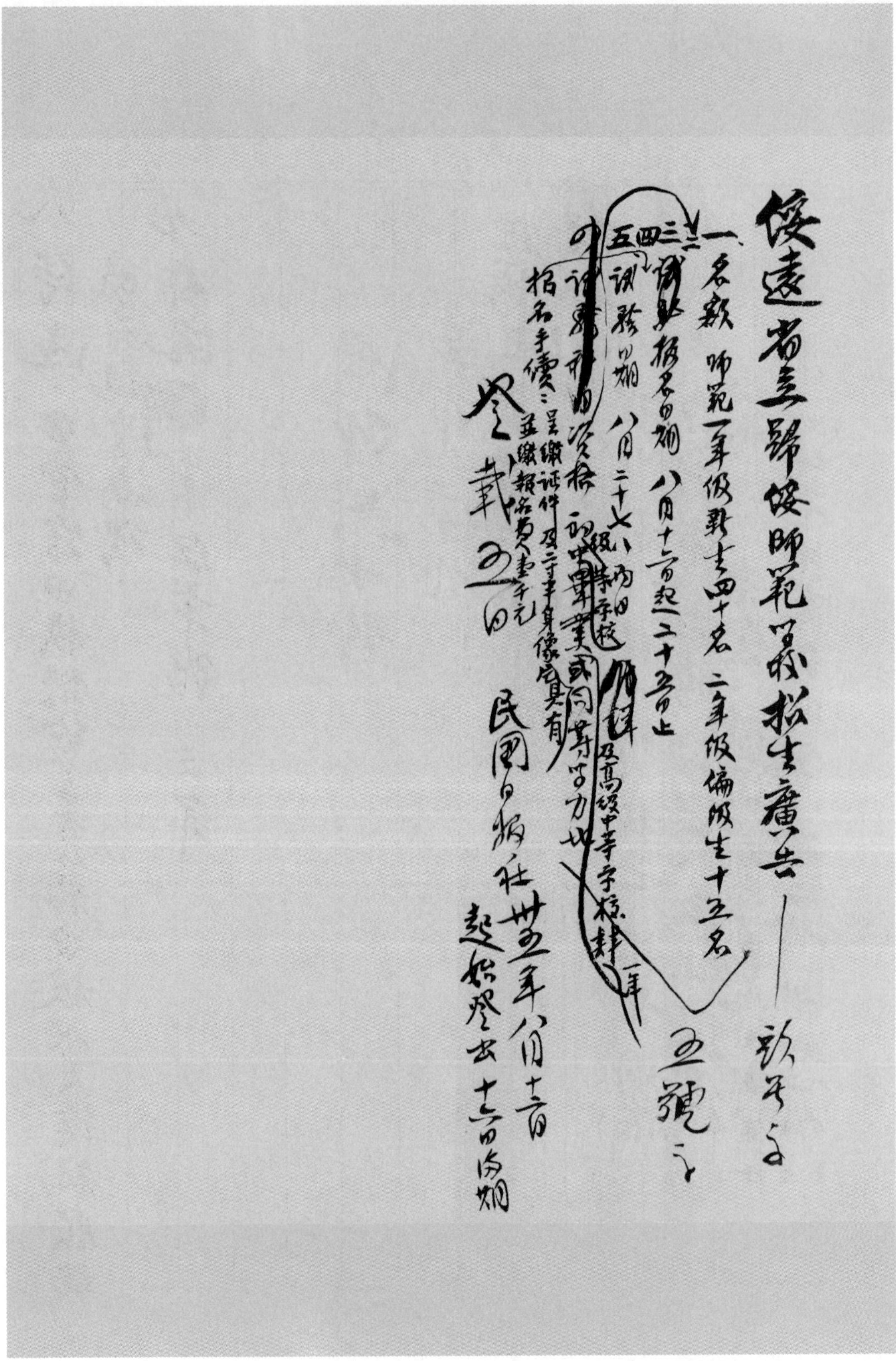
绥远省立归绥师范学校招生广告 ——头号字

一、名额 师范一年级新生四十名 二年级插班生十五名 五号字

三、报名日期 八月十二日起二十五日止

四、试验日期 八月二十七、八两日

五、资格 初级中学毕业或同等学力者 及高级中等学校肄业一年

报名手续：呈缴证件及二寸半身像片[illegible] 并缴报名费[illegible]元

登载三日

民国日报社 卅五年八月十二日

起始登出 十二日为始

图 4-3-20 绥远省立归绥师范学校三十五年度招生广告（节选）（1946 年 8 月 12 日）（三）

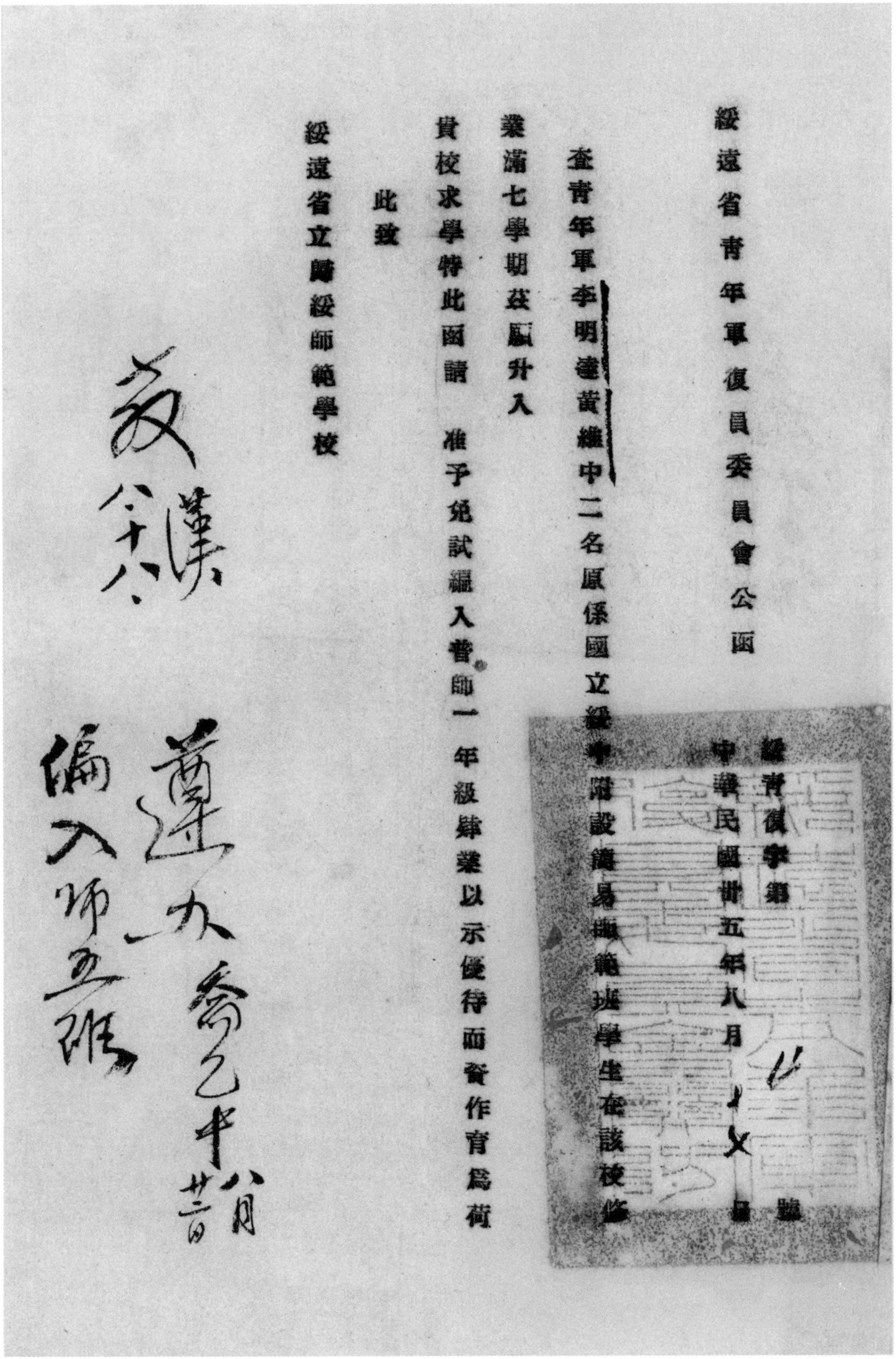

綏遠省青年軍復員委員會公函

綏青復字第　號

查青年軍李明達黃維中二名原係國立綏中附設簡易師範班學生在該校肄業滿七學期茲願升入

貴校求學特此函請　准予免試編入普師一年級肄業以示優待而資作育爲荷

此致

綏遠省立歸綏師範學校

中華民國卅五年八月　日

图 4-3-21　绥远省青年军复员委员会为李明达黄维中二人免试入学给绥远省立归绥师范学校公函（1946 年 8 月 17 日）

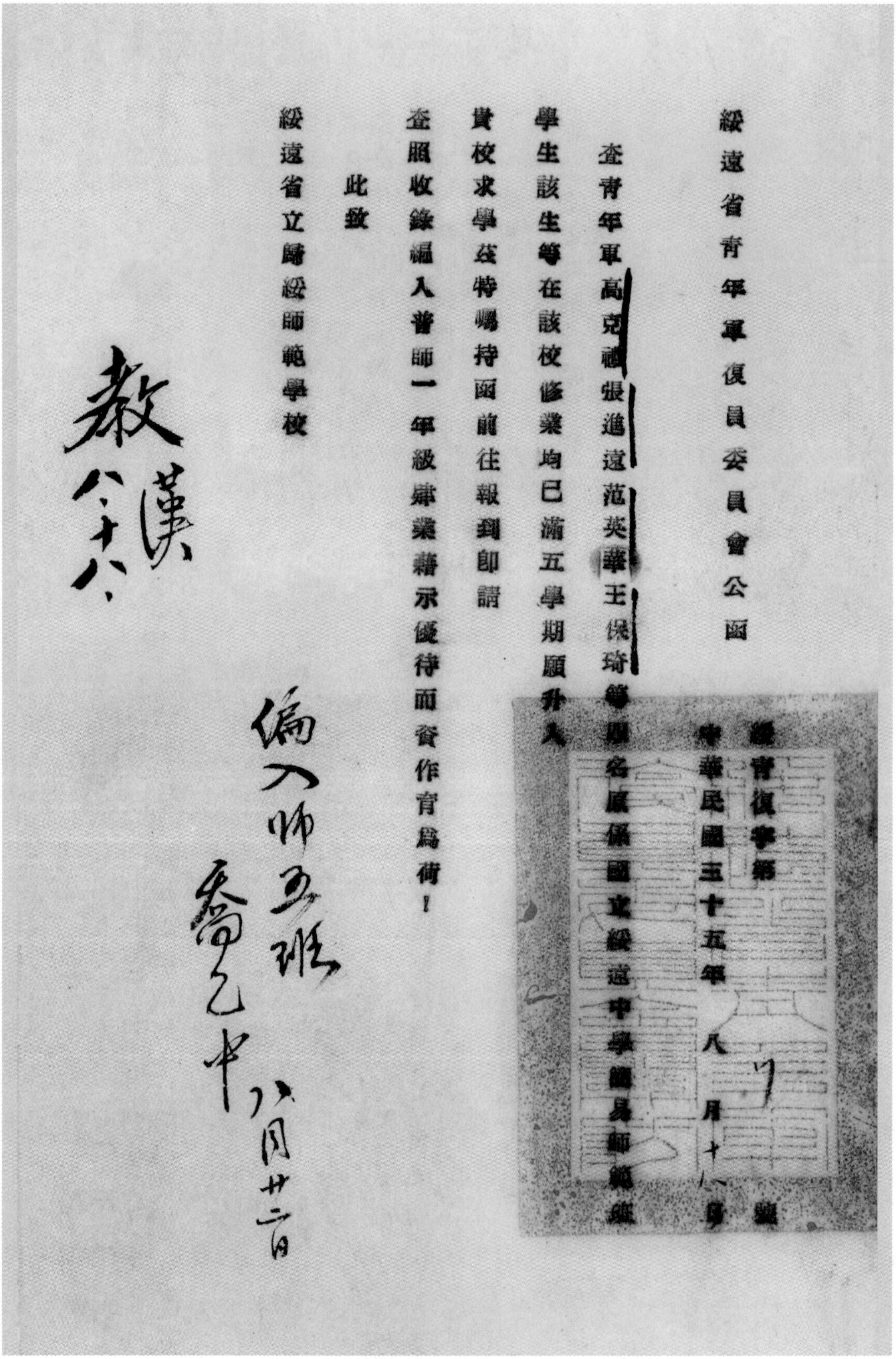
綏遠省青年軍復員委員會公函

查青年軍高克禮張進遠范英華王保琦等四名原係國立綏遠中學學生該生等在該校修業均已滿五學期願升入
貴校求學茲特囑持函前往報到即請
查照收錄編入普師一年級肄業藉示優待而資作育爲荷！

此致

綏遠省立歸綏師範學校

綏青復字第　號

中華民國三十五年八月十八日

教　漢　八、十八

编入师五班　喬乙中　八月廿二日

图 4-3-22　绥远省青年军复员委员会为高克礼等四人升学报到给绥远省立归绥师范学校公函（1946 年 8 月 18 日）

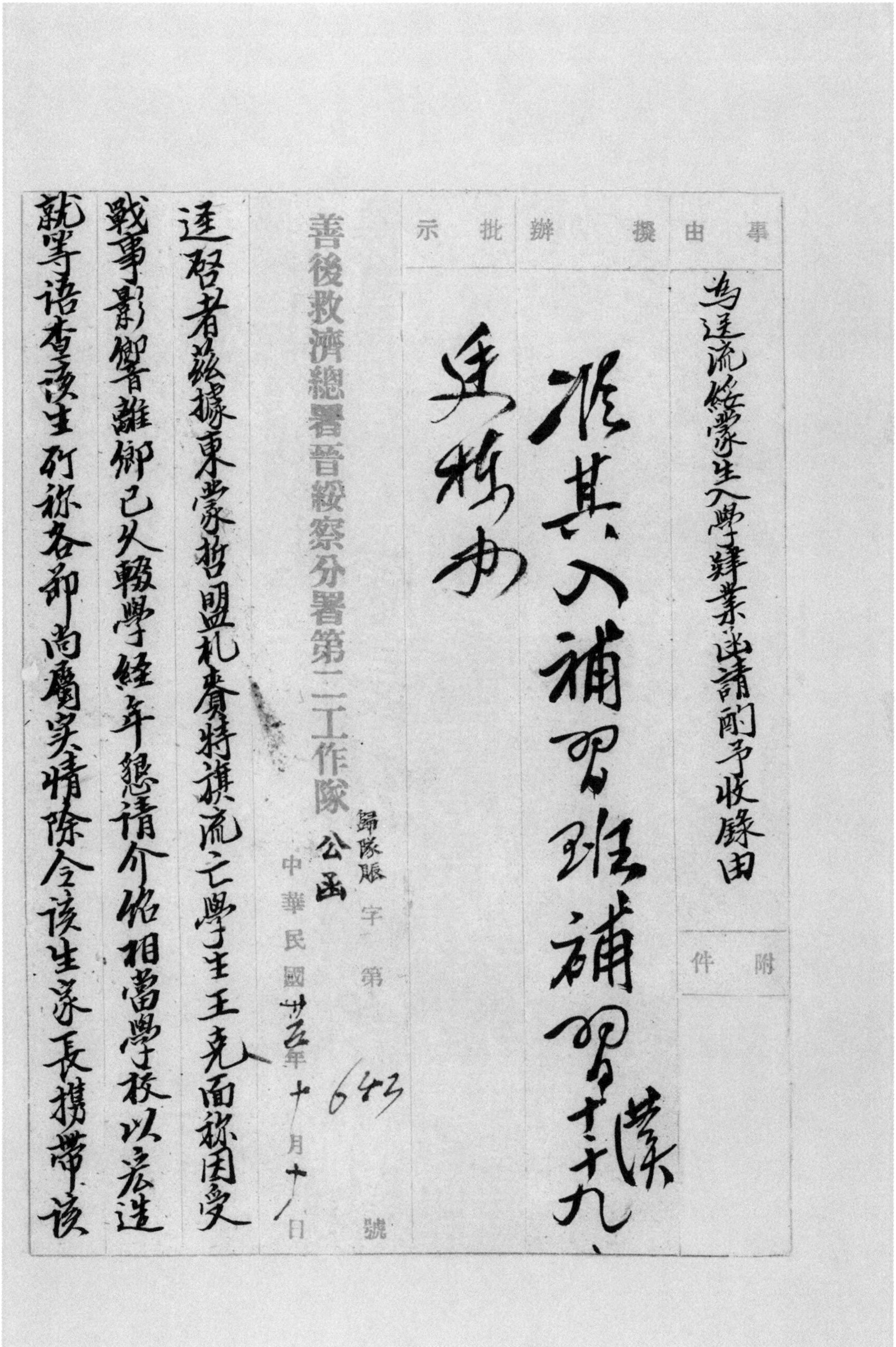

事由：為送流綏蒙生入學肄業函請酌予收錄由

擬辦：

批示：准其入補習班補習 漢 十九
廷楷办

附件：

善後救濟總署晉綏察分署第二工作隊公函　歸隊賑字第643號

中華民國卅五年十月十八日

逕啓者茲據東蒙哲盟札賚特旗流亡學生王克面稱因受戰事影響離鄉已久輟學經年懇請介紹相當學校以求進就等語查該生所稱各節尚屬實情除令該生家長攜帶該

图 4-3-23　善后救济总署晋绥察分署第二工作队为送流绥蒙生入学肄业请酌予收录给绥远省立师范学校公函（1946 年 10 月 18 日）（一）

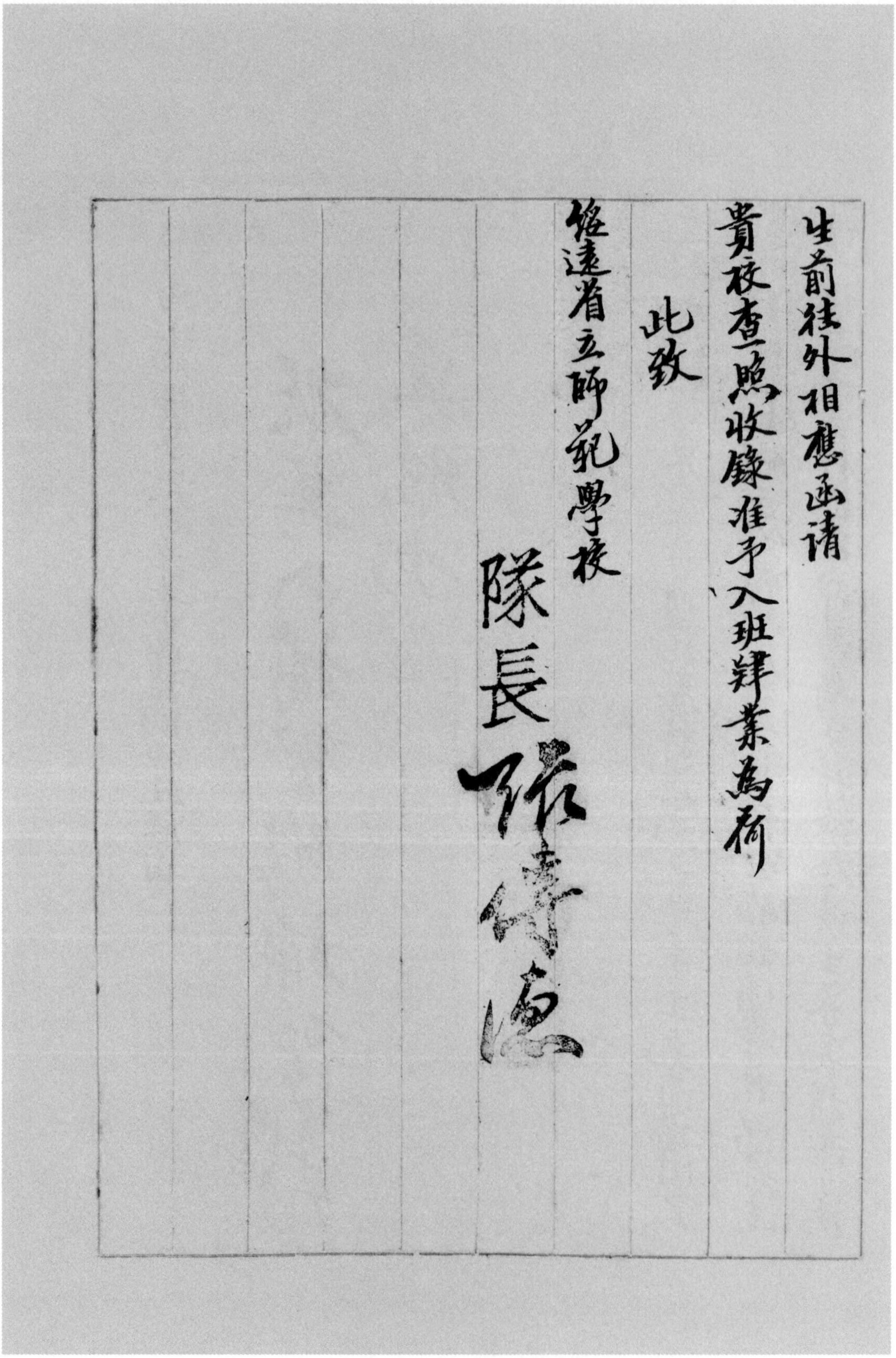

生前往外相應函請
貴校查照收錄准予入班肄業為荷
此致
綏遠省立師範學校
隊長張[illegible]

图 4-3-23　善后救济总署晋绥察分署第二工作队为送流绥蒙生入学肄业请酌予收录给绥远省立师范学校公函（1946 年 10 月 18 日）（二）

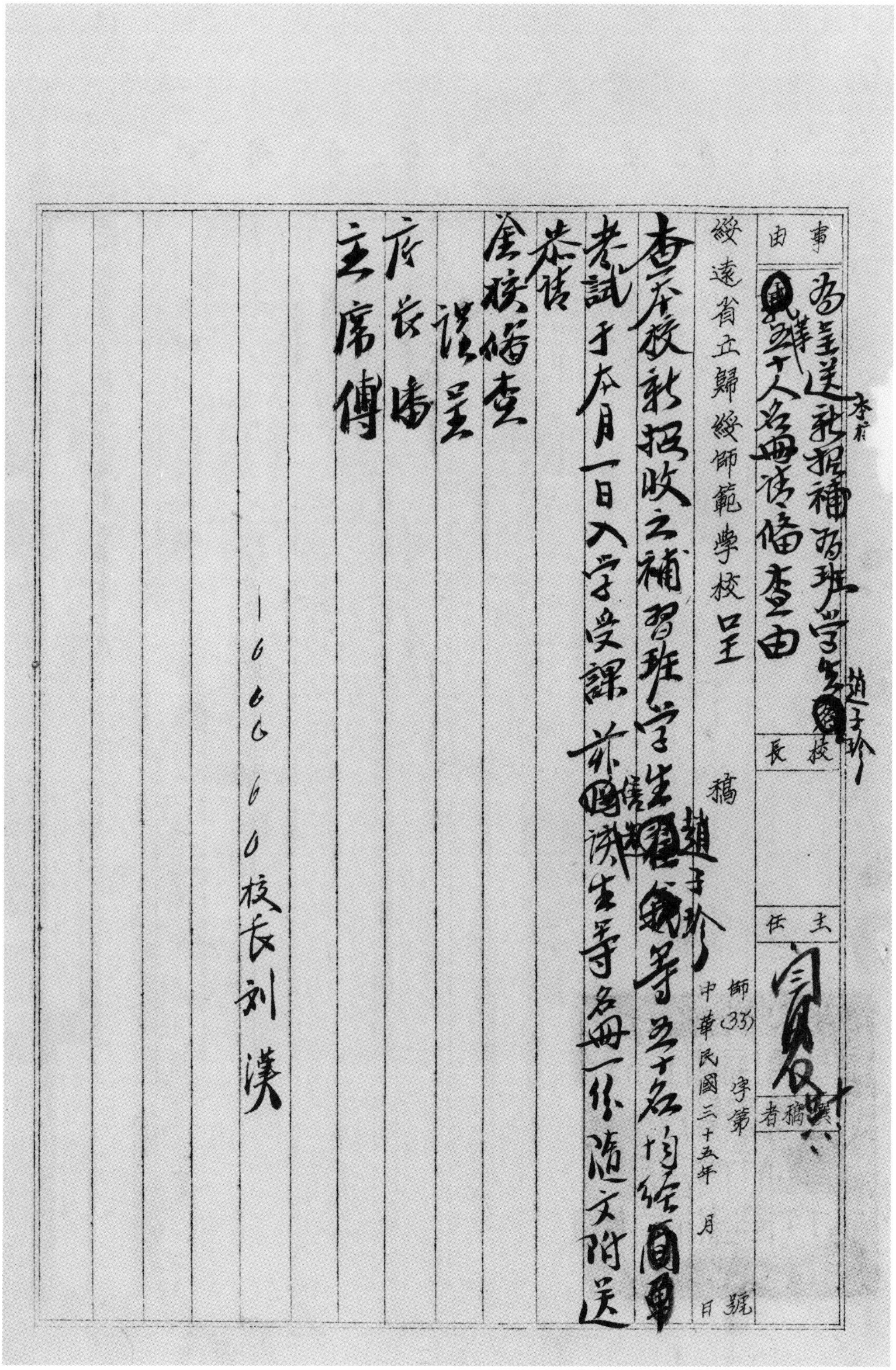

事由：為呈送新招補習班學生趙子珍等五十人名冊請備查由

校長

主任

撰稿者

綏遠省立歸綏師範學校呈　稿

師(33)字第　號

中華民國三十五年　月　日

查本校新招收之補習班學生趙子珍等五十名均經簡單考試于本月一日入學受課　茲將該生等名冊一份隨文附送

恭請

鑒核備查

謹呈

廳長[illegible]

主席傅

校長劉漢

图 4-3-24　绥远省立归绥师范学校为呈送新招补习班学生赵子珍等五十人名册致绥远省政府呈（附名册）（节选）（1946 年 10 月 26 日）（一）

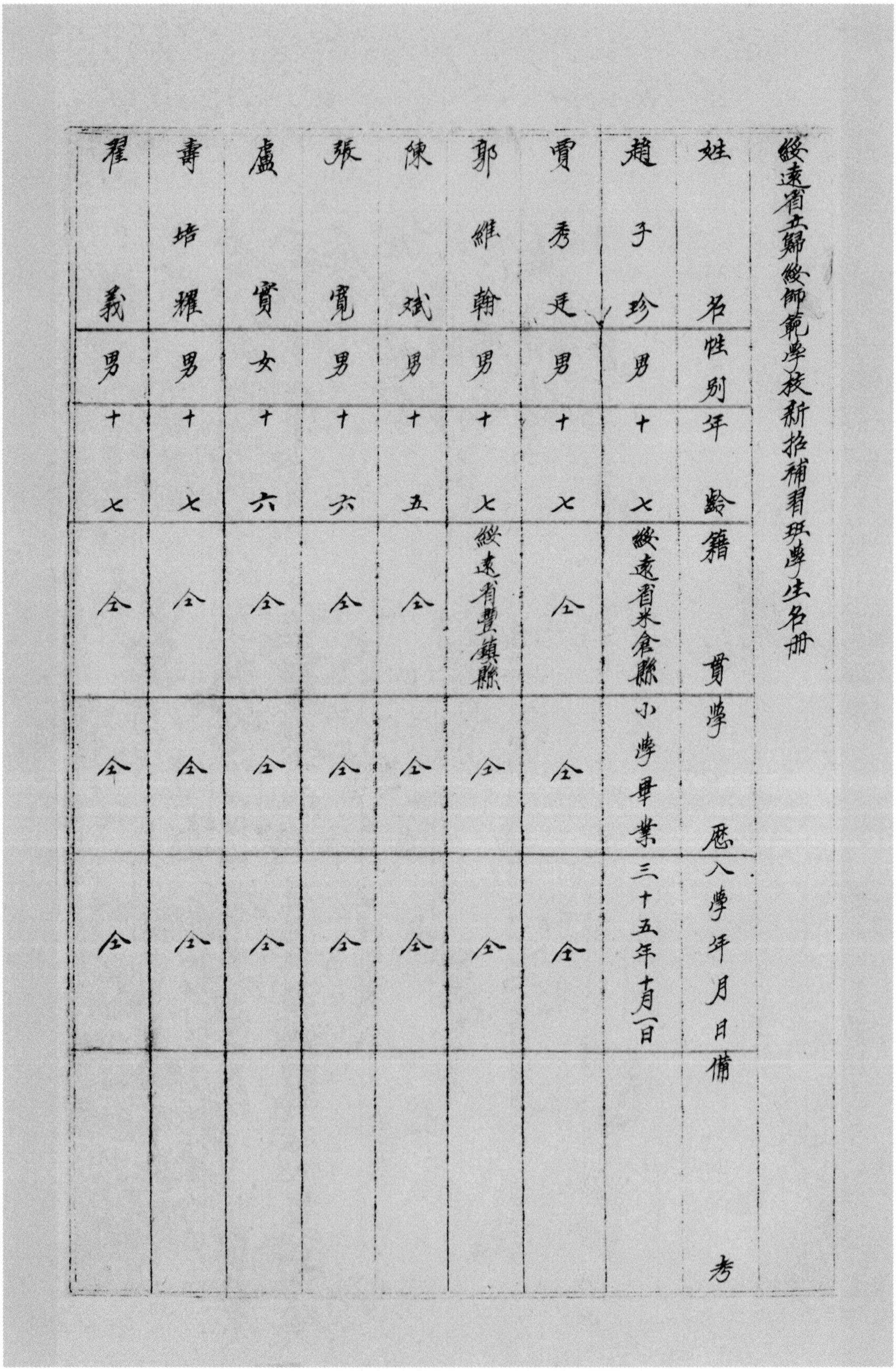

綏遠省立歸綏師範學校新招補習班學生名冊

姓名	性別	年齡	籍貫	學歷	入學年月日	備考
趙子珍	男	十七	綏遠省米倉縣	小學畢業	三十五年十月一日	
賈秀廷	男	十七	仝	仝	仝	
郭維翰	男	十七	綏遠省豐鎮縣	仝	仝	
陳斌	男	十五	仝	仝	仝	
張寬	男	十六	仝	仝	仝	
盧賓	女	十六	仝	仝	仝	
壽培耀	男	十七	仝	仝	仝	
程義	男	十七	仝	仝	仝	

图 4-3-24　绥远省立归绥师范学校为呈送新招补习班学生赵子珍等五十人名册致绥远省政府呈（附名册）（节选）（1946 年 10 月 26 日）（二）

崔[illegible]	男	十七	绥远省丰镇县	小学毕业	三十五年十月一日	
陈绍芳	男	十七	仝	仝	仝	
王民新	男	十五	仝	仝	仝	
贾占锁	男	十七	仝	仝	仝	
郭毓金	男	十六	仝	仝	仝	
田[illegible]	男	十七	仝	仝	仝	
马维驿	男	十五	绥远省凉城县	仝	仝	
张敏	男	十六	仝	仝	仝	
乔成润	男	十六	仝	仝	仝	
谷儒	男	十五	仝	仝	仝	

图 4-3-24　绥远省立归绥师范学校为呈送新招补习班学生赵子珍等五十人名册致绥远省政府呈（附名册）（节选）（1946 年 10 月 26 日）（三）

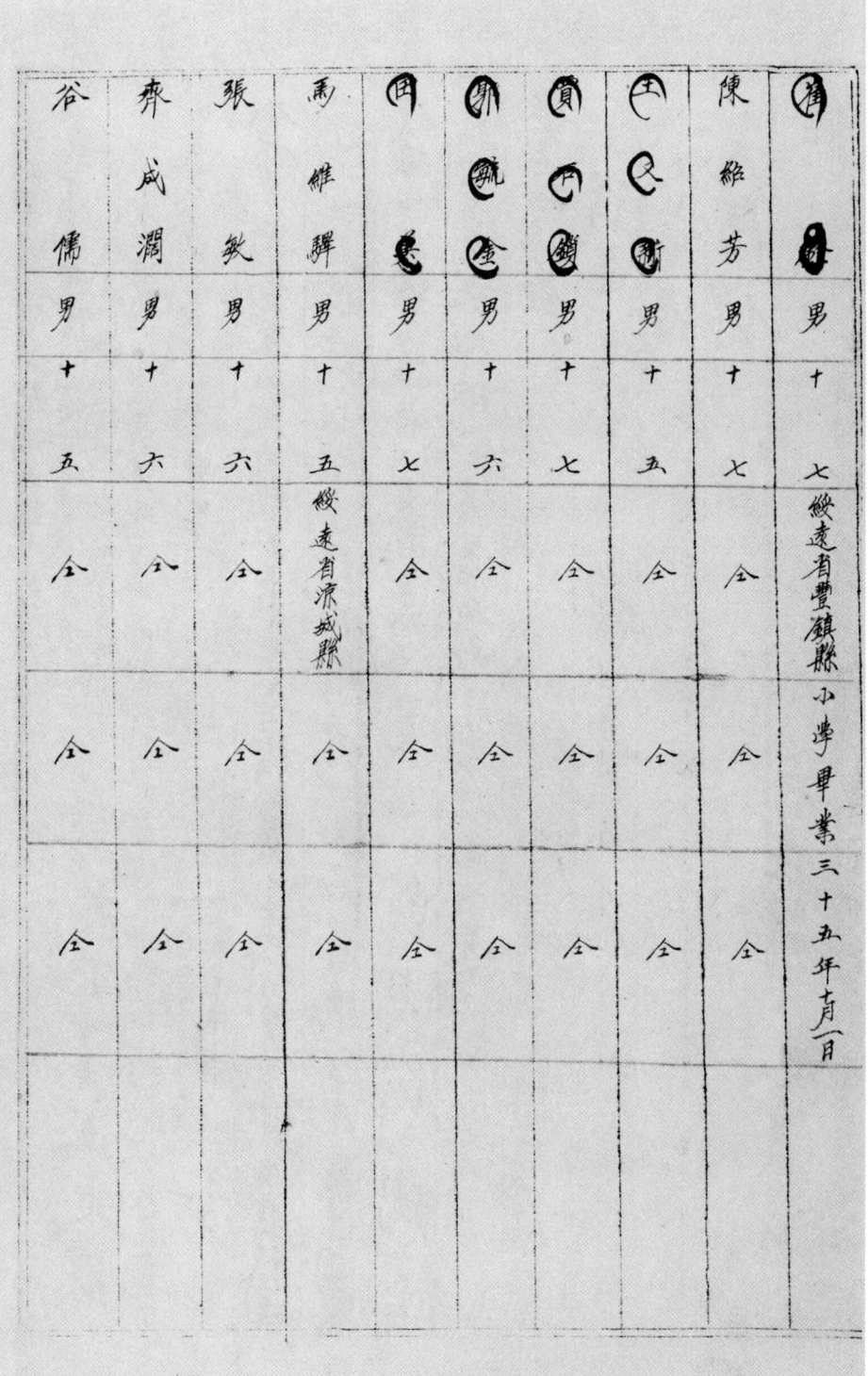

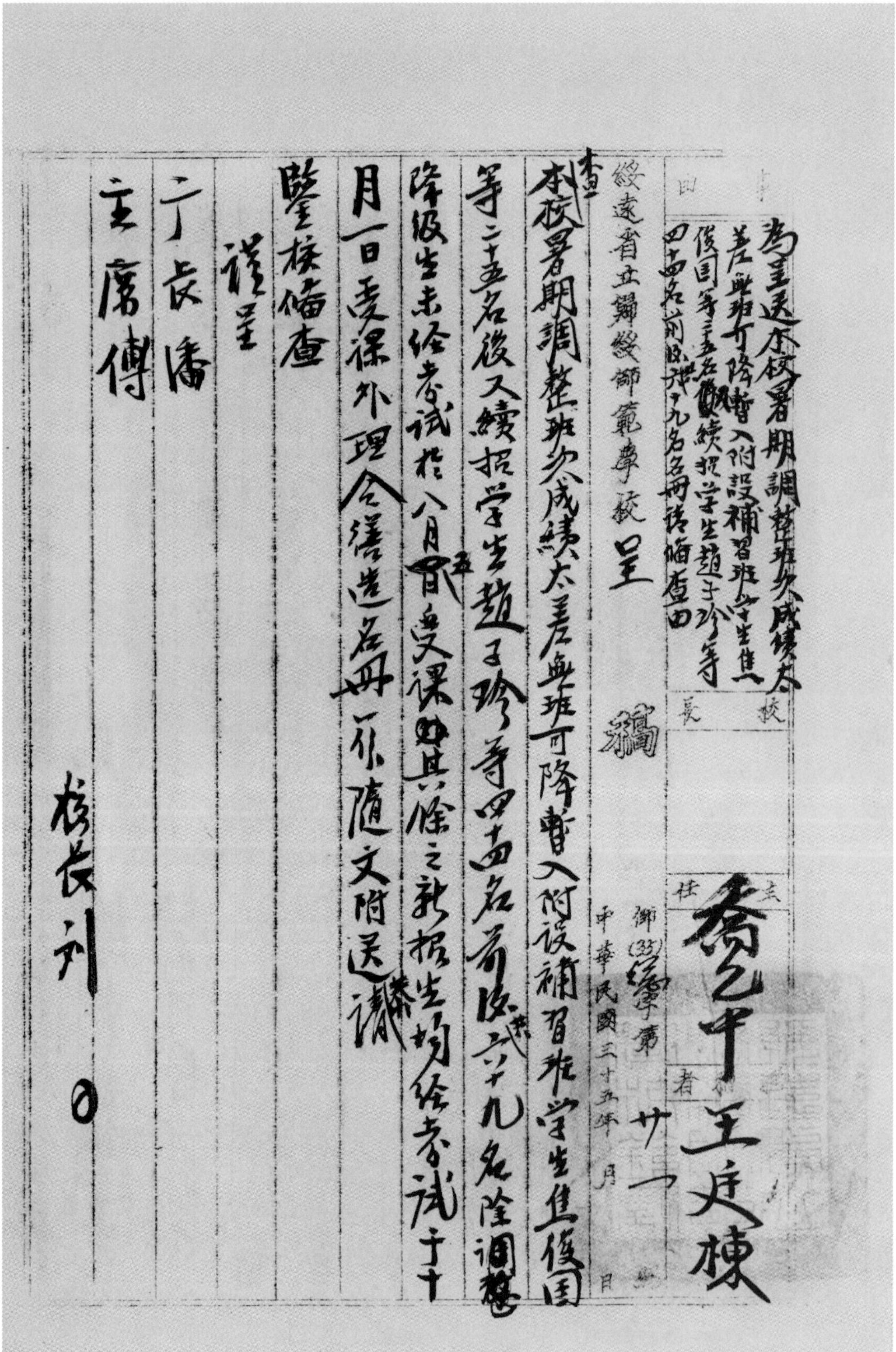

事由：為呈送本校暑期調整班及成績太差無班可降暫入附設補習班學生焦復國等二十五名繼續招學生趙子珍等四十四名前後六十九名名冊請備查由

綏遠省立歸綏師範學校 呈

綏(33)總字第廿一號

中華民國三十五年 月 日

校長 具呈者 喬乙中 王廷棟

查本校暑期調整班及成績太差無班可降暫入附設補習班學生焦復國等二十五名後又續招學生趙子珍等四十四名前後六十九名除調整降級生未經考試於八月五日受課其餘之新招生均經考試于十月一日受課外理合繕造名冊一份隨文附送請

鑒核備查

謹呈

主席傅

廳長潘

校長劉

图 4-3-25　绥远省立归绥师范学校为呈送补习班学生名册致绥远省政府呈（附学生名册）（节选）（1946 年）（一）

姓名	性别	年龄	籍贯	學歷	入學年月日	備攷
崔俊國	男	二〇	托縣	小學畢業	卅五年十二月一日	
劉集科	男	二〇	〃	〃	〃	
張傑	男	一九	涼城	〃	〃	
趙乃成	男	一九	武川	〃	〃	
王佐	男	一六	豐鎮	〃	〃	
曹學忠	男	一六	歸綏	〃	〃	
胡世傑	男	一五	豐鎮	〃	〃	
王鴻	男	一九	涼城	〃	〃	
王恆山	男	十五	興和	〃	〃	
劉海峰	男	十六	歸綏	〃	〃	
陳修礼	男	十六	〃	〃	〃	
王占忠	男	十五	托縣	〃	〃	

图 4-3-25　绥远省立归绥师范学校为呈送补习班学生名册致绥远省政府呈（附学生名册）（节选）（1946 年）（二）

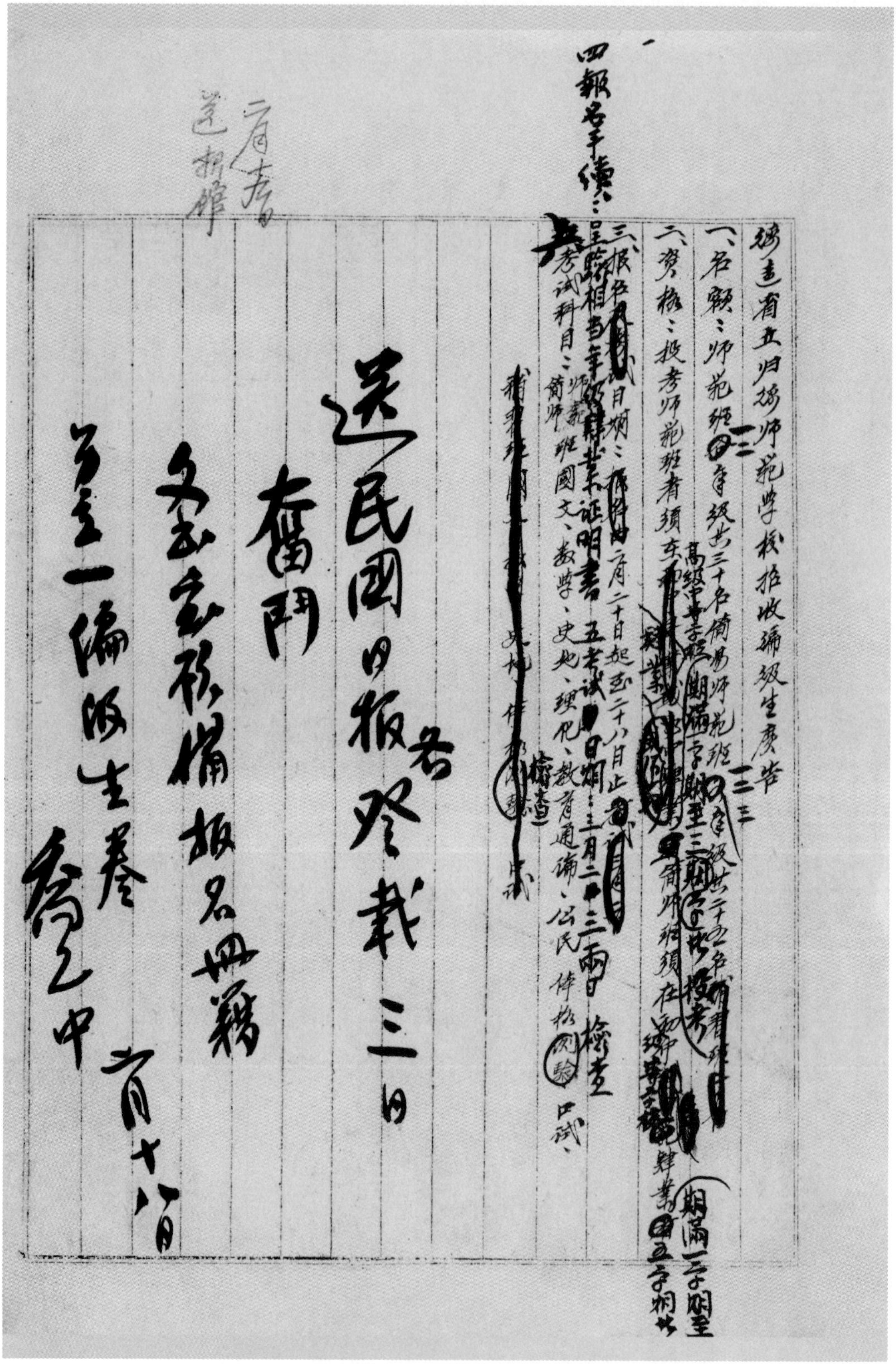

绥远省立归绥师范学校招收编级生广告

一、名额：师范班二年级共三十名，简易师范班三年级……

二、资格：投考师范班者须在……

三、报名日期：自二月二十日起至二十八日止。

四、报名手续：……

五、考试日期：三月二日

六、考试科目：师范班国文、数学、史地、理化、教育通论、公民、体格检验、口试

送民国日报登载三日

图4-3-26　绥远省立归绥师范学校招收编级生广告（1947年2月18日）（一）

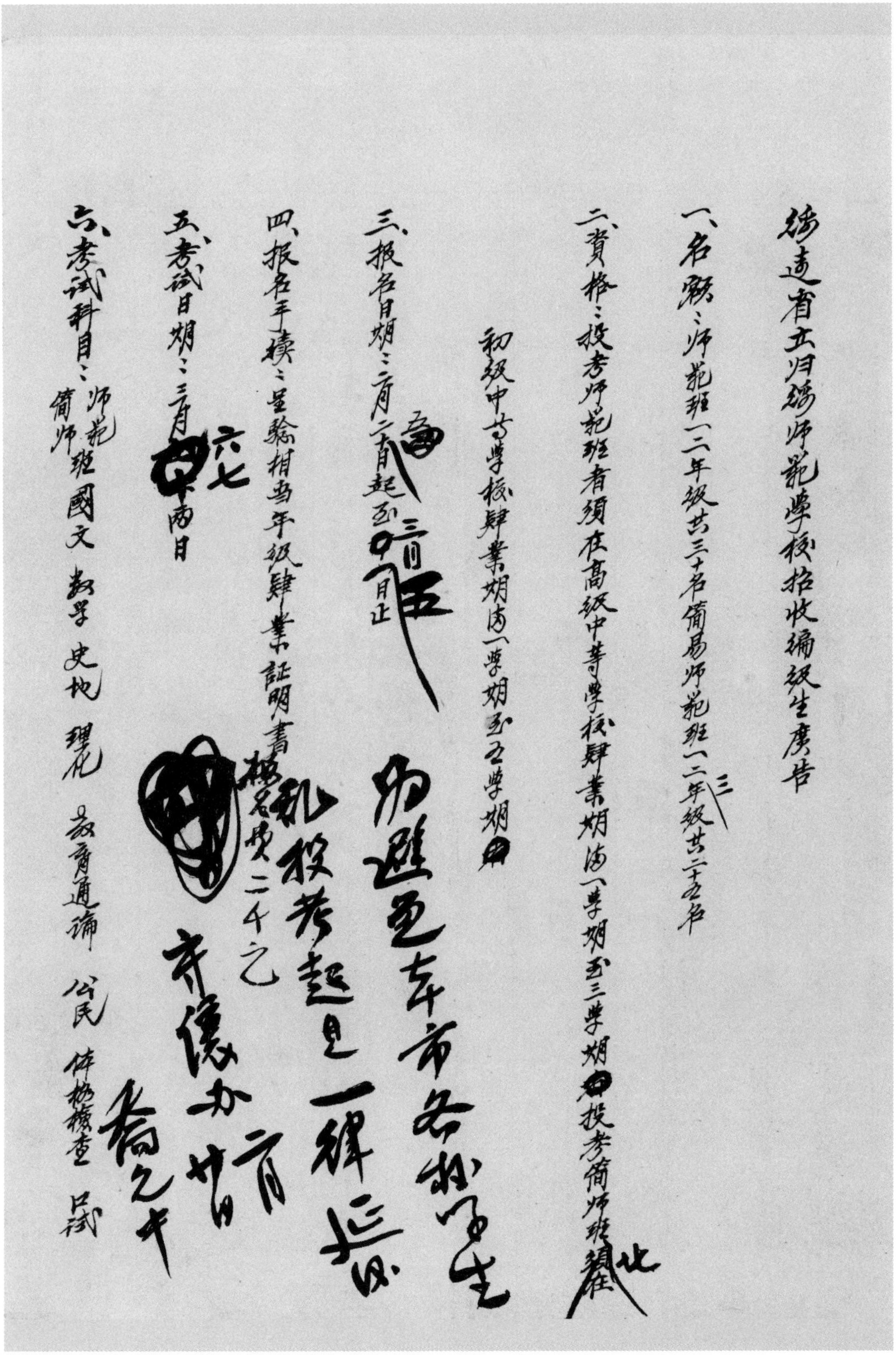

绥远省立归绥师范学校招收编级生广告

一、名额：师范班一二年级共三十名 简易师范班一二三年级共二十五名

二、资格：投考师范班者须在高级中等学校肄业期满一学期至三学期 投考简师班者 初级中等学校肄业期满一学期至五学期

三、报名日期：二月二十日起至三月五日止

四、报名手续：呈验相当年级肄业证明书 报名费二千元

五、考试日期：三月六七两日

六、考试科目：师范 简师班 国文 数学 史地 理化 教育通论 公民 体格检查 口试

为避免各市各地学生乱投考起见一律以本校办

图 4-3-26　绥远省立归绥师范学校招收编班生广告（1947 年 2 月 18 日）（二）

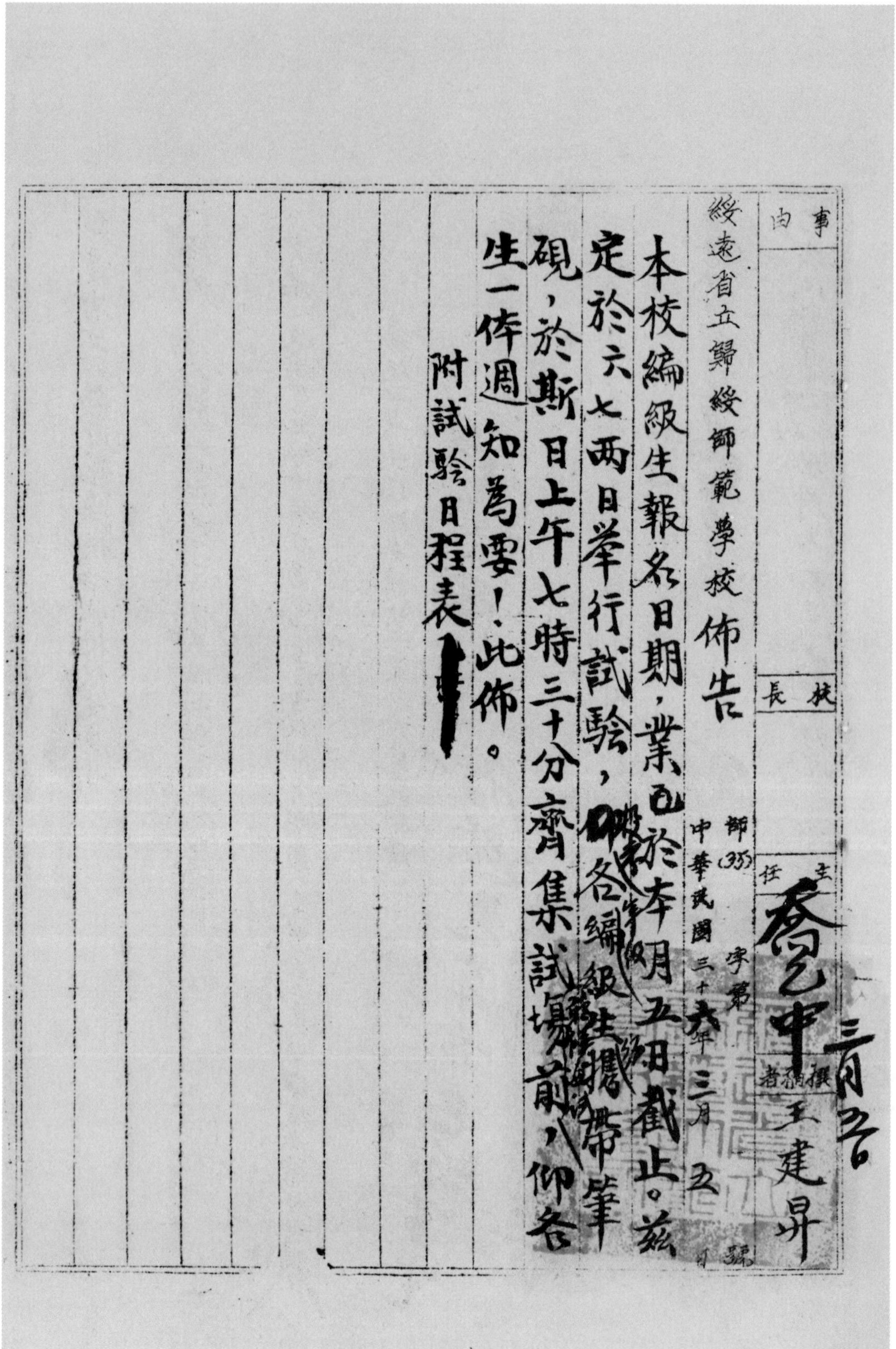

事由

校長

主任

撰稿者 王建昇

綏遠省立歸綏師範學校佈告

本校編級生報名日期，業已於本月五日截止。茲定於六七兩日舉行試驗，各編級生攜帶筆硯，於斯日上午七時三十分齊集試場前，仰各生一体週知為要！此佈。

附試驗日程表

中華民國三十六年三月五日

部(35)字第　號

图 4-3-27　绥远省立归绥师范学校关于举行编班生试验的布告（1947 年 3 月 5 日）

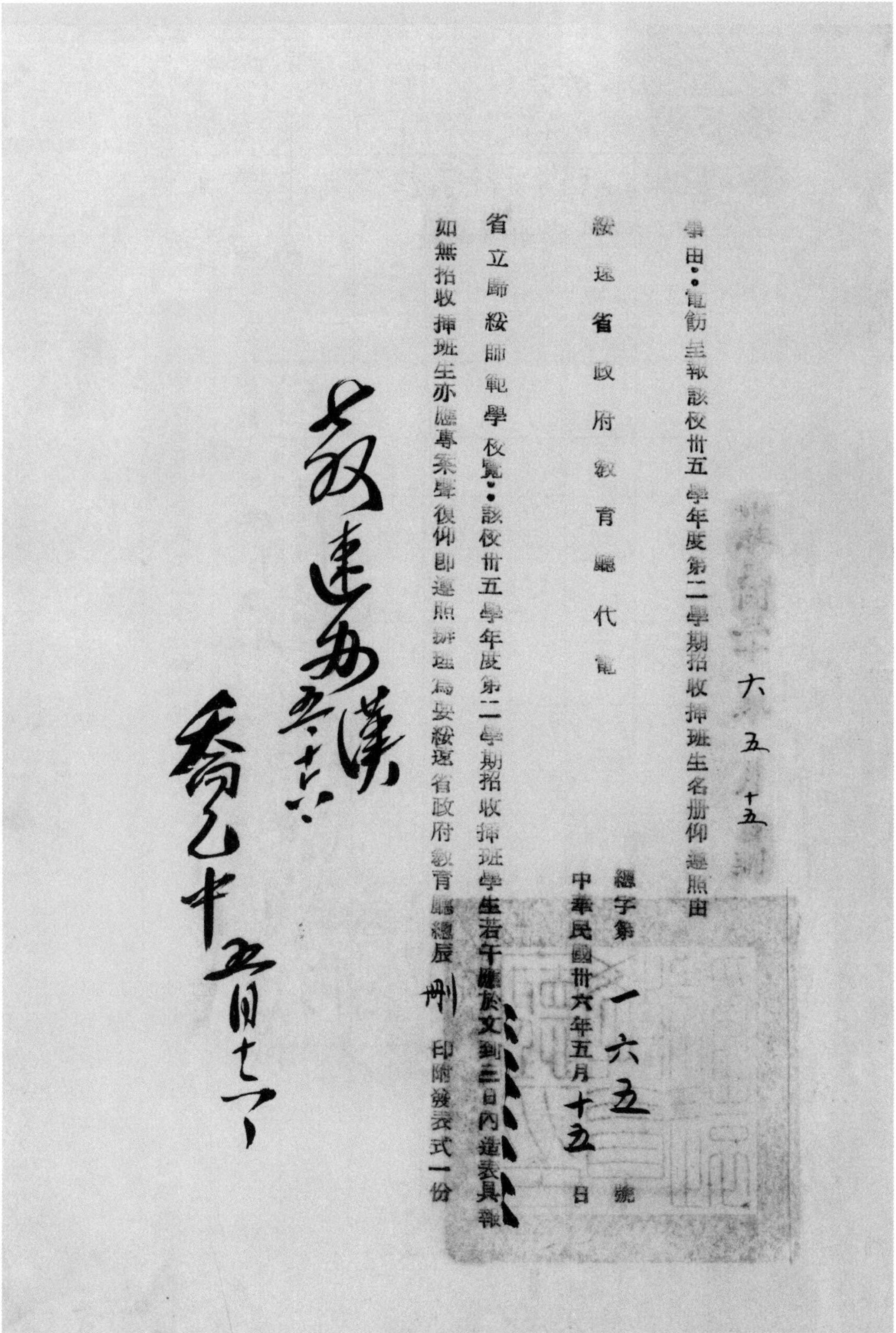

事由：電飭呈報該校卅五學年度第二學期招收插班生名册仰遵照由

綏遠省政府教育廳代電

總字第一六五號

中華民國卅六年五月十五日

省立歸綏師範學校覽：該校卅五學年度第二學期招收插班學生若干應於文到三日內造表具報如無招收插班生亦應專案具復仰即遵照辦理爲要綏遠省政府教育廳總辰刪印附發表式一份

图 4-3-28　绥远省政府教育厅为呈报三十五学年度第二学期招收插班生名册给省立归绥师范学校代电（附表式）（1947 年 5 月 15 日）（一）

學校卅五學年度第二學期插班生一覽表

年 月 日填報

學號	姓名	年齡	性別	籍貫	部科別	插入年級	入校年月	學歷	證件號碼	備考

图 4-3-28 绥远省政府教育厅为呈报三十五学年度第二学期招收插班生名册给省立归绥师范学校代电（附表式）（1947 年 5 月 15 日）（二）

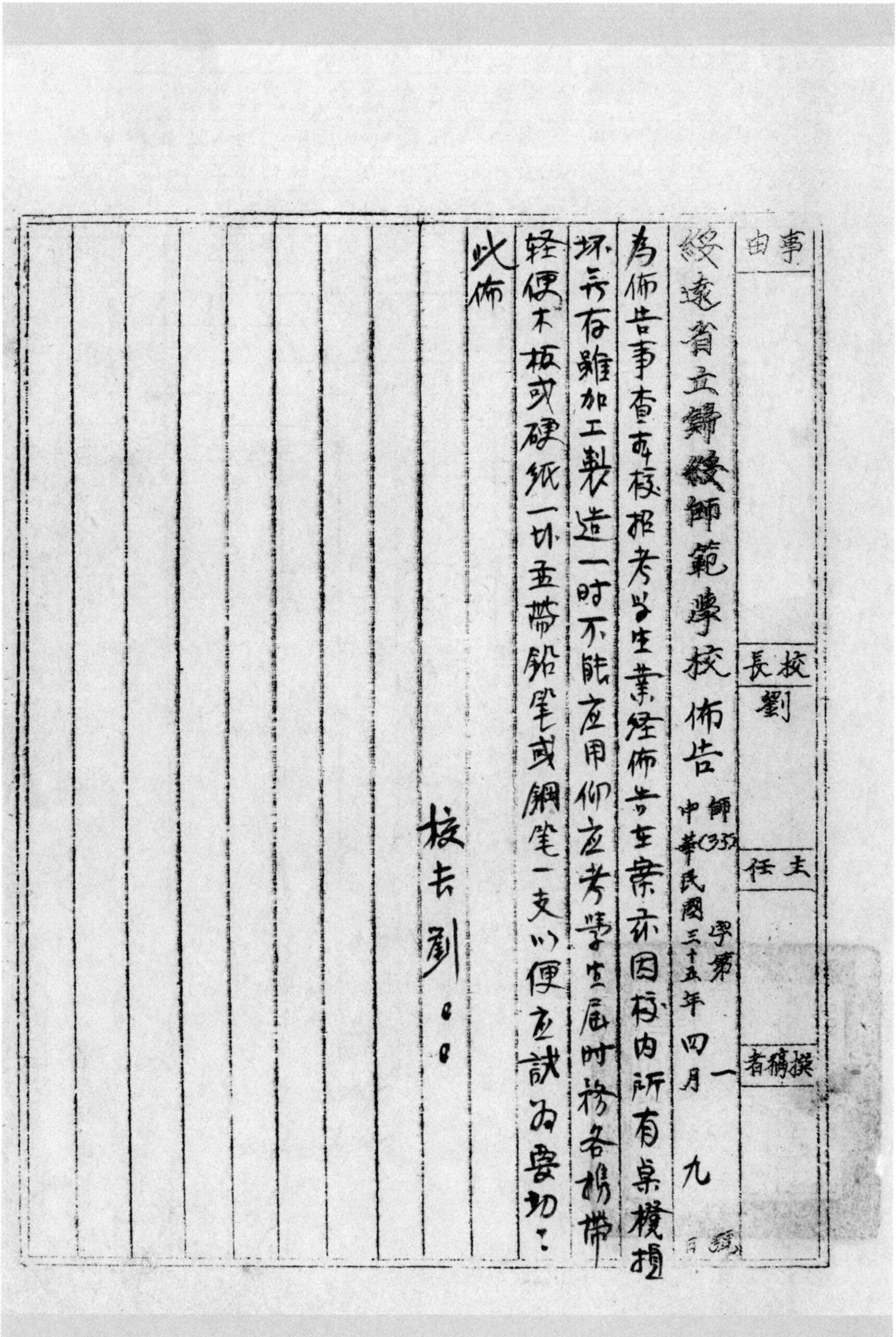

事由

綏遠省立歸綏師範學校佈告

師(35)字第一

中華民國三十五年四月九日

校長 劉

主任

撰稿者

為佈告事查本校報考學生業經佈告在案亦因校內所有桌櫈損坏兵存雖加工製造一时不能应用仰应考学生届时務各携帶輕便木板或硬紙一块並帶鉛筆或鋼筆一支以便应試為要切切此佈

校長 劉○○

图 4-3-29　绥远省立归绥师范学校因校内桌凳损坏考生届时携带木板等物品以便应试的布告（1946 年 4 月 9 日）

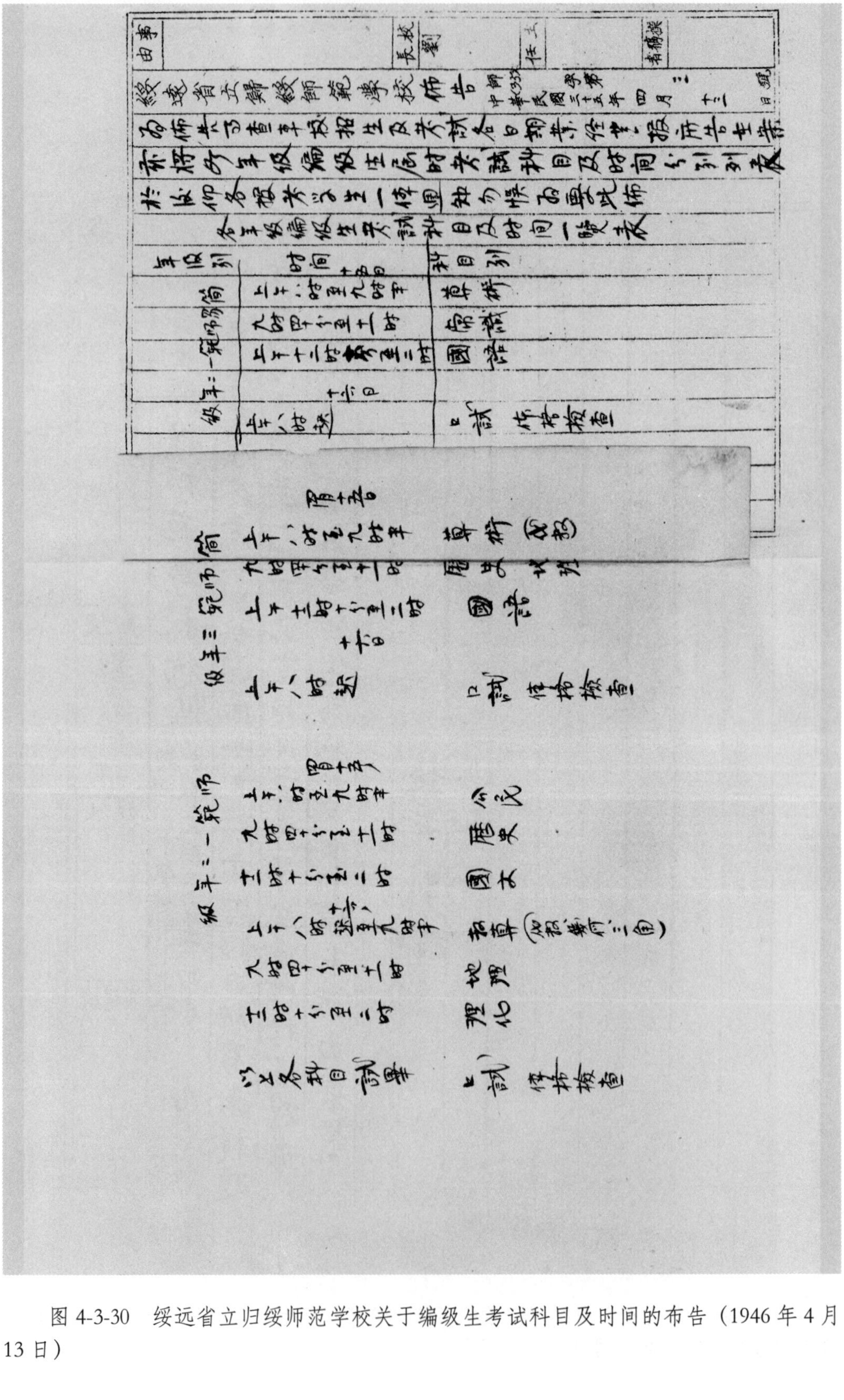

事由

校长 刘

主任

绥远省立归绥师范学校布告 中华民国三十五年四月十三日

为布告事：查本校招生及考试各日期业经布告在案，兹将外年级编级生届时考试科目及时间分别列表于后，仰各生等一律遵照为要。此布。

各年级编级生考试科目及时间一览表

年级别	时间	科目别
简师二年级	十五日 上午八时至九时半	算术
	九时四十分至十一时	常识
	上午十一时十分至十二时	国语
	十六日 上午八时起	口试 体格检查
简师三年级	十五日 上午八时至九时半	算术（代数）
	九时四十分至十一时	历史 地理
	上午十一时十分至十二时	国语
	十六日 上午八时起	口试 体格检查
师范二年级	十五日 上午八时至九时半	公民
	九时四十分至十一时	历史
	十一时十分至十二时	国文
	十六日 上午八时起至九时半	数学（代数、几何、三角）
	九时四十分至十一时	地理
	十一时十分至十二时	理化
	以上各科目试毕	口试 体格检查

图 4-3-30　绥远省立归绥师范学校关于编级生考试科目及时间的布告（1946 年 4 月 13 日）

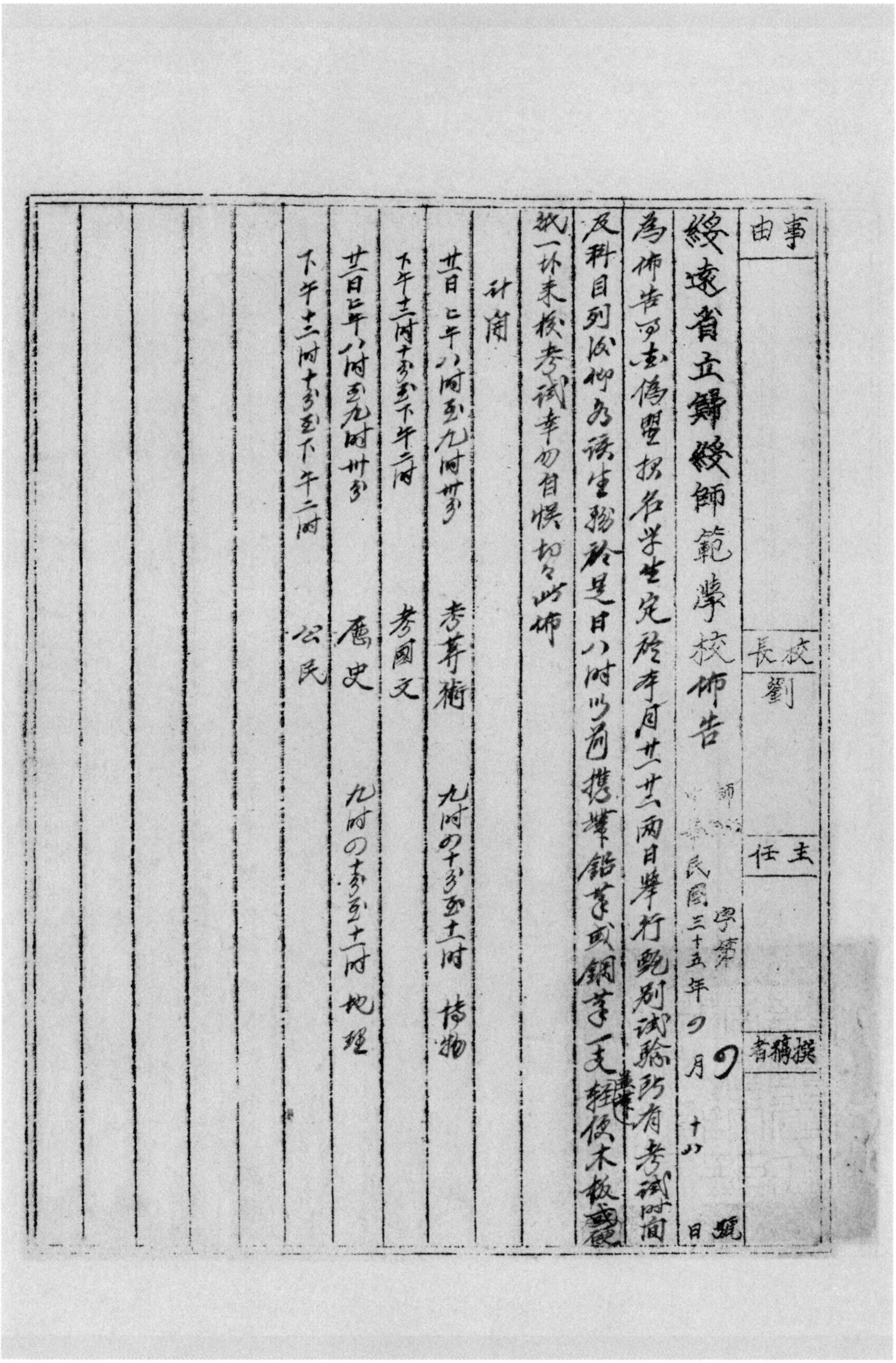

事由
校長 劉
主任
撰稿者

綏遠省立歸綏師範學校佈告 學第 號 民國三十五年四月十八日

為佈告事查偽盟招名學生定於本月廿一廿二兩日舉行甄別試驗所有考試時間及科目列後仰各該生務於是日八時以前携帶鉛筆或鋼筆一支並備木板或硬紙一塊來校考試幸勿自悞切切此佈

計開

廿一日上午八時至九時卅分 考算術 九時四十分至十一時 博物

下午二時十分至下午三時 考國文

廿二日上午八時至九時卅分 歷史 九時四十分至十一時 地理

下午二時十分至下午二時 公民

图 4-3-31 绥远省立归绥师范学校关于伪盟学生甄别试验考试时间及科目的布告（1946 年 4 月 18 日）

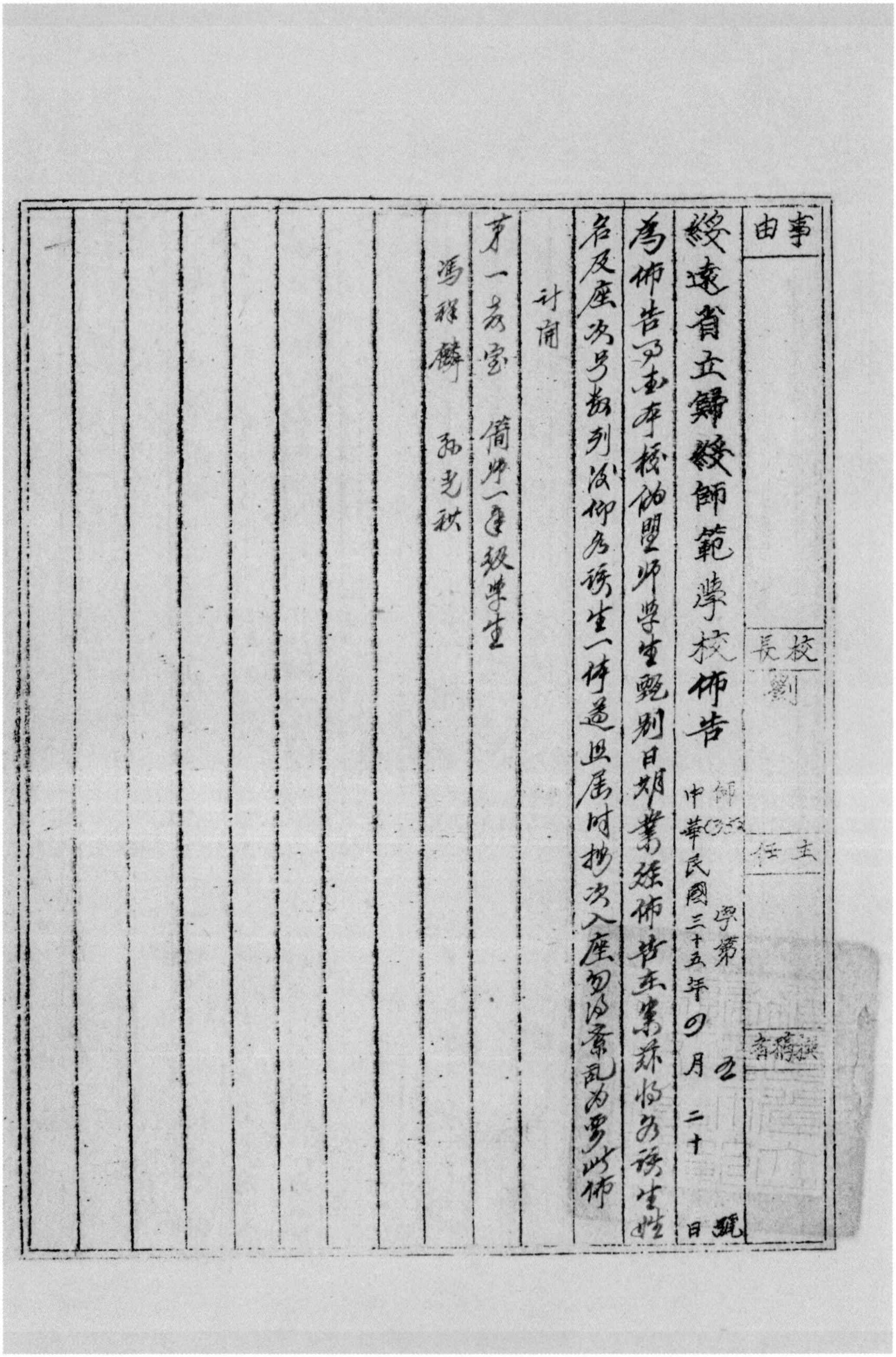

图 4-3-32　绥远省立归绥师范学校关于伪盟师学生甄别考试考生姓名及座次的布告（1946 年 4 月 20 日）

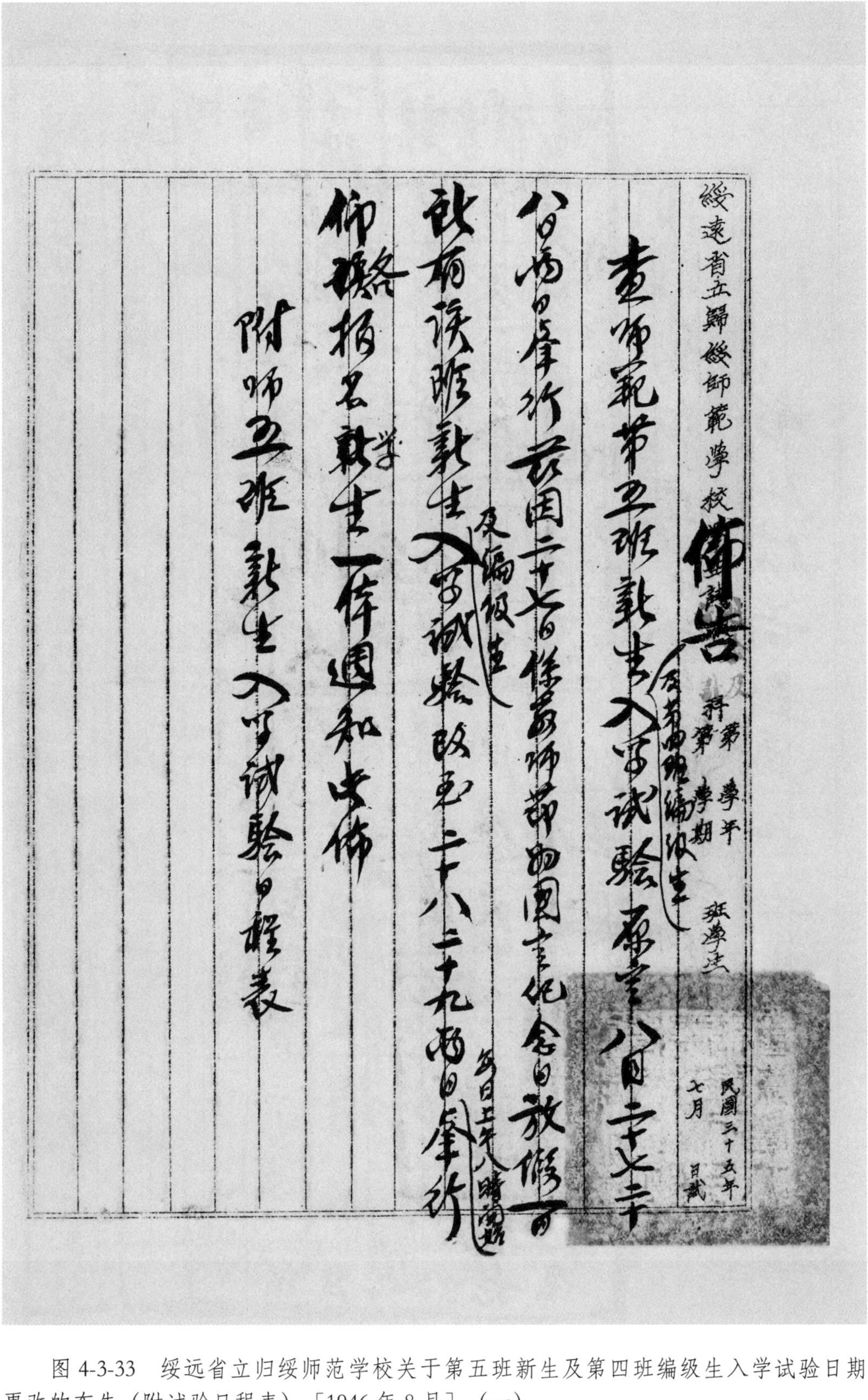

綏遠省立歸綏師範學校佈告

查師範第五班新生及第四班編級生入學試驗原定八月二十七、二十八日兩日舉行，茲因二十七日係教師節兩周年紀念日放假，所有該班新生及編級生入學試驗改為二十八、二十九兩日舉行（每日上午八時開始）

仰該報名新生一律周知，此佈

附師五班新生入學試驗日程表

民國三十五年七月 日

图 4-3-33　绥远省立归绥师范学校关于第五班新生及第四班编级生入学试验日期更改的布告（附试验日程表）［1946 年 8 月］（一）

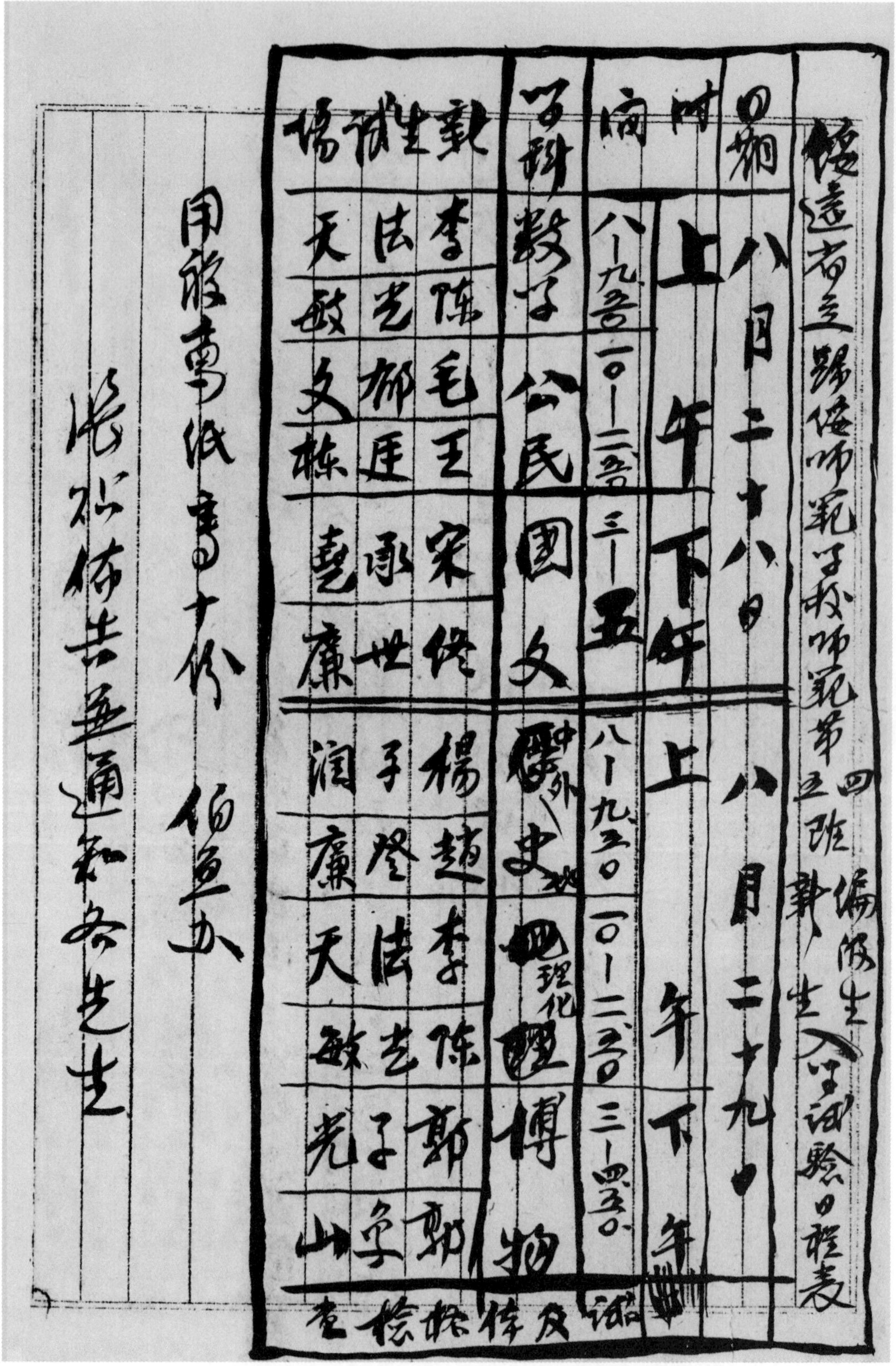

图 4-3-33 绥远省立归绥师范学校关于第五班新生及第四班编级生入学试验日期更改的布告（附试验日程表）［1946 年 8 月］（二）

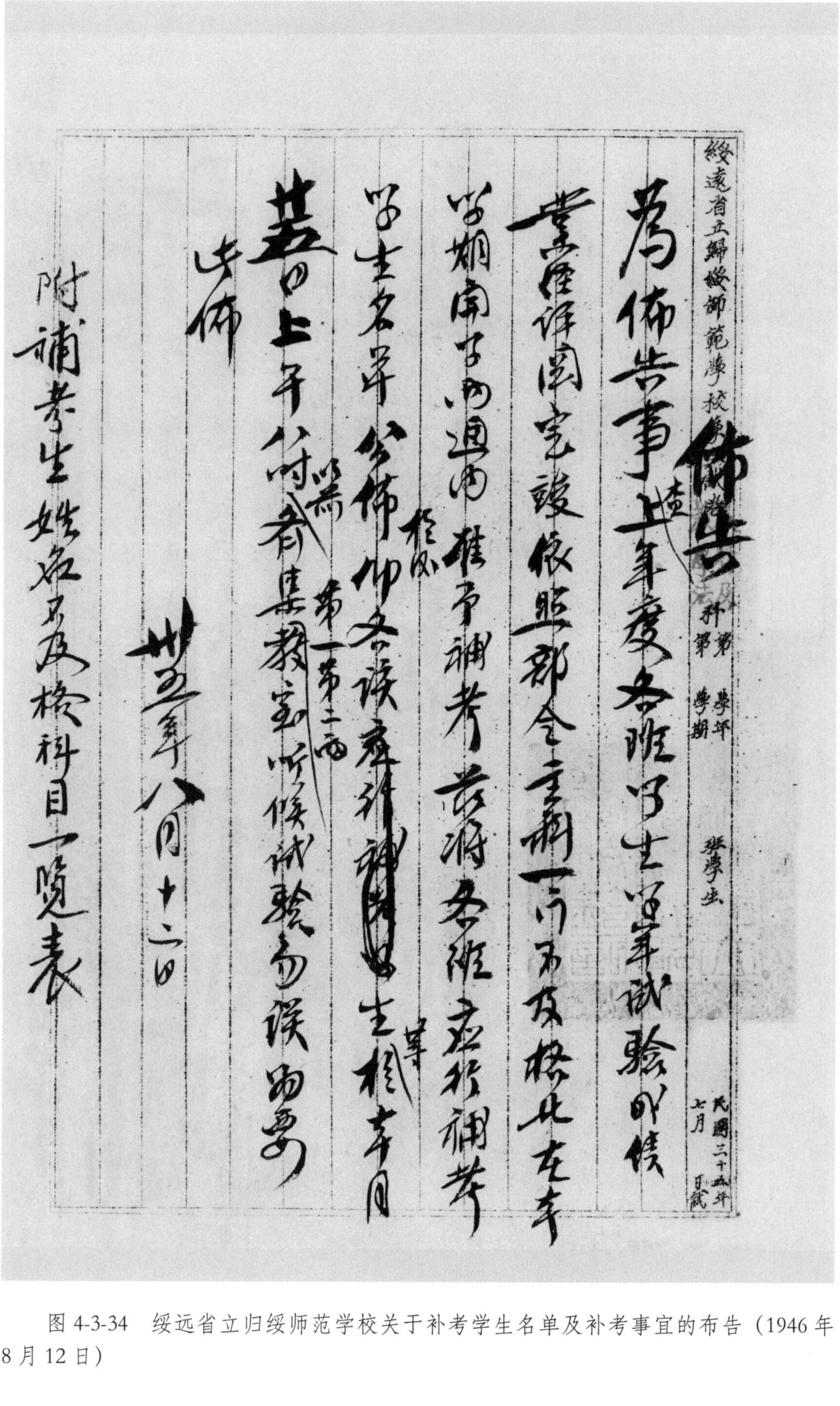

綏遠省立歸綏師範學校佈告

為佈告事：查上年度各班學生學年試驗成績業經評閱完竣，依照部令，主科一門不及格者，本年學期開學兩週內准予補考，茲將各班應行補考學生名單公佈，仰各該應行補考學生等於本月廿四日上午八時到集教室聽候試驗為要

此佈

卅五年八月十二日

附補考生姓名及不及格科目一覽表

图 4-3-34　绥远省立归绥师范学校关于补考学生名单及补考事宜的布告（1946 年 8 月 12 日）

事由

綏遠省立歸綏師範學校佈告

為佈告事：查本校各班學科業經截止於本月廿日，除音樂美術體育軍訓童子軍實用技藝隨堂試驗外，其餘各科按照寒假考試日程表於本月廿三日開始試驗。師範第三、四、五班在大禮堂合試外，其簡易師範及補習各班均在原班教室，仰各級學生一體週知。此佈

附寒假考試日程表一紙
試場須知

校長

主任

師(35)教字第十九號

中華民國三十五年十二月廿日

撰稿者 王建昇

图 4-3-35　绥远省立归绥师范学校关于寒假考试事宜的布告（附考试日程表及试场须知）（1946 年 12 月 20 日）（一）

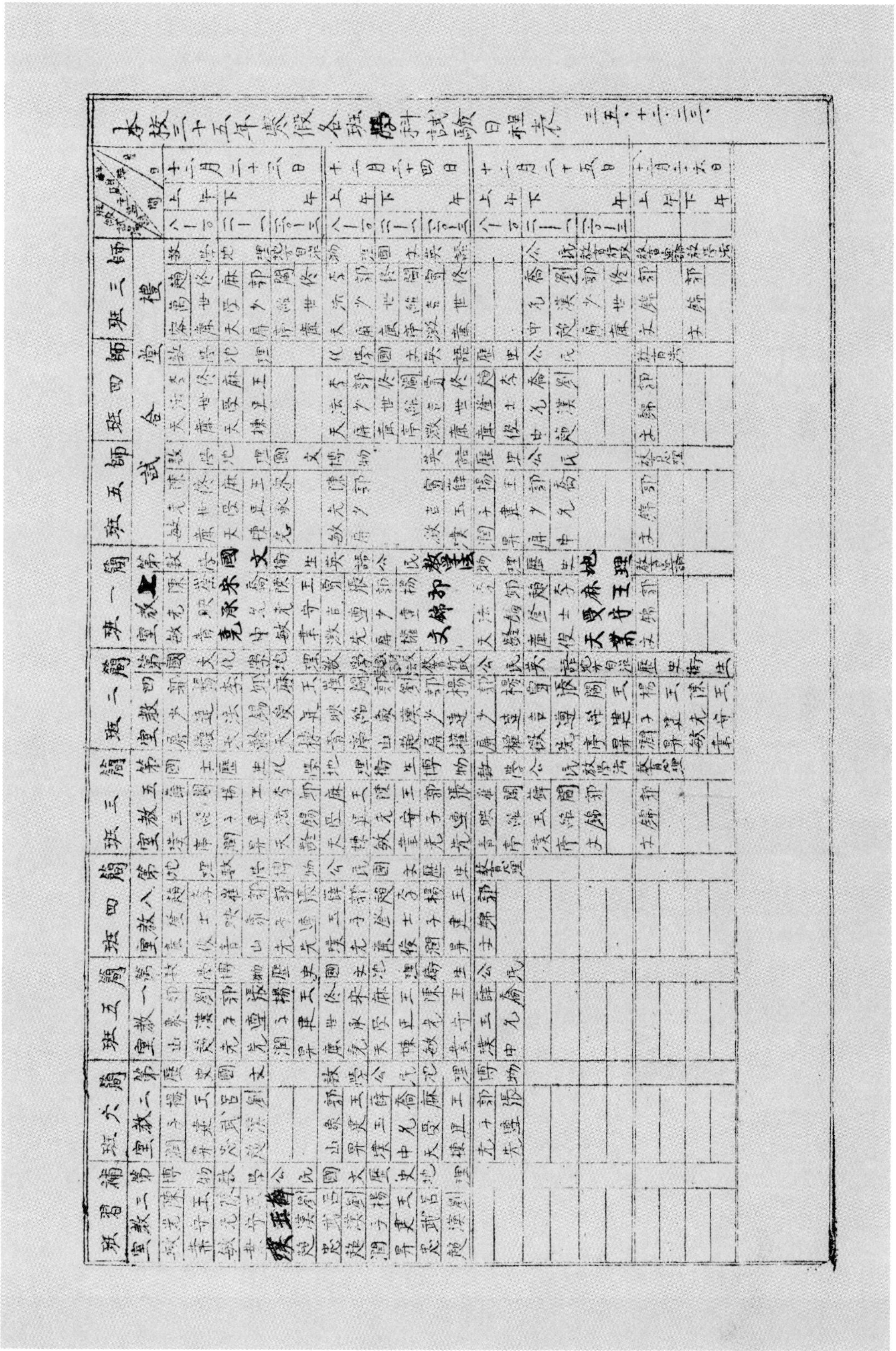
本校三十五年寒假各班學期試驗日程表

图 4-3-35　绥远省立归绥师范学校关于寒假考试事宜的布告（附考试日程表及试场须知）（1946 年 12 月 20 日）（二）

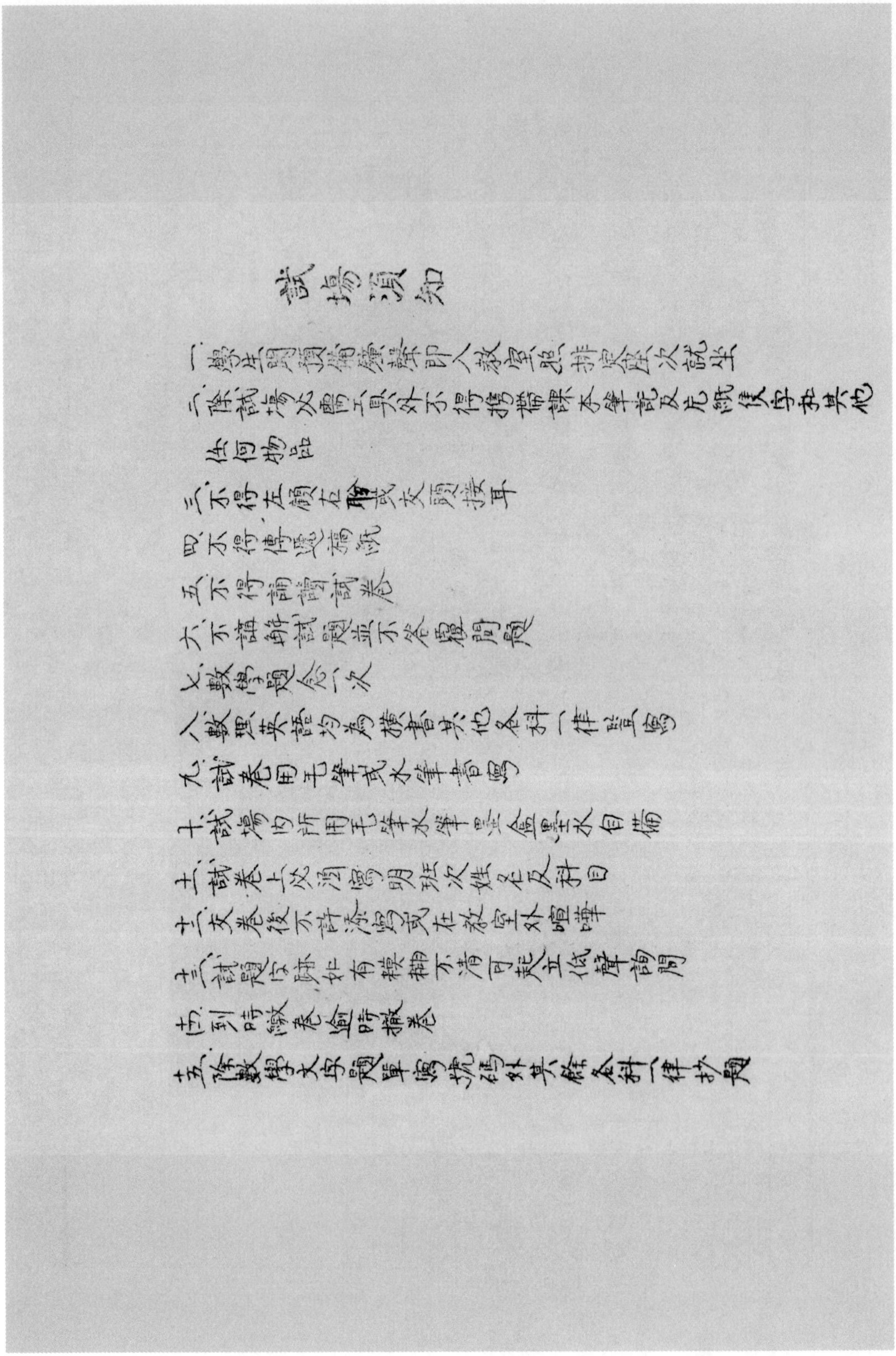

試場須知

一、學生聞預備鐘聲即入教室照排定座次就坐
二、除試場必需工具外不得攜帶課本筆記及片紙隻字和其他任何物品
三、不得左顧右盼或交頭接耳
四、不得傳遞稿紙
五、不得誦讀試卷
六、不講解試題並不答覆問題
七、數學題念一次
八、數理英語均為橫書其他各科一律豎寫
九、試卷用毛筆或水筆書寫
十、試場內所用毛筆水筆墨盒墨水自備
十一、試卷上必須寫明班次姓名及科目
十二、交卷後不許添寫或在教室外喧嘩
十三、試題字跡如有模糊不清可起立低聲詢問
十四、到時繳卷逾時撤卷
十五、除數學文字題單寫號碼外其餘各科一律抄題

图 4-3-35　绥远省立归绥师范学校关于寒假考试事宜的布告（附考试日程表及试场须知）（1946 年 12 月 20 日）（三）

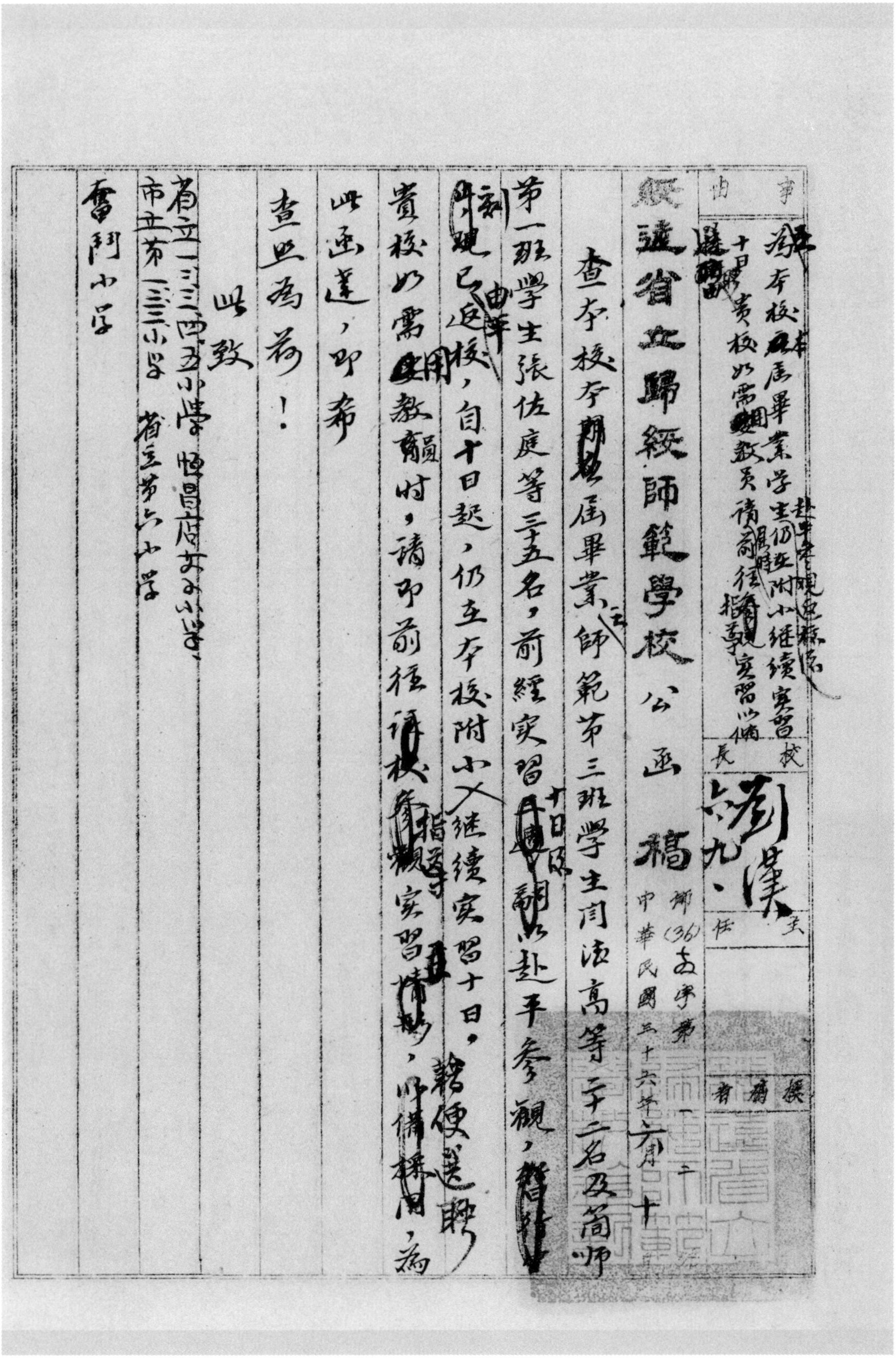

事由：為本校本屆畢業學生仍在附小繼續實習十日，貴校如需用教員，請前往指導實習以備[illegible]

綏遠省立歸綏師範學校公函稿

校長 劉漢

字第（36）號

中華民國三十六年六月十日

查本校本屆畢業師範第三班學生周湛高等二十二名及簡師第一班學生張佐庭等三十五名，前經實習赴平參觀，現已返校，自十日起，仍在本校附小繼續實習十日，貴校如需用教員時，請即前往指導實習，俾備採用，為此函達，即希

查照為荷！

此致

省立一、三、三四、五小學、市立第一、二、三小學、省立第六小學

舊門小學

图 4-3-36　绥远省立归绥师范学校关于指导实习以便选聘教员的公函（1947 年 6 月 10 日）

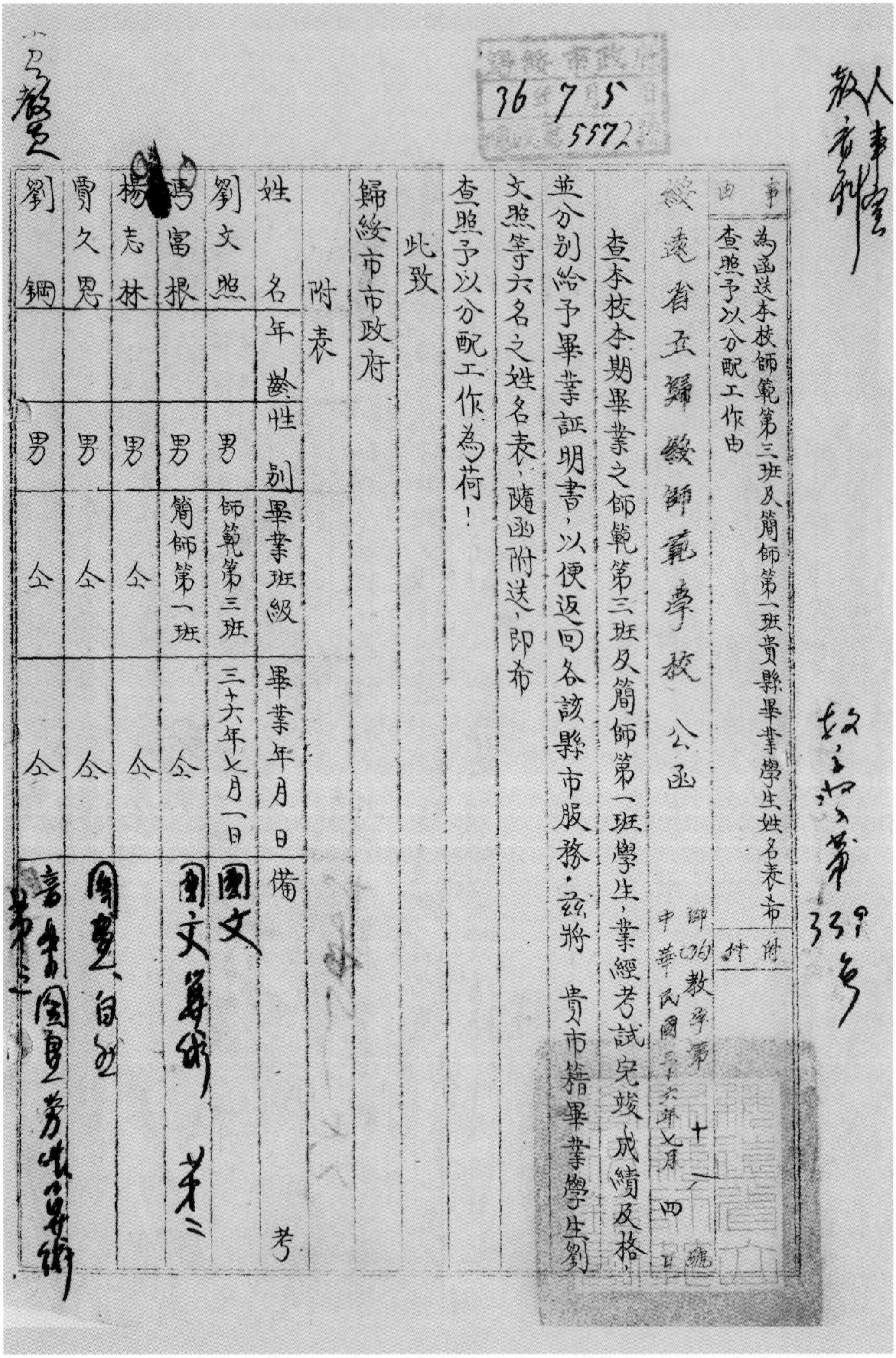

事由：為函送本校師範第三班及簡師第一班貴縣畢業學生姓名表希查照予以分配工作由

附件

綏遠省立歸綏師範學校 公函

歸(36)教字第 十一 號

中華民國三十六年七月 四 日

查本校本期畢業之師範第三班及簡師第一班學生，業經考試完竣，成績及格，並分別給予畢業証明書，以便返回各該縣市服務。茲將 貴市籍畢業學生劉文照等六名之姓名表，隨函附送，即希查照予以分配工作為荷！

此致

歸綏市市政府

附表

姓名	年齡	性別	畢業班級	畢業年月日	備考
劉文照		男	師範第三班	三十六年七月一日	國文
馮富根		男	簡師第一班	仝	國文算術 第二
楊志林		男	仝	仝	
賈久恩		男	仝	仝	國畫、自然
劉鋼		男	仝	仝	音樂國畫勞作算術 第二

图 4-3-37 绥远省立归绥师范学校为送毕业学生姓名表希予以分配工作致归绥市政府公函（1947 年 7 月 4 日）（一）

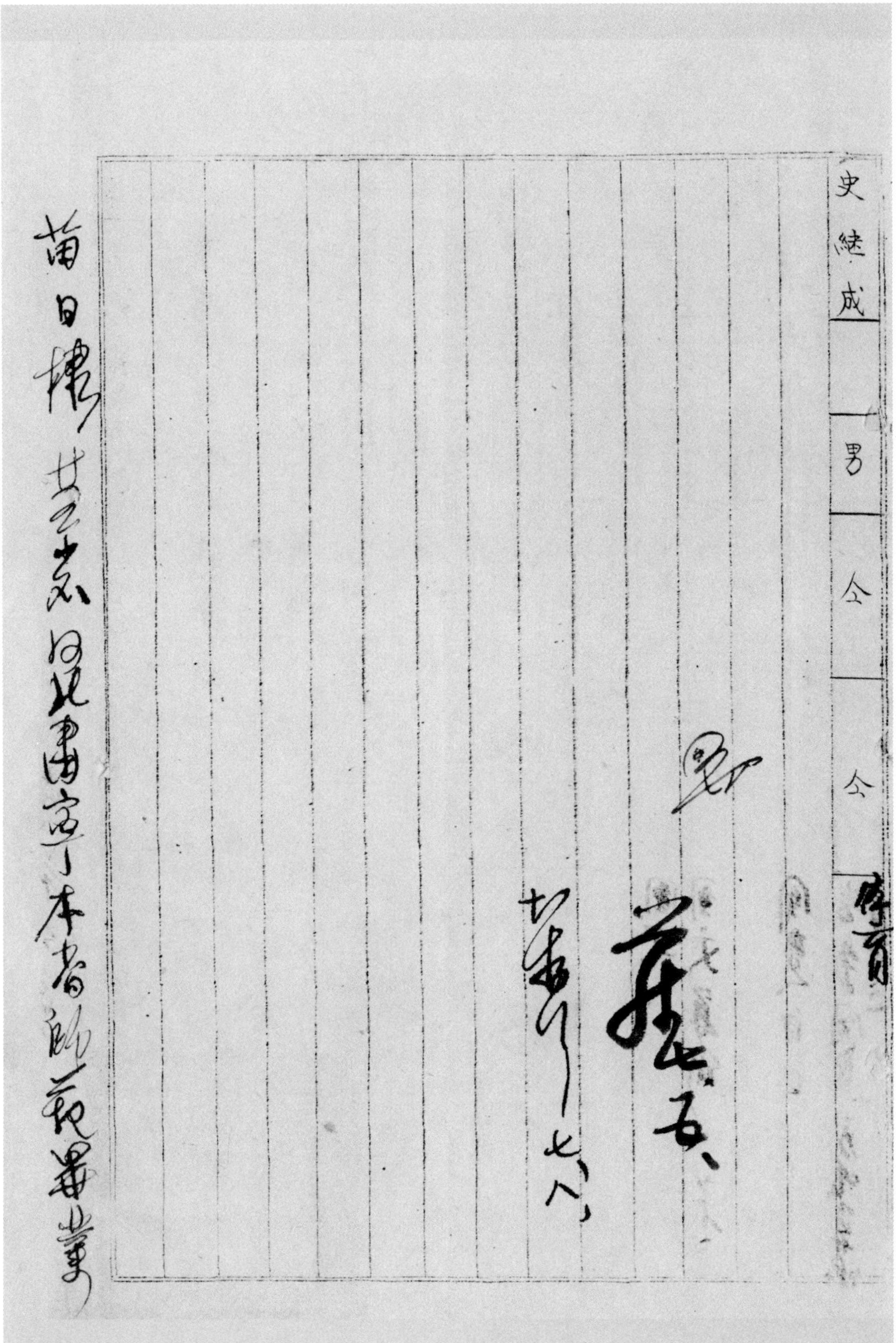
史続成 男 公 公

苗日增 廿三歲 本省師範畢業

图 4-3-37　绥远省立归绥师范学校为送毕业学生姓名表希予以分配工作致归绥市政府公函（1947 年 7 月 4 日）（二）

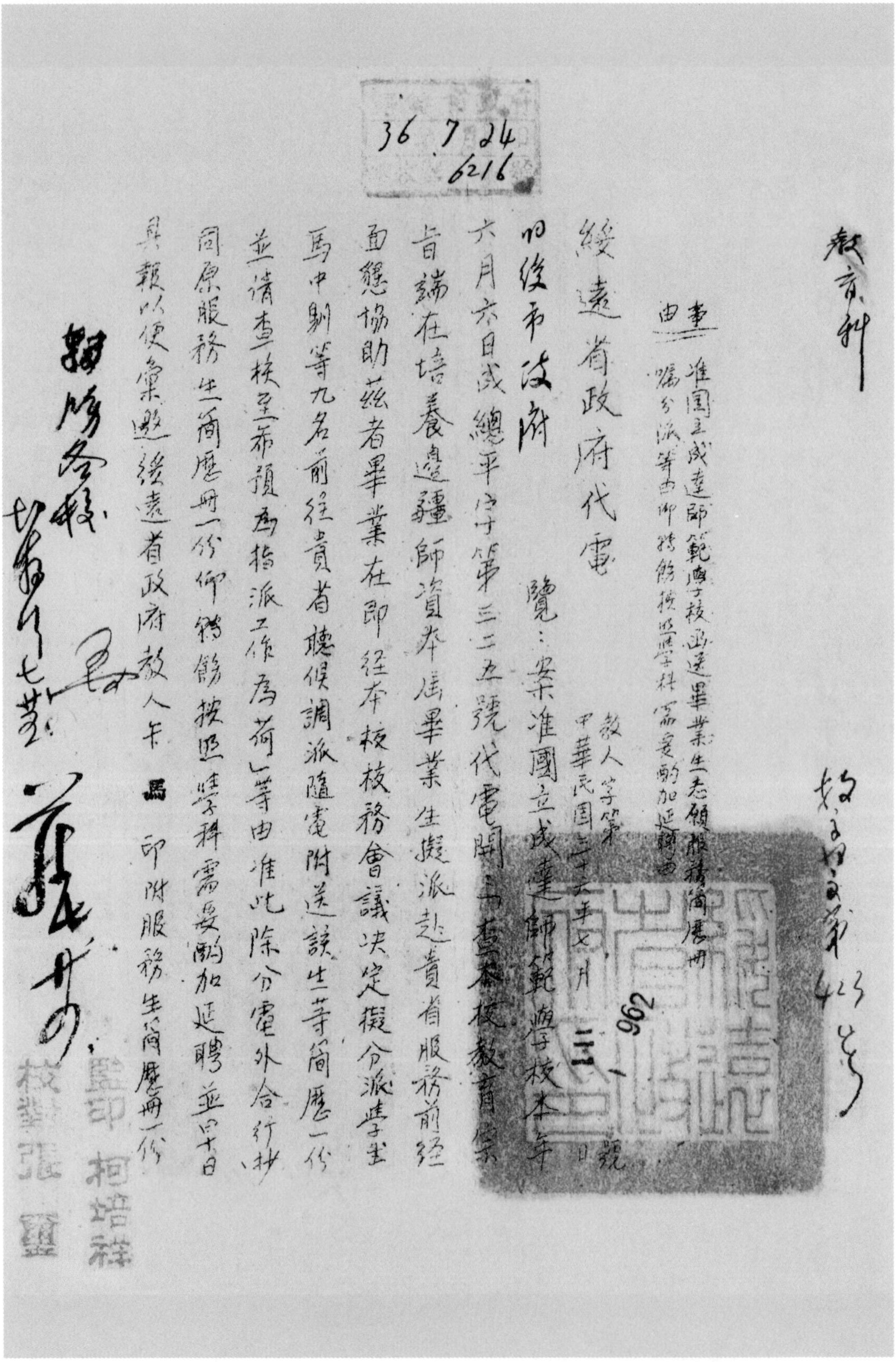
36.7.24
6216

教育科

事由：准國立成達師範學校函送畢業生志願服務簡歷冊囑分派等由仰轉飭按照學科需要酌加延聘由

綏遠省政府代電　教人字第　號　中華民國三十六年七月　日

歸綏市政府覽：案准國立成達師範學校本年六月六日成總平字第三二五號代電開：「查本校教育宗旨端在培養邊疆師資，本屆畢業生擬派赴貴省服務，前經函懇協助，茲者畢業在即，經本校校務會議決定擬分派學生馬中驯等九名前往貴省聽候調派，隨電附送該生等簡歷一份，並請查核呈布預為指派工作為荷」等由，准此，除分電外，合行抄同原服務生簡歷冊一份，仰轉飭按照學科需要酌加延聘，並限十日具報，以便彙辦。綏遠省政府教人午馬印　附服務生簡歷冊一份

監印 柯培祥
校對 張璽

图 4-3-38　绥远省政府为转发国立成达师范学校函送毕业生志愿服务简历册并按照学科需要酌加延聘给归绥市政府代电（附服务生简历册）（1947 年 7 月 21 日）（一）

國立成達師範學校卅五年度應屆畢業生分派綏遠省服務生簡表

姓名	年齡	性別	籍貫	担任職務	備註
馬中馴	二〇	男	雲南武定	各年級科任	該生係師範班畢業
張玉崑	二二	男	河北順義	各年級級任	〃
張運芳	二一	男	雲南尋甸	中高級級任	〃
定正賢	一九	男	湘常德	級任或科任	該生係簡師班畢業
宗景行	一九	男	皖安慶	〃	〃
陳萬芝	一九	男	湘常德	各級科任	〃
馬長保	一八	男	湘益陽	初中級〃任	〃
賀國南	二〇	男	閩福州	級任或科任	該生係河大專修班畢業
馬慶榮	二〇	男	滇蒙化	級任或科任	〃

图 4-3-38　绥远省政府为转发国立成达师范学校函送毕业生志愿服务简历册并按照学科需要酌加延聘给归绥市政府代电（附服务生简历册）（1947 年 7 月 21 日）（二）

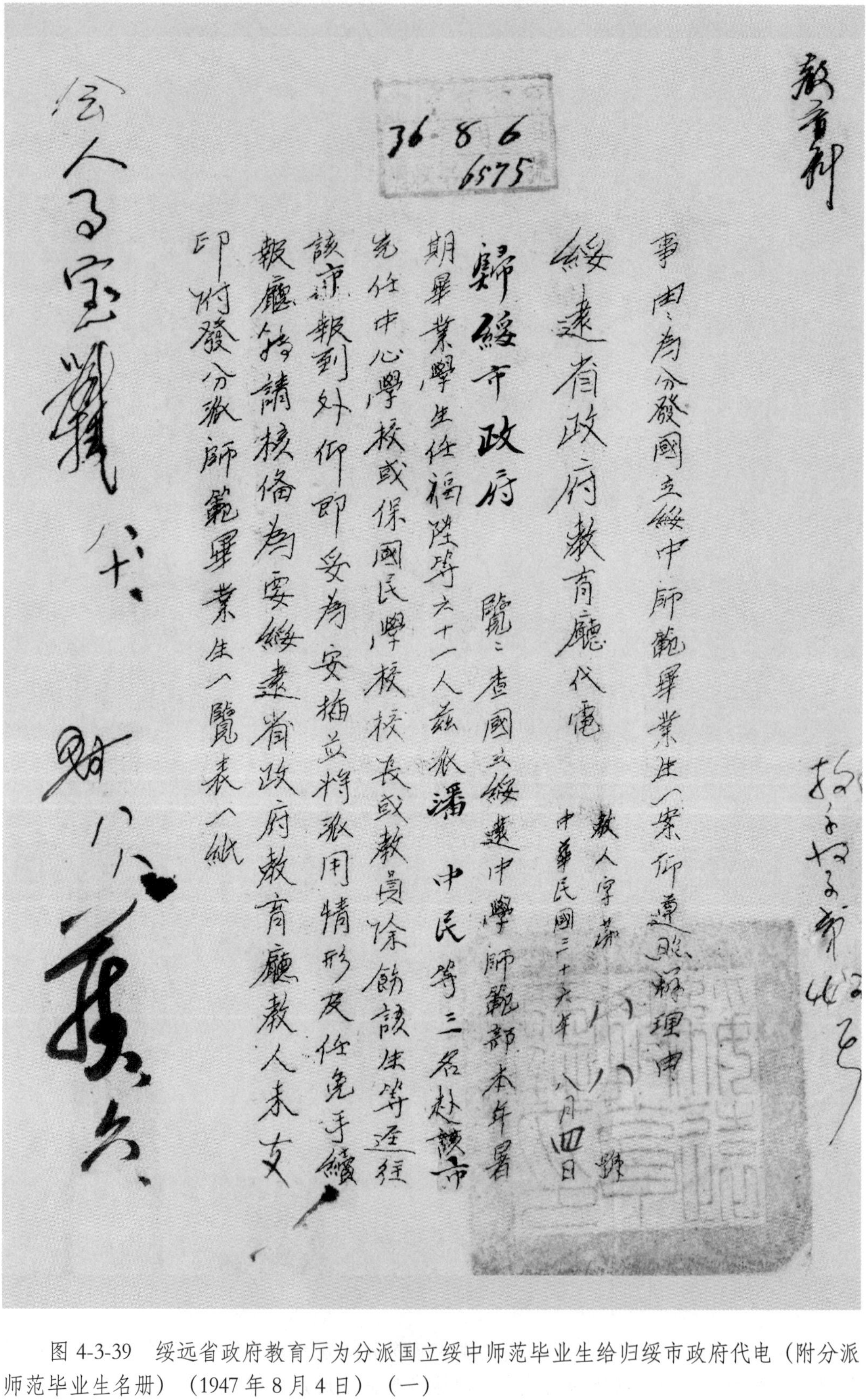

教育科

36·8·6
6575

事由：為分發國立綏中師範畢業生一案仰遵照辦理由

綏遠省政府教育廳代電　教人字第　號

中華民國三十六年八月四日

歸綏市政府覽：查國立綏遠中學師範部本年暑期畢業學生任福陞等六十一人茲派潘中民等三名赴該市先任中心學校或保國民學校校長或教員，除飭該生等逕赴該市報到外，仰即妥為安插，並將派用情形及任免手續報廳，請核備為要。綏遠省政府教育廳教人未支印。附發分派師範畢業生一覽表一紙。

交人事室辦　八、十

擬交教育科

图 4-3-39　绥远省政府教育厅为分派国立绥中师范毕业生给归绥市政府代电（附分派师范毕业生名册）（1947 年 8 月 4 日）（一）

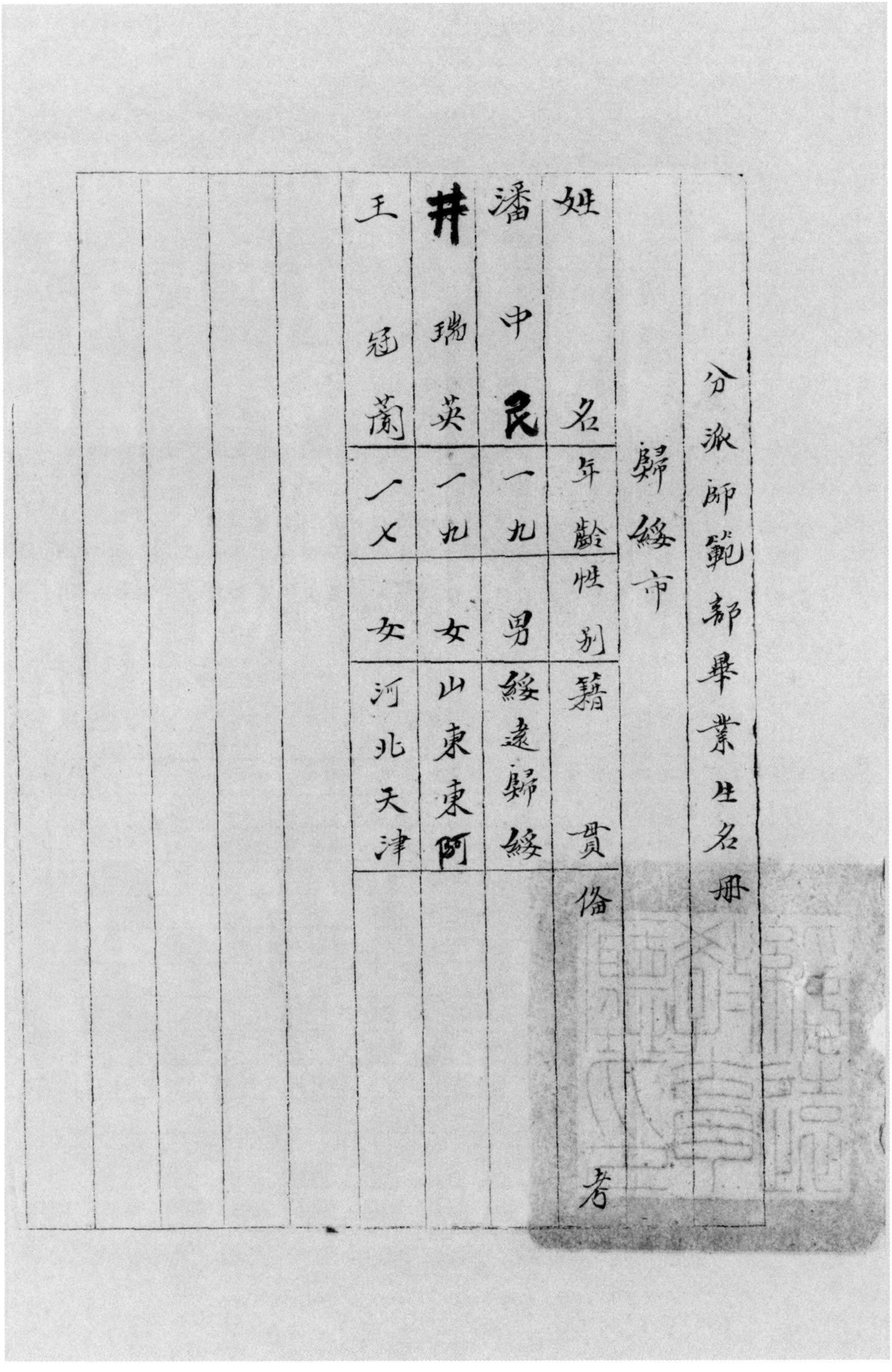

分派師範部畢業生名冊

歸綏市

姓名	年齡	性別	籍貫	備考
潘中民	一九	男	綏遠歸綏	
井瑞英	一九	女	山東東阿	
王冠蘭	一七	女	河北天津	

图 4-3-39　绥远省政府教育厅为分派国立绥中师范毕业生给归绥市政府代电（附分派师范毕业生名册）（1947 年 8 月 4 日）（二）

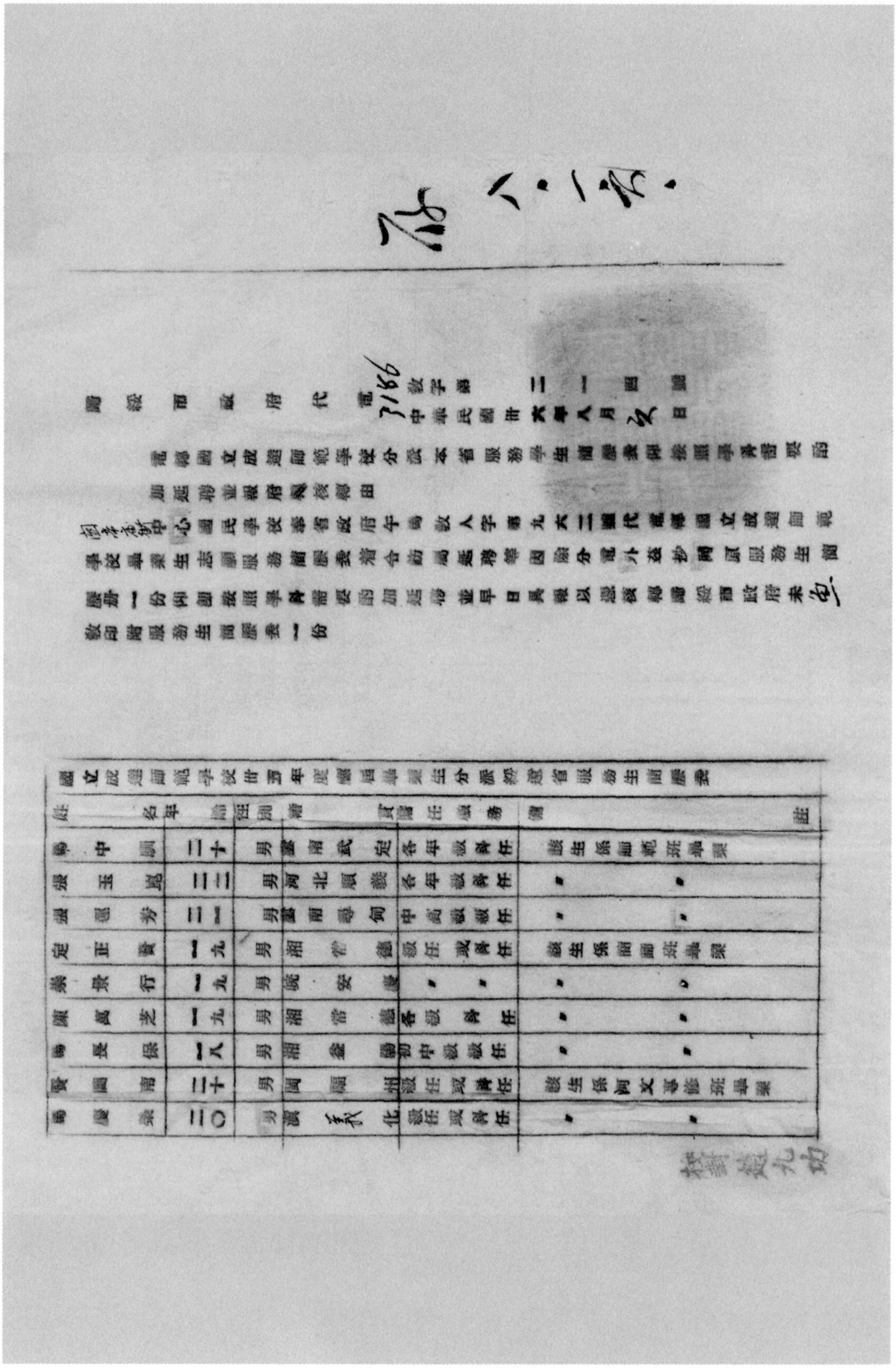

归绥市政府代电 7166 教字第二一四号 中华民国卅六年八月六日

电转国立成达师范学校分派本省服务学生简历表仰按照学科需要酌加延聘并报府备查由

关帝庙街中心国民学校奉省政府午鱼教人字第九六二号代电略开国立成达师范学校毕业生志愿服务简历表希令饬酌予延聘等因除分电外兹抄附原服务生简历表一份仰即按照学科需要酌加延聘并早日具报以凭核转归绥市政府未鱼教印附服务生简历表一份

国立成达师范学校卅四年度师范部毕业生分派绥远省服务生简历表

姓名	年龄	性别	籍贯	宜担任职务	备注
马中刚	二十	男	宁夏[illegible]	各年级级任	该生系师范班毕业
张玉[illegible]	二三	男	河北顺义	各年级级任	〃 〃
温[illegible]芳	二一	男	宁夏[illegible]	中高级级任	〃 〃
定正宝	一九	男	湘常德	级任或科任	该生系简师班毕业
[illegible]康行	一九	男	皖安庆	〃 〃	〃 〃
陈[illegible]芝	一九	男	湘常德	各级科任	〃 〃
马长保	一八	男	湘[illegible]	初中级级任	〃 〃
[illegible]	二十	男	[illegible]	级任或科任	该生系阿文专修班毕业
马[illegible]	二〇	男	[illegible]	级任或科任	〃 〃

图 4-3-40 归绥市政府为转发国立成达师范学校分派本省服务学生简历表并按照学科需要酌加延聘给关帝庙街中心国民学校代电（1947 年 8 月 6 日）

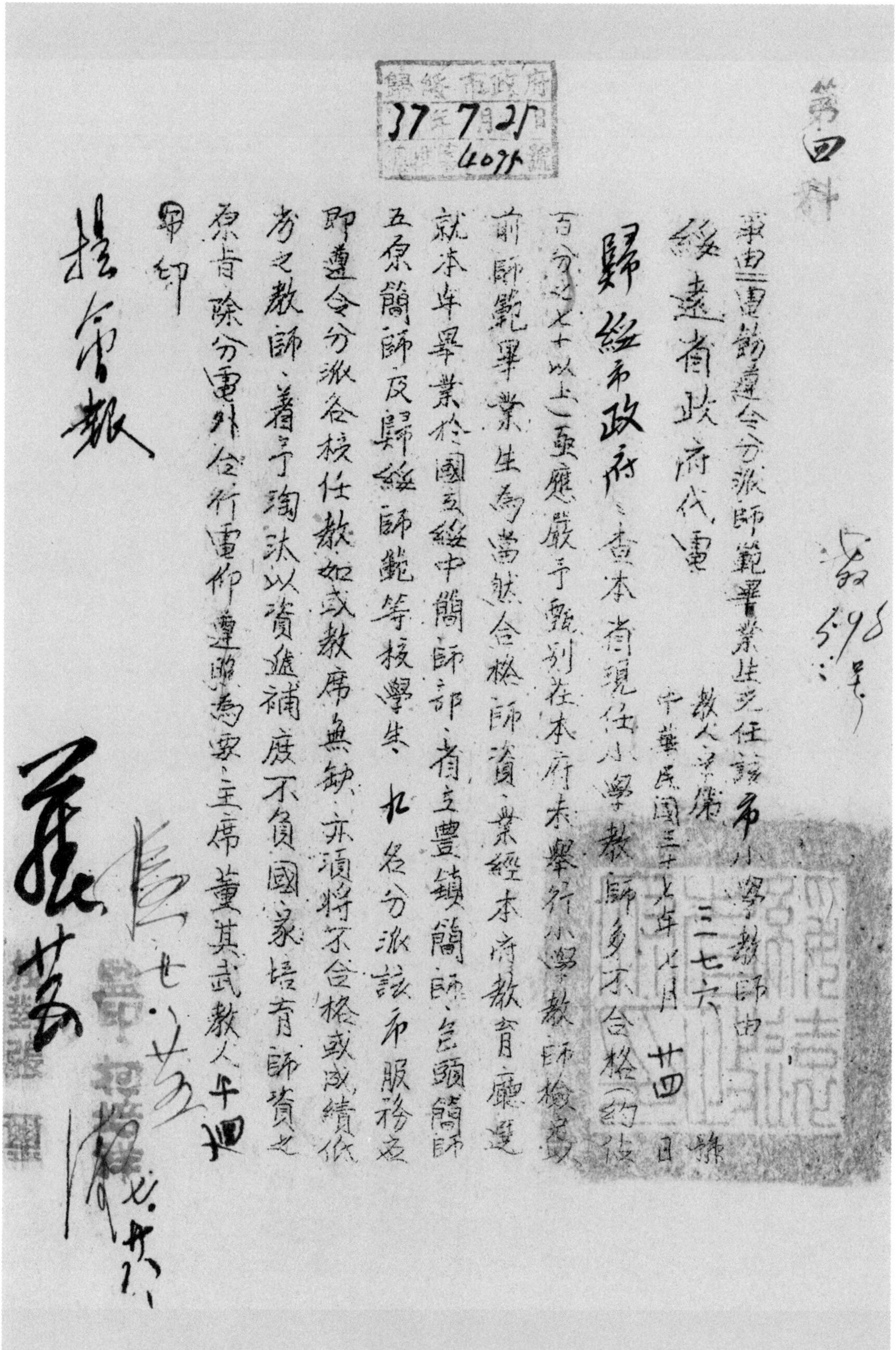

歸綏市政府 37 7 25 4095

第四科

548號

事由：電飭遵令分派師範畢業生充任該市小學教師由

綏遠省政府代電 教人字第 三七六 號 中華民國三十七年七月廿四日

歸綏市政府：查本省現任小學教師多不合格（約佔百分之七十以上）亟應嚴予甄別，在本府未舉行小學教師檢定前，師範畢業生為當然合格師資，業經本府教育廳選就本年畢業於國立綏中簡師部、省立豐鎮簡師、包頭簡師、五原簡師及歸綏師範等校學生 九 名分派該市服務，應即遵令分派各校任教，如或教席無缺，亦須將不合格或成績低劣之教師，着予淘汰，以資遞補，庶不負國家培育師資之原旨，除分電外，合行電仰遵照為要。主席董其武教人午迴印

擬令報

七、廿五

七、廿六

图 4-3-41 绥远省政府关于分派师范毕业生充任小学教师给归绥市政府代电（1948 年 7 月 24 日）

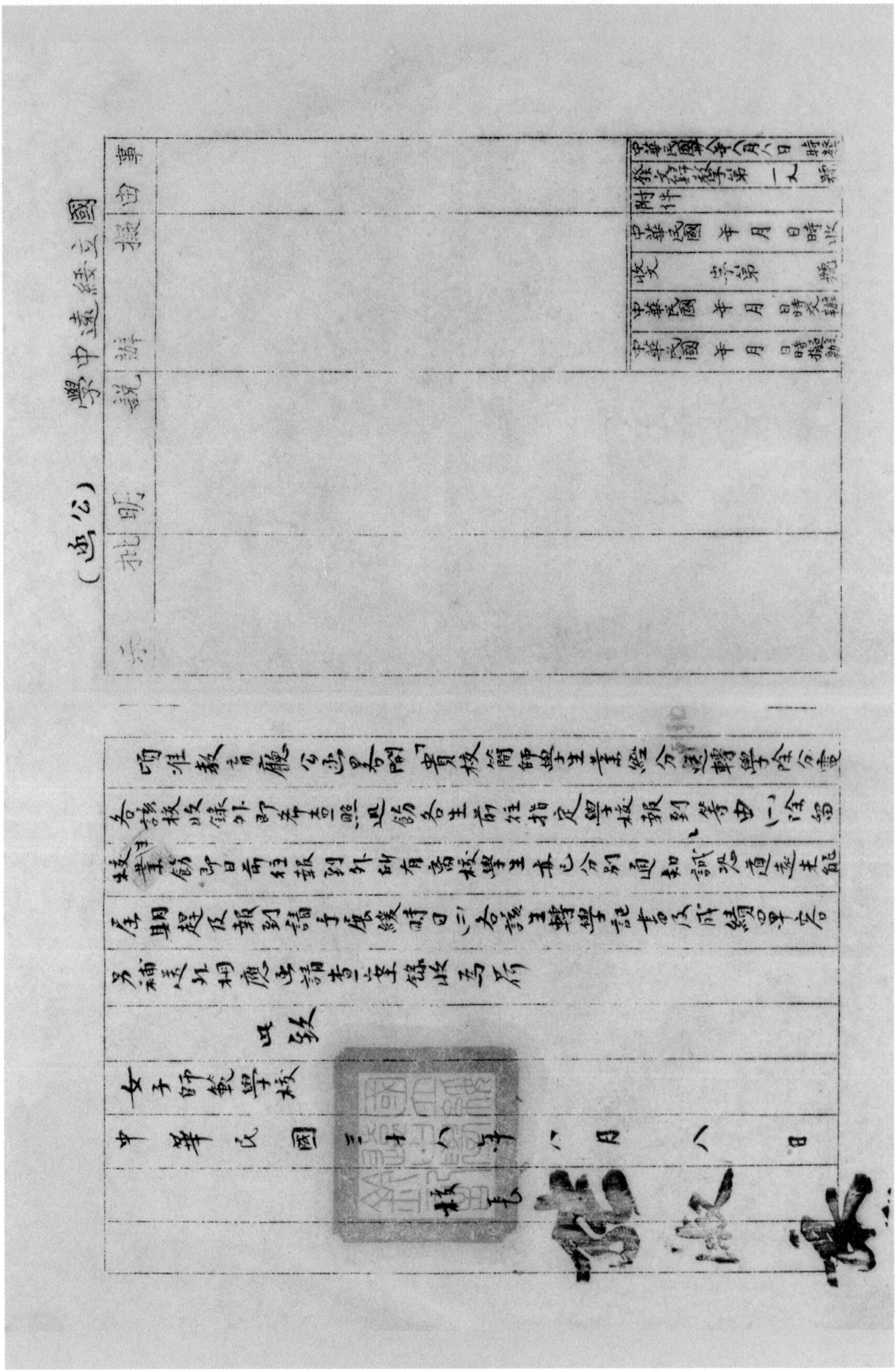

图 4-3-42　国立绥远中学为简师学生转学事宜给女子师范学校公函（1949 年 8 月 8 日）

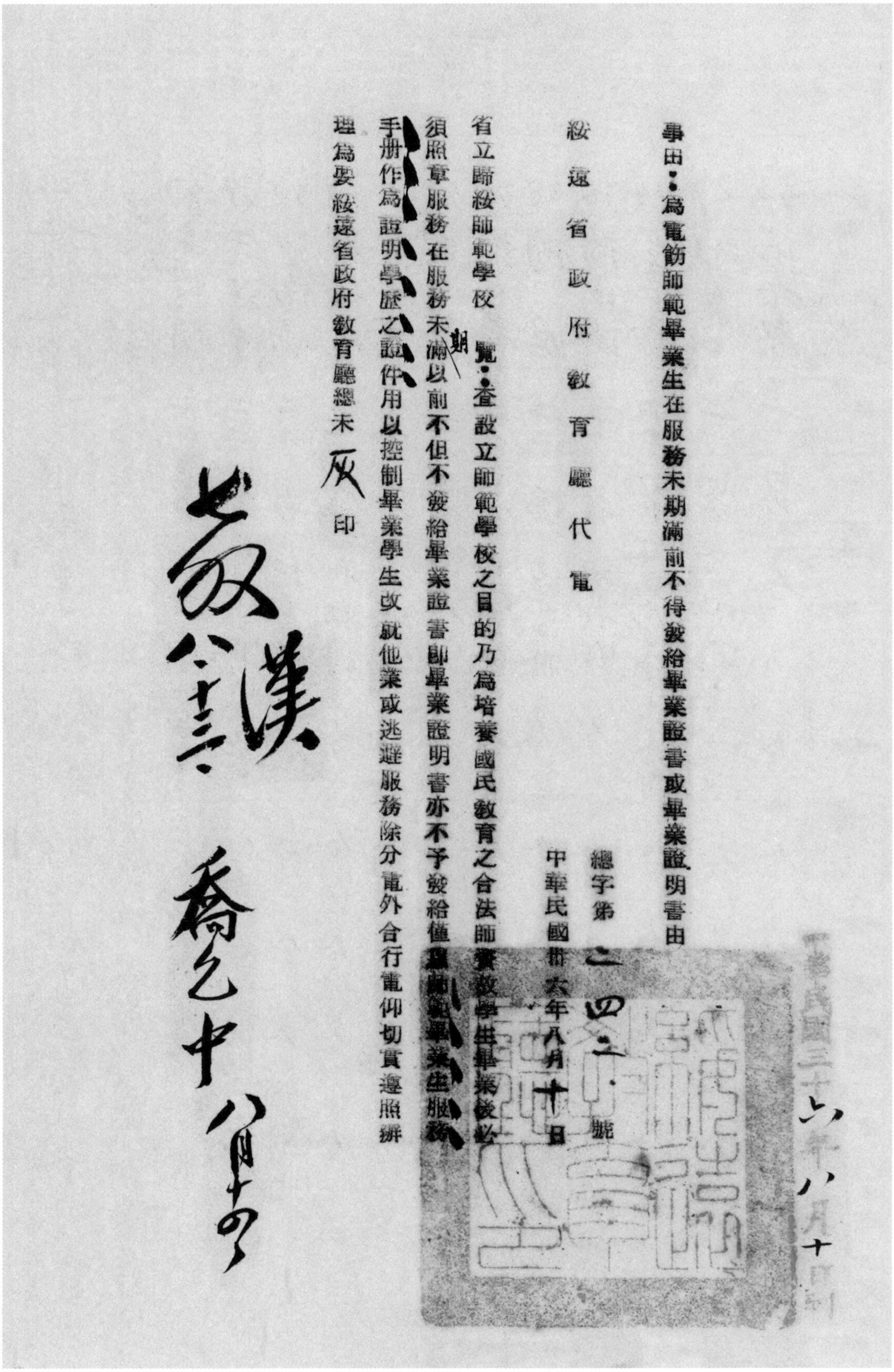

事由：為電飭師範畢業生在服務未期滿前不得發給畢業證書或畢業證明書由

綏遠省政府教育廳代電

總字第二四二號

中華民國卅六年八月十日

省立歸綏師範學校覽：查設立師範學校之目的乃為培養國民教育之合法師資故學生畢業後必須照章服務在服務未期滿以前不但不發給畢業證書即畢業證明書亦不予發給僅以師範畢業生服務手冊作為證明學歷之證件用以控制畢業學生改就他業或逃避服務除分電外合行電仰切實遵照辦理為要綏遠省政府教育廳總未灰印

中華民國三十六年八月十日到

图 4-3-43 绥远省政府教育厅为师范毕业生至服务未期满前不得发给毕业证书或毕业证明书给省立归绥师范学校代电（1947 年 8 月 10 日）

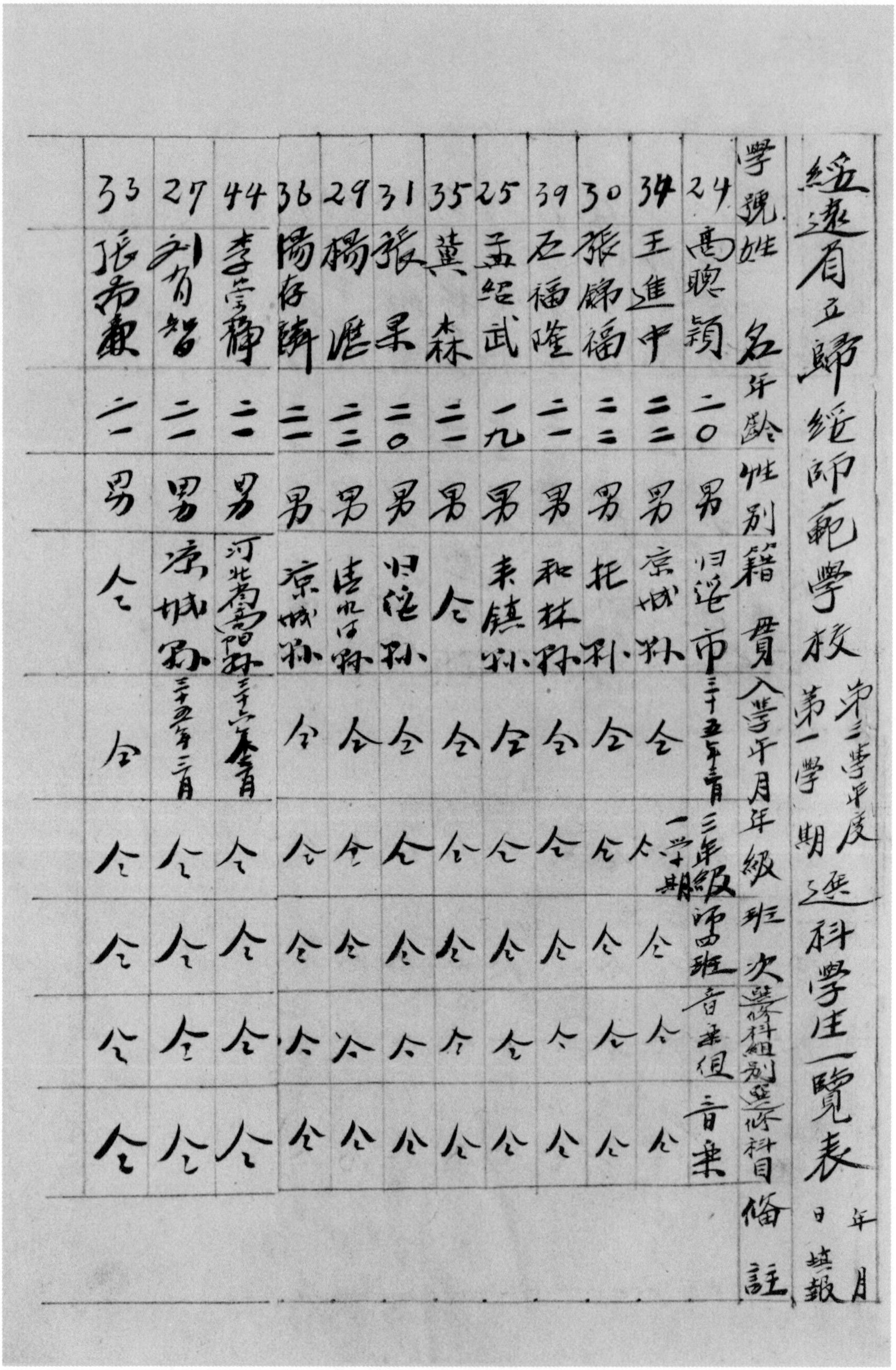

綏遠省立歸綏師範學校第三學年度第一學期選科學生一覽表

年 月 日填報

學號	姓名	年齡	性別	籍貫	入學年月	年級班次	選修科組別	選修科目	備註
24	高聰穎	二〇	男	歸綏市	三十五年二月	三年級師四班一學期	音樂組	音樂	
34	王進中	二二	男	涼城縣	仝	仝	仝	仝	
30	張錦福	二二	男	托縣	仝	仝	仝	仝	
39	石福隆	二一	男	和林縣	仝	仝	仝	仝	
25	孟紹武	一九	男	豐鎮縣	仝	仝	仝	仝	
35	冀森	二一	男	仝	仝	仝	仝	仝	
31	張杲	二〇	男	歸綏縣	仝	仝	仝	仝	
29	楊滙	二三	男	清水河縣	仝	仝	仝	仝	
36	楊存濟	二二	男	涼城縣	仝	仝	仝	仝	
44	李學靜	二二	男	河北省高陽縣	三十六年八月	仝	仝	仝	
27	劉有智	二二	男	涼城縣	三十五年二月	仝	仝	仝	
33	張希康	二一	男	仝	仝	仝	仝	仝	

图 4-3-44　绥远省立归绥师范学校第三学年度第一学期选科学生一览表（节选）（1947 年 9 月 20 日）

四　总务工作

綏遠省立歸綏師範學校修建校舍所需各項工料估價總冊

三十五年四月卅

图 4-4-1　绥远省立归绥师范学校修建校舍所需各项工料估价总册（1946 年 4 月 30 日）（节选）（一）

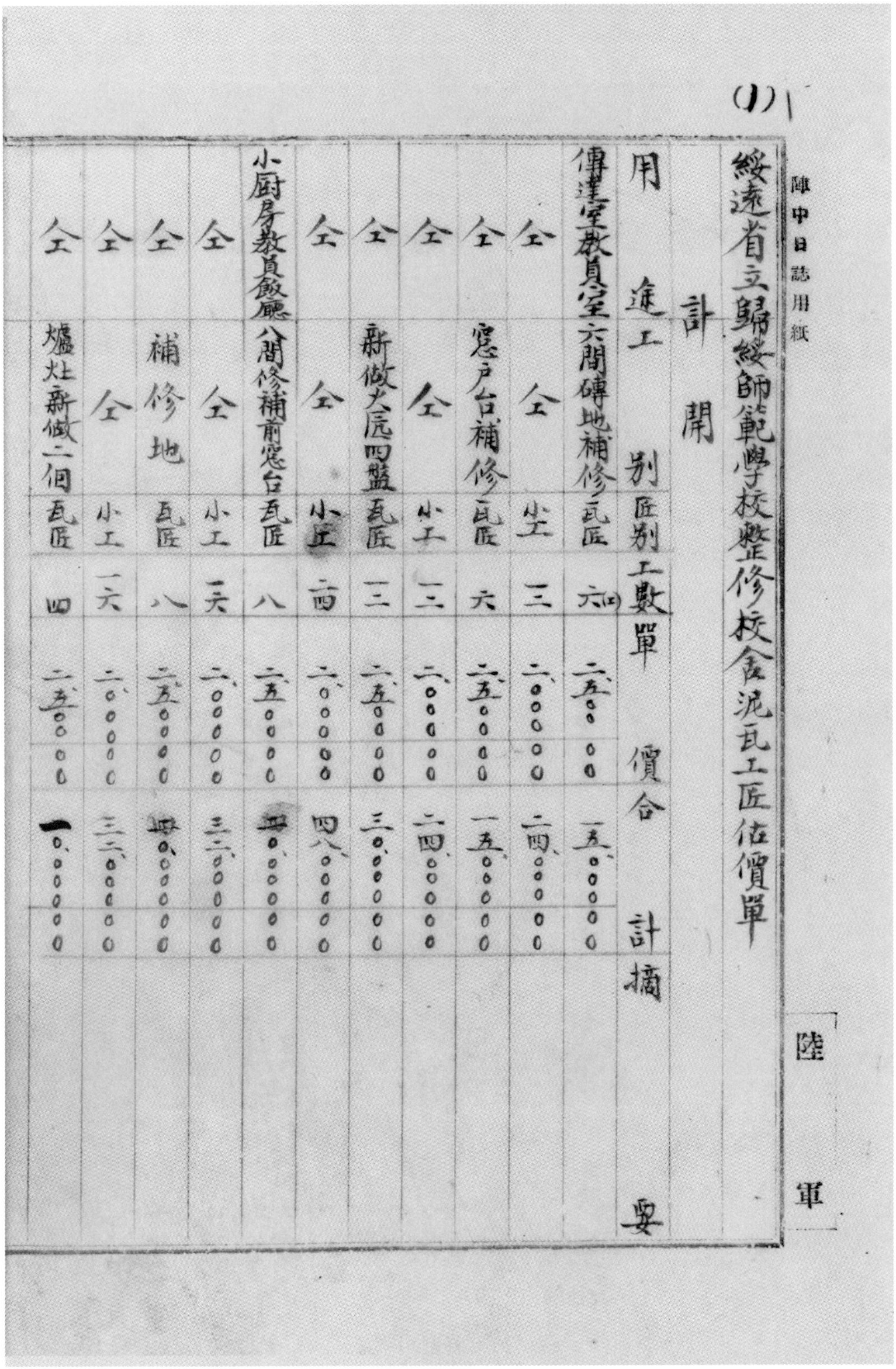

(1)

陣中日誌用紙

綏遠省立歸綏師範學校整修校舍泥瓦工匠估價單

計開

用途	工別匠別	工數	單價	合計	摘要
傳達室教員室六間磚地補修	瓦匠	六	二、五〇〇〇〇	一五、〇〇〇〇〇〇	
仝 仝	小工	一二	二、〇〇〇〇〇	二四、〇〇〇〇〇〇	
仝 窗戶台補修	瓦匠	六	二、五〇〇〇〇	一五、〇〇〇〇〇〇	
仝 仝	小工	一二	二、〇〇〇〇〇	二四、〇〇〇〇〇〇	
仝 新做火炕四盤	瓦匠	一二	二、五〇〇〇〇	三〇、〇〇〇〇〇〇	
仝 仝	小工	二四	二、〇〇〇〇〇	四八、〇〇〇〇〇〇	
小厨房教員飯廳八間修補前窗台	瓦匠	八	二、五〇〇〇〇	廿〇、〇〇〇〇〇〇	
仝 仝	小工	一六	二、〇〇〇〇〇	三二、〇〇〇〇〇〇	
仝 補修地	瓦匠	八	二、五〇〇〇〇	廿〇、〇〇〇〇〇〇	
仝 仝	小工	一六	二、〇〇〇〇〇	三二、〇〇〇〇〇〇	
仝 爐灶新做二個	瓦匠	四	二、五〇〇〇〇	一〇、〇〇〇〇〇〇	

陸軍

图 4-4-1　绥远省立归绥师范学校修建校舍所需各项工料估价总册（1946 年 4 月 30 日）（节选）（二）

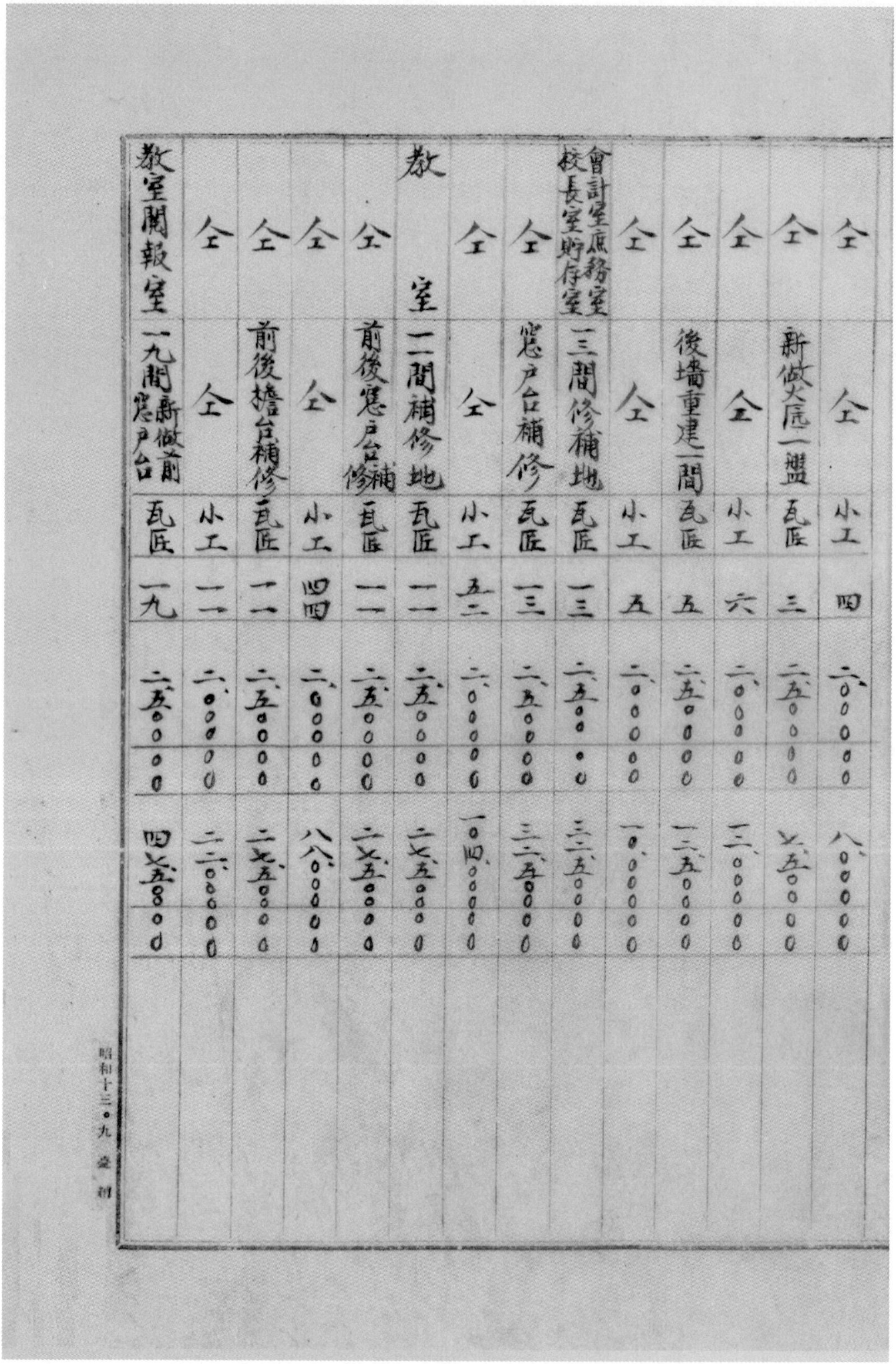

仝	仝	小工	四	二,〇〇〇〇〇	八,〇〇〇〇〇
仝	新做大匠一盤	瓦匠	三	二,五〇〇〇〇	七,五〇〇〇〇
仝	仝	小工	六	二,〇〇〇〇〇	一二,〇〇〇〇〇
仝	後墻重建一間	瓦匠	五	二,五〇〇〇〇	一二,五〇〇〇〇
仝	仝	小工	五	二,〇〇〇〇〇	一〇,〇〇〇〇〇
會計室庶務室校長室貯存室	一三間修補地	瓦匠	一三	二,五〇〇〇〇	三二,五〇〇〇〇
仝	窓户台補修	瓦匠	一三	二,五〇〇〇〇	三二,五〇〇〇〇
仝	仝	小工	五二	二,〇〇〇〇〇	一〇四,〇〇〇〇〇
教室	一一間補修地	瓦匠	一一	二,五〇〇〇〇	二七,五〇〇〇〇
仝	前後窓户台修補	瓦匠	一一	二,五〇〇〇〇	二七,五〇〇〇〇
仝	仝	小工	四四	二,〇〇〇〇〇	八八,〇〇〇〇〇
仝	前後擔台補修	瓦匠	一一	二,五〇〇〇〇	二七,五〇〇〇〇
仝	仝	小工	一一	二,〇〇〇〇〇	二二,〇〇〇〇〇
教室閲報室	一九間新做前窓户台	瓦匠	一九	二,五〇〇〇〇	四七,五〇〇〇〇

昭和十三·九 壹利

图 4-4-1　绥远省立归绥师范学校修建校舍所需各项工料估价总册（1946 年 4 月 30 日）（节选）（三）

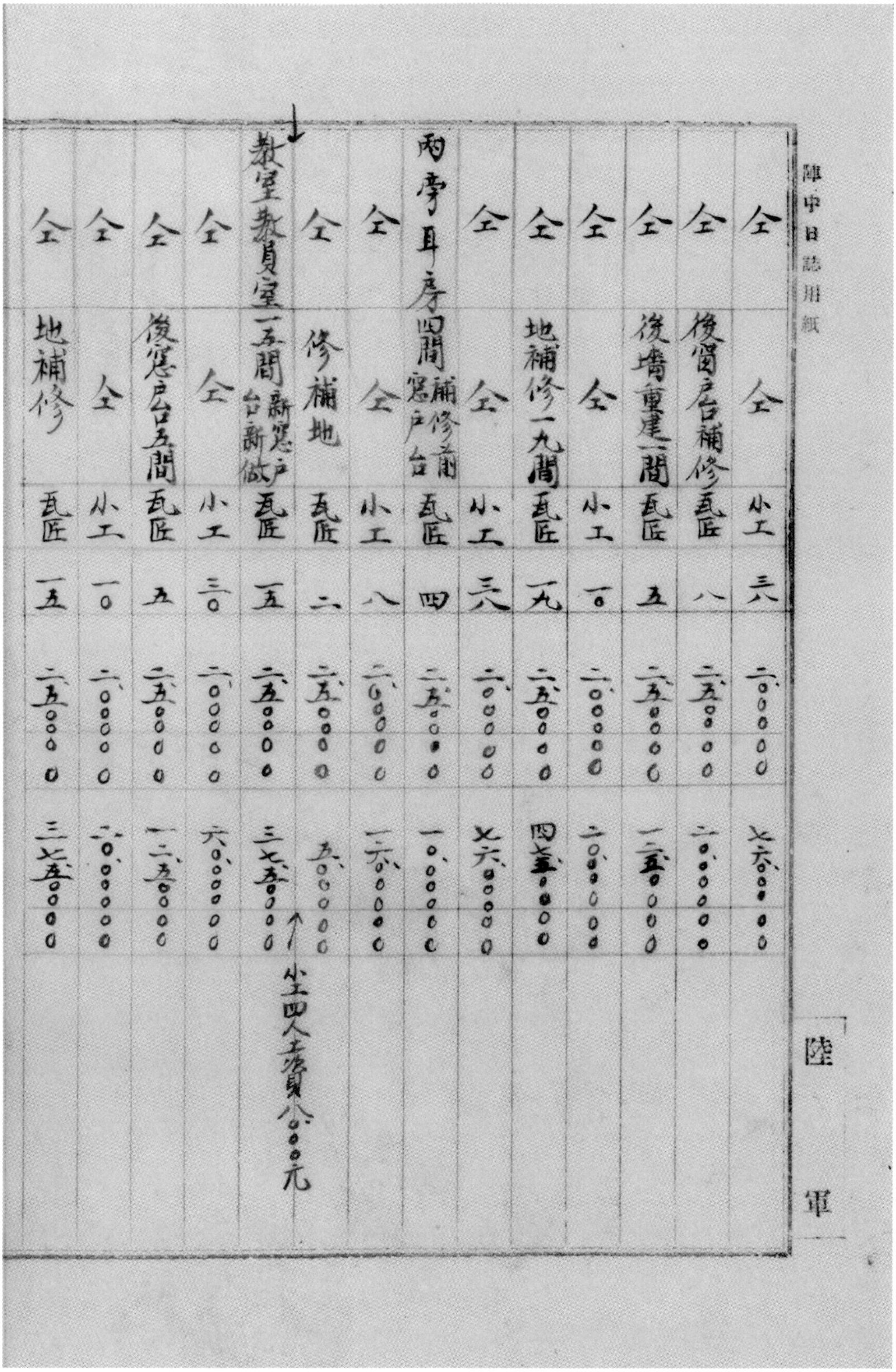

陣中日誌用紙

项目	工程	工种	人数	单价	合计
仝	仝	小工	三六	二〇〇〇〇	七二〇〇〇〇
仝	後窗戶台補修	瓦匠	八	二五〇〇〇	二〇〇〇〇〇
仝	後墻重建一間	瓦匠	五	二五〇〇〇	一二五〇〇〇
仝	仝	小工	一〇	二〇〇〇〇	二〇〇〇〇〇
仝	地補修一九間	瓦匠	一九	二五〇〇〇	四七五〇〇〇
仝	仝	小工	三八	二〇〇〇〇	七六〇〇〇〇
兩旁耳房四間	補修前窗戶台	瓦匠	四	二五〇〇〇	一〇〇〇〇〇
仝	仝	小工	八	二〇〇〇〇	一六〇〇〇〇
仝	修補地	瓦匠	二	二五〇〇〇	五〇〇〇〇
教室教員室一五間	新窗戶台新做	瓦匠	一五	二五〇〇〇	三七五〇〇〇
仝	仝	小工	三〇	二〇〇〇〇	六〇〇〇〇〇
仝	後窗戶台五間	瓦匠	五	二五〇〇〇	一二五〇〇〇
仝	仝	小工	一〇	二〇〇〇〇	二〇〇〇〇〇
仝	地補修	瓦匠	一五	二五〇〇〇	三七五〇〇〇

小工四人工資八〇〇〇〇元

陸軍

图 4-4-1　绥远省立归绥师范学校修建校舍所需各项工料估价总册（1946 年 4 月 30 日）（节选）（四）

仝	仝	小工	三〇	二、〇〇〇	六〇、〇〇〇
學生寢室	六〇間前窗户台補修	瓦匠	六〇、	二、五〇〇	一五〇、〇〇〇
仝	仝	小工	六〇	二、〇〇〇	一二〇、〇〇〇
仝	火炕新做六〇盤	瓦匠	一二〇	二、五〇〇	三〇〇、〇〇〇
仝	仝	小工	二四〇	二、〇〇〇	四八〇、〇〇〇
仝	地補修六〇間	瓦匠	六〇	二、五〇〇	一五〇、〇〇〇
仝	仝	小工	六〇	二、〇〇〇	一二〇、〇〇〇
仝	各墻壁重建三間	瓦匠	九、	二、五〇〇	二二、五〇〇
仝	仝	小工	一八	二、〇〇〇	三六、〇〇〇
仝	前後檐台補修	瓦匠	一二〇	二、五〇〇	三〇〇、〇〇〇
學生大飯廳	二間前後窗台修補	瓦匠	二一	二、五〇〇	五二、五〇〇
仝	仝	小工	二一	二、〇〇〇	四二、〇〇〇
仝	重敷地二十一間	瓦匠	四二	二、五〇〇	一〇五、〇〇〇
仝	仝	小工	八四	二、〇〇〇	一六八、〇〇〇

昭和十三·九 彙納

图 4-4-1 绥远省立归绥师范学校修建校舍所需各项工料估价总册（1946 年 4 月 30 日）（节选）（五）

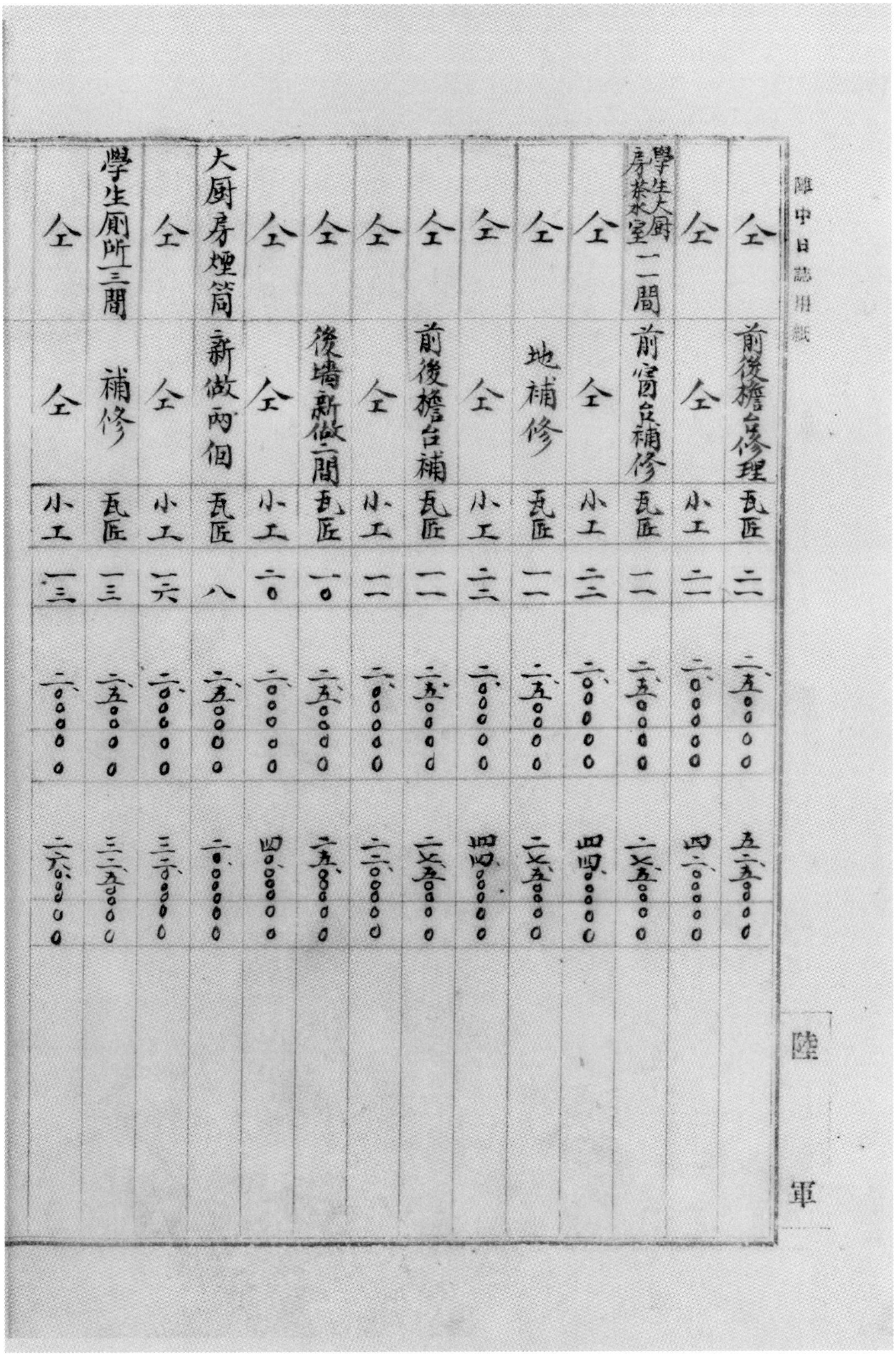

仝	前後檐台修理	瓦匠	二一	二、五〇〇〇〇	五二、五〇〇〇〇
仝	仝	小工	二一	二、〇〇〇〇〇	四二、〇〇〇〇〇
學生大厨房茶水室二間	前窗台補修	瓦匠	一一	二、五〇〇〇〇	二七、五〇〇〇〇
仝	仝	小工	二二	二、〇〇〇〇〇	四四、〇〇〇〇〇
仝	地補修	瓦匠	一一	二、五〇〇〇〇	二七、五〇〇〇〇
仝	仝	小工	二二	二、〇〇〇〇〇	四四、〇〇〇〇〇
仝	前後檐台補	瓦匠	一一	二、五〇〇〇〇	二七、五〇〇〇〇
仝	仝	小工	一一	二、〇〇〇〇〇	二二、〇〇〇〇〇
仝	後墻新做二間	瓦匠	一〇	二、五〇〇〇〇	二五、〇〇〇〇〇
仝	仝	小工	二〇	二、〇〇〇〇〇	四〇、〇〇〇〇〇
大厨房煙筒	新做兩個	瓦匠	八	二、五〇〇〇〇	二〇、〇〇〇〇〇
仝	仝	小工	一六	二、〇〇〇〇〇	三二、〇〇〇〇〇
學生厠所三間	補修	瓦匠	一三	二、五〇〇〇〇	三二、五〇〇〇〇
仝	仝	小工	一三	二、〇〇〇〇〇	二六、〇〇〇〇〇

陣中日誌用紙

陸軍

图 4-4-1　绥远省立归绥师范学校修建校舍所需各项工料估价总册（1946 年 4 月 30 日）（节选）（六）

仝	圍牆補修二六尺	瓦匠	七六	二五〇〇〇	一九五〇〇〇〇	
仝	仝	小工	七八	二〇〇〇〇	一五六〇〇〇〇	
鐘樓修理壹個	圍牆重建	瓦匠	一二	二五〇〇〇	三〇〇〇〇〇	
仝	仝	小工	二四	二〇〇〇〇	四八〇〇〇〇	
教職員廁所新做二小間	仝	瓦匠	二〇	二五〇〇〇	五〇〇〇〇〇	長四公尺寬三公尺
仝	仝	小工	四〇	二〇〇〇〇	八〇〇〇〇〇	仝
修理各處代工工頭			八三	二五〇〇〇	二〇七五〇〇〇	
合計					四五二二五〇〇〇〇	

昭和十三·九 壹 納

图 4-4-1 绥远省立归绥师范学校修建校舍所需各项工料估价总册（1946 年 4 月 30 日）（节选）（七）

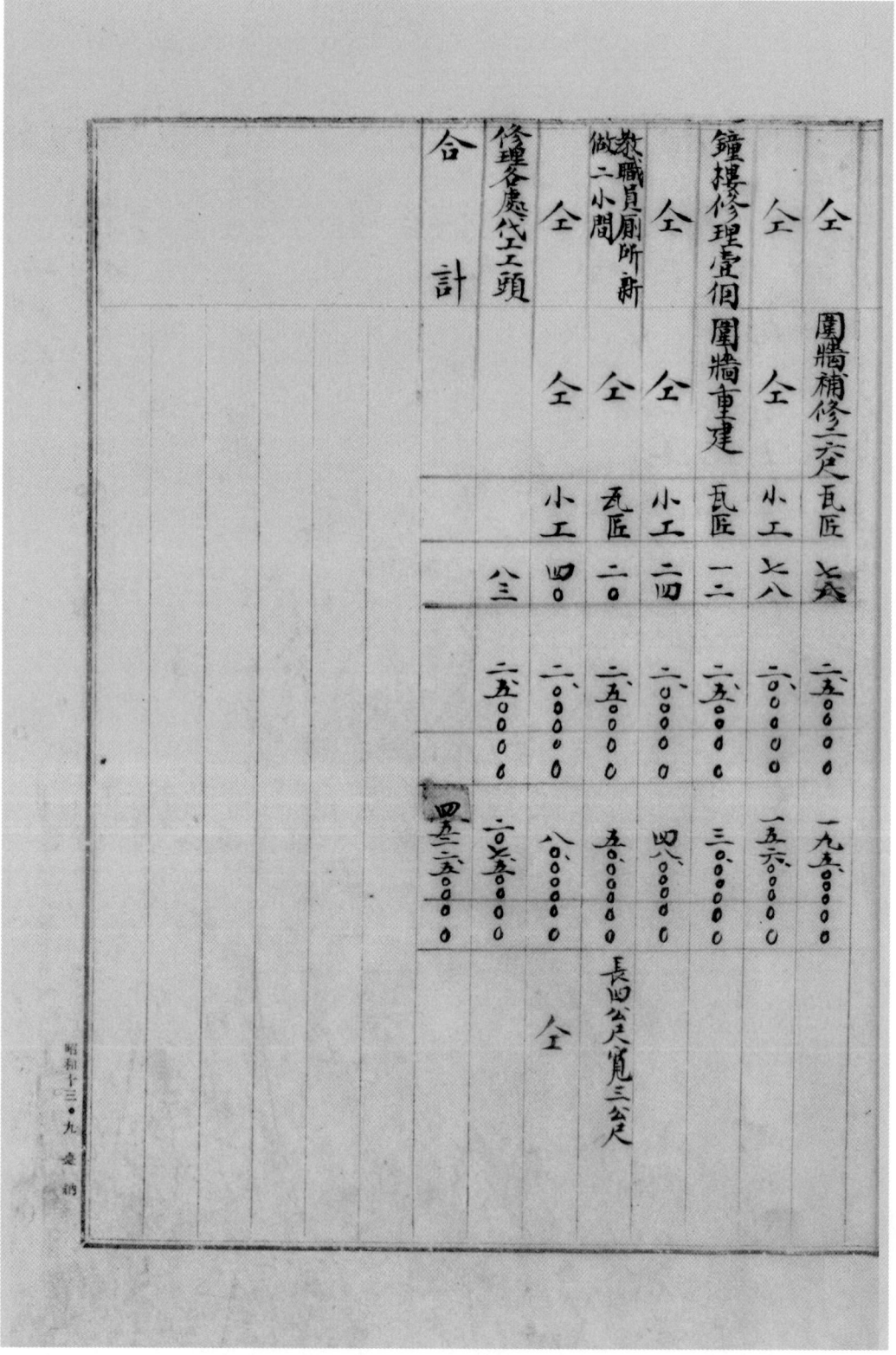

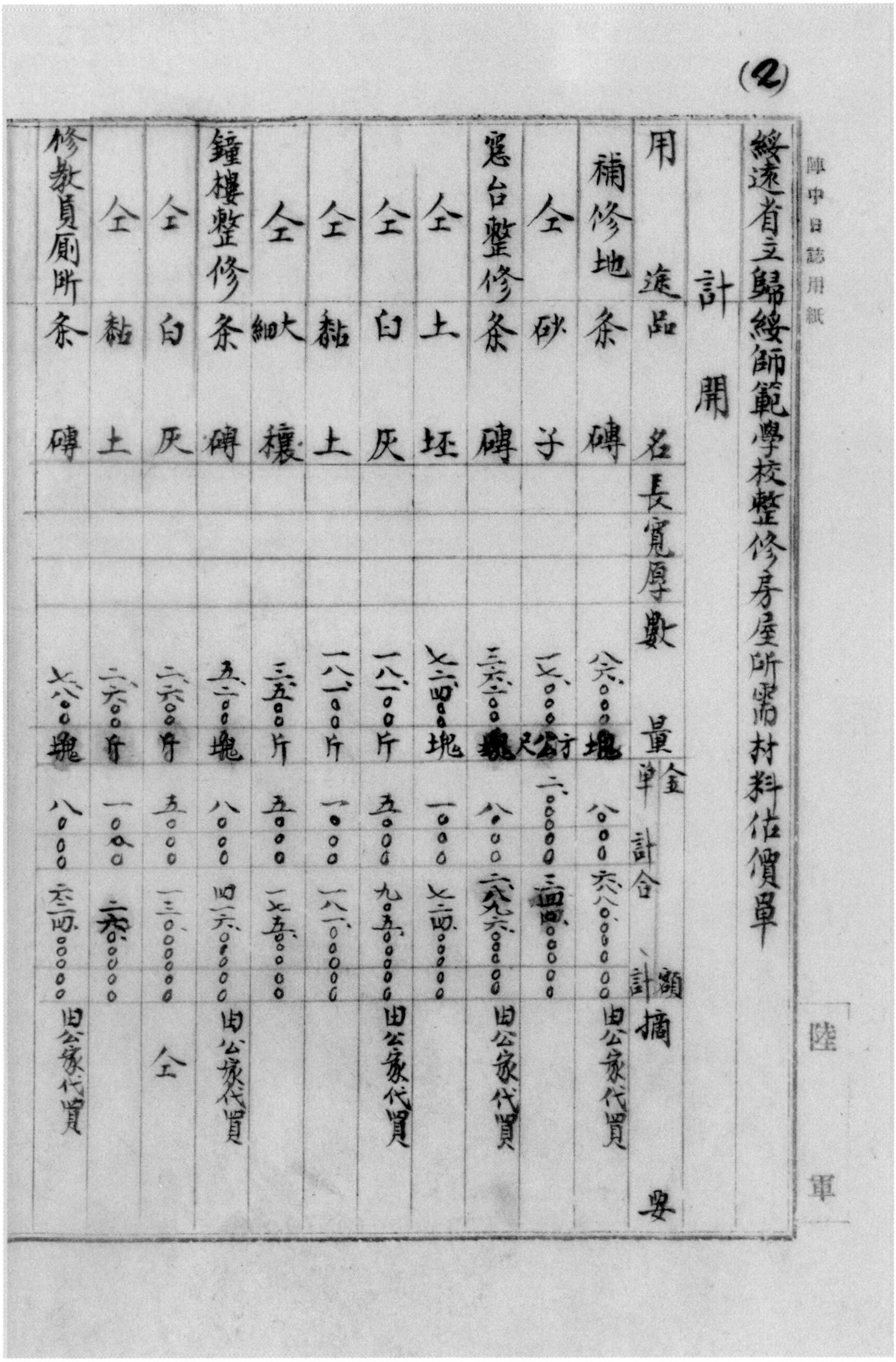

(2)

陣中日誌用紙

綏遠省立歸綏師範學校整修房屋所需材料估價單

計開

用途	品名	長寬厚	數量	金額 單價	金額 合計	摘要
補修地	条磚		八六、〇〇〇塊	八〇〇	六八、八〇〇、〇〇〇	由公家代買
仝	砂子		一七、〇〇〇公方	二〇、〇〇〇	三四〇、〇〇〇、〇〇〇	
罡台整修	条磚		三三、六二〇塊	八〇〇	二六、八九六、〇〇〇	由公家代買
仝	土坯		七二、四〇〇塊	一、〇〇〇	七二、四〇〇、〇〇〇	
仝	白灰		一八一、〇〇〇斤	五〇〇	九〇、五〇〇、〇〇〇	由公家代買
仝	黏土		一八一、〇〇〇斤	一〇〇	一八、一〇〇、〇〇〇	
仝	大細穰		三五、〇〇〇斤	五〇〇	一七、五〇〇、〇〇〇	
鐘樓整修	条磚		五二、〇〇〇塊	八〇〇	四一、六〇〇、〇〇〇	由公家代買
仝	白灰		二六、〇〇〇斤	五〇〇	一三、〇〇〇、〇〇〇	仝
仝	黏土		二六、〇〇〇斤	一〇〇	二、六〇〇、〇〇〇	
修教員厠所	条磚		七八、〇〇〇塊	八〇〇	六二、四〇〇、〇〇〇	由公家代買

陸軍

图 4-4-1 绥远省立归绥师范学校修建校舍所需各项工料估价总册（1946 年 4 月 30 日）（节选）（八）

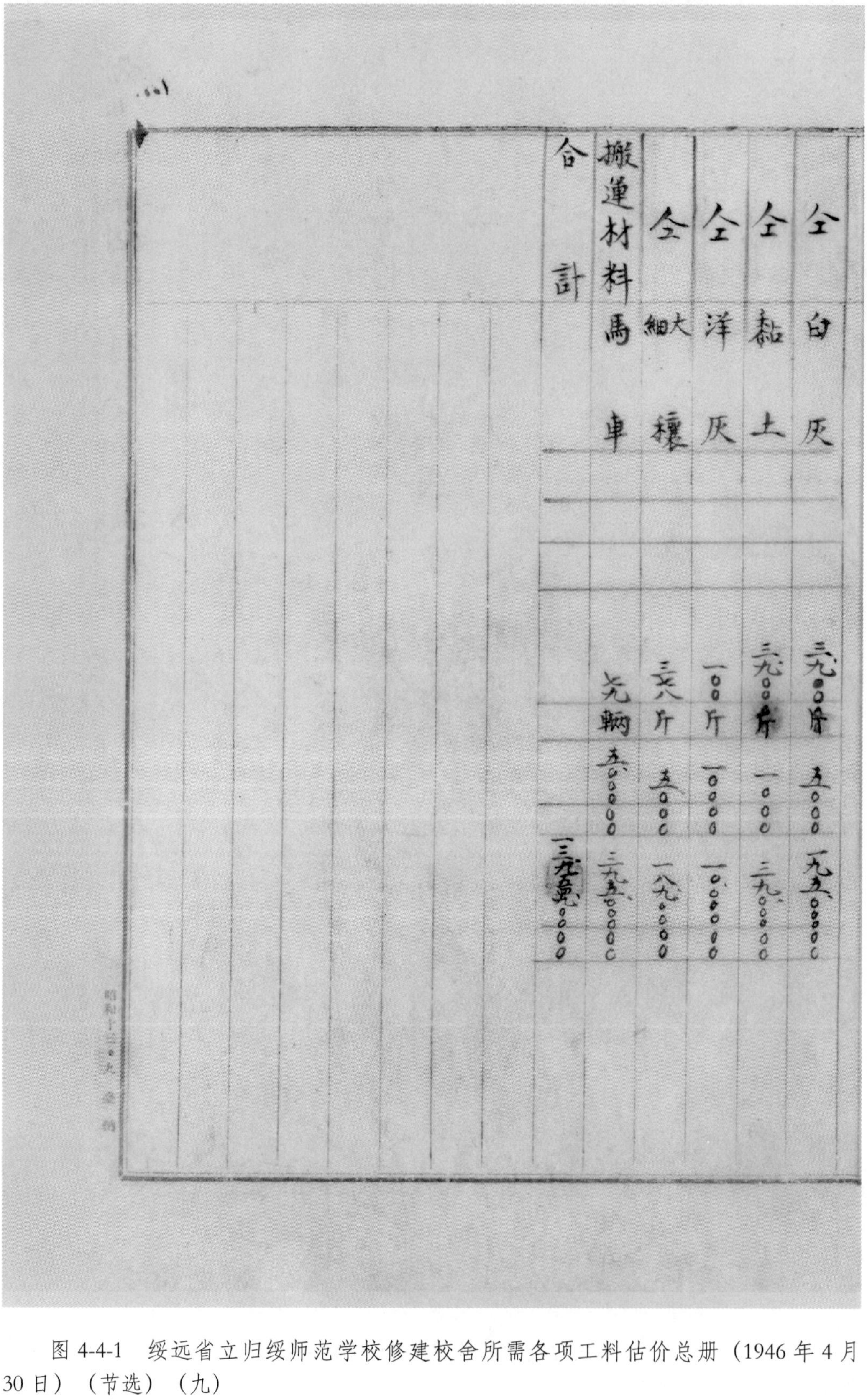

仝	白灰	三九〇〇斤	五〇〇〇	一九五〇〇〇〇〇
仝	黏土	三九〇〇斤	一〇〇〇	三九〇〇〇〇〇
仝	洋灰	一〇〇斤	一〇〇〇〇	一〇〇〇〇〇〇
仝	大細穰	三七八斤	五〇〇〇	一八九〇〇〇〇
搬運材料	馬車	七九輛	五〇〇〇〇	三九五〇〇〇〇
合計				一三九五[illegible]〇〇〇〇

图 4-4-1　绥远省立归绥师范学校修建校舍所需各项工料估价总册（1946 年 4 月 30 日）（节选）（九）

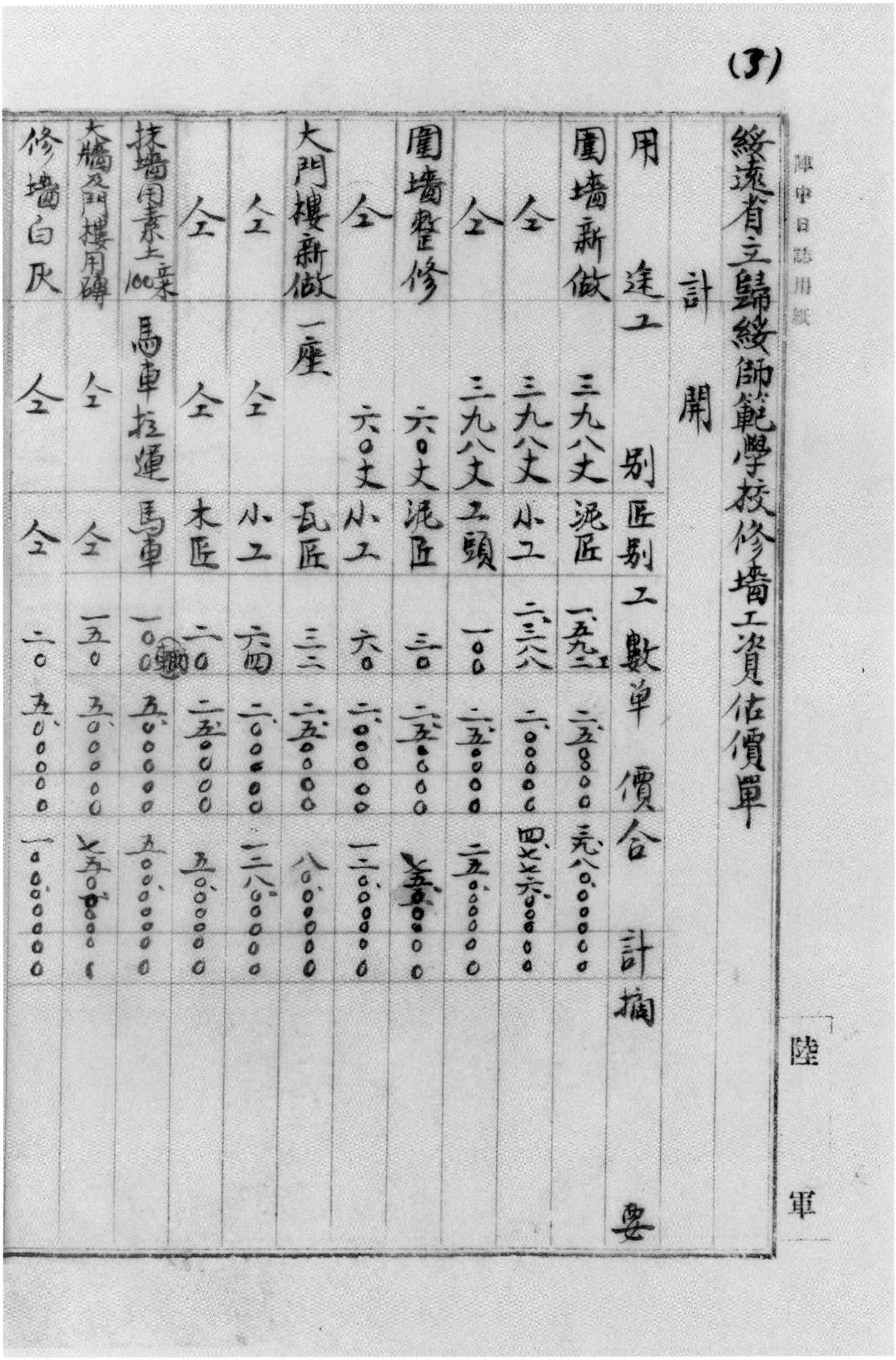

(3)

綏遠省立歸綏師範學校修墻工資估價單

計開

用途	工別	匠別	工數	單價	合計	摘要
圍墻新做	三九八丈	泥匠	一、九九二工	二、五〇〇〇	三九八〇、〇〇〇〇〇	
仝	三九八丈	小工	二、三八八	二、〇〇〇〇	四、七七六、〇〇〇〇	
仝	三九八丈	工頭	一〇〇	二、五〇〇〇	二五〇、〇〇〇〇〇	
圍墻整修	六〇丈	泥匠	三〇	二、五〇〇〇	七五、〇〇〇〇	
仝	六〇丈	小工	六〇	二、〇〇〇〇	一二〇、〇〇〇〇〇	
大門樓新做一座		瓦匠	三二	二、五〇〇〇	八〇、〇〇〇〇〇	
仝	仝	小工	六四	二、〇〇〇〇	一二八、〇〇〇〇〇	
仝	仝	木匠	二〇	二、五〇〇〇	五〇、〇〇〇〇〇	
抹墻用素土100桌	馬車拉運	馬車	一〇〇	五、〇〇〇〇	五〇〇、〇〇〇〇〇	
大墻及門樓用磚	仝	仝	一五〇	五、〇〇〇〇	七五〇、〇〇〇〇	
修墻白灰	仝	仝	二〇	五、〇〇〇〇	一〇〇、〇〇〇〇〇	

陣中日誌用紙

陸軍

图 4-4-1　绥远省立归绥师范学校修建校舍所需各项工料估价总册（1946 年 4 月 30 日）（节选）（十）

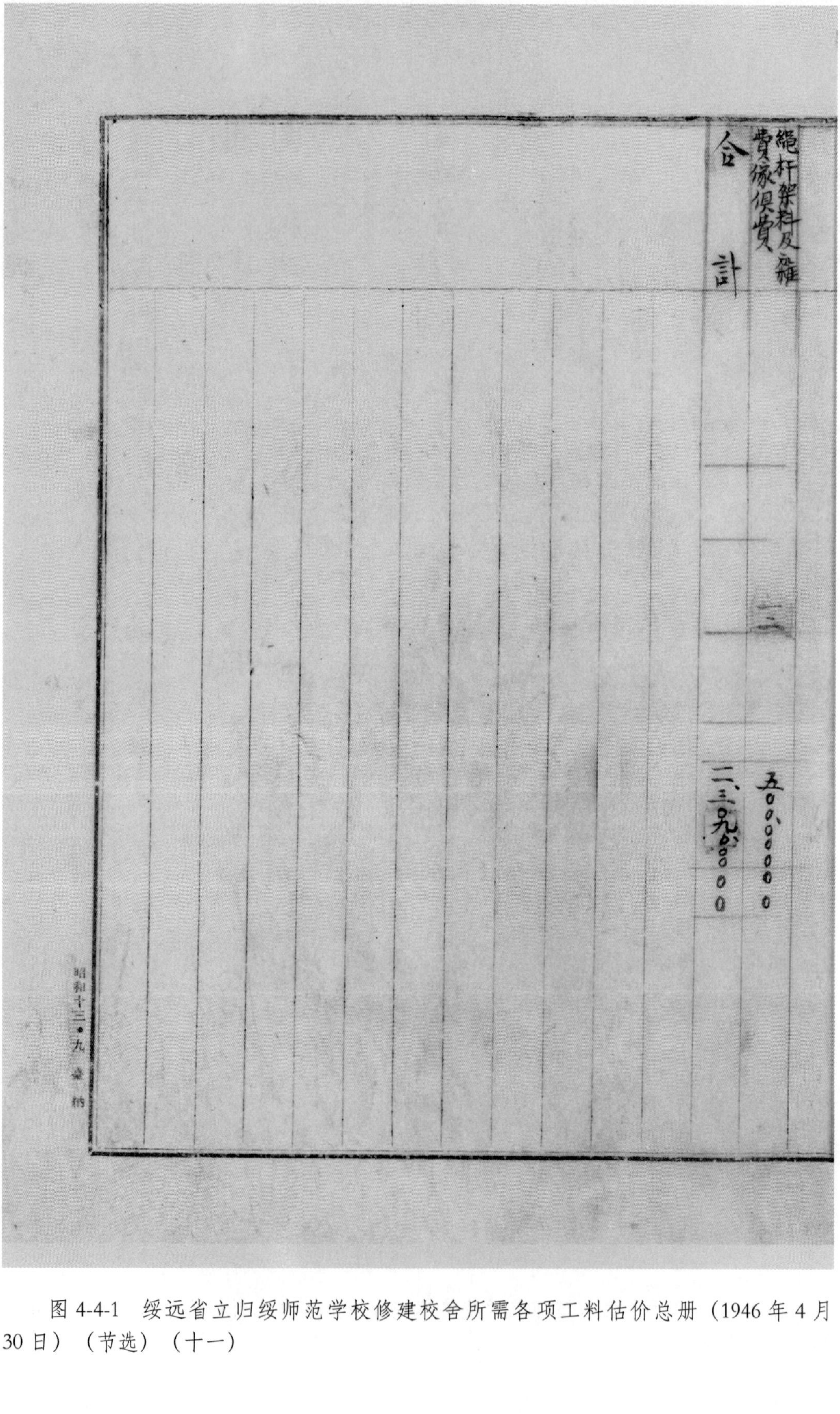

图 4-4-1　绥远省立归绥师范学校修建校舍所需各项工料估价总册（1946 年 4 月 30 日）（节选）（十一）

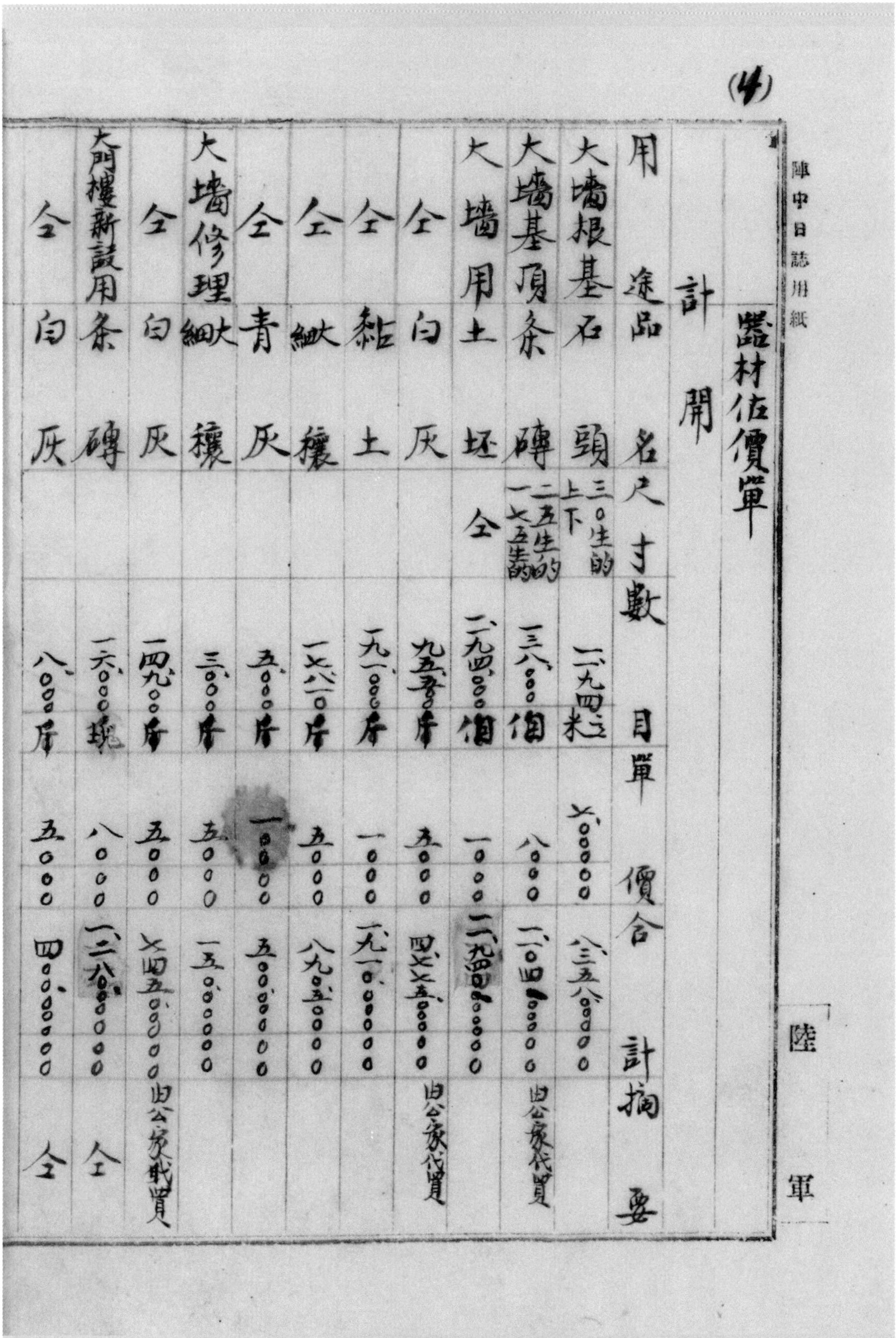

(4)

陣中日誌用紙

器材估價單

計開

用途	品名	尺寸	數目	單價	合計	摘要
大墻根基石	石頭	三〇生的上下	一、九四米³	六、〇〇〇〇〇	八、三五八〇〇〇〇〇	
大墻基頂条	磚	二五生的一七五生的	三八、〇〇〇個	八〇〇〇	三、〇四〇〇〇〇〇〇	由公家代買
大墻用土	坯	仝	二、九四〇〇〇個	一〇〇〇	二、九四〇〇〇〇〇〇	
仝	白灰		九五、〇〇〇斤	五〇〇〇	四、七七五、〇〇〇〇〇	由公家代買
仝	黏土		一九一、〇〇〇斤	一〇〇〇	一九一、〇〇〇〇〇〇	
仝	紩穰		一七、八二〇斤	五〇〇〇	八九、五〇〇〇〇〇	
仝	青灰		五、〇〇〇斤	一〇〇〇〇	五〇、〇〇〇〇〇〇	
大墻修理	細大穰		三、〇〇〇斤	五〇〇〇	一五、〇〇〇〇〇〇	
仝	白灰		一四九、〇〇〇斤	五〇〇〇	七四五、〇〇〇〇〇〇	由公家代買
大門樓新設用	条磚		一六、〇〇〇塊	八〇〇〇	一二八、〇〇〇〇〇〇	仝
仝	白灰		八、〇〇〇斤	五〇〇〇	四〇、〇〇〇〇〇〇	仝

陸軍

图 4-4-1　绥远省立归绥师范学校修建校舍所需各项工料估价总册（1946 年 4 月 30 日）（节选）（十二）

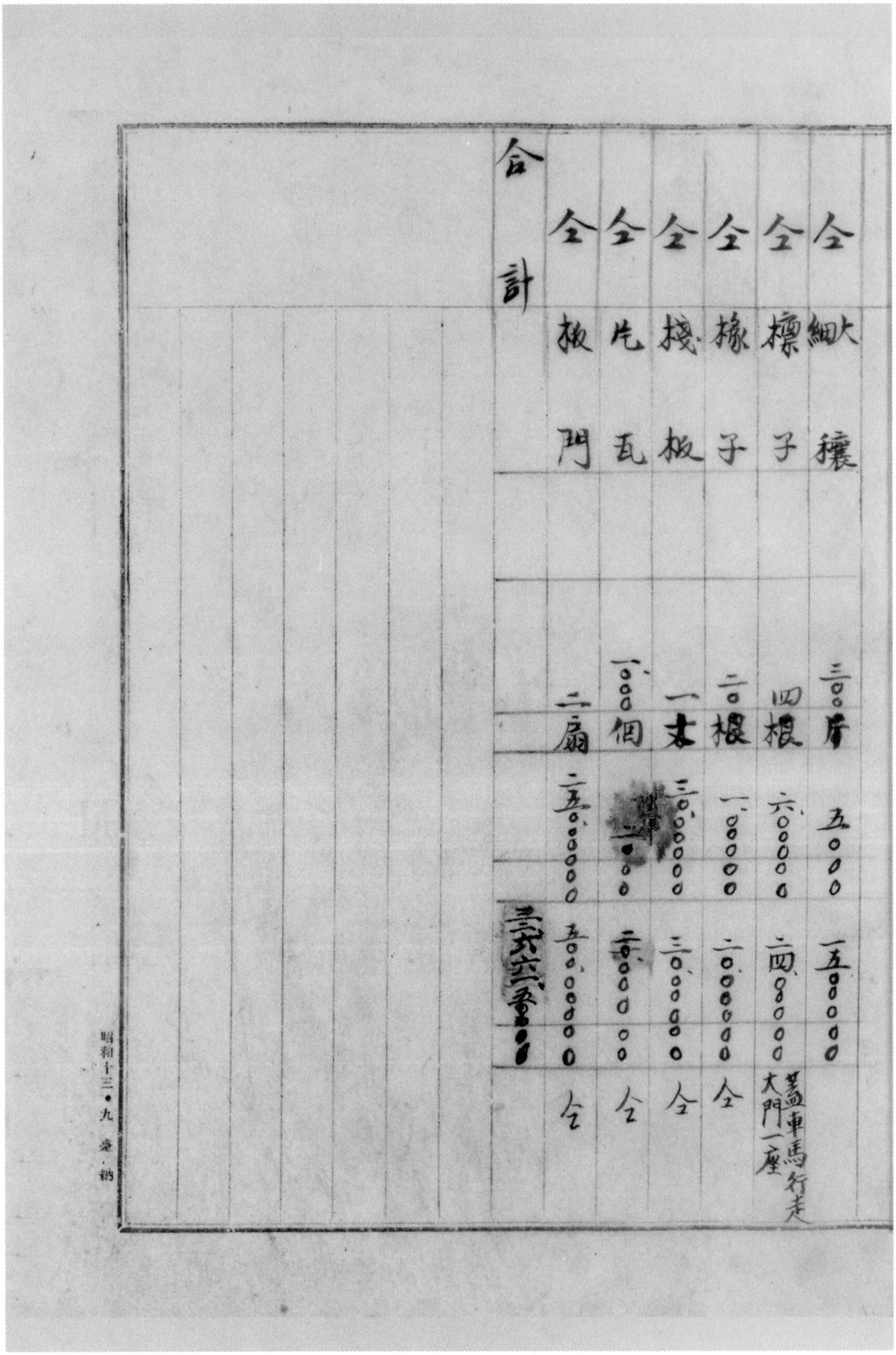

仝	細大穰	三〇〇斤	五〇〇〇	一五〇〇〇〇〇	
仝	檁子	四根	六〇〇〇〇〇	二四〇〇〇〇〇	蓋車馬行走大門一座
仝	椽子	二〇根	一〇〇〇〇〇	二〇〇〇〇〇〇	仝
仝	棧板	一丈	三〇〇〇〇〇〇	三〇〇〇〇〇〇	仝
仝	片瓦	一〇〇〇個	二〇〇〇	二〇〇〇〇〇〇	仝
仝	板門	二扇	二五〇〇〇〇〇	五〇〇〇〇〇〇	仝
合計				三六六、一叁〇〇	

昭和十三·九·壹·納

图 4-4-1 绥远省立归绥师范学校修建校舍所需各项工料估价总册（1946 年 4 月 30 日）（节选）（十三）

(8)

綏遠省立歸綏師範學校裱刷校舍工料估價表

用途	名稱	單位	數量	單價	複計	備註
裱刷全校房屋二百六十七間	賬紙	斤	八二四	一、八〇〇〇	一四八三、二〇〇〇	
	白蓆紙	帖	一、六八〇	三〇〇〇	五〇、四〇〇〇	
	洋連紙	帖	六四〇	八〇〇〇	五一、二〇〇〇	
	醬糊麵	斤	五一二	一九〇〇〇	九七二八〇〇〇	
	白礬	斤	四〇	六〇〇〇〇	二四〇〇〇〇〇	
	水膠	斤	五二	一、〇〇〇〇	五二、〇〇〇〇	
	白粉土	斤	一、三七一	一五〇〇〇	二〇五六五〇〇〇	
	南化煤	斤	五	四〇〇〇〇	二〇、〇〇〇〇	
	畫工	個	五三九	二、五〇〇〇	一、三四七、五〇〇〇	
合計					三三三一、一三〇〇〇	
總計					八五九〇、一三〇〇〇	

陸軍

图 4-4-1 绥远省立归绥师范学校修建校舍所需各项工料估价总册（1946 年 4 月 30 日）（节选）（十四）

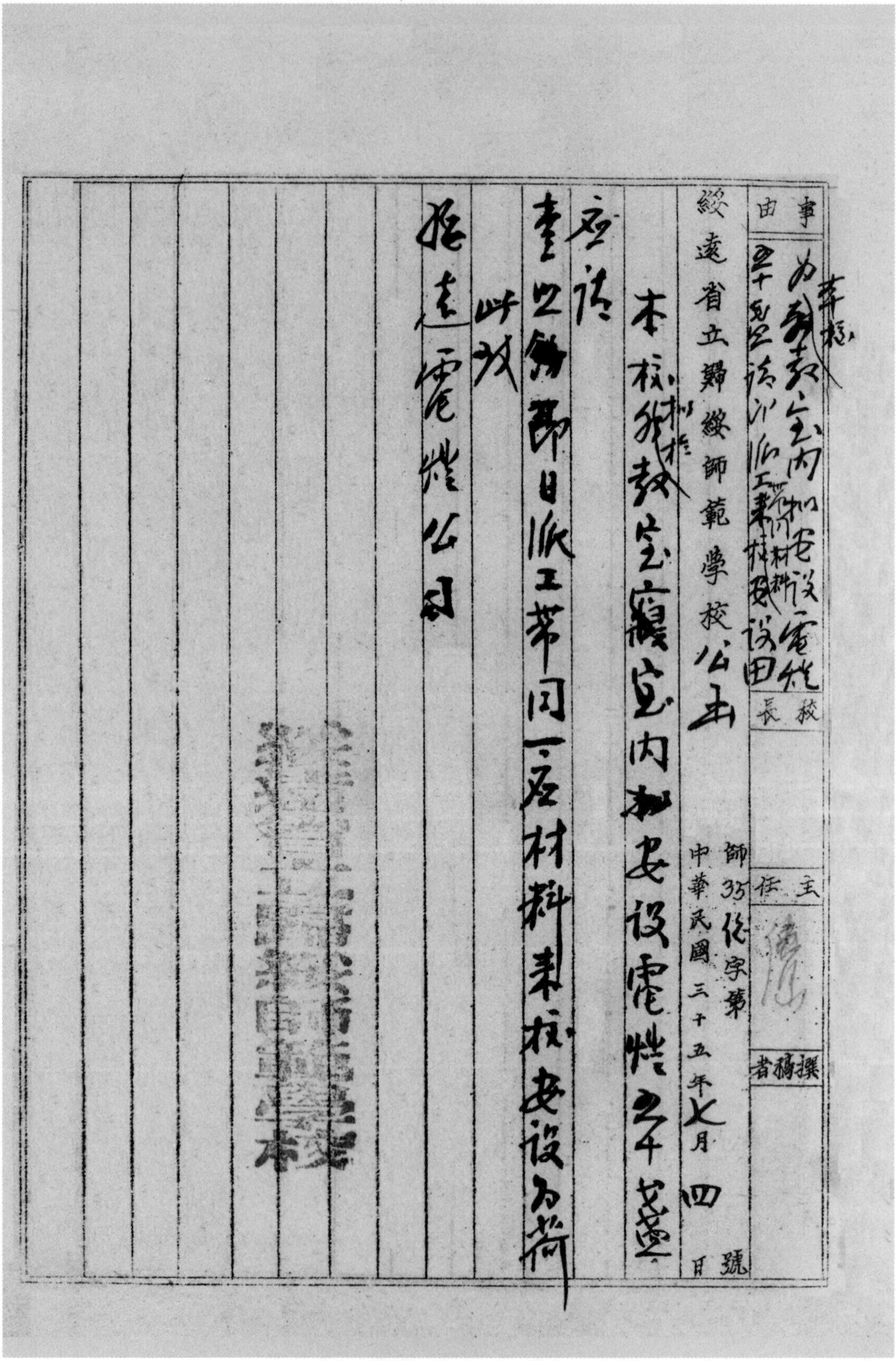

事由：為本校教室內擬安設電燈二十三盞函請派工帶同材料來校安設由

綏遠省立歸綏師範學校公函　師35總字第　號

中華民國三十五年七月四日

本校擬於教室寢室內擬安設電燈二十三盞

函請

查照即日派工帶同一應材料來校安設為荷

此致

綏遠電燈公司

校長　主任　撰稿者

图 4-4-2　绥远省立归绥师范学校为安设电灯给绥远电灯公司公函（1946 年 7 月 4 日）

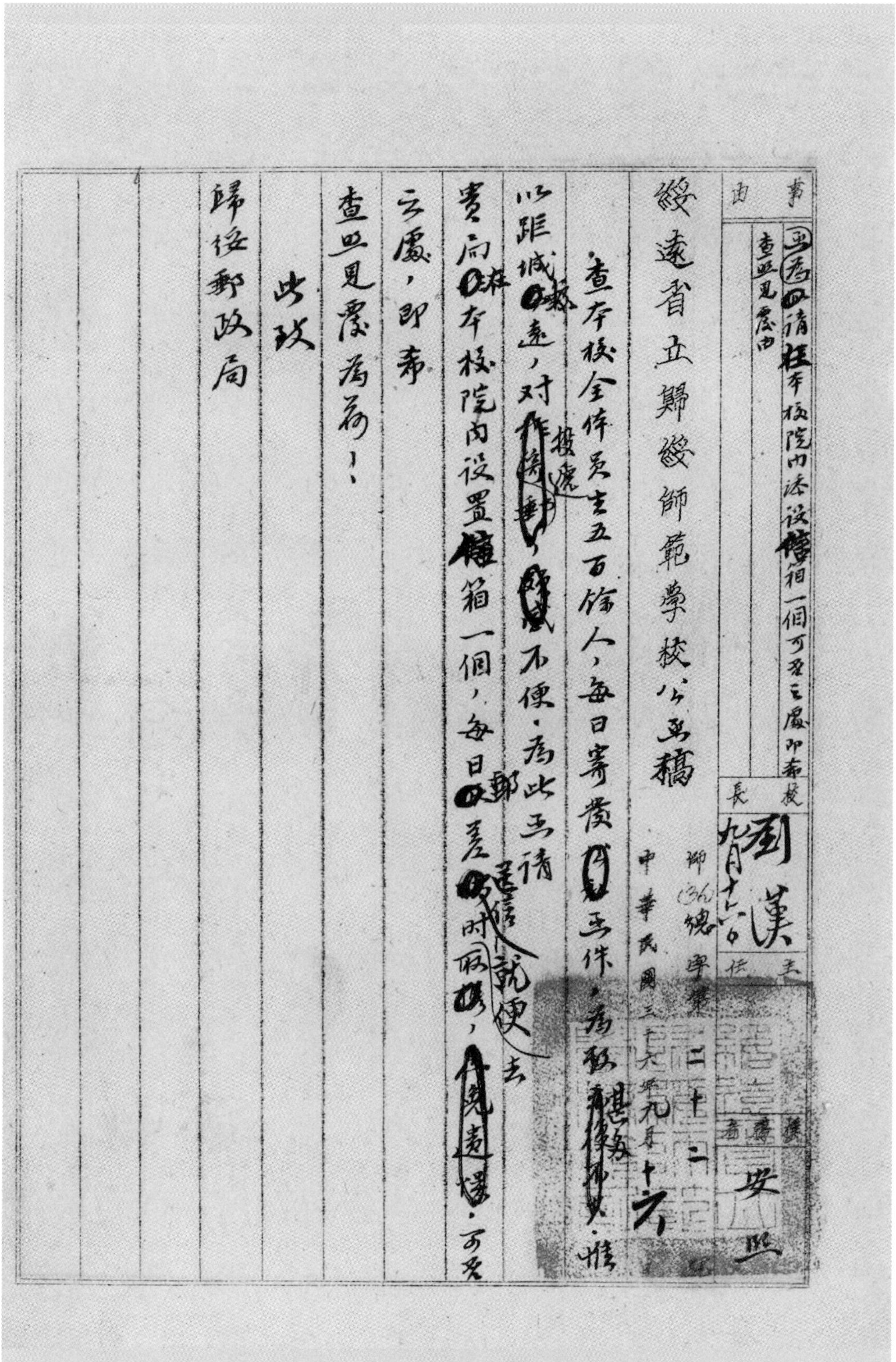

事由：函請在本校院內添設信箱一個可否之處即希核查照見覆由

綏遠省立歸綏師範學校公函稿

查本校全体员生五百餘人，每日寄发函件，為数甚多，惟以距城较远，对于投递，殊感不便，為此函請貴局准在本校院内設置信箱一個，每日郵差送信时順便取去轉遞，可否之處，即希查照見覆為荷！

此致

歸綏郵政局

校長 劉漢

中華民國三十六年九月十六日

图 4-4-3 绥远省立归绥师范学校为在校院内添设信箱给归绥邮政局公函（1947 年 9 月 16 日）

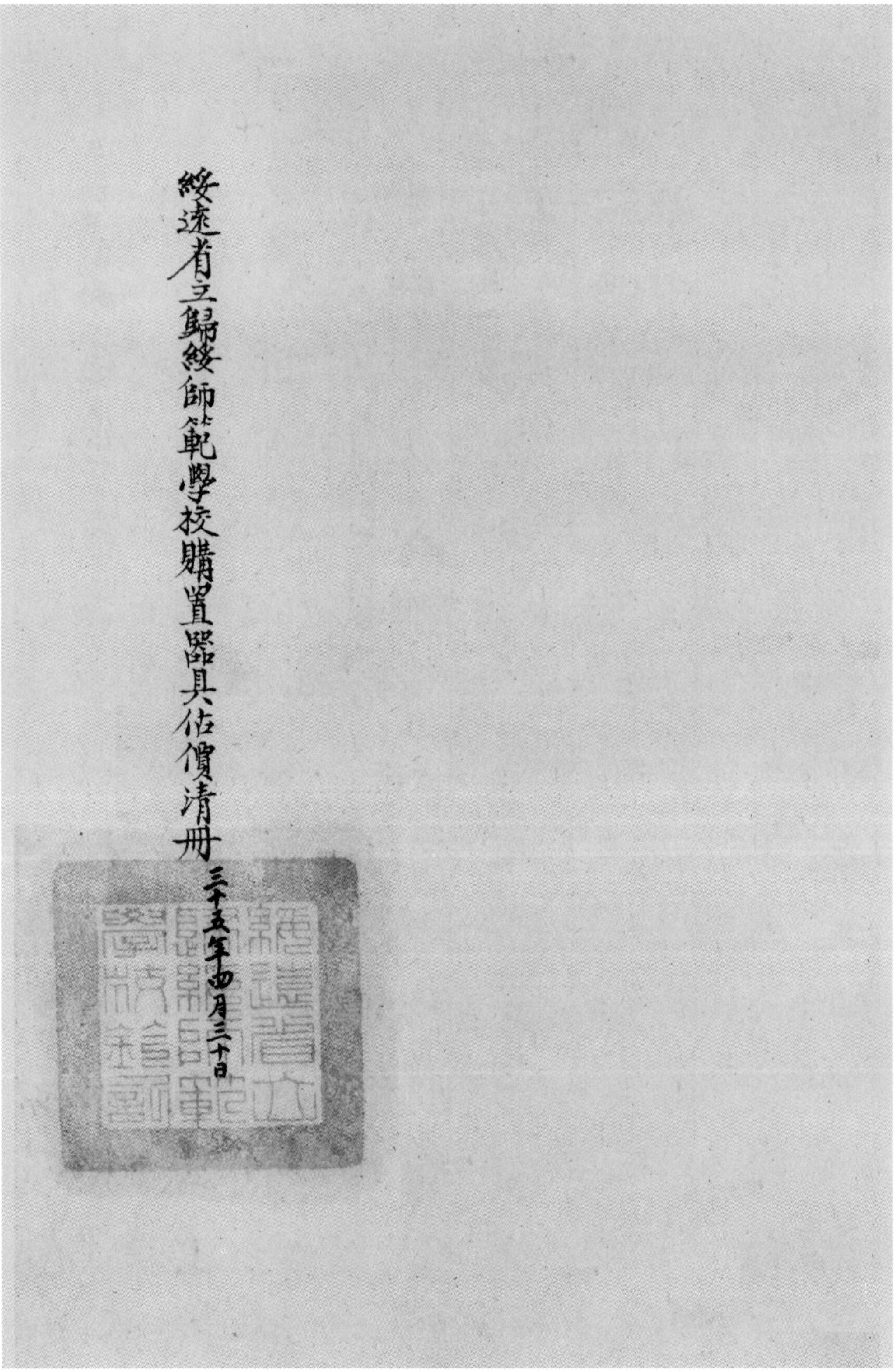

綏遠省立歸綏師範學校購置器具估價清冊

三十五年四月三十日

綏遠省立歸綏師範學校鈐記

图 4-4-4　绥远省立归绥师范学校购置器具估价清册（1946 年 4 月 30 日）（一）

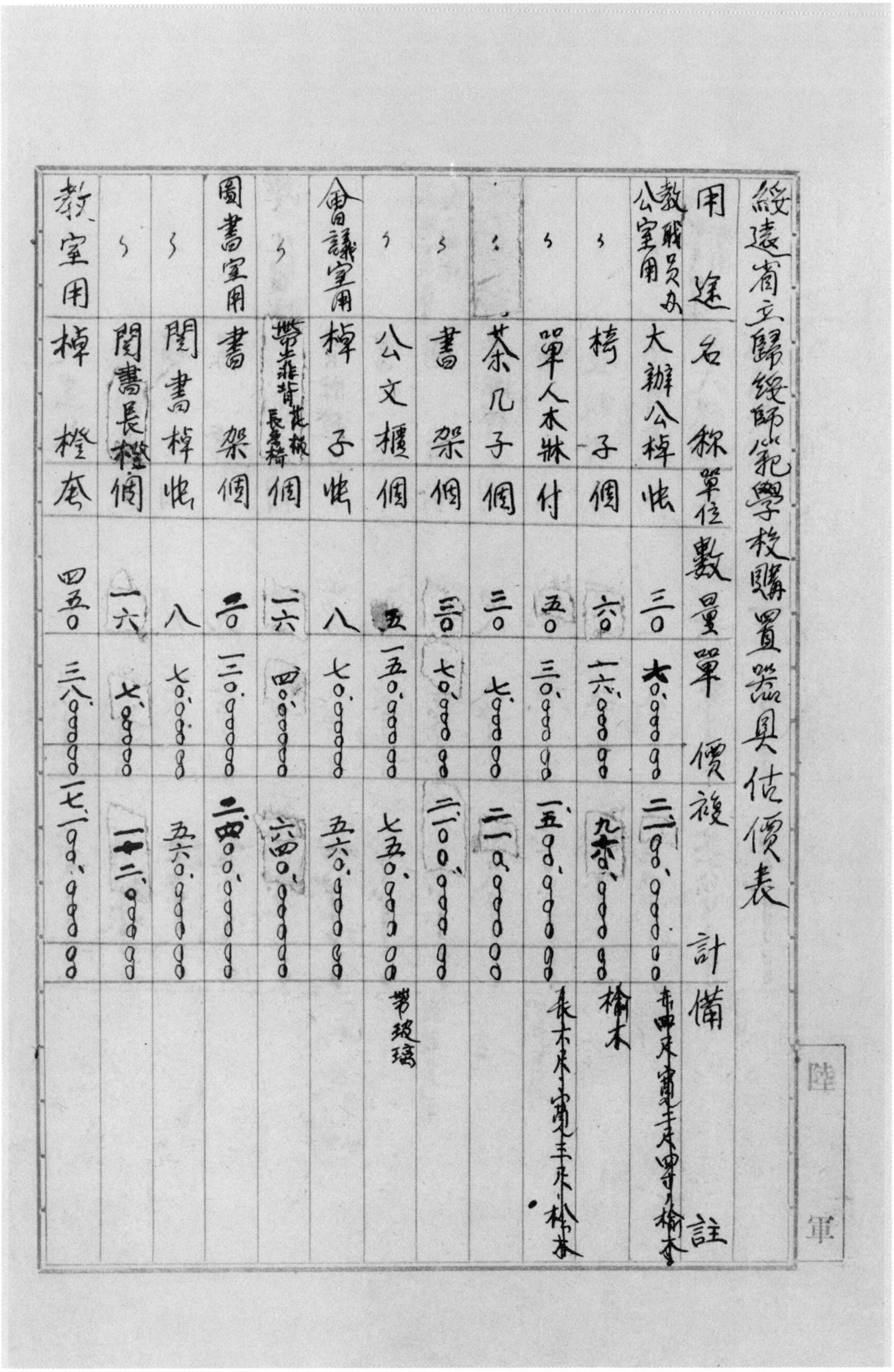

綏遠省立歸綏師範學校購置器具估價表

用途	名称	單位	數量	單價	總計	備註
教職員辦公室用	大辦公棹	帐	三〇	七〇、〇〇〇〇〇	二、一〇〇、〇〇〇〇〇	長四尺寬二尺四寸榆木
〃	椅子	個	六〇	一六、〇〇〇〇〇	九六〇、〇〇〇〇〇	榆木
〃	單人木牀	付	五〇	三〇、〇〇〇〇〇	一、五〇〇、〇〇〇〇〇	長六尺寬三尺、松木
〃	茶几子	個	三〇	七、〇〇〇〇〇	二一〇、〇〇〇〇〇	
〃	書架	個	三〇	七〇、〇〇〇〇〇	二、一〇〇、〇〇〇〇〇	
〃	公文櫃	個	五	一五〇、〇〇〇〇〇	七五〇、〇〇〇〇〇	帶玻璃
會議室用	棹子	帐	八	七〇、〇〇〇〇〇	五六〇、〇〇〇〇〇	
〃	帶靠背花板長條椅	個	一六	四〇、〇〇〇〇〇	六四〇、〇〇〇〇〇	
圖書室用	書架	個	二〇	一三〇、〇〇〇〇〇	二、四〇〇、〇〇〇〇〇	
〃	閱書棹	帐	八	七〇、〇〇〇〇〇	五六〇、〇〇〇〇〇	
〃	閱書長櫈	個	一六	七、〇〇〇〇〇	一一二、〇〇〇〇〇	
教室用	棹櫈	套	四五〇	三八、〇〇〇〇〇	一七、一〇〇、〇〇〇〇〇	

陸軍

图 4-4-4　绥远省立归绥师范学校购置器具估价清册（1946 年 4 月 30 日）（二）

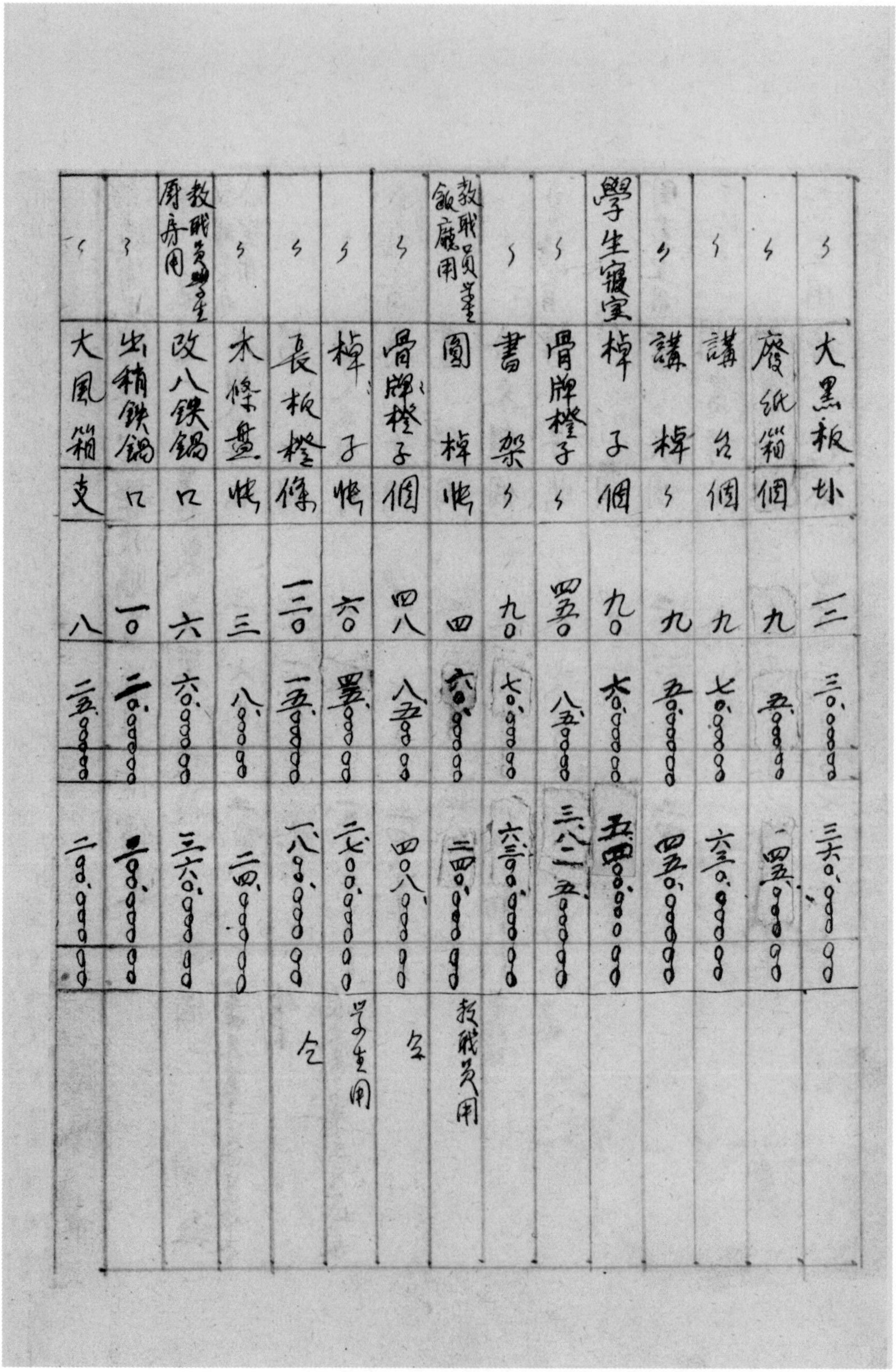

用途	品名	单位	数量	单价	总价	备注
〃	大黑板	块	一二	三〇、〇〇〇〇〇	三六〇、〇〇〇〇〇	
〃	廢紙箱	個	九	五、〇〇〇〇〇	四五、〇〇〇〇〇	
〃	講台	個	九	七〇、〇〇〇〇〇	六三〇、〇〇〇〇〇	
〃	講桌	〃	九	五〇、〇〇〇〇〇	四五〇、〇〇〇〇〇	
學生寢室	桌子	個	九〇	六〇、〇〇〇〇〇	五四〇〇、〇〇〇〇〇	
〃	骨牌橙子	〃	四五〇	八、五〇〇〇〇	三、八二五、〇〇〇〇〇	
〃	書架	〃	九〇	七〇、〇〇〇〇〇	六三〇〇、〇〇〇〇〇	
教職員餐廳用	圓桌	張	四	六〇、〇〇〇〇〇	二四〇、〇〇〇〇〇	教職員用
〃	骨牌橙子	個	四八	八、五〇〇〇〇	四〇八、〇〇〇〇〇	仝
〃	桌子	張	六〇	四五、〇〇〇〇〇	二七〇〇、〇〇〇〇〇	學生用
〃	長板橙	條	一二〇	一五、〇〇〇〇〇	一八〇〇、〇〇〇〇〇	仝
〃	木條凳	張	三	八、〇〇〇〇〇	二四、〇〇〇〇〇	
教職員學生廚房用	改八鉄鍋	口	六	六〇、〇〇〇〇〇	三六〇、〇〇〇〇〇	
〃	出精鉄鍋	口	一〇	二〇、〇〇〇〇〇	二〇〇、〇〇〇〇〇	
〃	大風箱	支	八	二五、〇〇〇〇〇	二〇〇、〇〇〇〇〇	

图 4-4-4　绥远省立归绥师范学校购置器具估价清册（1946 年 4 月 30 日）（三）

〃 大小鍋蓋	個	一七	八、〇〇〇〇〇〇	一三六、〇〇〇〇〇〇
〃 五稍鉄鍋	口	一	一五〇、〇〇〇〇〇	一五〇、〇〇〇〇〇
〃 鉄炒杓	把	二	五〇、〇〇〇〇〇	一〇〇、〇〇〇〇〇
〃 改八鍋	節	廿四	一五〇、〇〇〇〇〇	三六〇、〇〇〇〇〇
〃 出稍鍋	節	十	六〇、〇〇〇〇〇	六〇〇、〇〇〇〇〇
〃 老缸	個	八	四〇、〇〇〇〇〇	三二〇、〇〇〇〇〇
〃 頭號磁盆	個	五	八〇〇〇〇	四〇、〇〇〇〇〇
〃 盛水把桶	個	四	五〇、〇〇〇〇〇	二〇〇、〇〇〇〇〇
〃 放碗碟櫃	個	二	五〇〇、〇〇〇〇〇	一〇〇〇〇〇〇〇〇
〃 大面案	塊	五	二五、〇〇〇〇	一三五、〇〇〇〇〇
〃 大切刀	把	六	四〇、〇〇〇〇〇	二四〇、〇〇〇〇〇
〃 大鉄匙	把	四	二五〇、〇〇〇〇	一〇〇〇〇〇〇〇
〃 大火鐘	把	五	二〇、〇〇〇〇〇	一〇〇〇〇〇〇〇
〃 大火柱	根	五	四〇、〇〇〇〇〇	二〇〇、〇〇〇〇〇
〃 鉄漏杓	把	二	三〇、〇〇〇〇〇	六〇、〇〇〇〇〇

计改八鍋蓋七個，出稍鍋蓋十個，五稍鍋蓋一個，平均每個八千元。

图 4-4-4　绥远省立归绥师范学校购置器具估价清册（1946 年 4 月 30 日）（四）

羹

〃	鉄杓	把	五〇	一,五〇〇〇	七五,〇〇〇〇〇	学生開飯用
〃	小鉄匙	把	五〇	六〇〇〇	三〇,〇〇〇〇〇	仝
〃	白条飯嘩羅	個	五〇	二,〇〇〇〇〇	一〇,〇〇〇〇〇〇	仝
〃	飯桶	個	五〇	五,〇〇〇〇〇	二五,〇〇〇〇〇〇	仝
〃	一尺洋磁盤	個	一〇	二,五〇〇〇〇	二五〇,〇〇〇〇	教職員飯廳用
〃	七寸洋磁盤	個	一〇	一,四〇〇〇〇	一四〇,〇〇〇〇	仝
〃	五寸洋磁盤	個	一〇	一,二〇〇〇〇	一二〇,〇〇〇〇	仝
〃	青磁碗	個	五〇	一,〇〇〇〇〇	五〇〇,〇〇〇〇	仝
〃	青三寸磁碟	個	五〇	三〇〇〇〇	一五〇,〇〇〇〇	仝
〃	銅羹杓	個	五〇	五〇〇〇〇	二五〇,〇〇〇〇	仝
〃	青酒杯	個	五〇	二〇〇〇〇	一〇〇,〇〇〇〇	仝
〃	大青碗	個	一〇	一,五〇〇〇	一五〇,〇〇〇	仝
教職員寢室用	銅臉盆	個	三〇	〻八,〇〇〇〇	二四〇,〇〇〇〇	
〃	臉盆架	個	三〇	一,五〇〇〇〇	四五〇,〇〇〇〇	

图 4-4-4　绥远省立归绥师范学校购置器具估价清册（1946 年 4 月 30 日）（五）

〃	磁茶壶	把	三〇	五、〇〇〇〇〇	一五〇、〇〇〇〇〇
〃	磁茶碗	個	一〇〇	六〇〇〇〇	六〇、〇〇〇〇〇
〃	洋鉄壺	把	三〇	三、〇〇〇〇〇	九〇、〇〇〇〇〇
文具	銅墨盒	個	四〇	六、〇〇〇〇〇	二四〇、〇〇〇〇〇
〃	磁筆桶	個	三〇	一、〇〇〇〇〇	三〇、〇〇〇〇〇
〃	米達尺	根	二〇	八〇〇〇〇	一六、〇〇〇〇〇
〃	印色盒	個	一〇	六〇〇〇〇	六、〇〇〇〇〇
教具	大三角板	付	三	四、〇〇〇〇〇	一二、〇〇〇〇〇
〃	大圓規	個	三	三、〇〇〇〇〇	九、〇〇〇〇〇
〃	小黑板	块	一五	三、〇〇〇〇〇	四五、〇〇〇〇〇
体育用具	籃球架	付	二	一五〇、〇〇〇〇〇	三〇〇、〇〇〇〇〇
〃	排球樁	付	二	一〇〇、〇〇〇〇〇	二〇〇、〇〇〇〇〇
〃	鉄杠	付	一	八〇、〇〇〇〇〇	八〇、〇〇〇〇〇
〃	雙杠	付	二	一〇〇、〇〇〇〇〇	二〇〇、〇〇〇〇〇

陸 軍

图 4-4-4　绥远省立归绥师范学校购置器具估价清册（1946 年 4 月 30 日）（六）

	品名	单位	数量	单价	总价
〃	木馬	個	二	一〇、〇〇〇〇〇〇	二〇、〇〇〇〇〇〇
〃	八磅鉛球	個	一	八、〇〇〇〇〇	八、〇〇〇〇〇
〃	十二磅鉛球	個	一	三、〇〇〇〇〇〇	三、〇〇〇〇〇〇
其他	升旗桿	根	一	二〇、〇〇〇〇〇〇	二〇、〇〇〇〇〇〇
〃	升旗繩	根	一	一〇、〇〇〇〇〇〇	一〇、〇〇〇〇〇〇
〃	升旗	面	一	七、〇〇〇〇〇〇	七、〇〇〇〇〇〇
〃	大党國旗	对	一	二五、〇〇〇〇〇〇	二五、〇〇〇〇〇〇
〃	小党國旗	对	二	一〇、〇〇〇〇〇〇	二〇、〇〇〇〇〇〇
〃	校旗	面	一	一五、〇〇〇〇〇〇	一五、〇〇〇〇〇〇
〃	木土簸箕	個	三〇	二、〇〇〇〇〇〇	六〇、〇〇〇〇〇
〃	大尿桶	個	八	一〇、〇〇〇〇〇〇	八〇、〇〇〇〇〇〇
〃	大秤	桿	一	二五、〇〇〇〇〇〇	二五、〇〇〇〇〇〇
〃	小鉤秤	桿	一	七、〇〇〇〇〇〇	七、〇〇〇〇〇〇
〃	盤秤	桿	一	七、〇〇〇〇〇〇	七、〇〇〇〇〇〇

图 4-4-4　绥远省立归绥师范学校购置器具估价清册（1946 年 4 月 30 日）（七）

〃	斗	個	一	八、〇〇〇〇〇	八、〇〇〇〇〇
〃	升子	個	一	二、〇〇〇〇〇	二、〇〇〇〇〇
〃	綫口袋	條	五	四、〇〇〇〇〇	二〇、〇〇〇〇〇
〃	毛口袋	條	五〇	一〇、〇〇〇〇〇	五〇〇、〇〇〇〇〇
〃	編排課程表	個	二〇	三〇〇〇〇	六、〇〇〇〇〇
〃	各處室圖戳	個	八	一、五〇〇〇〇	一二、〇〇〇〇〇
〃	算盤	架	五	五、〇〇〇〇〇	二五、〇〇〇〇〇
〃	電灯黑綫	尺	一、〇〇〇	一〇〇〇	一〇、〇〇〇〇〇
〃	電灯紅綫	尺	五、〇〇〇	二五〇〇	一二五、〇〇〇〇〇
〃	五十燭灯泡	個	五〇	五、五〇〇〇〇	二七五、〇〇〇〇〇
〃	三十燭灯泡	個	一〇〇	四、〇〇〇〇〇	四〇〇、〇〇〇〇〇
〃	灯口	個	一五〇	一、〇〇〇〇〇	一五〇、〇〇〇〇〇
〃	電门	個	一五〇	三、〇〇〇〇〇	四五〇、〇〇〇〇〇
〃	鉄鍬	把	二〇	七、〇〇〇〇〇	一四〇、〇〇〇〇〇

陸軍

图 4-4-4 绥远省立归绥师范学校购置器具估价清册（1946 年 4 月 30 日）（八）

品名	单位	数量	单价	总价
鉄尖钁	個	一	八、〇〇〇〇〇	八、〇〇〇〇〇
鉄板钁	個	一	六、〇〇〇〇〇	六、〇〇〇〇〇
劈斧	個	一	五、〇〇〇〇〇	五、〇〇〇〇〇
斧頭	個	三	二、〇〇〇〇〇	六、〇〇〇〇〇
砍刀	把	一	四、〇〇〇〇〇	四、〇〇〇〇〇
大改錐	個	一	二、〇〇〇〇〇	二、〇〇〇〇〇
小改錐	個	一	一、五〇〇〇〇	一、五〇〇〇〇
鉄鉗	把	一	五、〇〇〇〇〇	五、〇〇〇〇〇
裁刀	把	一	三、〇〇〇〇〇	三、〇〇〇〇〇
油印机架	架	二	三〇、〇〇〇〇〇	六〇、〇〇〇〇〇
信紙板	块	一	七、〇〇〇〇〇	七、〇〇〇〇〇
十行紙板	块	一	三、〇〇〇〇〇	三、〇〇〇〇〇
掛鐘架	架	一	二〇、〇〇〇〇〇	二〇、〇〇〇〇〇
保險鉄櫃	支	一	七〇、〇〇〇〇〇	七〇、〇〇〇〇〇

图 4-4-4　绥远省立归绥师范学校购置器具估价清册（1946 年 4 月 30 日）（九）

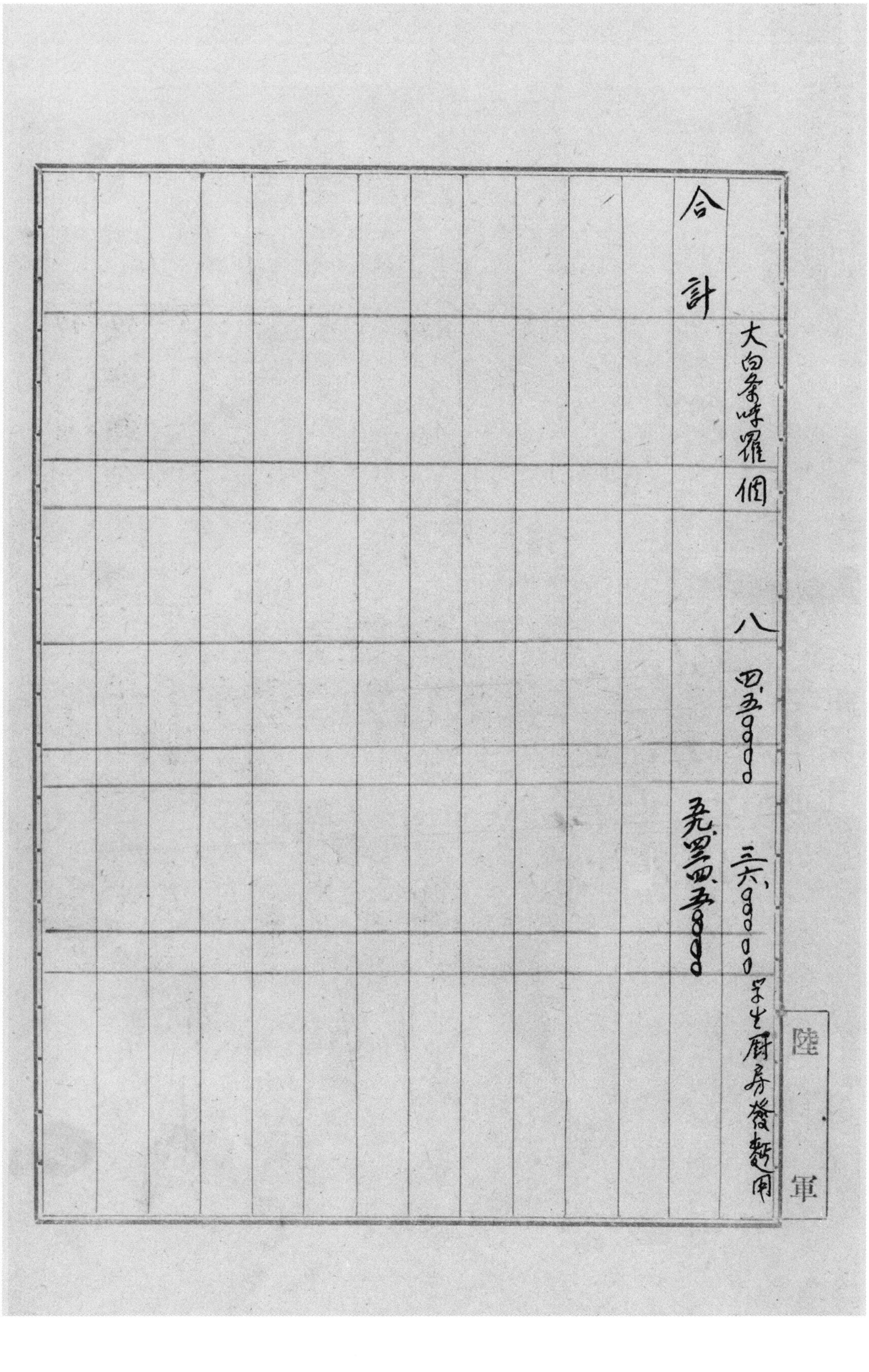

大白条咾羅 個	合計
八	
四五000	
三六0000	九四四五000
学生厨房發麪用	

陸軍

图 4-4-4　绥远省立归绥师范学校购置器具估价清册（1946 年 4 月 30 日）（十）

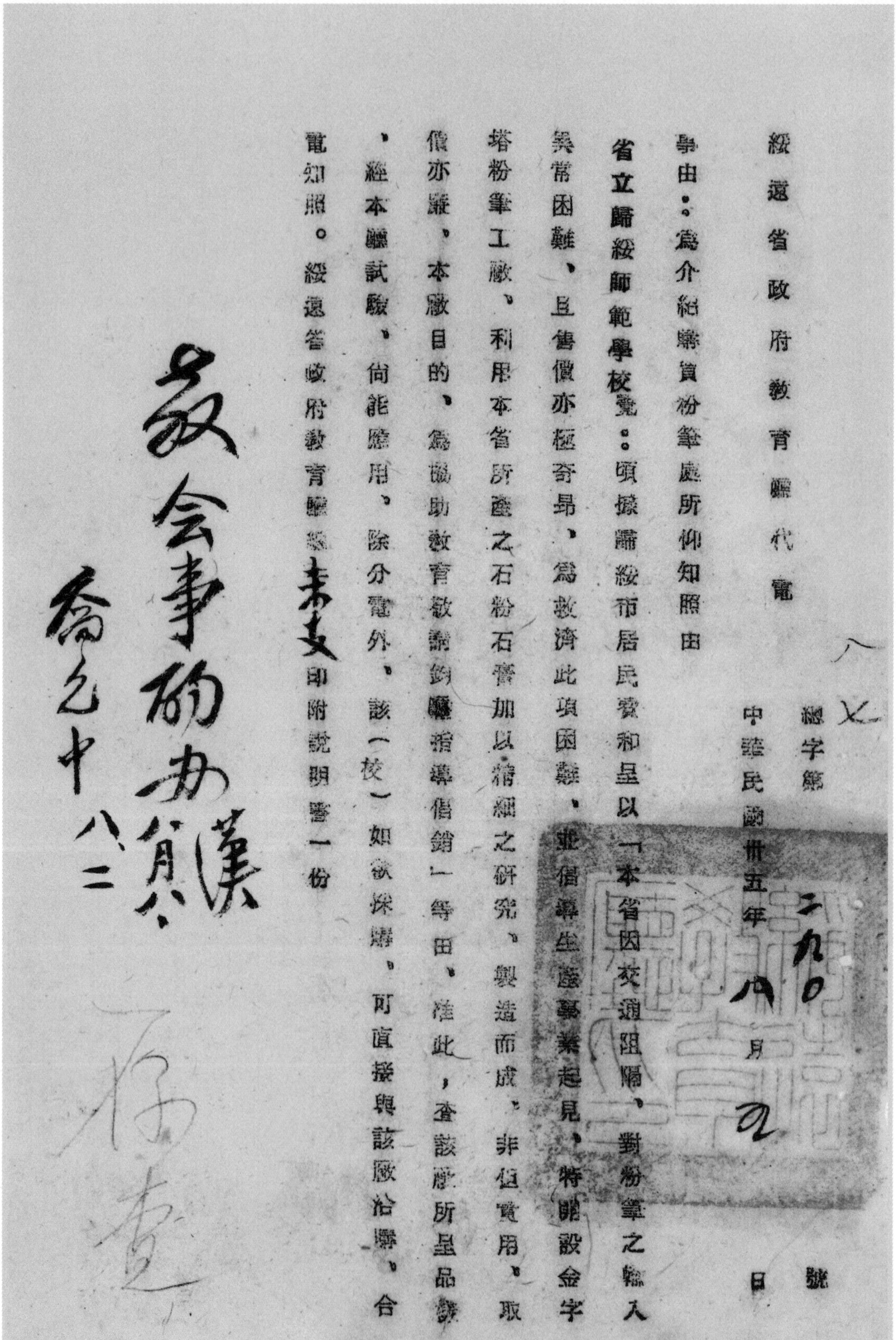

綏遠省政府教育廳代電

總字第二九〇號

中華民國卅五年八月五日

事由：為介紹購買粉筆處所仰知照由

省立歸綏師範學校覽：頃據歸綏市居民雲和呈以「本省因交通阻隔，對粉筆之輸入異常困難，且售價亦極奇昂，為救濟此項困難，並倡導生產事業起見，特開設金字塔粉筆工廠，利用本省所產之石粉石膏加以精細之研究，製造而成，非但實用，取價亦廉，本廠目的，為協助教育發達鈞廳指導倡銷」等由，准此，查該廠所呈品質，經本廳試驗，尚能應用，除分電外，該（校）如欲採購，可直接與該廠洽購，合電知照。綏遠省政府教育廳印附說明書一份

存查

图 4-4-5　绥远省政府教育厅为介绍购买粉笔处所给省立归绥师范学校代电（附说明书）（1946 年 8 月 5 日）（一）

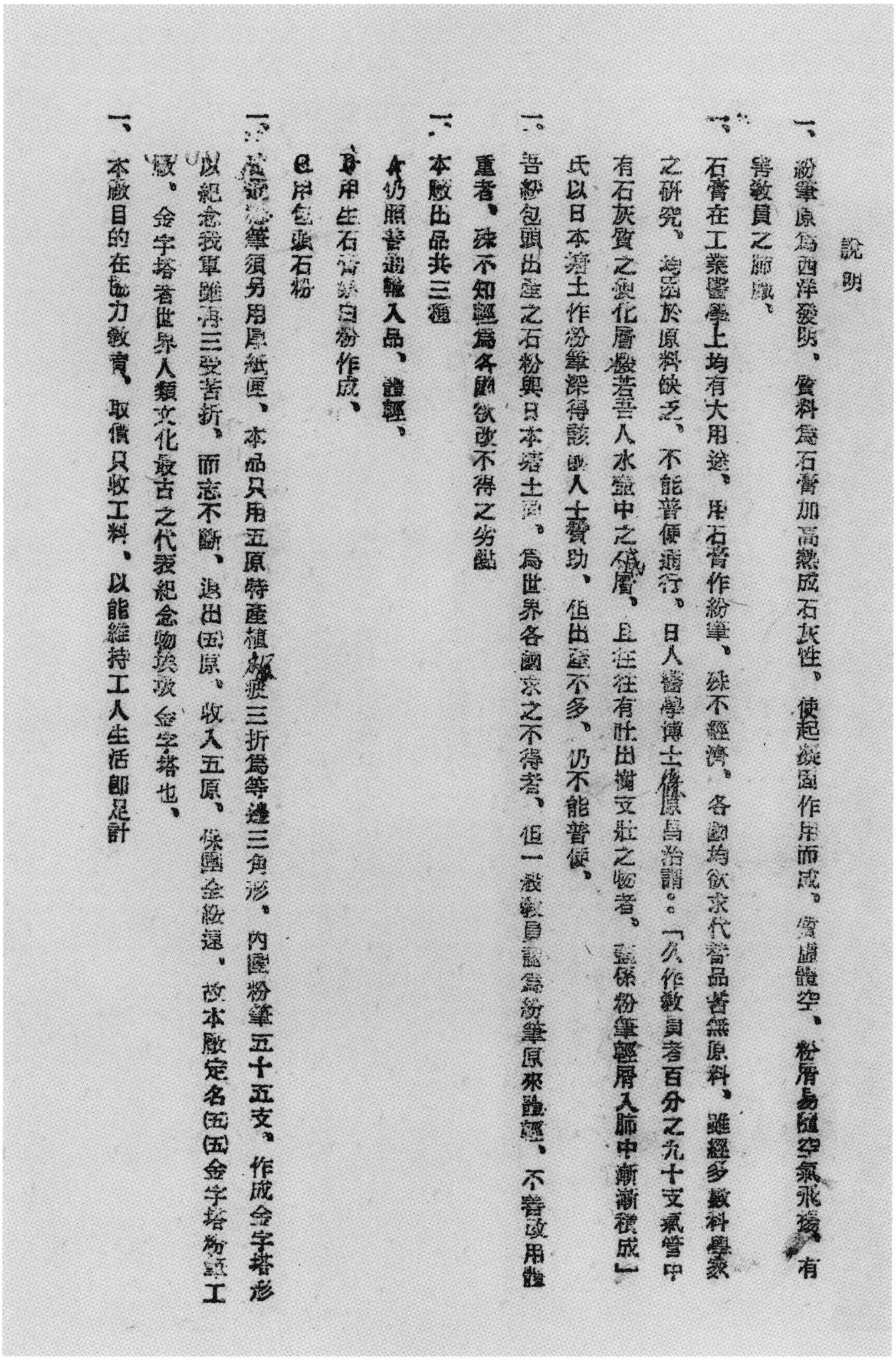

說明

一、粉筆原爲西洋發明。質料爲石膏加高熱成石灰性。使起凝固作用而成。質虛體空、粉屑易隨空氣飛揚、有害教員之肺臟、

一、石膏在工業醫學上均有大用途。用石膏作粉筆。殊不經濟。各國均欲求代替品苦無原料、雖經多數科學家之研究。終因於原料缺乏。不能普便通行。日人醫學博士條原島治謂。「久作教員者百分之九十支氣管中有石灰質之變化層數若吾人水壺中之碱層。且往往有吐出獨支狀之痰者。蓋係粉筆細屑入肺中漸漸積成」氏以日本滑土作粉筆深得該國人士贊助、但出產不多。仍不能普便。

一、吾綏包頭出產之石粉與日本滑土同。爲世界各國求之不得者、但一般教員認爲粉筆原來體輕、不喜改用體重者、殊不知經爲各國欲改不得之劣點

一、本廠出品共三種

甲仍照普通輸入品、體輕、

乙用生石膏加白粉作成、

丙用包頭石粉

一、前項粉筆須另用厚紙匣、本品只用五原特產植物灰三折爲等邊三角形。內盛粉筆五十五支、作成金字塔形以紀念我軍雖再三受挫折、而志不斷、退出五原、收入五原、保國全綏遠、故本廠定名五五金字塔粉筆工廠。金字塔者世界人類文化最古之代表紀念物換改金字塔也、

一、本廠目的在協力教育、取價只收工料、以能維持工人生活即足計

图 4-4-5 绥远省政府教育厅为介绍购买粉笔处所给省立归绥师范学校代电（附说明书）（1946 年 8 月 5 日）（二）

A種塗料與輸入品同定價八百元
B種定價六百元計每支可寫一千五百字
C種同右
一、普通輸入品定價二千餘元、請閱比較樣子自知
一、本品每匣用原料一斤四兩其他紙盒、牛油（分離劑）等合計四百元、工資三百元、捐稅雜用房租百元、如另種貨另議
一、本廠除普通外另用方木匣分一百六、三百二十、五百、但需用工料費由用者自出、以後可以空匣送來不復算出
一、各校一次購半年者酌情減價、各縣教育局一次代購全縣者酌情減價
一、全省整年需用量本廠出品定可足供應用、…
一、本廠設備費已用十數萬元、原料十數萬元、工人生活數萬元、
一、本廠出品除A與普通品有同一之劣點外、其他B、C無石灰質、物美價廉、在製造方面自信用盡精密努力、
共換樣子十七次始成
一、本廠不日在報上登廣告、俾各地僻遠之學校仍不知請通告為盼
一、本廠除在歸綏同教協會配洽並在本市營房道、伊哈塞巷十八號製造、
一、購者到同教協會或直接來營房道伊哈塞巷十八號均可
一、規定價格以後市內物資來源不困難時並量減

图 4-4-5　绥远省政府教育厅为介绍购买粉笔处所给省立归绥师范学校代电（附说明书）（1946 年 8 月 5 日）（三）

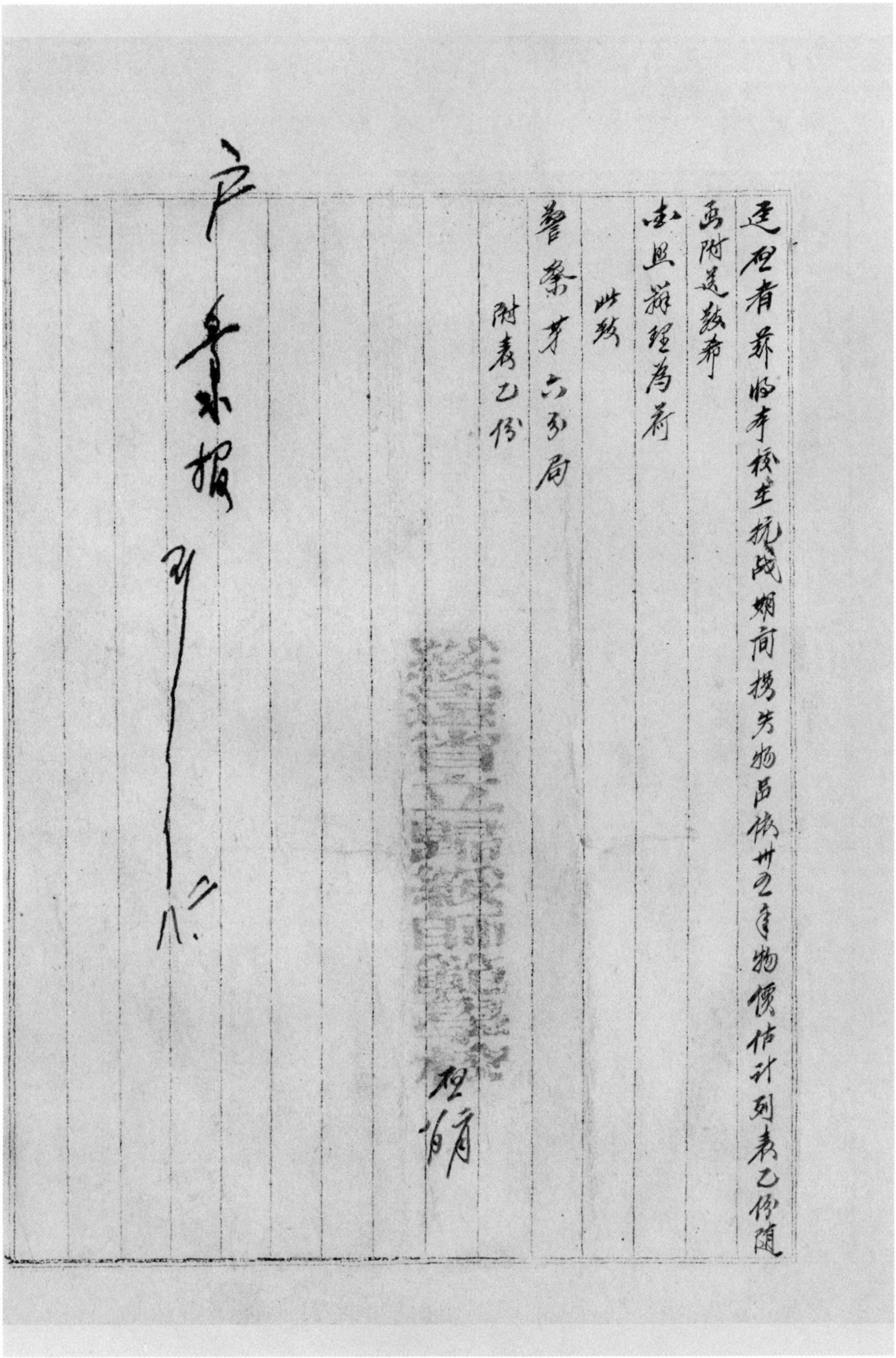

逕启者兹将本校在抗战期间损失物品依卅五年物价估计列表乙份随
函附送敬希
查照办理为荷
此致
警察第六分局
附表乙份

图 4-4-6 绥远省立归绥师范学校为报送在抗战期间损失物品估价表致警察第六分局函（附表）（1946 年 2 月 8 日）（一）

綏遠省立歸綏師範學校在抗戰期間損失物品估價表

名稱	數量	單價	合計	備考
圖書	一五〇〇册	五〇〇元	七五〇〇〇〇元	
史地博物掛圖	四五份	一〇〇〇〇元	四五〇〇〇〇	
高初中儀器	二套	三〇〇〇〇〇〇	六〇〇〇〇〇〇	
高初級博物標本	動植礦三套	五〇〇〇〇〇	一五〇〇〇〇〇元	
四尺五寸辦公桌	九〇張	九〇〇〇	八一〇〇〇〇	
六尺長辦公桌	二五張	一二〇〇〇	三〇〇〇〇〇	
教桌	八張	八〇〇〇	六四〇〇〇	
教室桌凳	二五〇套	五〇〇〇	一二五〇〇〇〇	
二尺寸方高桌	一五個	五〇〇〇	七五〇〇〇	
五尺長靠背椅	八五個	一〇〇〇〇	八五〇〇〇〇	
學生飯廳桌櫈	六〇套	九〇〇〇	五四〇〇〇〇	
圖書館六尺長桌	二十個	八〇〇〇	一六〇〇〇〇	

陸軍

图 4-4-6 绥远省立归绥师范学校为报送在抗战期间损失物品估价表致警察第六分局函（附表）（1946 年 2 月 8 日）（二）

圖書館長凳	四五個	一五〇〇〇	六七五〇〇〇		
骨牌凳	二五〇個	七〇〇〇	一七五〇〇〇〇		
油漆椅	五六個	一五〇〇〇	八四〇〇〇〇		
小茶几	一二個	二〇〇〇〇	二四〇〇〇〇		
玻璃理化儀器架	三〇個	一五〇〇〇	四五〇〇〇〇		
教職員學生寢室書架	九〇個	一〇〇〇〇	九〇〇〇〇〇		
玻璃圖書架	三〇個	一五〇〇〇	四五〇〇〇〇		
玻璃博物標本架	一八個	一六〇〇〇	二八八〇〇〇		
籃球架	四付	一〇〇〇〇〇	四〇〇〇〇〇		
網排足球架	九付	一〇〇〇〇	九〇〇〇〇		
木馬	兩個	五〇〇〇〇	一〇〇〇〇〇		
單鉄槓	兩個	一五〇〇〇〇	三〇〇〇〇〇		
雙槓	兩付	二〇〇〇〇	四〇〇〇〇		
運動優勝獎品	九十件	三〇〇〇〇	二七〇〇〇〇〇		

陸軍

图 4-4-6 绥远省立归绥师范学校为报送在抗战期间损失物品估价表致警察第六分局函（附表）（1946 年 2 月 8 日）（三）

標槍鉄球鉄餅等	一五件	一〇〇〇〇	一五〇〇〇〇
高低欄	三十付	二〇〇〇〇	六〇〇〇〇〇
籃球	十個	五〇〇〇〇	五〇〇〇〇〇
排球	五個	四〇〇〇〇	二〇〇〇〇〇
足球	三個	五〇〇〇〇	一五〇〇〇〇
足球鞋	三十隻	五〇〇〇〇	一五〇〇〇〇〇
跑鞋	二十隻	四〇〇〇〇	八〇〇〇〇〇
跳鞋	十隻	四〇〇〇〇	四〇〇〇〇〇
運動衣	五十套	二〇〇〇〇	一〇〇〇〇〇〇
國術用具	全套		五〇〇〇〇〇〇
大小風琴	十八架	七〇〇〇〇〇	一二六〇〇〇〇〇
樂器全套			五〇〇〇〇〇〇
收音機	兩個	一〇〇〇〇〇〇	二〇〇〇〇〇〇
電話匣	兩個	一五〇〇〇〇	三〇〇〇〇〇元

陸軍

图 4-4-6　绥远省立归绥师范学校为报送在抗战期间损失物品估价表致警察第六分局函（附表）（1946 年 2 月 8 日）（四）

大掛鐘	七個	六〇〇〇〇	四二〇〇〇〇
電灯泡	二五〇個	五〇〇〇	一二五〇〇〇〇
電線及零件等			一二五〇〇〇〇
補修圍墻門窗等			一萬萬四千萬元
楊柳榆樹	四萬七千五百株	五〇〇〇	二萬萬三千七百五十萬元
生鉄炉	九十五個	三〇〇〇〇	二八五〇〇〇〇
炉筒子	一五〇〇節	三〇〇〇	四五〇〇〇〇〇
細磁器	三五〇件	二〇〇〇	七〇〇〇〇〇
粗磁器	二〇〇〇件	二〇〇	四〇〇〇〇〇
保險柜	兩個	二〇〇〇〇〇	四〇〇〇〇〇
大缸	四十個	四〇〇〇〇	一六〇〇〇〇〇元
大鍋	七口	五〇〇〇〇	三五〇〇〇〇
小鍋	五口	三〇〇〇〇	一五〇〇〇〇
風匣	十二支	二〇〇〇〇	二四〇〇〇〇

陸軍

图 4-4-6　绥远省立归绥师范学校为报送在抗战期间损失物品估价表致警察第六分局函（附表）（1946 年 2 月 8 日）（五）

鐵鍬	六十張	八〇〇〇	四八〇〇〇〇
鐮鋤鉋等	三五件	一〇〇〇〇	三五〇〇〇〇
洋井	二個	五〇〇〇〇〇	一〇〇〇〇〇〇
銅茶壺漬壺	二二個	二〇〇〇〇	四四〇〇〇〇
磁臉盆	二三個	一〇〇〇〇	二三〇〇〇〇
臉盆架	三十付	五〇〇〇	一五〇〇〇〇
木床	三七付	四〇〇〇〇	一四八〇〇〇〇
改八大籠	五十合	三〇〇〇〇	一五〇〇〇〇〇
鋼板水壺	九十個	一〇〇〇〇	九〇〇〇〇〇
鋼板飯桶	四十個	一〇〇〇〇	四〇〇〇〇〇
炕蓆	一二〇圤	八〇〇〇	九六〇〇〇〇
大麵桉	七圤	三〇〇〇〇	二一〇〇〇〇
杓瓢鏟鍘刀	二百件	五〇〇〇	一〇〇〇〇〇〇
油印机	三架	五〇〇〇〇	一五〇〇〇〇

图 4-4-6　绥远省立归绥师范学校为报送在抗战期间损失物品估价表致警察第六分局函（附表）（1946 年 2 月 8 日）（六）

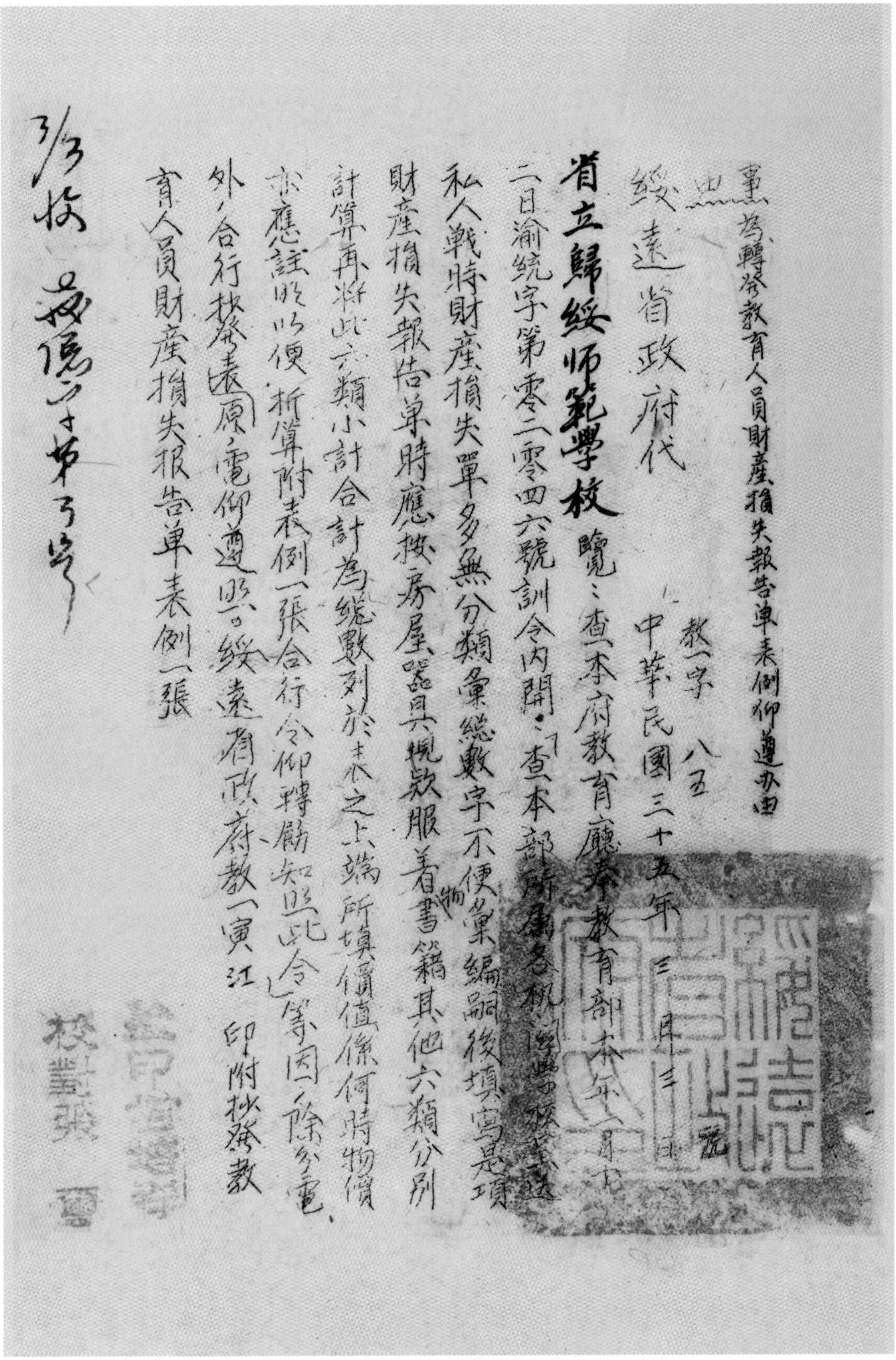

事由 為轉發教育人員財產損失報告單表例仰遵辦由

綏遠省政府代電

教一字 八五

中華民國三十五年三月三日

省立歸綏師範學校覽：查本府教育廳奉教育部本年一月十二日渝統字第零二零四六號訓令內開：「查本部所屬各機關學校送私人戰時財產損失單多無分類彙總數字，不便彙編，嗣後填寫是項財產損失報告單時，應按房屋、器具、現款、服着物、書籍、其他六類分別計算，再將此六類小計合計為總數，列於表之上端，所填價值係何時物價亦應註明，以便折算，附表例一張，合行令仰轉飭知照」。此令等因。除分電外，合行抄發表原電仰遵照。綏遠省政府教一寅江印 附抄發教育人員財產損失報告單表例一張

图4-4-7　绥远省政府为转发教育财产损失报告单表例给省立归绥师范学校代电（附表例）（1946年3月3日）（一）

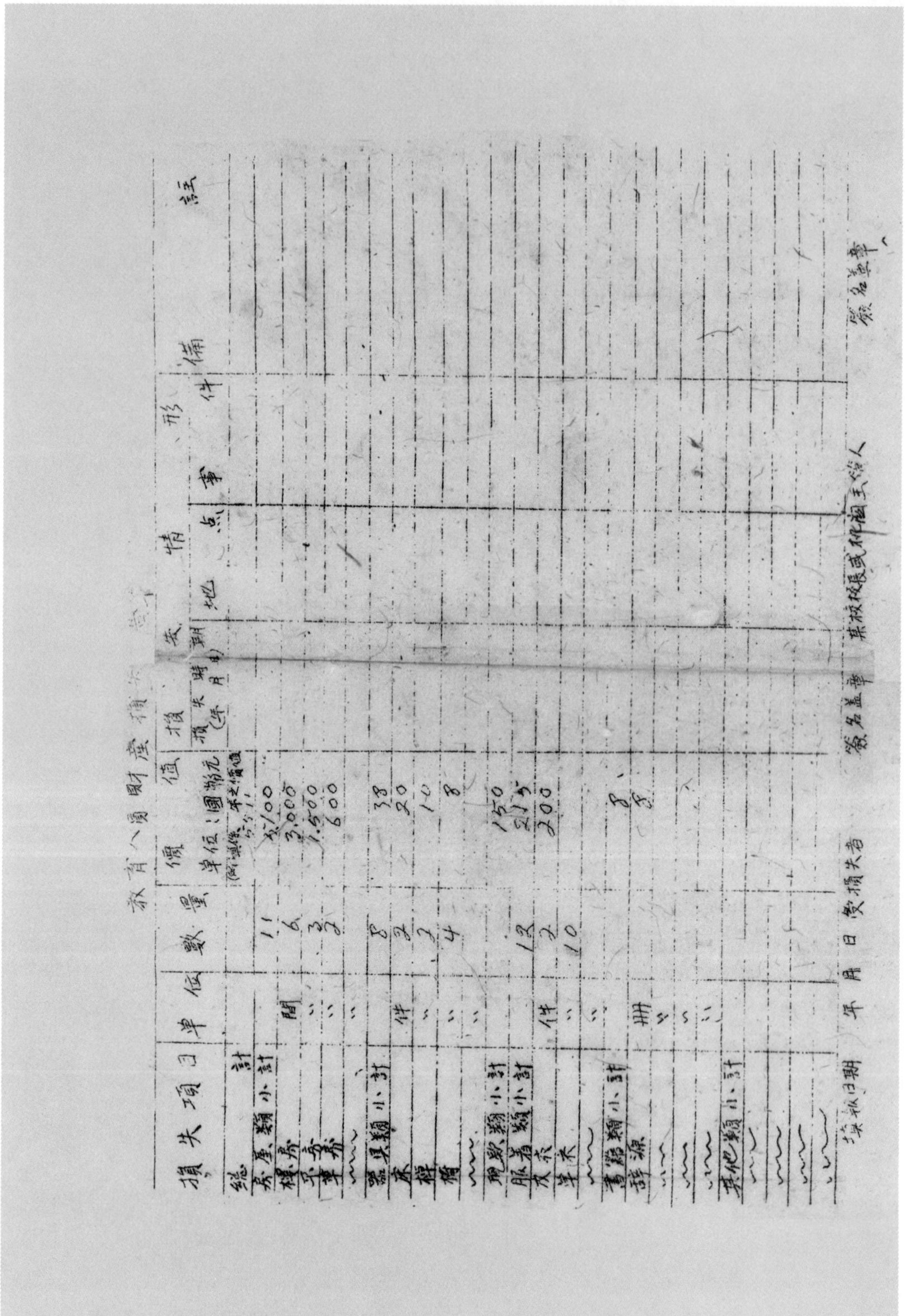

教育文化財產損失報告單

損失項目	單位	數量	價值（單位：國幣元）	損失時期（年 月 日）	事件	地點	情形	備考
總計								
房屋類小計		11	5,100					
禮堂	間	6	3,000					
辦公室	〃	3	1,500					
宿舍	〃	2	600					
〜〜	〃							
器具類小計		8	38					
桌	件	2	20					
椅	〃	2	10					
櫃	〃	4	8					
〜〜	〃							
現款類小計			150					
服著類小計		12	215					
衣	件	2	200					
帽	〃	10						
〜〜	〃							
書籍類小計			8					
圖書	冊		8					
〜〜	〃							
〜〜	〃							
其他類小計								
〜〜								

填報日期　年　月　日　受損失者　簽名蓋章　某校校長或代理主管人　簽名蓋章

图 4-4-7　绥远省政府为转发教育财产损失报告单表例给省立归绥师范学校代电（附表例）（1946 年 3 月 3 日）（二）

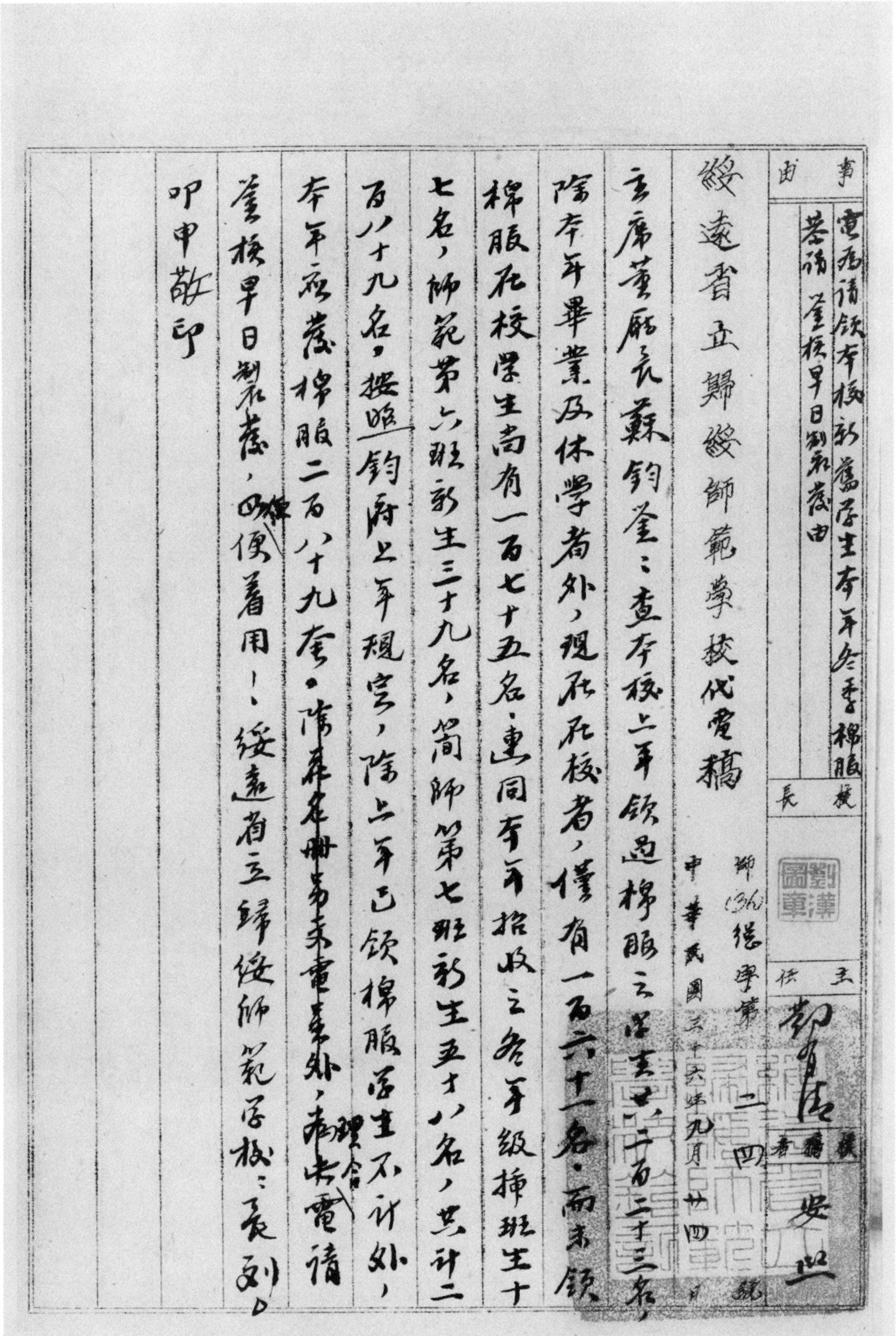

事由：電為請領本校新舊學生本年冬季棉服 恭請 鈞府早日製發由

校長 劉漢章

主任 郭□□

擬稿 安□

（36）綏學第二四號

中華民國三十六年九月廿四日

綏遠省立歸綏師範學校代電稿

主席董、廳長蘇鈞鑒：查本校上年領過棉服之學生二百二十三名，除本年畢業及休學者外，現在在校者，僅有一百六十一名。而未領棉服在校學生尚有一百七十五名。連同本年招收之各年級插班生十七名，師範第六班新生三十九名，簡師第七班新生五十八名，共計二百八十九名。按照鈞府上年規定，除上年已領棉服學生不計外，本年應發棉服二百八十九套。除將名冊另案電送外，理合先電請鈞府早日製發，以便著用！綏遠省立歸綏師範學校校長劉叩申敬印

图 4-4-8　绥远省立归绥师范学校为请领新旧学生本年冬季棉服致绥远省政府代电（1947 年 9 月 24 日）

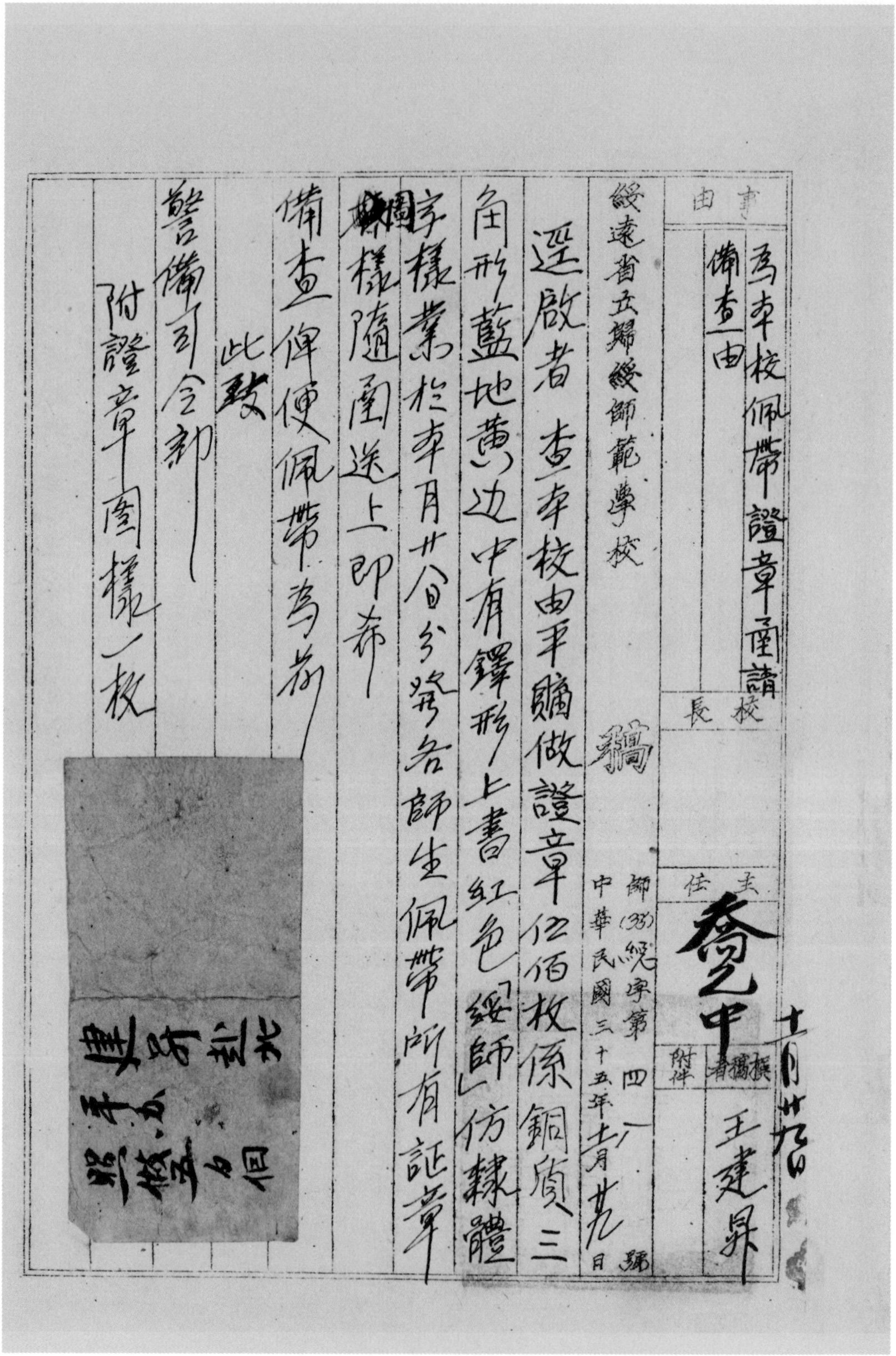

事由：為本校佩帶證章圖請備查由

校長

主任　喬之中

擬稿　附件　王建昇

十一月廿九

綏遠省立歸綏師範學校

鄉（35）綏字第四一八號

中華民國三十五年十一月廿九日

逕啟者：查本校由平購做證章伍佰枚，係銅質三角形藍地黃边，中有鐸形，上書紅色「綏師」仿隸體字樣，業於本年月廿八日分發各師生佩帶，所有証章圖樣隨函送上，即希

備查，俾便佩帶為荷。

此致

警備司令部

附證章圖樣一枚

图 4-4-9　绥远省立归绥师范学校为送证章图样备查致警备司令部函（1946 年 11 月 29 日）

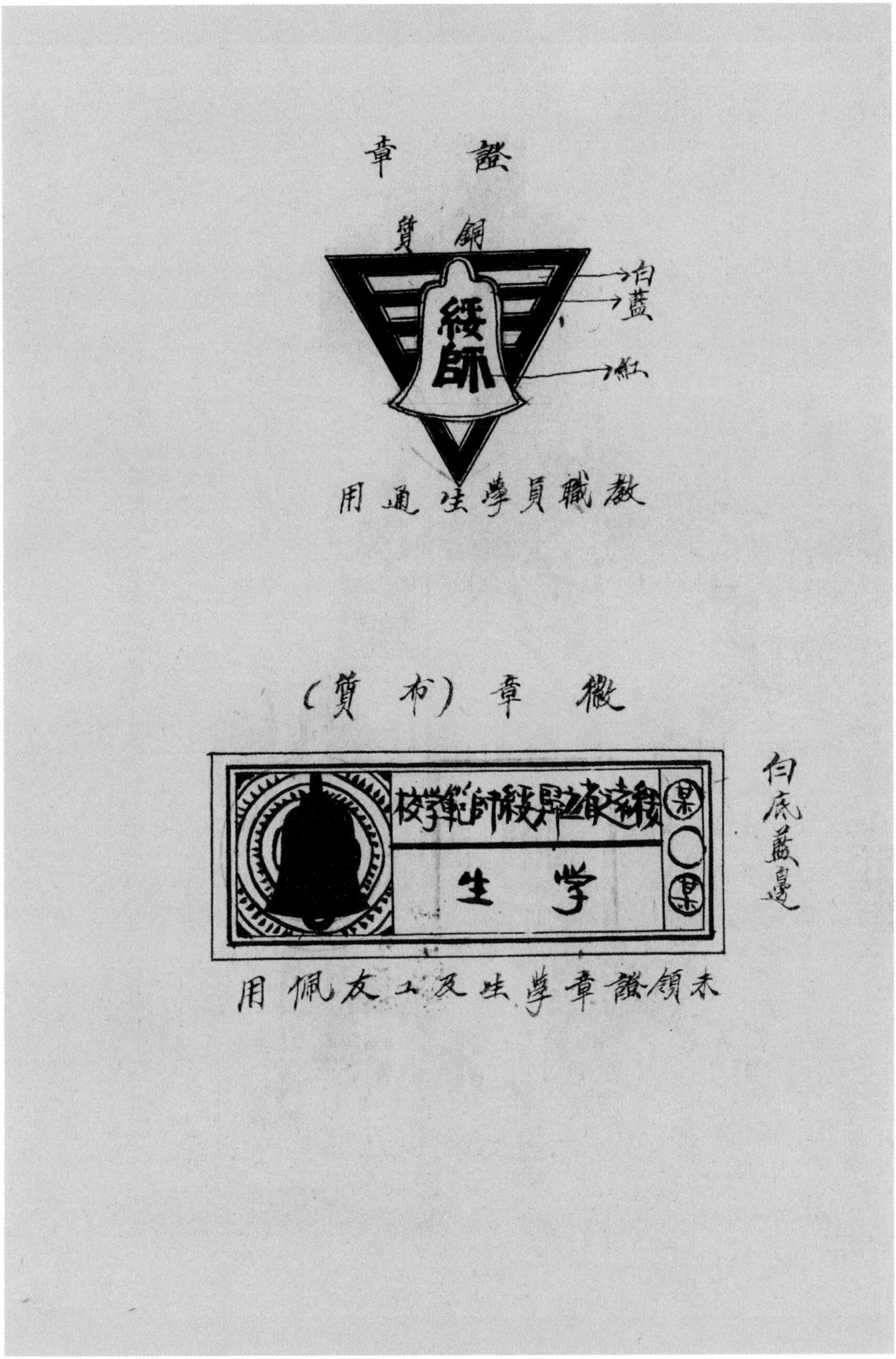

图 4-4-10　绥远省立归绥师范学校证章及徽章图样

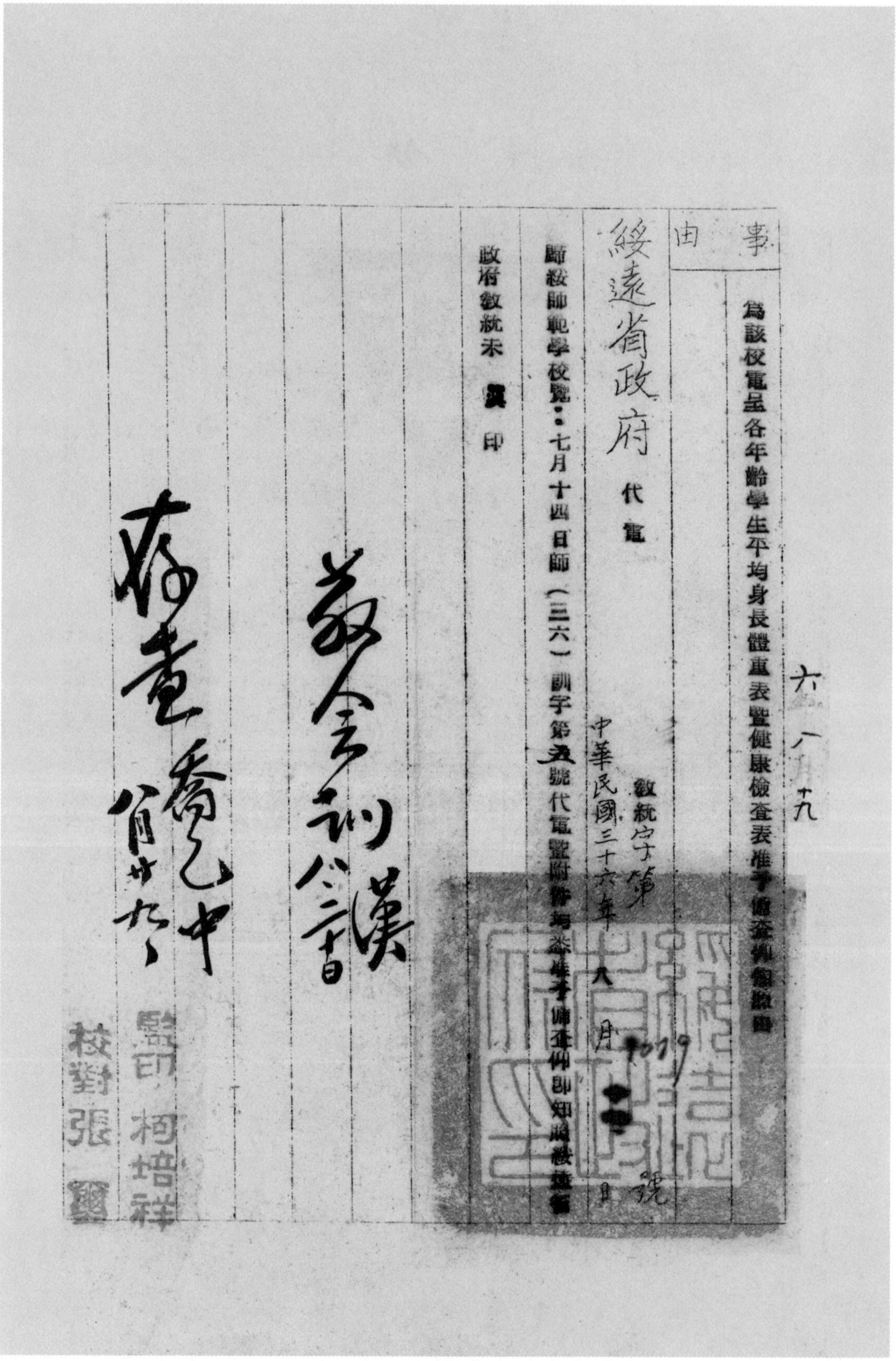

事由：為該校電呈各年齡學生平均身長體重表暨健康檢查表准予備查仰知照由

六、八、十九

綏遠省政府 代電

歸綏師範學校覽：七月十四日師（三六）訓字第五號代電暨附件均悉准予備查仰即知照綏遠省

政府教統未（冬）印

教統字第 號

中華民國三十六年八月 日

監印 柯培祥

校對 張

图 4-4-11 绥远省立归绥师范学校呈各年龄学生平均身长体重表暨健康检查表及绥远省政府准予备查的代电（附身长体重表）（1947 年 8 月 2 日）（一）

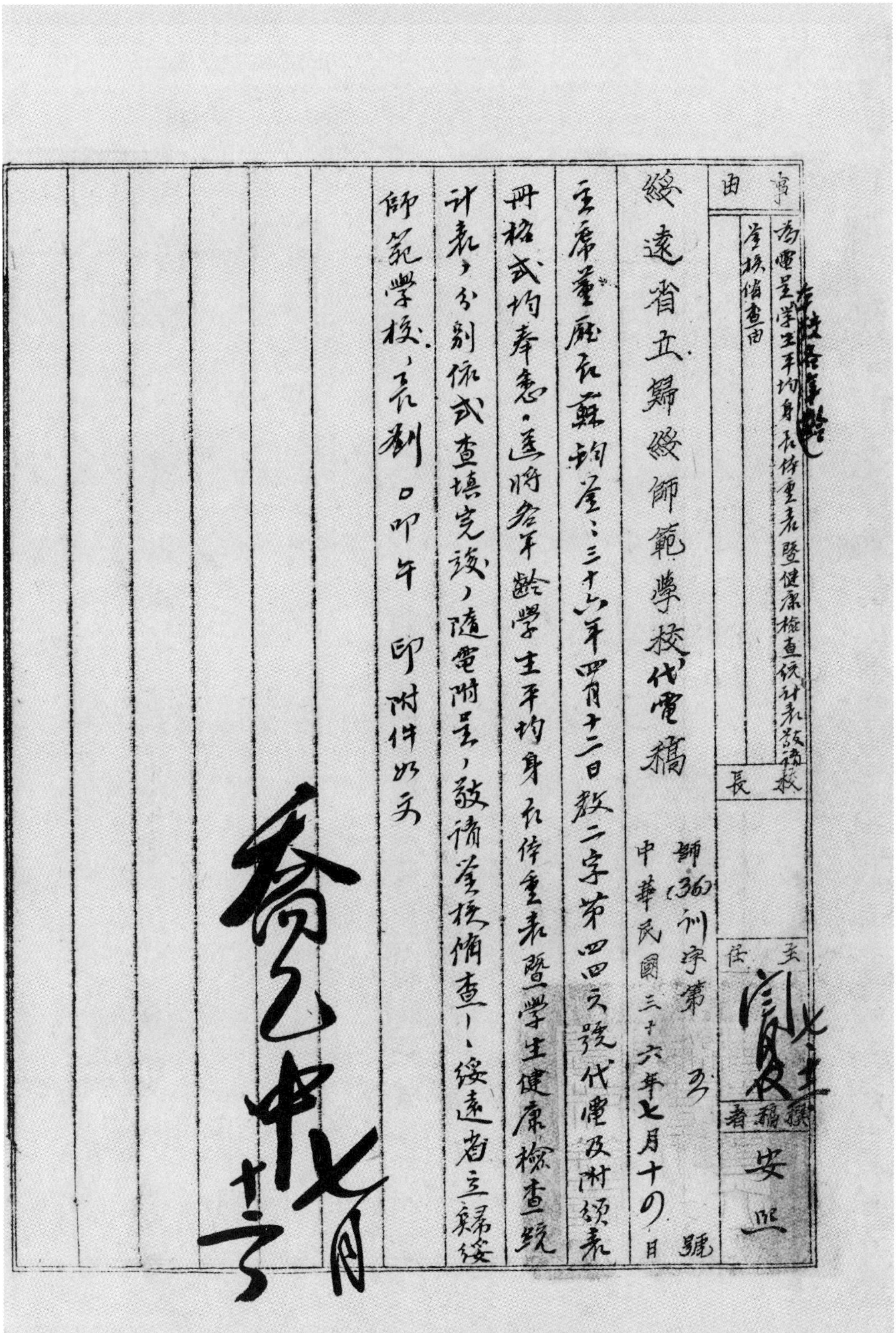

图 4-4-11 绥远省立归绥师范学校呈各年龄学生平均身长体重表暨健康检查表及绥远省政府准予备查的代电（附身长体重表）（1947 年 8 月 2 日）（二）

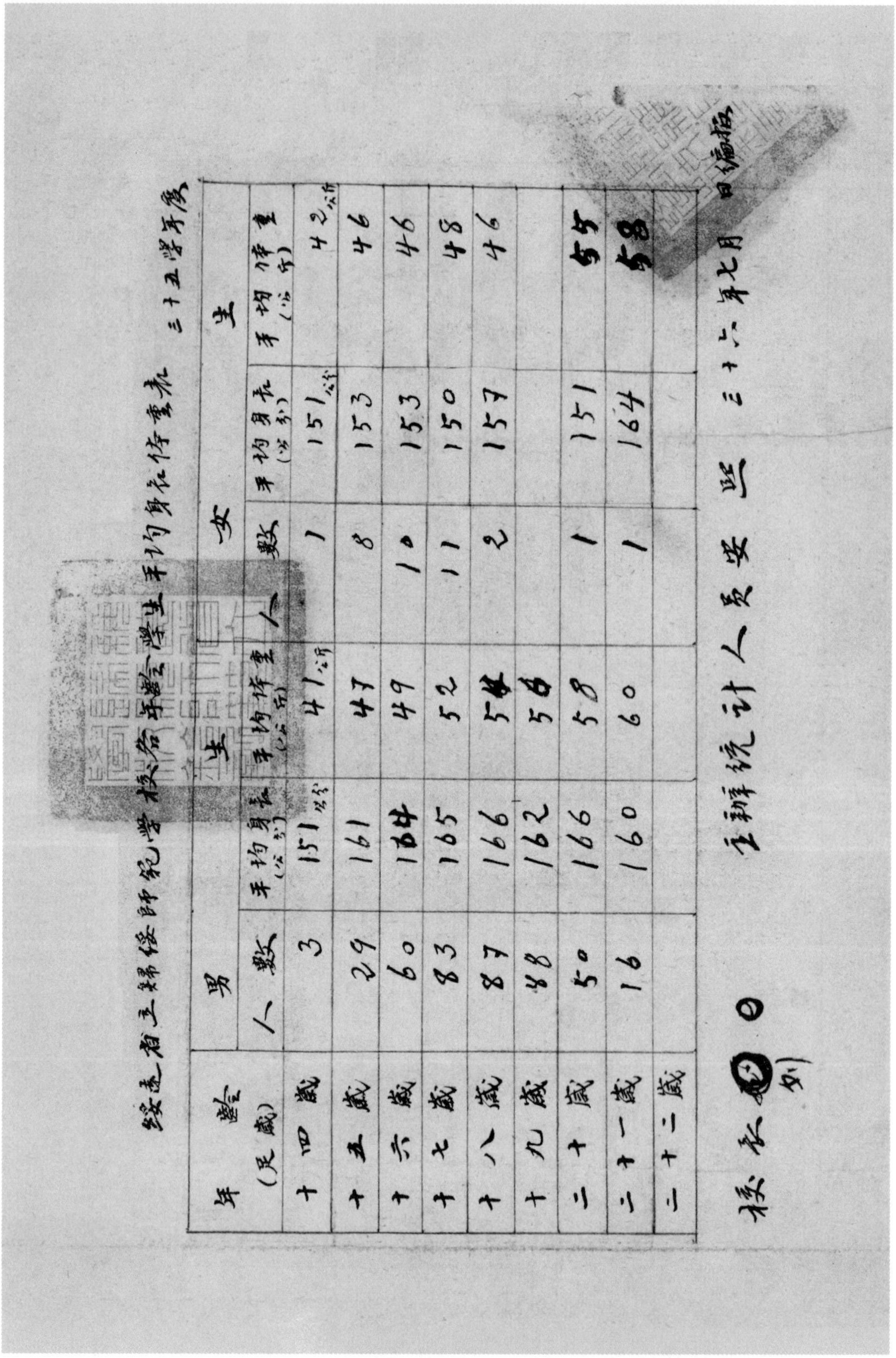

绥远省立归绥师范学校各年龄学生平均身长体重表　三十五学年度

年龄（足岁）	男生人数	男生平均身长（公分）	男生平均体重（公斤）	女生人数	女生平均身长（公分）	女生平均体重（公斤）
十四岁	3	151公分	41公斤	1	151公分	42公斤
十五岁	29	161	47	8	153	46
十六岁	60	164	49	10	153	46
十七岁	83	165	52	11	150	48
十八岁	87	166	54	2	157	46
十九岁	88	162	56			
二十岁	50	166	58	1	151	55
二十一岁	16	160	60	1	164	58
二十二岁						

校长　　主办统计人员安　熙　三十六年七月　日编报

图 4-4-11　绥远省立归绥师范学校呈各年龄学生平均身长体重表暨健康检查表及绥远省政府准予备查的代电（附身长体重表）（1947 年 8 月 2 日）（三）

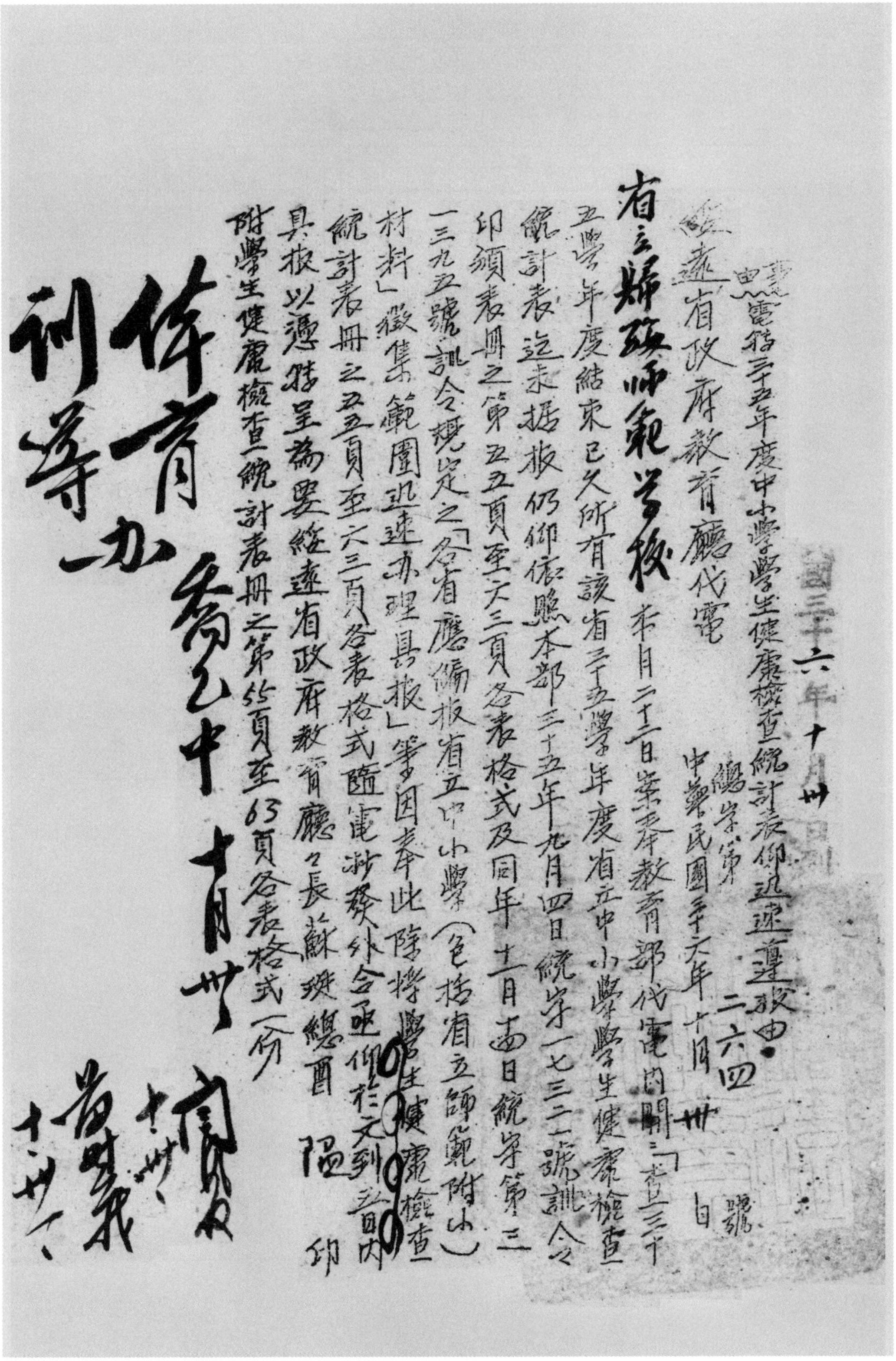

图 4-4-12　绥远省政府教育厅为转发三十五年度中小学生健康检查统计表给省立归绥师范学校代电（附表式）（1947 年 10 月 30 日）（一）

______省學生健康檢查統計表 ______學年度

一、中等學校

55

項別	共計			中學			師範學校			職業學校		
	計	男	女	計	男	女	計	男	女	計	男	女
參加檢查總人數												
有疾病之總人數												
視力 一眼近視												
視力 二眼近視												
聽力 一耳障礙												
聽力 二耳障礙												
耳病												
沙眼												
其他眼病												
牙齒												
扁桃腺												
淋巴腺												
皮膚												
循環系												
呼吸系												
整形外科												

______省市學生健康檢查總計表 ______學年度

二、中心國民學校

56

項別	人數
參加檢查總人數	
有疾病者總人數	
視力 一眼近視	
視力 二眼近視	
聽力 一耳障礙	
聽力 二耳障礙	
牙齒	
皮膚	
整形外科	

各省市教育廳局呈報學生健康檢查統計表及各校各年齡學生平均身長體重表應注意事項

1.各省市教育廳局應將學生健康檢查紀錄學生健康檢查填載方法及年齡計算表學生健康檢查統計表及各年齡學生平均身長體重表轉發所屬公私立中等學校及各縣中心國民學校填報

2.公私立中等學校及各縣中心國民學校在每學年度開始後舉行健康檢查時應依照學生健康檢查紀錄填載方法將檢查結果填寫於學生健康檢查紀錄上並根據學生健康檢查紀錄編製學生健康檢查統計表(中等學校表式詳於第五七頁中心國民學校表式詳於第五八頁)及各年齡學生平均身長體重表

3.各省市教育廳局根據各校學生健康檢查統計表編製全省市學生健康檢查統計表呈報本部並將各校各年齡平均身長體重表同時呈報本部

图 4-4-12 绥远省政府教育厅为转发三十五年度中小学生健康检查统计表给省立归绥师范学校代电（附表式）（1947 年 10 月 30 日）（二）

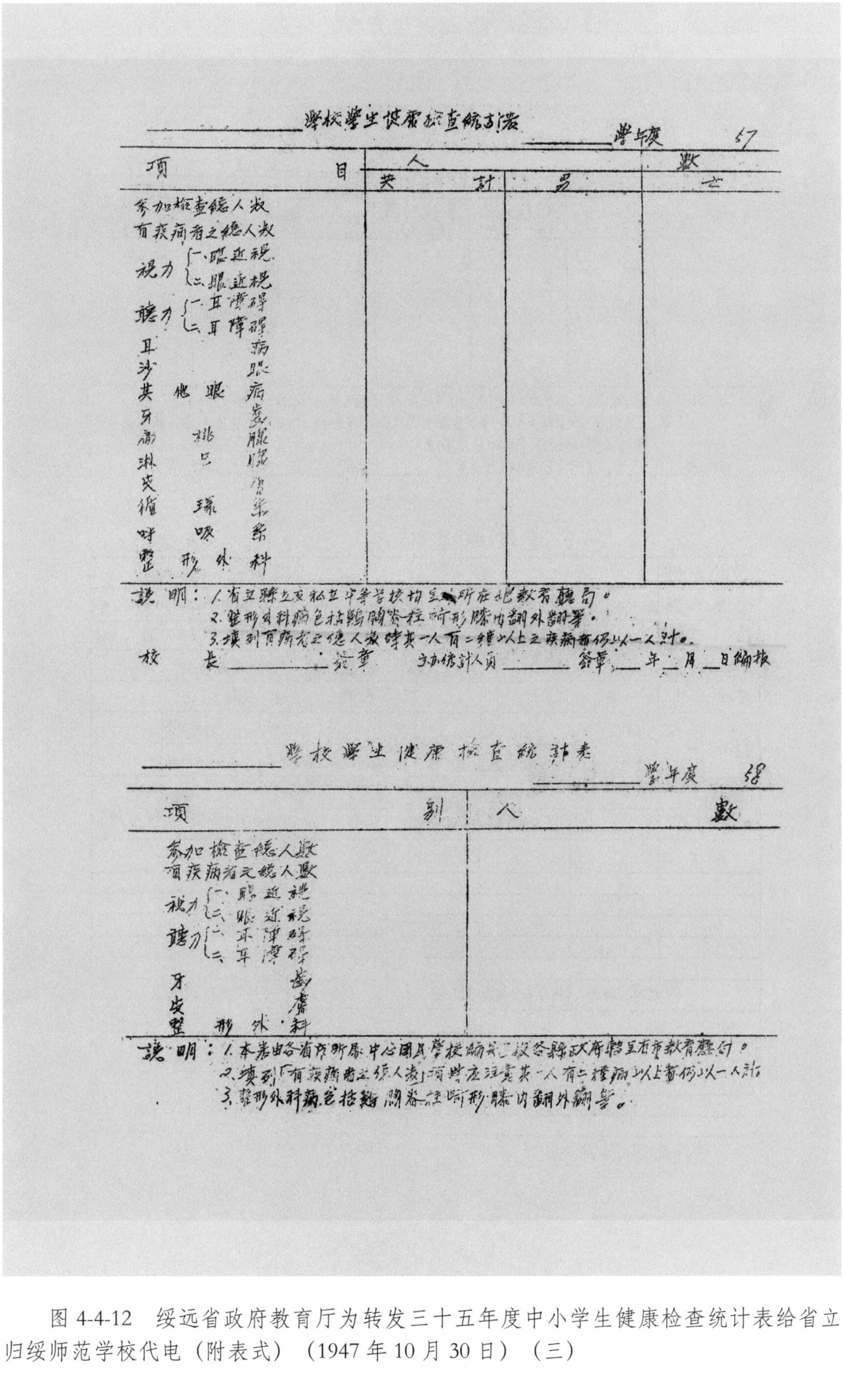

______學校學生健康檢查統計表

______學年度　57

項　　目	人		數
	共計	男	女
參加檢查總人數			
有疾病者之總人數			
視力 一、眼近視			
視力 二、眼近視			
聽力 一、耳障礙			
聽力 二、耳障礙			
耳病			
沙眼			
其他眼病			
牙齒			
扁桃腺			
淋巴腺			
皮膚			
循環系			
呼吸系			
整形外科			

說明：1.省立縣立及私立中等學校均呈[illegible]所在地教育廳局。
2.整形外科病包括雞胸脊柱畸形膝內翻外翻等。
3.填列有疾病者之總人數時其一人有二種以上之疾病者仍以一人計。

校長______簽章　主辦統計人員______簽章　___年___月___日編報

______學校學生健康檢查統計表

______學年度　58

項　　別	人　　數
參加檢查總人數	
有疾病者之總人數	
視力 一、眼近視	
視力 二、眼近視	
聽力 一、耳障礙	
聽力 二、耳障礙	
牙齒	
皮膚	
整形外科	

說明：1.本表由各省市所屬中心國民學校編製送各縣政府轉呈省市教育廳局。
2.填列「有疾病者之總人數」項時應注意其一人有二種病以上者仍以一人計。
3.整形外科病包括雞胸脊柱畸形膝內翻外翻等。

图 4-4-12　绥远省政府教育厅为转发三十五年度中小学生健康检查统计表给省立归绥师范学校代电（附表式）（1947 年 10 月 30 日）（三）

______學校各年齡學生平均身長体重表

______學年度　59

年齡(足歲)	男生			女生		
	人數	平均身長(公分)	平均体重(公斤)	人數	平均身長(公分)	平均体重(公斤)

說明：1. 省縣私立中等學校及中心國民學校呈教育廳局核轉本部。
2. 某年齡男生之平均身長即該年齡各個男生身長之總和以該年齡男生之總人數除之所得之商(平均体重之計算法同)

校長______(簽章)　主办統計人員______(簽章)___年___月___日編報

學生健康檢查紀錄　(一)　.60

學校名稱		校址		號數				
學生姓名		性別		生日		年齡	檢查時虛歲	歲　月
籍貫		住址					實足	歲　月
父健在否		職業		經濟狀況		如已故其死亡原因		
母健在否		職業		經濟狀況		如已故其死亡原因		

曾患左列病症否	麻疹		猩紅熱		天花		百日咳		白喉	
	傷寒		赤痢		瘧疾		耳腺下炎		吐血	

檢查以前曾受之傳染病預防注射	最近種痘　年　月	預防傷寒疫苗注射　年　月	預防白喉或猩紅熱混合液注射　年　月	其他	

入學時期	年級	教室	平均分數	告假日數	校籍附記(如轉學或其理由時期)
年月日					

學校衛生服務人員與學生家屬商議記要		經第一次檢查後傳染病預防接種	
時期	事項	時期	何種接種
年月日			

參照實足年齡計算表　　衛生部保健司學生科　製

图 4-4-12　绥远省政府教育厅为转发三十五年度中小学生健康检查统计表给省立归绥师范学校代电（附表式）（1947 年 10 月 30 日）（四）

學生健康檢查記錄 （甲） 61

年齡												
檢查時期	年 月 日		年 月 日		年 月 日		年 月 日		年 月 日		年 月 日	
檢查時是否在場否												
類別	檢查結果	矯治情形	檢查結果	矯治情形	檢查結果	矯治情形	檢查結果	矯治情形	檢查結果	矯治情形	檢查結果	矯治情形
体重												
身長												
（胸圍）												
營養												
貧血												
皮膚及頭皮												
眼 視力												
眼 （辨色力）												
眼 砂眼												
眼 其他眼病												
耳 聽力												
耳 耳病												
鼻												
牙												
扁桃腺												
淋巴腺												
甲狀腺												
心												
肺												
脾												
包莖												
疝氣												
整形外科												
其他												
檢查醫師簽名												

（一）查照填載方法　（二）上列項目之具有技術性者，小學生得刪去之

實足年齡計算表 .62

陰曆出生月日 \ 檢查時之陽曆月份	檢查月份（陽曆） 1月	2月	3月	4月	5月	6月	7月	8月	9月	10月	11月	12月
1月	1歲11月	1歲0月	1歲1月	1歲2月	1歲3月	1歲4月	1歲5月	1歲6月	1歲7月	1歲8月	1歲9月	1歲10月
2月	1歲10月	0歲11月	1歲0月	1歲1月	1歲2月	1歲3月	1歲4月	1歲5月	1歲6月	1歲7月	1歲8月	1歲9月
3月	1歲9月	0歲10月	0歲11月	1歲0月	1歲1月	1歲2月	1歲3月	1歲4月	1歲5月	1歲6月	1歲7月	1歲8月
4月	1歲8月	0歲9月	0歲10月	0歲11月	1歲0月	1歲1月	1歲2月	1歲3月	1歲4月	1歲5月	1歲6月	1歲7月
5月	1歲7月	0歲8月	0歲9月	0歲10月	0歲11月	1歲0月	1歲1月	1歲2月	1歲3月	1歲4月	1歲5月	1歲6月
6月	1歲6月	0歲7月	0歲8月	0歲9月	0歲10月	0歲11月	1歲0月	1歲1月	1歲2月	1歲3月	1歲4月	1歲5月
7月	1歲5月	0歲6月	0歲7月	0歲8月	0歲9月	0歲10月	[illegible]11月	1歲0月	1歲1月	1歲2月	1歲3月	1歲4月
8月	1歲4月	0歲5月	0歲6月	0歲7月	0歲8月	0歲9月	0歲10月	0歲11月	1歲0月	1歲1月	1歲2月	1歲3月
9月	1歲3月	0歲4月	0歲5月	0歲6月	0歲7月	0歲8月	0歲9月	0歲10月	0歲11月	1歲0月	1歲1月	1歲2月
10月	1歲2月	0歲3月	0歲4月	0歲5月	0歲6月	0歲7月	0歲8月	0歲9月	0歲10月	0歲11月	1歲0月	1歲1月
11月	1歲1月	0歲2月	0歲3月	0歲4月	0歲5月	0歲6月	0歲7月	0歲8月	0歲9月	0歲10月	0歲11月	1歲0月
12月	1歲0月	0歲1月	0歲2月	0歲3月	0歲4月	0歲5月	0歲6月	0歲7月	0歲8月	0歲9月	0歲10月	0歲11月

說明：甲、本表為求實足年齡糾正虛計歲數而設，如某學生係民國十二年陰曆七月出生，檢查時為民國十八年陽曆六月，而該童自報之年齡為七歲時（即俗例以陰曆月數為計算歲數之單位者），按本表推算之。
乙、本表用法：先將學生自報年齡減去二歲，後再加上本表「陰曆出生月份」與「檢查時之陽曆月份」縱橫相交之格內所註明之歲數及月數，即得實足年齡之相近值。如某學童自報七歲，生辰係七月某日，檢查時為陽曆六月，則該童之實足年齡當為五歲又十個月，（即七歲減二歲加本表「陰曆七月」與「陽曆六月」橫縱相交格內之年月是也）。餘類推。

图 4-4-12　绥远省政府教育厅为转发三十五年度中小学生健康检查统计表给省立归绥师范学校代电（附表式）（1947 年 10 月 30 日）（五）

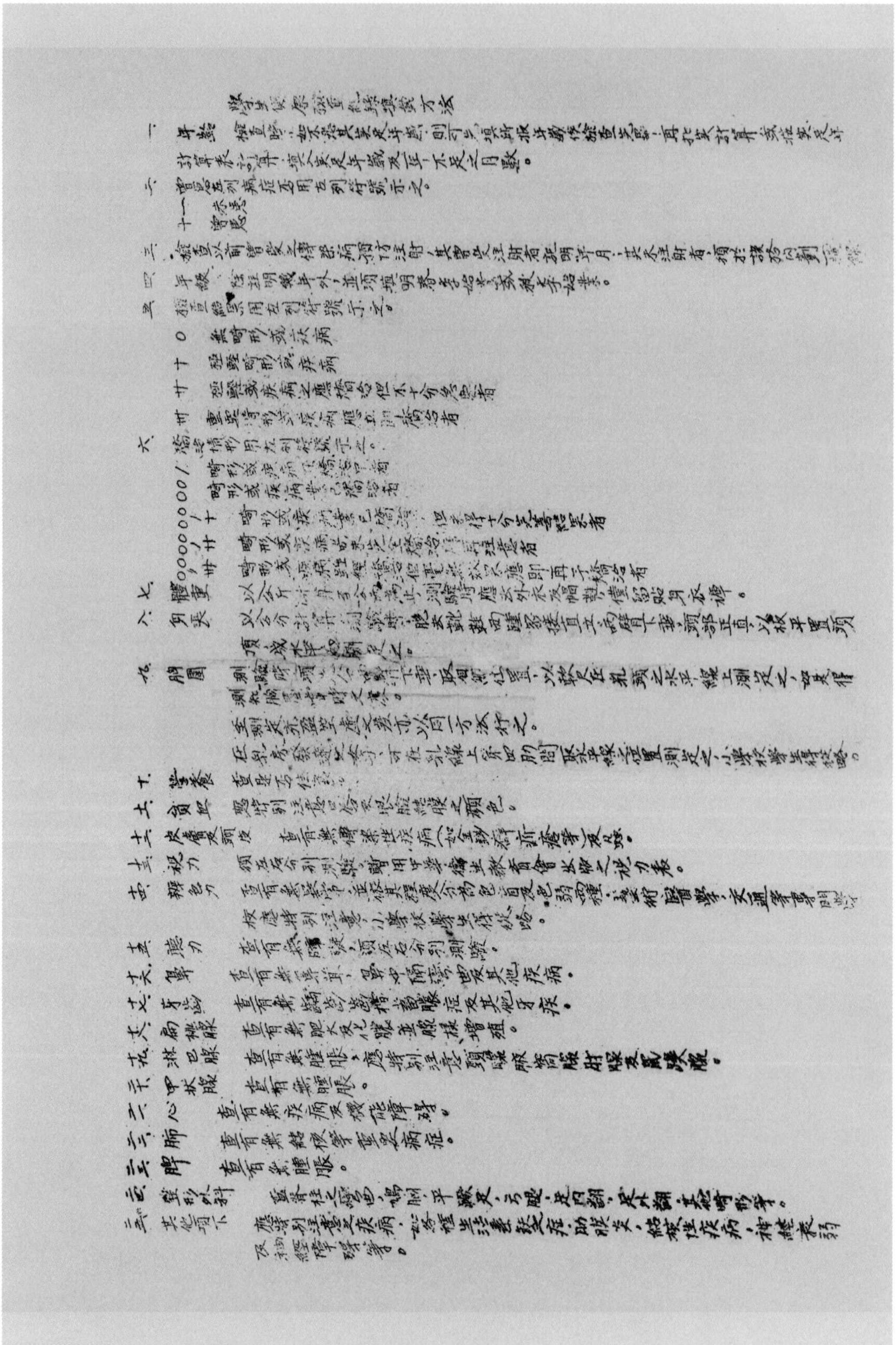

图 4-4-12　绥远省政府教育厅为转发三十五年度中小学生健康检查统计表给省立归绥师范学校代电（附表式）（1947 年 10 月 30 日）（六）

五 教师管理

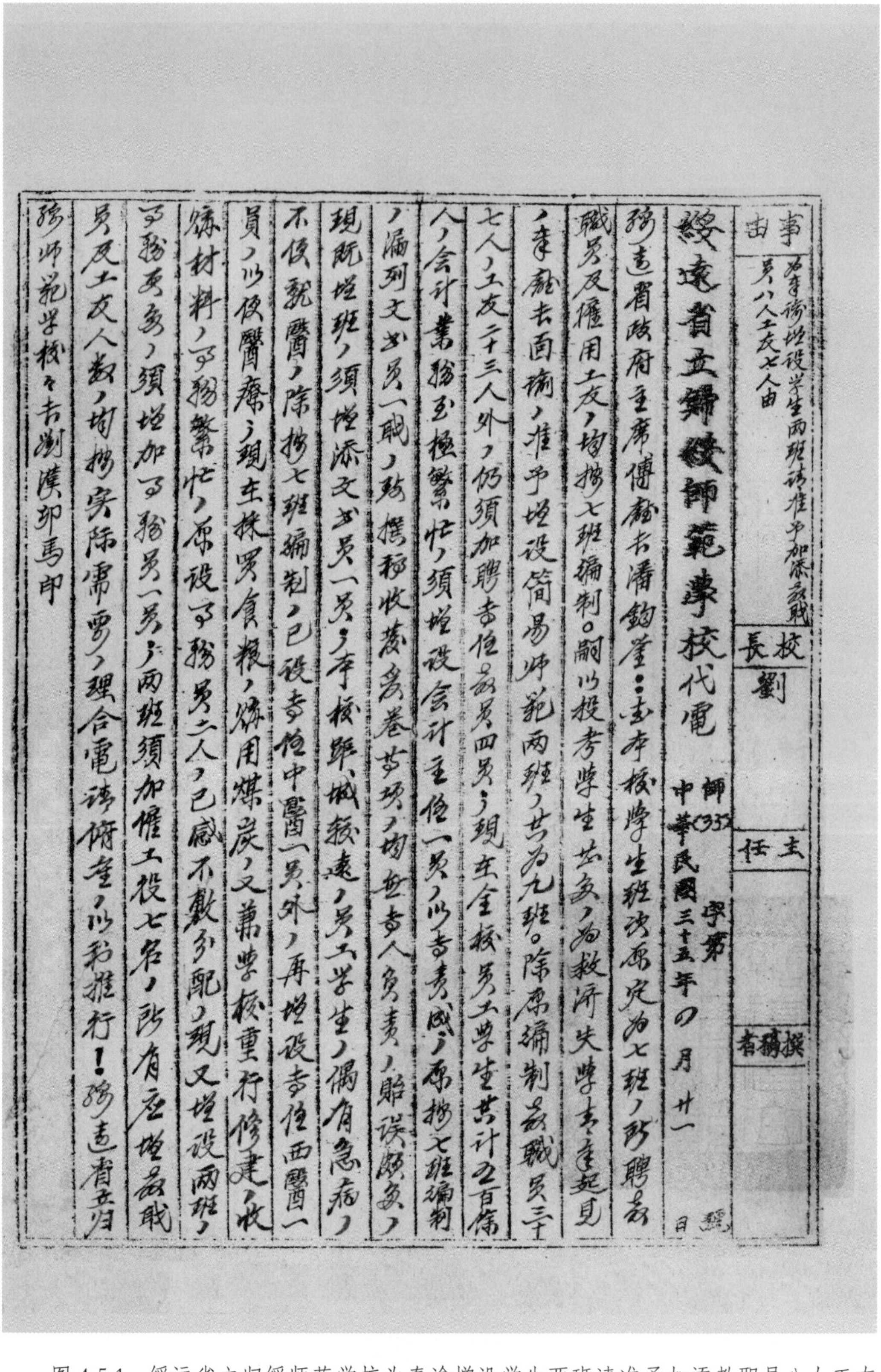

事由：为奉谕增设学生两班请准予加添教职员八人工友七人由

绥远省立归绥师范学校代电

师字第(33?)号

中华民国三十五年四月廿一日

校长 刘

主任

拟稿者

绥远省政府主席傅钧鉴：查本校学生班次原定为七班，所聘教职员及雇用工友，均按七班编制。嗣以投考学生甚多，为救济失学青年起见，奉钧座面谕，准予增设简易师范两班，共为九班。除原编制教职员三十七人，工友二十三人外，仍须加聘专任教员四员；现在全校员工学生共计五百余人，会计业务至极繁忙，须增设会计主任一员，以专责成；原按七班编制，漏列文书员一职，致撰稿收发案卷等项，均无专人负责，贻误颇多，现既增班，须增添文书员一员；本校距城较远，员工学生偶有急病，不便就医，除按七班编制已设专任中医一员外，再增设专任西医一员，以便医疗；现在採买食粮，燃用煤炭，又兼学校重行修建，收储材料，事务繁忙，原设事务员二人，已感不敷分配，现又增设两班，事务更多，须增加事务员一员；两班须加雇工役七名，所有应增教职员及工友人数，均按实际需要，理合电请俯鉴，以利推行！绥远省立归绥师范学校校长刘汉卿马印

图 4-5-1　绥远省立归绥师范学校为奉谕增设学生两班请准予加添教职员八人工友七人致绥远省政府代电（1946 年 4 月 21 日）

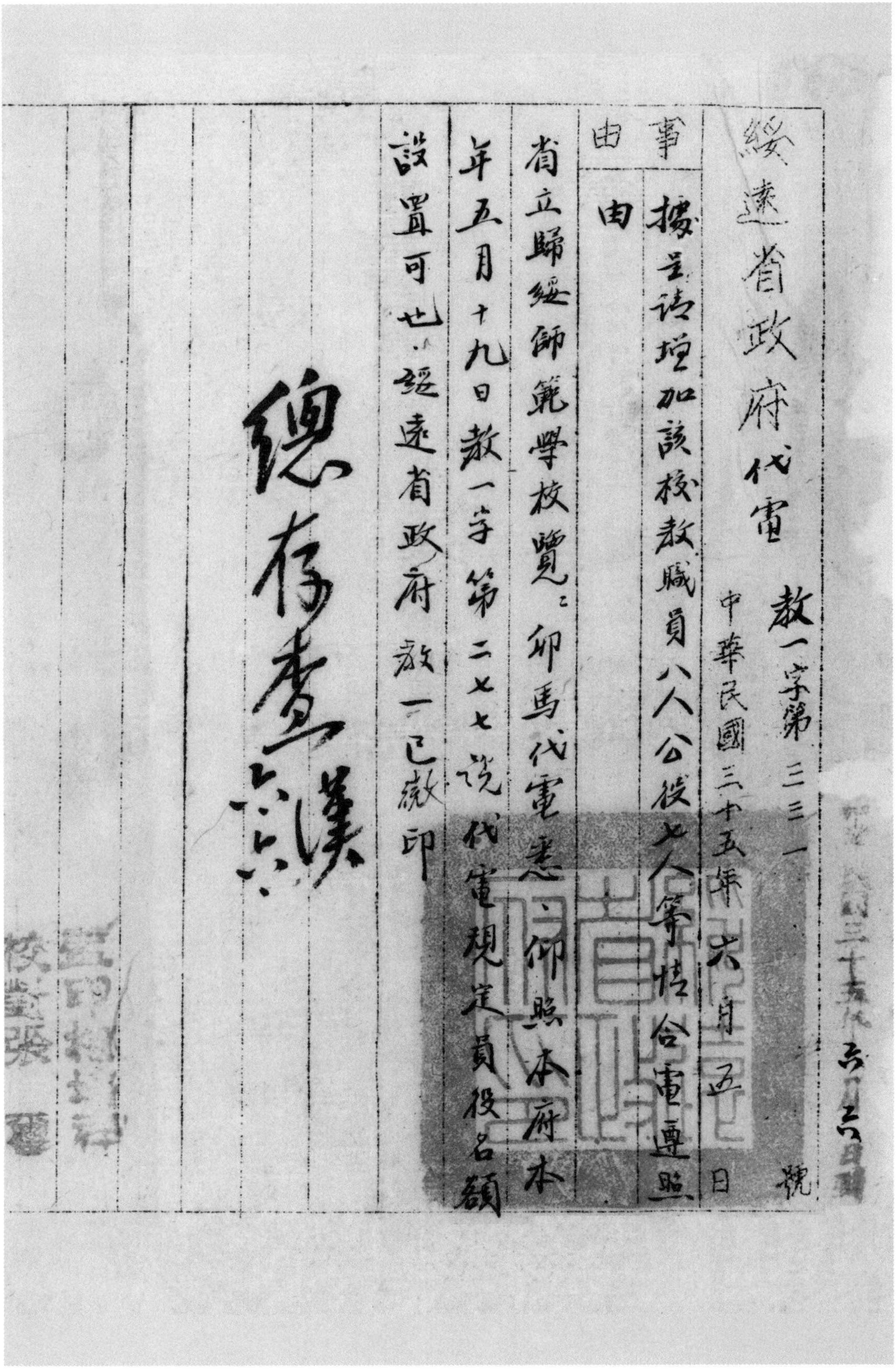

綏遠省政府代電　教一字第三三一號

中華民國三十五年六月五日

事由：據呈請增加該校教職員八人公役七人等情合電遵照

省立歸綏師範學校覽：卯馬代電悉。仰照本府本年五月十九日教一字第二七七號代電規定員役名額設置可也。綏遠省政府教一巳微印

總存查

图 4-5-2　绥远省政府据呈请增加该校教职员公役等情合电遵照给省立归绥师范学校代电（1946 年 6 月 5 日）

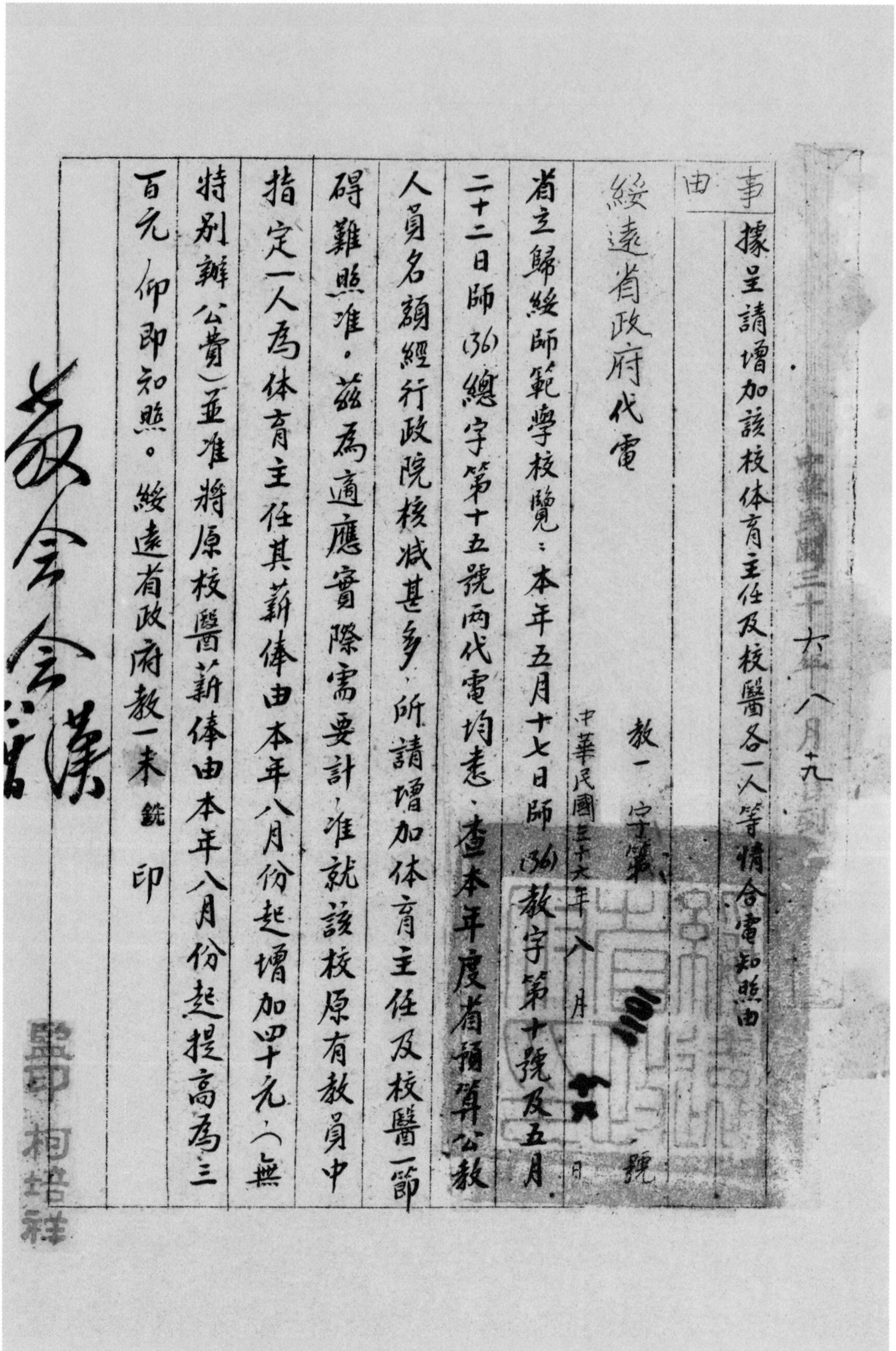
事由 據呈請增加該校体育主任及校醫各一人等情合電知照由

綏遠省政府代電　教一字第　號

中華民國三十六年八月　日

省立歸綏師範學校覽：本年五月十七日師(36)教字第十號及五月二十二日師(36)總字第十五號兩代電均悉。查本年度省預算公教人員名額經行政院核減甚多，所請增加体育主任及校醫一節礙難照准。茲為適應實際需要計，准就該校原有教員中指定一人為体育主任，其薪俸由本年八月份起增加四十元（無特別辦公費），並准將原校醫薪俸由本年八月份起提高為三百元，仰即知照。綏遠省政府教一未銑印

監印 柯培祥

图 4-5-3　绥远省政府据呈请增加体育主任及校医等情合电知照给省立归绥师范学校代电（1947 年 8 月 19 日）

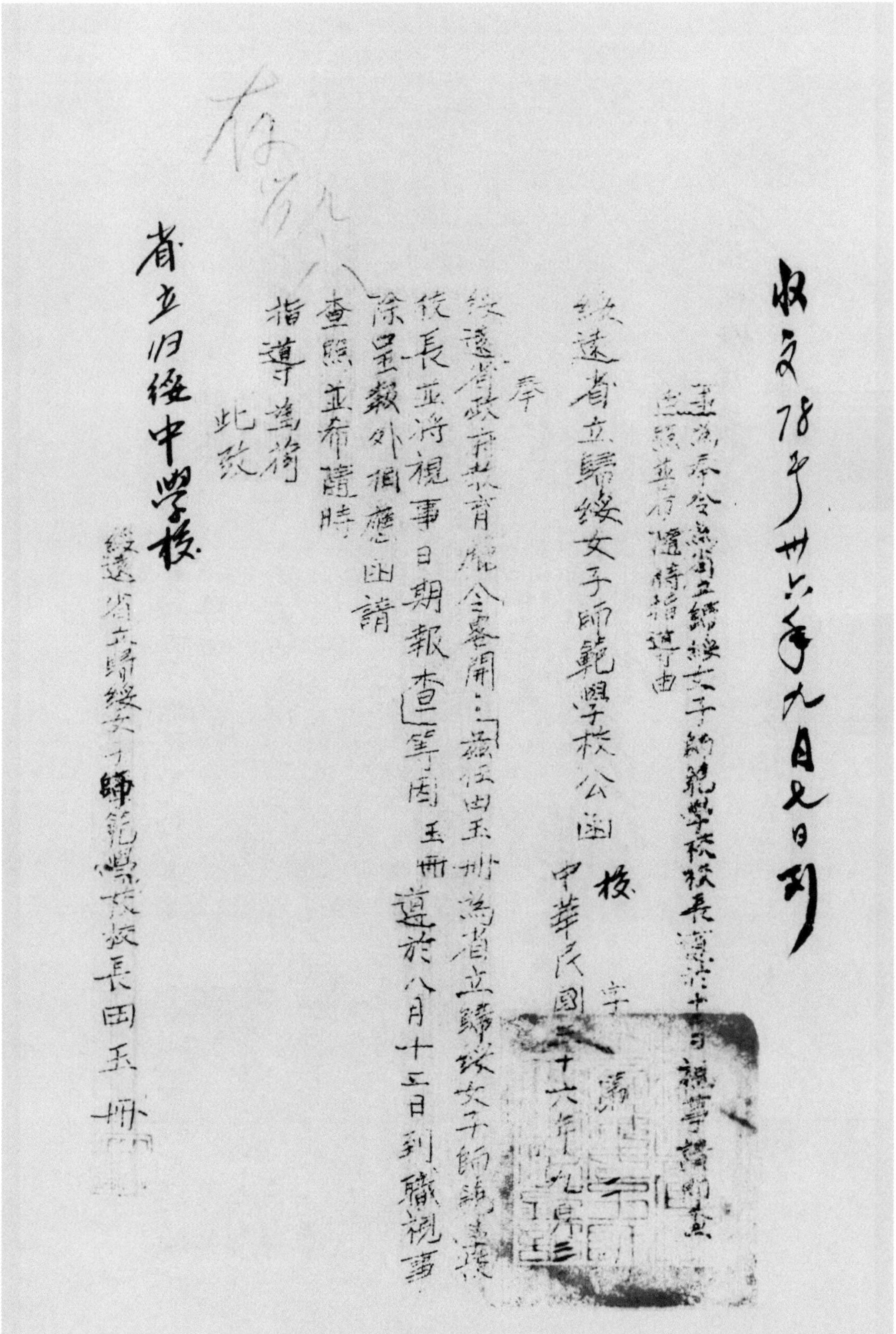

收文78号 卅六年九月七日到

事由 為奉令派任省立歸綏女子師範學校校長遵於十五日視事請鑒查照並希隨時指導由

綏遠省立歸綏女子師範學校公函 校 字第 號

中華民國三十六年九月三日

奉

綏遠省政府教育廳令略開：「派任田玉珊為省立歸綏女子師範學校校長並將視事日期報查」等因。玉珊遵於八月十五日到職視事，除呈報外，相應函請

查照並希隨時

指導為荷

此致

省立歸綏中學校

綏遠省立歸綏女子師範學校校長田玉珊

图 4-5-4 绥远省立归绥女子师范学校关于奉令任田玉珊为校长的公函（1947 年 9 月 3 日）（一）

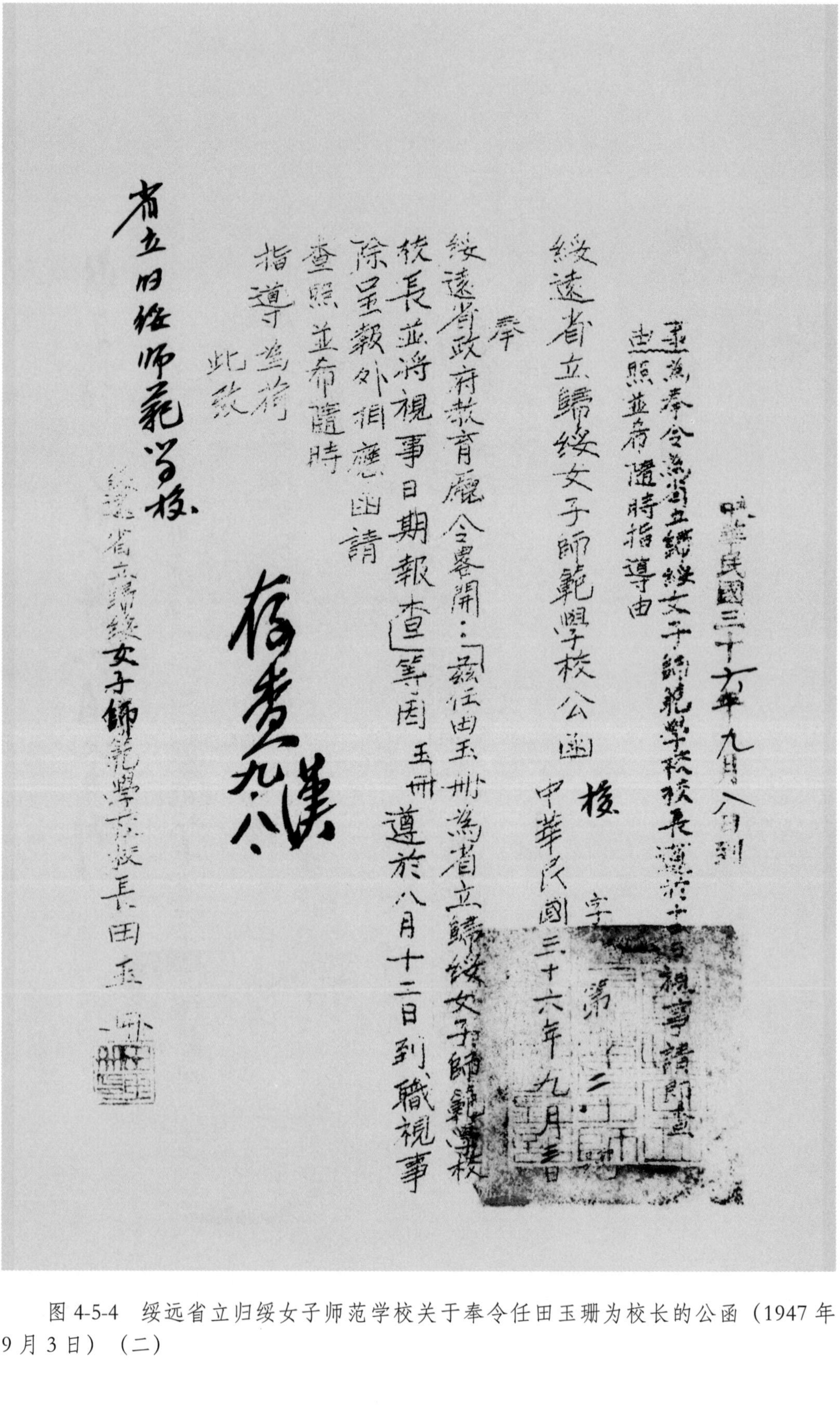

中華民國三十六年九月八日到

呈為奉令為省立歸綏女子師範學校校長遵於十二日視事請即查照並希隨時指導由

綏遠省立歸綏女子師範學校公函　校字第二號

中華民國三十六年九月三日

奉

綏遠省政府教育廳令略開：「茲任田玉珊為省立歸綏女子師範學校校長並將視事日期報查」等因。玉珊遵於八月十二日到職視事，除呈報外，相應函請

查照並希隨時

指導為荷

此致

省立歸綏師範學校

綏遠省立歸綏女子師範學校校長田玉珊

存查　九、八

图 4-5-4　绥远省立归绥女子师范学校关于奉令任田玉珊为校长的公函（1947 年 9 月 3 日）（二）

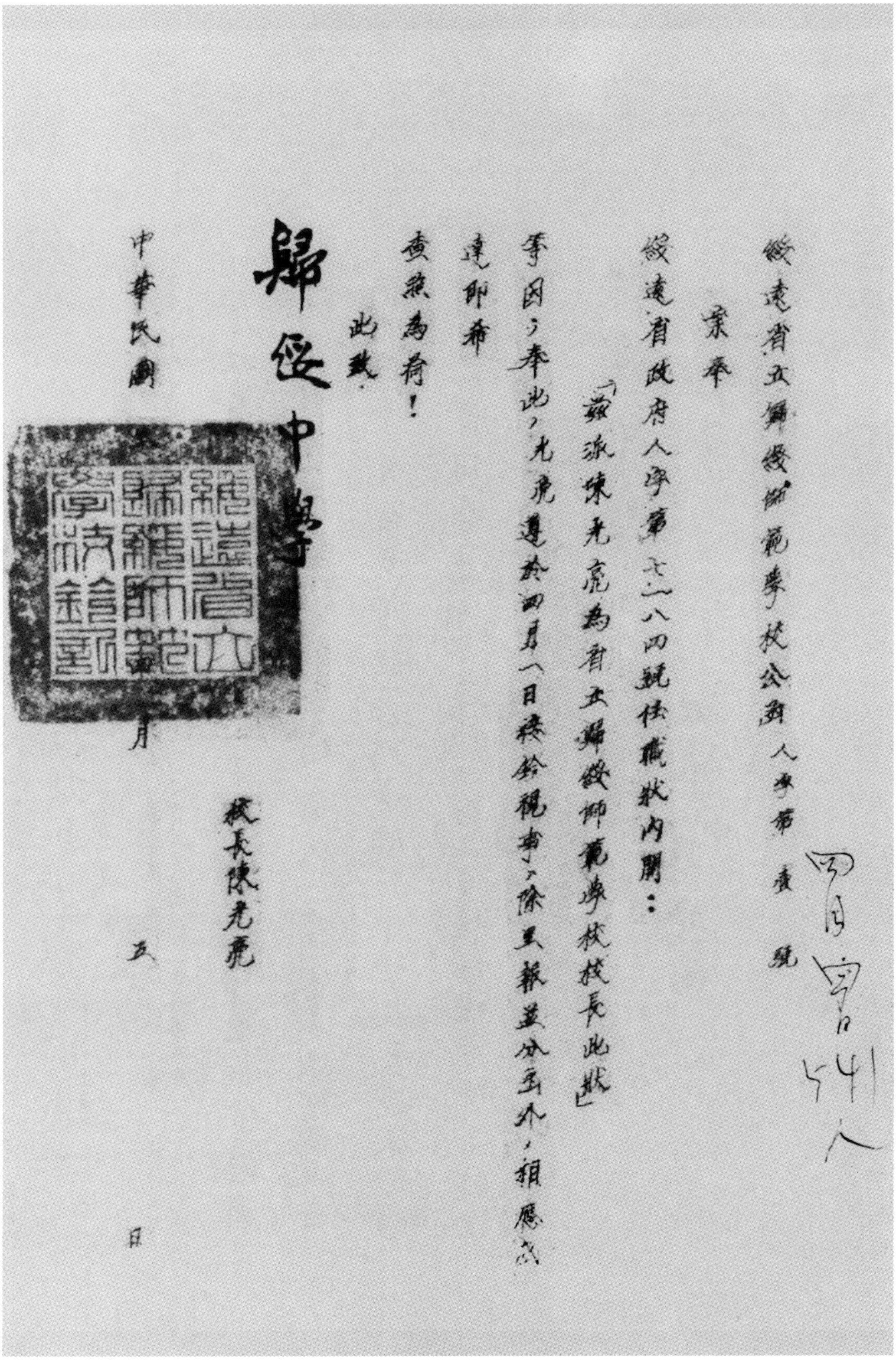

綏遠省立歸綏師範學校公函 人字第 壹 號

案奉

綏遠省政府人字第七二八四號任職狀內開：

「茲派陳光亮為省立歸綏師範學校校長此狀」

等因；奉此，光亮遵於四月一日接鈐視事，除呈報並分函外，相應函

達，即希

查照為荷！

此致

歸綏中學

綏遠省立歸綏師範學校鈐記

校長陳光亮

中華民國　　月　五　日

图 4-5-5　绥远省立归绥师范学校为陈光亮任校长给归绥中学公函（1949 年 4 月 5 日）

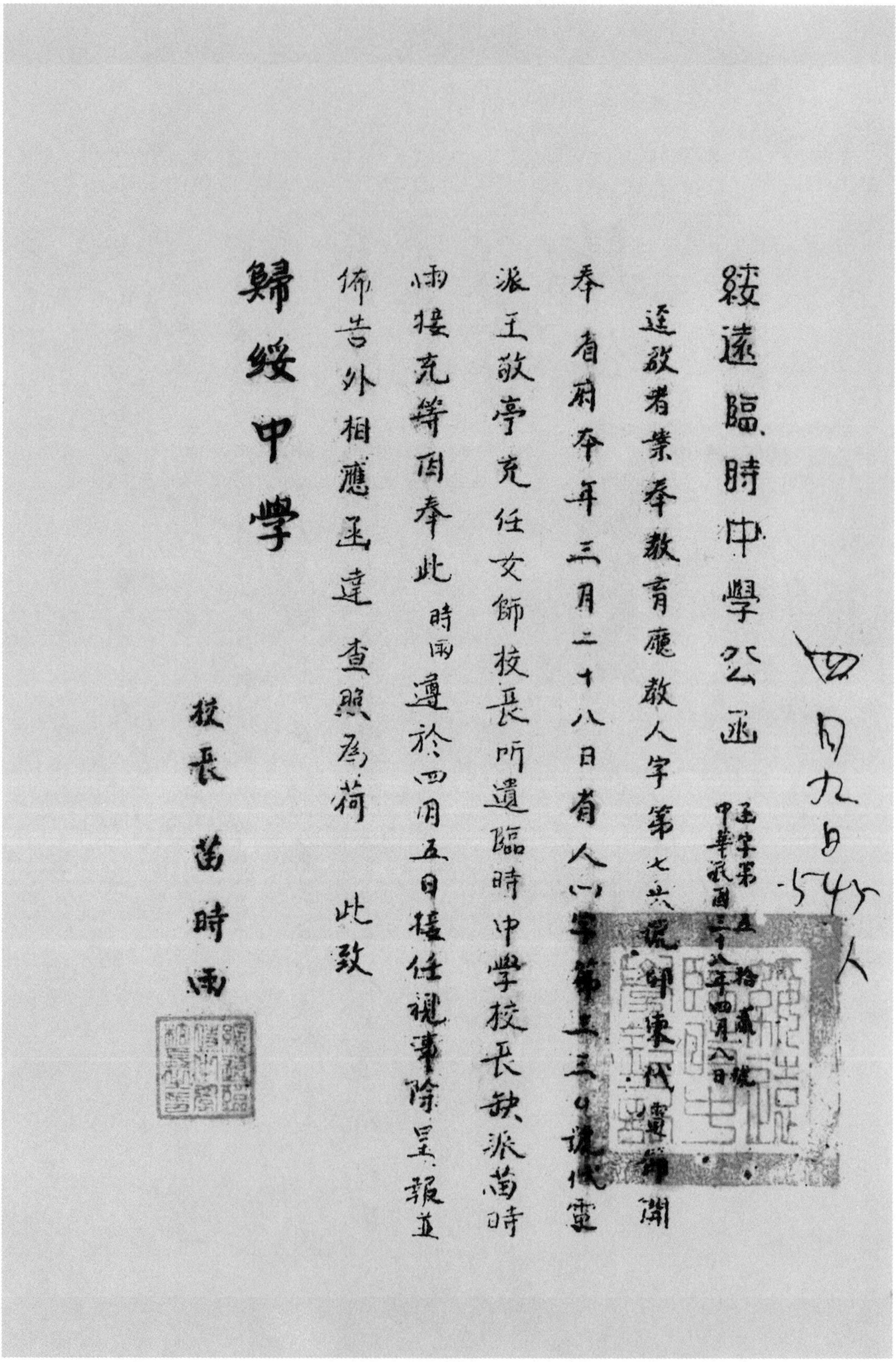

綏遠臨時中學公函

函字第五拾號
中華民國三十八年四月八日

逕啟者業奉教育廳教人字第七六號卯東代電開奉省府本年三月二十八日省人(一)字第五三〇號代電派王敬亭充任女師校長所遺臨時中學校長缺派苗時雨接充等因奉此時雨遵於四月五日接任視事除呈報並佈告外相應函達查照為荷

此致

歸綏中學

校長 苗時雨

图 4-5-6　绥远临时中学为苗时雨接任校长给归绥中学公函（1949 年 4 月 8 日）

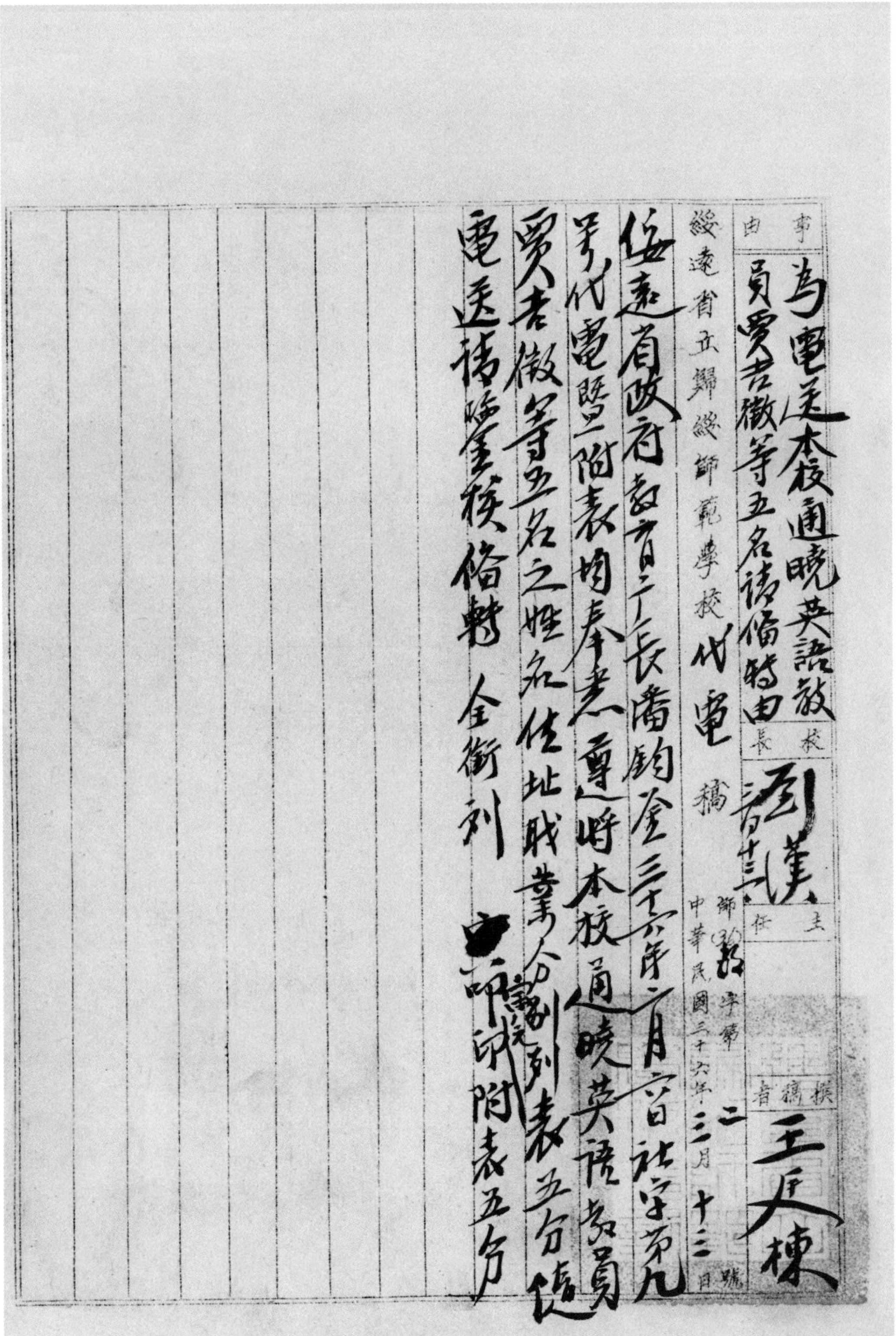

事由：為電送本校通曉英語教員賈吉徵等五名請備轉由

校長：劉美 三月十三

主任：

撰稿者：王廷棟

綏遠省立歸綏師範學校代電稿

中華民國三十六年三月十三日 師（36）總字第二 號

綏遠省政府教育廳長潘鈞鑒：三十六年三月首社字第九號代電暨附表均奉悉。遵將本校通曉英語教員賈吉徵等五名之姓名、住址、職業分列表五份，隨電送請鑒核備轉。全銜劉（叩）印 附表五份

图 4-5-7 绥远省立归绥师范学校为呈送通晓英语教员贾吉征等五名基本情况表致绥远省政府教育厅代电（附表）（1947 年 3 月 13 日）（一）

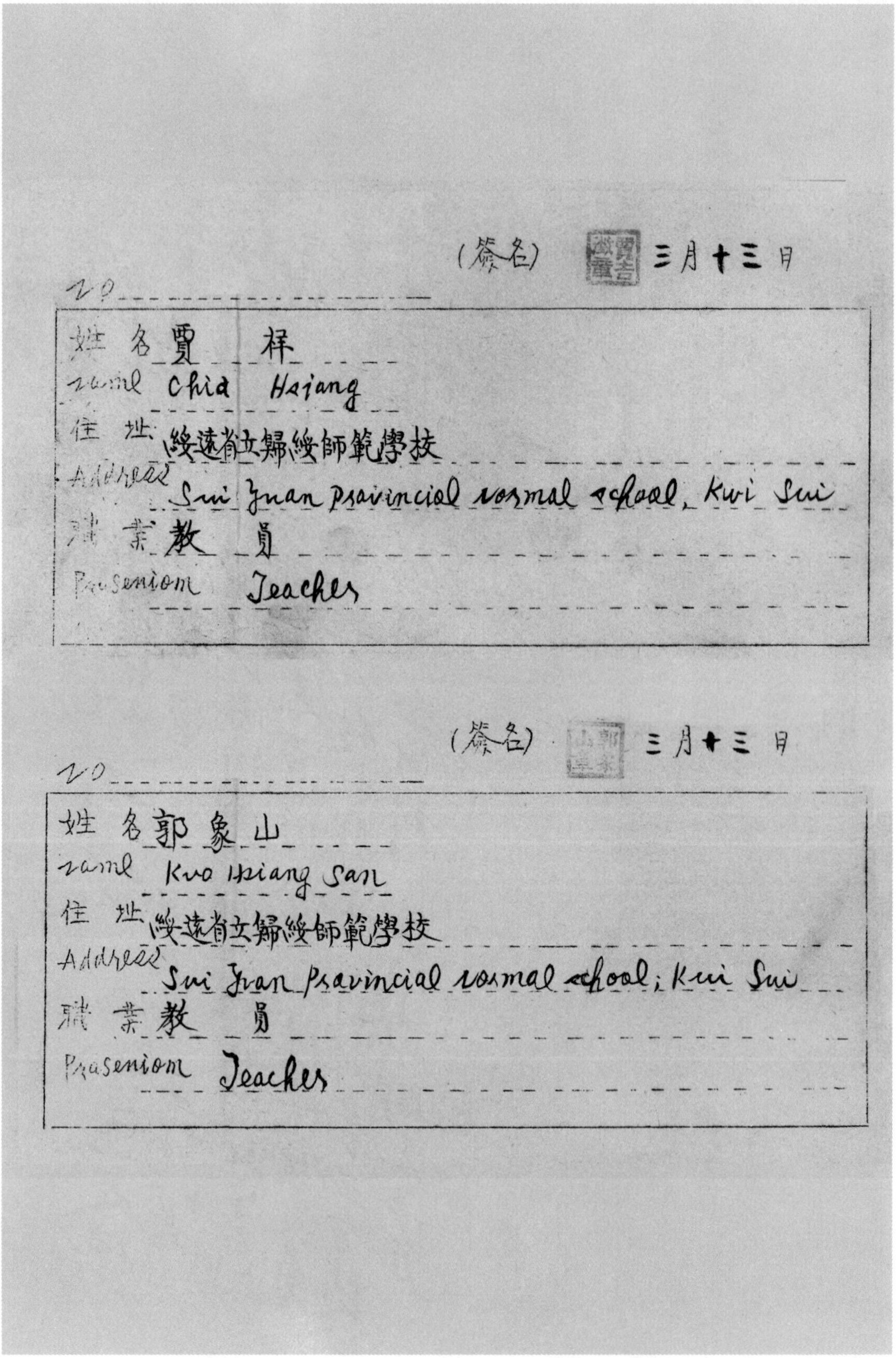

（簽名） 賈吉徵章 三月十三日

NO.

姓 名 賈 祥

name Chia Hsiang

住 址 綏遠省立歸綏師範學校

Address Sui Yuan provincial normal school, Kwi Sui

職 業 教 員

Prosenion Teacher

（簽名） 郭象山章 三月十三日

NO.

姓 名 郭象山

name Kuo Hsiang San

住 址 綏遠省立歸綏師範學校

Address Sui Yuan provincial normal school; Kui Sui

職 業 教 員

Prosenion Teacher

图 4-5-7 绥远省立归绥师范学校为呈送通晓英语教员贾吉征等五名基本情况表致绥远省政府教育厅代电（附表）（1947 年 3 月 13 日）（二）

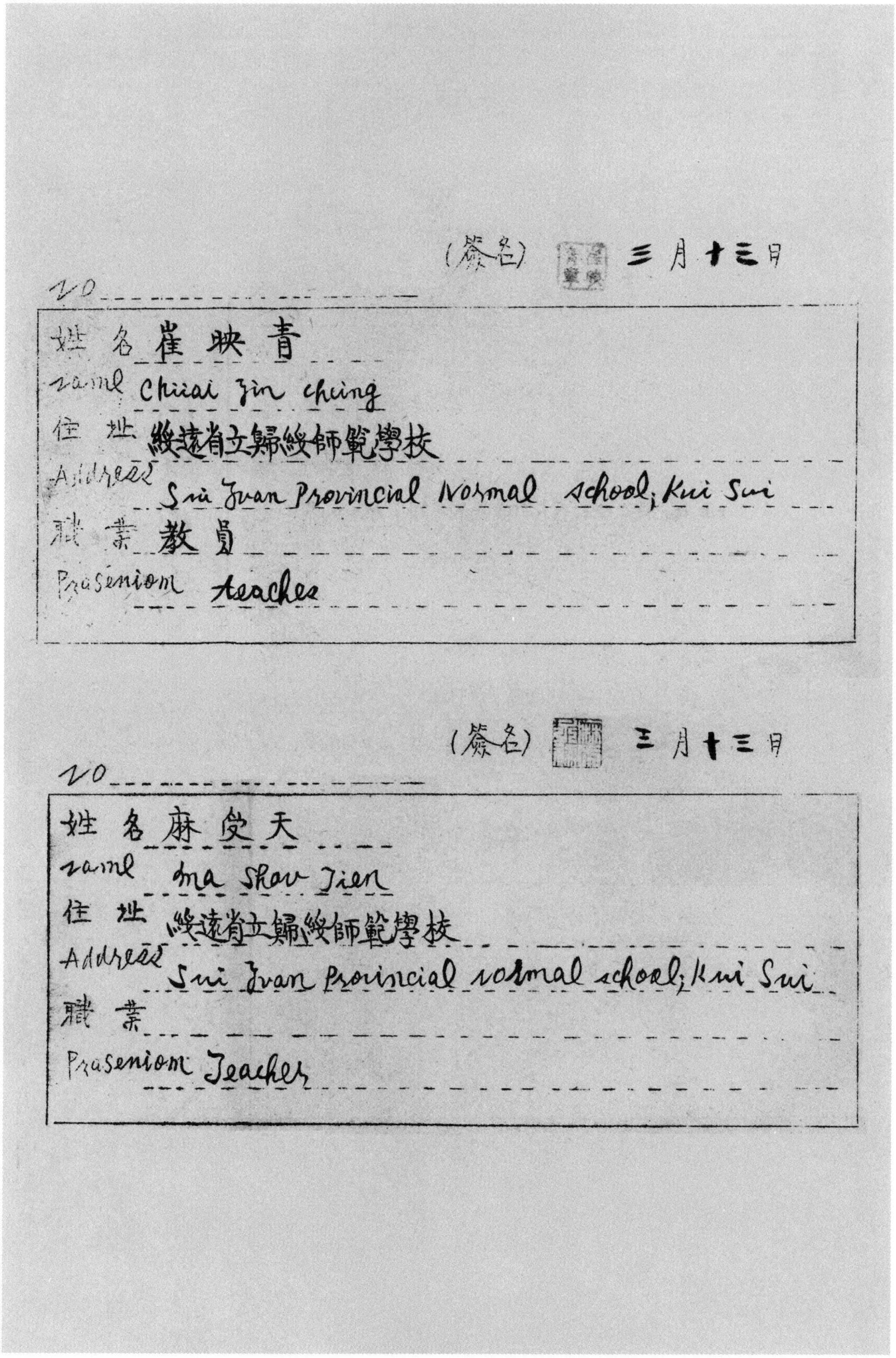

（簽名）[seal] 三月十三日

NO

姓名 崔映青

name Chiai Jin ching

住址 綏遠省立歸綏師範學校

Address Sui Juan Provincial Normal School, Kui Sui

職業 教員

Prasenion teacher

（簽名）[seal] 三月十三日

NO

姓名 麻受天

name Ma Shav Tien

住址 綏遠省立歸綏師範學校

Address Sui Juan Provincial normal school, Kui Sui

職業

Prasenion Teacher

图 4-5-7　绥远省立归绥师范学校为呈送通晓英语教员贾吉征等五名基本情况表致绥远省政府教育厅代电（附表）（1947 年 3 月 13 日）（三）

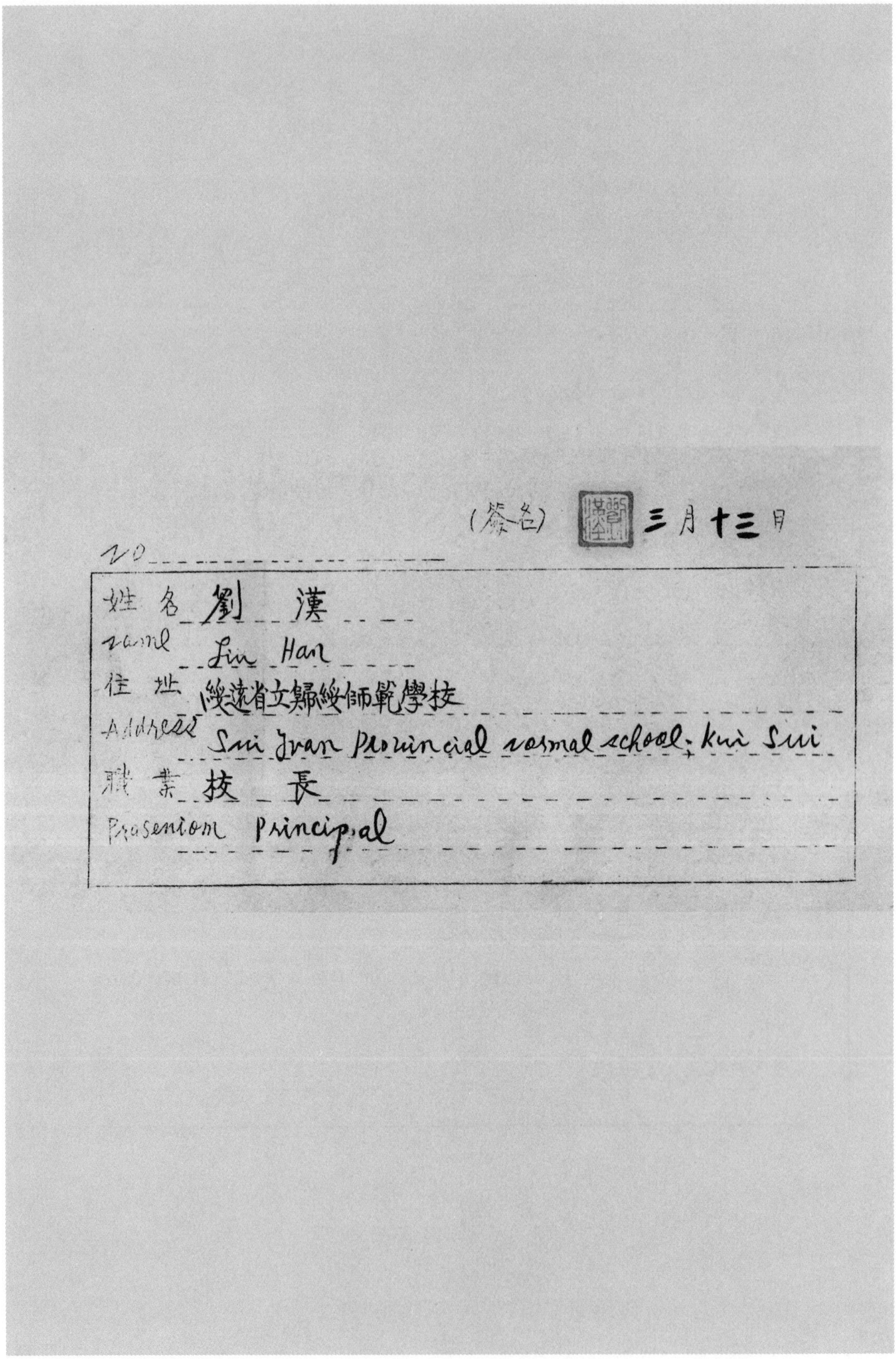

（簽名） 三月十三日

No

姓名 劉漢

name Lin Han

住址 綏遠省立歸綏師範學校

Address Sui Yuan Provincial normal school; Kui Sui

職業 校長

Profession Principal

图 4-5-7　绥远省立归绥师范学校为呈送通晓英语教员贾吉征等五名基本情况表致绥远省政府教育厅代电（附表）（1947 年 3 月 13 日）（四）

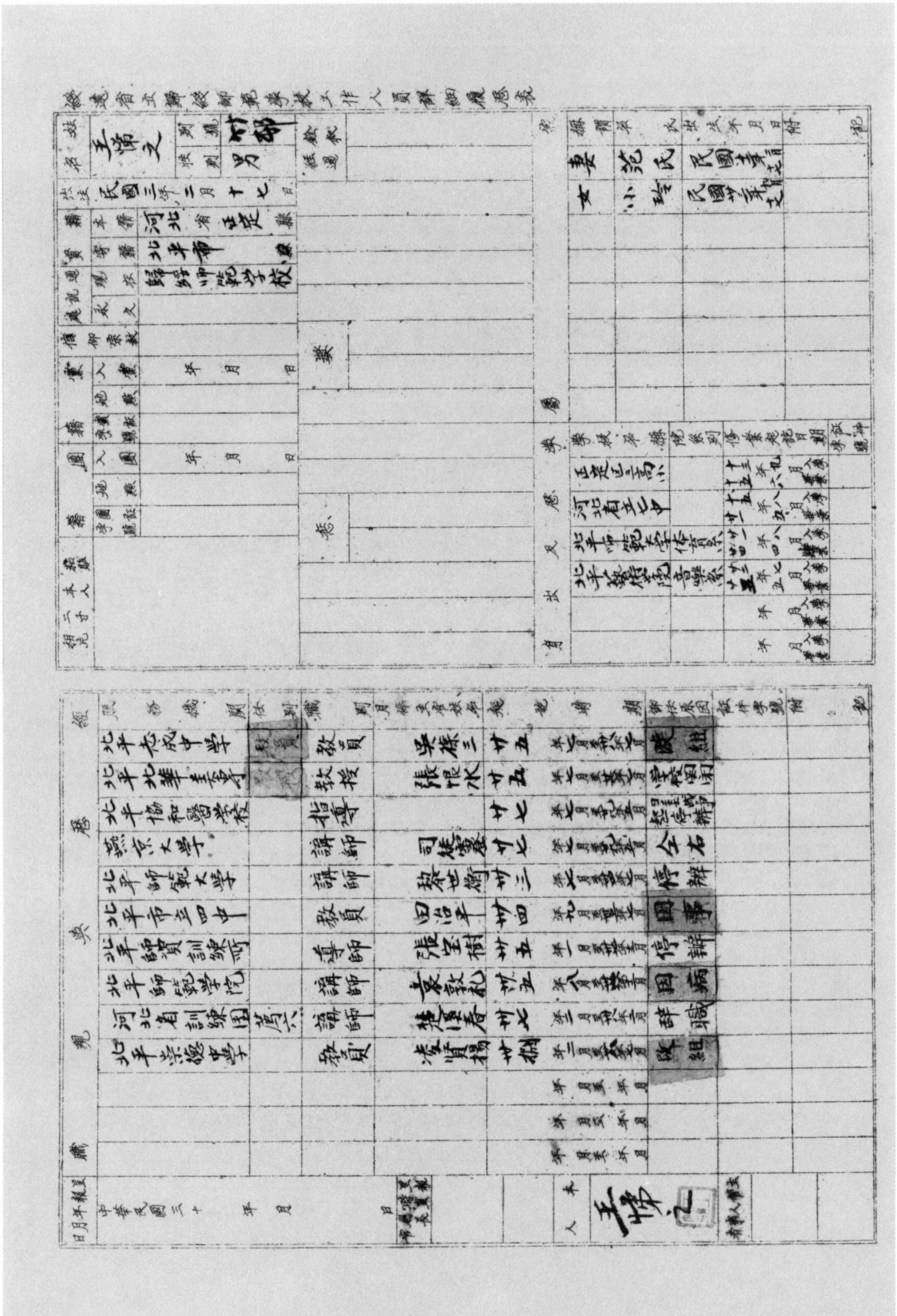

图 4-5-8　绥远省立归绥师范学校工作人员详细履历表及自传（一）

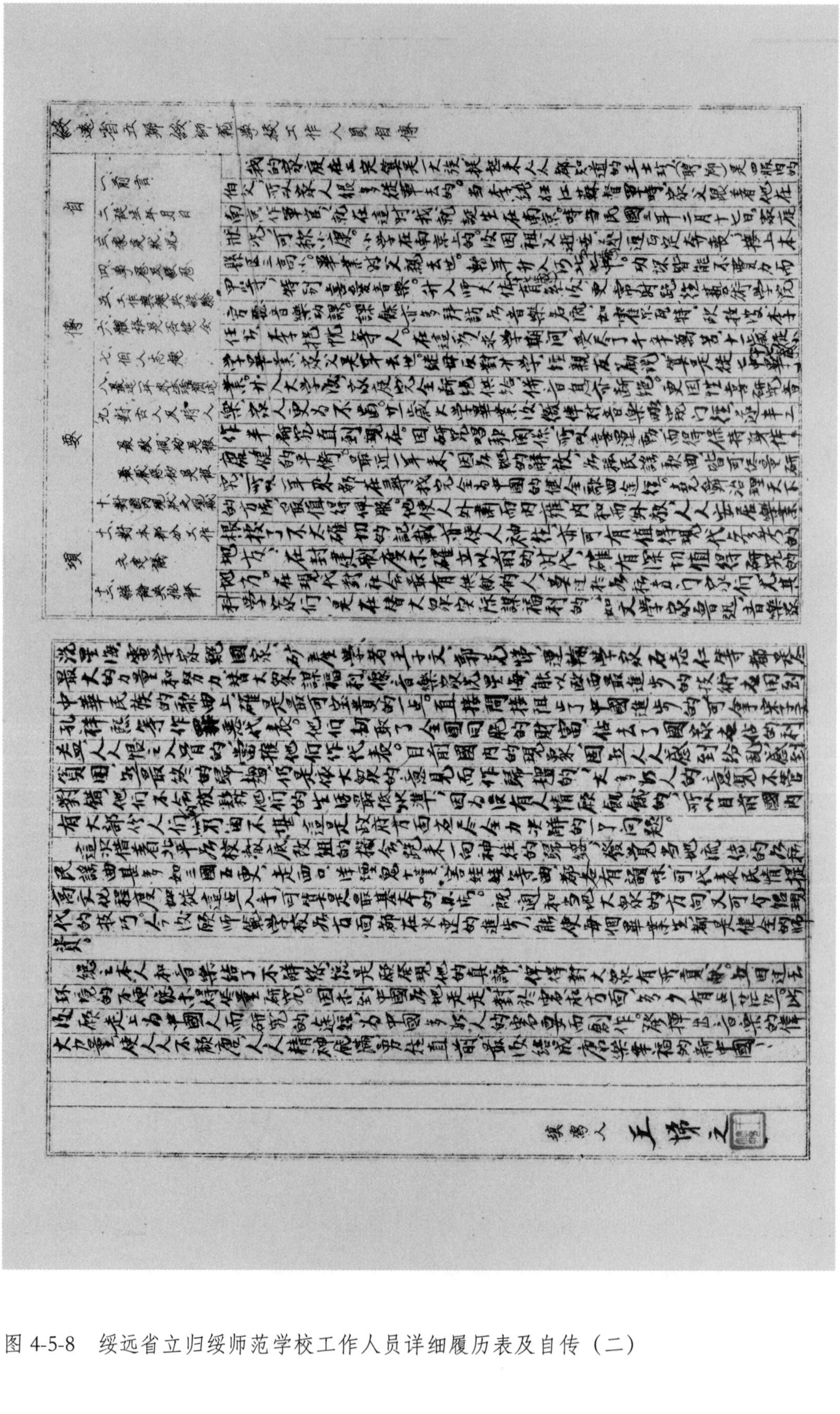

图 4-5-8　绥远省立归绥师范学校工作人员详细履历表及自传（二）

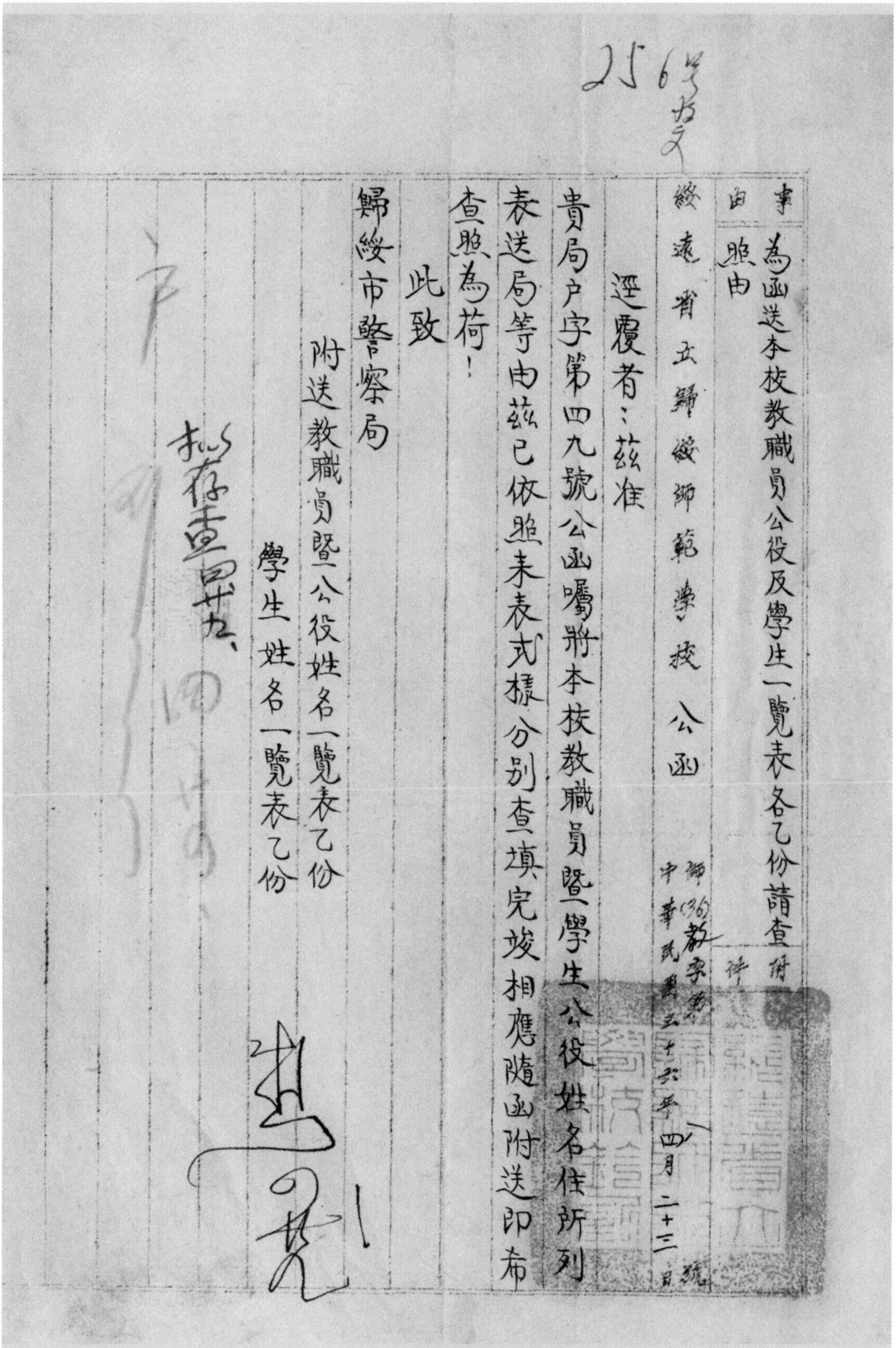

事由：為函送本校教職員公役及學生一覽表各乙份請查照由

綏遠省立歸綏師範學校公函　師(36)教字第　號　中華民國三十六年四月二十三日

逕覆者：茲准

貴局戶字第四九號公函囑將本校教職員暨學生公役姓名住所列表送局等由，茲已依照來表式樣分別查填完竣，相應隨函附送，即希

查照為荷！

此致

歸綏市警察局

附送教職員暨公役姓名一覽表乙份

學生姓名一覽表乙份

图 4-5-9　绥远省立归绥师范学校为送教职员公役及学生一览表致归绥市警察局公函（附表）（1947 年 4 月 23 日）（一）

歸綏市綏遠省立歸綏師範學校教職員暨工役姓名住所一覽表 三十六年四月二十三日

職務	姓名	性別	年齡	籍貫	資學歷	內宿或外宿	外宿街巷門牌	備考
校長	劉漢	男	四八	綏遠涼城	北平師範大學畢業	內宿		
教務主任	喬允中	男	四二	綏遠豐鎮	國立北平大學工商系畢業	內宿		
訓導主任	閻鳳儀	男	四九	仝	察哈爾省立第二師範學校畢業	內宿		
事務主任	鄧有清	男	四一	仝	河北大學預科畢業	內宿		
會計主任	常志仁	男	四二	綏遠興和	察哈爾省立第一師範學校畢業	內宿		
教員	賈吉徵	男	四六	綏遠豐鎮	北平中國大學英文系畢業	內宿		
	郭少屏	男	五六	綏遠集寧	察哈爾省立第一師範學校畢業	內宿		
	佟世廉	男	四七	遼寧撫順	奉天兩級師範畢業	內宿		
	趙登庸	男	三九	綏遠豐鎮	北平中法大學畢業	內宿		
	楊達擢	男	三七	仝	北平美術專科畢業	內宿		
	崔碧臨	男	四七	山西山陰	山西大學電工系畢業	內宿		
	郭象山	男	五八	綏遠豐鎮	山西省立第二師範畢業	內宿		
	楊丕滋	男	四九	綏遠興和	山西大學法政科三班畢業	外宿		
	麻受天	男	四八	山西大同	山西大學文科畢業	內宿		

图 4-5-9　绥远省立归绥师范学校为送教职员公役及学生一览表致归绥市警察局公函（附表）（1947 年 4 月 23 日）（二）

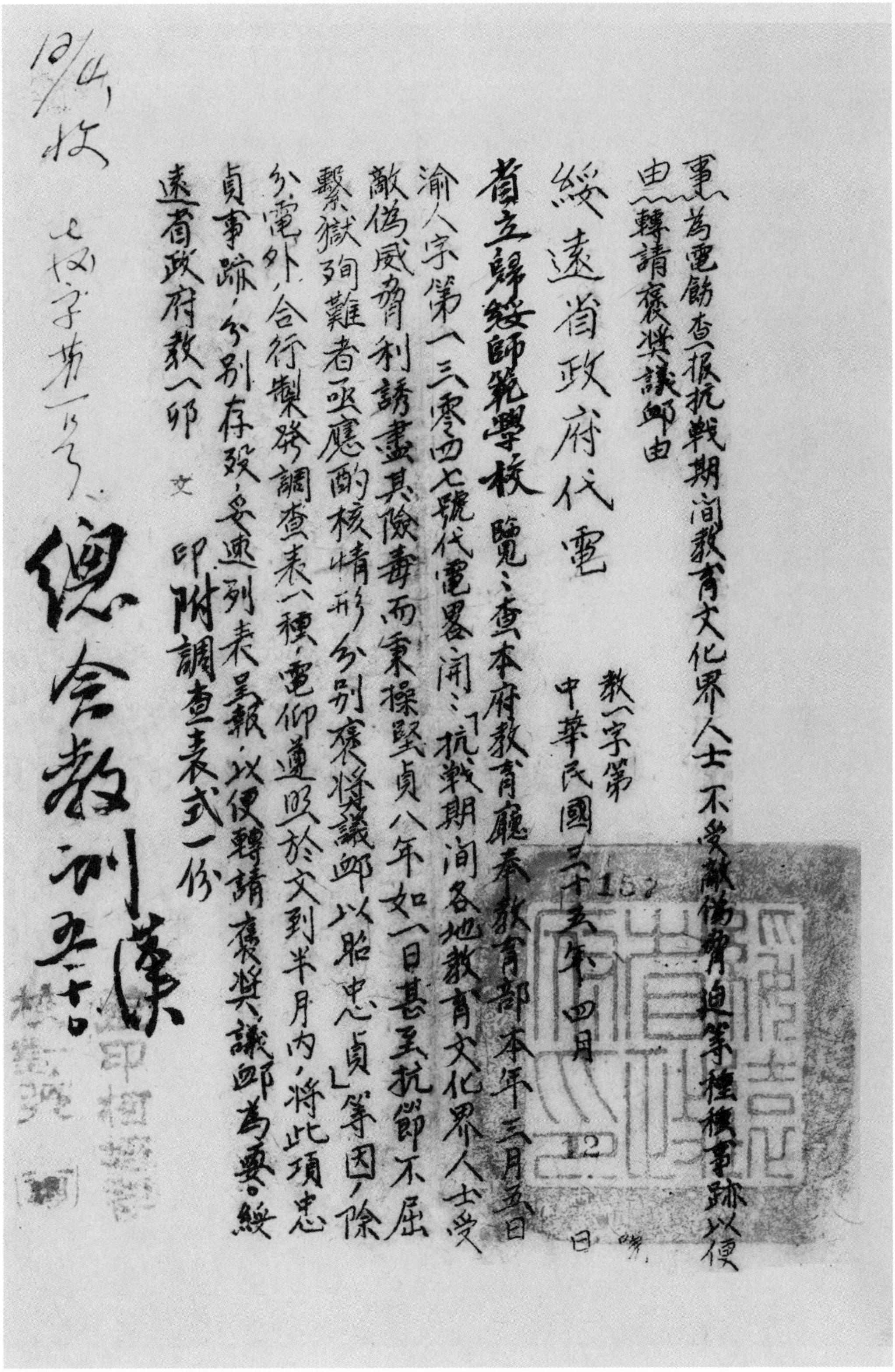
事由：為電飭查報抗戰期間教育文化界人士不受敵偽脅迫等種種事跡以便轉請褒獎議卹由

綏遠省政府代電

教一字第157號
中華民國三十五年四月12日

省立歸綏師範學校覽：查本府教育廳奉教育部本年三月五日渝人字第一三零四七號代電略開：「抗戰期間各地教育文化界人士受敵偽威脅利誘，盡其險毒，而秉操堅貞八年如一日，甚至抗節不屈，繫獄殉難者，亟應酌核情形，分別褒獎議卹，以昭忠貞」等因，除分電外，合行製發調查表一種，電仰遵照，於文到半月內，將此項忠貞事跡，分別存歿，妥速列表呈報，以便轉請褒獎議卹為要。綏遠省政府教一卯 文 印

附調查表式一份

图 4-5-10　绥远省政府为查报抗战期间教育文化界人士不受敌伪胁迫等种种事迹以便转请褒奖议恤给省立归绥师范学校代电（附调查表式）（1946 年 4 月 12 日）（一）

抗戰期間各地教育文化界人士不受敵偽威脅事跡調查表

姓名		性別		年齡		籍貫		職業		存歿	
學歷		經歷									
受敵偽威脅情形或殉難經過											
家屬姓名		通訊地址									
備考											

中華民國三十五年四月　日　調查机關

填表說明：受敵偽威脅情形或殉難經過一欄應將時間地點經過情形詳細查填不得籠統含混

图 4-5-10　绥远省政府为查报抗战期间教育文化界人士不受敌伪胁迫等种种事迹以便转请褒奖议恤给省立归绥师范学校代电（附调查表式）（1946 年 4 月 12 日）（二）

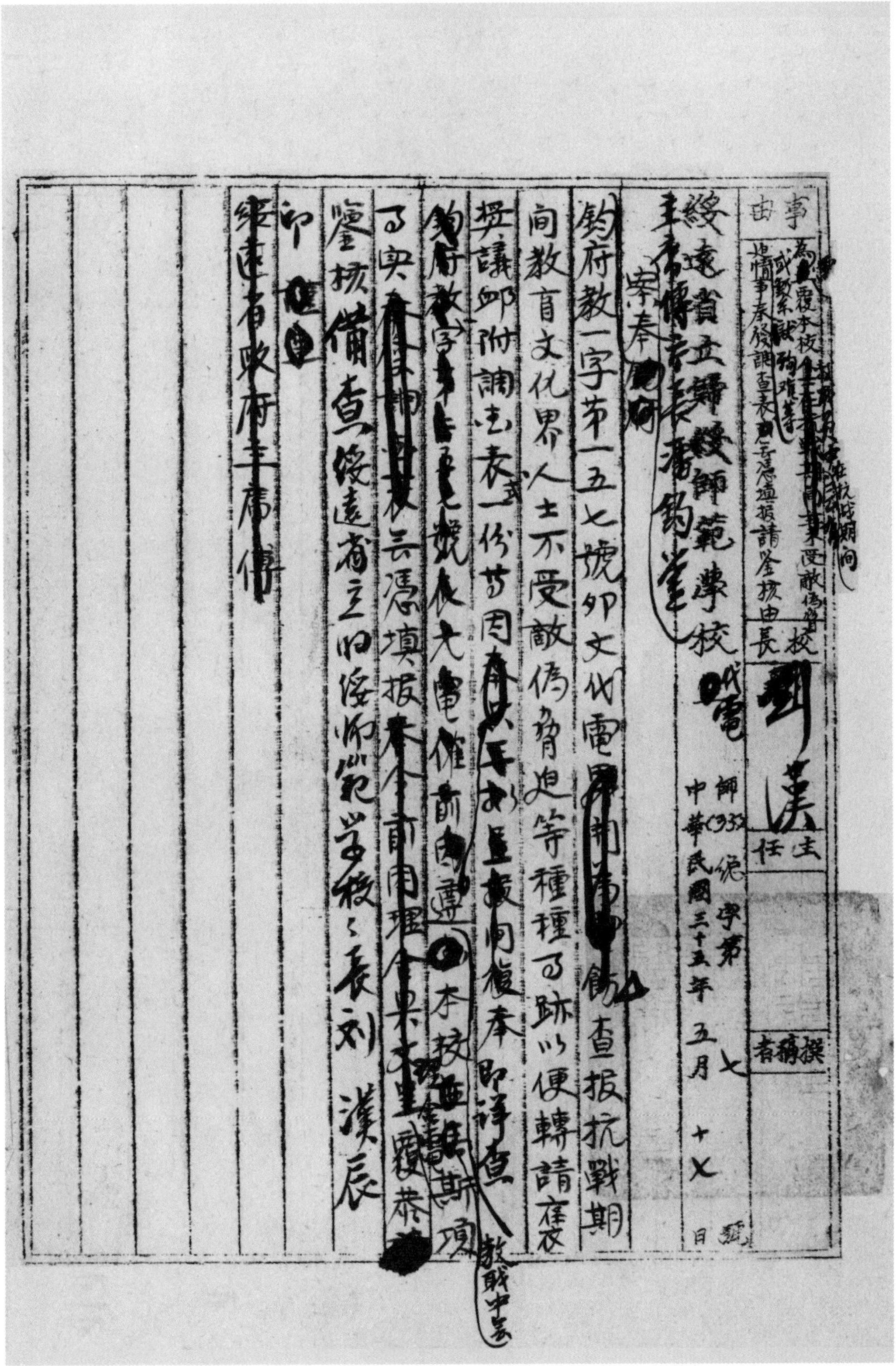

綏遠省立歸綏師範學校

鈞府教一字第一五七號卯文代電

間教育文化界人士不受敵偽脅迫等種種可跡以便轉請

綏遠省政府主席傅

中華民國三十五年五月十七日

图 4-5-11 绥远省立归绥师范学校为本校教职员中在抗战期间无有受敌伪胁迫或系狱殉难等情致绥远省政府代电（1946 年 5 月 17 日）

六　学生管理

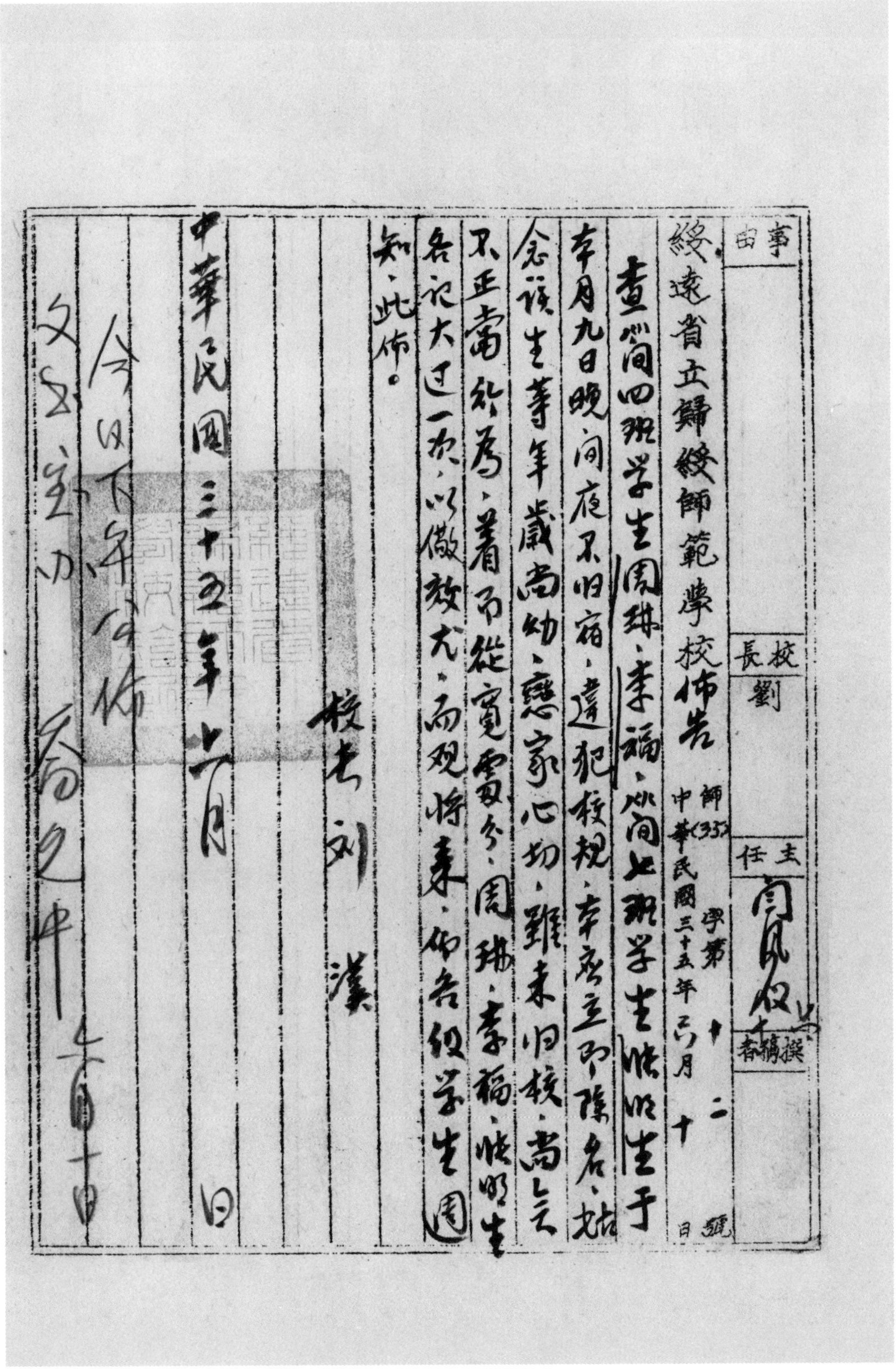
事由
校長 劉
主任 賀
撰稿者
師(35)字第十二號
中華民國三十五年六月十日

綏遠省立歸綏師範學校佈告

查簡四班学生周琳、李福、簡七班学生張明生于本月九日晚间夜不归宿，違犯校規，本应立即除名，姑念該生等年歲尚幼，戀家心切，雖未归校，尚无不正當行為，着予從寬處分，周琳、李福、張明生各记大过一次，以儆效尤，而观将来，仰各级学生周知，此佈。

校长 刘漢

中華民國三十五年六月 日

今以下午公佈
文書室办

图 4-6-1　绥远省立归绥师范学校给予学生记过处分的布告（1946 年 6 月 10 日）

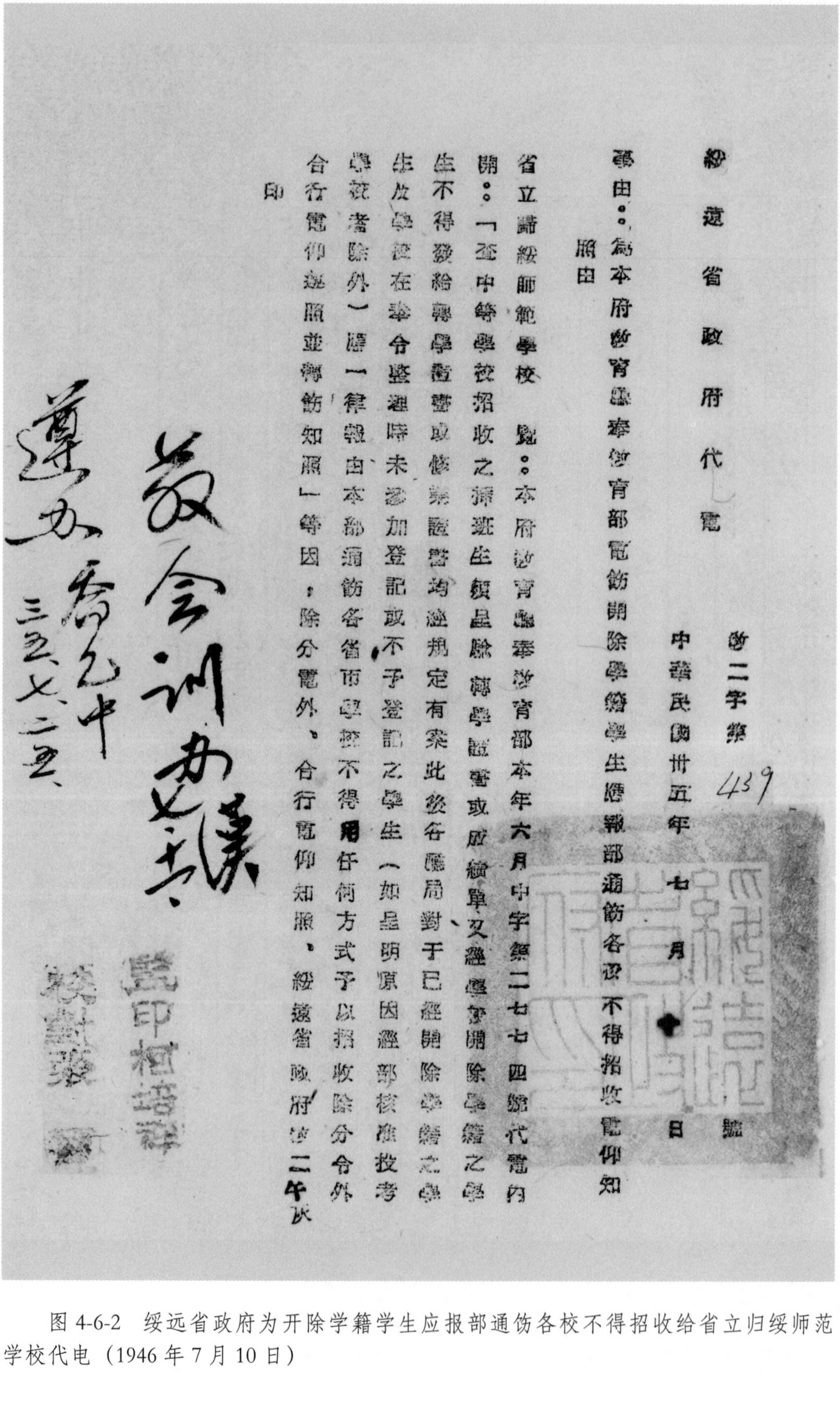

綏遠省政府代電

教二字第439號

中華民國卅五年七月　日

事由：為本府教育廳奉教育部電飭開除學籍學生應報部通飭各校不得招收電仰知照由

省立歸綏師範學校覧：本府教育廳奉教育部本年六月中字第二七七四號代電內開：「查中等學校招收之插班生須呈驗轉學證書或成績單，又經學校開除學籍之學生不得發給轉學證書或修業證書均經規定有案此後各廳局對于已經開除學籍之學生及學校在本令送達時未參加登記或不予登記之學生（如呈明原因經部核准投考應試者除外）應一律報由本部通飭各省市學校不得用任何方式予以招收除分令外合行電仰遵照並轉飭知照」等因，除分電外，合行電仰知照。綏遠省政府教二午灰

印

图 4-6-2　绥远省政府为开除学籍学生应报部通饬各校不得招收给省立归绥师范学校代电（1946 年 7 月 10 日）

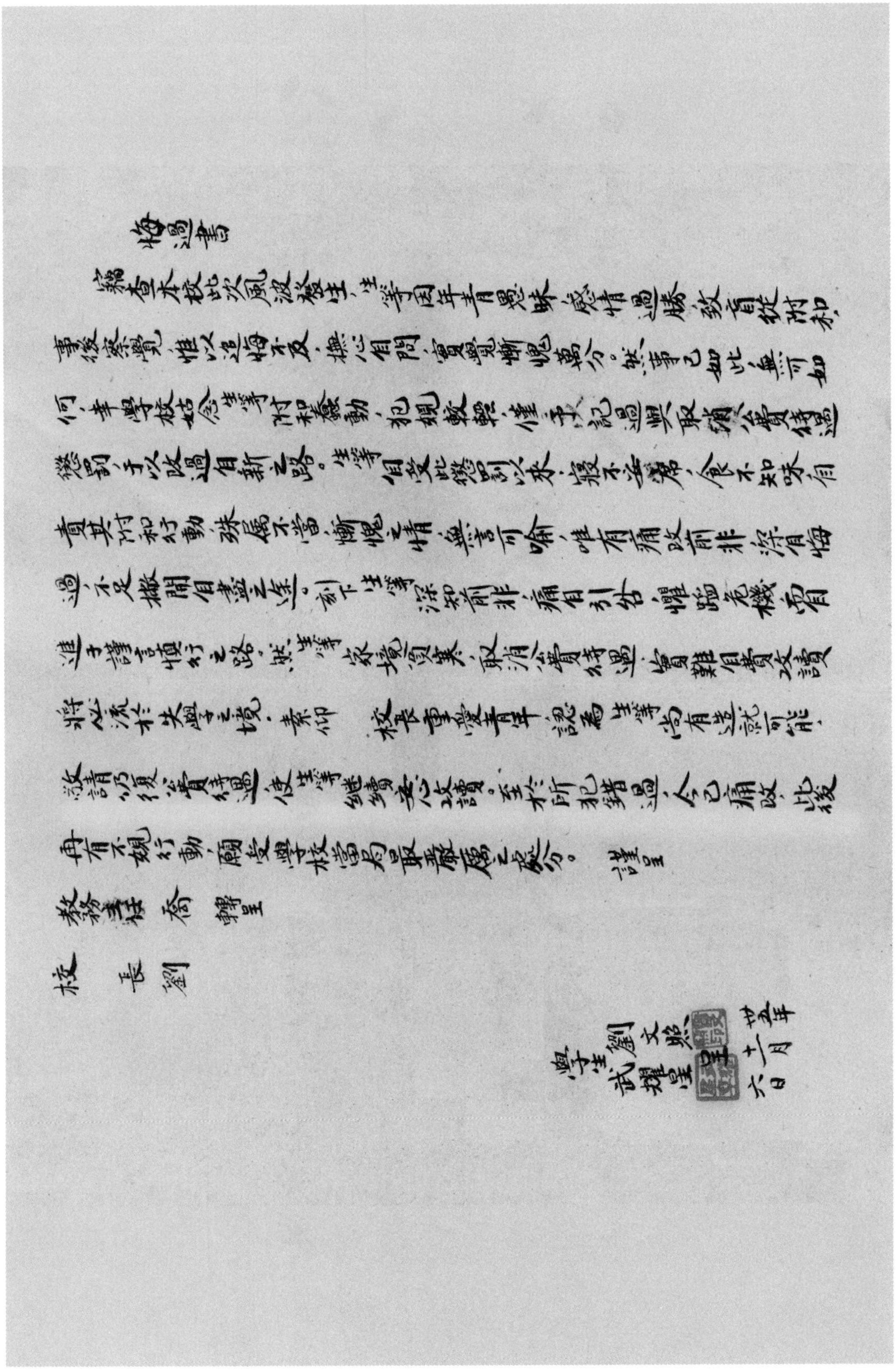

悔過書

竊查本校此次風波發生，生等因年幼無知，感情過勝，致盲從附和，事後察覺，雖以追悔不及，撫心自問，實覺慚愧萬分。然事已如此，無可如何，幸學校姑念生等附和盲動，把規教誨，准予記過與取消公費待遇懲罰，予以改過自新之路。生等自受此懲罰以來，寢不安席，食不知味，自責其附和行動殊屬不當，慚愧之情，無言可喻，唯有痛改前非，深自悔過，不足掛開自新之途。刻下生等深知前非，痛自引咎，瞻望危機，而自進於讀書修行之路，然生等家境貧寒，取消公費待遇，實難自費就讀，將必流於失學之境，素仰 校長事愛青年，諒為生等尚有造就可能，敢請恢復公費待遇，使生等繼續安心就讀。至於所犯錯過，今已痛改，此後再有不規行動，願受學校嚴厲之處分。謹呈

教務主任 喬 轉呈

校長 劉

學生 劉文照 武耀星

卅五年十一月六日

图 4-6-3 绥远省立归绥师范学校学生刘文照和武耀星的悔过书（1946 年 11 月 6 日）

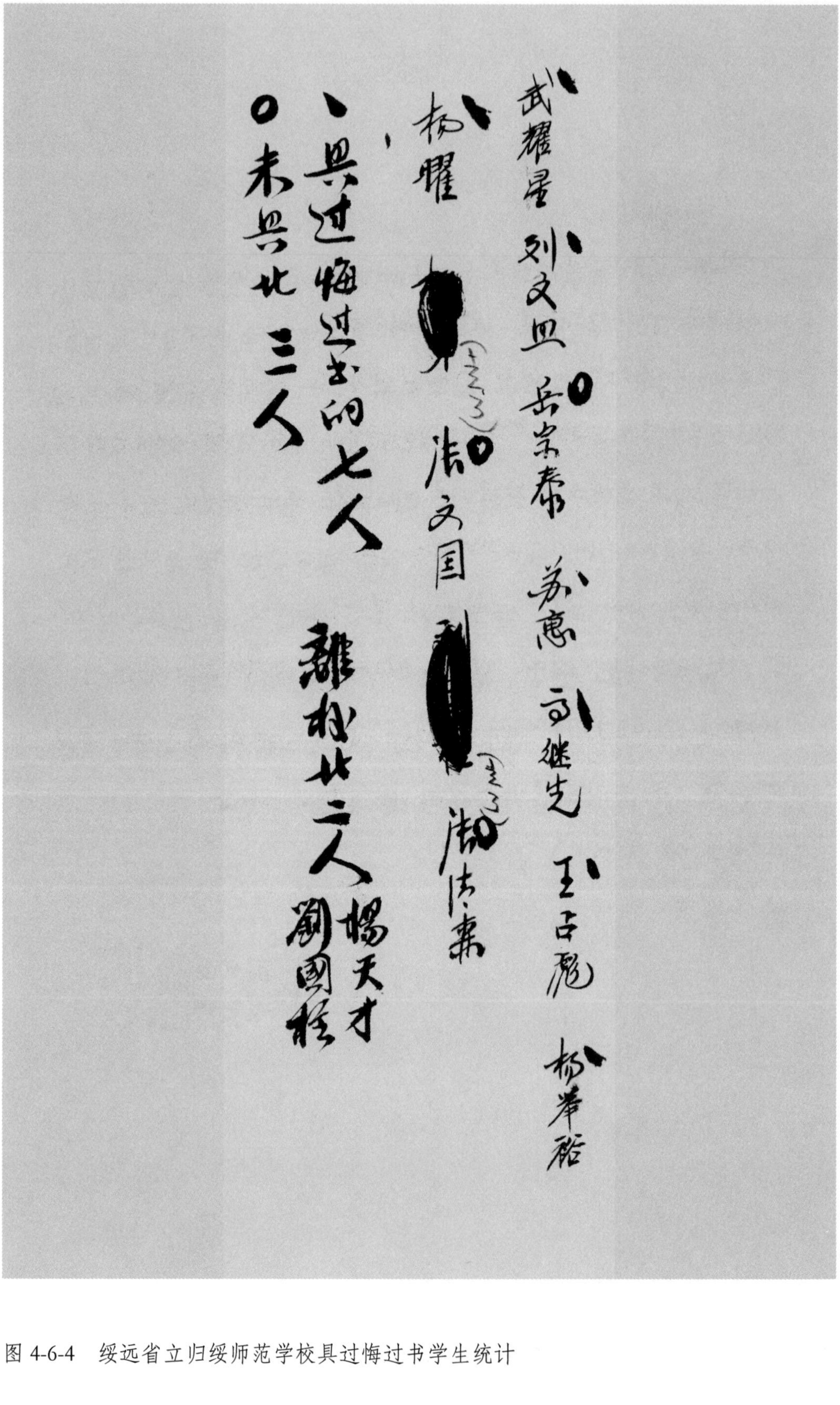
、武耀星、刘文四、岳崇泰○、苏恩、刘继先、王占魁、杨峯裕、
、杨耀、[redacted]（王子）谢○文国、[redacted]（王子）谢清秉
、具过悔过书的七人
離校者二人　杨天才　刘国祥
○未具者三人

图 4-6-4　绥远省立归绥师范学校具过悔过书学生统计

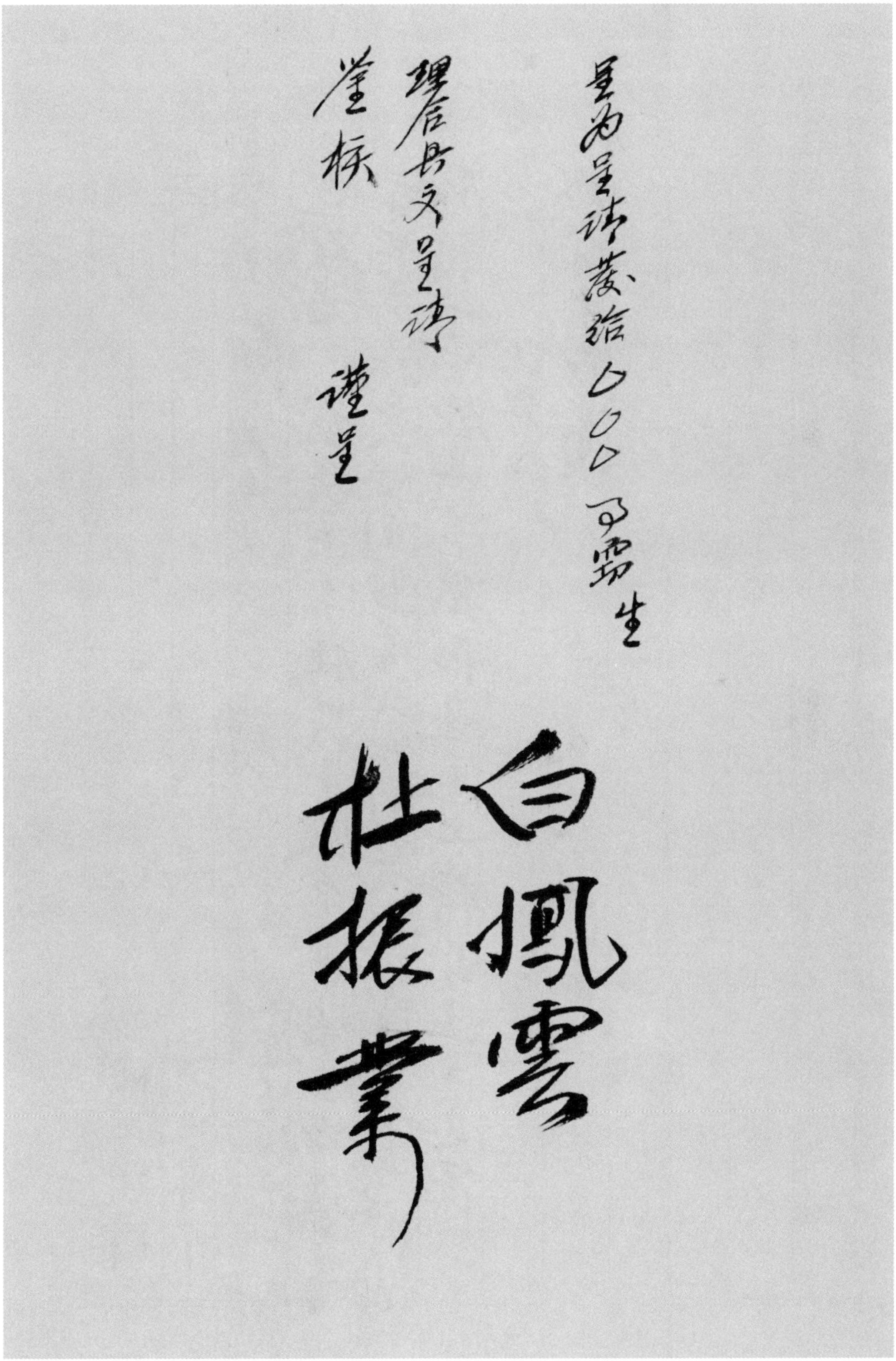
呈為呈請發給〇〇〇畢業生
理合具文呈請
鑒核
謹呈
白楓雲
杜振業

图 4-6-5　绥远省立归绥师范学校学生呈文样式

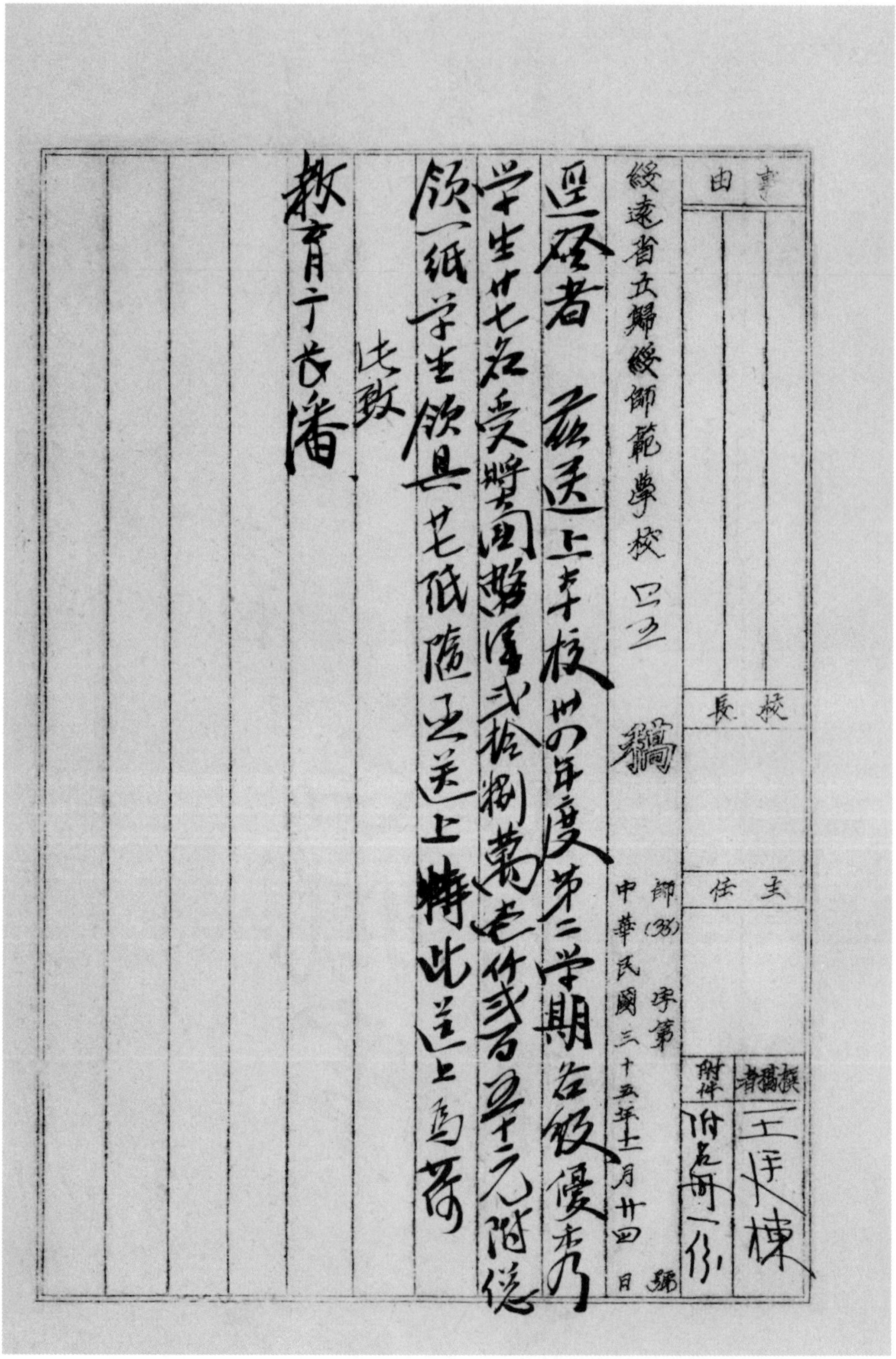
事由
綏遠省立歸綏師範學校 呈 稿
師（35）字第 號
中華民國三十五年十一月廿四日
校長
主任
擬稿者 王□棟
附件 附名冊一份

逕啓者 茲送上本校卅四年度第二學期各級優秀學生廿七名受獎國幣貳拾捌萬壹仟貳百五十元附總領一紙學生領具□紙隨函送上特此送上爲荷
此致
教育廳長潘

图 4-6-6 绥远省立归绥师范学校为送优秀学生奖金领具致省政府教育厅呈（附总领具）（1946 年 11 月 24 日）（一）

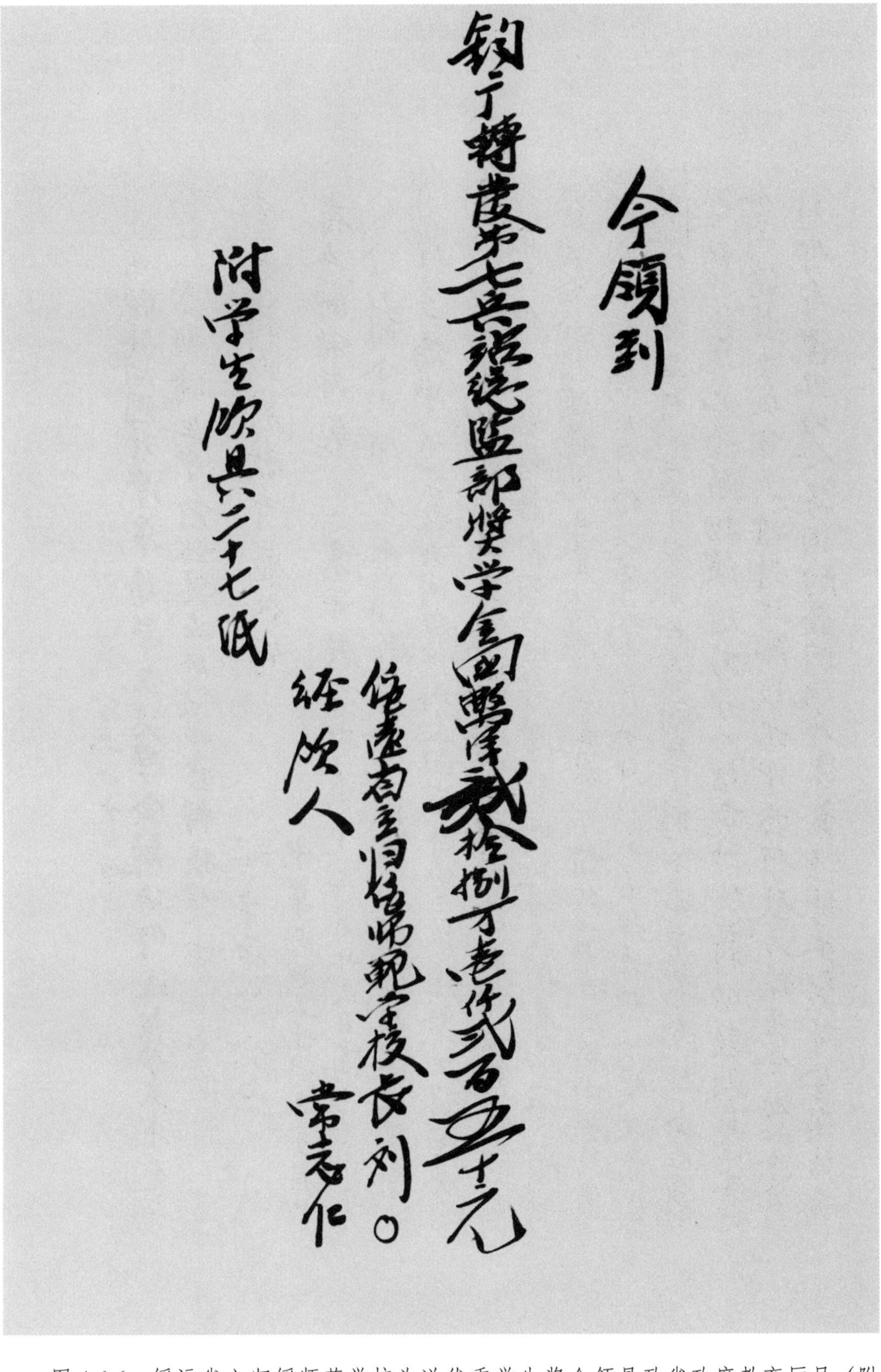
今領到
鈞廳轉發第七兵站總監部獎學金國幣貳拾捌萬壹仟貳百五十元
綏遠省立歸綏師範學校校長劉〇
經收人 常志仁
附學生收具二十七紙

图 4-6-6 绥远省立归绥师范学校为送优秀学生奖金领具致省政府教育厅呈（附总领具）（1946 年 11 月 24 日）（二）

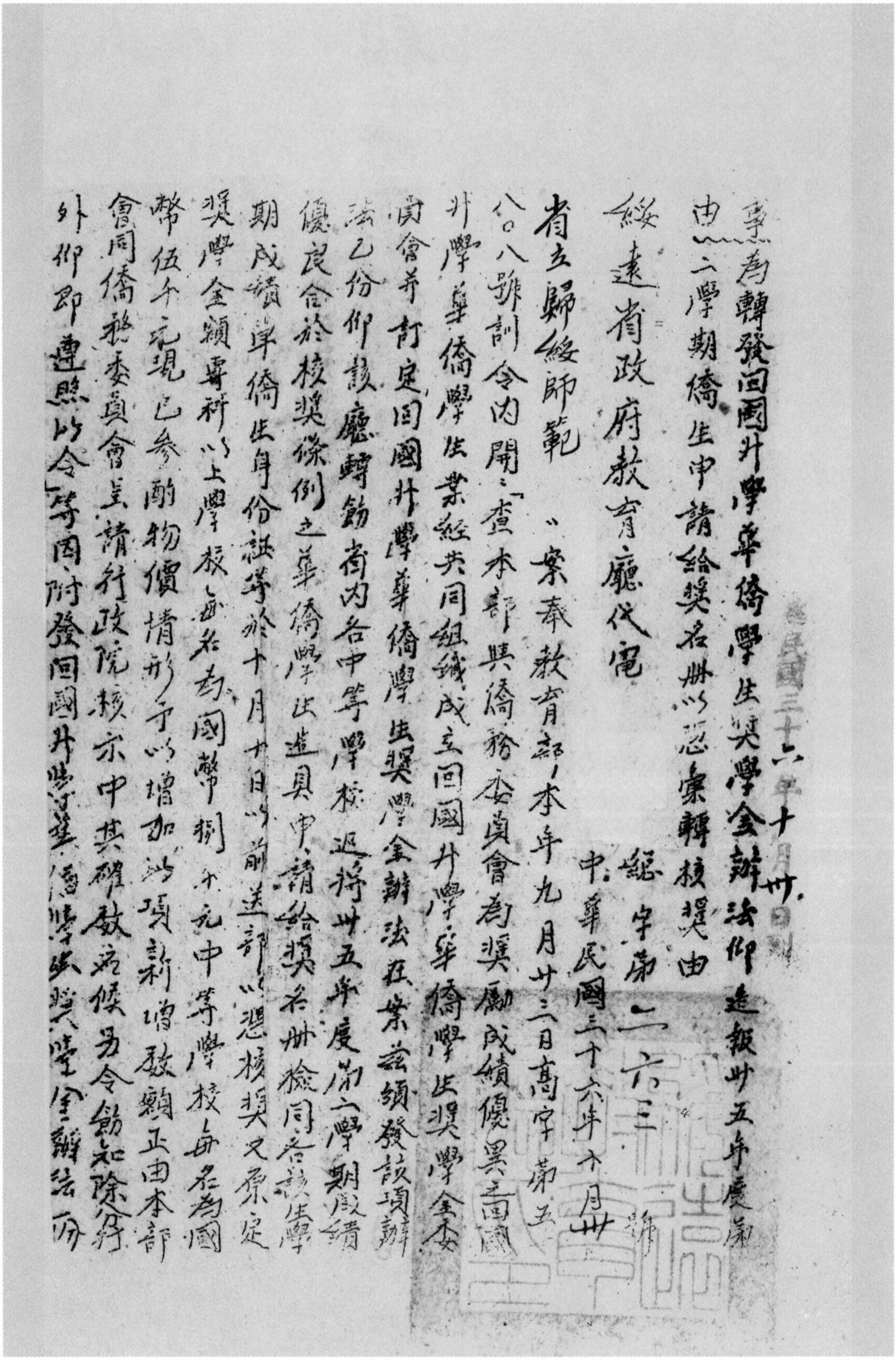

事為轉發回國升學華僑學生獎學金辦法仰遵報卅五年度第
由二學期僑生申請給獎名冊以憑彙轉核獎由

綏遠省政府教育廳代電　綏字第一六三一號
中華民國三十六年十月卅日

省立歸綏師範

案奉教育部本年九月廿三日高字第五八〇八號訓令內開：「查本部與僑務委員會為獎勵成績優異之回國升學華僑學生，業經共同組織成立回國升學華僑學生獎學金委員會，並訂定回國升學華僑學生獎學金辦法在案，茲頒發該項辦法乙份，仰該廳轉飭省內各中等學校遵將卅五年度第二學期成績優良合於核獎條例之華僑學生，造具申請給獎名冊，檢同各該生學期成績單、僑生身份證等，於十月廿日以前送部，以憑核獎。又原定獎學金額專科以上學校每名為國幣捌十元，中等學校每名為國幣伍十元，現已參酌物價情形，予以增加，此項新增數額正由本部會同僑務委員會呈請行政院核示中，俟確數核定，另令飭知，除分行外，仰即遵照。此令。」等因，附發回國升學華僑學生獎學金辦法一份

图 4-6-7　绥远省政府教育厅为转发回国升学华侨学生奖学金办法并填报三十五年度第二学期侨生申请给奖名册以凭汇转核奖给省立归绥师范学校代电（附奖学金办法）（1947 年 10 月 30 日）（一）

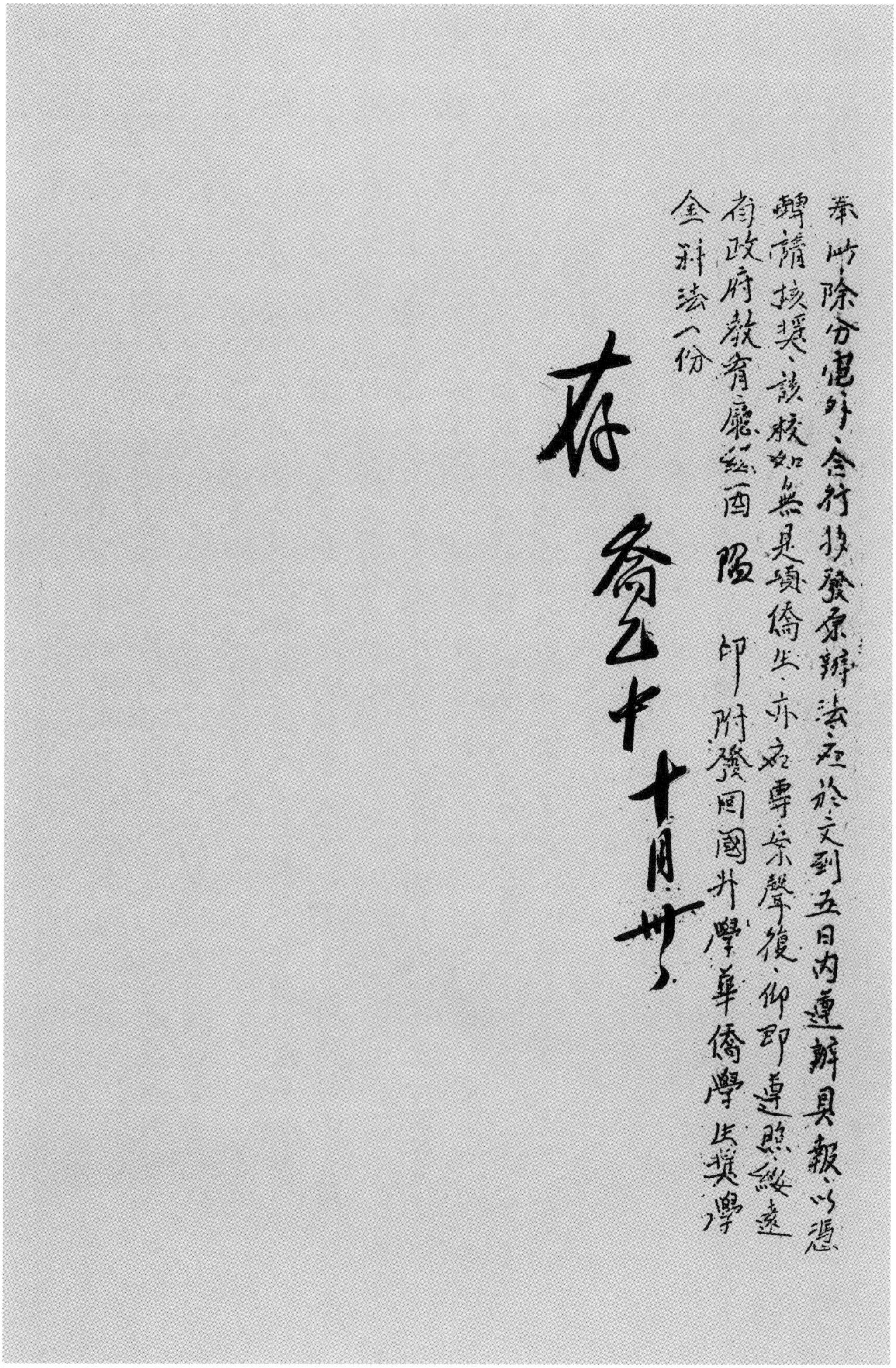

奉此、除分電外、合行抄發原辦法、希於文到五日內遵辦具報、以憑
轉請核獎、該校如無是項僑生、亦希專案聲復、仰即遵照、綏遠
省政府教育廳絲酉陷　印　附發回國升學華僑學生獎學
金辦法一份

存　卅六年十月卅

图 4-6-7　绥远省政府教育厅为转发回国升学华侨学生奖学金办法并填报三十五年度第二学期侨生申请给奖名册以凭汇转核奖给省立归绥师范学校代电（附奖学金办法）（1947 年 10 月 30 日）（二）

回國升學華僑學生獎學金辦法

第一條：教育部與僑務委員會（以下簡稱本部會）為獎勵成績優異之回國升學華僑學生（以下簡稱僑生）藉使僑生精研學業起見特設置僑生獎學金

第二條：關於僑生獎學金之保管支配核發等事項由本部會組織回國升學華僑學生獎學金委員會（以下簡稱獎委會）辦理其組織章程另訂之

第三條：僑生獎學金名額定為五十名每學期核給一次其分配比率如下：

專科以上學校僑生獎學金佔百分之四十

中等學校僑生獎學金佔百分之六十

第四條：僑生獎學金金額規定如下：

專科以上學校每名八千元

中等學校每名五千元

第五條：凡在國內公立或曾經立案之私立中等以上學校肄業之華僑學生其學期成績各科均及格體育及操行成績均在乙等以上並具下列條件者得請求給獎

甲、中學生國文歷史地理物理化學公民數學外國語等主

图 4-6-7　绥远省政府教育厅为转发回国升学华侨学生奖学金办法并填报三十五年度第二学期侨生申请给奖名册以凭汇转核奖给省立归绥师范学校代电（附奖学金办法）（1947 年 10 月 30 日）（三）

要科之成績有半數以上列入甲等（八十分以上）其餘為乙等（七十分以上）者

乙、師範生國文歷史地理數學公民自然科學教育學科等科之成績有半數以上列入甲等其餘均為乙等者

丙、專科以上學校學生對於專習科目成績優異或有價值之著作或有特別貢獻能提出證明者

第六條

適合受獎條件之僑生應由所在學校於每學期結束後造具申請給獎名冊並檢附各該生學期成績單及華僑身份證件彙送獎委會核辦申請名冊先應註明本校僑生總數並填明下列各項：請獎僑生姓名、性別、年齡、籍貫、原僑居地、肄業科系及年級、家庭經濟狀況、測驗證件、僑註等項凡曾經僑委會登記華僑身份或核發僑生有特救金有案者免繳華僑身份證件所繳證件如有須退還者得預先聲明經審核完畢退還之此項請獎學生每校之名額規定如下：

图 4-6-7　绥远省政府教育厅为转发回国升学华侨学生奖学金办法并填报三十五年度第二学期侨生申请给奖名册以凭汇转核奖给省立归绥师范学校代电（附奖学金办法）（1947 年 10 月 30 日）（四）

甲、專科以上學校有僑生每十五人以內得選送一人
乙、中等學校有僑生每三十人以內得選送一人餘照推算逾
額人成績相同時應儘先擇家境清寒者列送、

第七條：僑生每學期申請給獎人數過多獎學金不敷分配時得擇
優先獎其餘保留下學期再予審核

第八條：僑生獎學金定於每年三月及九月各核給一次申請逾期者不予
受理

第九條：僑生獎學金經審核決定後即分別匯寄各該受獎人所在學
校轉發各轉發學校取具領獎僑生獎學金領據寄獎委會
存查

第十條：僑生連續受獎四次者並得由獎委會核給成績卓異獎狀

第十一條：受獎人之成績及證件如有冒報假造情弊一經查確除追還
獎金外並予以相當處分

第十二條：本辦法由教育部僑務委員會核定後施行

图 4-6-7 绥远省政府教育厅为转发回国升学华侨学生奖学金办法并填报三十五年度第二学期侨生申请给奖名册以凭汇转核奖给省立归绥师范学校代电（附奖学金办法）（1947 年 10 月 30 日）（五）

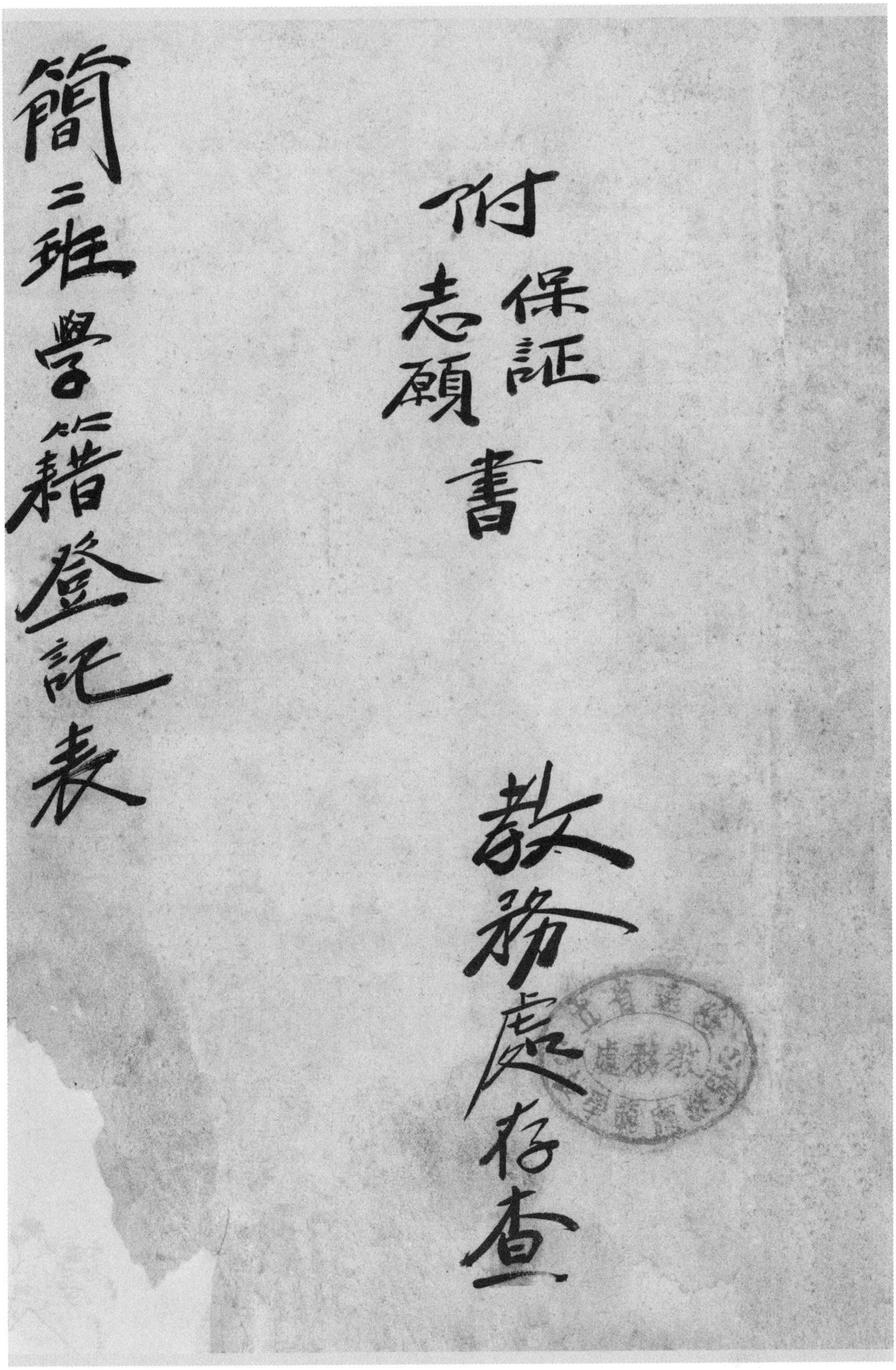

教務處存查

附保証志願書

簡二班學籍登記表

图 4-6-8 绥远省立归绥师范学校简师二班学籍登记表——新生入学登记表、保证书、入学志愿书（节选）（1946 年 9 月 18 日）（一）

綏遠省立歸綏師範學校民國三十五年度新生入學登記表

姓名	賈國英	性別	男	年齡	十八歲	籍貫	綏遠省托克托
學歷	托縣縣立第一小學校畢業、偽巴盟師範學校肄業二年						
經歷							
是否國民黨員		何時何地入黨			黨証字號		
是否三民主義青年團員		何時何地入團			團証字號		
現在住址	托縣托城鎮新閣外九保四甲二九號						
永久通訊處	托縣托城鎮新閣外九保四甲二九號						

家庭狀況	父	存	母	存	兄　人	弟　二　人	已否結婚	無	
	祖父	亡	祖母	亡	姊　二　人	妹　人	配偶姓名		
	不動產	地　頃　十三畝		房　一　所		生意			
	動產	糧畜		資本		其他			
家長	姓名	賈靜德	職務	托縣政府服務	與學生之關係	父子			
	通訊處	托縣托城鎮新閣外九保四甲二九號							
保證人	姓名	王鶴年	職務	調查室秘書	與學生之關係	友誼			
	通訊處	歸綏市舊城興隆巷四十五號							
	姓名	張貞	職務	市黨部秘書	與學生之關係	師生			
	通訊處	歸綏市舊城小西街八號							

編入簡師第二班第三學年第一學期肄業

入學年月	民國三十五年八月五日入學
畢業年月	民國　年　月　日應予畢業
退學或休學及開除學籍年月	民國　年　月　日
復學年月	民國　年　月　日

備註	一、填表均用楷書，必須清楚確實。 二、由本人親筆填寫，與保証書及志願書同時交校。 三、根據本表填入學籍簿。 四、指摸一律用右拇指。	像片或指摸

一填表人賈國英　民國三十五年九月十八日填

图 4-6-8　绥远省立归绥师范学校简师二班学籍登记表——新生入学登记表、保证书、入学志愿书（节选）（1946 年 9 月 18 日）（二）

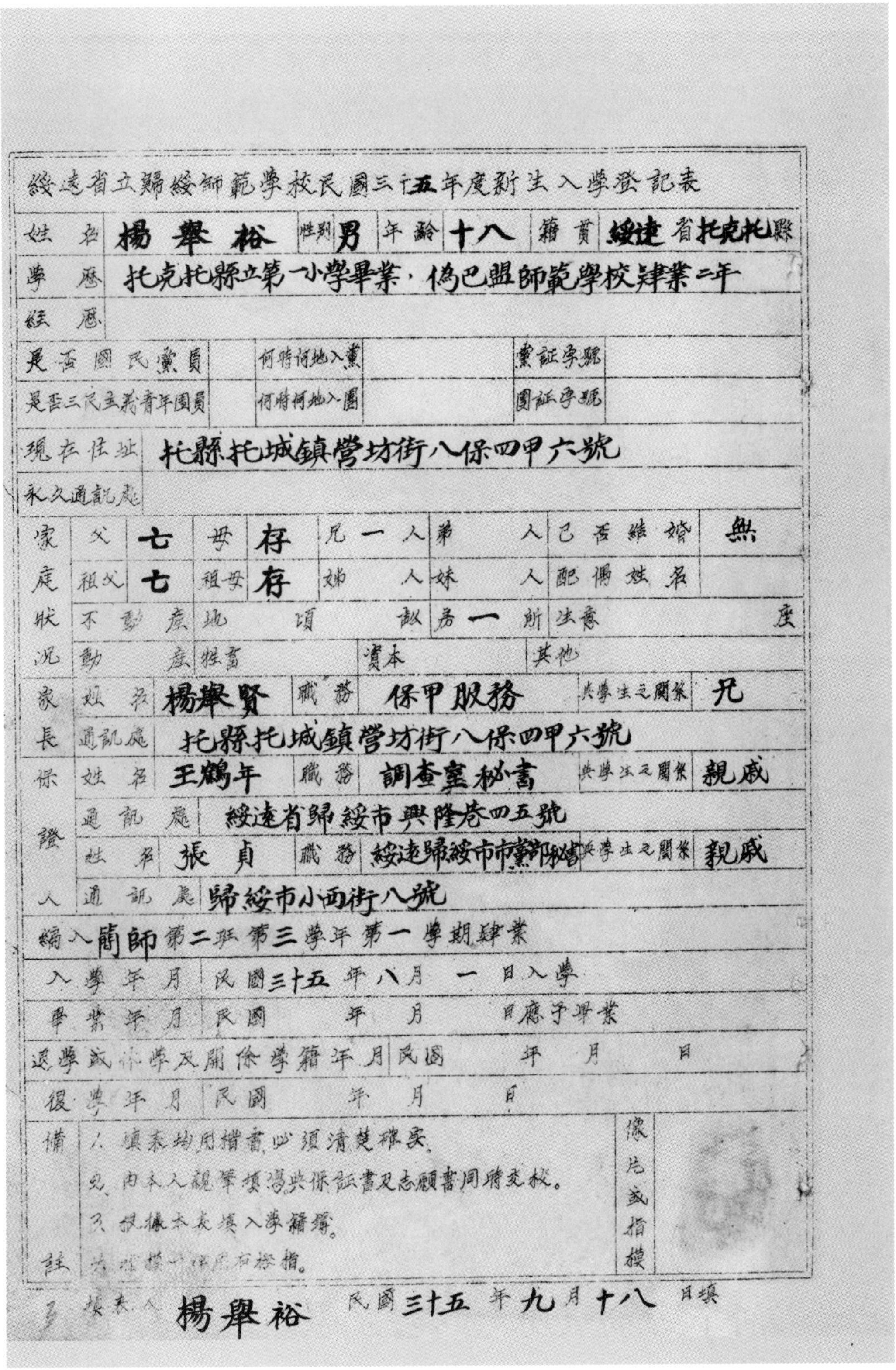

綏遠省立歸綏師範學校民國三十五年度新生入學登記表

姓名	楊舉裕	性別	男	年齡	十八	籍貫	綏遠省托克托縣
學歷	托克托縣立第一小學畢業，偽巴盟師範學校肄業二年						
經歷							
是否國民黨員		何時何地入黨		黨証字號			
是否三民主義青年團員		何時何地入團		團証字號			
現在住址	托縣托城鎮營坊街八保四甲六號						
永久通訊處							
家庭狀況	父 亡	母 存	兄 一 人	弟 人	已否結婚	無	
	祖父 亡	祖母 存	姊 人	妹 人	配偶姓名		
	不動產	地 頃 畝	房 一 所	生意 座			
	動產	牲畜	資本	其他			
家長	姓名	楊舉賢	職務	保甲服務	與學生之關係	兄	
	通訊處	托縣托城鎮營坊街八保四甲六號					
保證人	姓名	王鶴年	職務	調查室秘書	與學生之關係	親戚	
	通訊處	綏遠省歸綏市興隆巷四五號					
	姓名	張貞	職務	綏遠歸綏市市黨部秘書	與學生之關係	親戚	
	通訊處	歸綏市小西街八號					
編入簡師第二班第三學年第一學期肄業							
入學年月	民國三十五年八月一日入學						
畢業年月	民國 年 月 日應予畢業						
退學或休學及開除學籍年月	民國 年 月 日						
復學年月	民國 年 月 日						
備註	1、填表均用楷書，必須清楚確實。 2、由本人親筆填寫與保証書及志願書同時交校。 3、根據本表填入學籍簿。 4、指模一律用右拇指。	像片或指模					

填表人 楊舉裕　民國三十五年九月十八日填

图 4-6-8　绥远省立归绥师范学校简师二班学籍登记表——新生入学登记表、保证书、入学志愿书（节选）（1946 年 9 月 18 日）（三）

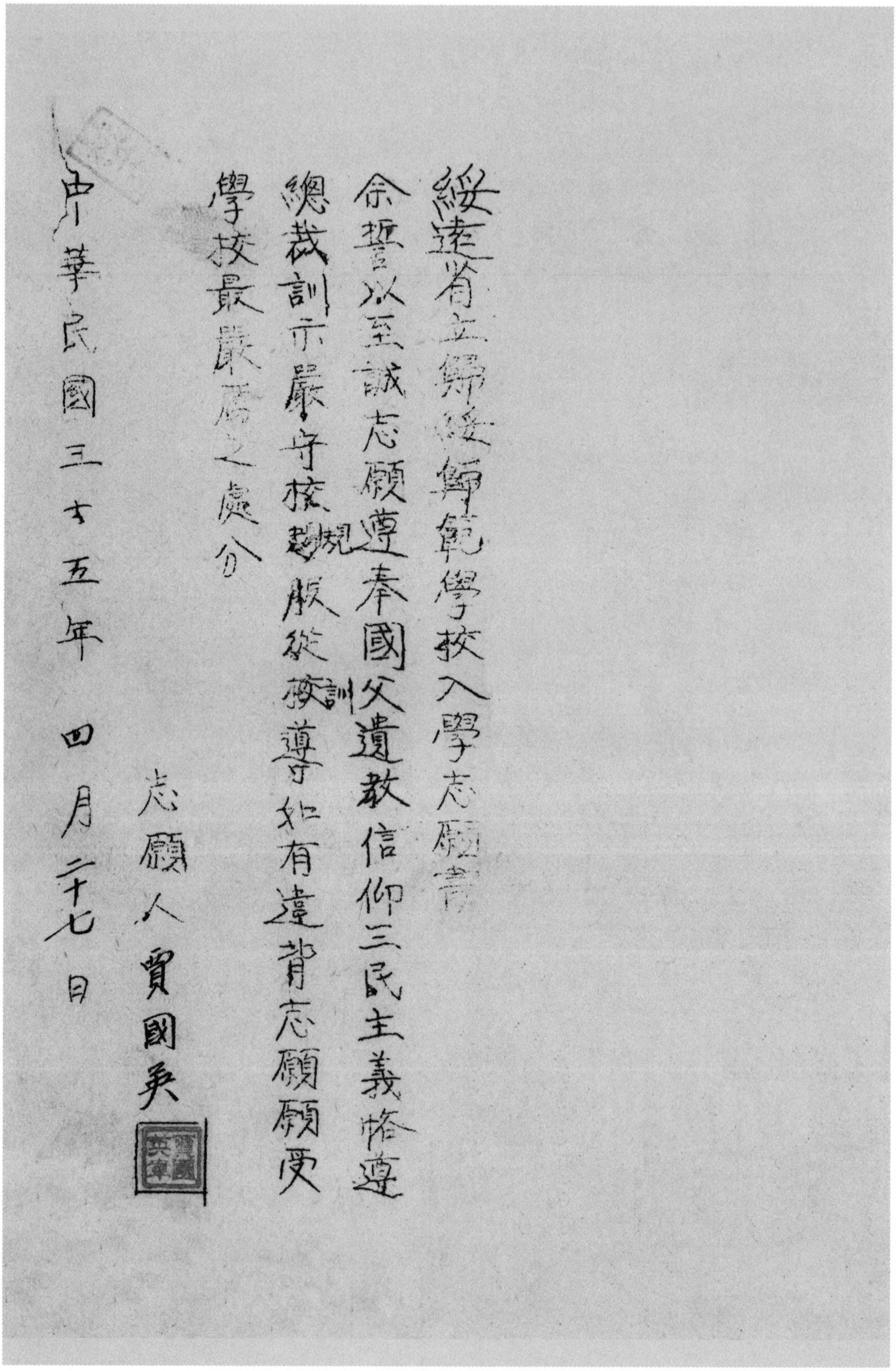

綏遠省立歸綏師範學校入學志願書

余誓以至誠志願遵奉國父遺教信仰三民主義恪遵總裁訓示嚴守校規服從校訓導如有違背志願願受學校最嚴厲之處分

志願人賈國英

中華民國三十五年四月二十七日

图 4-6-8　绥远省立归绥师范学校简师二班学籍登记表——新生入学登记表、保证书、入学志愿书（节选）（1946 年 9 月 18 日）（四）

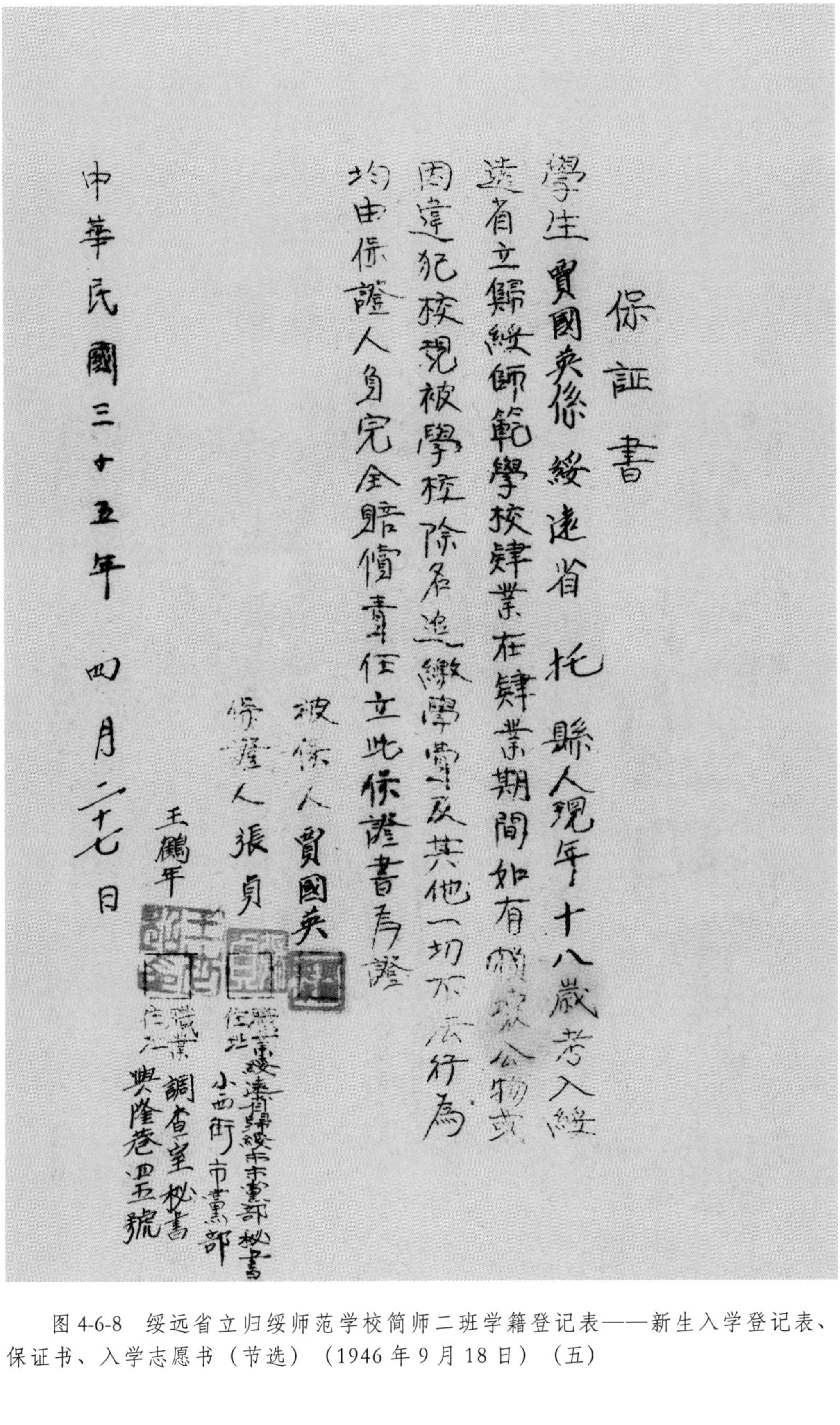

保證書

學生賈國英係綏遠省托縣人現年十八歲考入綏遠省立歸綏師範學校肄業在肄業期間如有毀損校公物或因違犯校規被學校除名追繳學費及其他一切不法行為均由保證人負完全賠償責任立此保證書為證

被保人 賈國英

保證人 張貞 職業 綏遠省歸綏市黨部秘書 住址 小西街市黨部

王鵬年 職業 調查室秘書 住址 興隆巷四五號

中華民國三十五年四月二十七日

图 4-6-8 绥远省立归绥师范学校简师二班学籍登记表——新生入学登记表、保证书、入学志愿书（节选）（1946 年 9 月 18 日）（五）

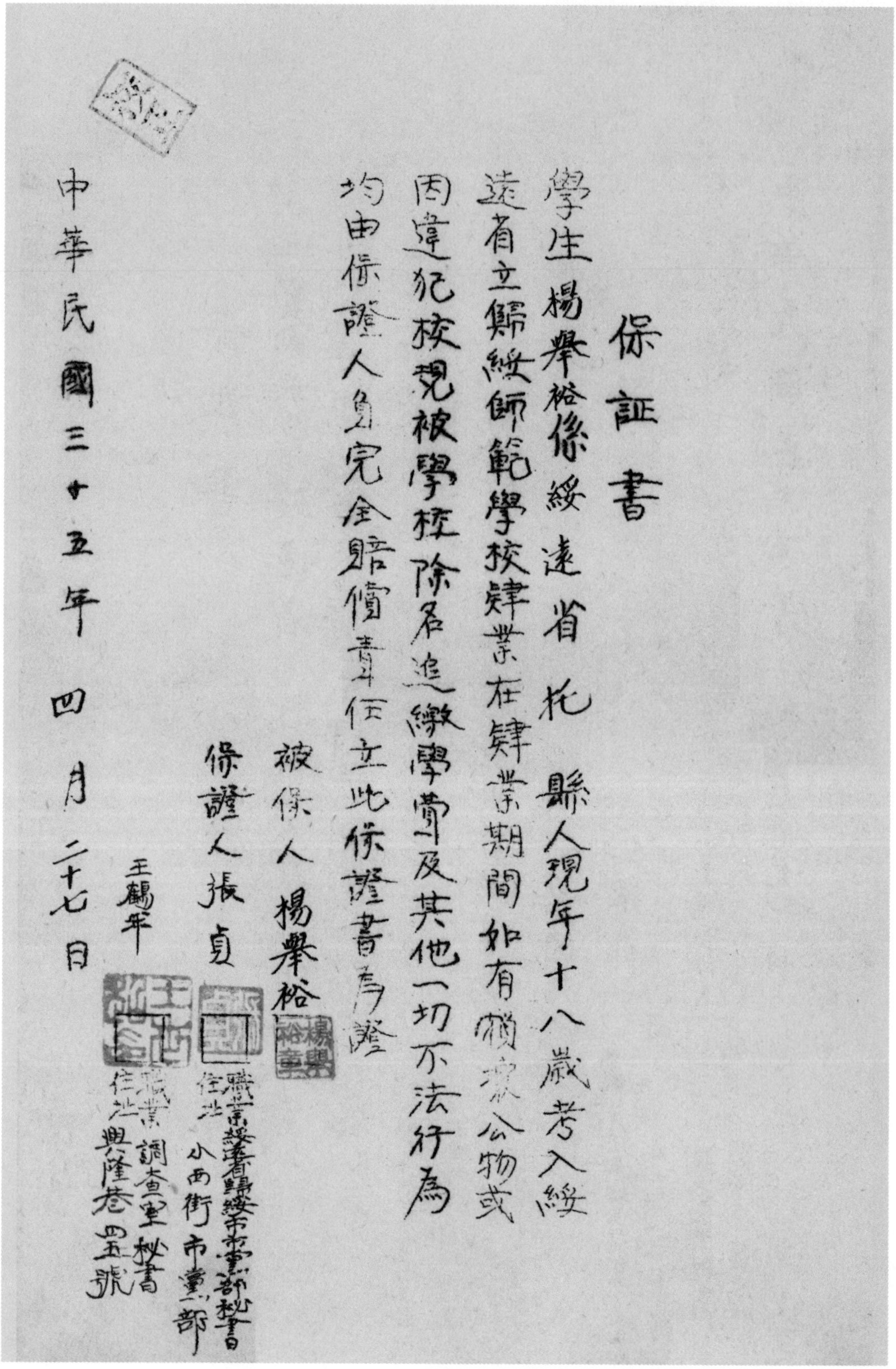
保証書

學生楊舉裕係綏遠省托縣人現年十八歲考入綏遠省立歸綏師範學校肄業在肄業期間如有損壞公物或因違犯校規被學校除名追繳學費及其他一切不法行為均由保證人負完全賠償責任立此保證書為證

被保人 楊舉裕

保證人 張貞 職業 綏遠省歸綏市黨部秘書 住址 小西街市黨部

王鶴年 職業 調查室秘書 住址 興隆巷四五號

中華民國三十五年四月二十七日

图 4-6-8　绥远省立归绥师范学校简师二班学籍登记表——新生入学登记表、保证书、入学志愿书（节选）（1946 年 9 月 18 日）（六）

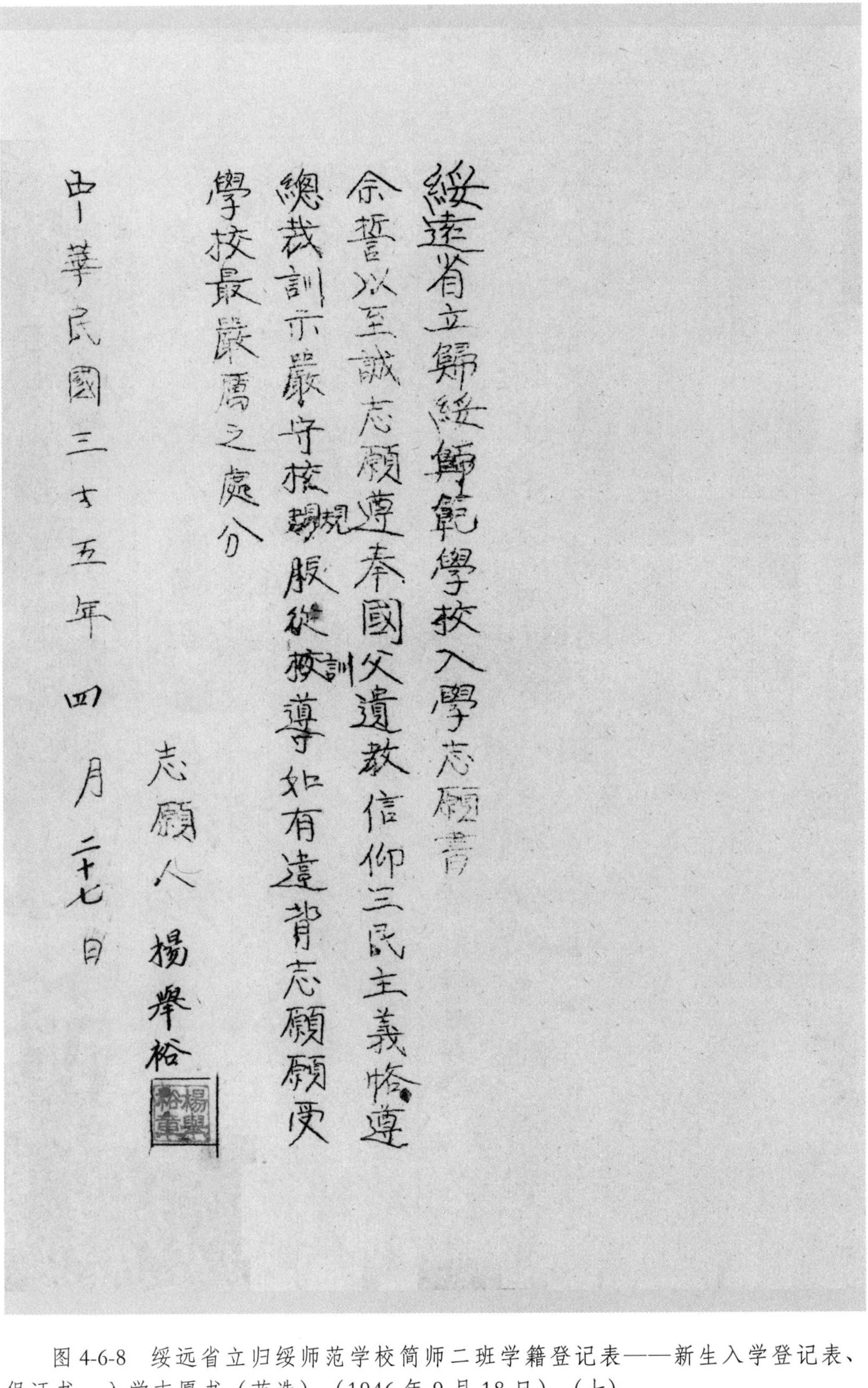

綏遠省立歸綏師範學校入學志願書

余誓以至誠志願遵奉國父遺教信仰三民主義恪遵

總裁訓示嚴守校規服從校訓導如有違背志願願受

學校最嚴厲之處分

志願人 楊舉裕

楊舉裕章

中華民國三十五年四月二十七日

图 4-6-8　绥远省立归绥师范学校简师二班学籍登记表——新生入学登记表、保证书、入学志愿书（节选）（1946 年 9 月 18 日）（七）

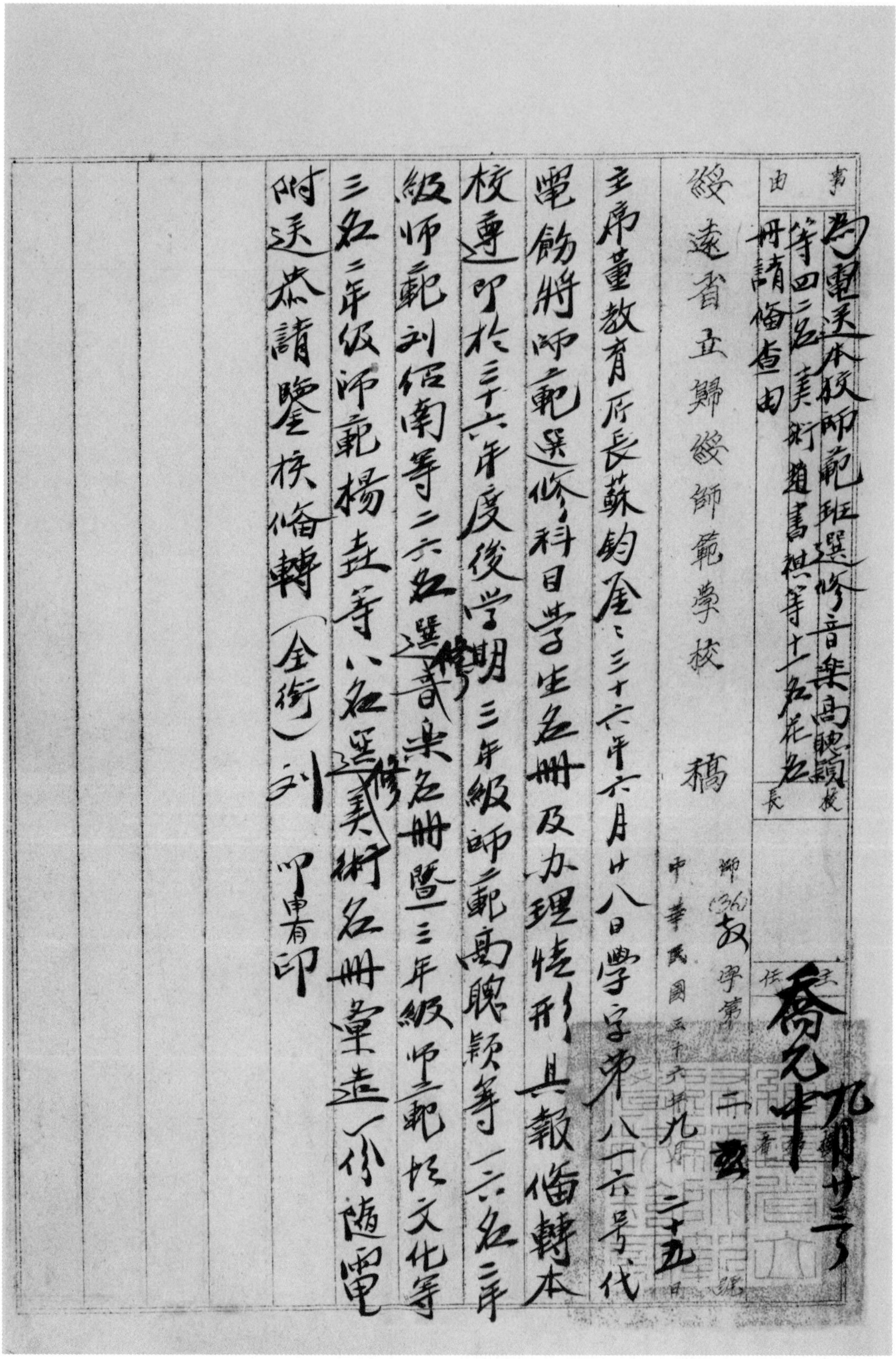

事由：為電送本校師範班選修音樂高聰穎等四二名美術趙書祺等十一名花名冊請備查由

綏遠省立歸綏師範學校 稿

主任 喬元中 九月廿三

校長

中華民國三十六年九月二十五日

主席董教育厅長蘇鈞鑒：三十六年六月廿八日學字第八一六號代電飭將師範選修科目学生名冊及办理情形具報備轉本校遵即於三十六年度後学期三年級師範高聰穎等一六名、二年級師範劉紹南等二六名選修音樂名冊暨三年級師範姚文化等三名、二年級师範楊森等八名選修美術名冊彙造一份隨電附送恭請鑒核備轉（全銜）劉叩申有印

图 4-6-9　绥远省立归绥师范学校为呈送师范班选修音乐和美术学生花名册致绥远省政府代电（附花名册）（1947 年 9 月 25 日）（一）

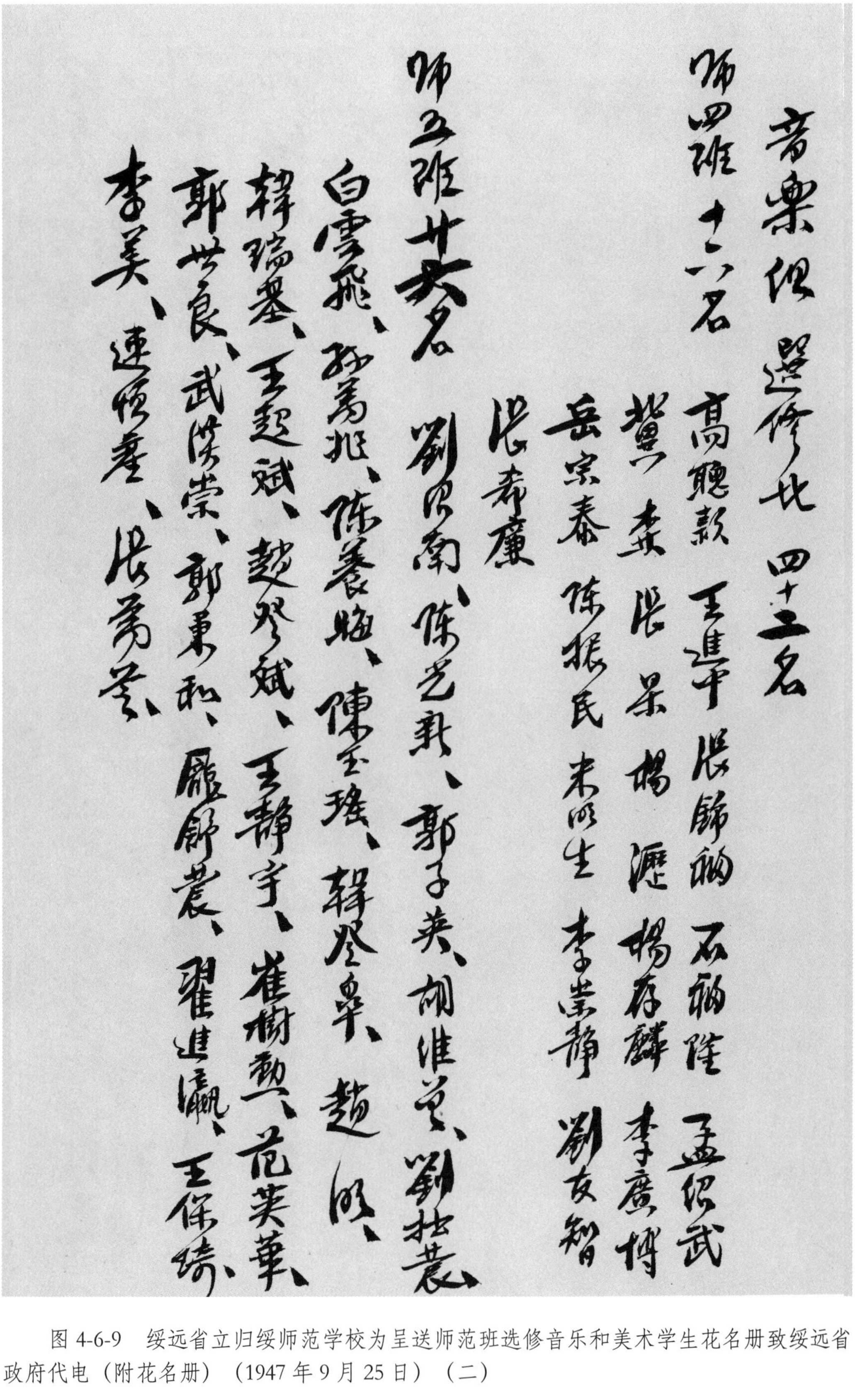

音樂組 選修比 四十三名

師四班 十六名

高聰款 王進平 張錫鈞 石鈞隆 孟紹武

冀堯 張杲 楊瀝 楊存麟 李廣博

岳宗泰 陳振民 朱汾生 李崇靜 劉友智

張希廉

師五班 廿六名

劉紹南、陳光熙、郭子英、胡維藻、劉杜農、

白雲飛、孫萬兆、陳養晦、陳玉琛、韓登梟、趙頤、

韓瑞基、王起斌、趙登斌、王靜宇、崔樹勳、范英華、

郭世良、武漢崇、郭秉和、龐錫農、翟進瀛、王保琦

李美、連德產、張萬榮、

图 4-6-9 绥远省立归绥师范学校为呈送师范班选修音乐和美术学生花名册致绥远省政府代电（附花名册）（1947 年 9 月 25 日）（二）

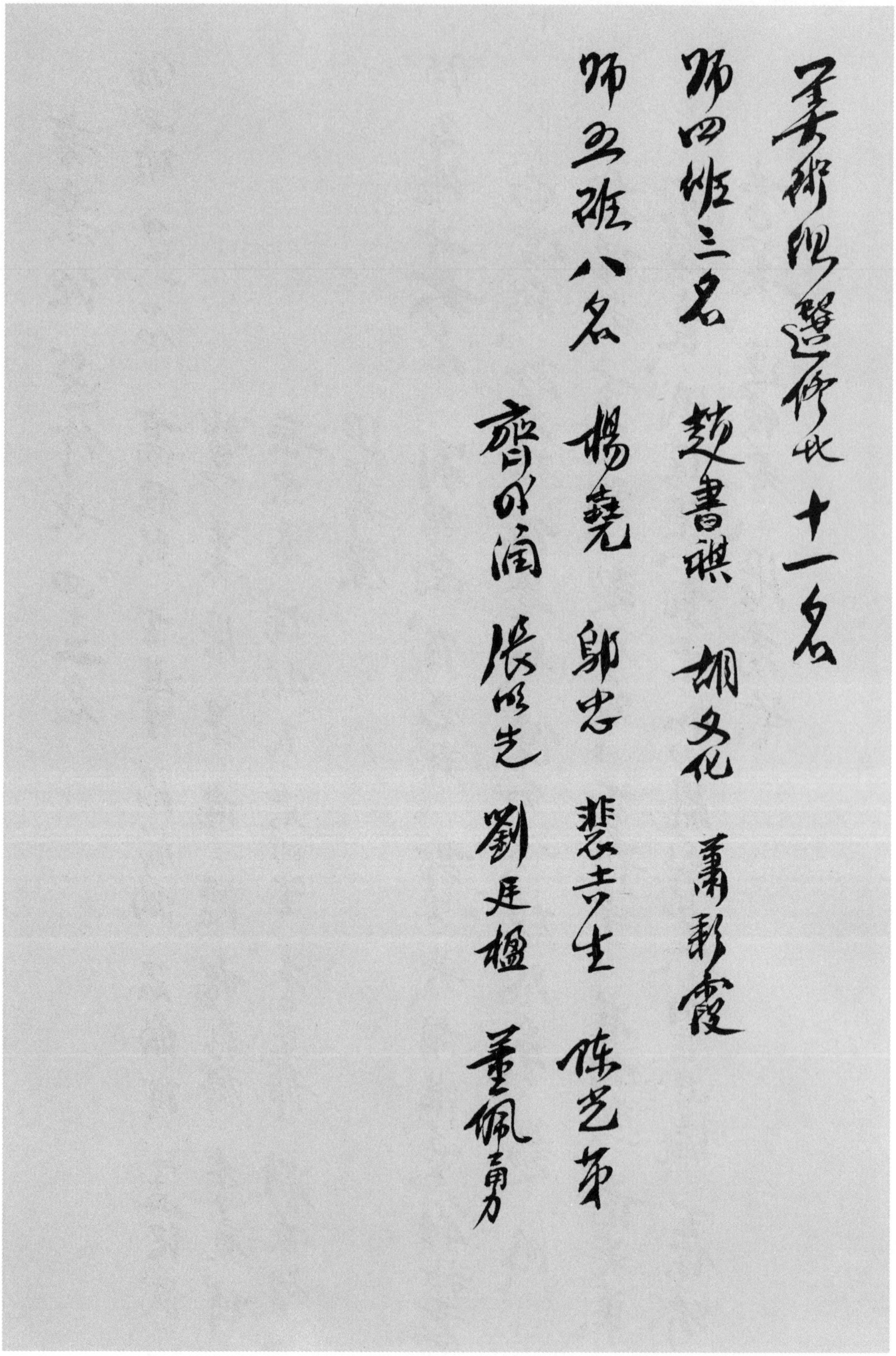

美術組選修者十一名

師四班三名 趙書琪 胡文花 蕭彩霞

師五班八名 楊堯 郭忠 裴吉生 陈芝萍 齊明涵 張明生 劉廷樞 董佩勇

图 4-6-9 绥远省立归绥师范学校为呈送师范班选修音乐和美术学生花名册致绥远省政府代电（附花名册）（1947 年 9 月 25 日）（三）

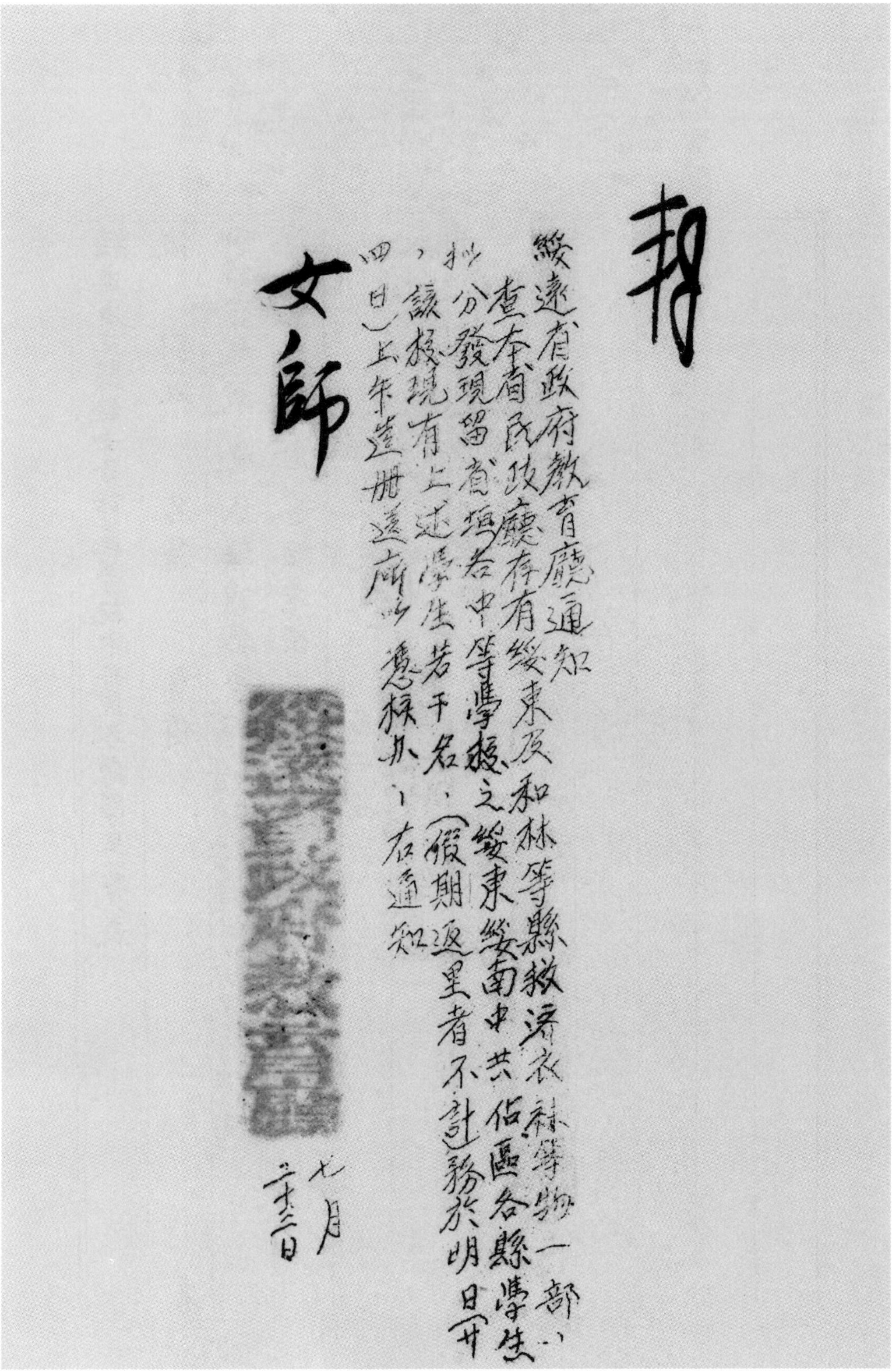

報

綏遠省政府教育廳通知

查本省民政廳存有綏東及和林等縣救濟衣褲等物一部，抄分發現留省垣各中等學校之綏東綏南中共佔區各縣學生，該校現有上述學生若干名，（假期返里者不計）務於明日（廿四日）上午造冊送廳以憑核辦，右通知

女師

七月二十三日

图 4-6-10　绥远省政府教育厅关于上报中共占区各县留省垣各中学学生名册的通知（1949 年 7 月 23 日）

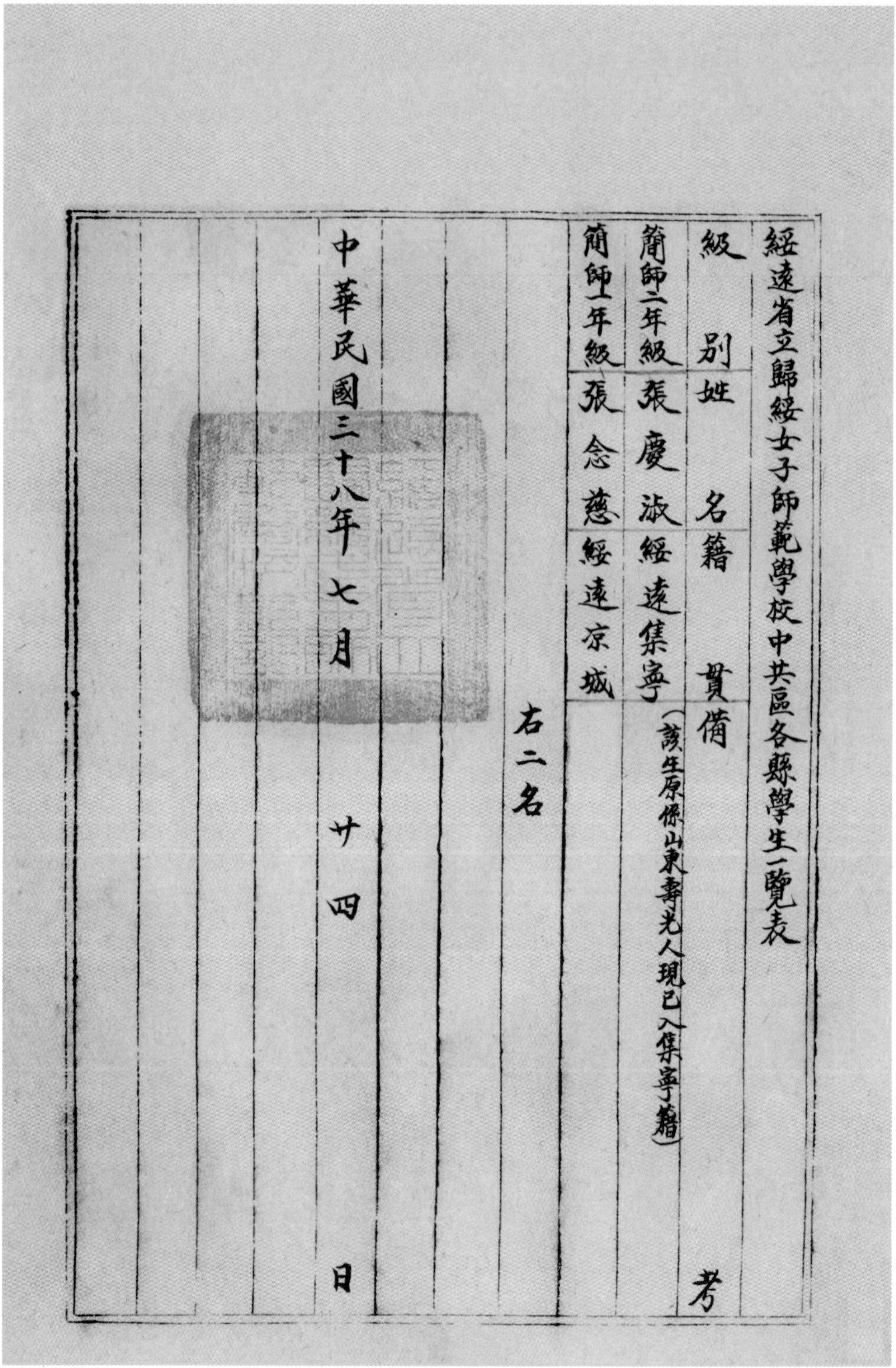

綏遠省立歸綏女子師範學校中共區各縣學生一覽表

級別	姓名	籍貫	備考
簡師二年級	張慶淑	綏遠集寧	（該生原係山東壽光人現已入集寧籍）
簡師一年級	張念慈	綏遠凉城	

右二名

中華民國三十八年七月廿四日

图 4-6-11　绥远省立归绥女子师范学校中共区各县学生一览表（1949 年 7 月 24 日）

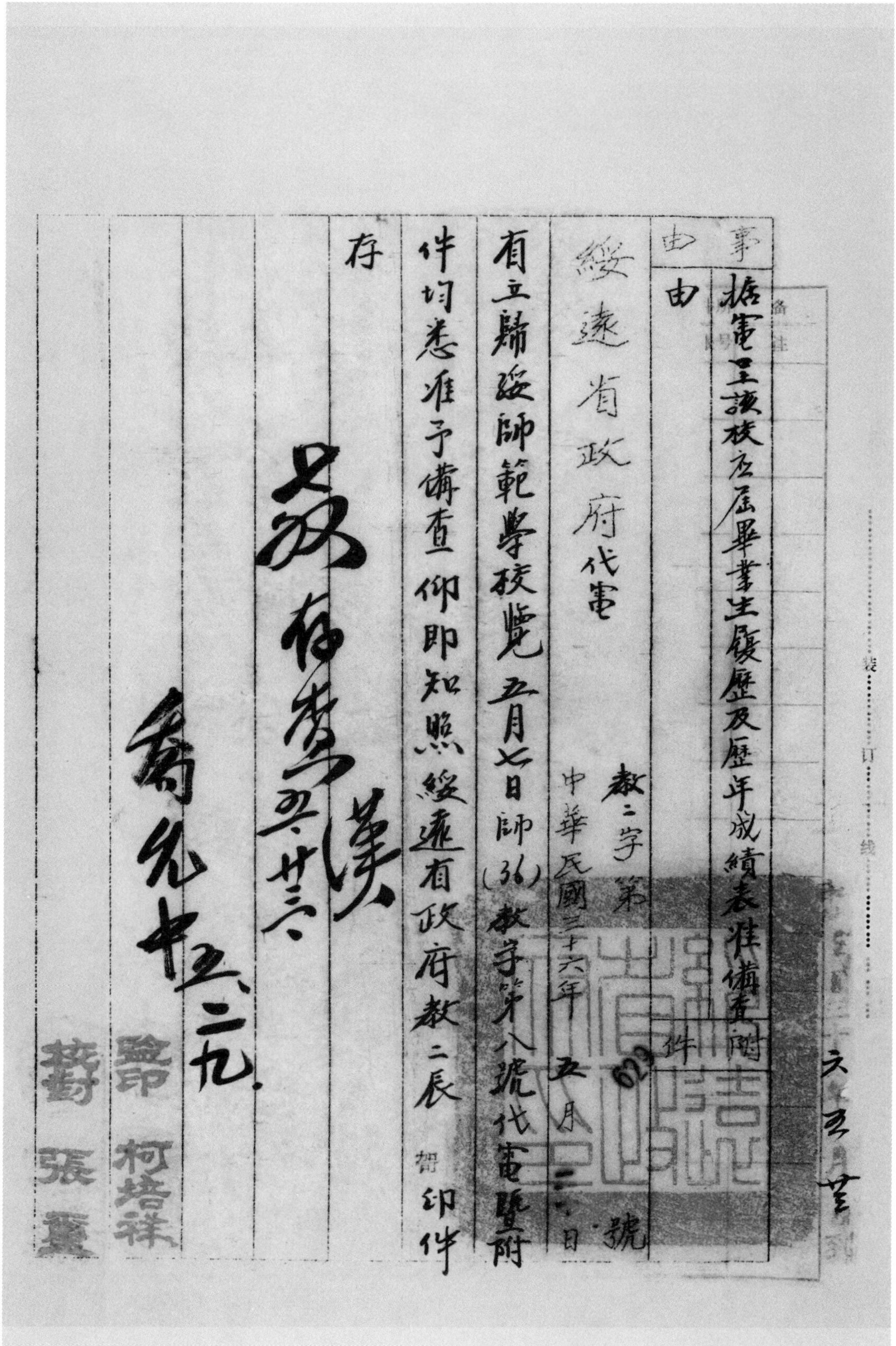

事由
據電呈該校應屆畢業生履歷及歷年成績表准備查附件
綏遠省政府代電
教二字第　　號
中華民國三十六年五月　日
省立歸綏師範學校覽 五月七日師（36）教字第八號代電暨附件均悉准予備查仰即知照綏遠省政府教二辰哿印件
存
監印 柯培祥
校對 張

图 4-6-12　绥远省立归绥师范学校呈送应届毕业生履历和历年成绩表及省政府准予备查的代电（附表）（1947 年 5 月 20 日）（一）

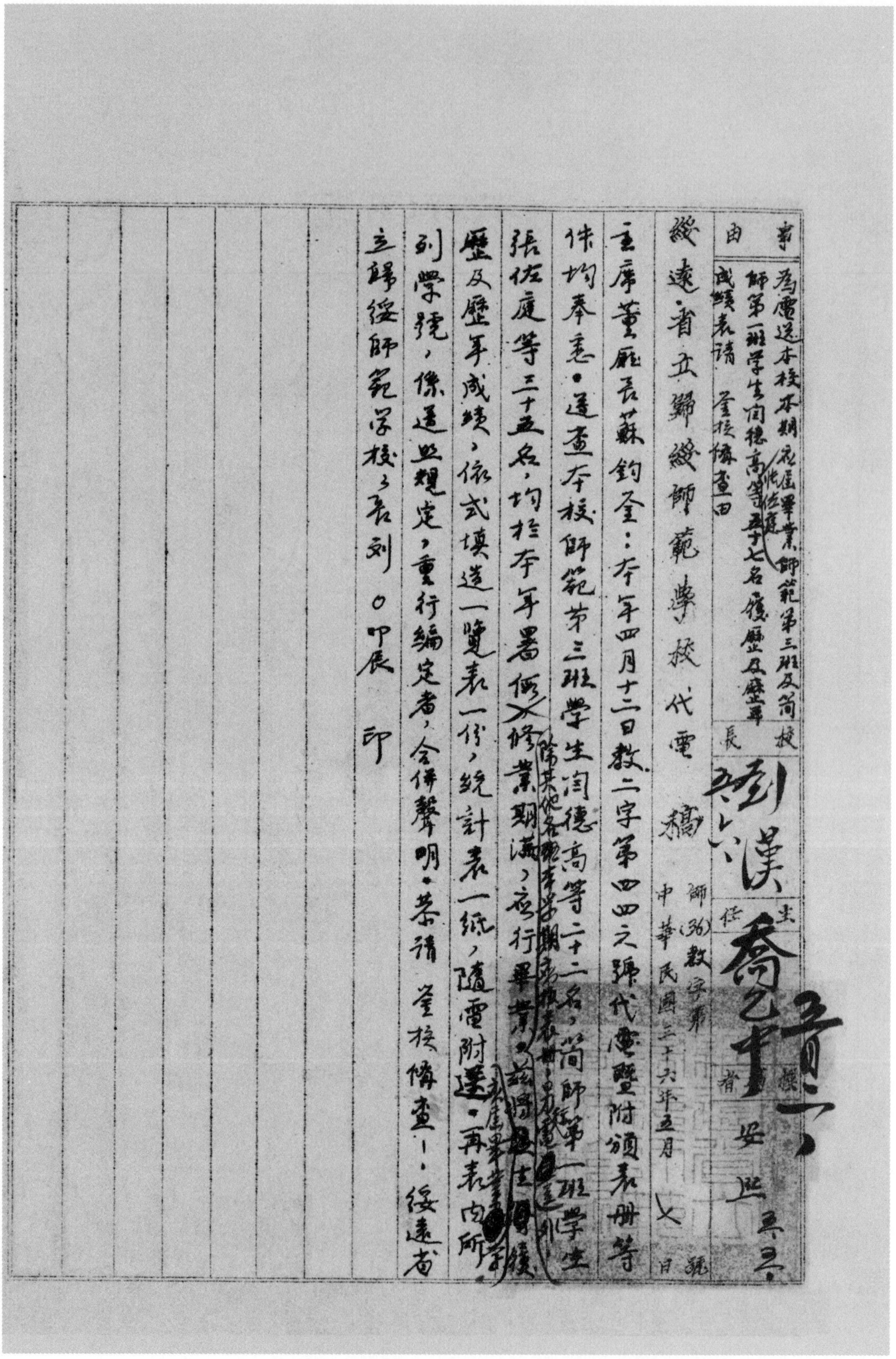

事由：为电送本校本期应届毕业师范第三班及简师第一班学生闫德高张佐庭等五十七名履历及历年成绩表请 鉴核备查由

校长 刘汉　主任 乔己　拟稿者 安[illegible]

师(36)教字第　号

中华民国三十六年五月　日

绥远省立归绥师范学校代电稿

主席董厅长苏钧鉴：本年四月十二日教二字第四四之号代电暨附颁表册等件均奉悉。遵查本校师范第三班学生闫德高等二十二名，简师第一班学生张佐庭等三十五名，均于本年暑假修业期满，应行毕业。兹将各生履历及历年成绩，依式填造一览表一份，统计表一纸，随电附送。再表内所列学号，系遵照规定，重行编定者，合併声明。恭请 鉴核备查！绥远省立归绥师范学校校长刘〇叩辰 印

图 4-6-12　绥远省立归绥师范学校呈送应届毕业生履历和历年成绩表及省政府准予备查的代电（附表）（1947 年 5 月 20 日）（二）

綏遠省立歸綏師範學校師範科第 應第三班應屆畢業生履歷及歷年成績一覽表　三十六年五月七日填報

	學號	姓名	年齡	性別	籍貫	入學資格	入學年月	第一學年成績	第二學年成績	最後學年第一學期成績	操行成績	體育成績	應屆畢業年月	備考
73.8	1	閻德高	二三	男	綏遠省涼城縣	綏蒙師第三屆四期畢業	三十五年三月	~~80.52~~	73.56	74.1	72	70.5	三十六年七月	查係盟師養蒙學校撥來生第一學年成績無從查填
77.4	2	杜宝田	二三	男	山西省臨縣	陝綏省立師範二年級肄業	三月	80.52	76.73	74.8	74	66.5		
75.1	3	喬瑞森	二一	男	綏遠省豐鎮縣	仝	仝	81.17	73.91	70.3	76.5	78.5		
76.1	4	武耀星	二三	男	綏遠省薩縣	仝	仝	74.88	75.66	77.7	70.5	80		
75.8	5	苗日榛	二三	男	河北省肅寧縣	仝	仝	74.6	77.6	75.1	80	78		
75.7	6	陳子民	二三	男	河北省高陽縣	仝	仝	75.48	75.96	76.4	81.5	73.5		
72.5	7	羅水健	二三	男	山東省鄄城縣	國立綏中肄業一年半	仝	72.95	73.16	71.3	71.5	66		
73.9	8	蘇祥雲	二二	男	綏遠省東勝縣	仝	仝	75.58	72.55	73.5	88	70		
72.5	9	蘇秉懷	二二	男	仝	仝	仝	73.58	72.37	71.1	78	69.5		
79.8	10	王榮良	一九	女	綏遠省五原縣	陝綏省立師範二年級肄業	仝	75.95	82.35	81.1	85.5	70	仝	

图 4-6-12　绥远省立归绥师范学校呈送应届毕业生履历和历年成绩表及省政府准予备查的代电（附表）（1947 年 5 月 20 日）（三）

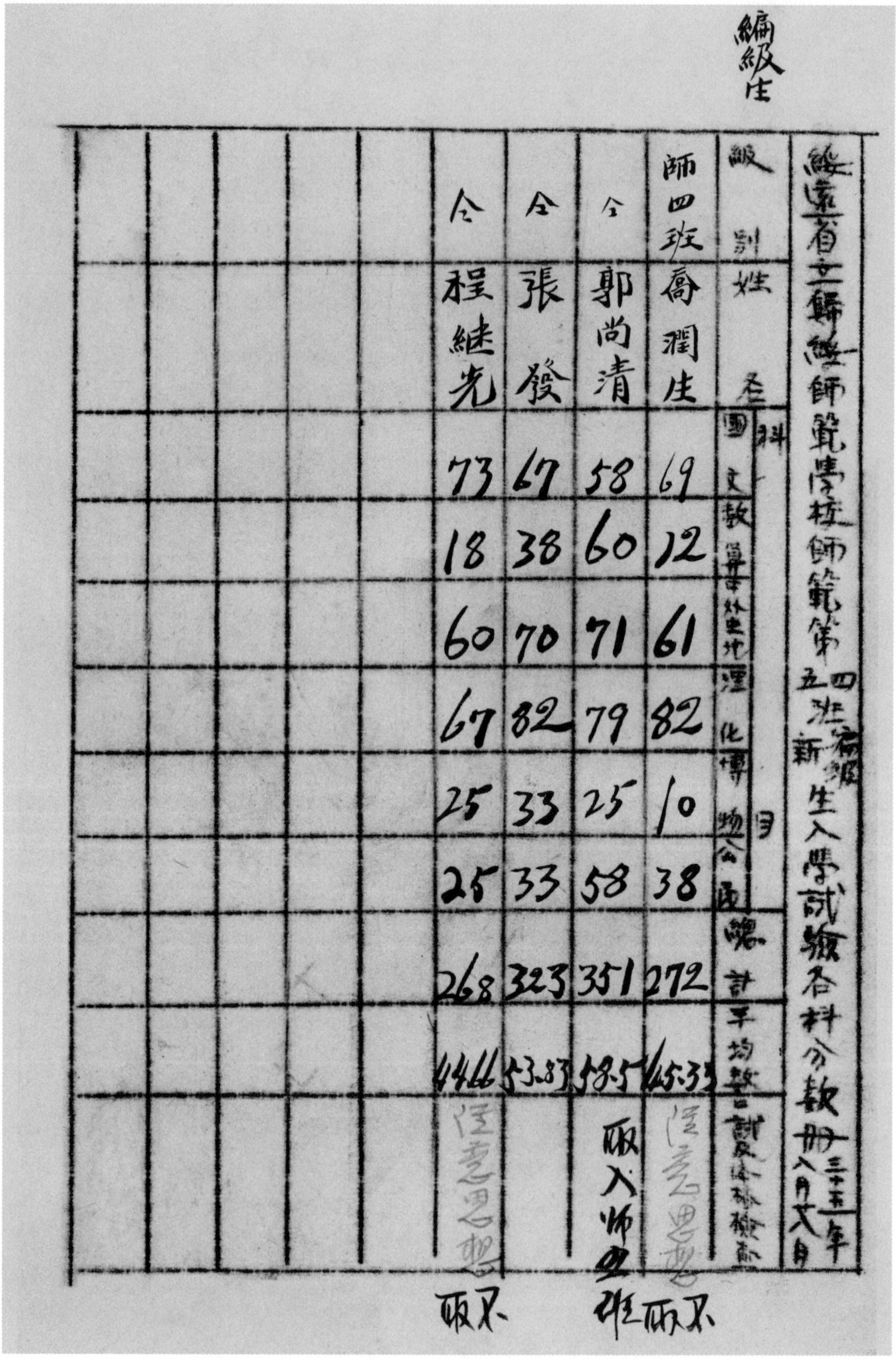

編級生

綏遠省立歸綏師範學校師範第四五班編級新生入學試驗各科分數冊 三十五年八月廿八日

級別	姓名	國文	數學	中外史地	理化	博物	公民	總計	平均	智[illegible]
師四班	喬潤生	69	12	61	82	10	38	272	45.33	注意思想
仝	郭尚清	58	60	71	79	25	58	351	58.5	取入师五班
仝	張發	67	38	70	82	33	33	323	53.83	
仝	程繼光	73	18	60	67	25	25	268	44.66	注意思想

取不　　取不

图 4-6-13　绥远省立归绥师范学校师范第四、五班编级生和新生入学试验各科分数册（节选）（1946 年 8 月 28 日）（一）

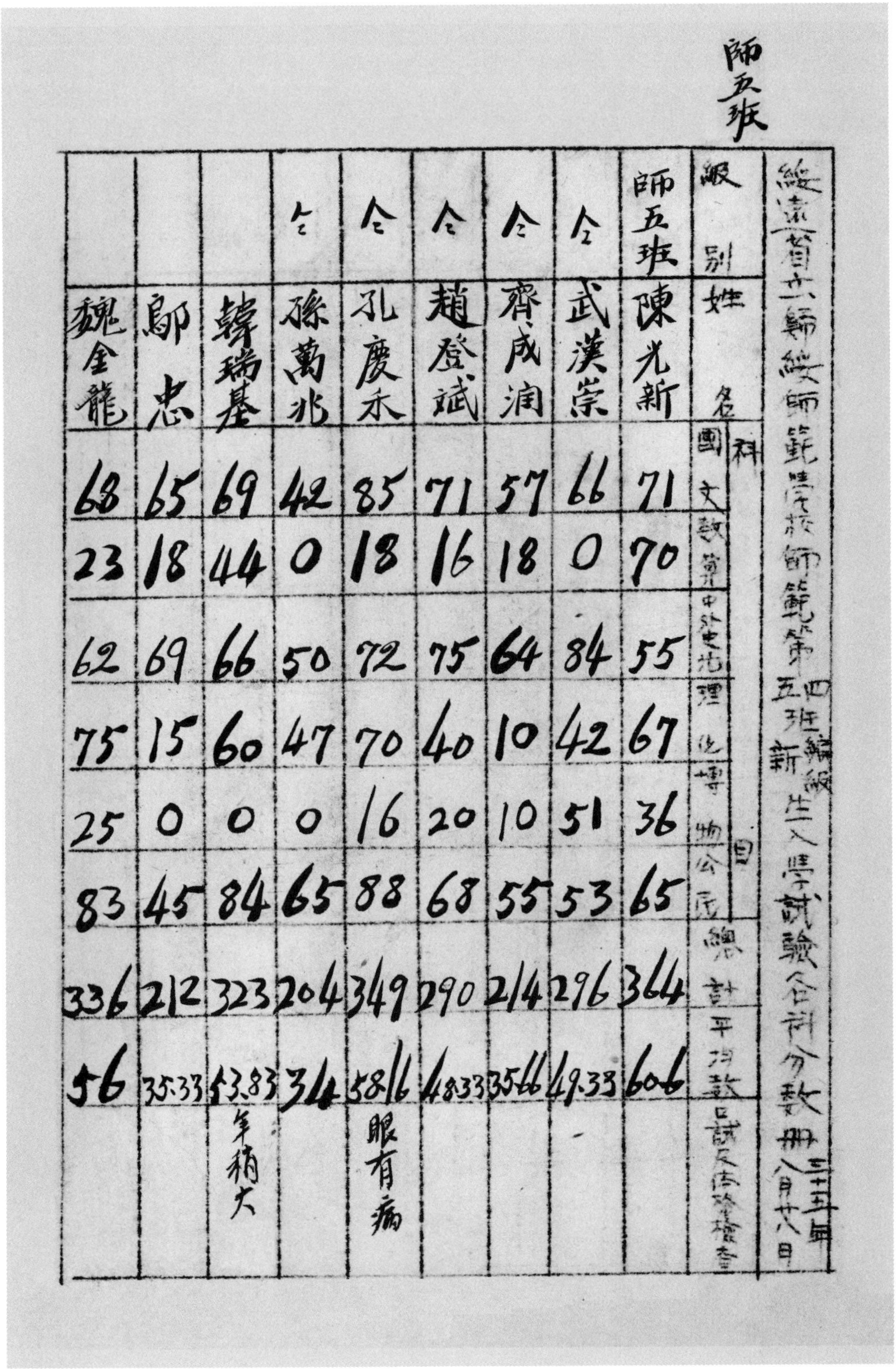

師五班

綏遠省立歸綏師範學校師範第四五班編級新生入學試驗各科分數冊 三十五年八月廿八日

級別	姓名	國文	數學	中外史地	理化	博物	公民	總計	平均數	口試及体格檢查
師五班	陳光新	71	70	55	67	36	65	364	60.6	
仝	武漢崇	66	0	84	42	51	53	296	49.33	
仝	齊成润	57	18	64	10	10	55	214	35.66	
仝	趙登斌	71	16	75	40	20	68	290	48.33	
仝	孔慶禾	85	18	72	70	16	88	349	58.16	眼有病
仝	孫萬兆	42	0	50	47	0	65	204	34	
	韓瑞基	69	44	66	60	0	84	323	53.83	年稍大
	鄔忠	65	18	69	15	0	45	212	35.33	
	魏金龍	68	23	62	75	25	83	336	56	

图 4-6-13　绥远省立归绥师范学校师范第四、五班编级生和新生入学试验各科分数册（节选）（1946 年 8 月 28 日）（二）

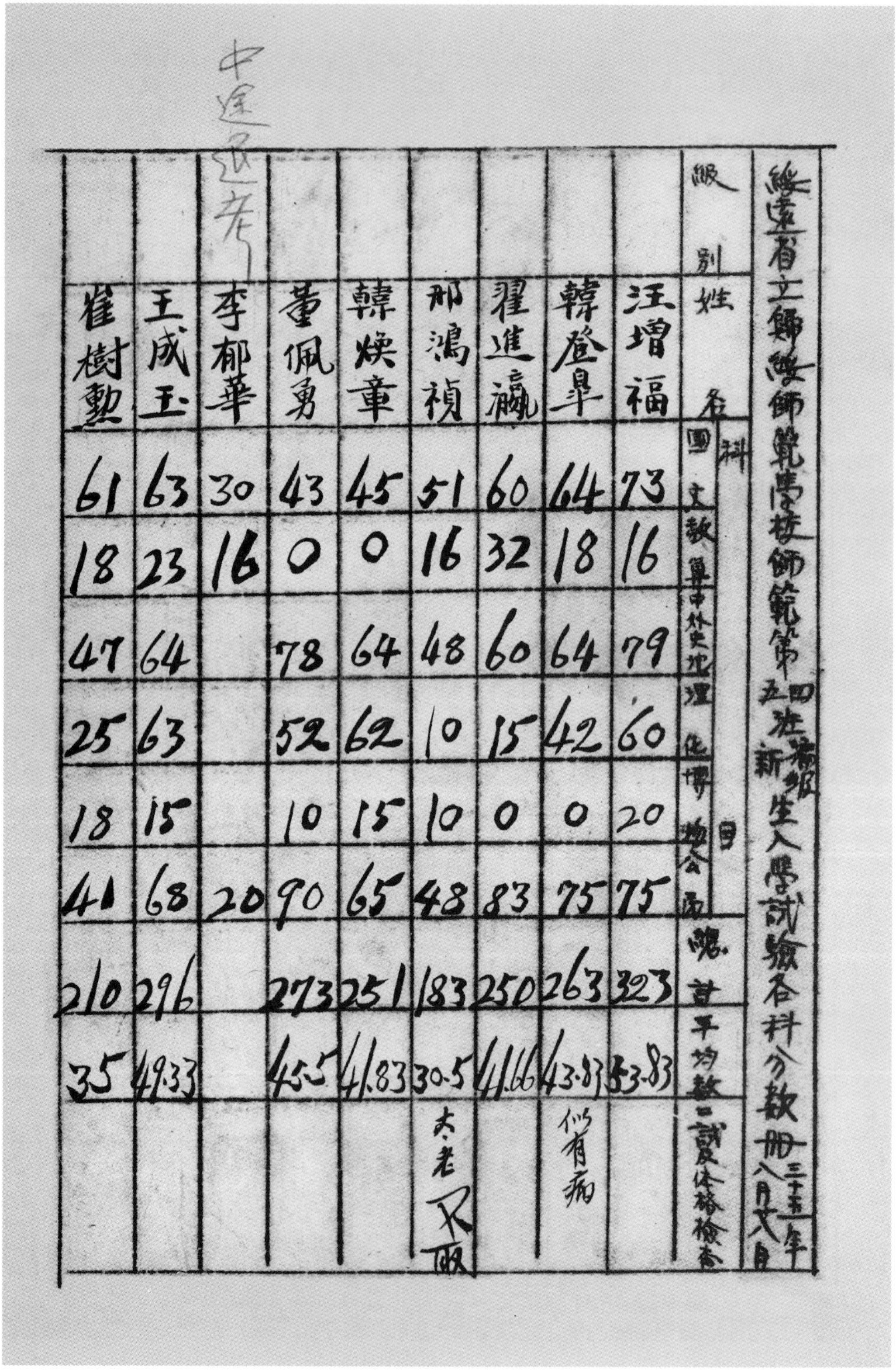

綏遠省立歸綏師範學校師範第四五班編級新生入學試驗各科分數冊 三十五年八月廿八日

級別 姓名	國文	數學	中外史地	理化	博物	公民	總計	平均數	口試及体格檢查
汪增福	73	16	79	60	20	75	323	53.83	
韓登阜	64	18	64	42	0	75	263	43.83	似有病
翟進瀛	60	32	60	15	0	83	250	41.66	
邢鴻禎	51	16	48	10	10	48	183	30.5	太老
韓煥章	45	0	64	62	15	65	251	41.83	
董佩勇	43	0	78	52	10	90	273	45.5	
李郁華（中途退考）	30	16				20			
王成玉	63	23	64	63	15	68	296	49.33	
崔樹勳	61	18	47	25	18	41	210	35	

图 4-6-13　绥远省立归绥师范学校师范第四、五班编级生和新生入学试验各科分数册（节选）（1946 年 8 月 28 日）（三）

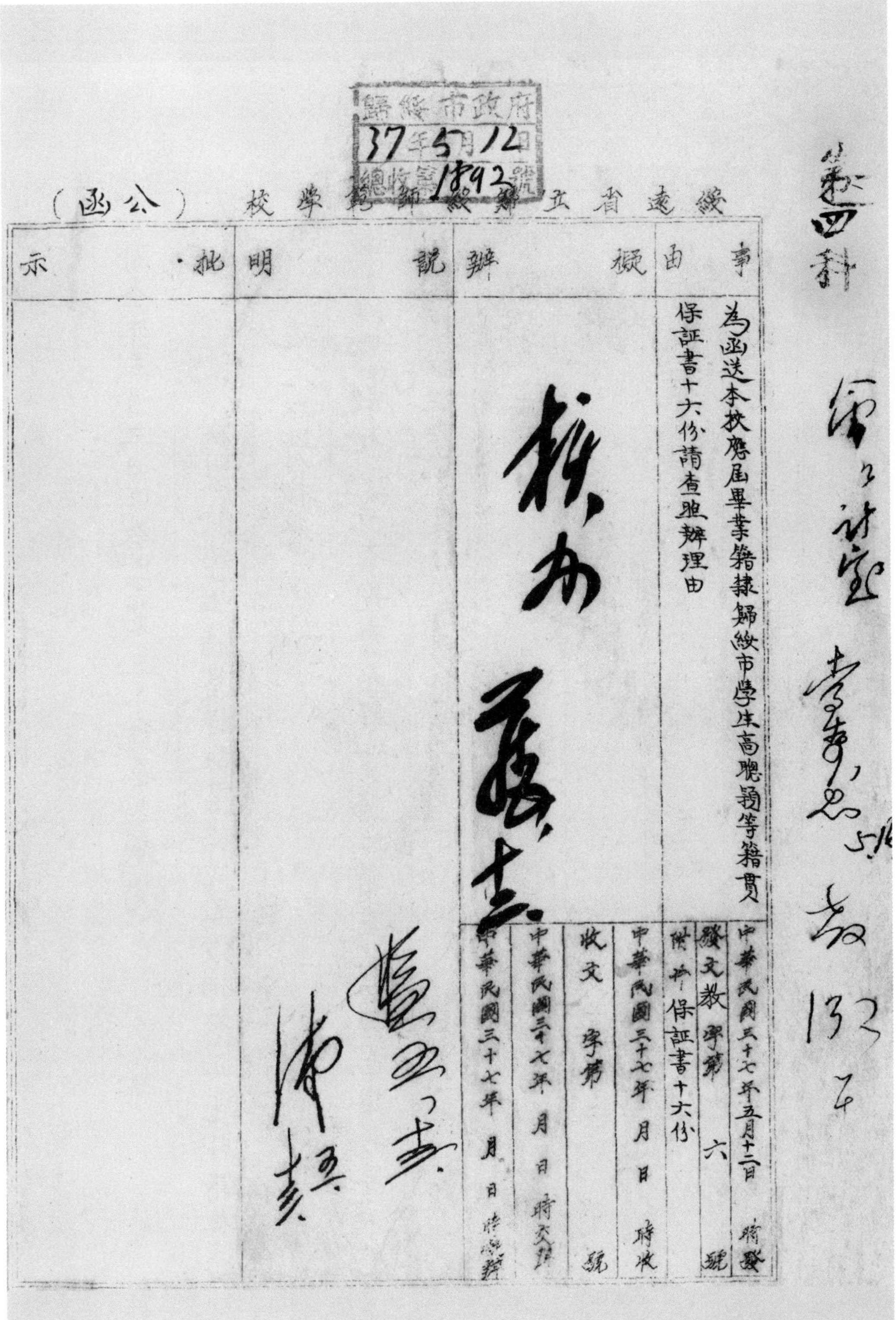

图 4-6-14　绥远省立归绥师范学校为呈送应届毕业籍隶归绥市学生籍贯保证书致归绥市政府公函（附保证书两份）（1948 年 5 月 12 日）（一）

准

貴府本年五月三日四教字第五八號公函尾開：

「……茲製發學生籍貫保証書格式乙份相應函達即請查填送府以憑核發」

等由，准此，茲將本校本期應屆畢業歸綏市籍學生高聰穎等十六名之籍貫保証書十六份，隨函附送，即希

查照辦理為荷！

此致

歸綏市政府

中華民國三十七年五月十二日

图 4-6-14　绥远省立归绥师范学校为呈送应届毕业籍隶归绥市学生籍贯保证书致归绥市政府公函（附保证书两份）（1948 年 5 月 12 日）（二）

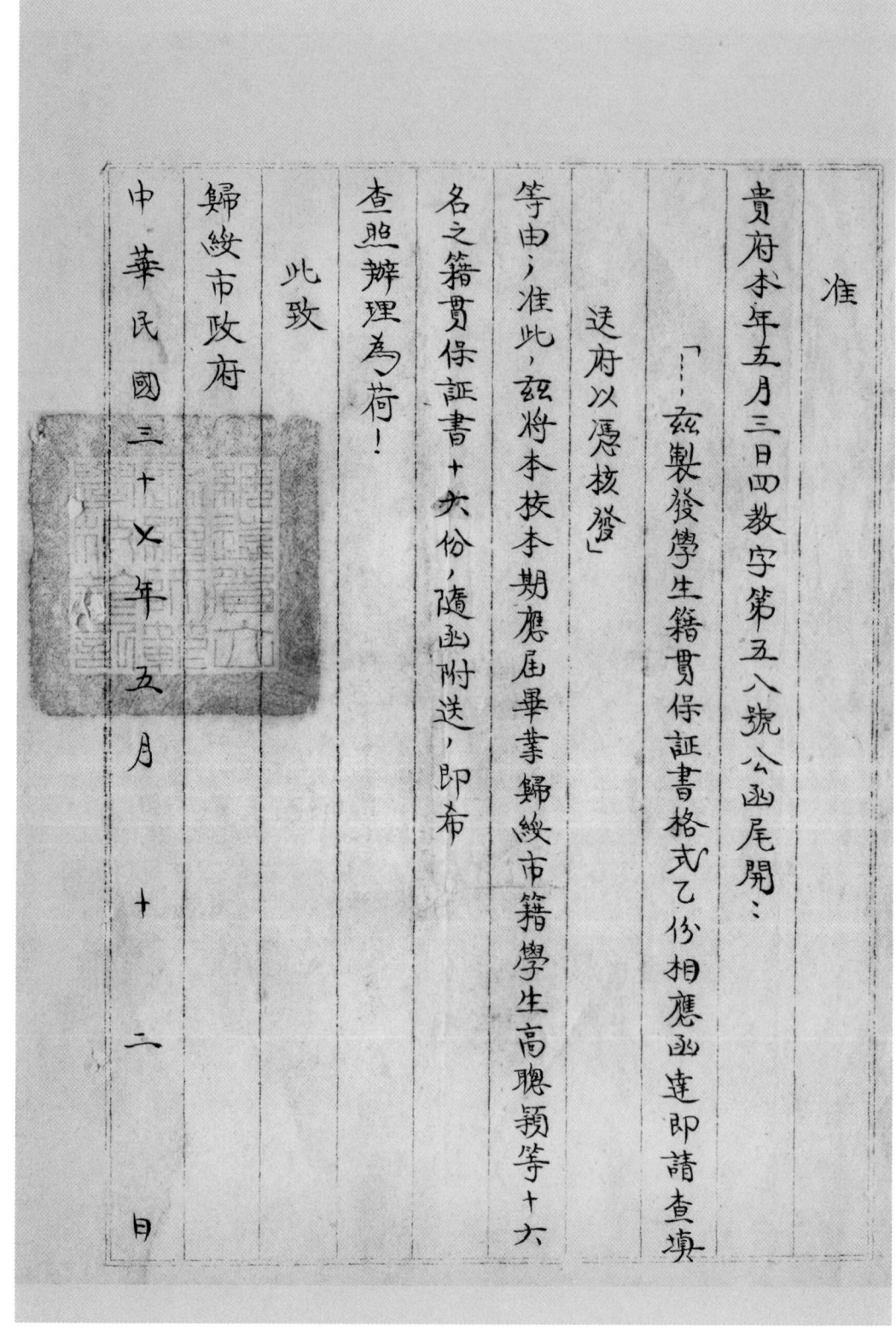

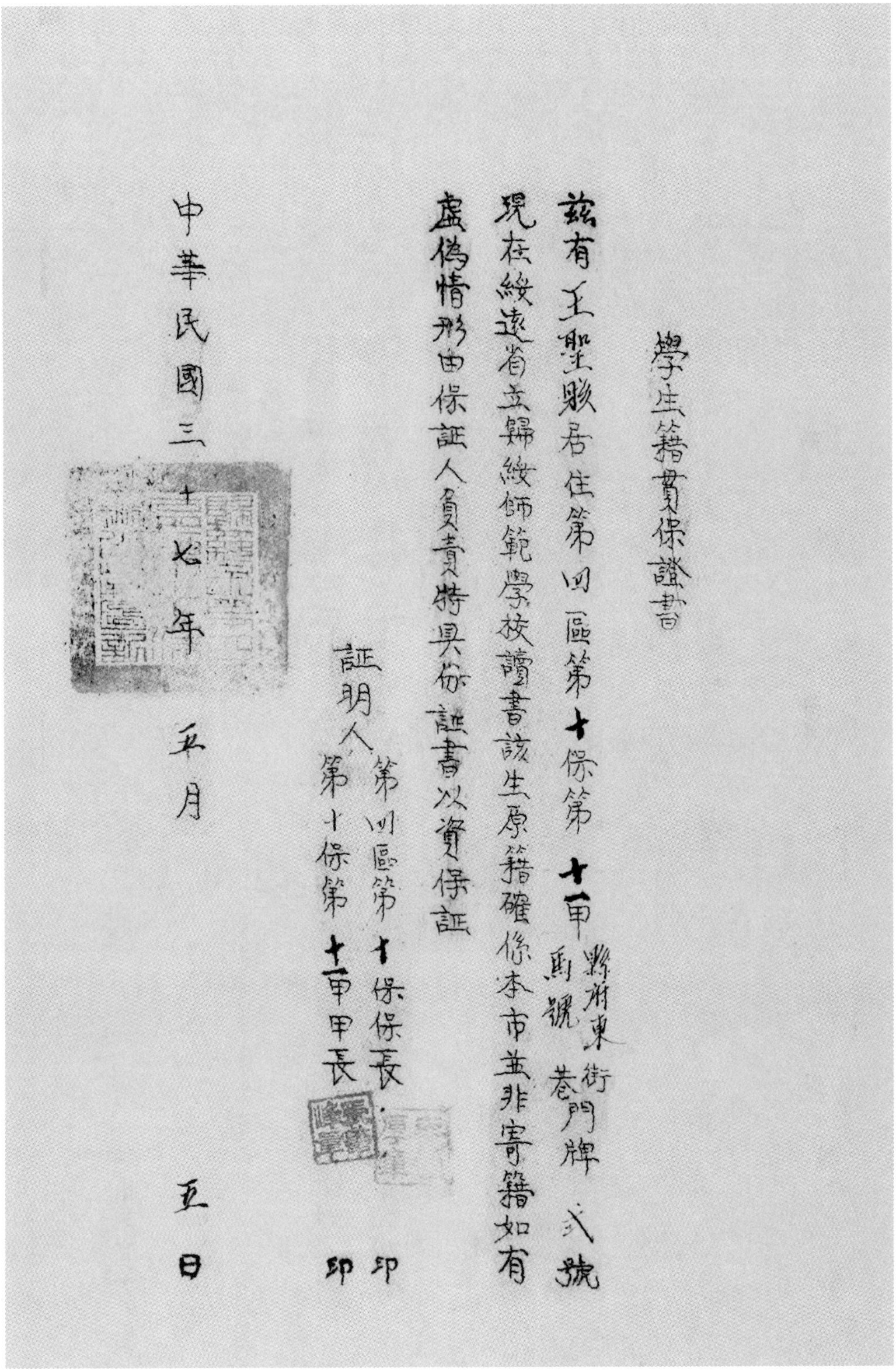

學生籍貫保證書

茲有王聖駿居住第四區第十保第十甲縣府東街馬號巷門牌弍號

現在綏遠省立歸綏師範學校讀書該生原籍確係本市並非寄籍如有

虛偽情形由保證人負責特具份證書以資保證

證明人 第四區第十保保長 印

第十保第十甲甲長 印

中華民國三十七年五月五日

图 4-6-14　绥远省立归绥师范学校为呈送应届毕业籍隶归绥市学生籍贯保证书致归绥市政府公函（附保证书两份）（1948 年 5 月 12 日）（三）

學生籍貫保證書

茲有范桂喜居住第三區第三保第五甲賦旦街巷門牌十五號
現在綏遠省立歸綏師範學校讀書該生原籍確係本市並非寄籍如有
虛偽情形由保證人負責特具保證書以資保證

證明人 第三區第三保保長 白樹梓 印
第三保第五甲甲長 謝福元 印

中華民國三十七年五月九日

图 4-6-14 绥远省立归绥师范学校为呈送应届毕业籍隶归绥市学生籍贯保证书致归绥市政府公函（附保证书两份）（1948 年 5 月 12 日）（四）

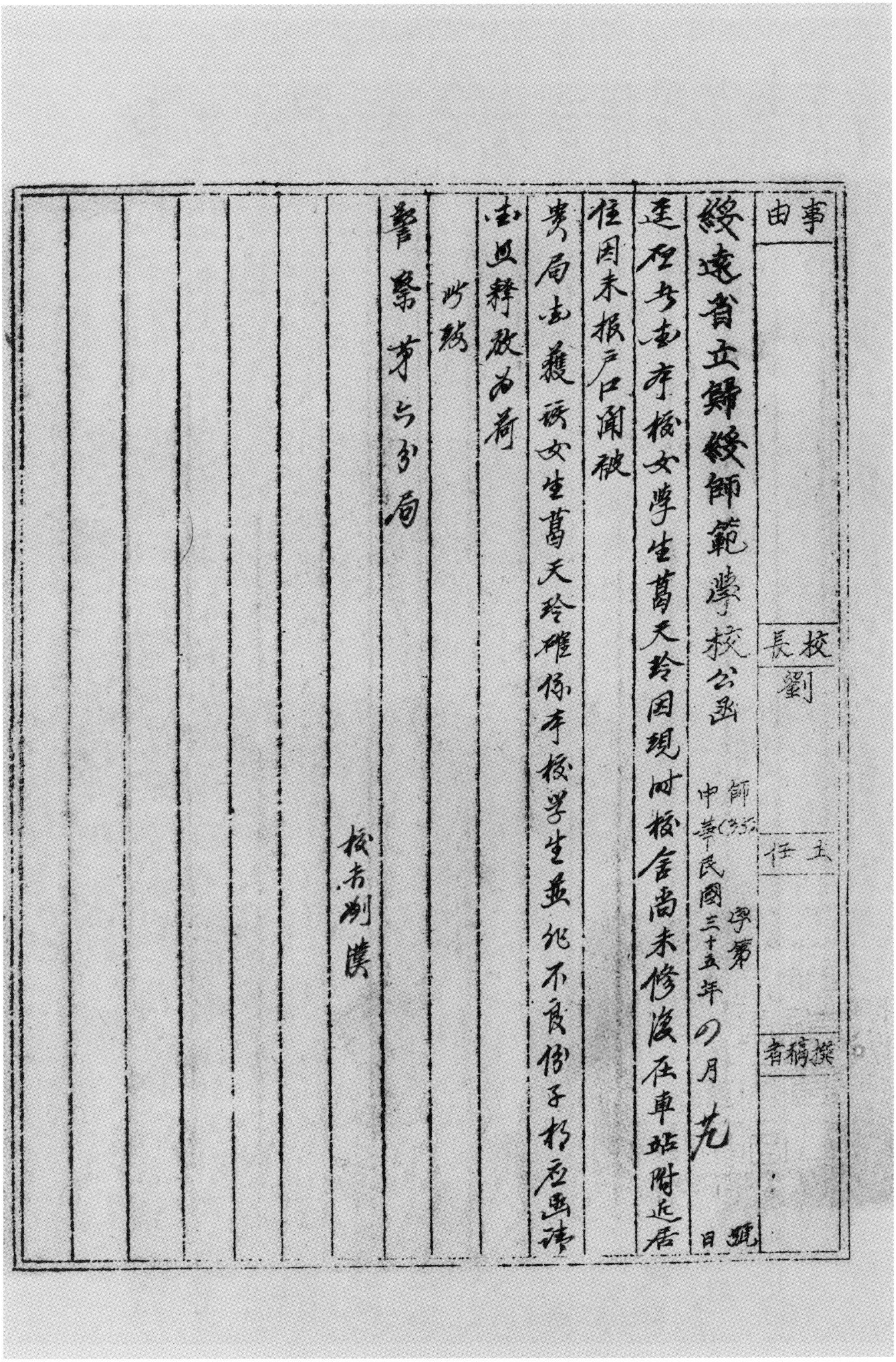

事由

校長 劉

主任

撰稿者

綏遠省立歸綏師範學校公函 師字第 號

中華民國三十五年四月 日

逕啟者本校女學生葛天玲因現時校舍尚未修復在車站附近居住因未報戶口聞被

貴局拘獲該女生葛天玲確係本校學生並非不良份子相應函請

迅予釋放為荷

此致

警察第六分局

校長劉漢

图 4-6-15　绥远省立归绥师范学校为学生葛天玲非不良分子请予释放致归绥市警察局第六分局公函（1946 年 4 月 29 日）

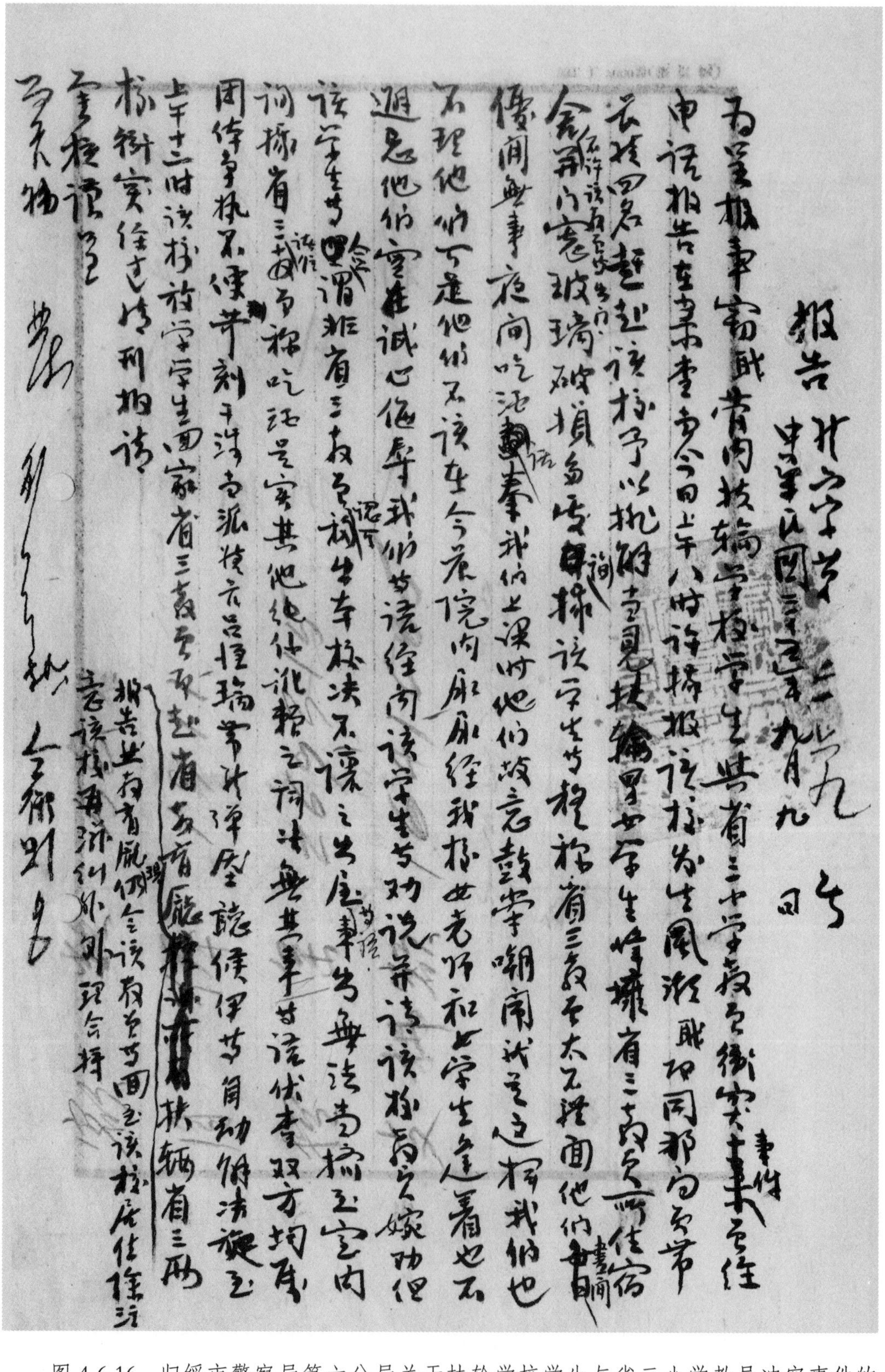

图 4-6-16　归绥市警察局第六分局关于扶轮学校学生与省三小学教员冲突事件的报告（1946 年 9 月 9 日）

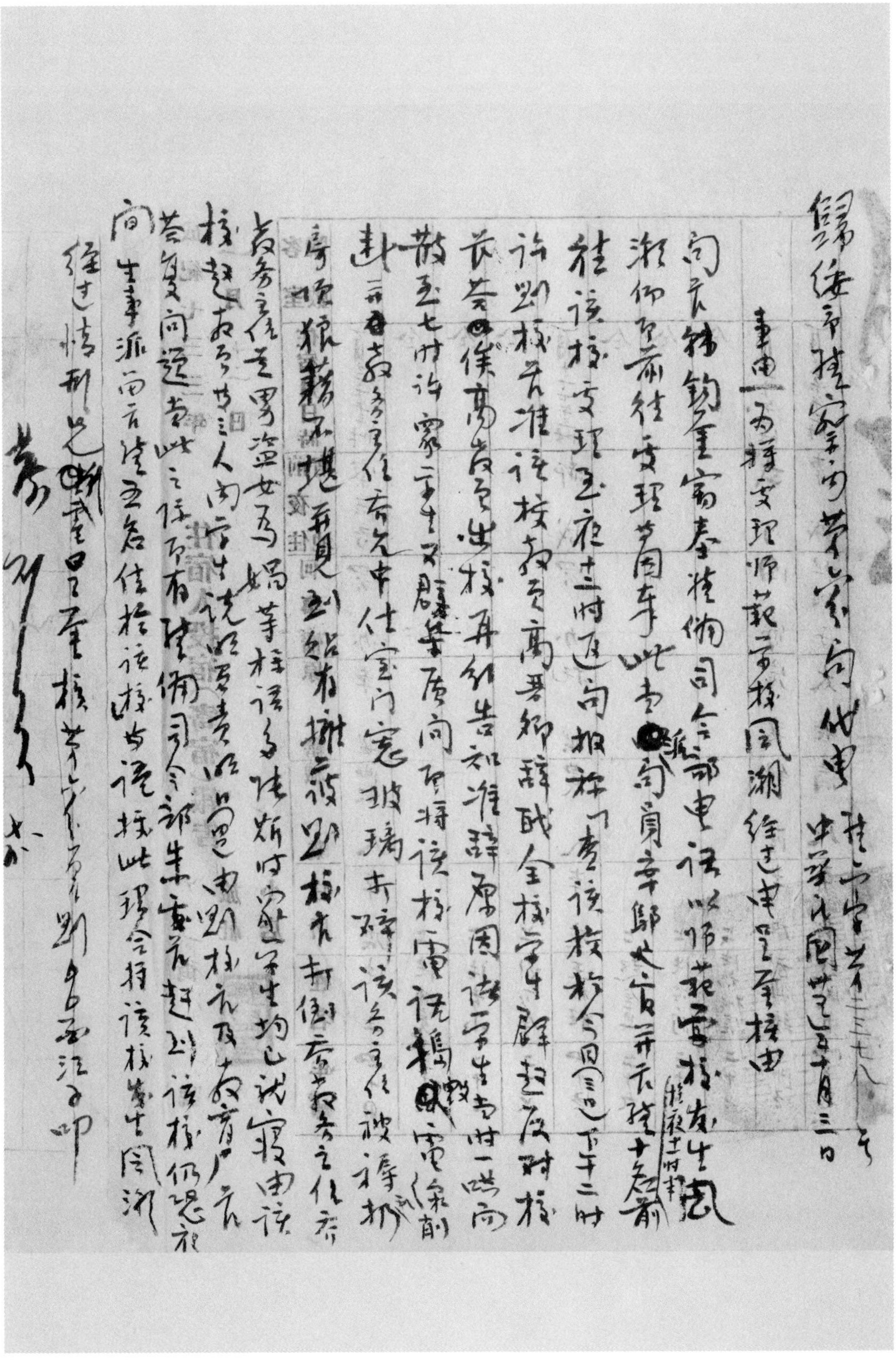

歸綏市警察局第六分局代電 警六字第三七八號 中華民國卅五年十月三日

事由：為據處理師範學校風潮經過電呈查核由

局長鈞鑒：窃奉綏備司令部電話以師範學校學生風潮仰即前往處理等因，奉此，當派巡官辛鄖文前往該校處理，至夜十二時返局報稱：查該校於今日（三日）下午二時許，以該校前任校長高君卿辭職，全校學生群起反對校長[illegible]高君出校，并經告知准辭原因，該校學生[illegible]散，至七時許，眾學生又[illegible]將該校電話搗毀，電線削斷，[illegible]室內窗玻璃[illegible]拆毀，狼藉不堪，[illegible]

[illegible]

經過情形[illegible]

图 4-6-17 归绥市警察局第六分局为呈报处理师范学校风潮经过致归绥市警察局代电（1946 年 10 月 3 日）

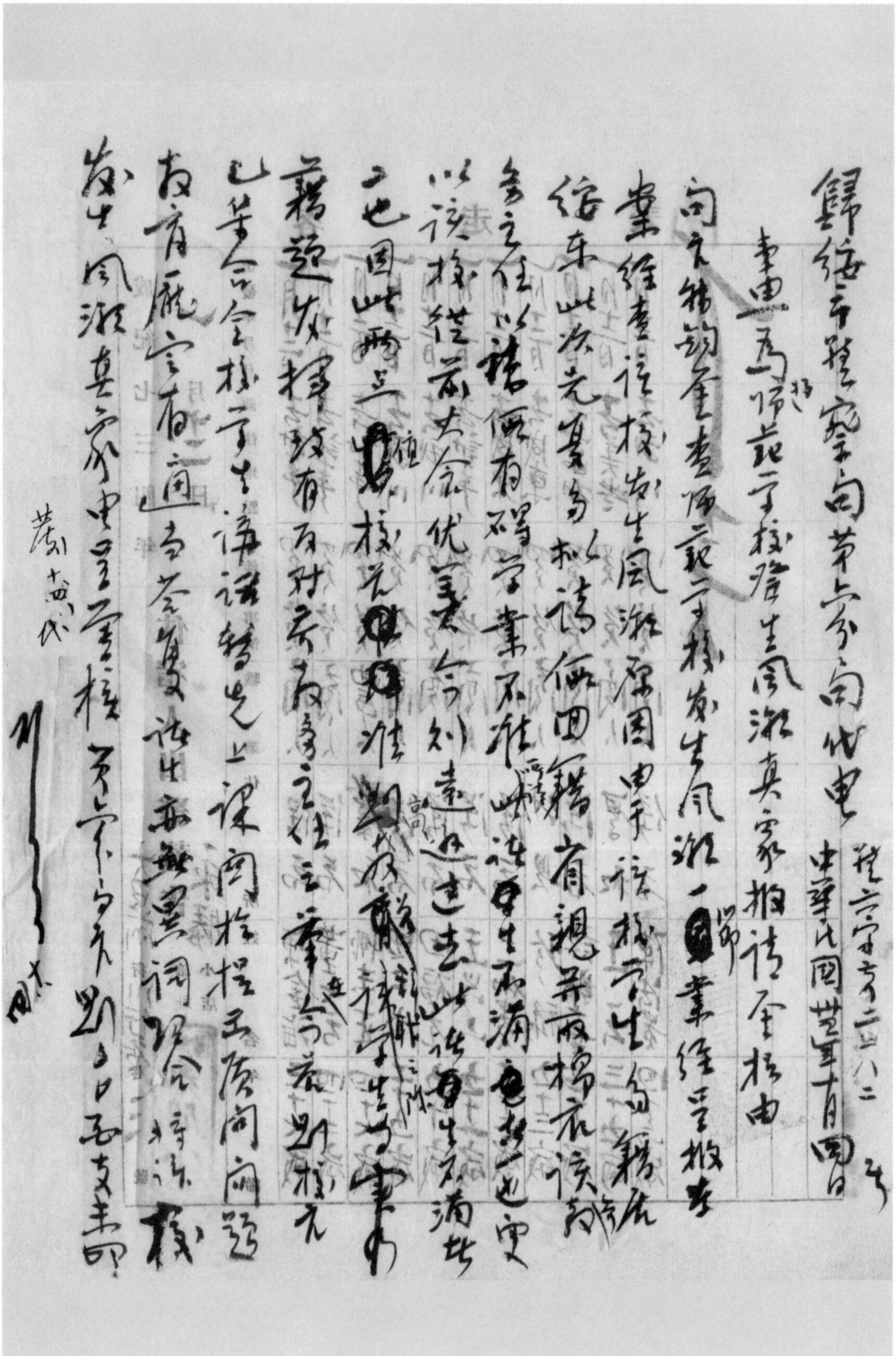

图 4-6-18　归绥市警察局第六分局为呈报师范学校学生风潮真相致归绥市警察局代电（1946 年 10 月 4 日）

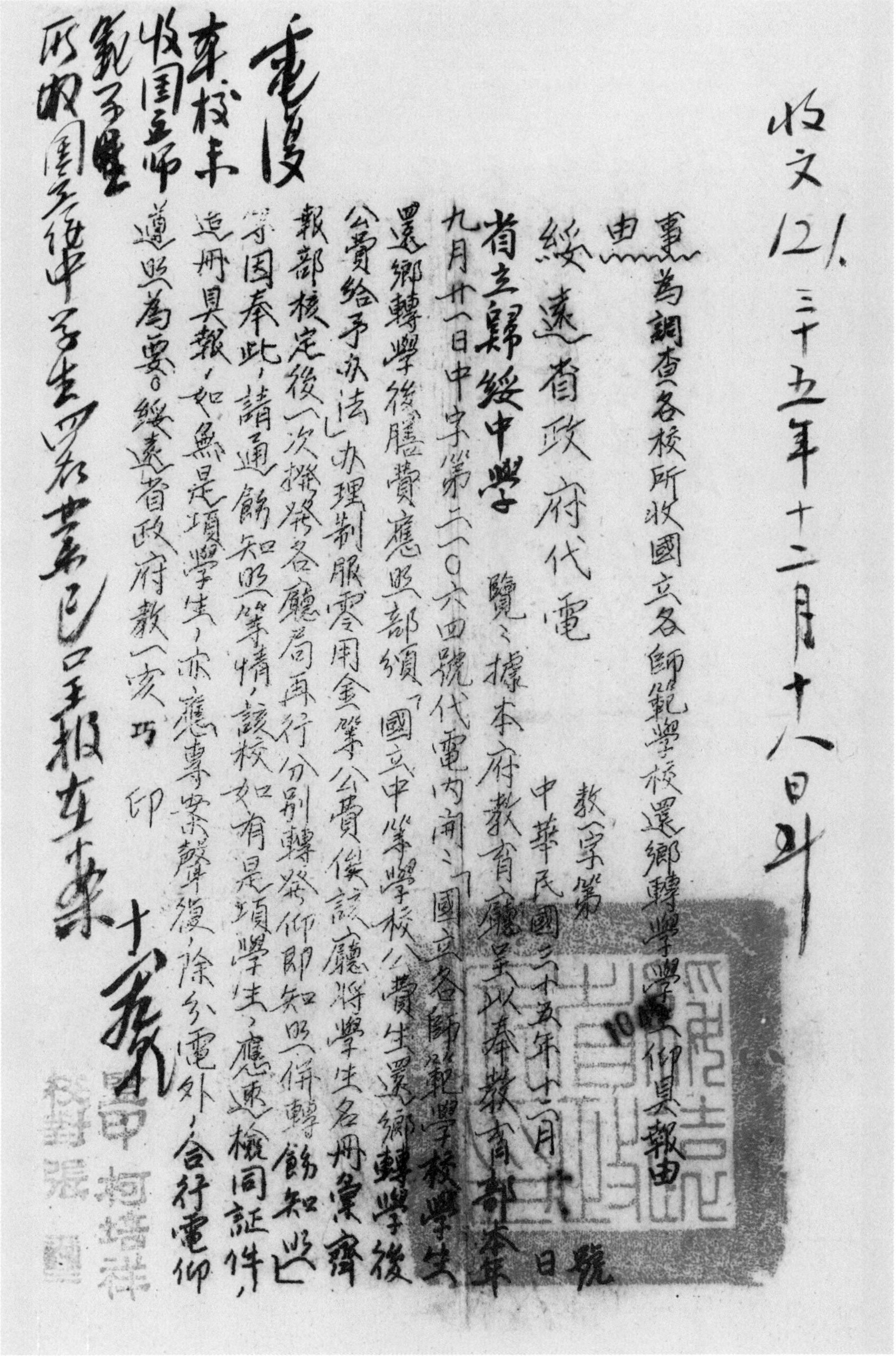
收文121 三十五年十二月十八日

事由 為調查各校所收國立各師範學校還鄉轉學學生仰具報由

綏遠省政府代電 教字第 號

省立歸綏中學覽：據本府教育廳呈以奉教育部本年九月廿一日中字第二〇六四號代電內開：「國立各師範學校學生還鄉轉學後膳費應照部頒『國立中等學校公費生還鄉轉學後公費給予辦法』辦理，制服零用金等公費仍由該廳將學生名冊彙齊報部核定後一次撥發各廳局再行分別轉發，仰即知照並轉飭知照」等因奉此，請通飭知照等情。該校如有是項學生，應遵照查填同証件，造冊具報；如無是項學生，亦應專案聲復。除分電外，合行電仰遵照為要。綏遠省政府教亥巧印

中華民國三十五年十二月十八日

图 4-6-19 绥远省政府为调查各校所收国立各师范学校还乡转学学生给省立归绥中学代电（1946 年 12 月 18 日）

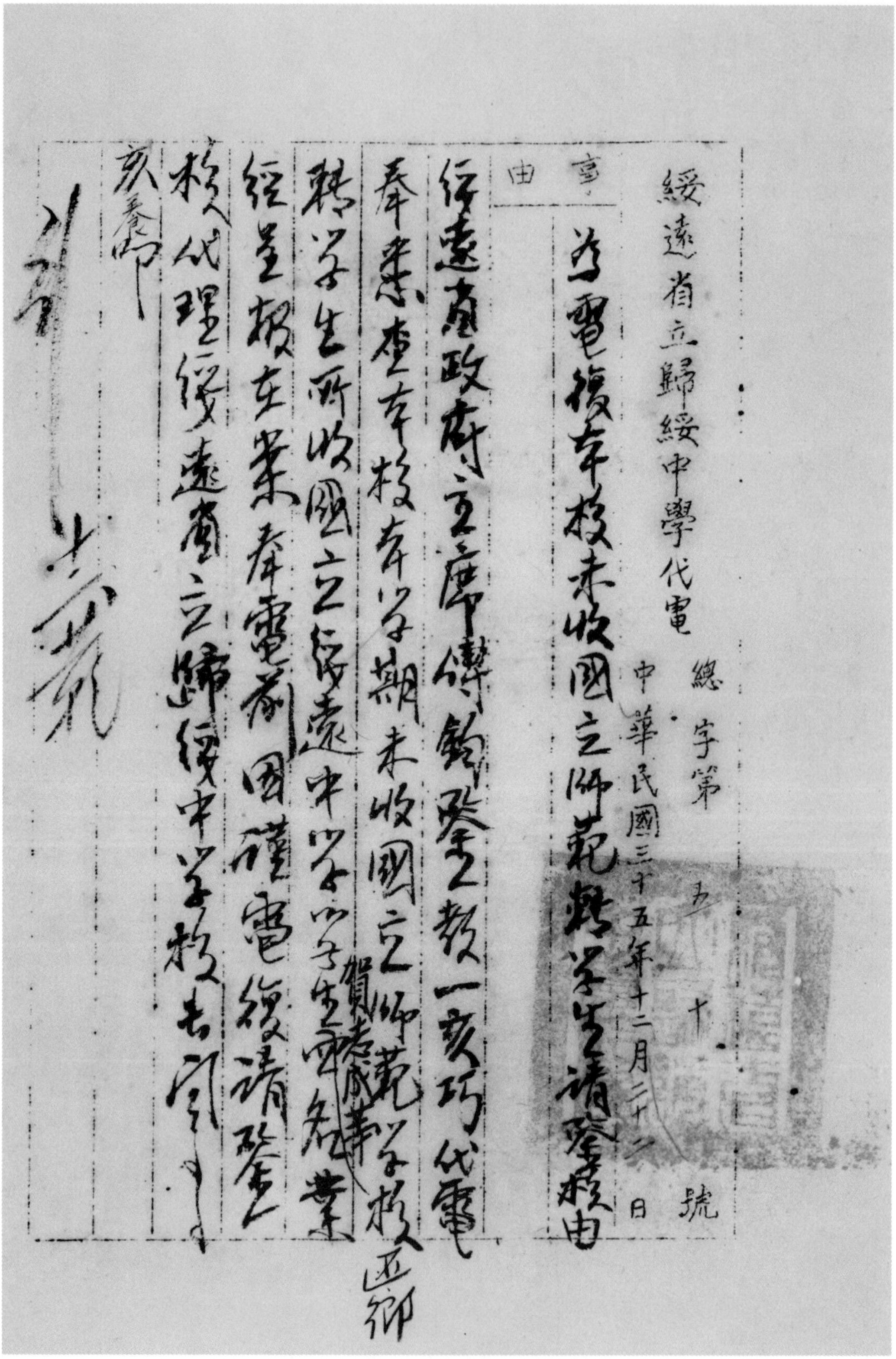
綏遠省立歸綏中學代電 總 字第 五十 號

事由：為電復本校未收國立師範轉學生請鑒核由

中華民國三十五年十二月二十二日

綏遠省政府主席傅鈞鑒：教一亥巧代電奉悉。查本校本學期未收國立師範學校轉學學生，所收國立綏遠中學學生賀老成等係肄業，經呈報在案。奉電前因，謹電復，請鑒核。代理綏遠省立歸綏中學校長[illegible]亥養印

图 4-6-20　绥远省立归绥中学为未收国立师范转学学生致绥远省政府代电（1946 年 12 月 22 日）

綏遠省立歸綏師範學校公函

師總字第四九號

中華民國三十五年十二月二十三日

事由：為函請給予本校學生往返團体三等半價乘車証由

逕啟者茲有本校師範第三四班學生蘇秉懷、岳宗泰等四十三十一名放假旋里懇請發給由歸綏站到丰鎮（包頭）站往返團体三等半價乘車証一紙由本年十二月二十八日起至三十六年二月二十八日止等情據此相應函請

貴組長准予發給為荷

此致

平津區鐵路管理局西段管理處運輸組組長 崔

图 4-6-21 绥远省立归绥师范学校为发给学生往返团体三等半价乘车证给平津区铁路管理局西段管理处运输组公函（1946 年 12 月 23 日）（一）

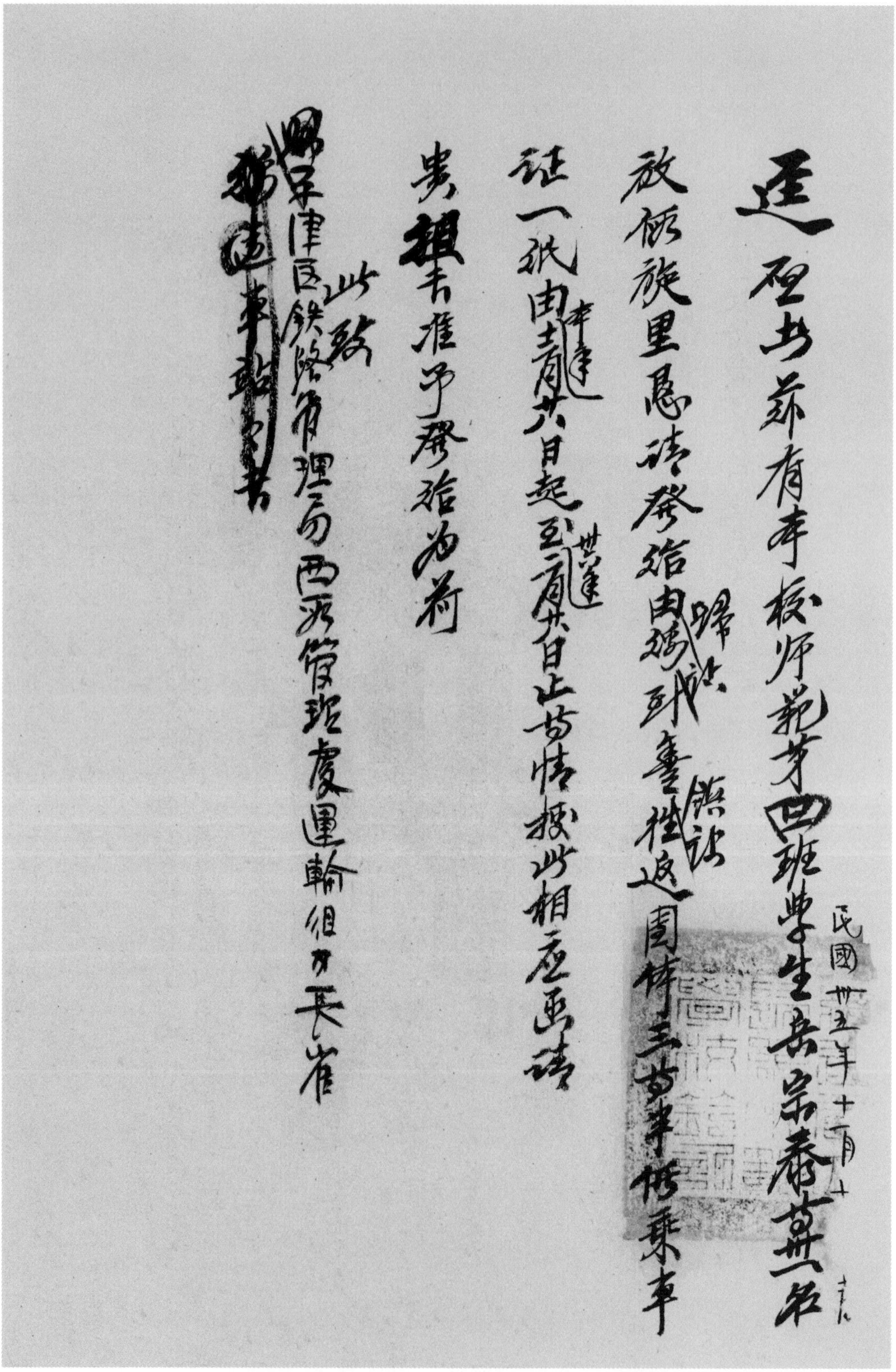
逕啟者：據本校師範四班學生岳宗壽等共一名
放假旋里，懇請發給由歸綏至集寧往返團體三等半價乘車
證一紙，由本年十二月廿六日起至卅六年一月廿六日止等情。據此，相應函請
貴組查准予發給為荷
此致
平津區鐵路管理局西段管理處運輸組長崔
綏遠省立歸綏師範學校啟
民國卅五年十二月十

图 4-6-21　绥远省立归绥师范学校为发给学生往返团体三等半价乘车证给平津区铁路管理局西段管理处运输组公函（1946 年 12 月 23 日）（二）

綏師 師總字第四九九号
民國卅五年十二月二十三日 实

逕啟者 茲有本校師範第三班學生蘇秉懷等
四名放假旋里懇請發給由歸綏站到包頭站
往返團体三等半價乘車証一紙由本年十二
月二十八日起至卅六年一月二十八日止等情據此
相應函請
貴組長准予發給為荷
此致
平津區鐵路管理局西段管理處運輸組組長崔

图 4-6-21　绥远省立归绥师范学校为发给学生往返团体三等半价乘车证给平津区铁路管理局西段管理处运输组公函（1946 年 12 月 23 日）（三）

七 教育活动

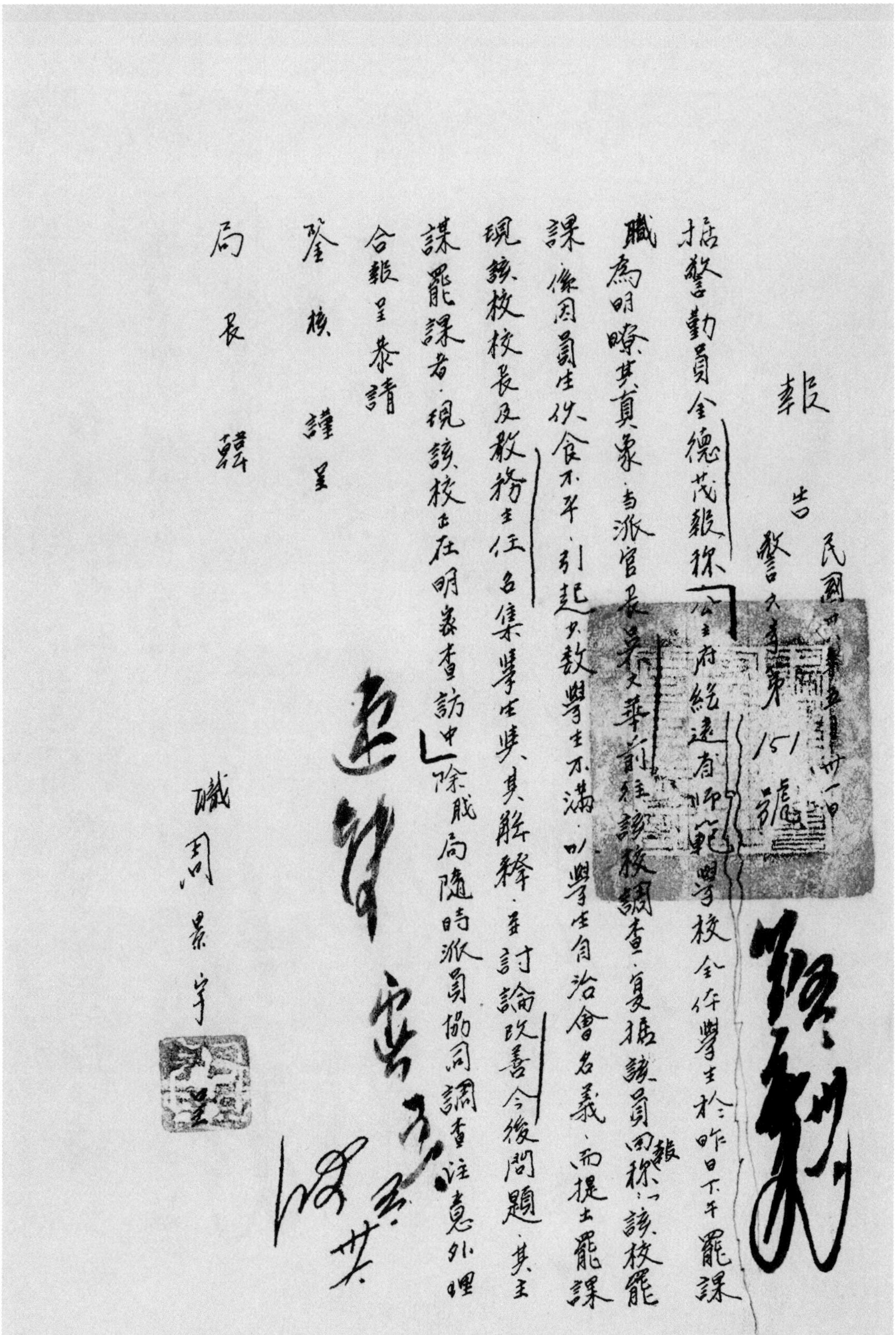

報告

民國卅八年五月卅一日
警六字第151號

據警勤員金德茂報稱：公主府綏遠省師範學校全体學生於昨日下午罷課
職為明瞭其真象，当派官長吳文華前往該校調查，复據該員回報稱：該校罷
課係因員生伙食不平，引起少数學生不滿，以學生自治會名義，而提出罷課
現該校校長及教務主任召集學生要其解釋，並討論改善今後問題，其主
謀罷課者，現該校正在明察查訪中，除飭局隨時派員協同調查注意外，理
合報呈恭請
鑒核　謹呈
局長　韓
職　周景宇　呈

图 4-7-1　归绥市警察局关于绥远省立归绥师范学校学生罢课事件的报告（1949 年 5 月 31 日—6 月 2 日）（一）

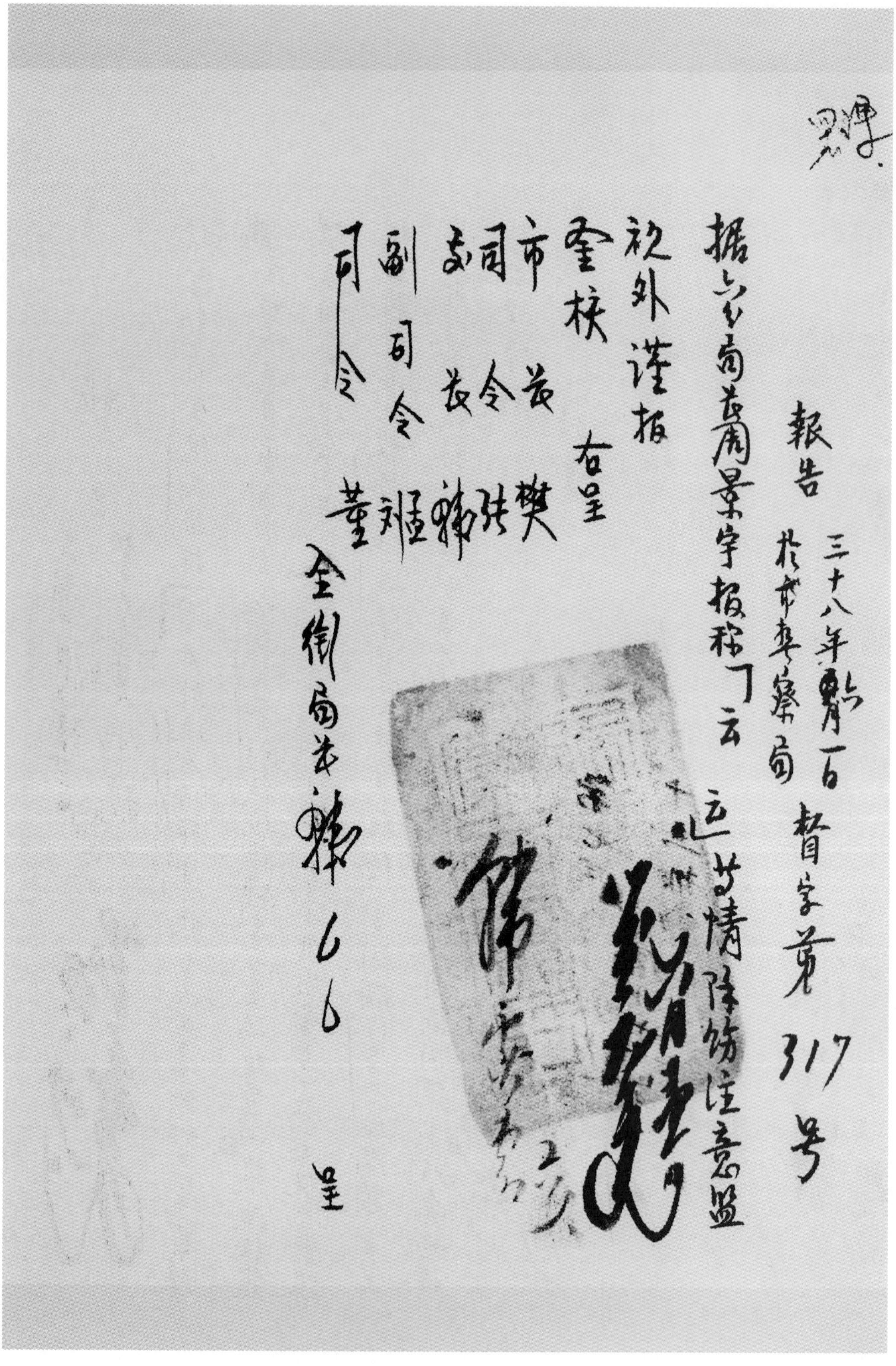
報告 三十八年六月一日 於市警察局 督字第317号

右呈

全衔局长

呈

图 4-7-1　归绥市警察局关于绥远省立归绥师范学校学生罢课事件的报告（1949 年 5 月 31 日—6 月 2 日）（二）

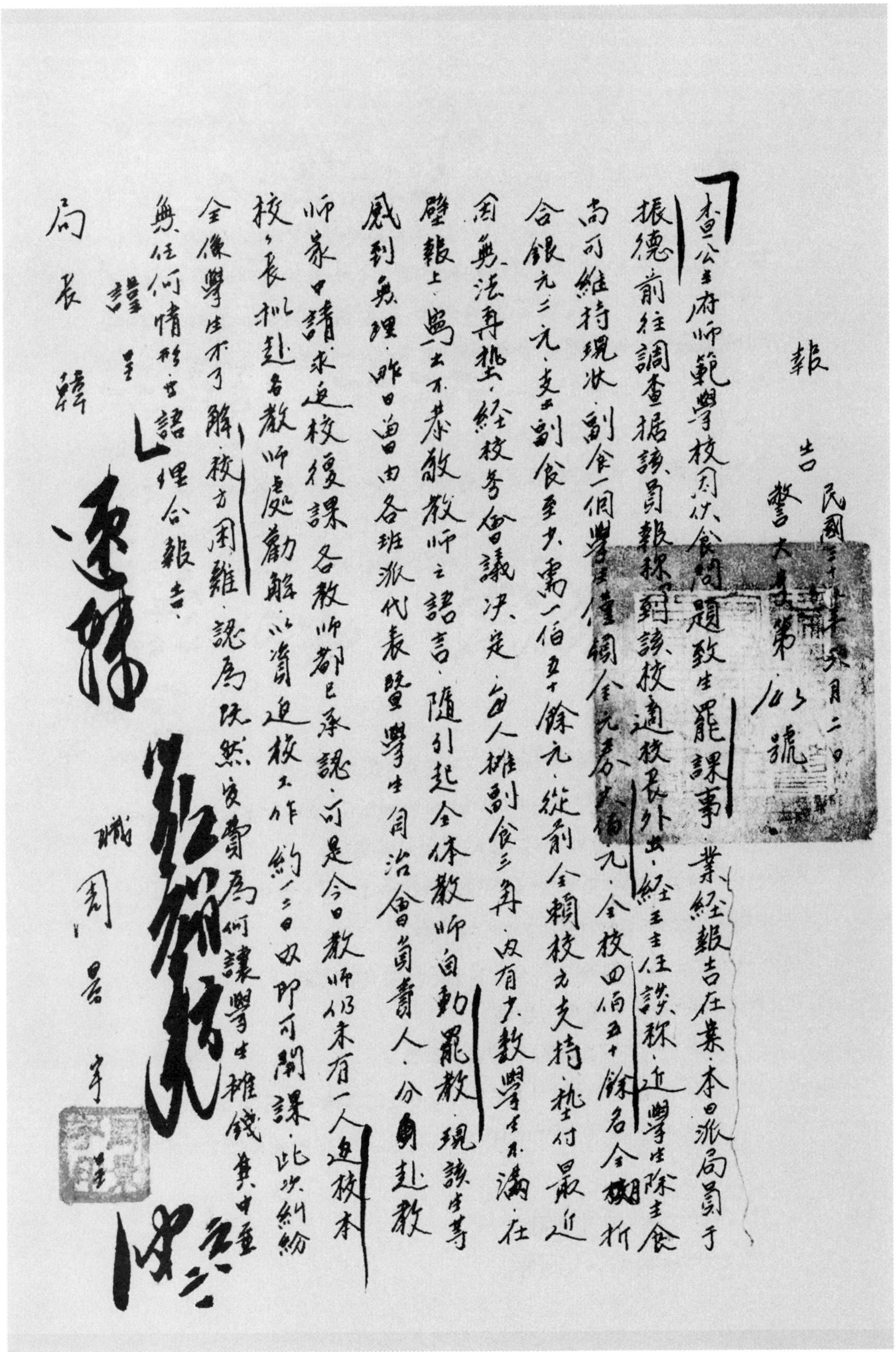

報告　警大字第65號　民國三十八年六月二日

查公立府师範學校因伙食問題致生罷課事，業經報告在案，本日派局員于振德前往調查，據該員報稱：到該校適校長外出，經王主任談稱：近學生除主食尚可維持現狀，副食一個學生僅領金元券×佰元，全校四佰五十餘名，合折合銀元二元，支出副食至少需一佰五十餘元，從前全賴校方支持墊付，最近因無法再墊，經校务會議决定每人攤副食三角，又有少数學生不滿，在壁報上罵出不恭敬教师之語言，隨引起全体教师自動罷教，現該生等感到無理，昨日曾由各班派代表暨學生自治會負責人，分別赴教师家中請求返校復課，各教师都已承認，可是今日教师仍未有一人返校，本校校長擬赴各教师處勸解，以資返校工作，約一二日内即可開課，此次糾紛全係學生不了解校方困難，認為陕然負費為何讓學生攤錢，其中並無任何情形等語，理合報告。

謹呈

局長 韓

職 周 呂 宇

速辦 六二

图 4-7-1　归绥市警察局关于绥远省立归绥师范学校学生罢课事件的报告（1949 年 5 月 31 日—6 月 2 日）（三）

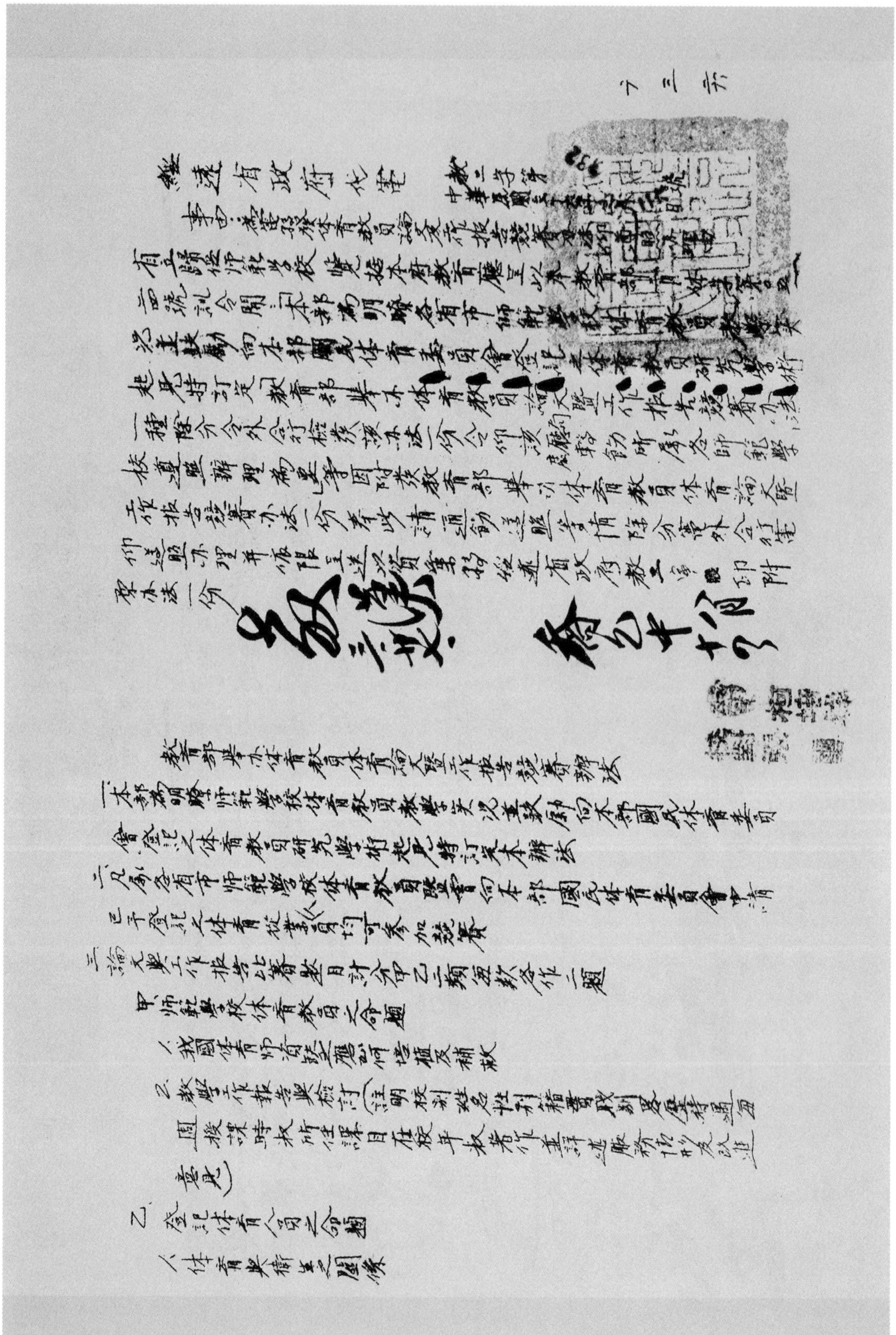

图 4-7-2　绥远省政府为转发体育教员论文及工作报告竞赛办法给省立归绥师范学校代电（1947 年 3 月 26 日）（一）

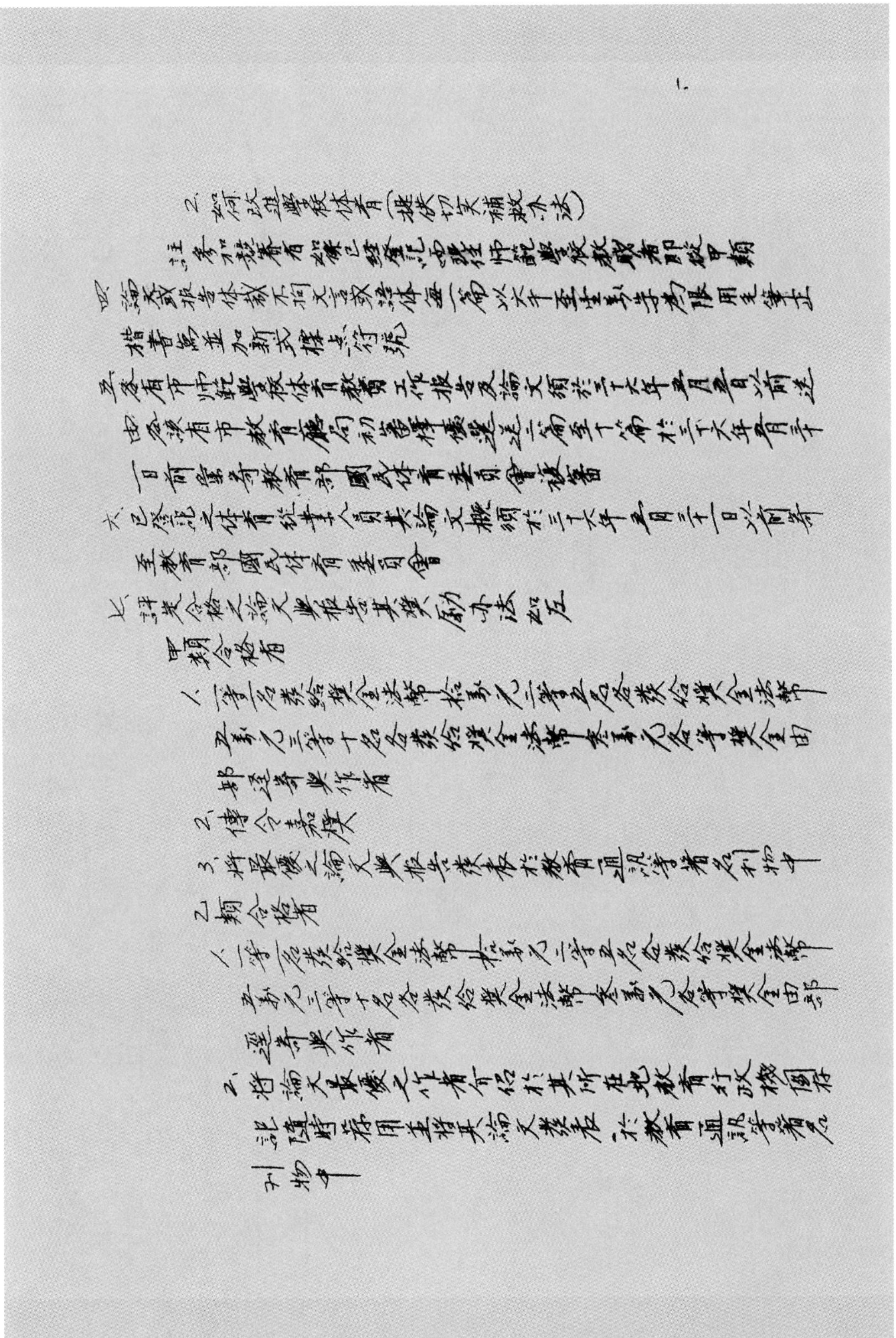

2、如何改進學校体育(提供切實補救办法)

註 參加競賽者如係已經登記而現任師範學校教職者即從甲類

四、論文或報告体裁不拘文言或語体每一篇以六千至壹萬字為限用毛筆正楷書寫並加新式標点符號

五、各省市師範學校体育教員工作報告及論文須於三十六年五月五日以前送由各該省市教育廳局初審擇優選送二篇至十篇於三十六年五月二十一日前彙寄教育部國民体育委員會複審

六、已登記之体育從業人員其論文概須於三十六年五月三十一日以前寄至教育部國民体育委員會

七、評定合格之論文與報告其獎勵办法如左

甲類合格者

1、一等一名發給獎金法幣拾萬元二等五名各發給獎金法幣五萬元三等十名各發給獎金法幣叁萬元各等獎金由部逕寄與作者

2、傳令嘉獎

3、將最優之論文與報告發表於教育通訊等著名刊物中

乙類合格者

1、一等一名發給獎金法幣拾萬元二等五名各發給獎金法幣五萬元三等十名各發給獎金法幣叁萬元各等獎金由部逕寄與作者

2、將論文最優之作者介紹於其所在地教育行政機關存記隨時擢用並將其論文發表於教育通訊等著名刊物中

图 4-7-2 绥远省政府为转发体育教员论文及工作报告竞赛办法给省立归绥师范学校代电（1947 年 3 月 26 日）（二）

事由：為呈送本校三二九師範教育運動週論文競賽候選人喬文星等三十六名姓名表由

附件

綏遠省立歸綏師範學校　呈

師36字第　號

中華民國三十六年三月二十七日

本校三二九師範教育運動週論文競賽候選人喬文星等三十六名備文呈送，恭請

鑒核備查！

謹呈

廳長　潘

校長　劉△

附師運週論文競賽候選人姓名表

師範三年級：喬文星　劉文熊　陳子民　杜賓田

師範二年級：蕭彬霞　高聰穎　張希廉　張杲

師範一年級：王保琦　韓瑞基　翟進瀛　李美

簡易師範四年級：賈如江　馮富根　吳麗雅　張佐庭

簡易師範三年級：楊舉裕　劉恩元　呂祥　王聖鼓

簡易師範二年級：于寶善　姜亨　劉敬芝　王連生　馬玉山　王喜来　孫增泰　王復生

图 4-7-3　绥远省立归绥师范学校为送三二九师范教育运动周论文竞赛候选人乔文星等三十六名姓名表致绥远省政府教育厅呈（1947 年 3 月 27 日）（一）

簡易師範一年級：劉樂睿 郝溥智、張翰臣 段文英 周 榮

、郭增和 霍 明 曹子隆

图 4-7-3　绥远省立归绥师范学校为送三二九师范教育运动周论文竞赛候选人乔文星等三十六名姓名表致绥远省政府教育厅呈（1947 年 3 月 27 日）（二）

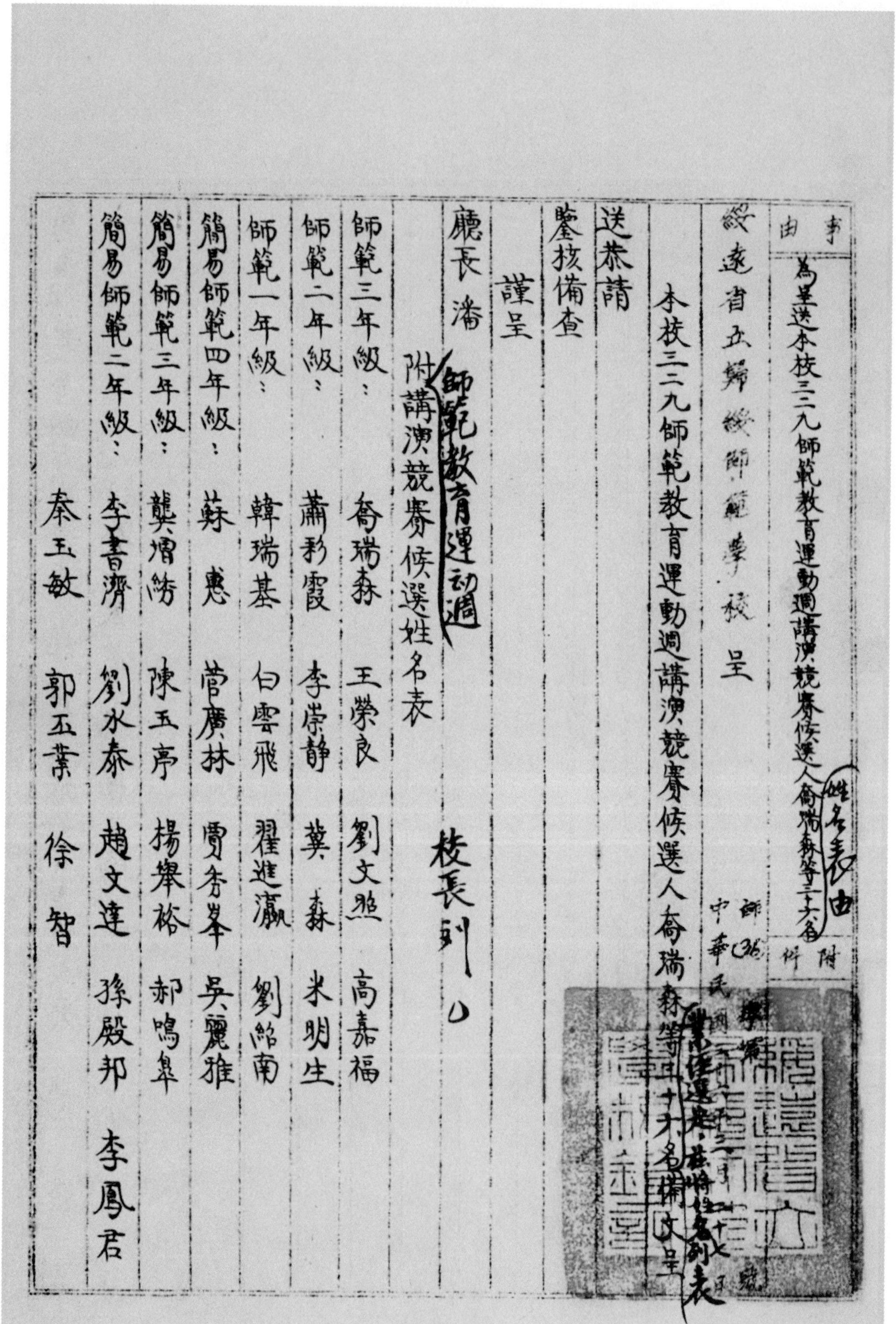

事由 為呈送本校三二九師範教育運動週講演競賽候選人喬瑞森等三十六名姓名表由

附件

綏遠省立歸綏師範學校 呈

中華民國三十六年三月 日

本校三二九師範教育運動週講演競賽候選人喬瑞森等三十六名，茲將姓名列表送請

鑒核備查

謹呈

廳長潘

校長劉

附師範教育運動週講演競賽候選姓名表

師範三年級：喬瑞森 王榮良 劉文照 高嘉福

師範二年級：蕭彩霞 李崇靜 冀森 米明生

師範一年級：韓瑞基 白雲飛 翟進瀛 劉紹南

簡易師範四年級：蘇惠 管廣林 賈秀峯 吳麗雅

簡易師範三年級：龔增舫 陳玉亭 楊舉裕 郝鳴皋

簡易師範二年級：李書濟 劉水泰 趙文達 孫殿邦

秦玉敏 郭玉業 徐智 李鳳君

图 4-7-4 绥远省立归绥师范学校为送三二九师范教育运动周讲演竞赛候选人乔瑞森等三十六名姓名表致绥远省政府教育厅呈（1947 年 3 月 27 日）（一）

簡易師範一年級：孫兆源 張清森 張翰日 崔銘 翟佩

柴作琴 周崇 任德

图 4-7-4　绥远省立归绥师范学校为送三二九师范教育运动周讲演竞赛候选人乔瑞森等三十六名姓名表致绥远省政府教育厅呈（1947 年 3 月 27 日）（二）

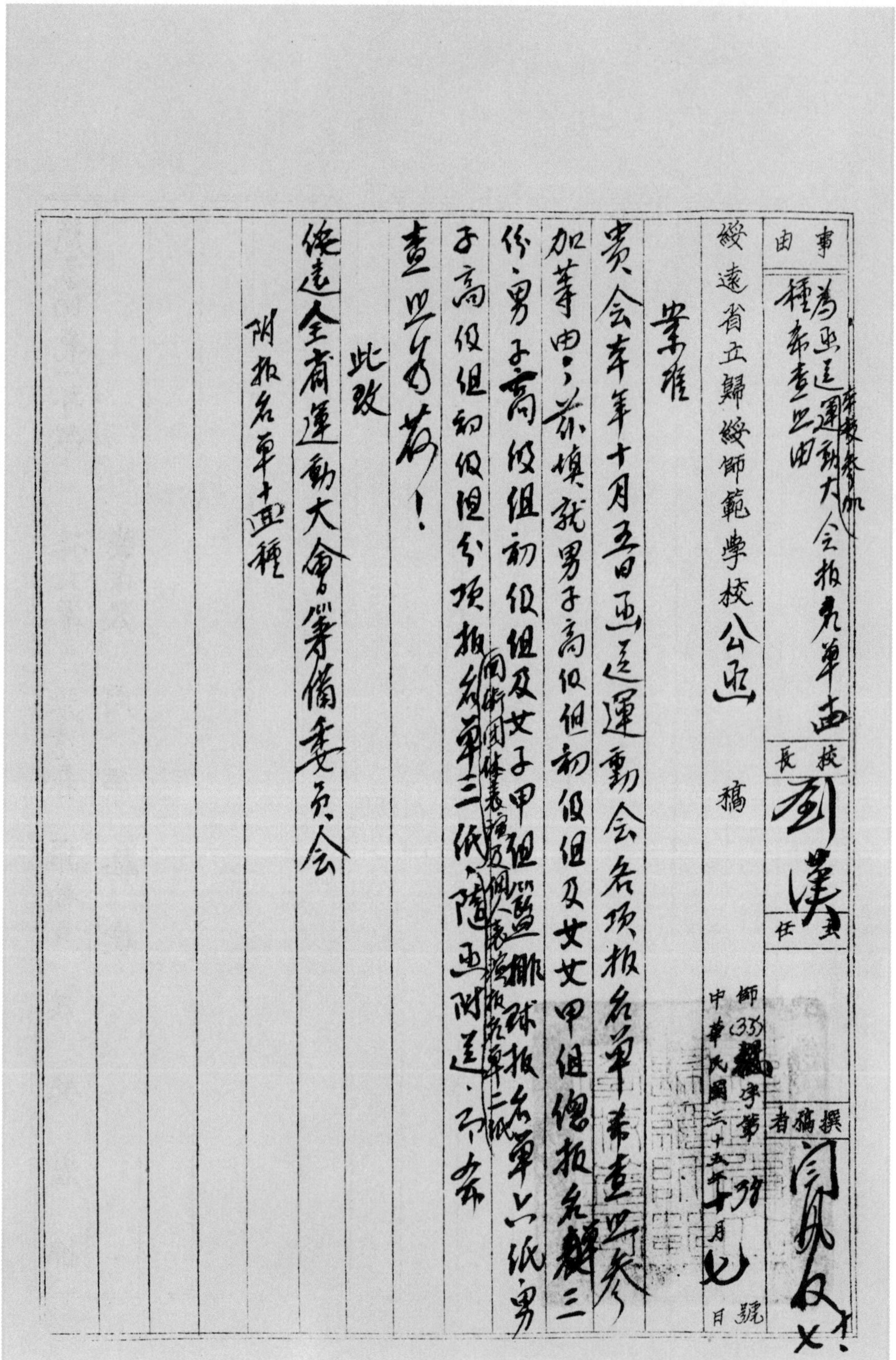

事由：為函送參加運動大會報名單十五種希查照由

校長 劉漢

撰稿者 閻鳳文

綏遠省立歸綏師範學校公函 稿

師（35）字第 號

中華民國三十五年十月七日

案准

貴会本年十月五日函送運動会各項報名單希查照參加等由；茲填就男子高級組初級組及女子甲組總報名表三份，男子高級組初級組及女子甲組籃排球報名單六紙，男子高級組初級組分項報名單三紙，隨函附送，即希查照為荷！

此致

綏遠全省運動大會籌備委員会

附報名單十五種

图 4-7-5 绥远省立归绥师范学校为送参加运动大会报名单致绥远省运动大会筹备委员会公函（1946 年 10 月 7 日）

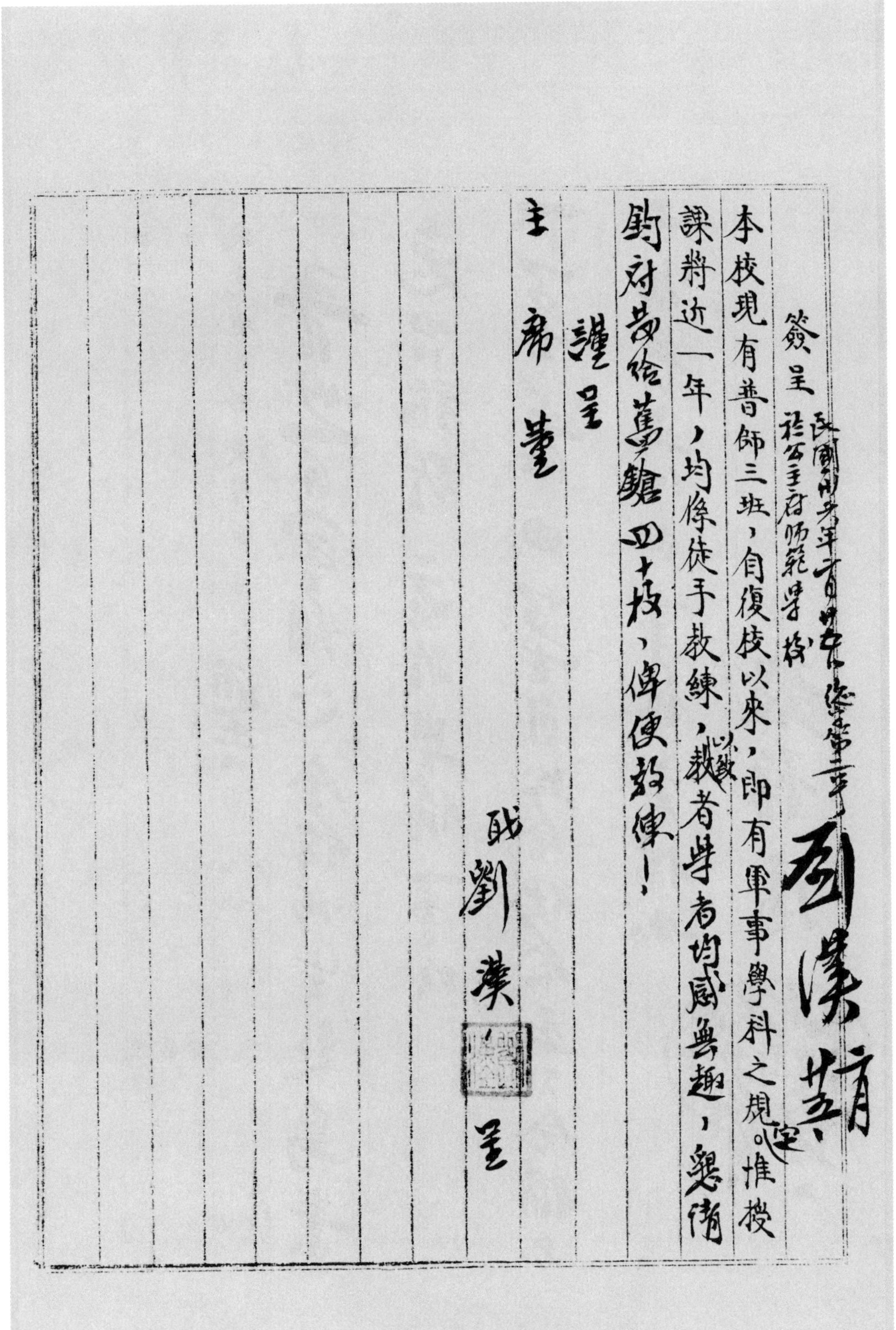

民國卅六年二月廿五日 綏字第

劉漢

簽呈 於公主府師範學校

本校現有普師三班，自復校以來，即有軍事學科之規定，惟授課將近一年，均係徒手教練，以致教者學者均感無趣，懇請鈞府發給舊槍四十枝，俾便教練！

謹呈

主席 董

職 劉漢 呈

图 4-7-6 归绥师范学校为申请军事学科教练用旧枪致绥远省政府签呈（1947 年 2 月 25 日）

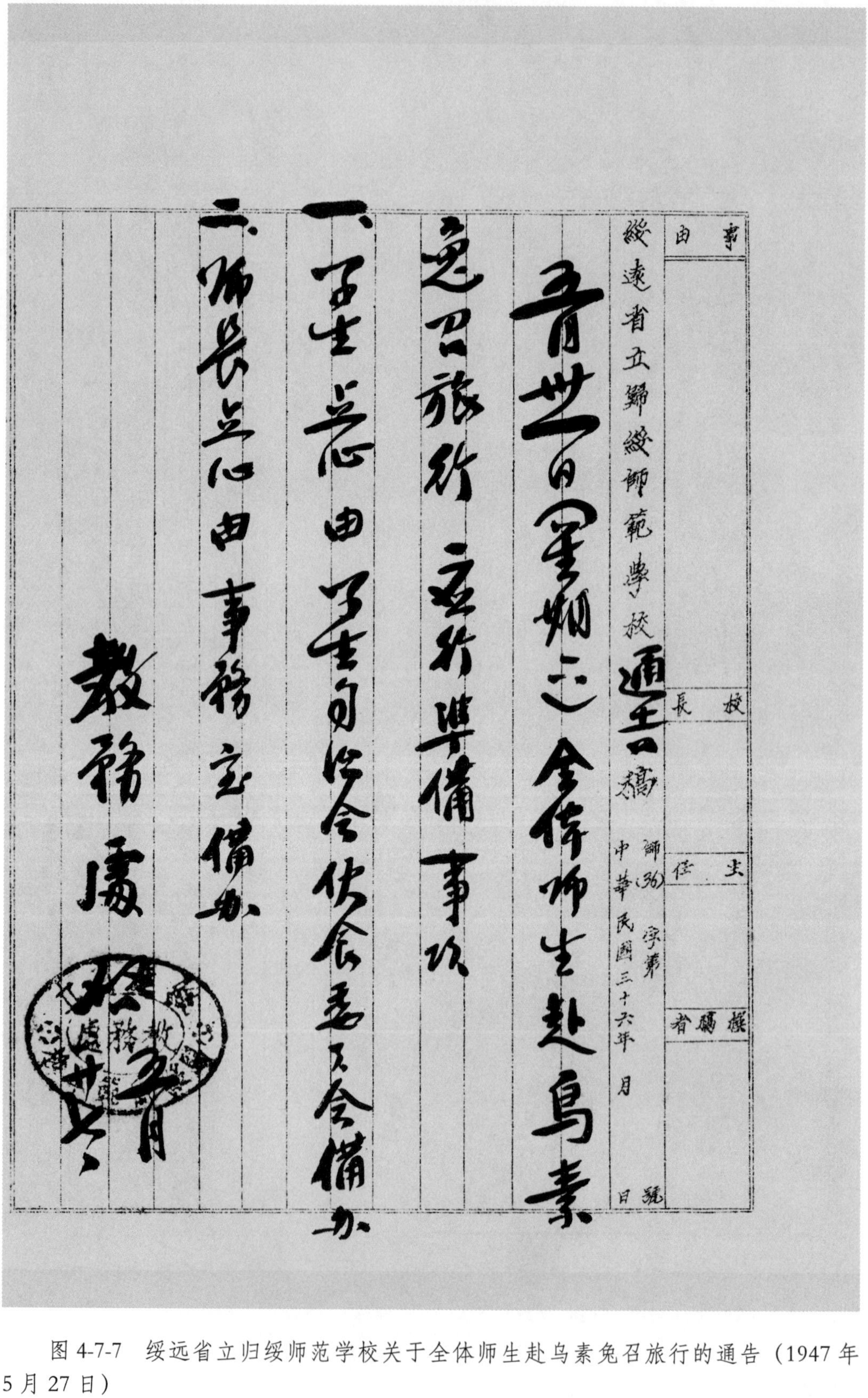
事由
綏遠省立歸綏師範學校通告稿
校長
主任
擬稿者
師(36)字第 號
中華民國三十六年 月 日

本月廿七日(星期二)全体師生赴烏素兔召旅行茲將準備事項
一、學生總由學生自治會伙食委員會備办
二、師長点心由事務室備办
教務處

图 4-7-7　绥远省立归绥师范学校关于全体师生赴乌素兔召旅行的通告（1947 年 5 月 27 日）

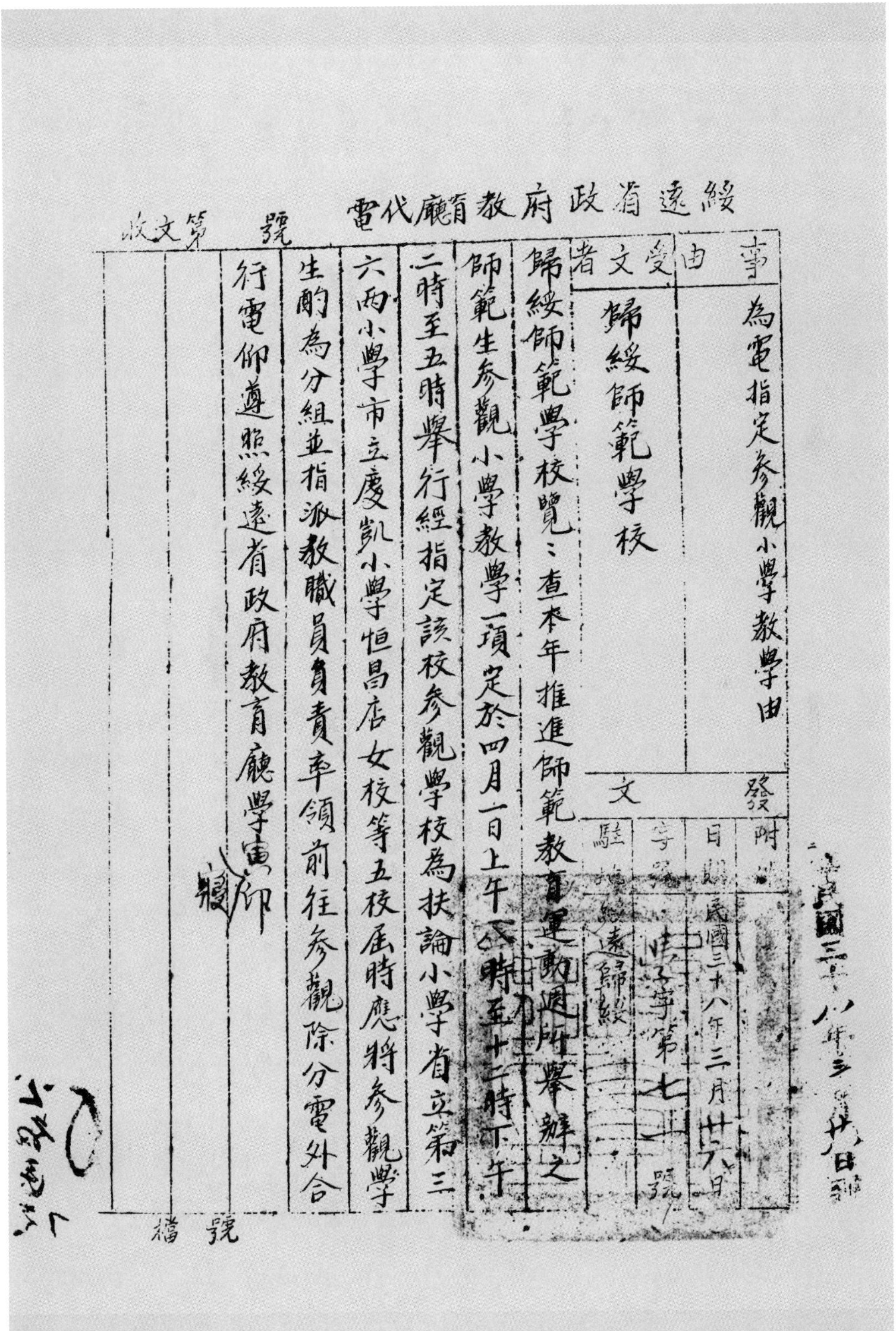

綏遠省政府教育廳代電

收文第　號

事由：為電指定參觀小學教學由

受文者：歸綏師範學校

發文：附件　日期：民國三十八年三月廿六日　字號：□字第七號　駐地：綏遠歸綏

歸綏師範學校覽：查本年推進師範教育運動週所舉辦之師範生參觀小學教學一項，定於四月一日上午八時至十二時、下午二時至五時舉行，經指定該校參觀學校為扶輪小學、省立第三、六兩小學、市立慶凱小學、恒昌店女校等五校，屆時應將參觀學生酌為分組，並指派教職員負責率領前往參觀。除分電外，合行電仰遵照。綏遠省政府教育廳學寅卯

檔號

图 4-7-8　绥远省政府教育厅为指定参观小学教学事给归绥师范学校代电（1949 年 3 月 26 日）

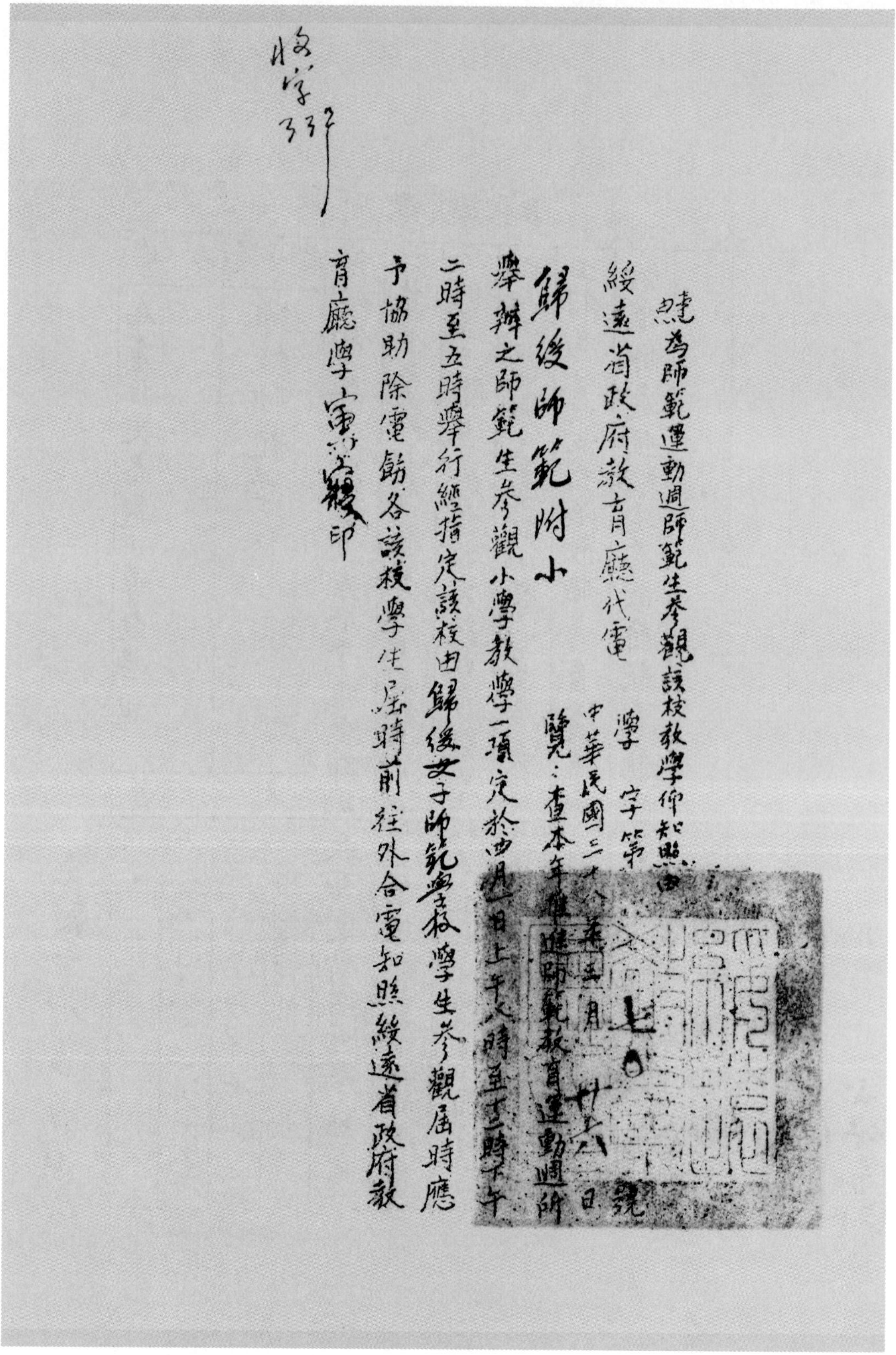

收字33

為師範運動週師範生參觀該校教學仰知照由

綏遠省政府教育廳代電　學　字第　號

歸綏師範附小　中華民國三十八年　月廿六日

覽：查本年推行師範教育運動週所舉辦之師範生參觀小學教學一項定於四月一日上午八時至十二時下午二時至五時舉行經指定該校由歸綏女子師範學校學生參觀屆時應予協助除電飭各該校學生屆時前往外合電知照綏遠省政府教育廳學寅宥印

图 4-7-9　绥远省政府教育厅为师范运动周师生参观该校教学给归绥师范学校附小代电（1949 年 3 月 26 日）

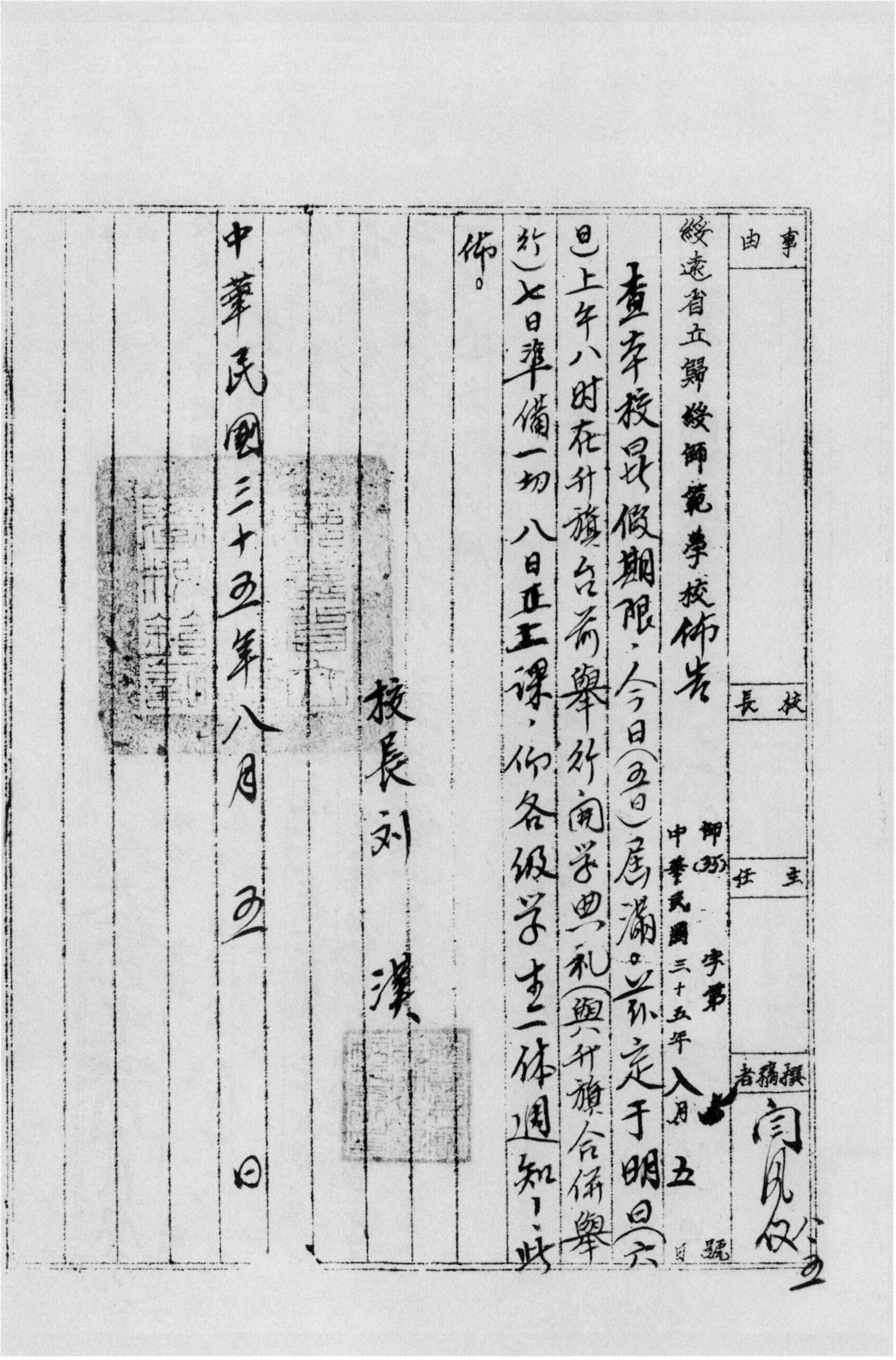

事由

校長

主任

撰稿者

部(35) 字第 號

中華民國三十五年八月五日

綏遠省立歸綏師範學校佈告

查本校暑假期限，今日(五日)屆滿，茲訂定於明日(六日)上午八時在升旗台前舉行開学典礼(與升旗合併舉行)七日準備一切，八日正式上課，仰各級学生一体周知，此佈。

校長 刘漢

中華民國三十五年八月五日

图 4-7-10　绥远省立归绥师范学校关于开学典礼的布告（1946 年 8 月 5 日）

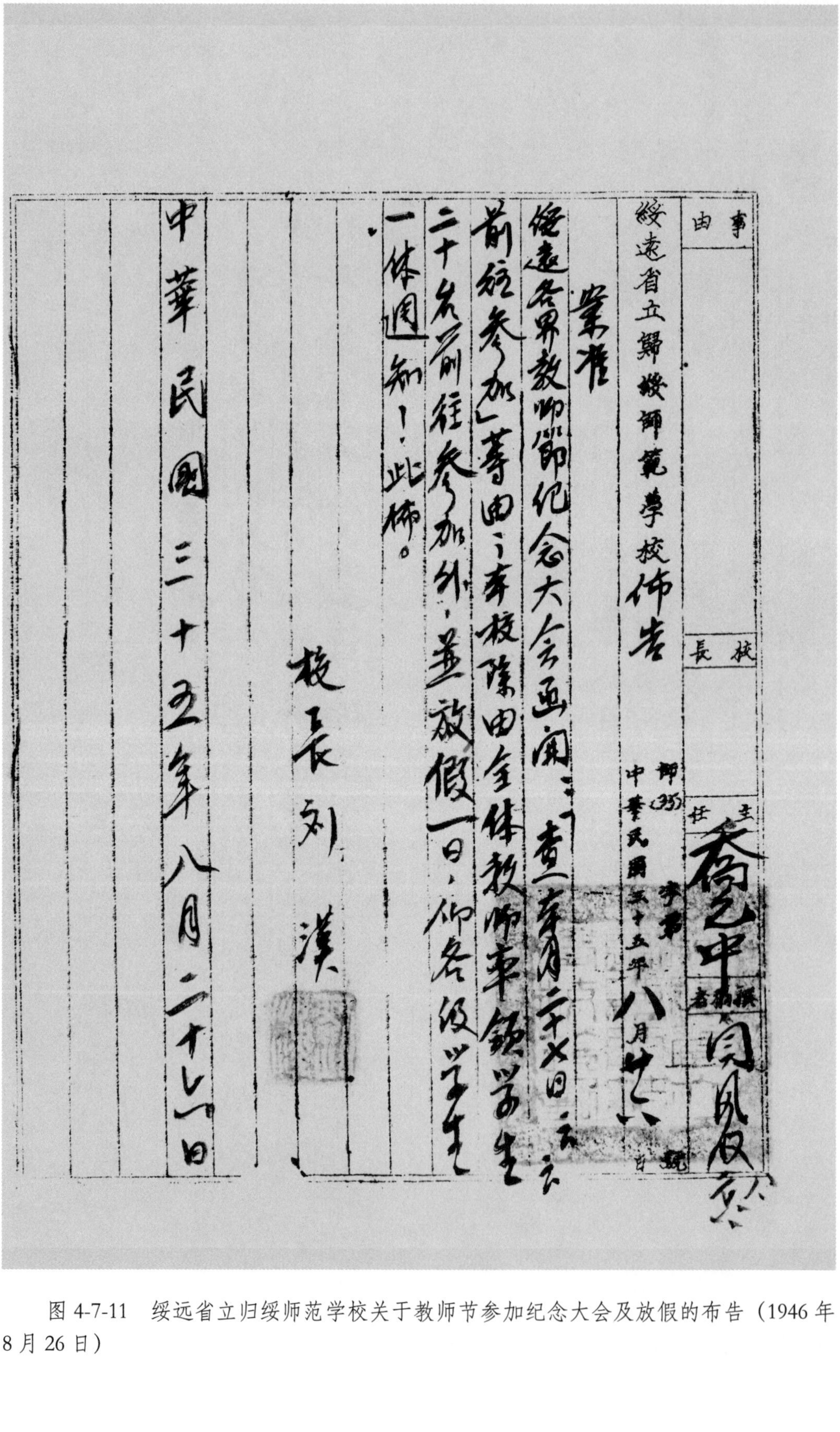

事由
綏遠省立歸綏師範學校佈告
校長
主任
喬中同鳳叔
中華民國三十五年八月廿六日
師(35)字第　號

案准
綏遠各界教師節紀念大會函開：「查本月二十七日……前往參加」等由；本校除由全體教師率領學生二十七日前往參加外，並放假一日，仰各級學生一體週知！此佈。

校長　劉漢

中華民國三十五年八月二十七日

图 4-7-11　绥远省立归绥师范学校关于教师节参加纪念大会及放假的布告（1946 年 8 月 26 日）

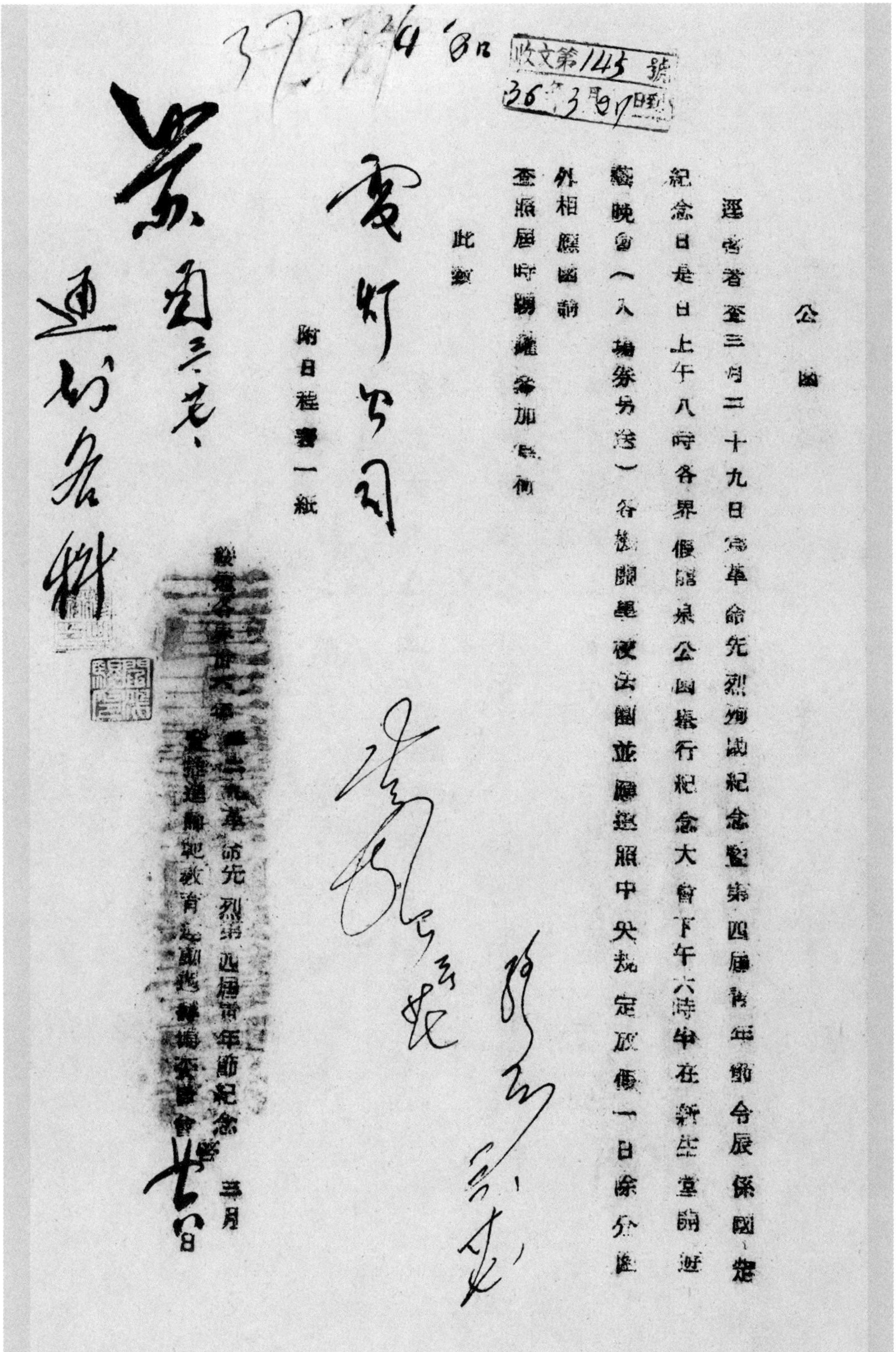

公函

逕啓者茲三月二十九日爲革命先烈殉國紀念暨第四屆青年節令辰係國定紀念日是日上午八時各界假龍泉公園舉行紀念大會下午六時半在新生堂開遊藝晚會（入場券另送）各機關絕對依法圖並應遵照中央規定放假一日除分函外相應函請

查照屆時蒞臨參加爲荷

此致

附日程書一紙

綏遠各界卅六年三二九革命先烈第四屆青年節紀念暨推進師範教育運動周籌備委員會

三月　日

图 4-7-12　绥远各界三十六年三二九革命先烈第四届青年节纪念暨推进师范教育运动周筹备委员会关于参加纪念日活动的公函（附活动程序）（1947 年 3 月 26 日）（一）

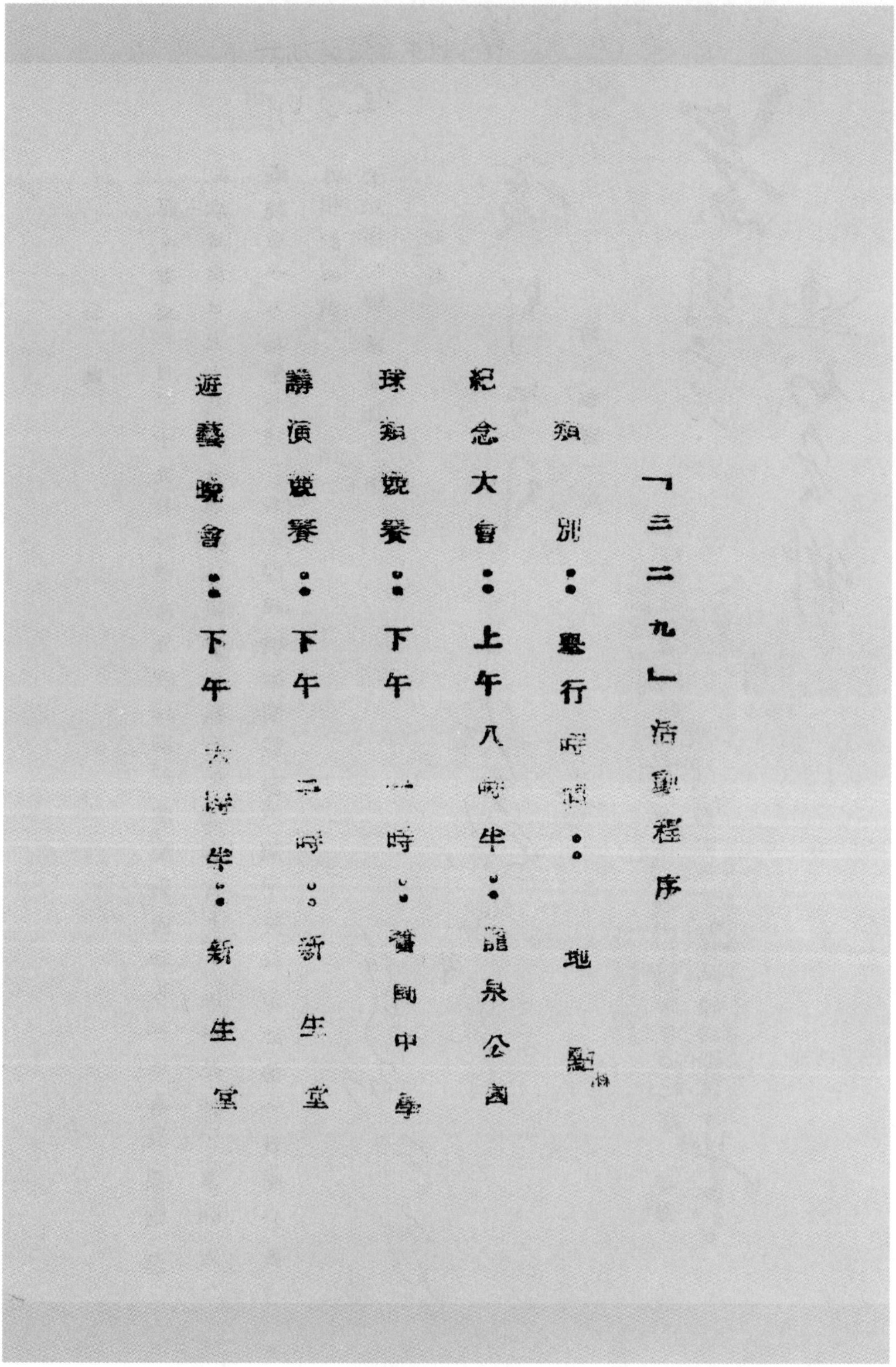

「三二九」活動程序

類別：舉行時間：地點

紀念大會：上午八時半：龍泉公園

球類競賽：下午一時：奮鬥中學

講演競賽：下午二時：新生堂

遊藝晚會：下午六時半：新生堂

图 4-7-12　绥远各界三十六年三二九革命先烈第四届青年节纪念暨推进师范教育运动周筹备委员会关于参加纪念日活动的公函（附活动程序）（1947年3月26日）（二）

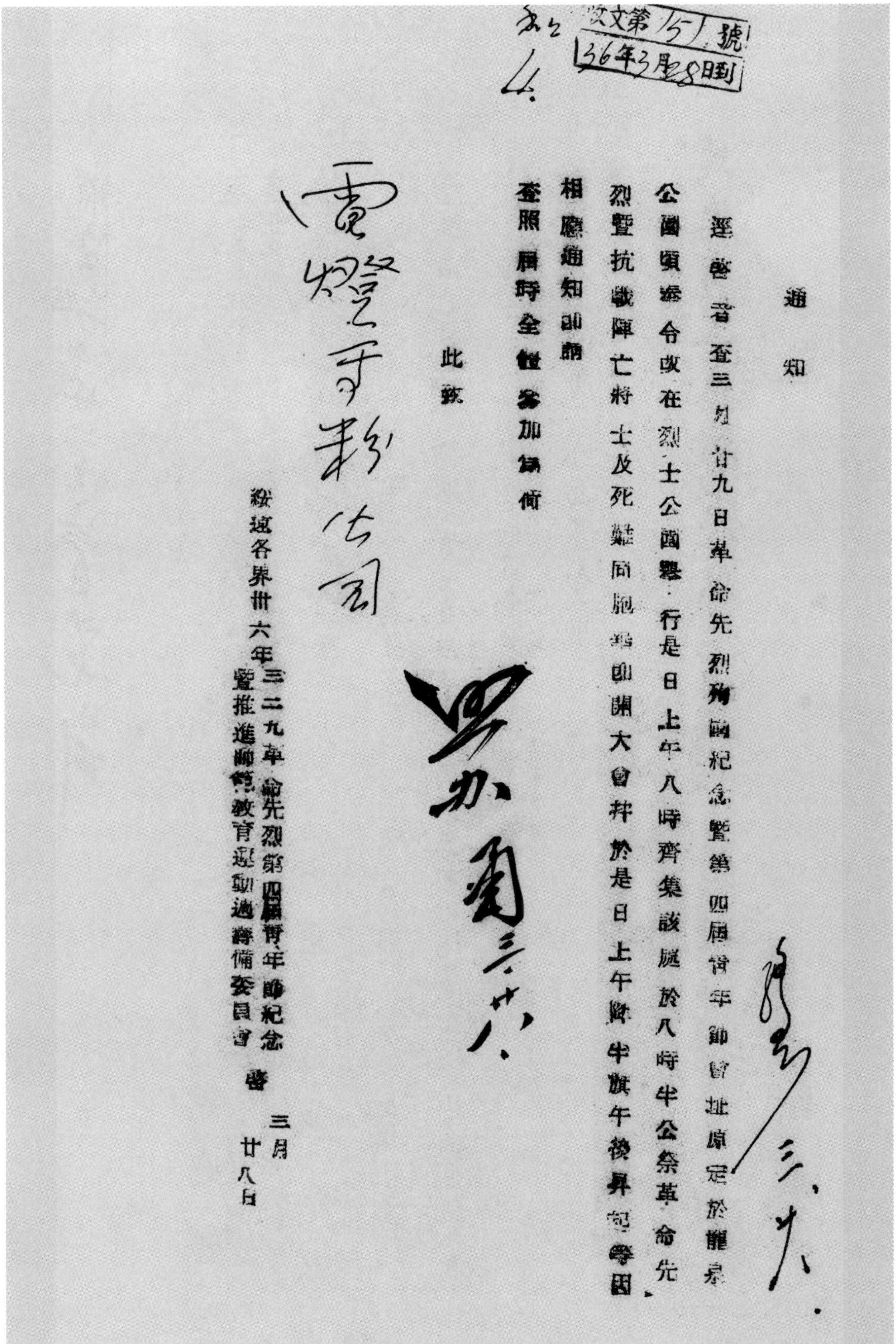

收文第151號
36年3月28日到

通知

逕啓者查三月廿九日革命先烈殉國紀念暨第四屆青年節會址原定於龍泉公園頃奉令改在烈士公園舉行是日上午八時齊集該處於八時半公祭革命先烈暨抗戰陣亡將士及死難同胞並即開大會並於是日上午降半旗午後昇[illegible][illegible]因相應通知即請

查照屆時全體參加爲荷

此致

綏遠各界卅六年三二九革命先烈第四屆青年節紀念暨推進師範教育運動週籌備委員會 啓

三月廿八日

图 4-7-13　绥远各界三十六年三二九革命先烈第四届青年节纪念暨推进师范教育运动周筹备委员会关于更改纪念日活动地点的通知（1947 年 3 月 28 日）

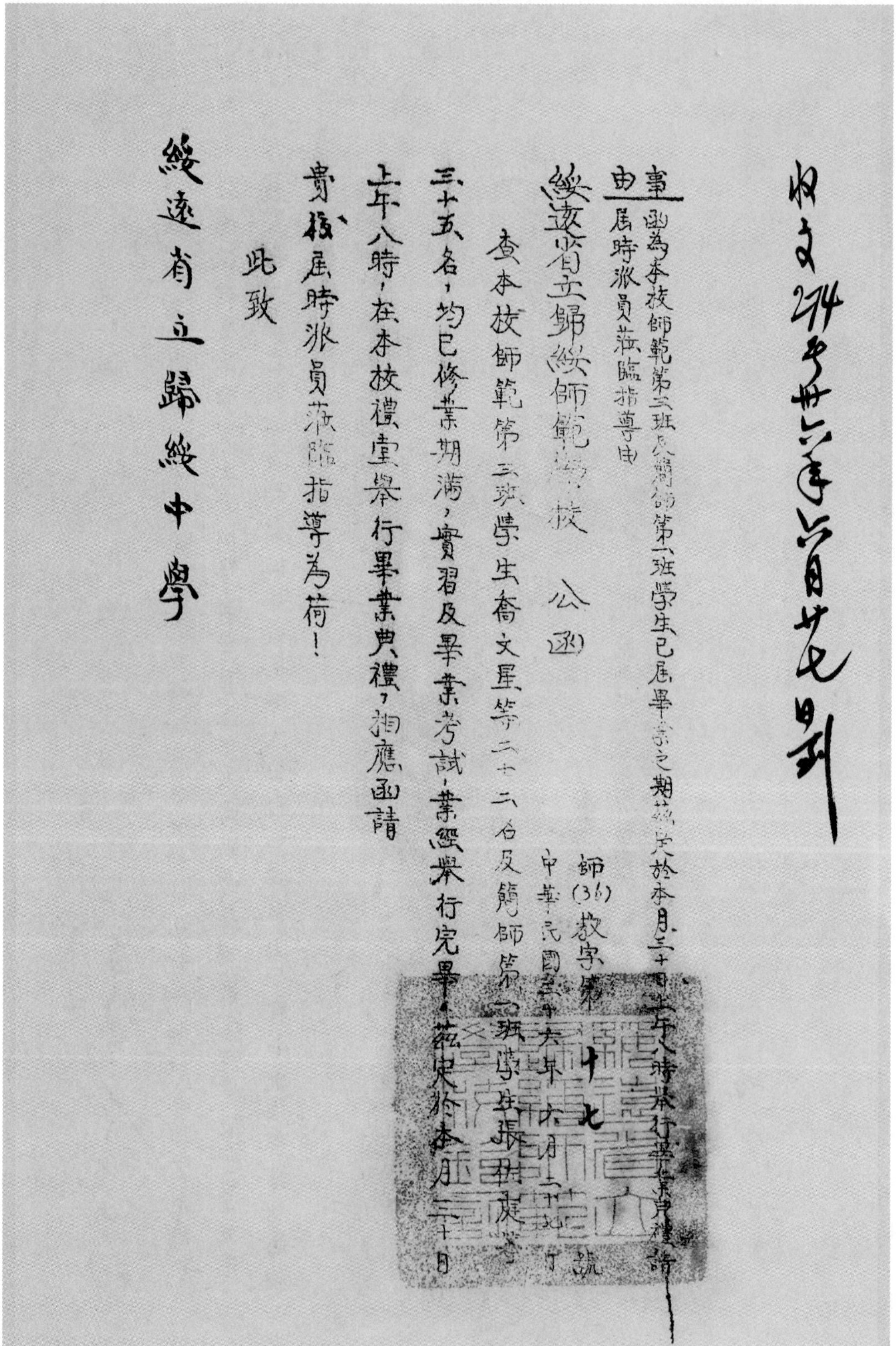

收文274号 卅六年六月廿七日到

事由：函為本校師範第三班及簡師第一班學生已屆畢業之期茲定於本月三十日上午八時舉行畢業典禮請屆時派員蒞臨指導由

綏遠省立歸綏師範學校　公函

師(36)教字第十七號

中華民國三十六年六月二十七日發行

查本校師範第三班學生喬文星等二十二名及簡師第一班學生張爾成等三十五名，均已修業期滿，實習及畢業考試，業經舉行完畢，茲定於本月三十日上午八時，在本校禮堂舉行畢業典禮，相應函請

貴校屆時派員蒞臨指導為荷！

此致

綏遠省立歸綏中學

图 4-7-14　绥远省立归绥师范学校关于邀请参加师范第三班及简师第一班毕业典礼的公函（1947 年 6 月 27 日）

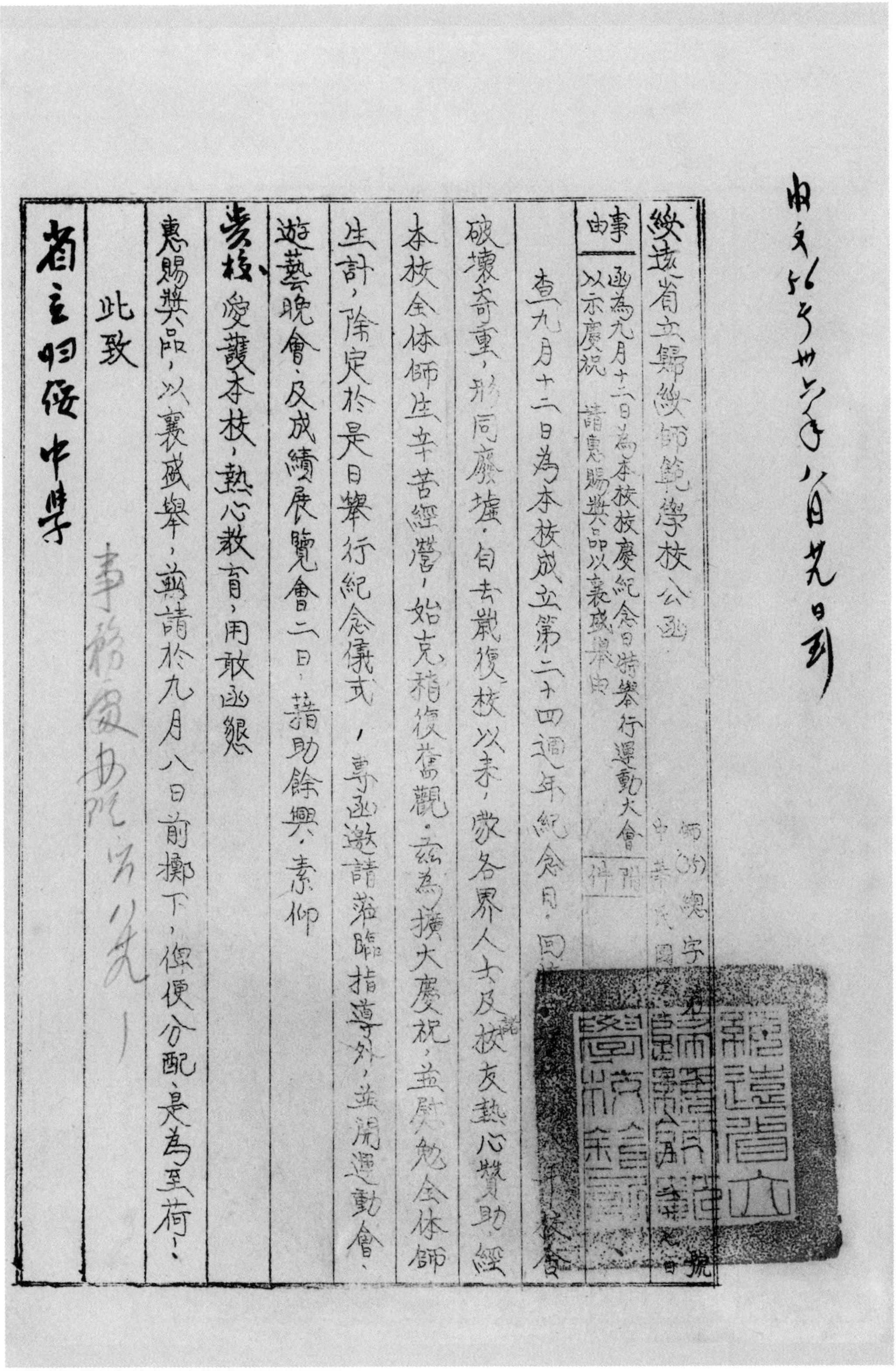

綏遠省立歸綏師範學校公函　師(36)總字第　號　中華民國卅六年

事由：函為九月十二日為本校校慶紀念日特舉行運動大會以示慶祝請惠賜獎品以襄盛舉由　附件

查九月十二日為本校成立第二十四週年紀念日。同[illegible]校舍破壞奇重，形同廢墟，自去歲復校以來，蒙各界人士及校友熱心贊助，經本校全体師生辛苦經營，始克稍復舊觀，茲為擴大慶祝，並慰勉全体師生計，除定於是日舉行紀念儀式，專函邀請蒞臨指導外，並開運動會、遊藝晚會，及成績展覽會二日，藉助餘興，素仰貴校愛護本校，熱心教育，用敢函懇惠賜獎品，以襄盛舉，並請於九月八日前擲下，俾便分配，是為至荷！

此致

省立歸綏中學

图 4-7-15　绥远省立归绥师范学校关于校庆纪念日请惠赐奖品的公函（1947 年 8 月 27 日）（一）

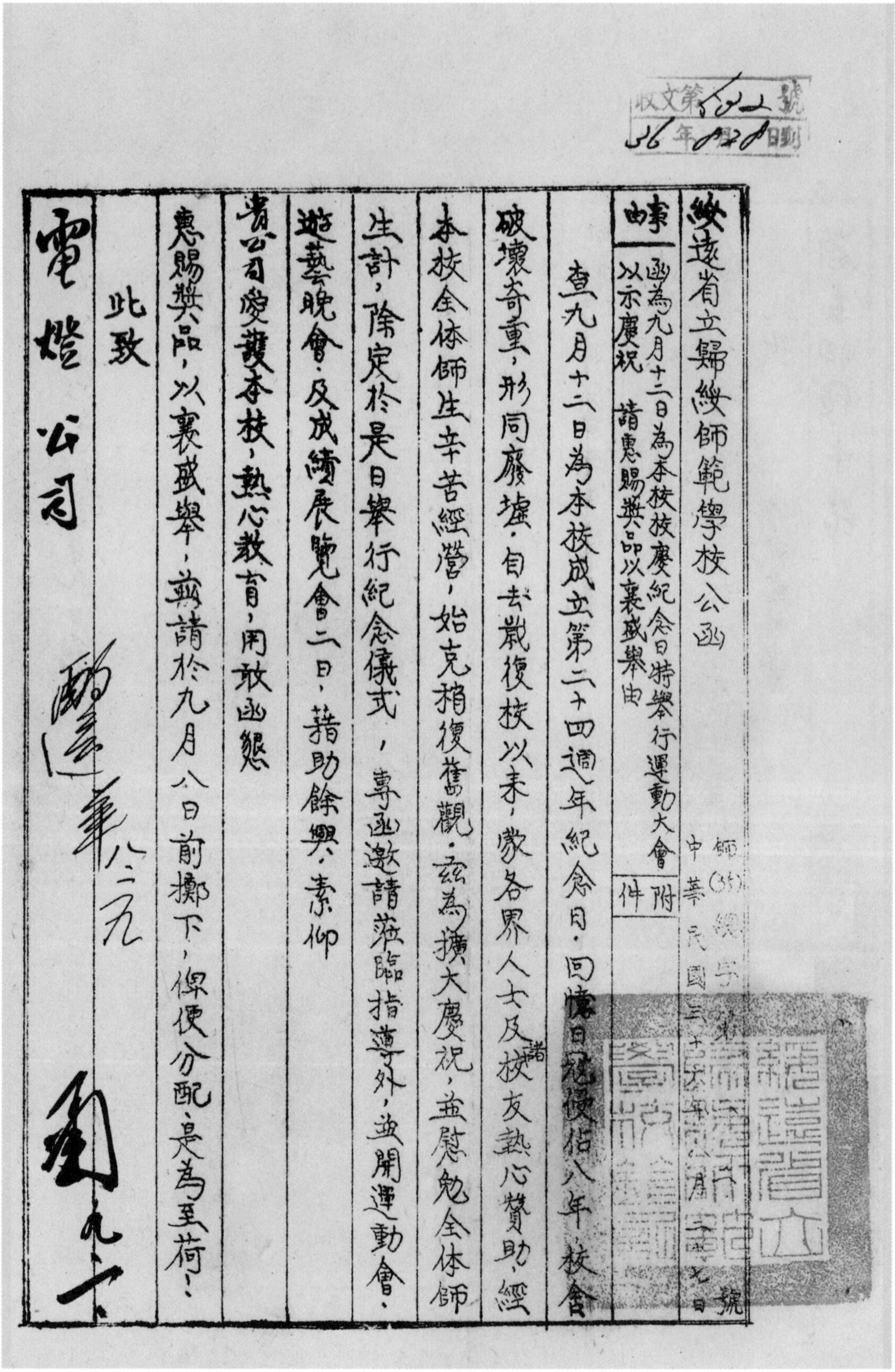

图 4-7-15 绥远省立归绥师范学校关于校庆纪念日请惠赐奖品的公函（1947 年 8 月 27 日）（二）

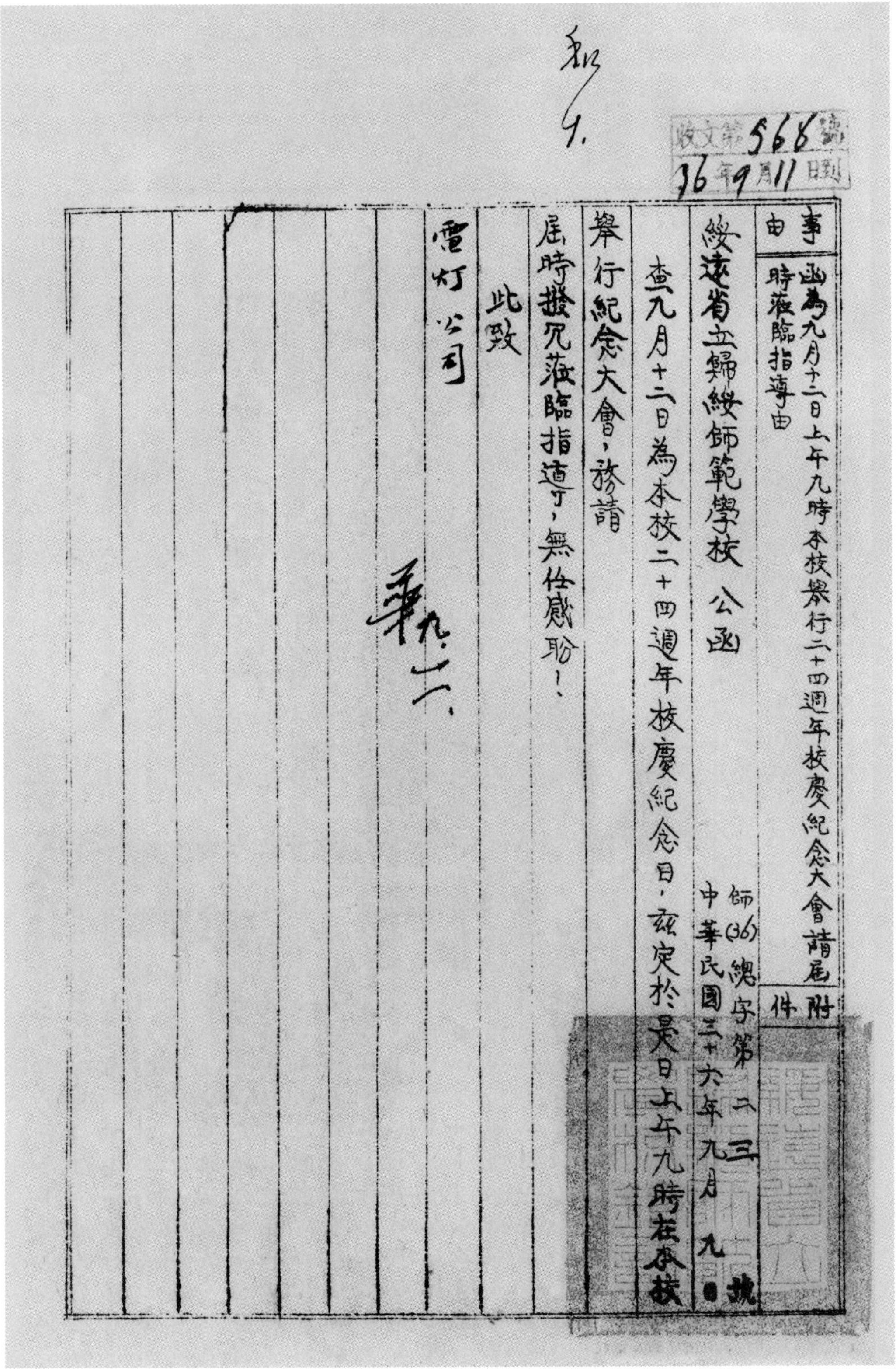

收文第568號
36年9月11日到

事由：函為九月十二日上午九時本校舉行二十四週年校慶紀念大會請屆時蒞臨指導由

附件

綏遠省立歸綏師範學校 公函

師(36)總字第二三九號
中華民国三十六年九月九日

查九月十二日為本校二十四週年校慶紀念日，茲定於是日上午九時在本校舉行紀念大會，務請屆時撥冗蒞臨指導，無任感盼！

此致

電灯公司

图 4-7-16　绥远省立归绥师范学校二十四周年校庆纪念大会邀请函（1947 年 9 月 9 日）

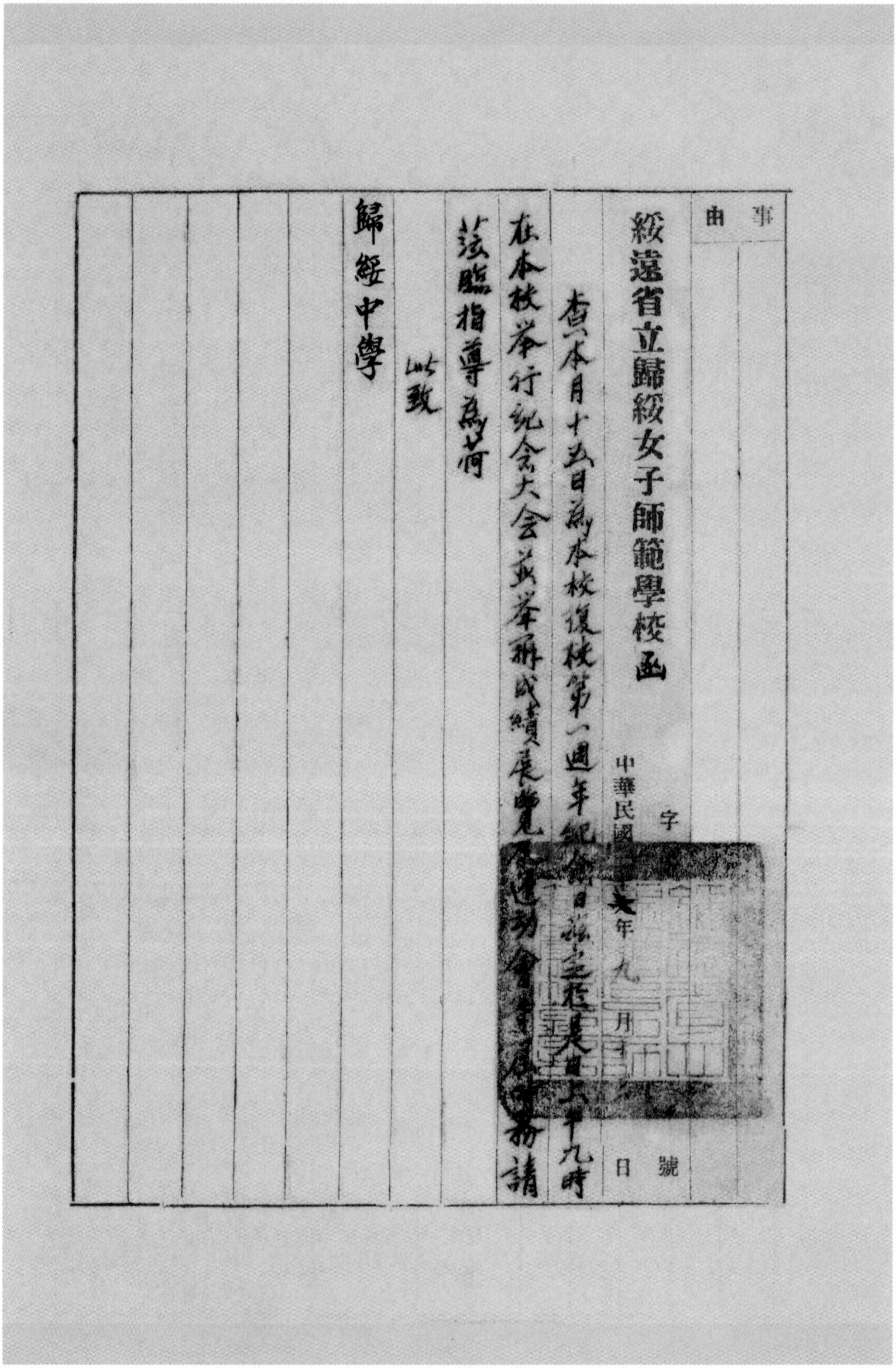

綏遠省立歸綏女子師範學校函

事由

字 號

中華民國[illegible]七年九月[illegible]日

查本月十五日為本校復校第一週年紀念日茲定是日上午九時在本校舉行紀念大会並舉辦成績展覽[illegible]運動会[illegible]務請莅臨指導為荷

此致

歸綏中學

图 4-7-17　绥远省立归绥女子师范学校复校第一周年纪念大会邀请函（1948 年 9 月 12 日）

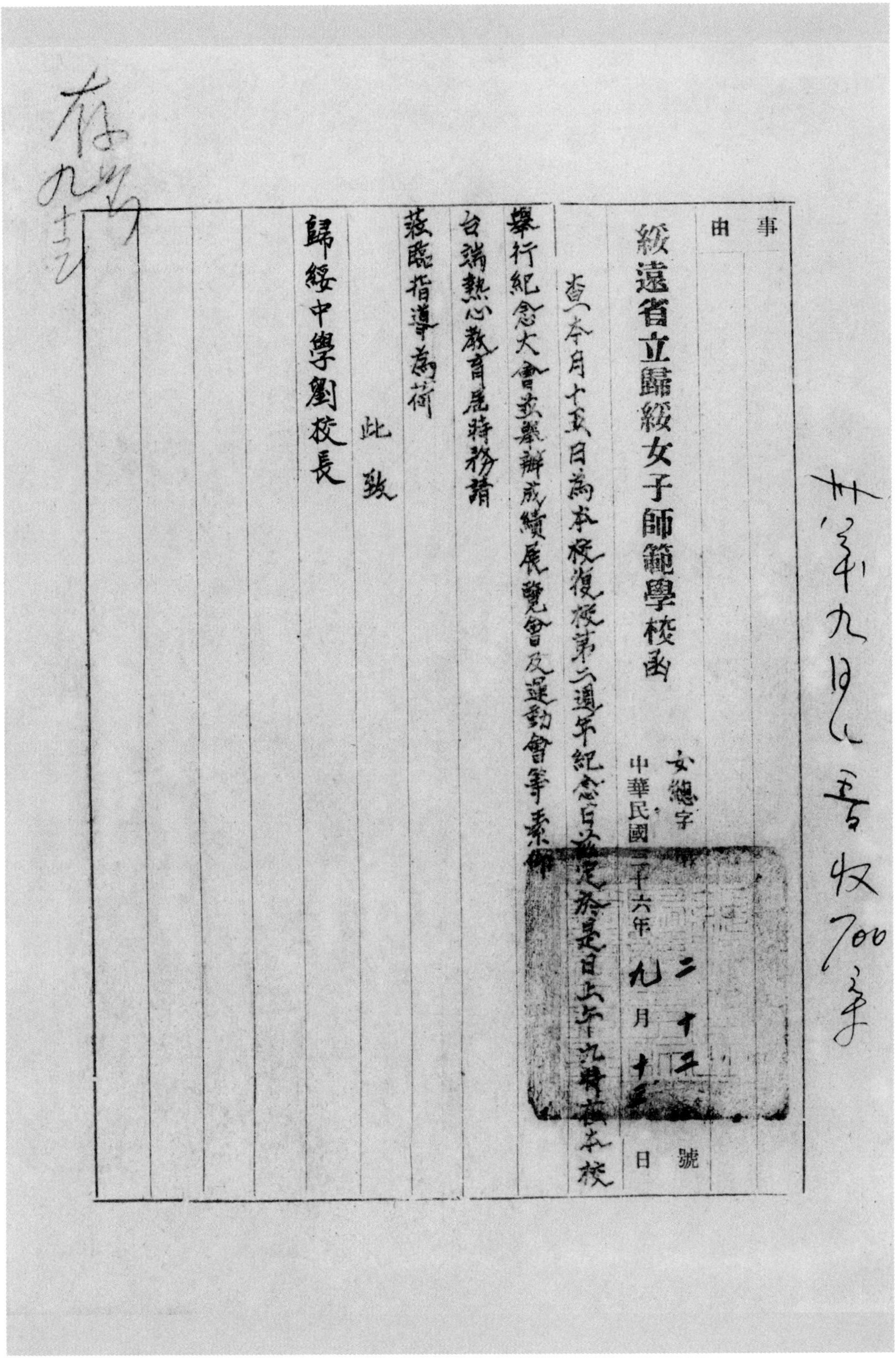

事由

綏遠省立歸綏女子師範學校函

安總字二十三號
中華民國三十六年九月十三日

查本月十五日為本校復校第二週年紀念日茲定於是日上午九時在本校舉行紀念大會並舉辦成績展覽會及運動會等素仰台端熱心教育屆時務請蒞臨指導為荷

此致

歸綏中學劉校長

图 4-7-18　绥远省立归绥女子师范学校复校第二周年纪念大会邀请函（1947 年 9 月 13 日）

附录　内蒙古中西部沦陷时期师范教育档案

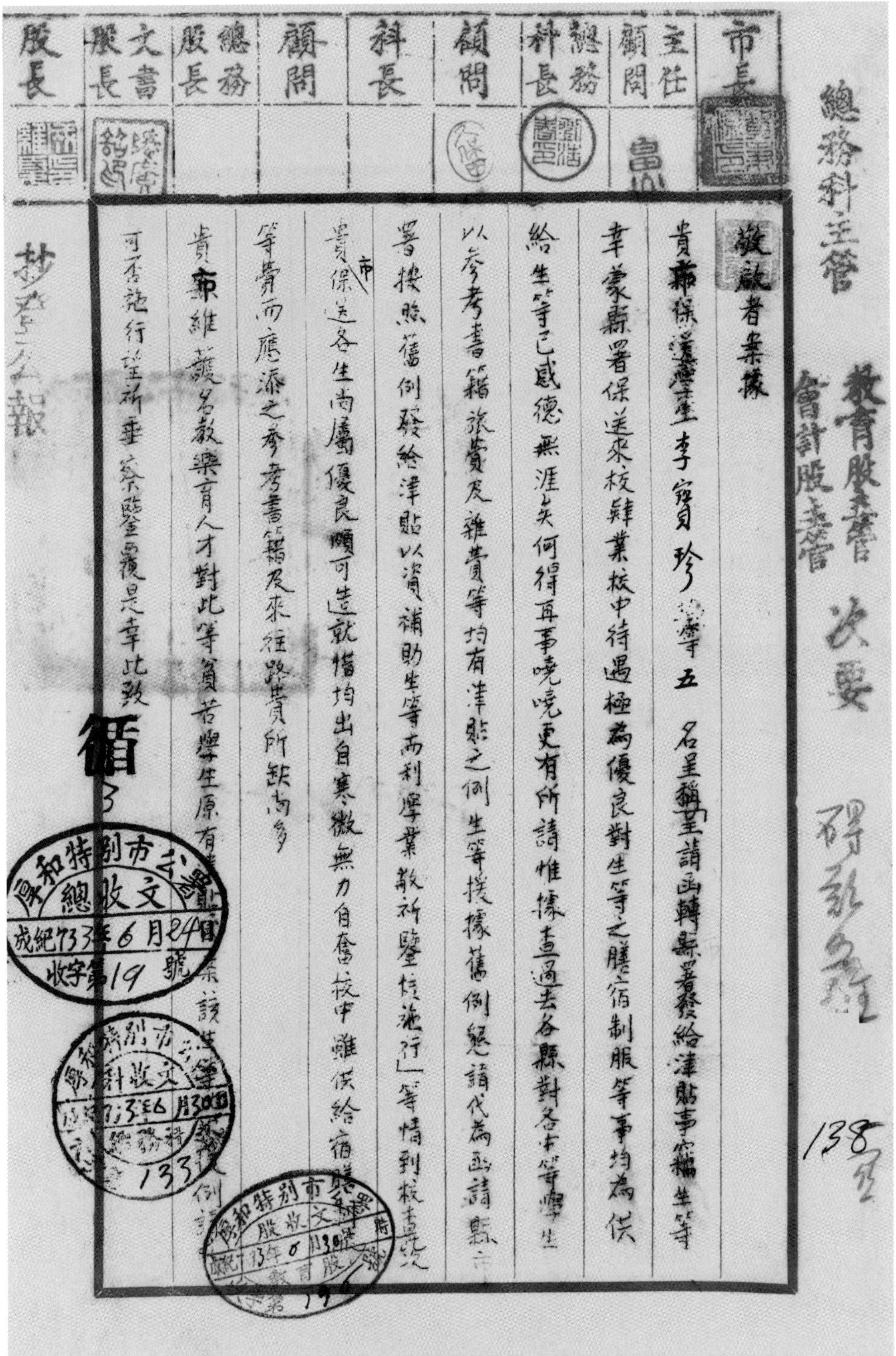

敬啟者案據

貴市保送臨教部學生李寶珍等五名呈稱「呈請函轉貴市署發給津貼事竊生等幸蒙貴署保送來校肄業校中待遇極為優良對生等之膳宿制服等事均為供給生等已感德無涯矣何得再事嘵嘵更有所請惟據查過去各縣對各本籍學生以參考書籍旅費及雜費等均有津貼之例生等援據舊例懇請代為函請貴市署按照舊例發給津貼以資補助生等而利學業敬祈鑒核施行」等情到校查該

貴市保送各生尚屬優良頗可造就惟均出自寒微無力自奮校中雖供給宿膳等費而應添之參考書籍及來往路費所缺尚多

貴市維護名教樂育人才對此等貧苦學生原有[illegible]案該[illegible]例[illegible]可否施行[illegible]垂察鑒覆是幸此致

图 4-附录-1　“巴彦塔拉盟立师范学校”为援旧例发给保送临教部学生津贴致“厚和市公署”函（附学生名单）（1938 年 6 月 22 日）（一）

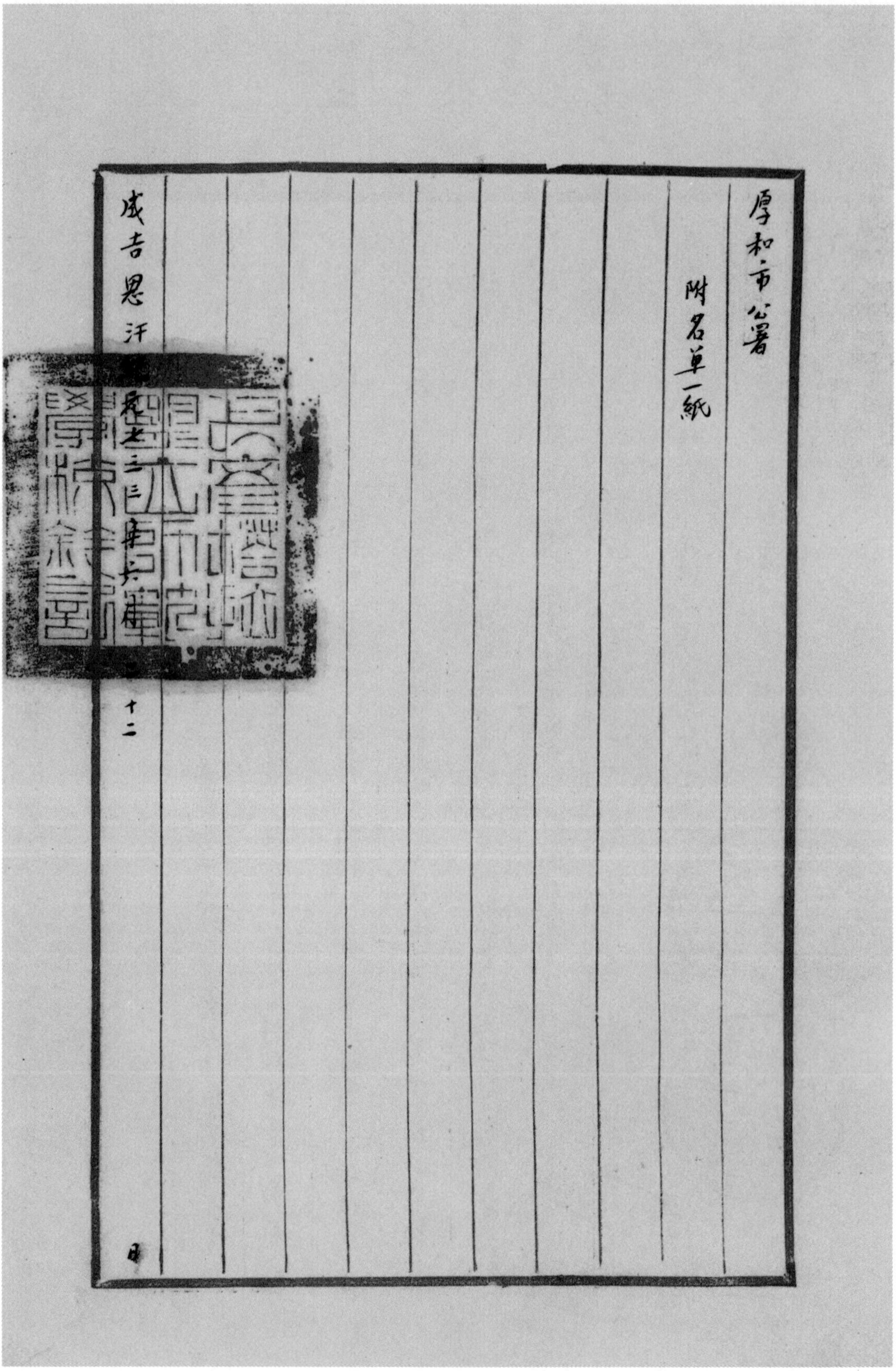
厚和市公署

附名單一紙

成吉思汗紀元七三三年六月 十二 日

图 4- 附录 -1 “巴彦塔拉盟立师范学校”为援旧例发给保送临教部学生津贴致“厚和市公署”函（附学生名单）（1938 年 6 月 22 日）（二）

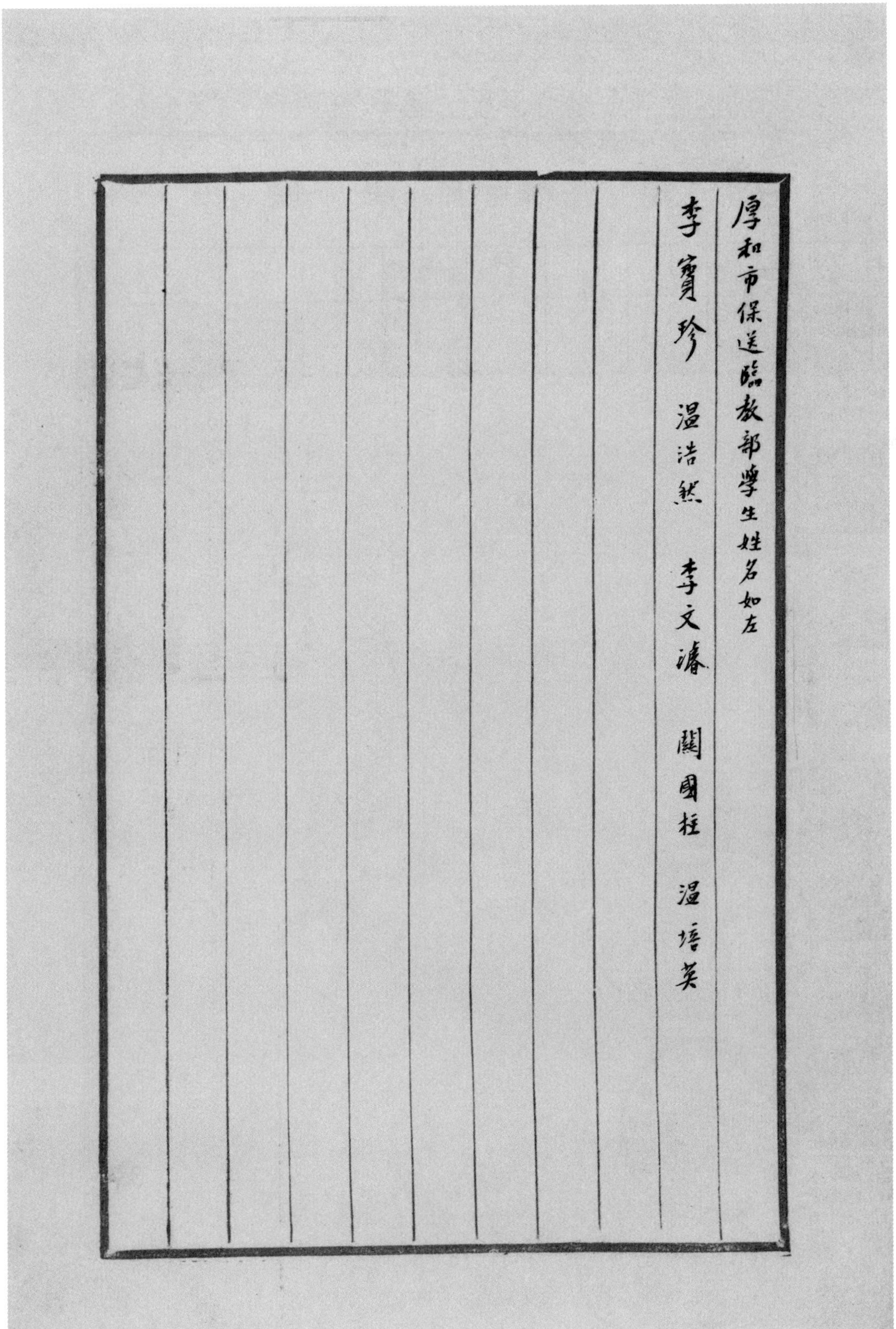

厚和市保送臨教部學生姓名如左

李寶珍　温浩然　李文濤　闞國柱　温培英

图 4- 附录 -1　“巴彦塔拉盟立师范学校”为援旧例发给保送临教部学生津贴致“厚和市公署”函（附学生名单）（1938 年 6 月 22 日）（三）

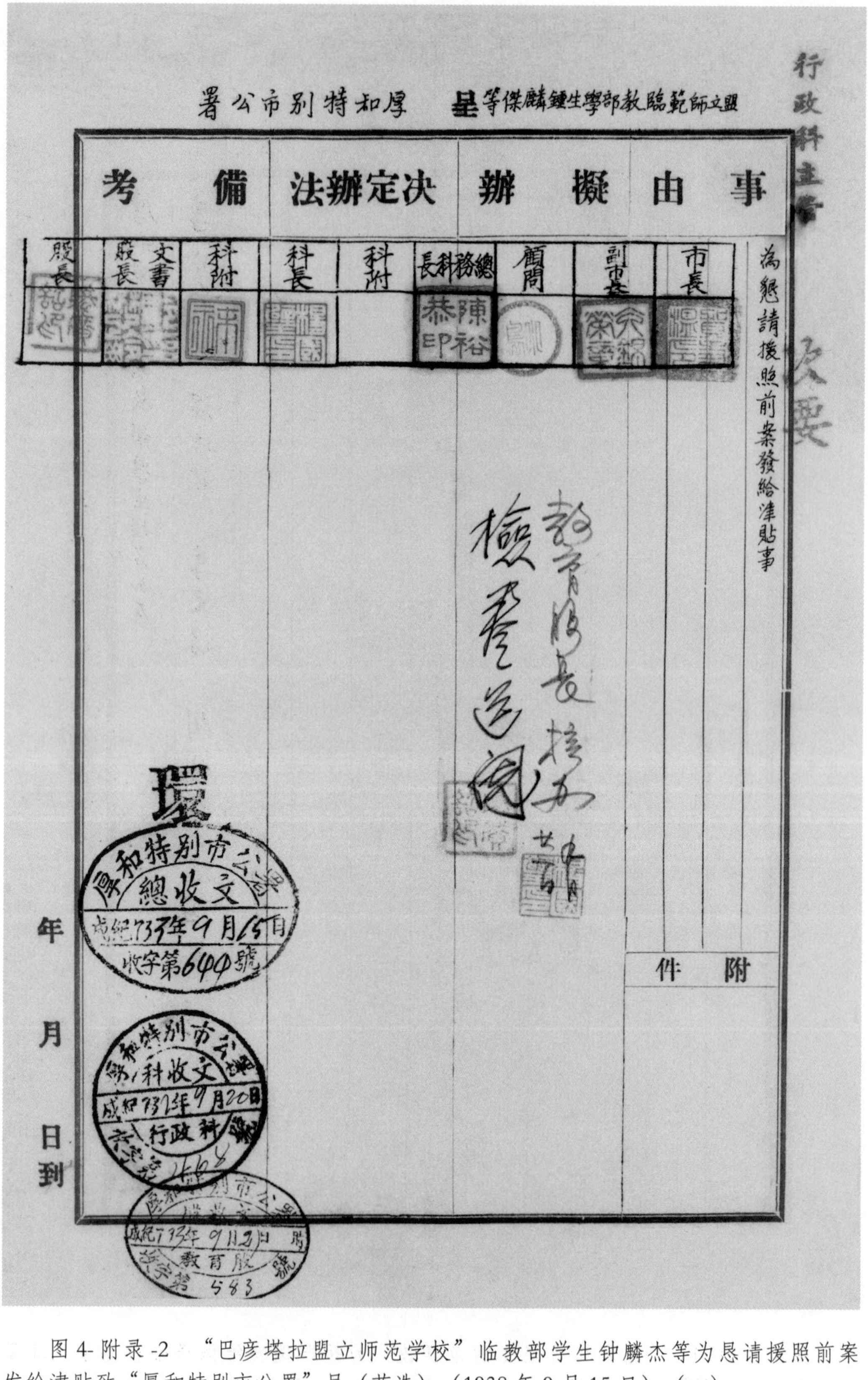

图 4- 附录 -2 “巴彦塔拉盟立师范学校”临教部学生钟麟杰等为恳请援照前案发给津贴致“厚和特别市公署”呈（节选）（1938 年 9 月 15 日）（一）

為懇請援照前案發給津貼恩准俯助事竊生等幸蒙前巴彥縣公署保送入盟立師範學校肄
業遵即入校求學力圖上進并蒙體念貧寒於上學期各資助津貼洋三十元以示體恤生等恭領
之餘感德無暨按市縣合併原為造福人民刷新政教生等既蒙保送求學復蒙資助津貼惟有
努力邁進以圖報効庶不負
鈞座栽培之盛德本學期開學月餘百物昂貴且生等家境皆屬寒微懇請早日發給津貼
以副前案伏乞
鑒核恩准施行謹呈
厚和特別市市長賀
顧問小島
盟立師範學校臨教部學生鍾麟傑

图 4- 附录 -2　“巴彦塔拉盟立师范学校”临教部学生钟麟杰等为恳请援照前案发给津贴致“厚和特别市公署”呈（节选）（1938 年 9 月 15 日）（二）

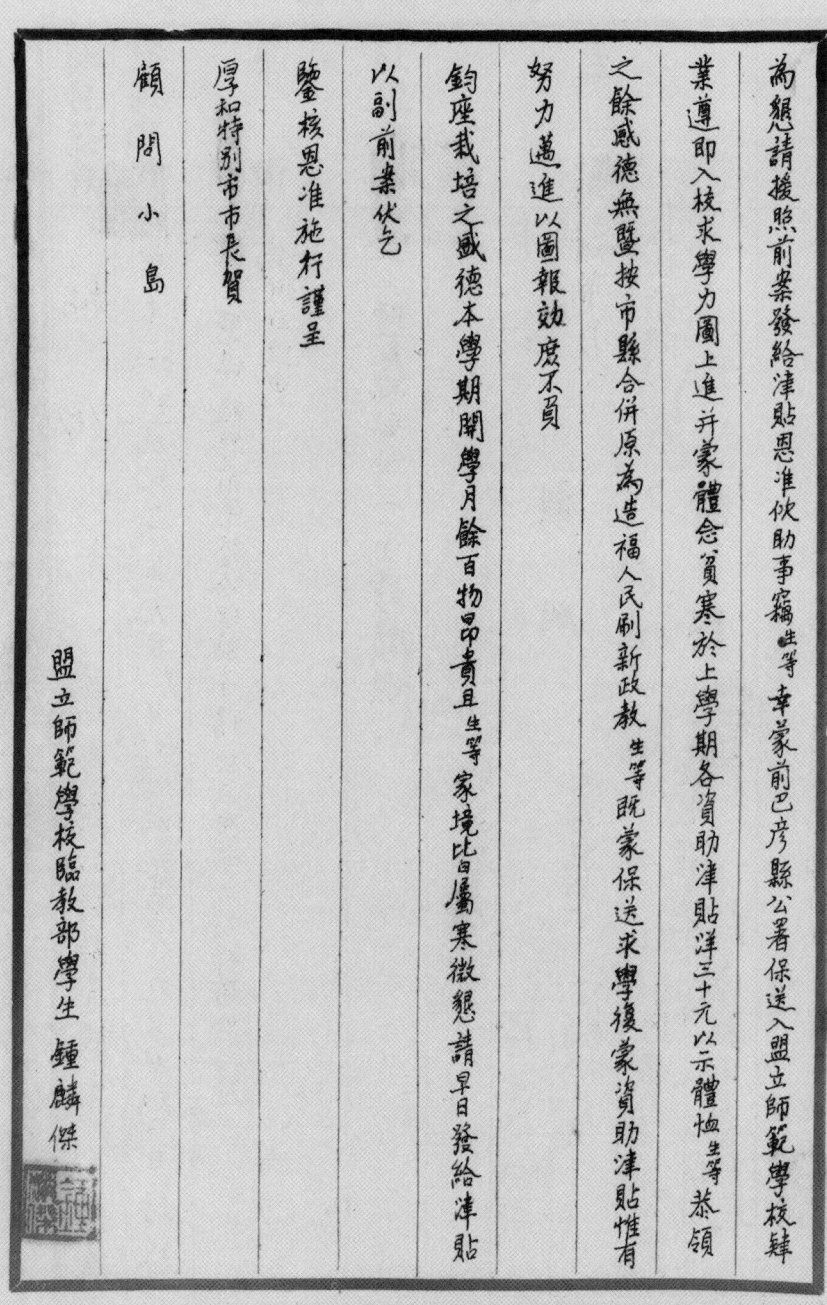

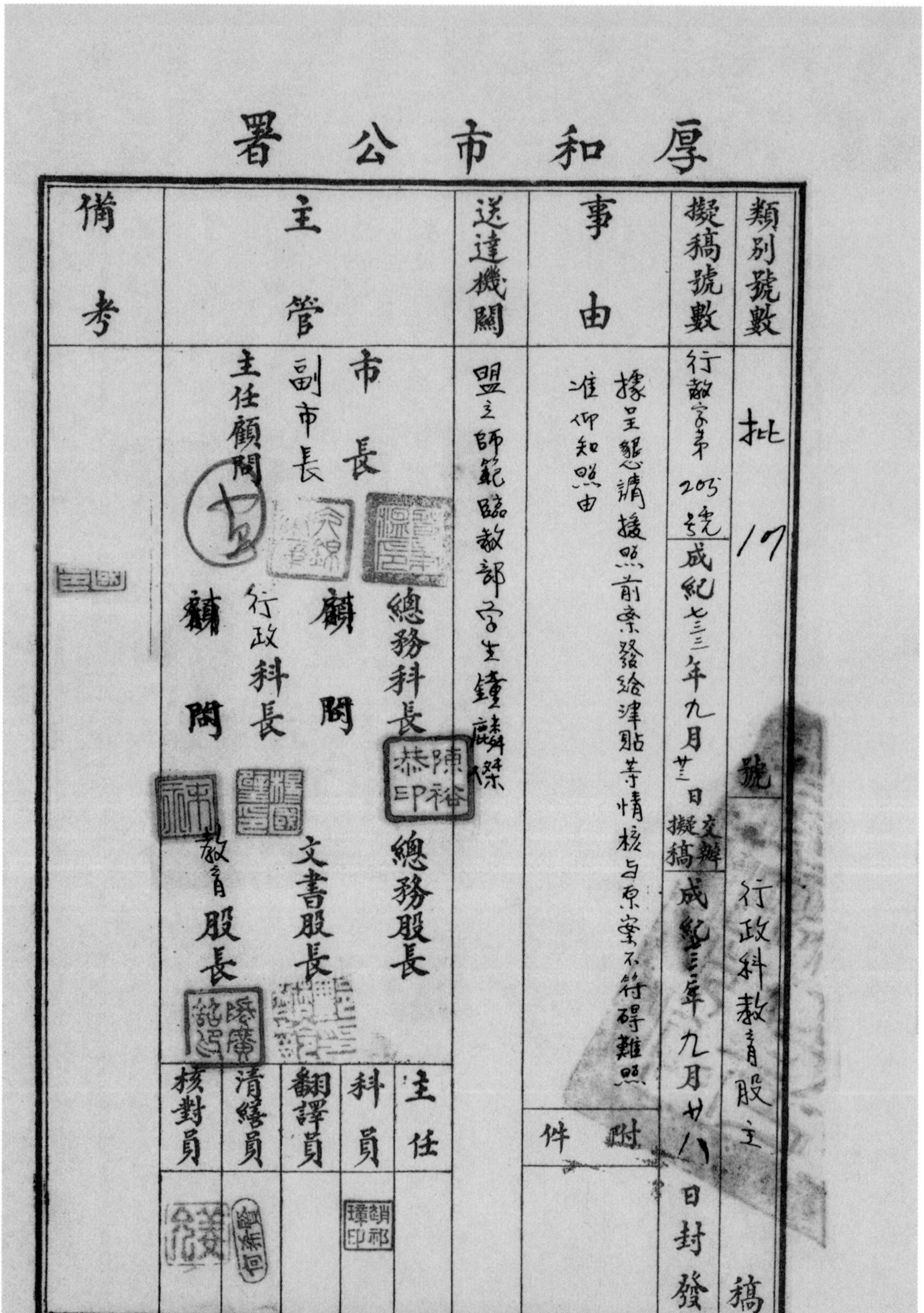
厚和市公署

類別號數：批 17 號

擬稿號數：行教字第205號

事由：據呈懇請援照前案發給津貼等情核与原案不符碍難照准仰知照由

送達機關：盟立師範臨教部學生鍾麟傑

主管：市長　副市長　主任顧問　總務科長　顧問　行政科長　顧問　總務股長　文書股長　教育股長

主任　科員　翻譯員　清繕員　核對員

備考

附件

成紀七三三年九月廿三日擬稿　文辦

成紀七三三年九月廿八日封發

行政科教育股主稿

图 4- 附录 -3　“厚和特别市公署”为按照前案发给津贴与原案不符碍难照准给“巴彦塔拉盟立师范学校”临教部学生钟麟杰等批（1938 年 9 月 28 日）（一）

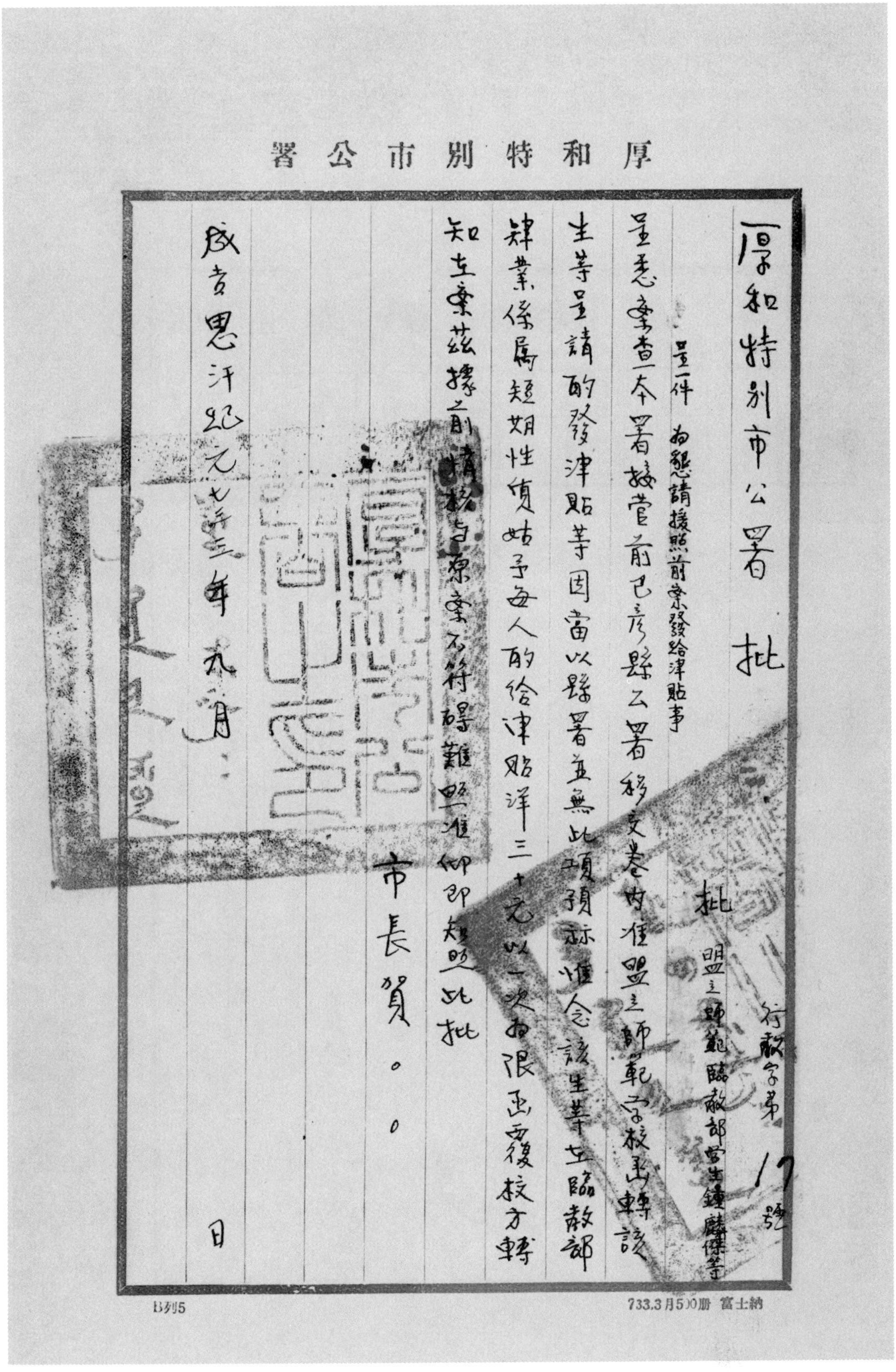

厚和特別市公署

厚和特別市公署 批

批 盟立師範臨教部學生鍾麟傑等

行教字第 17 號

呈一件 為懇請援照前案發給津貼事

呈悉案查本署接管前巴彥縣公署移交卷內准盟立師範學校函轉該生等呈請酌發津貼等因當以縣署並無此項預算惟念該生等在臨教部肄業係屬短期性質姑予每人酌給津貼洋三十元以一次為限函復校方轉知在案茲據前情核與原案不符礙難照准仰即知照此批

市長 賀。。

成吉思汗紀元七百三十三年九月 日

B列5

733.3月500册 富士納

图 4- 附录 -3 “厚和特别市公署”为按照前案发给津贴与原案不符碍难照准给“巴彦塔拉盟立师范学校”临教部学生钟麟杰等批（1938 年 9 月 28 日）（二）

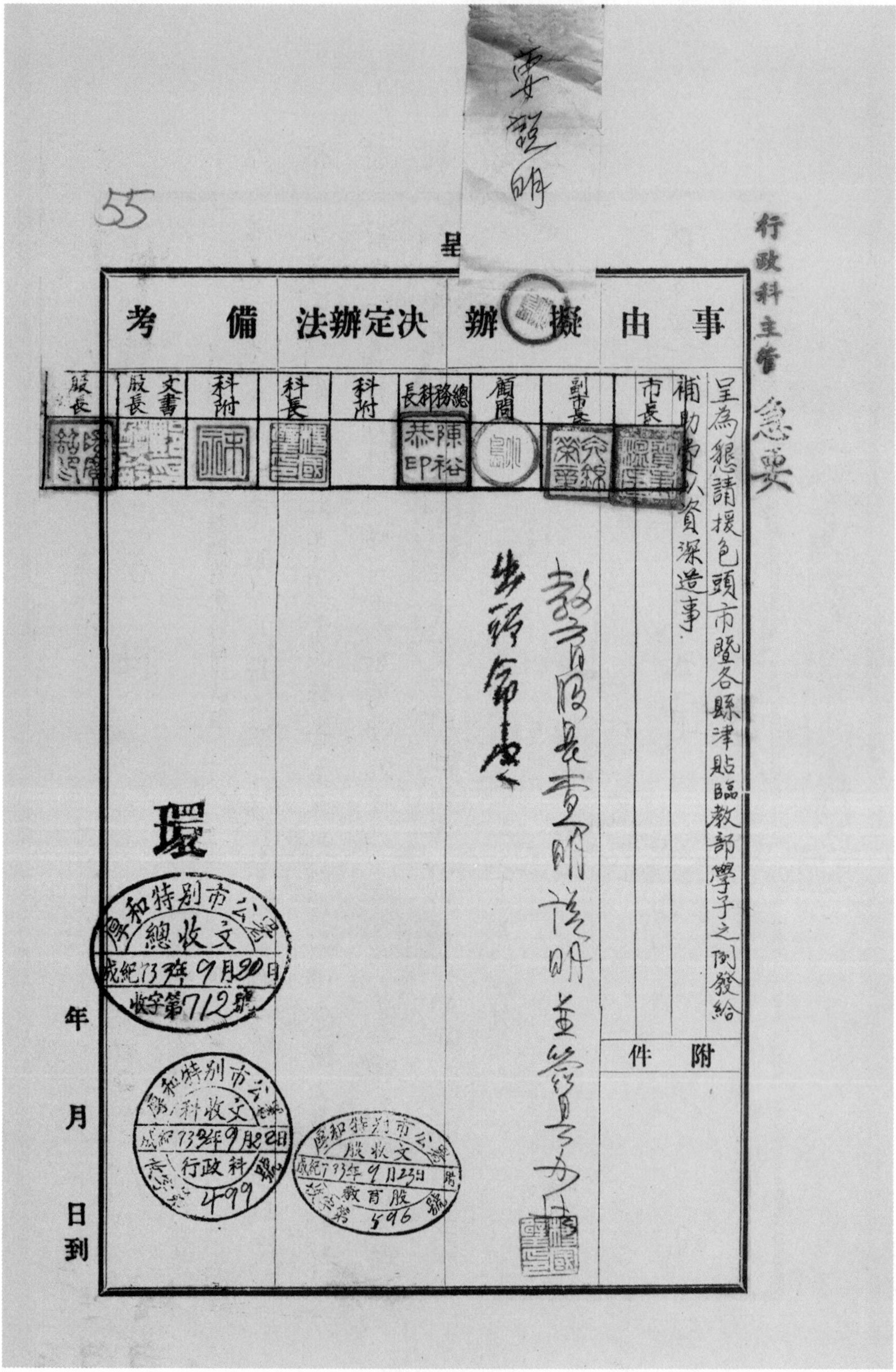

呈

事由	擬辦	決定辦法	備考
呈為懇請援包頭市暨各縣津貼臨教部學子之例發給補助費以資深造事			

市長　副市長　顧問　總務科長　科附　科長　科附　文書股長　股長

附件

行政科主管　急要

厚和特別市公署 總收文 成紀733年9月20日 收字第712號

厚和特別市公署 科收文 成紀733年9月22日 行政科 收字第499號

厚和特別市公署 股收文 成紀733年9月23日 教育股 收字第596號

年　月　日到

图 4- 附录 -4　“厚和市”保送盟师临教部学员李宝珍等为恳请援包头市暨各县津贴临教部学子之例发给补助费致“厚和市公署”呈（1938 年 9 月 20 日）（一）

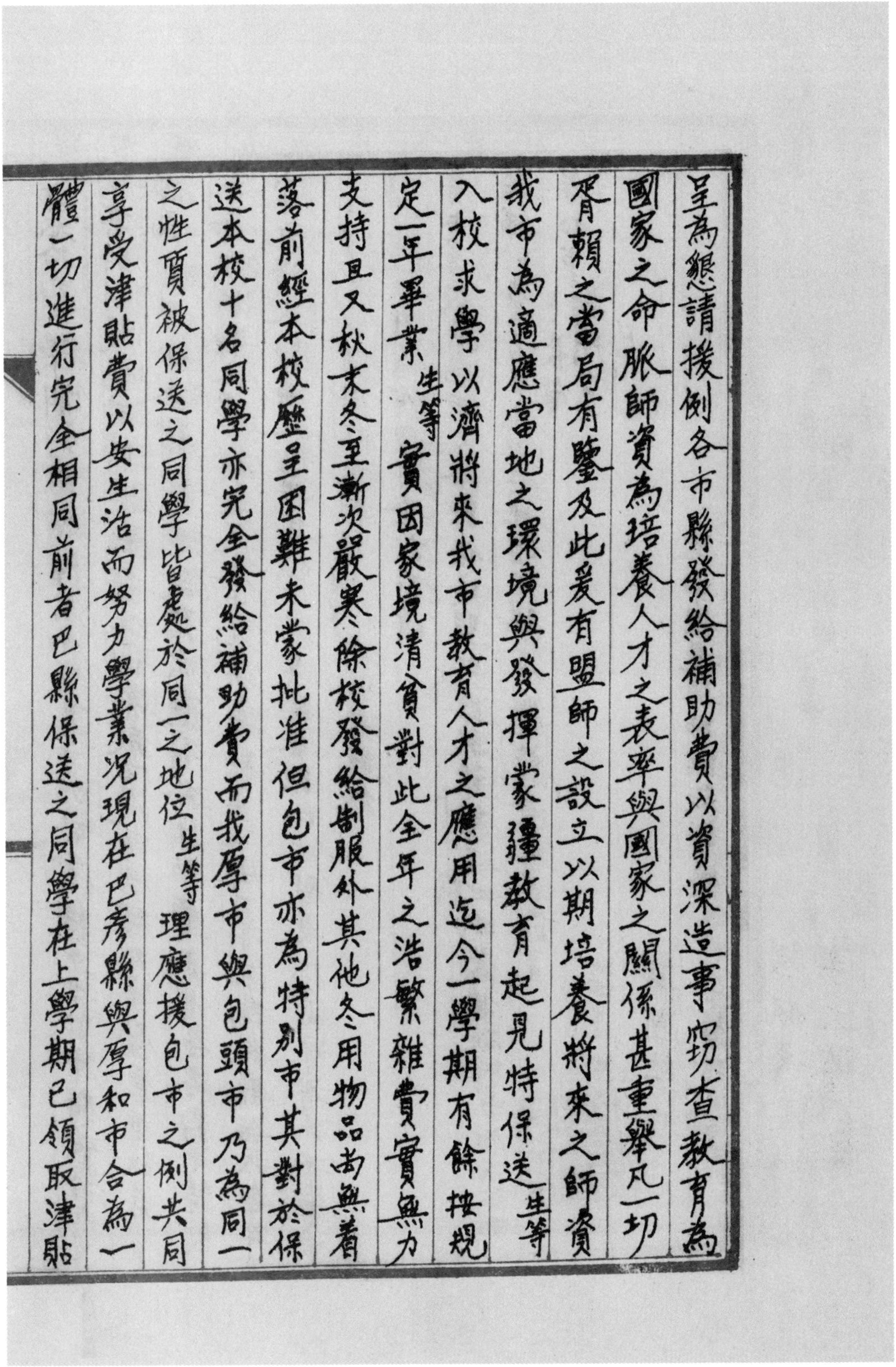
呈為懇請援例各市縣發給補助費以資深造事竊查教育為
國家之命脈師資為培養人才之表率與國家之關係甚重舉凡一切
罔不賴之當局有鑒及此爰有盟師之設立以期培養將來之師資
我市為適應當地之環境與發揮蒙疆教育起見特保送生等
入校求學以濟將來我市教育人才之應用迄今一學期有餘按規
定一年畢業生等實因家境清貧對此全年之浩繁雜費實無力
支持且又秋末冬至漸次嚴寒除校發給制服外其他冬用物品尚無着
落前經本校歷呈困難未蒙批准但包市亦為特別市其對於保
送本校十名同學亦完全發給補助費而我厚市與包頭市乃為同一
之性質被保送之同學皆處於同一之地位生等理應援包市之例共同
享受津貼費以安生活而努力學業況現在巴彥縣與厚和市合為一
體一切進行完全相同前者巴縣保送之同學在上學期已領取津貼

图 4- 附录 -4 “厚和市”保送盟师临教部学员李宝珍等为恳请援包头市暨各县津贴临教部学子之例发给补助费致“厚和市公署”呈（1938 年 9 月 20 日）（二）

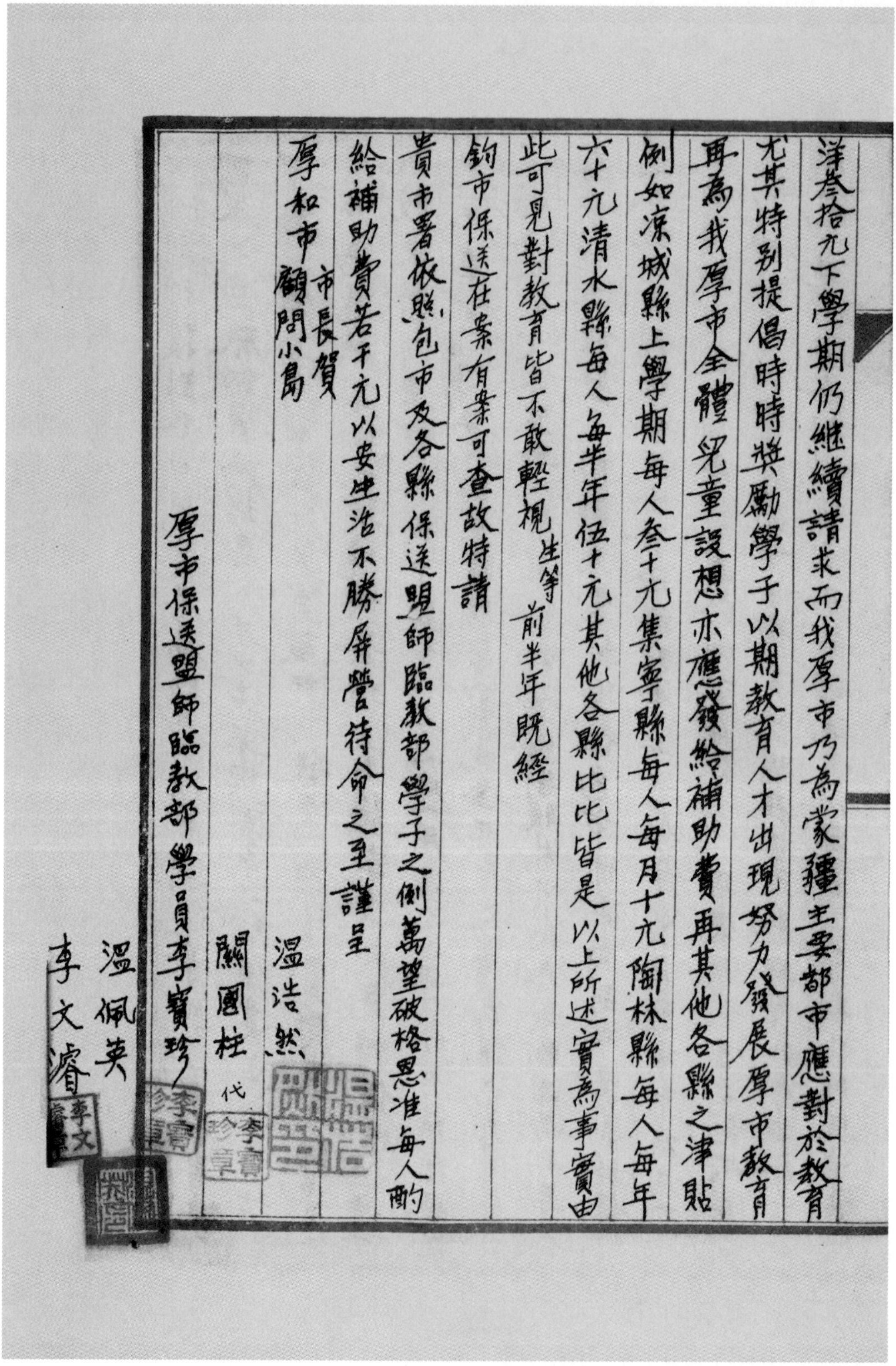

洋叁拾元下學期仍繼續請求而我厚市乃為蒙疆主要都市應對於教育
尤其特別提倡時時獎勵學子以期教育人才出現努力發展厚市教育
再為我厚市全體兒童設想亦應發給補助費再其他各縣之津貼
例如涼城縣上學期每人叁十元集寧縣每人每月十元陶林縣每人每年
六十元清水縣每人每半年伍十元其他各縣比比皆是以上所述實為事實由
此可見對教育皆不敢輕視生等前半年既經
鈞市保送在案有案可查故特請
貴市署依照包市及各縣保送盟師臨教部學子之例萬望破格恩准每人酌
給補助費若干元以安生活不勝屏營待命之至謹呈
厚和市市長賀
厚和市顧問小島

溫浩然
關國柱 代
厚市保送盟師臨教部學員李寶珍
溫佩英
李文濬

图 4- 附录 -4 “厚和市”保送盟师临教部学员李宝珍等为恳请援包头市暨各县津贴临教部学子之例发给补助费致“厚和市公署”呈（1938 年 9 月 20 日）（三）

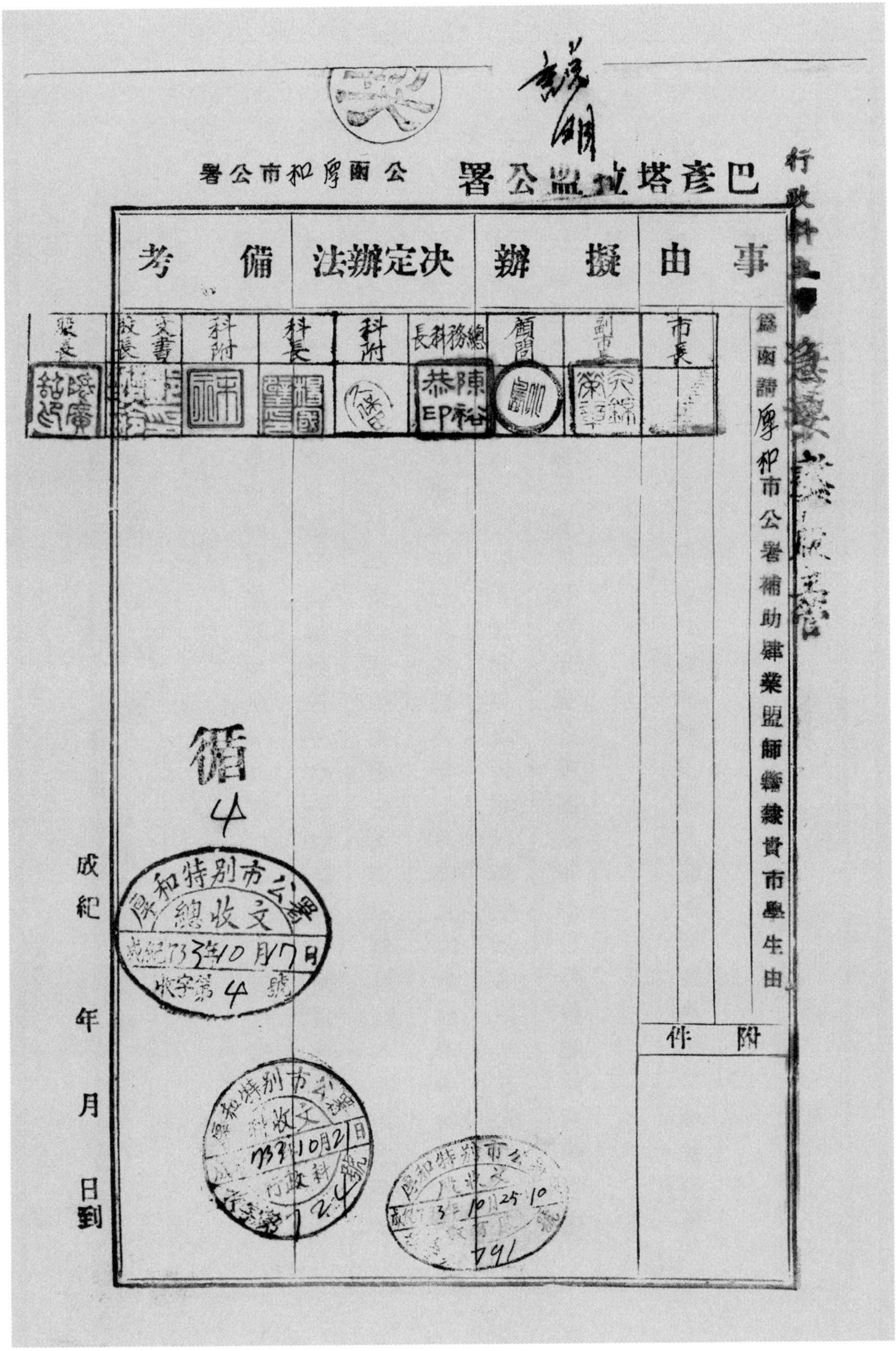
巴彥塔拉盟公署 公函 厚和市公署

事由	擬辦	決定辦法	備考
爲函請厚和市公署補助肆業盟師範隸貴市學生由			

市長	副市長	顧問	總務科長	科附	科長	科附	文書股長	股長

附件

成紀 年 月 日到

厚和特別市公署 總收文 成紀733年10月17日 收字第4號

图 4- 附录 -5 “巴彦塔拉盟公署”为补助肆业盟师籍隶贵市学生给“厚和市公署”公函（附学生名单）（1938 年 10 月 13 日）（一）

巴彥塔拉盟公署

巴彥塔拉盟公署公函 第104號 民教字第一八號

逕啓者查籍隸

貴市盟立師範學校臨教部學生溫培英等二十二名師範部學生王賢敏等五十六名均係敦品勵學勤勞苦讀學子惟以近日物價飛漲該生等家境又屬清寒無法維持學業節經聲請前來其情不無可憫本盟爲維持該生等學業前途計規定劃一辦法由本年七月起凡臨教部學生每名每月由隸屬機關補助十元以下五元以上師範部學生每名補助五元以下三元以上以示體恤而利進行除分令各縣旗遵照辦理外相應抄同學生名單函請

貴署查照俯賜轉撥逕發盟立師範學校轉發該生等應用俾資補救並希

見覆爲荷此致

厚和市公署

图 4- 附录 -5 “巴彦塔拉盟公署”为补助肄业盟师籍隶贵市学生给“厚和市公署”公函（附学生名单）（1938 年 10 月 13 日）（二）

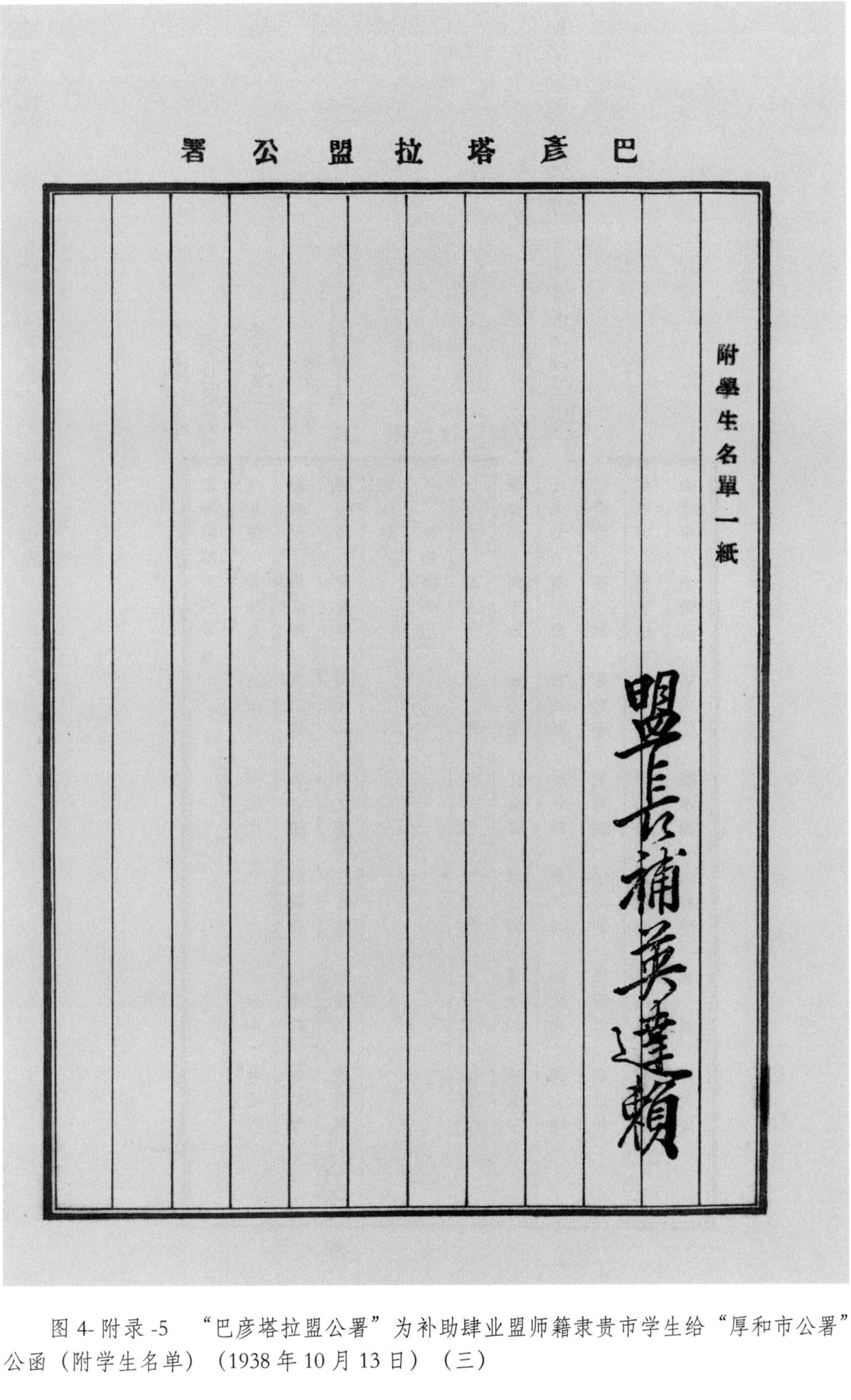
巴彥塔拉盟公署

附學生名單一紙

盟長補英達賴

图 4- 附录 -5 “巴彦塔拉盟公署”为补助肆业盟师籍隶贵市学生给“厚和市公署”公函（附学生名单）（1938 年 10 月 13 日）（三）

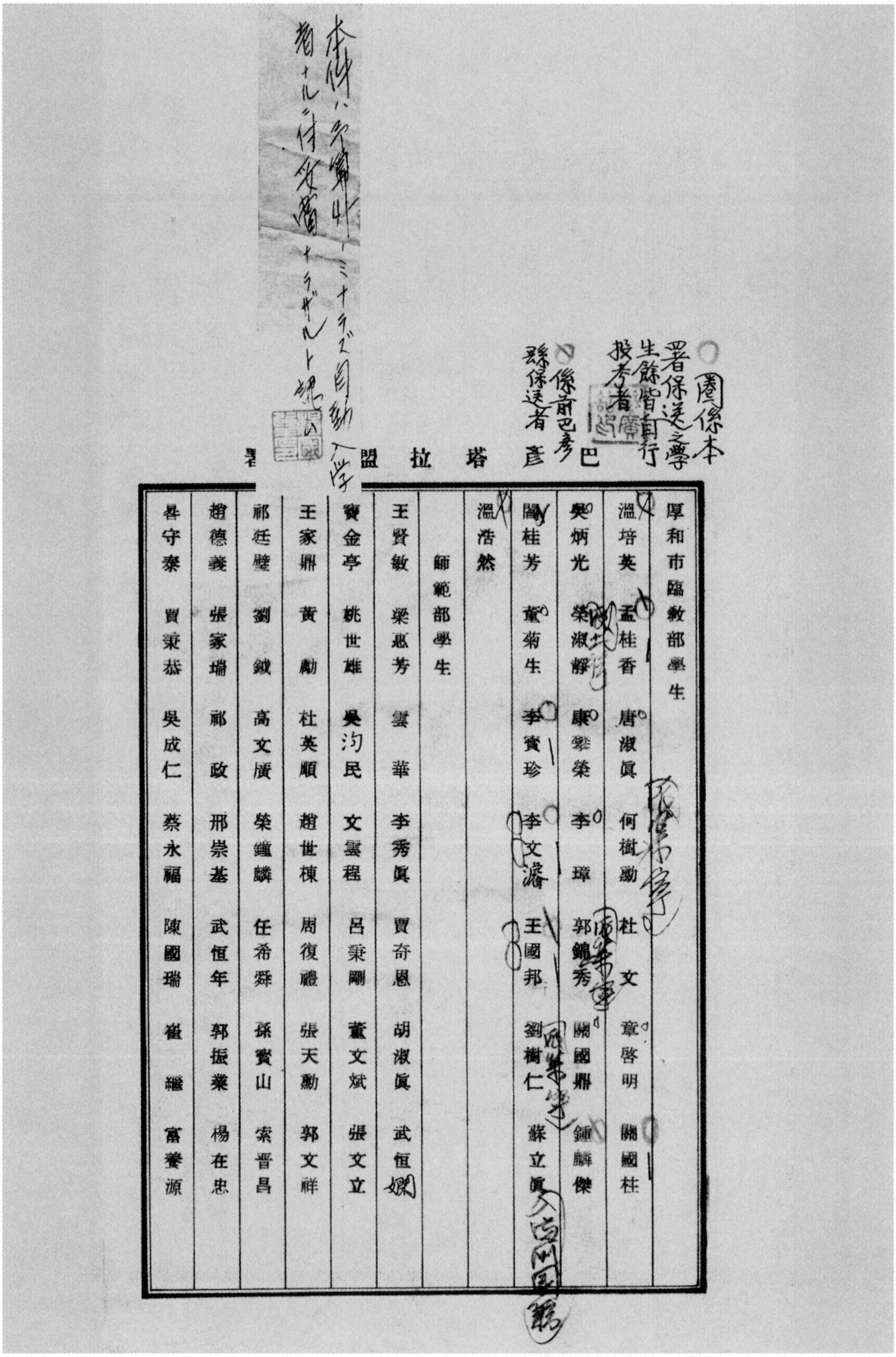

巴彥塔拉盟　署

厚和市臨教部學生						
溫培英	孟桂香	唐淑眞	何樹勳	杜文	章啓明	關國柱
吳炳光	榮淑靜	康鑾榮	李璋	郭鎭秀	關國鼎	鍾麟傑
閻桂芳	董菊生	李寶珍	李文濬	王國邦	劉樹仁	蘇立眞
溫浩然						
師範部學生						
王賢敏	梁惠芳	雲華	李秀眞	賈奇恩	胡淑眞	武恒嫻
竇金亭	姚世雄	吳沟民	文雲程	呂秉剛	董文斌	張文立
王家鼎	黃勳	杜英順	趙世棟	周復禮	張天勳	郭文祥
祁廷璧	劉鍼	高文廣	榮鍾麟	任希舜	孫寶山	索晉昌
趙德義	張家墉	祁政	邢崇基	武恒年	郭振業	楊在忠
昝守泰	賈秉恭	吳成仁	蔡永福	陳國瑞	崔繼	富養源

○關係本署保送之學生餘皆自行投考者

图 4- 附录 -5　“巴彦塔拉盟公署”为补助肆业盟师籍隶贵市学生给“厚和市公署”公函（附学生名单）（1938 年 10 月 13 日）（四）

巴彦塔拉盟公署

翟義忠　陶維蘊　趙秉衡　閻培昌　何樹聲　關福壽　閻湧

任志銘　李秀業　李品芝　閻葆昌　劉培毅　王俊彥　李潤枝

图 4- 附录 -5　“巴彦塔拉盟公署”为补助肆业盟师籍隶贵市学生给“厚和市公署”公函（附学生名单）（1938 年 10 月 13 日）（五）

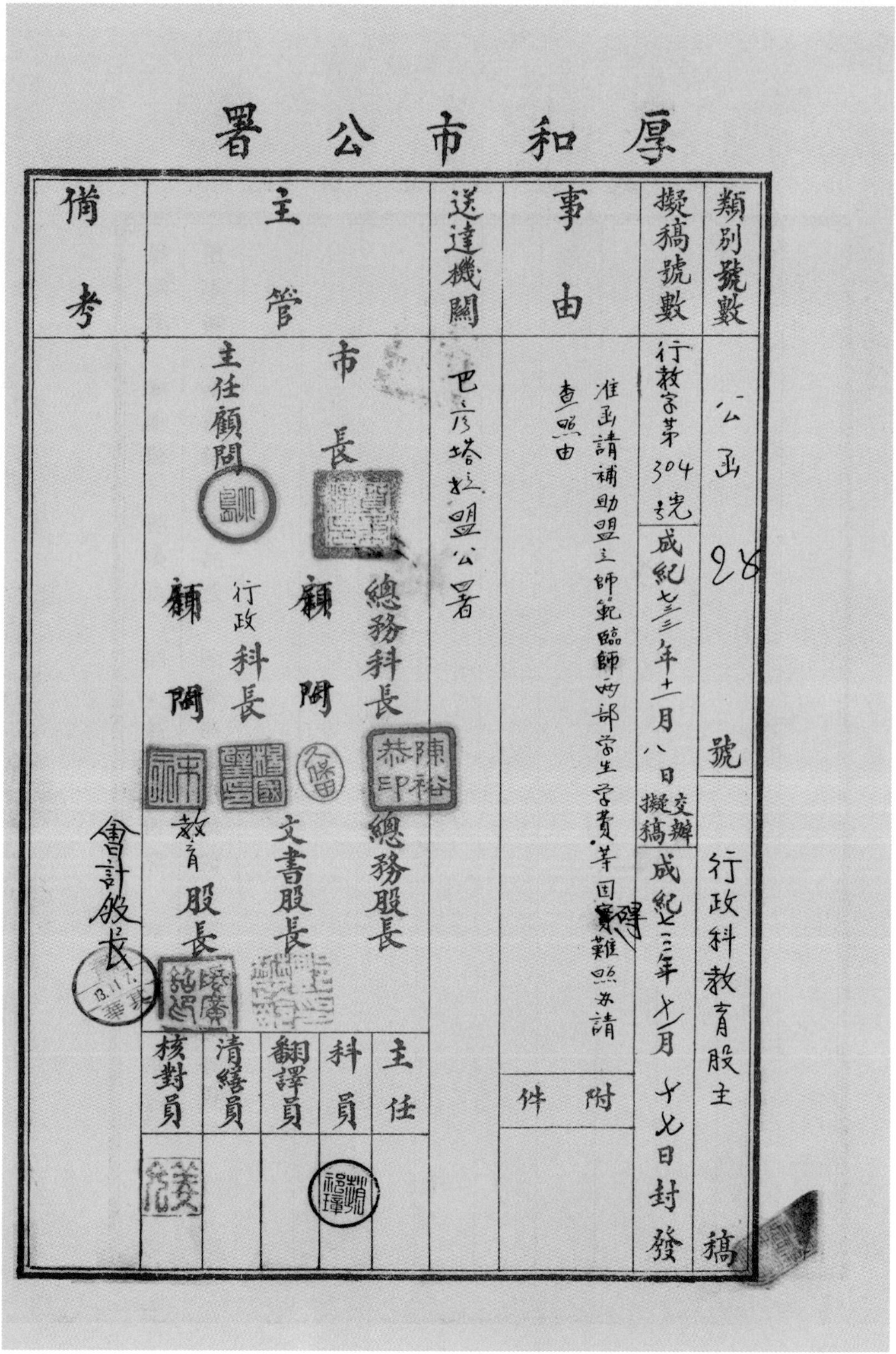

厚和市公署

類別號數：公函 28 號
擬稿號數：行教字第304號
成紀七三三年十一月八日 擬稿 交辦
成紀七三三年十一月十七日封發
事由：准函請補助盟立師範臨師兩部學生學費等因礙難照辦請查照由
送達機關：巴彥塔拉盟公署
主管：市長　主任顧問　總務科長　顧問　行政科長　顧問　總務股長　文書股長　教育股長　會計股長
陳裕恭印
主任　科員　翻譯員　清繕員　核對員
附件
備考
行政科教育股主稿

图 4- 附录 -6　“厚和市公署”为补助盟立师范临师两部学生学费碍难照办致“巴彦塔拉盟公署”（附“厚和市公署行政科”签呈）（1938 年 11 月 17 日）（一）

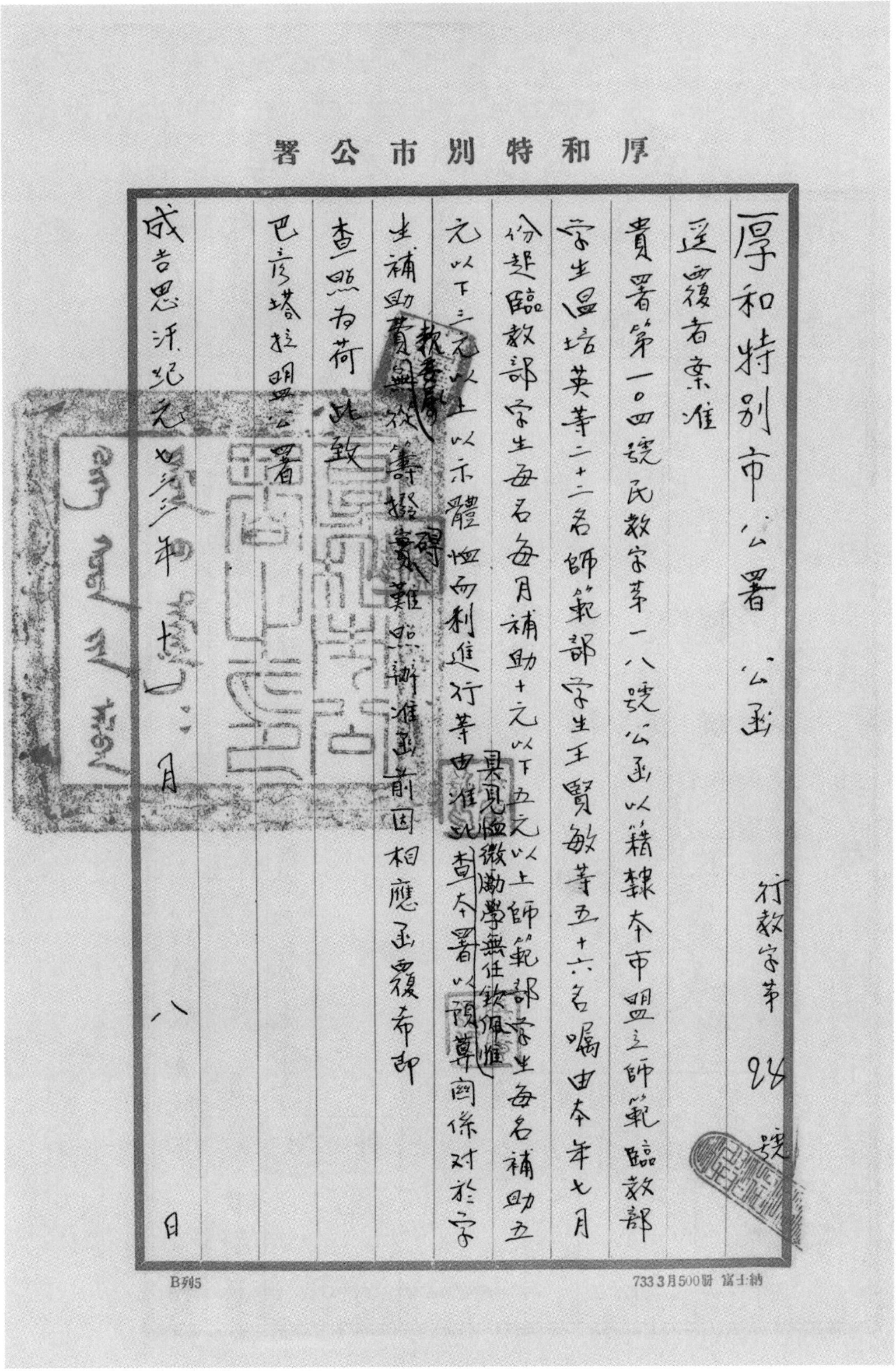

厚和特別市公署

厚和特別市公署公函 行敎字第24號

逕覆者案准

貴署第一〇四號民敎字第一八號公函以籍隸本市盟立師範臨敎部

學生温培英等二十二名師範部學生王賢敏等五十六名囑由本年七月

份起臨敎部學生每名每月補助十元以下五元以上師範部學生每名補助五

元以下三元以上以示體恤而利進行等由准此具見恤微勸學無任欽佩准查本署以預算內係對於學

生補助費無從籌撥實難照辦准函前因相應函覆希即

查照為荷　此致

巴彥塔拉盟公署

成吉思汗紀元七三三年十一月　八　日

B列5　　733 3月500冊 富士納

图 4- 附录 -6 “厚和市公署”为补助盟立师范临师两部学生学费碍难照办致“巴彦塔拉盟公署”（附“厚和市公署行政科”签呈）（1938 年 11 月 17 日）（二）

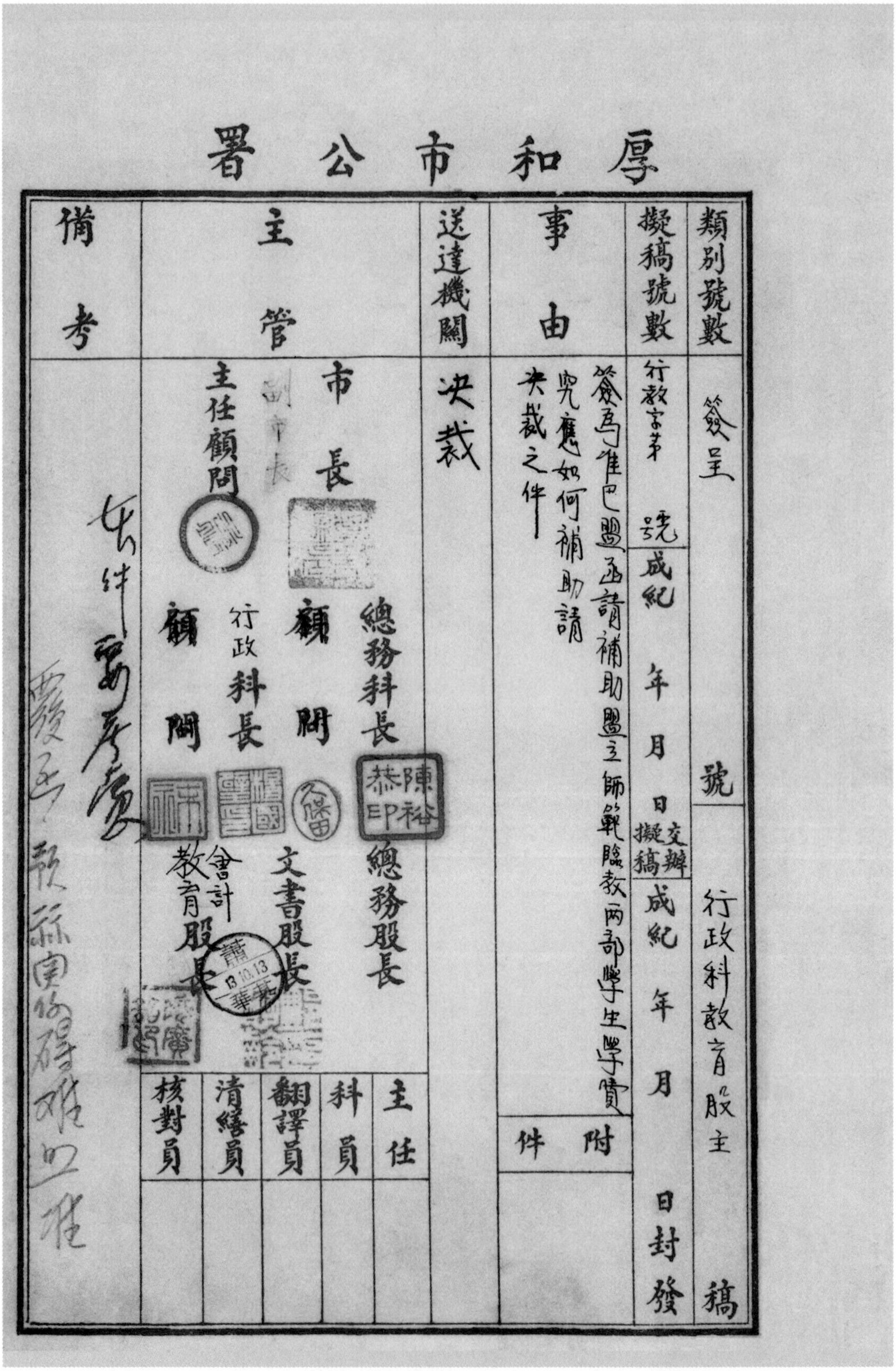

图 4- 附录 -6　“厚和市公署”为补助盟立师范临师两部学生学费碍难照办致“巴彦塔拉盟公署”（附“厚和市公署行政科”签呈）（1938 年 11 月 17 日）（三）

厚和特別市公署

為簽請事案准
巴彥塔拉盟公署公函以籍隸貴市盟立師範學校臨教部學生温培
英等二十二名師範部學生王贒敏等五十六名均係敦品勵學家境清寒無
法維持學業節經聲請前來其情不無可憫本盟為維持該生等學
業之前途計規定劃一辦法由本年七月份起凡臨教部學生每名每月由
隸屬機關補助十元以下五元以上師範部學生每名補助五元以下三元以上以示
體恤而利進行抄同學生名單函請查照俯賜籌撥逕發學校轉發並希
見覆等因查盟立師範學校分師範部與臨時教員兩部師範部學生
肄業期限為三年臨教部學生肄業期限為一年截至本年終了臨教部
學生即行卒業詳查該校臨教部學生由本署保送者八名（內有前巴彥縣保送
者三名）所有本署直接保送入學之學生五名雖迭據呈請補助均未核准

B列5　　733,3月500冊 富士納

图 4- 附录 -6　“厚和市公署”为补助盟立师范临师两部学生学费碍难照办致“巴彦塔拉盟公署”（附“厚和市公署行政科”签呈）（1938 年 11 月 17 日）（四）

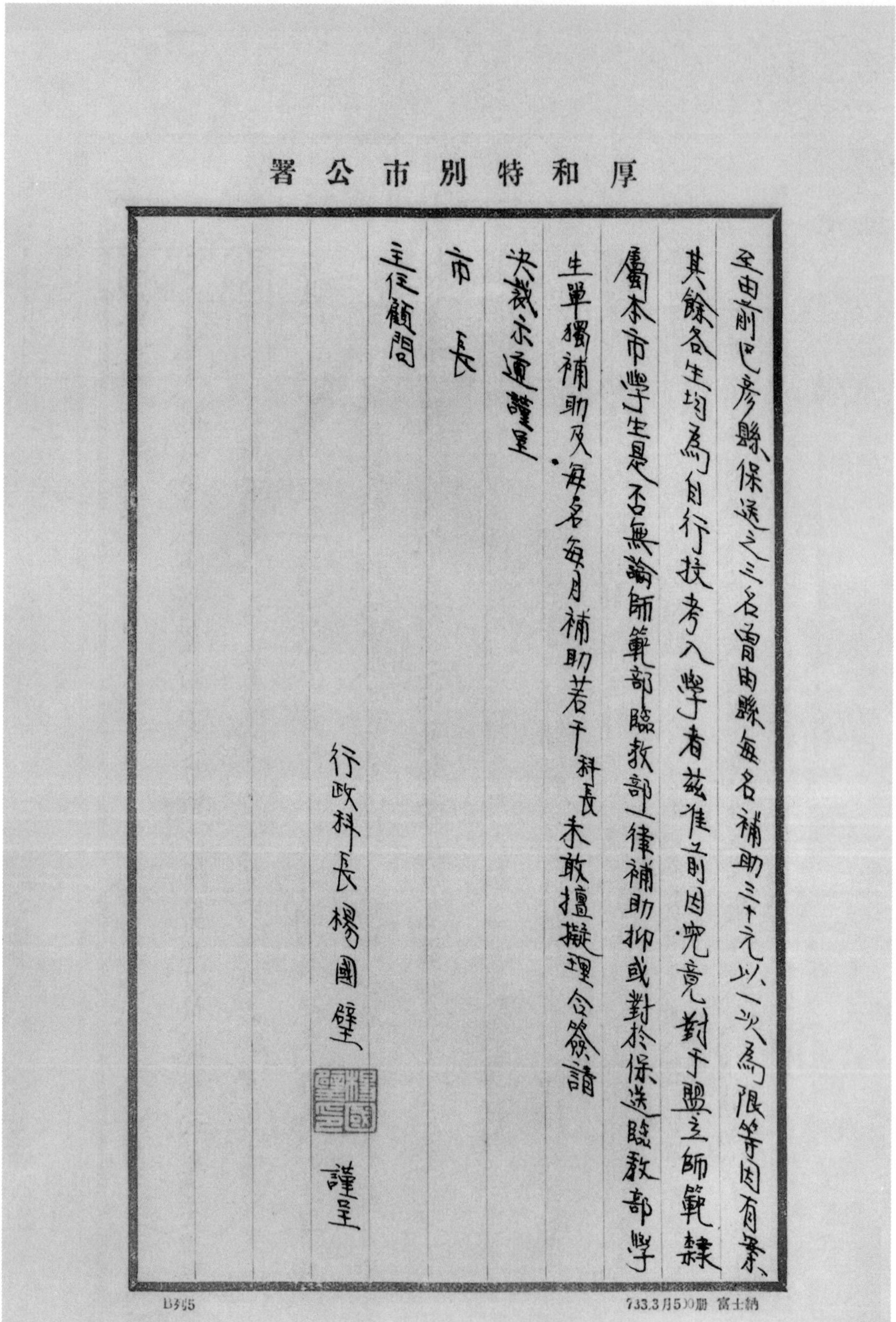

厚和特別市公署

至由前巴彥縣保送之三名曾由縣每名補助三十元以一次爲限等因有案其餘各生均爲自行投考入學者茲准前因究竟對于盟立師範肄屬本市學生是否無論師範部臨教部一律補助抑或對於保送臨教部學生單獨補助及每名每月補助若干科長未敢擅擬理合簽請

決裁示遵謹呈

市 長

主任顧問

行政科長楊國璧（印）謹呈

B列5　733.3月500冊 富士納

图 4-附录-6　“厚和市公署”为补助盟立师范临师两部学生学费碍难照办致“巴彦塔拉盟公署”（附“厚和市公署行政科”签呈）（1938 年 11 月 17 日）（五）

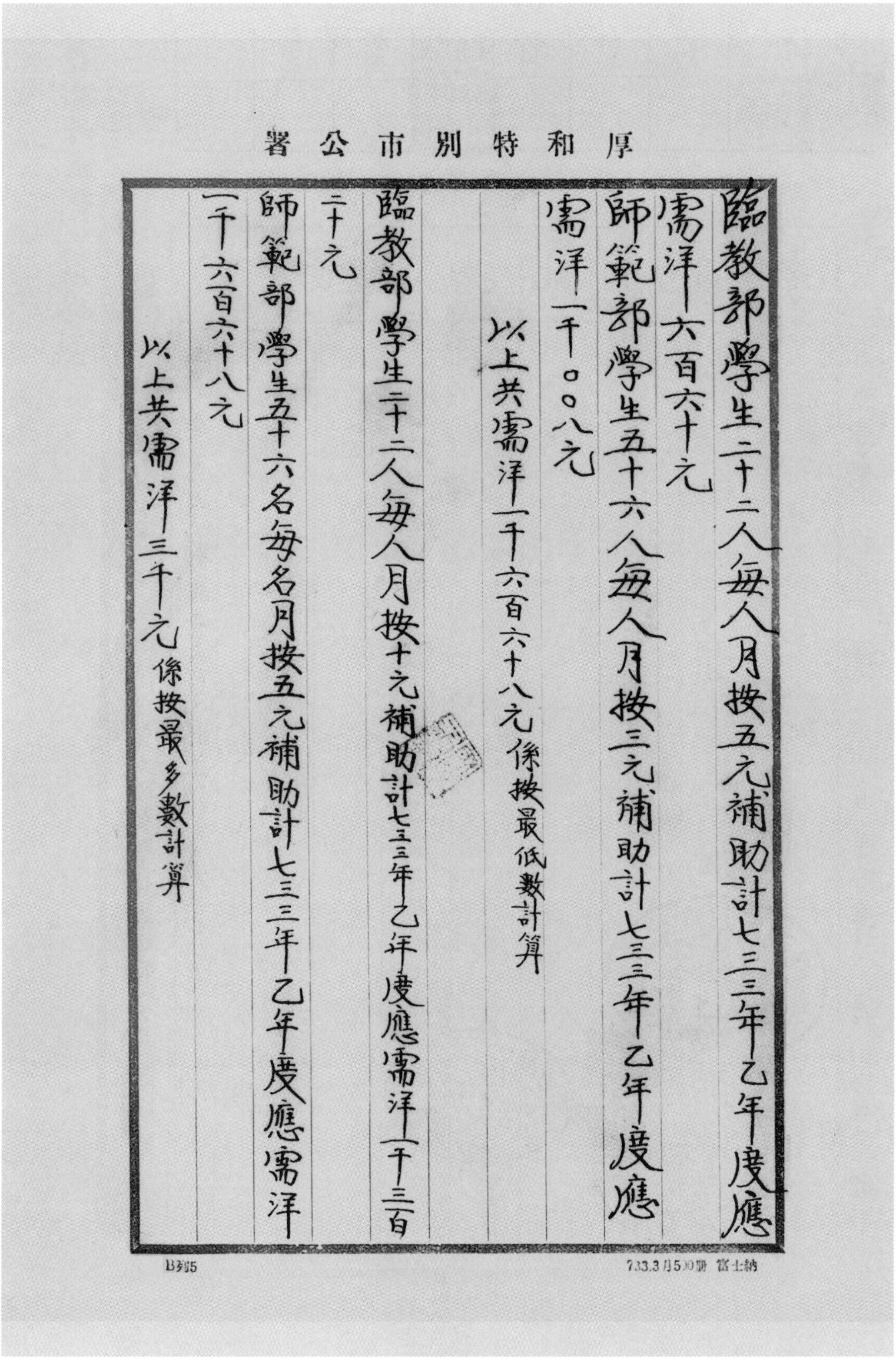

厚和特別市公署

臨教部學生二十二人每人月按五元補助計七三三年乙年度應
需洋一六百六十元
師範部學生五十六人每人月按三元補助計七三三年乙年度應
需洋一千〇八元
以上共需洋一千六百六十八元係按最低數計算
臨教部學生二十二人每人月按十元補助計七三三年乙年度應需洋一千三百
二十元
師範部學生五十六名每名月按五元補助計七三三年乙年度應需洋
一千六百六十八元
以上共需洋三千元係按最多數計算

B列5　　733.3月500冊 富士納

图 4- 附录 -6　“厚和市公署”为补助盟立师范临师两部学生学费碍难照办致“巴彦塔拉盟公署”（附“厚和市公署行政科”签呈）（1938 年 11 月 17 日）（六）

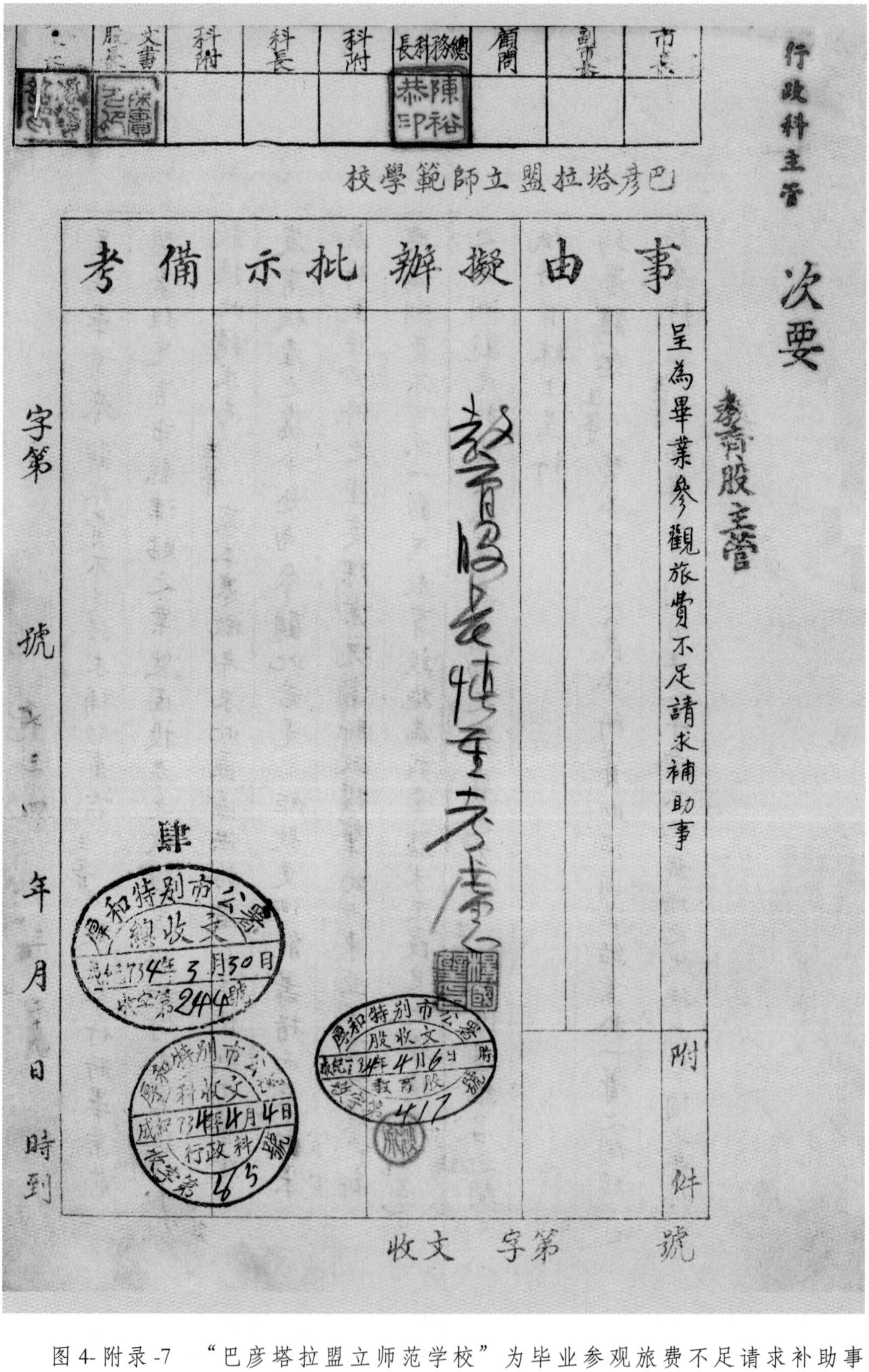

市長	副市長	顧問	總務科長	科附	科長	科附	文書股長	
			陳裕恭印					

行政科主管

次要

教育股主管

巴彥塔拉盟立師範學校

事由	擬辦	批示	備考
呈為畢業參觀旅費不足請求補助事	教育股長核查考		肆
附 件			

字第 號

年 月 日 時到

厚和特別市公署 總收文 成紀734年3月30日 收字第244號

厚和特別市公署 科收文 成紀734年4月4日 行政科 收字第65號

厚和特別市公署 股收文 成紀734年4月6日 教育股 收字第417號

收文 字第 號

图 4-附录-7 “巴彦塔拉盟立师范学校”为毕业参观旅费不足请求补助事致“厚和市公署”呈（1939 年 3 月 29 日）（一）

呈為畢業參觀旅費不足請求補助事竊 生等 入校迄今行將畢業前
盟署雖定有市縣津貼之案然因投考之故雖處於如何之窘迫終未
敢據此請求而 生等 家本寒微年來此區區供給者已足使剜肉醫瘡岌
岌有破產之虞今赴滿參觀此若是之鉅款更何能籌措而參觀本
為師範生必修之重要課業況當新政權肇始而東亞王道特建之新
興滿洲更不可不一觀其教育設施為我蒙疆未來改良之鑑鏡是 生等
之滿洲觀光於公於私更為急切之舉廢之不能 生等 於進退維谷之間
祇得冒昧上呈祈
鈞署體念 生等 皆本市之公民少所資助得圓滿結業於一簣之間服
務桑梓盡 生等 棉薄之力則有生之年當不忘栽培之大德此些須之費於

图 4-附录-7 “巴彦塔拉盟立师范学校”为毕业参观旅费不足请求补助事致“厚和市公署”呈（1939 年 3 月 29 日）（二）

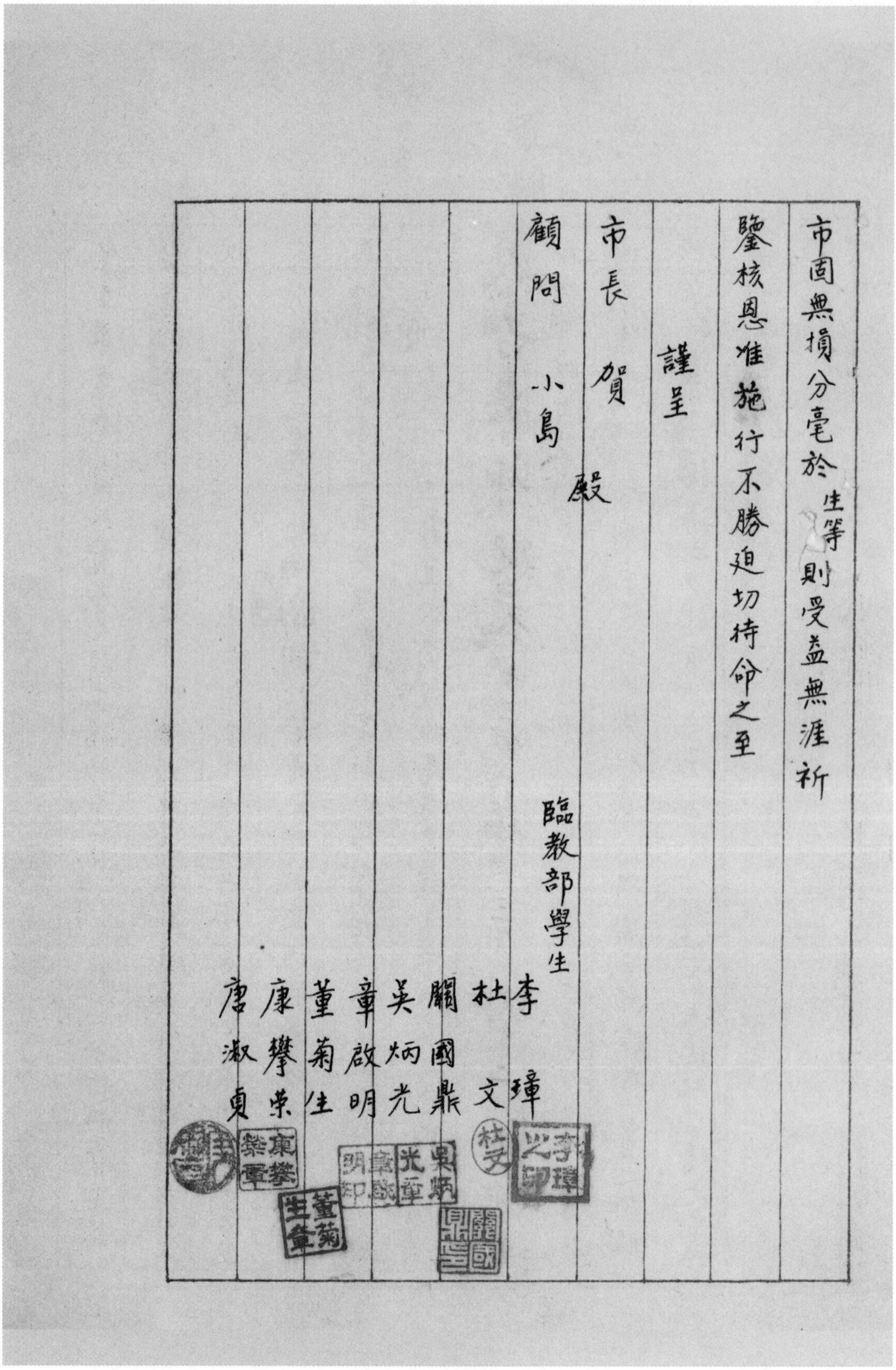

市固無損分毫於生等則受益無涯祈
鑒核恩准施行不勝迫切待命之至
謹呈
市長 賀 殿
顧問 小島

臨教部學生
李瑋
杜文
關國鼎
吳炳光
章啟明
董菊生
康攀榮
唐淑貞

图 4- 附录 -7 “巴彦塔拉盟立师范学校”为毕业参观旅费不足请求补助事致“厚和市公署”呈（1939 年 3 月 29 日）（三）

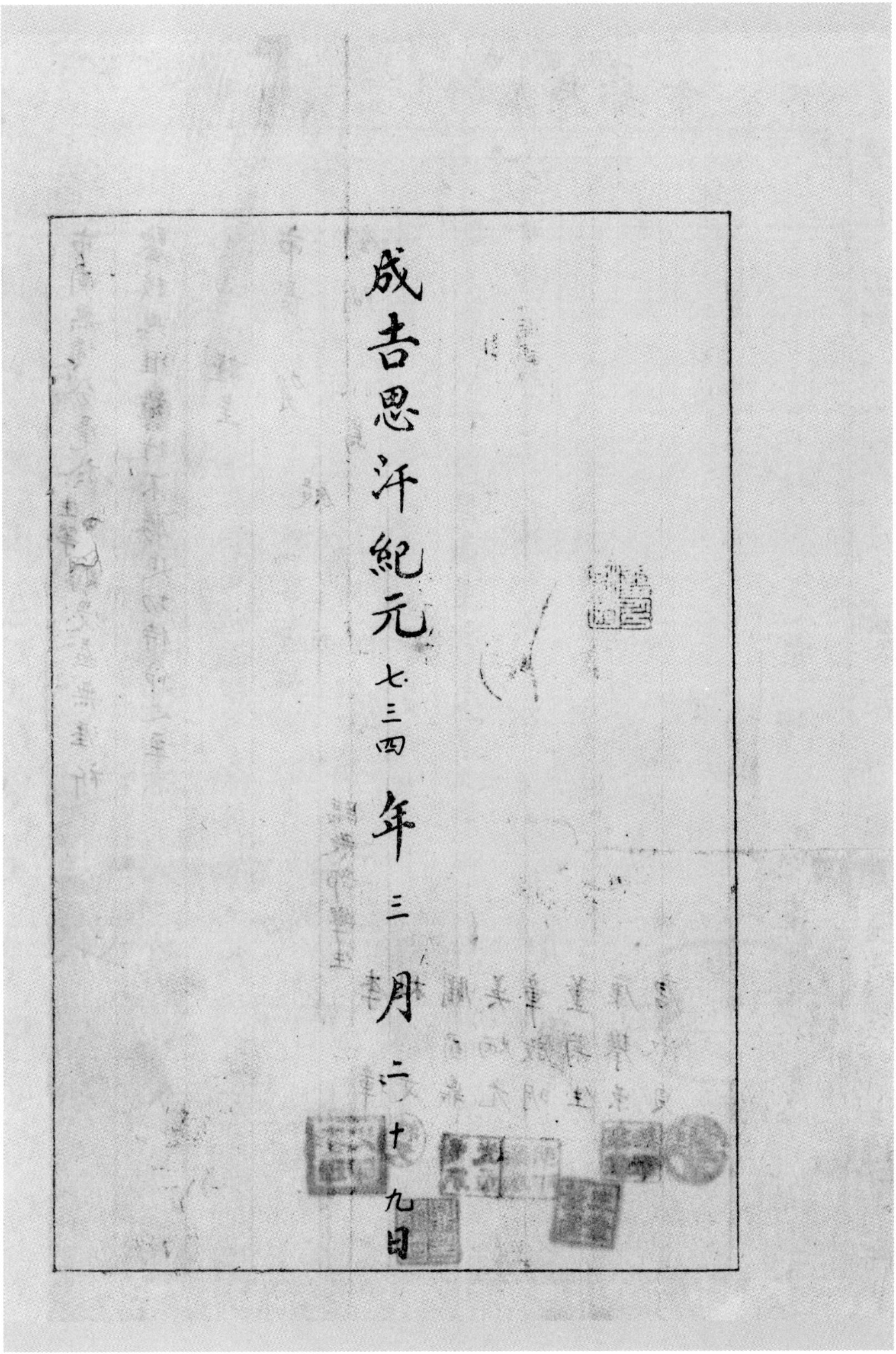

图 4-附录-7　“巴彦塔拉盟立师范学校”为毕业参观旅费不足请求补助事致“厚和市公署”呈（1939 年 3 月 29 日）（四）

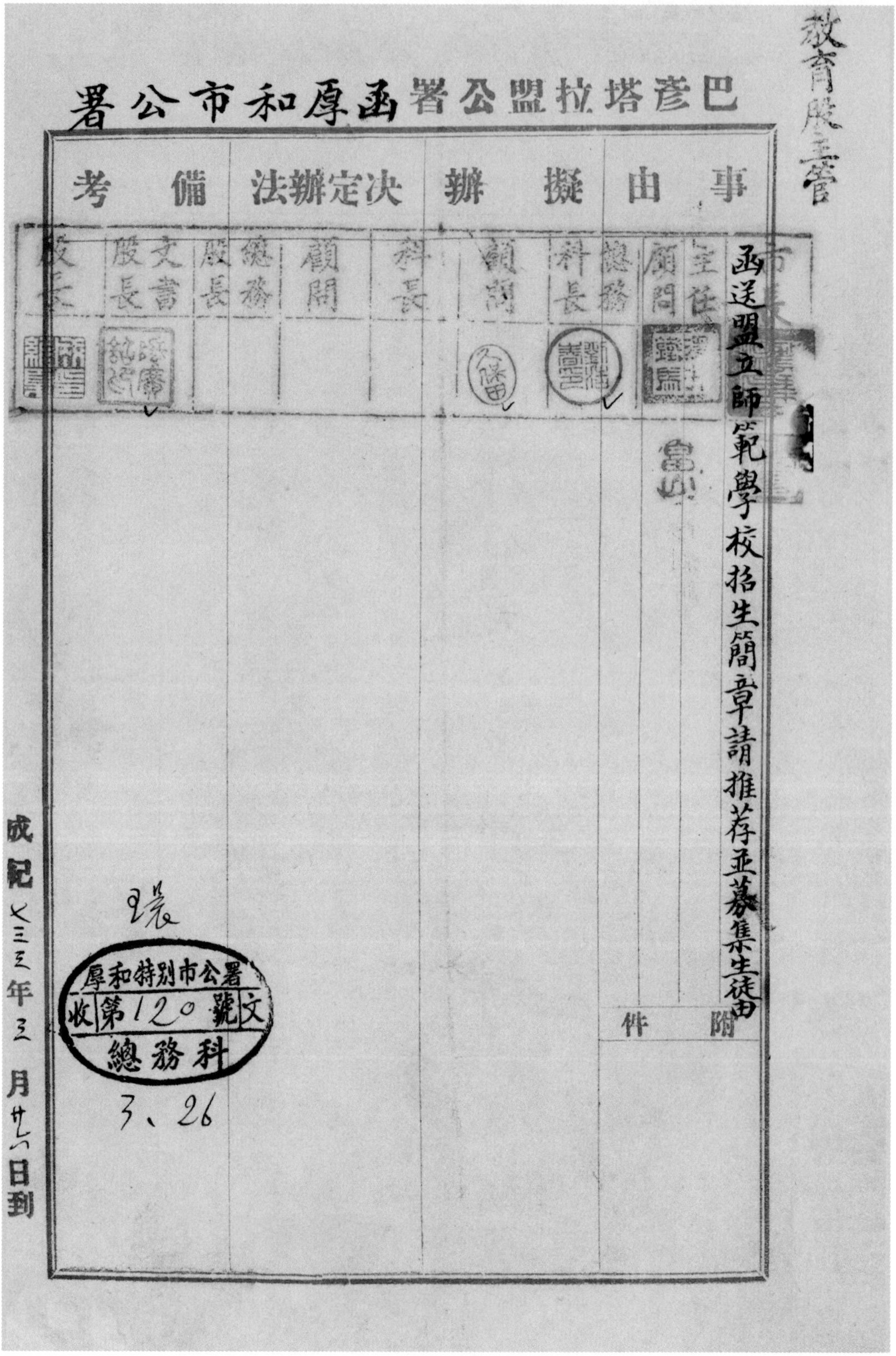

巴彥塔拉盟公署函厚和市公署

事由	擬辦	決定辦法	備考
函送盟立師範學校招生簡章請推薦並募集生徒由			

附件

图 4-附录-8 “巴彦塔拉盟公署”为送“盟立师范学校”招生简章请推荐并募集生徒致“厚和市公署”公函（附招生简章）（1938 年 3 月 26 日）（一）

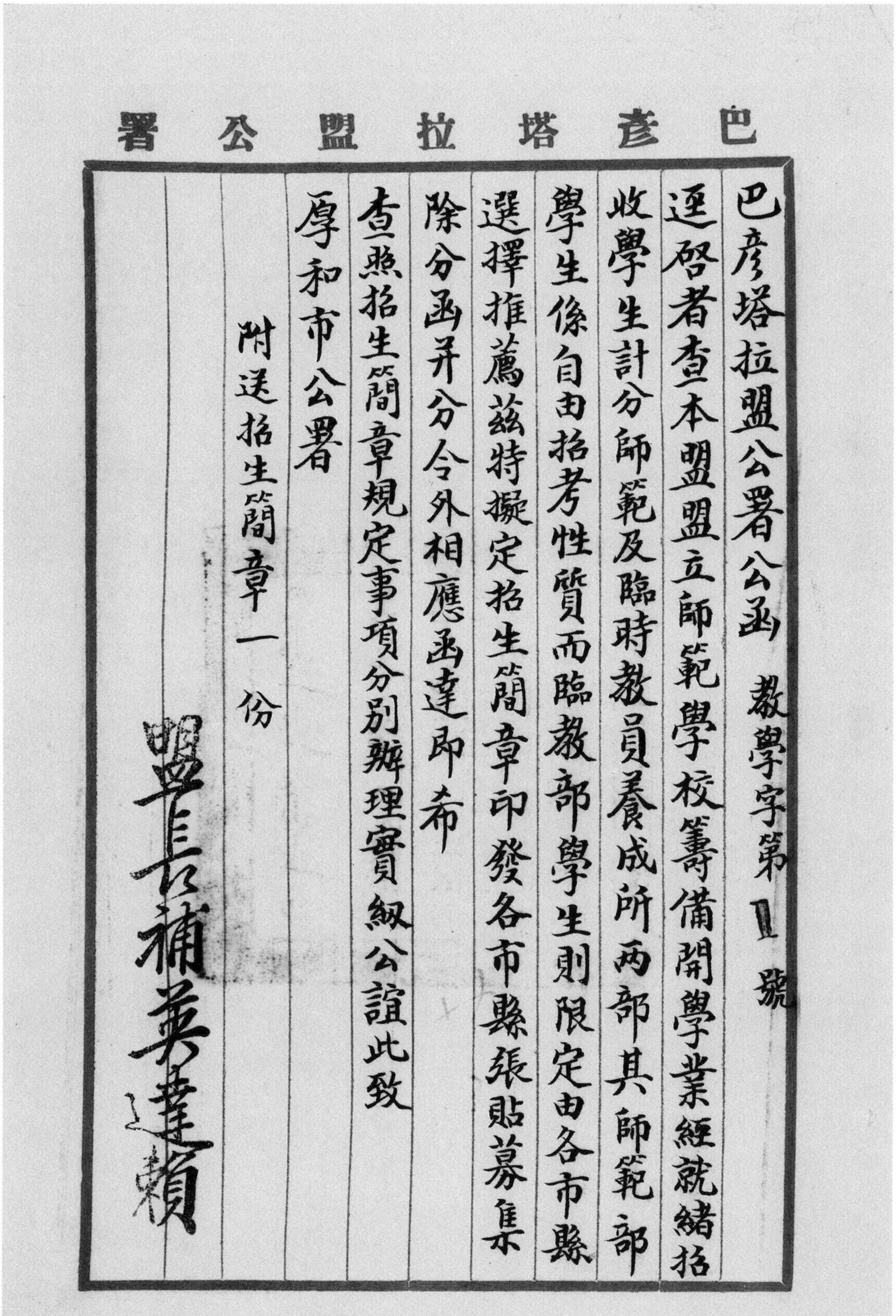

巴彥塔拉盟公署

巴彥塔拉盟公署公函　教學字第　號

逕啓者查本盟盟立師範學校籌備開學業經就緒招收學生計分師範及臨時教員養成所兩部其師範部學生係自由招考性質而臨教部學生則限定由各市縣選擇推薦茲特擬定招生簡章印發各市縣張貼募集除分函并分令外相應函達即希

查照招生簡章規定事項分別辦理實紉公誼此致

厚和市公署

附送招生簡章一份

盟長補英達賴

图 4- 附录 -8　“巴彦塔拉盟公署”为送“盟立师范学校”招生简章请推荐并募集生徒致“厚和市公署”公函（附招生简章）（1938 年 3 月 26 日）（二）

盟立師範及臨時教員養成所招生簡章

一、教授方針

以日本語及漢文為主體

一、教育科目

倫理，教育，日本語，漢文，習字，數學（含有珠算）地理，歷史（須重視日東史）自然科，圖畫，唱歌，體操，實業實習，

一、組織

肄業年限 師範部三年卒業 臨教部一年卒業（師範學校卒業生及高級師範退學學生）

生徒 百名（師範部五十名，臨教部五十名）

師範部一年級生五十名一二學級制（即二班）

臨教部第一期生五十名一二學級制（即二班）

一、卒業後之待遇及義務

卒業後就職薪金最低四十元但須保證有三年勤務之義務

一、招收學生要項

A師範部

1、高級小學卒業及有同等學力者

图 4-附录-8 “巴彦塔拉盟公署”为送“盟立师范学校”招生简章请推荐并募集生徒致“厚和市公署”公函（附招生简章）（1938年3月26日）（三）

2、年齡限十五歲以上十八歲以下

3、由盟公署教育廳考選身體強健，頭腦明晰思想健全者

B 臨教部

1、師範學校及高級中學卒業暨有同等學力者

2、身體強健思想健全滿二十歲以上及三十歲未滿者

3、由各縣按資格推薦呈送盟公署教育廳報到入學

C、各部學生招收日期

1、師範部招生一、報名地點，盟公署教育廳 二、招考日期定於四月五日 三、考試科目 漢文，算術。

2、臨教部招生由厚包兩市及各縣於四月五日前推荐到廳報到其推荐名額分配如下

厚和市十五名，包頭市十名，巴彥縣二名，豐鎮四名，武川二名，陶林二名，固陽二名，集寧二名，和林二名，薩縣四名，涼城二名，清水河一名，興和二名，

D、待遇

1、師範部學生除制服費由學校發給外，其餘各費，統由學生担負，

2、臨教部學生完全官費（男女兼收）

图 4- 附录 -8 “巴彦塔拉盟公署”为送“盟立师范学校”招生简章请推荐并募集生徒致“厚和市公署”公函（附招生简章）（1938 年 3 月 26 日）（四）

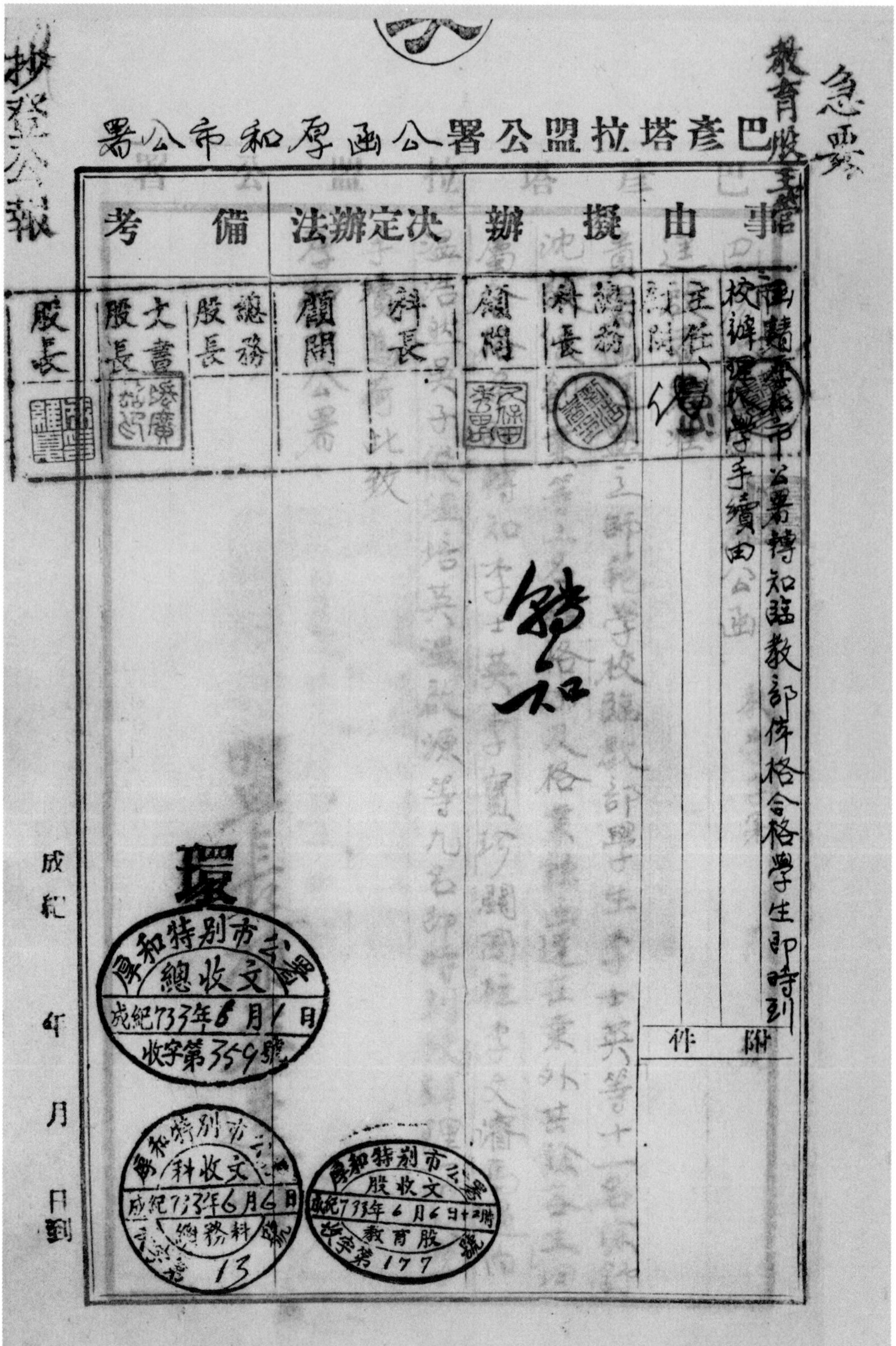

巴彦塔拉盟公署公函厚和市公署

事由	擬辦	決定辦法	備考
函轉厚和市公署轉知臨教部体格合格學生即時到校辦理入學手續由（公函）			

附件

厚和特別市公署 總收文 成紀733年6月1日 收字第359號

厚和特別市公署 科收文 成紀733年6月6日 總務科 13

厚和特別市公署 股收文 成紀733年6月6日 教育股 收字第177號

图 4- 附录 -9 “巴彦塔拉盟公署”为转知“盟立师范学校临教部”体格合格学生即时到校办理入学手续给“厚和市公署”公函（1938 年 5 月 30 日）（一）

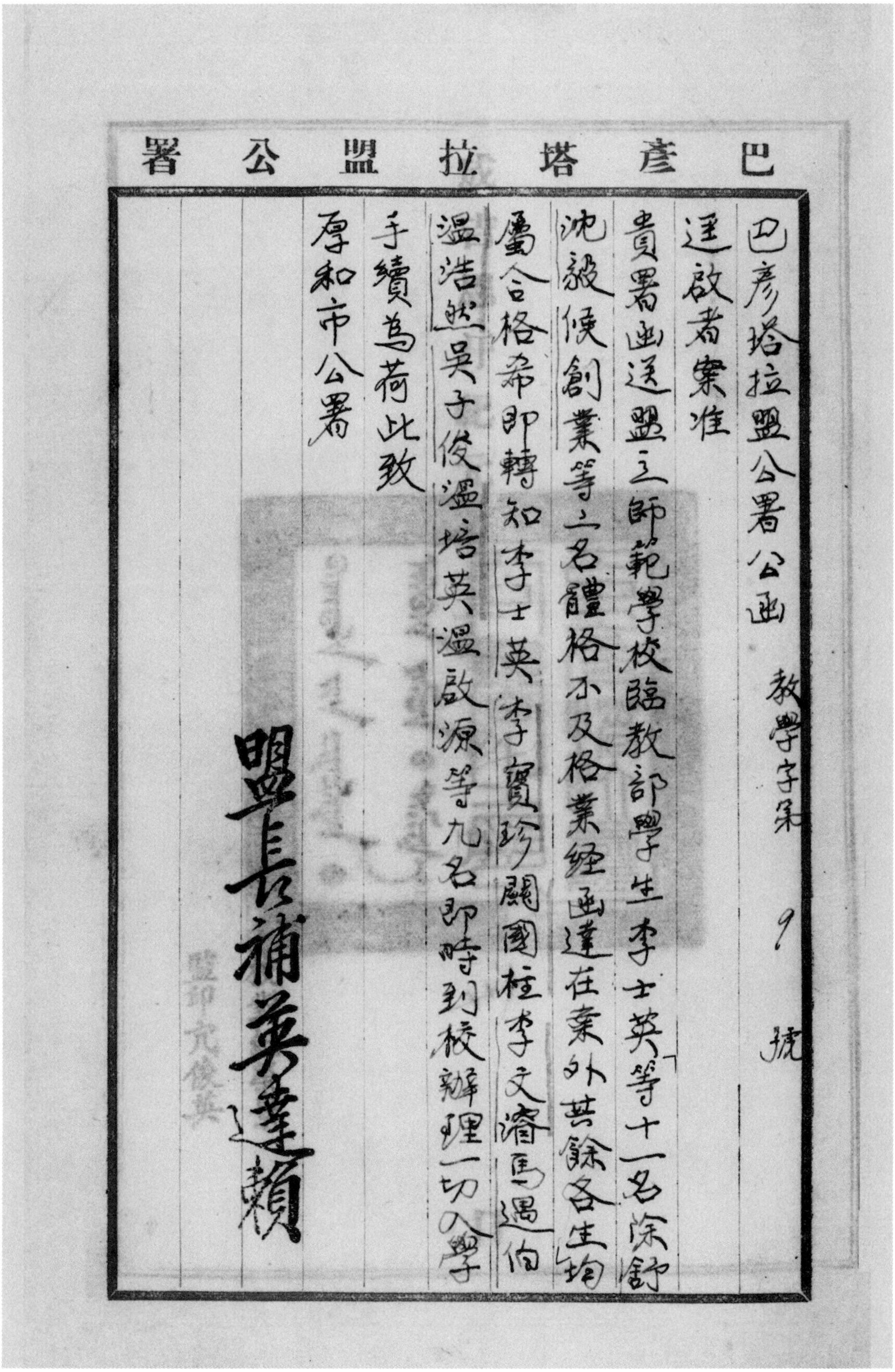
巴彥塔拉盟公署

巴彥塔拉盟公署公函　教學字第9號

逕啟者案准
貴署函送盟立師範學校臨教部學生李士英等十一名除鈕沈毅侯創業等二名體格不及格業經函達在案外其餘各生均屬合格希即轉知李士英李寶珍麗國桂李文濬馬遇伯溫浩然吳子俊溫培英溫啟源等九名即時到校辦理一切入學手續為荷此致
厚和市公署

盟長補英達賴

監印亢儉英

图 4- 附录 -9　“巴彦塔拉盟公署”为转知“盟立师范学校临教部”体格合格学生即时到校办理入学手续给“厚和市公署”公函（1938 年 5 月 30 日）（二）

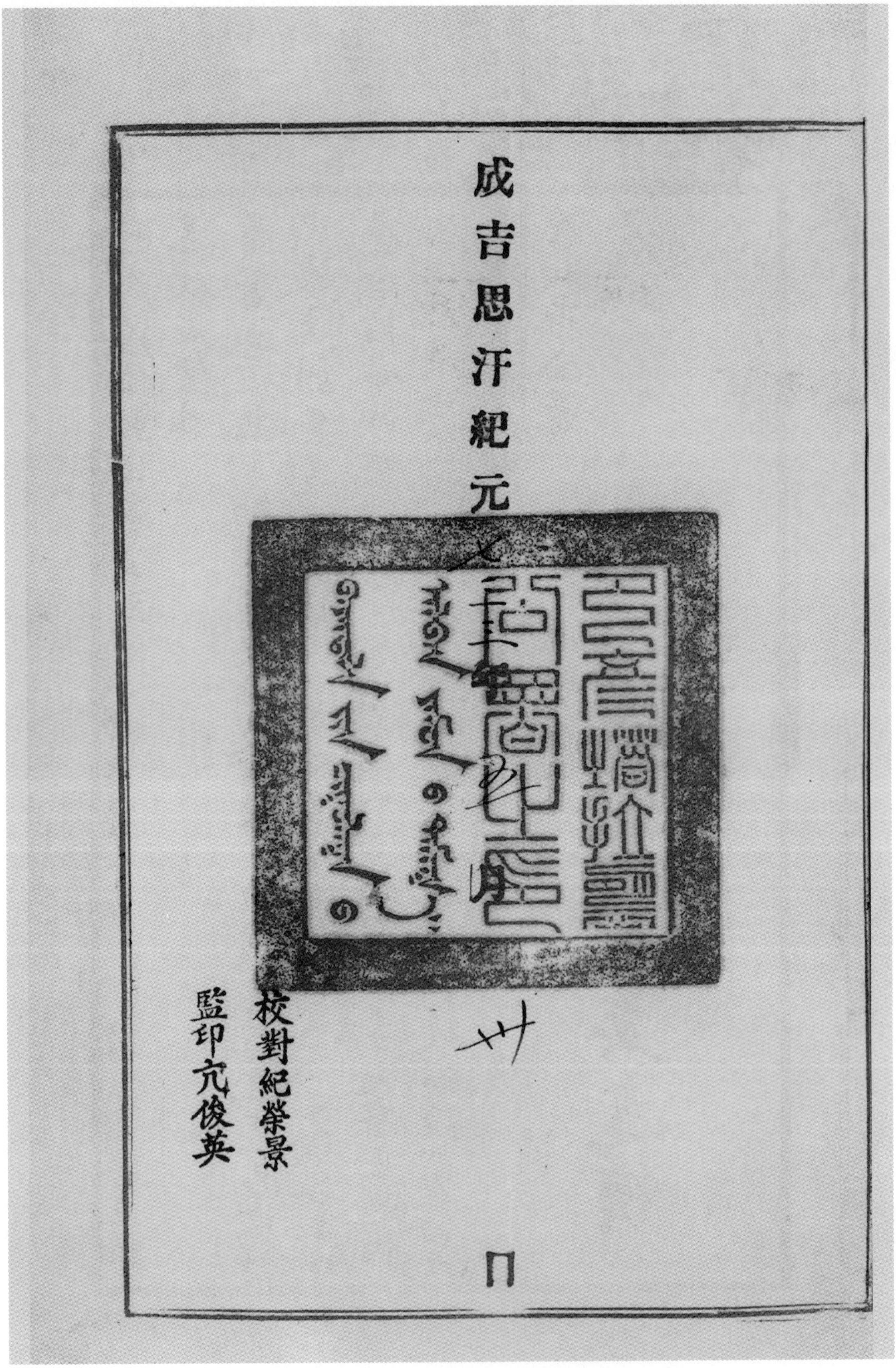
成吉思汗紀元

校對紀榮景

監印亢俊英

图 4- 附录 -9 “巴彦塔拉盟公署”为转知“盟立师范学校临教部”体格合格学生即时到校办理入学手续给“厚和市公署”公函（1938 年 5 月 30 日）（三）

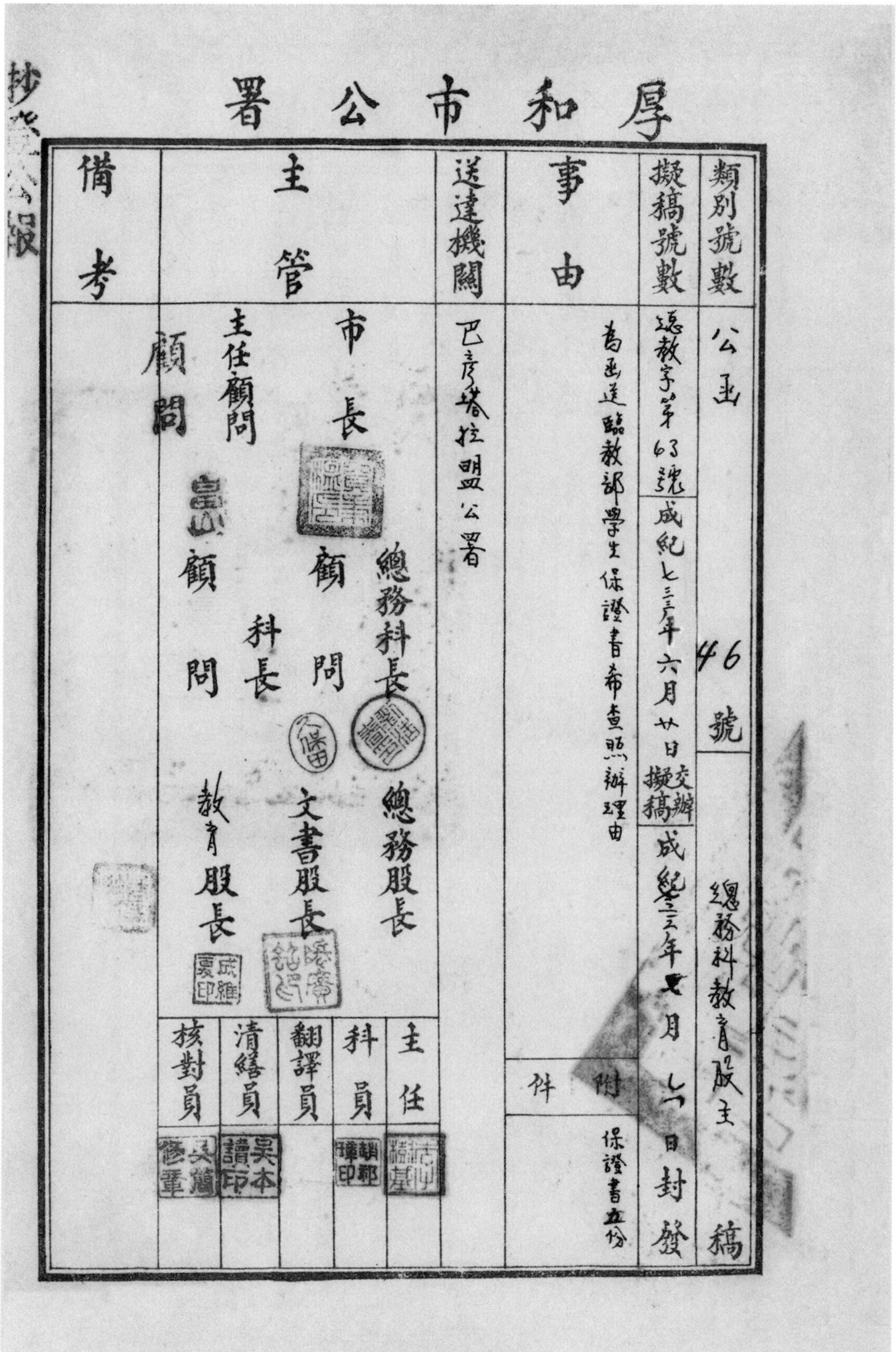

抄送公報

厚和市公署

類別號數：公函 46號 總務科教育股主稿

擬稿號數：厚教字第63號

成紀七三三年六月廿日 擬稿 交辦

成紀七三三年七月六日 封發

事由：為函送臨教部學生保證書希查照辦理由

附件：保證書五份

送達機關：巴彥塔拉盟公署

主管：市長 總務科長 總務股長 顧問 文書股長 科長 主任顧問 顧問 教育股長 顧問

主任 科員 翻譯員 清繕員 核對員

備考

图 4- 附录 -10 “厚和市公署”为送“盟立师范学校临教部”学生保证书致“巴彦塔拉盟公署”公函（1938 年 7 月 6 日）（一）

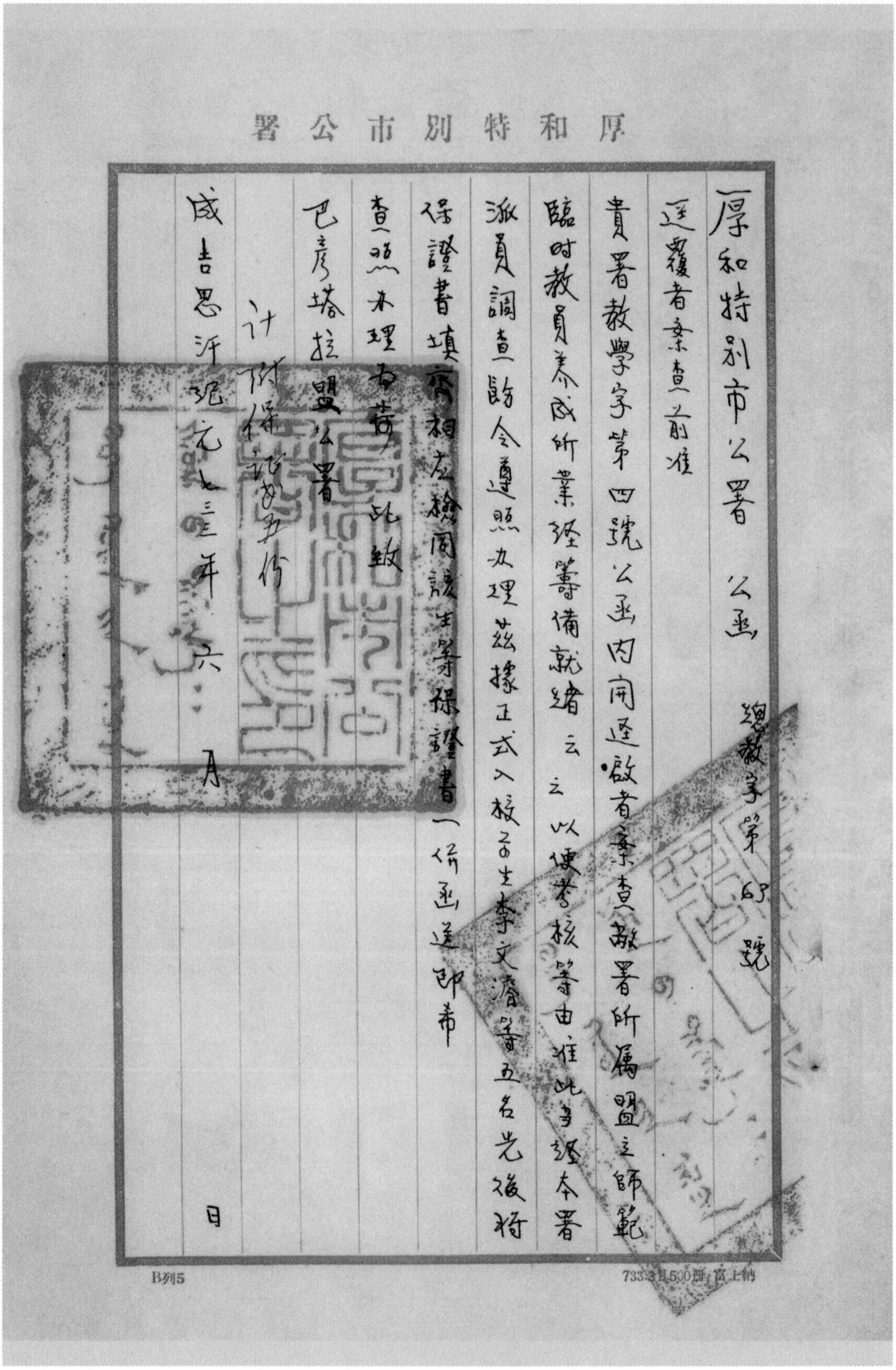

厚和特別市公署

厚和特別市公署 公函 總教字第67號

逕覆者案查前准

貴署教學字第四號公函內開逕啟者案查敝署所屬盟立師範

臨時教員養成所業經籌備就緒云云以便考核等由准此當經本署

派員調查該令遵照辦理茲據正式入校學生李文濬等五名先後將

保證書填齊相應檢同該生等保證書一併函送即希

查照辦理爲荷此致

巴彥塔拉盟公署

計附保證書五份

成吉思汗紀元七三三年六月　日

B列5

图 4- 附录 -10　“厚和市公署”为送“盟立师范学校临教部”学生保证书致“巴彦塔拉盟公署”公函（1938 年 7 月 6 日）（二）

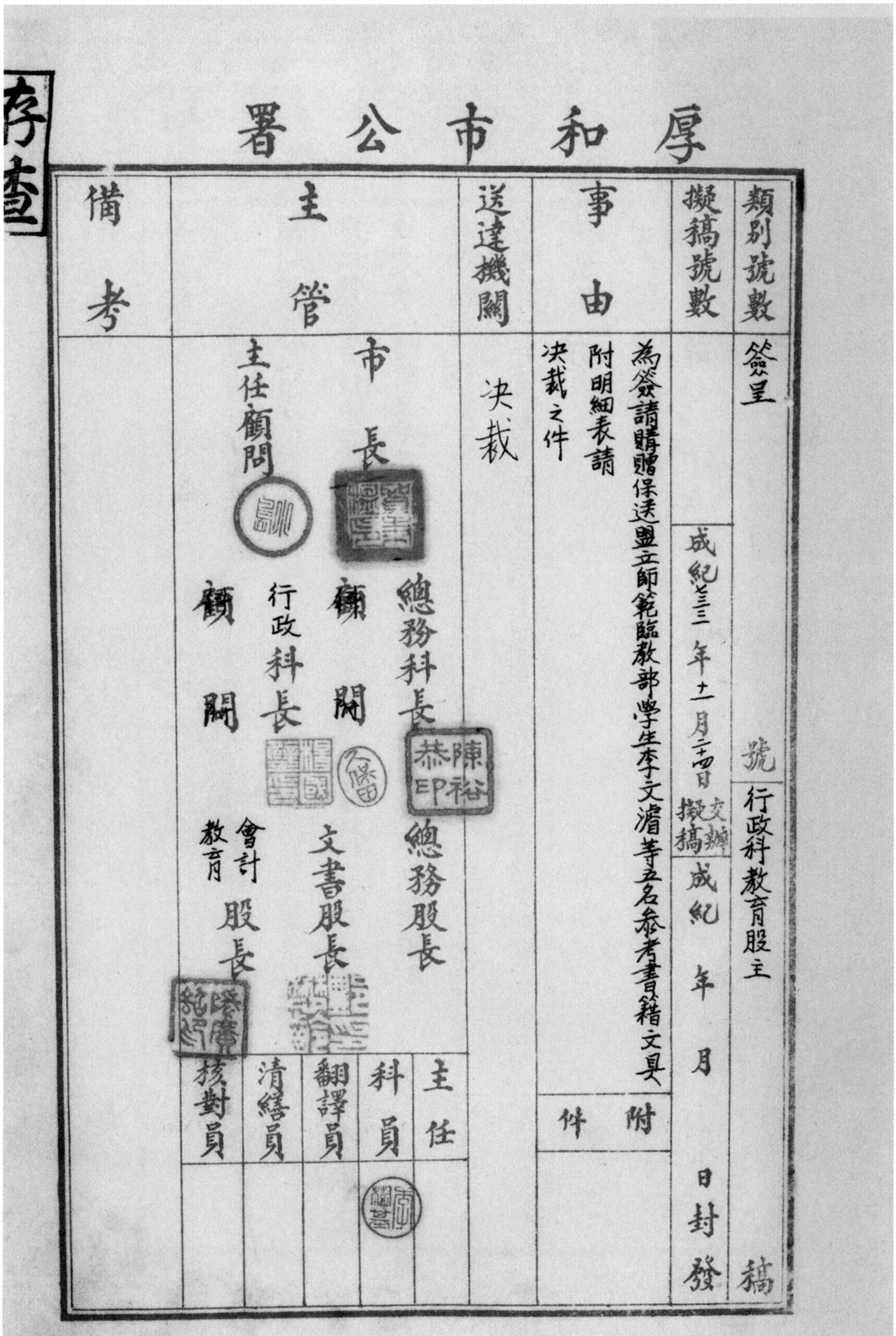

存查

厚和市公署

類別號數	擬稿號數	事由	送達機關	主管	備考
簽呈　號 行政科教育股主稿	成紀七三三年十一月二十四日擬稿 成紀　年　月　日封發	為簽請購贈保送盟立師範臨教部學生李文濬等五名參考書籍文具附明細表請決裁之件 附件	決裁	市長 主任顧問 總務科長　顧問　行政科長　顧問 總務股長　文書股長　會計教育股長 主任　科員　翻譯員　清繕員　核對員	

图 4- 附录 -11　“厚和市公署行政科教育股”为购赠保送“盟立师范临教部”学生李文濬等五名参考书籍文具致“厚和市公署”签呈（附明细表）（1938 年 11 月 24 日）（一）

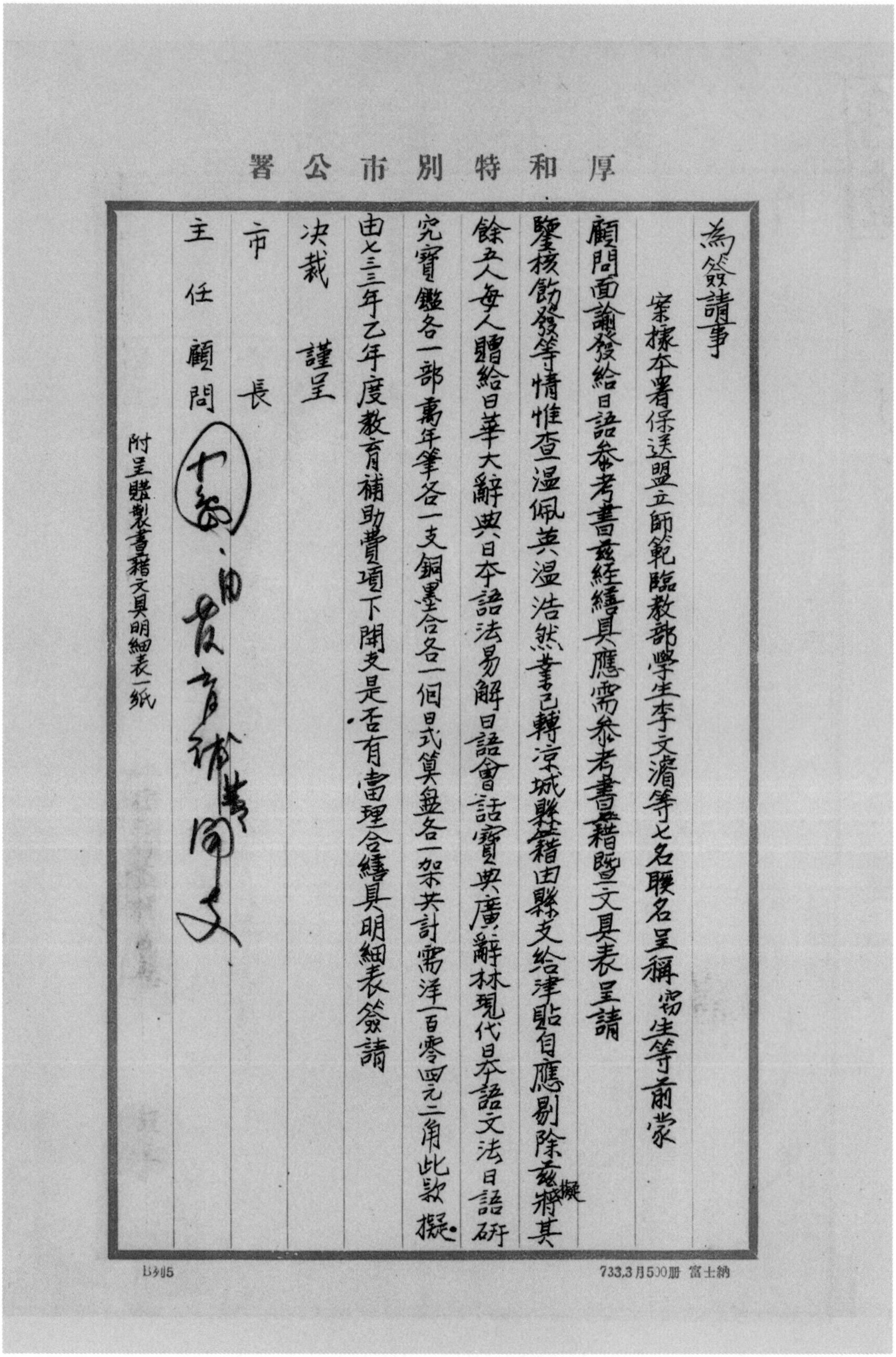

厚和特別市公署

為簽請事

案據本署保送盟立師範臨教部學生李文濬等七名聯名呈稱竊生等前蒙

顧問面諭發給日語參考書茲經繕具應需參考書籍暨文具表呈請

鑒核飭發等情惟查温佩英温浩然業已轉涼城縣籍由縣支給津貼自應剔除茲擬將其

餘五人每人贈給日華大辭典日本語法易解日語會話寶典廣辭林現代日本語文法日語研

究寶鑑各一部萬年筆各一支銅墨合各一個日式算盘各一架共計需洋一百零四元二角此款擬

由七三年乙年度教育補助費項下開支是否有當理合繕具明細表簽請

決裁　謹呈

市　長

主任顧問　十六、由教育補費開支

附呈購製書籍文具明細表一紙

日列5　　733.3月500冊 富士納

图 4- 附录 -11　“厚和市公署行政科教育股”为购赠保送“盟立师范临教部”学生李文濬等五名参考书籍文具致“厚和市公署”签呈（附明细表）（1938 年 11 月 24 日）（二）

厚和特別市公署

行政科長楊國璧

謹呈

B列5

733.3月500冊 富士納

图 4- 附录 -11 “厚和市公署行政科教育股”为购赠保送“盟立师范临教部”学生李文濬等五名参考书籍文具致“厚和市公署”签呈（附明细表）（1938 年 11 月 24 日）（三）

厚和特別市公署

購贈保送盟立師範臨教部學生參考書籍文具明細表

書籍名稱	數量	單價	金額	備考
日華大辭典	五部	一六四	八二〇	本署保送學生五名每名購贈一部
日本語法易解	〃	一七四	八七〇	〃
日語會話寶典	〃	九六	四八〇	〃
廣辭林	〃	四八〇	二四〇〇	〃
現代日語文法	〃	三〇〇	一五〇〇	〃
日語研究寶鑑	〃	一五〇	七五〇	〃
萬年筆	五支	三〇〇	一五〇〇	每名購贈一支
銅墨盒	五個	一二〇	六〇〇	每名購贈一個
日式算盤	五架	三〇〇	一五〇〇	每名購贈一架
總計			一〇四二〇	

B列5　　733.3月500册 富士納

图 4- 附录 -11　“厚和市公署行政科教育股”为购赠保送“盟立师范临教部”学生李文濬等五名参考书籍文具致“厚和市公署”签呈（附明细表）（1938 年 11 月 24 日）（四）

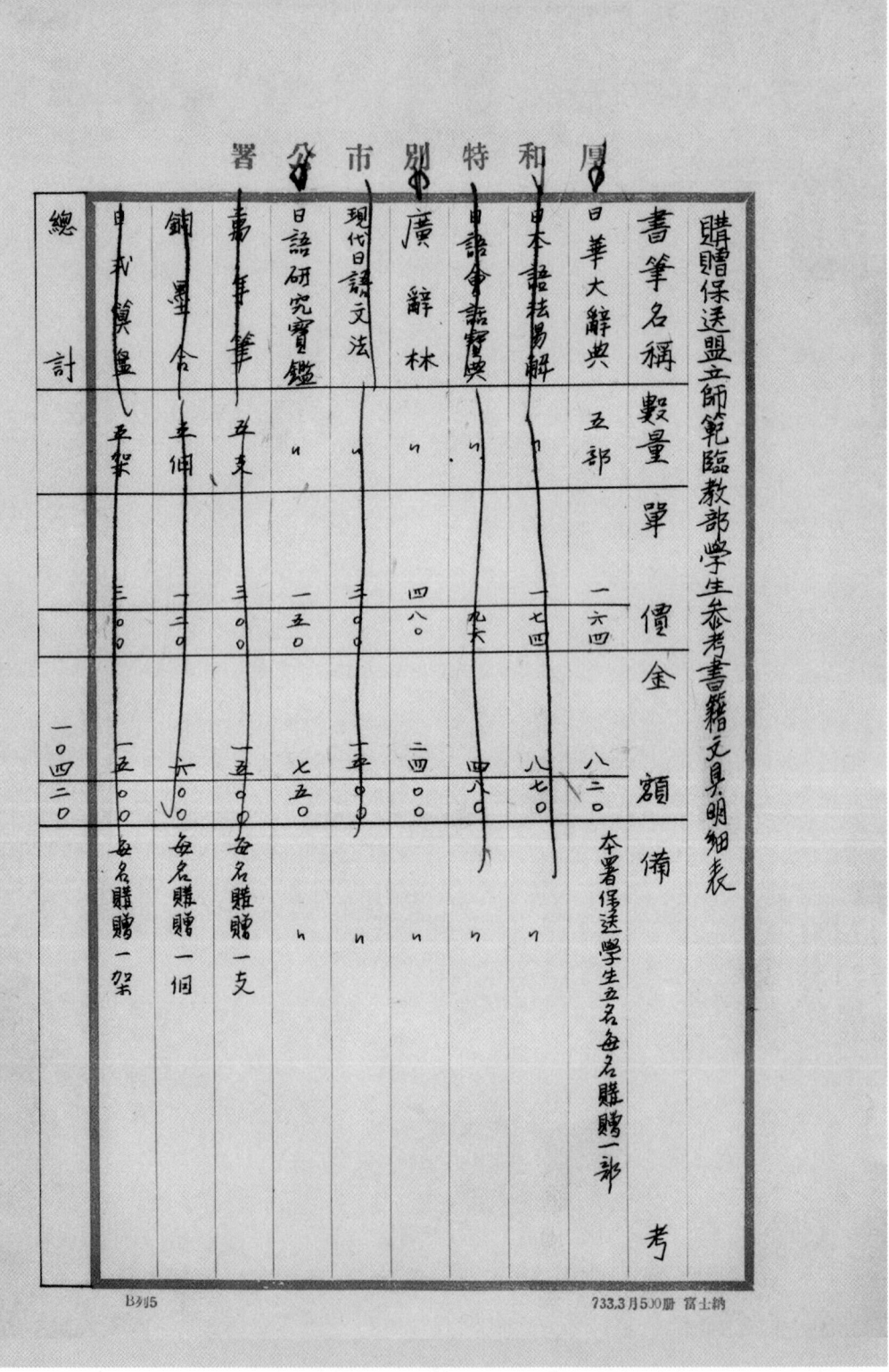

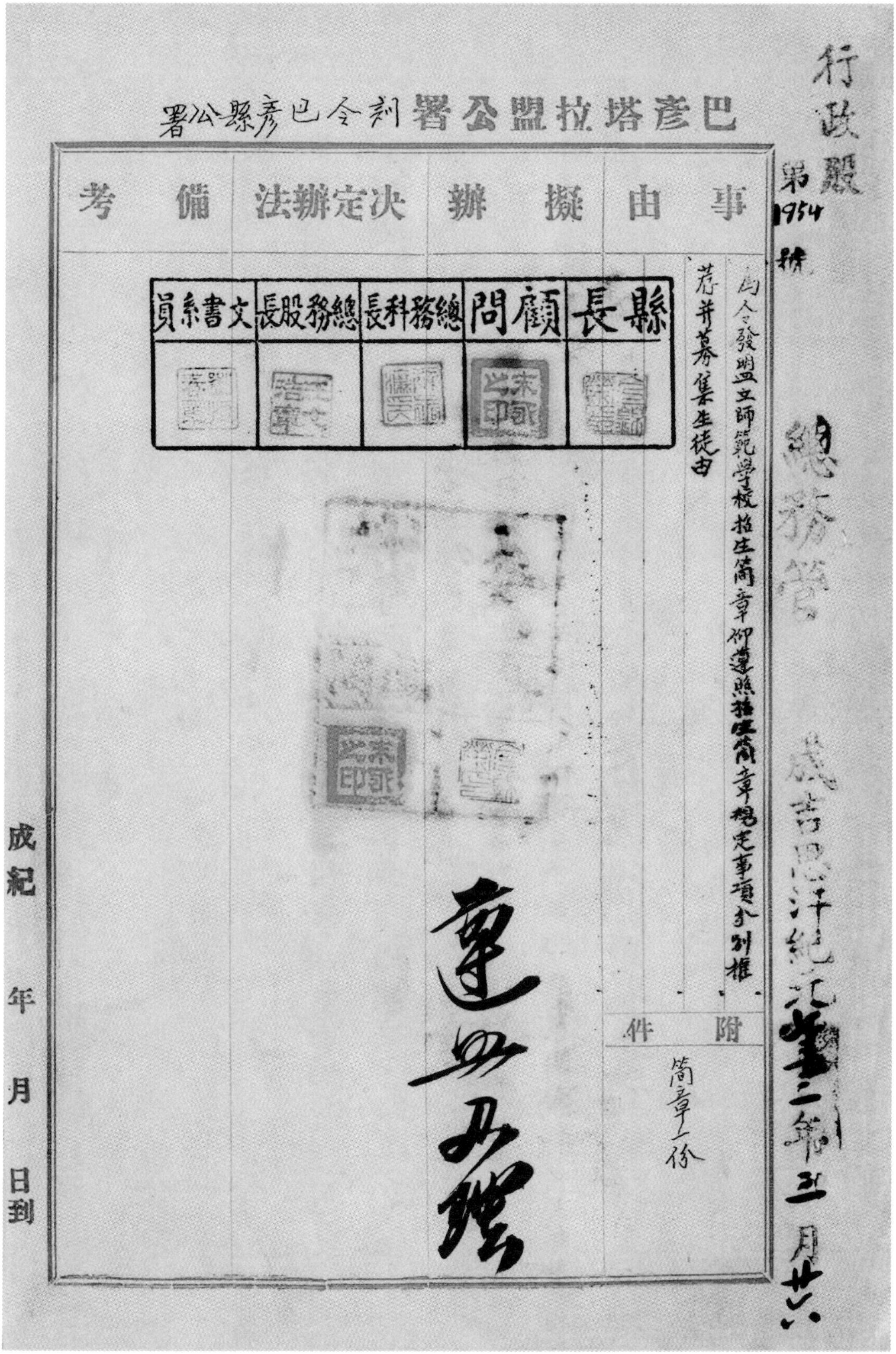
巴彥塔拉盟公署 訓令巴彥縣公署

事由	擬辦	決定辦法	備考
為令發盟立師範學校招生簡章仰遵照招生簡章規定事項分別推薦并募集生徒由	遵照辦理		

縣長	顧問	總務科長	總務股長	文書系員

附件：簡章一份

成紀 年 月 日到

行政股 第1954號

總務股

成吉思汗紀元七百三十三年三月廿六

图 4- 附录 -12 “巴彦塔拉盟公署”关于印发“盟立师范及临时教员养成所”招生简章的训令（附招生简章）（1938 年 3 月 26 日）（一）

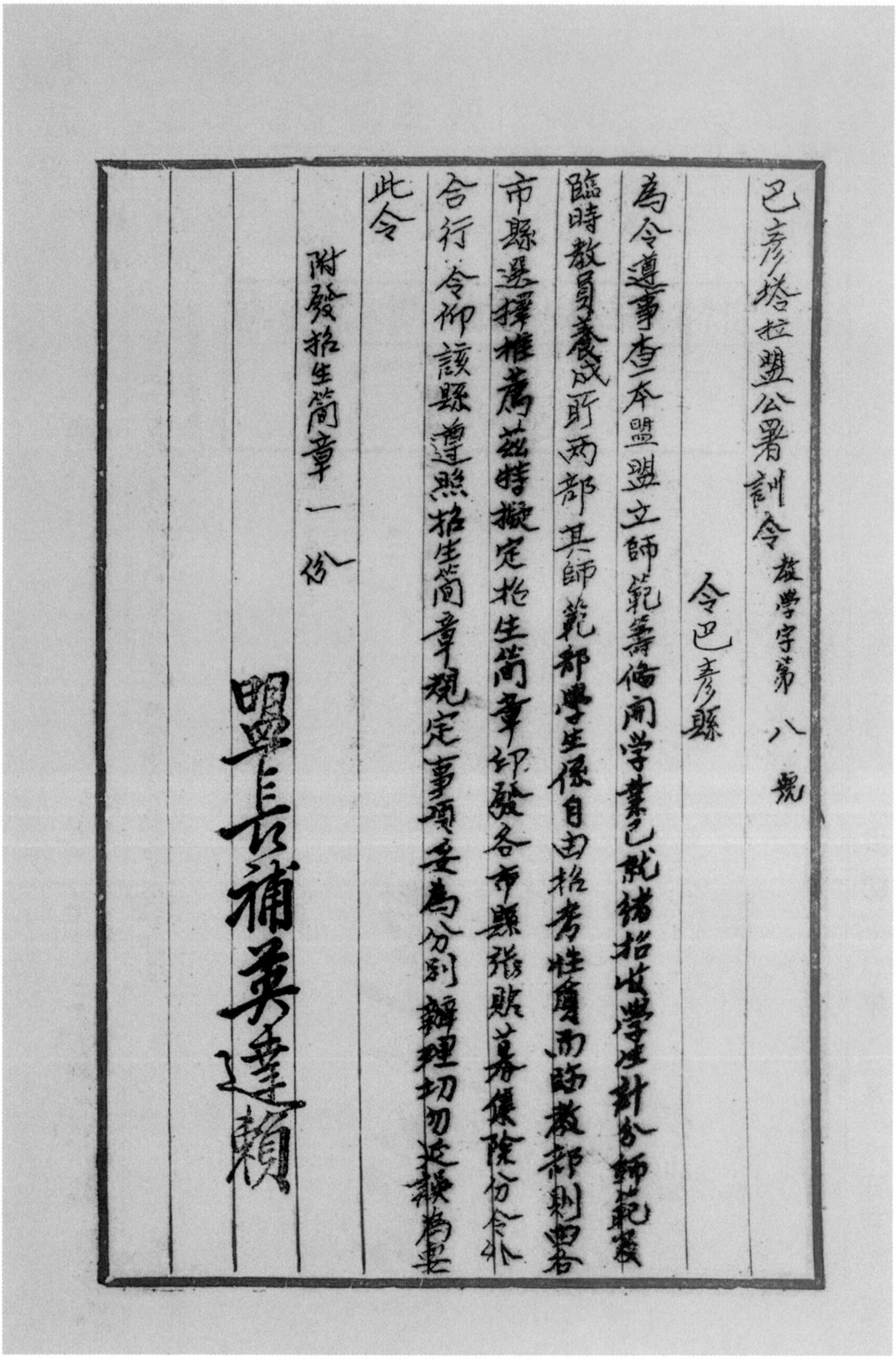

巴彥塔拉盟公署訓令 教學字第 八 號

令巴彥縣

為令遵事查本盟盟立師範籌備開学業已就緒招收學生計分師範臨時教員養成所兩部其師範部學生係自由招考性質而臨教部則由各市縣選擇推薦茲特擬定招生簡章印發各市縣張貼募集除分令外合行令仰該縣遵照招生簡章規定事項妥為分別辦理切切速辦為要

此令

附發招生簡章一份

盟長 補英達賴

图 4- 附录 -12 “巴彦塔拉盟公署”关于印发“盟立师范及临时教员养成所”招生简章的训令（附招生简章）（1938 年 3 月 26 日）（二）

盟立師範及臨時教員養成所招生簡章

一、教授方針

以日本語及漢文為主體

一、教育科目

倫理，教育，日本語，漢文，習字，數學（含有珠算）地理，歷史（須重視日東史）自然科，圖畫，唱歌，體操，實業實習，

一、組織

肄業年限 師範部三年卒業 臨教部一年卒業（師範學校卒業生及高級師範退學學生）

生徒 百名（師範部五十名，臨教部五十名）

師範部一年級生五十名一二學級制（即二班）

臨教部第一期生五十名一二學級制（即二班）

一、卒業後之待遇及義務

卒業後就職薪金最低四十元但須保證有三年勤務之義務

招收學生要項

图 4- 附录 -12 “巴彦塔拉盟公署”关于印发“盟立师范及临时教员养成所”招生简章的训令（附招生简章）（1938 年 3 月 26 日）（三）

A 師範部

1、高級小學卒業及有同等學力者

2、年齡限十五歲以上十八歲以下

3、由盟公署教育廳考選身體強健，頭腦明晰，思想健全者

B 臨教部

1、師範學校及高級中學卒業暨有同等學力者

2、身體強健思想健全滿二十歲以上及三十歲未滿者

3、由各縣按資格推薦呈送盟公署教育廳報到入學

C、各部學生招收日期

1、師範部招生一、報名地點，盟公署教育廳 二、招考日期定於四月五日 三、考試科目 漢文，算術。

2、臨教部招生由厚包兩市及各縣於四月五日前推荐到廳報到其推荐名額分配如下

厚和市十五名，包頭市十名，巴彥縣二名，豐鎮四名，武川二名，陶林二名，

固陽二名，集寧二名，和林二名，薩縣四名，涼城二名，清水河一名，興和二名，

D、待遇

1、師範部學生除制服費由學校發給外，其餘各費，統由學生担負，

2、臨教部學生 完全官費（男女兼收）

图 4- 附录 -12 “巴彦塔拉盟公署”关于印发“盟立师范及临时教员养成所”招生简章的训令（附招生简章）（1938 年 3 月 26 日）（四）

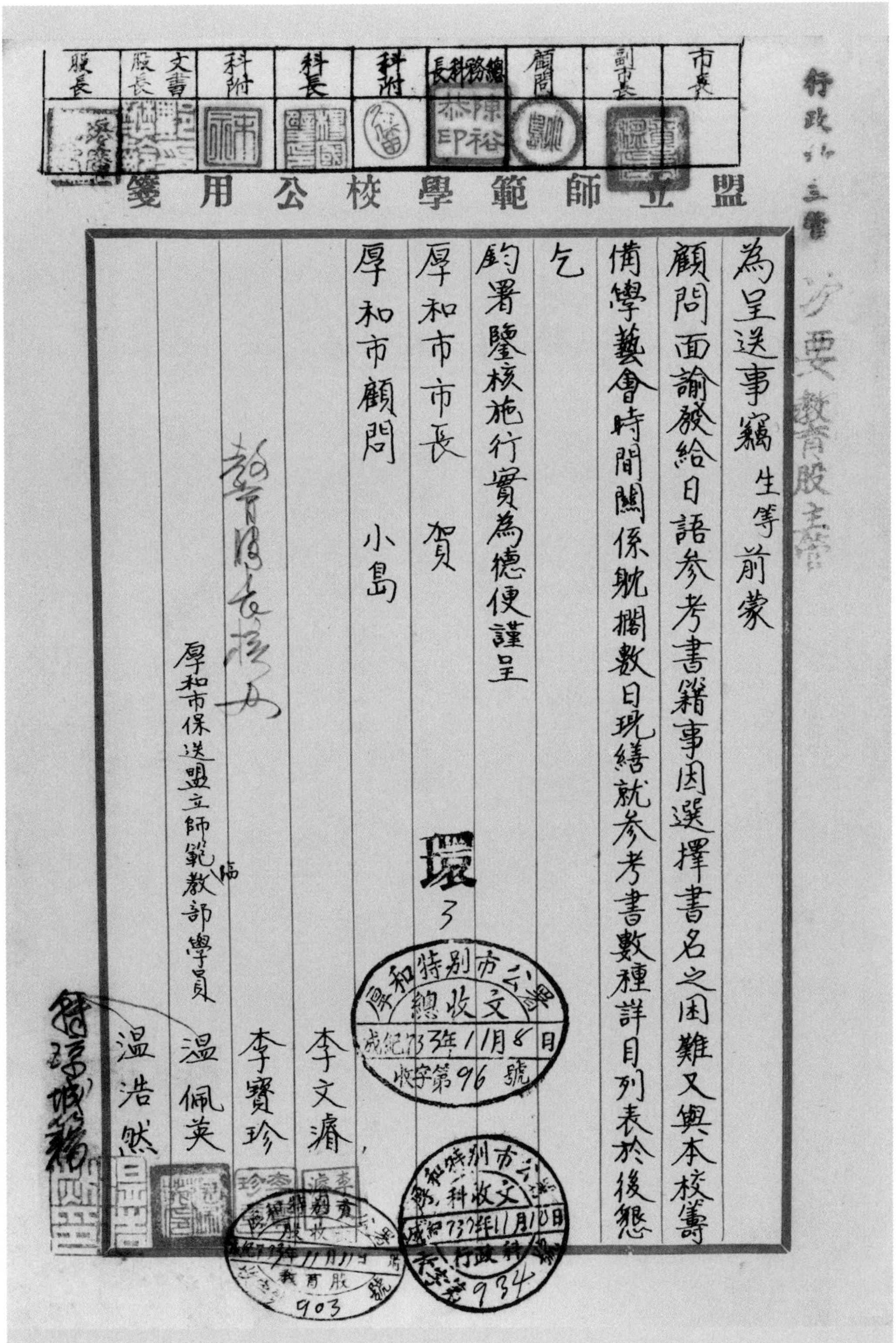

市長	副市長	顧問	總務科長	科附	科長	科附	文書股長	股長

盟立師範學校公用箋

為呈送事竊生等前蒙
顧問面諭發給日語參考書籍事因選擇書名之困難又與本校籌
備學藝會時間關係躭擱數日現繕就參考書數種詳目列表於後懇
乞
鈞署鑒核施行實為德便謹呈
厚和市市長　賀
厚和市顧問　小島
厚和市保送盟立師範教部學員
李文濬
李寶珍
温佩英
温浩然

图 4- 附录 -13　“巴彦塔拉盟立师范学校”为送日语参考书籍一览表致“厚和市公署”呈（附表）（1938 年 11 月 8 日）（一）

關國柱
王國邦
孟桂香

附日語参考書籍一覽表一紙
每人以一本計

書名	編輯者	出版地址
漢和大字典		
廣辭林		
自習日語讀本	李仲剛	大連善隣社
日華大辭典	駒道雄監修	東方印書編譯所編纂
現代日本語法大全	張我軍著	北平人人書店

1.64

图 4- 附录 -13 “巴彦塔拉盟立师范学校”为送日语参考书籍一览表致“厚和市公署”呈（附表）（1938 年 11 月 8 日）（二）

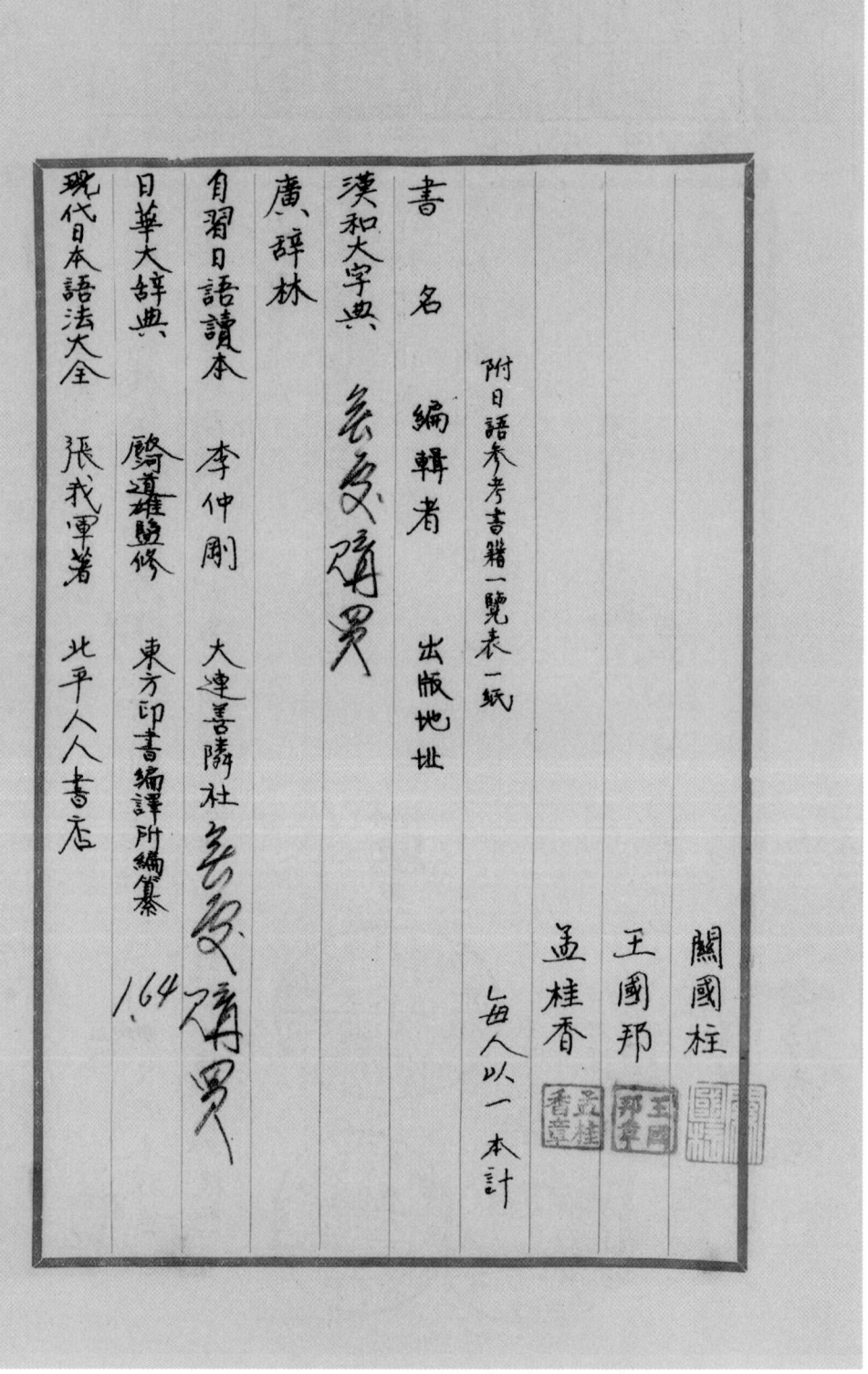

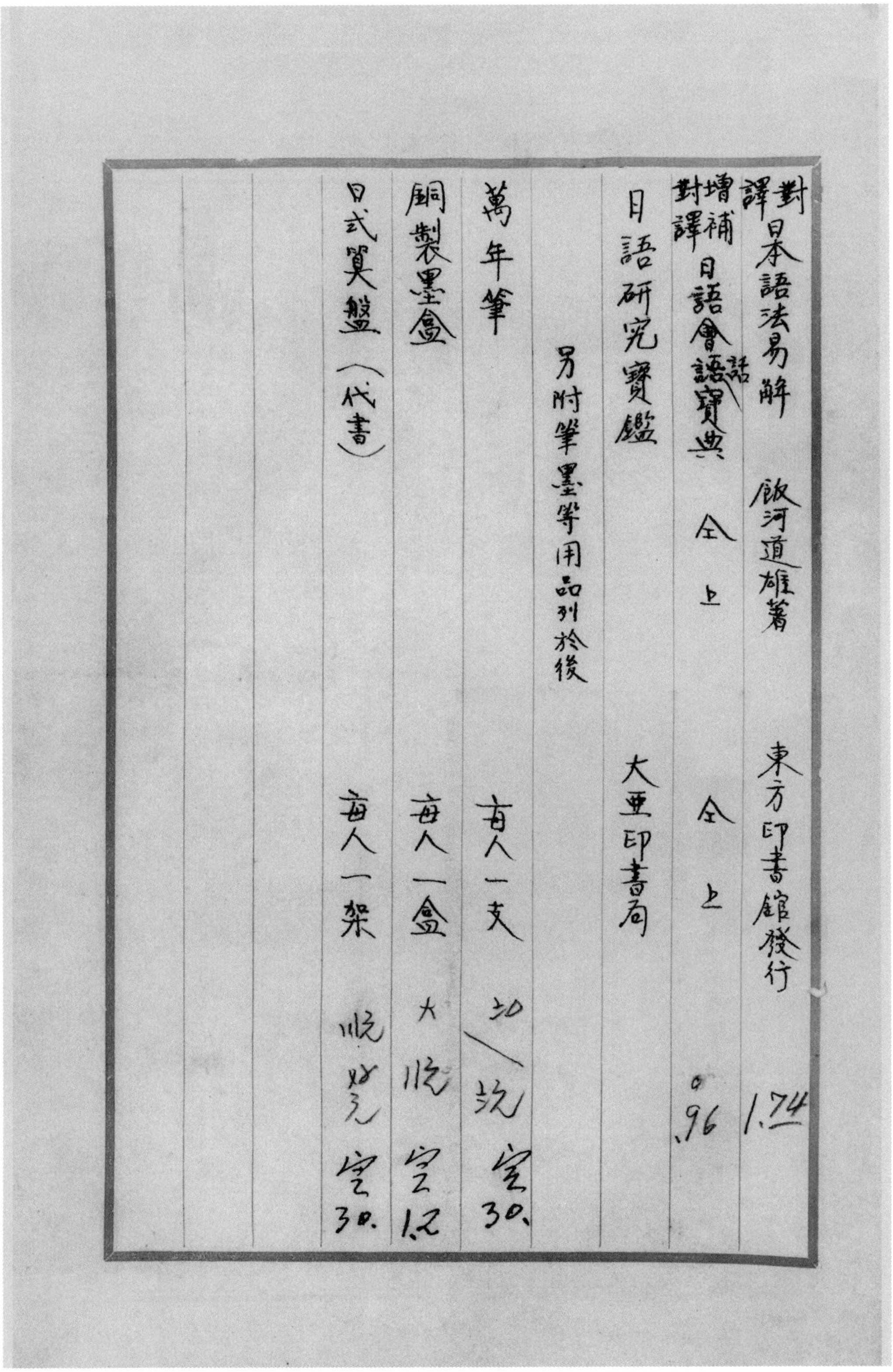

對譯日本語法易解　飯河道雄著　東方印書館發行　1.74
增補對譯日語會話寶典　仝上　仝上　.96
日語研究寶鑑　大亞印書局
另附筆墨等用品列於後
萬年筆　每人一支　20／[illegible]　[illegible]30.
銅製墨盒　每人一盒　大[illegible]　[illegible]1.2
日式算盤（代書）　每人一架　[illegible]　[illegible]30.

图 4- 附录 -13　“巴彦塔拉盟立师范学校”为送日语参考书籍一览表致“厚和市公署”呈（附表）（1938 年 11 月 8 日）（三）

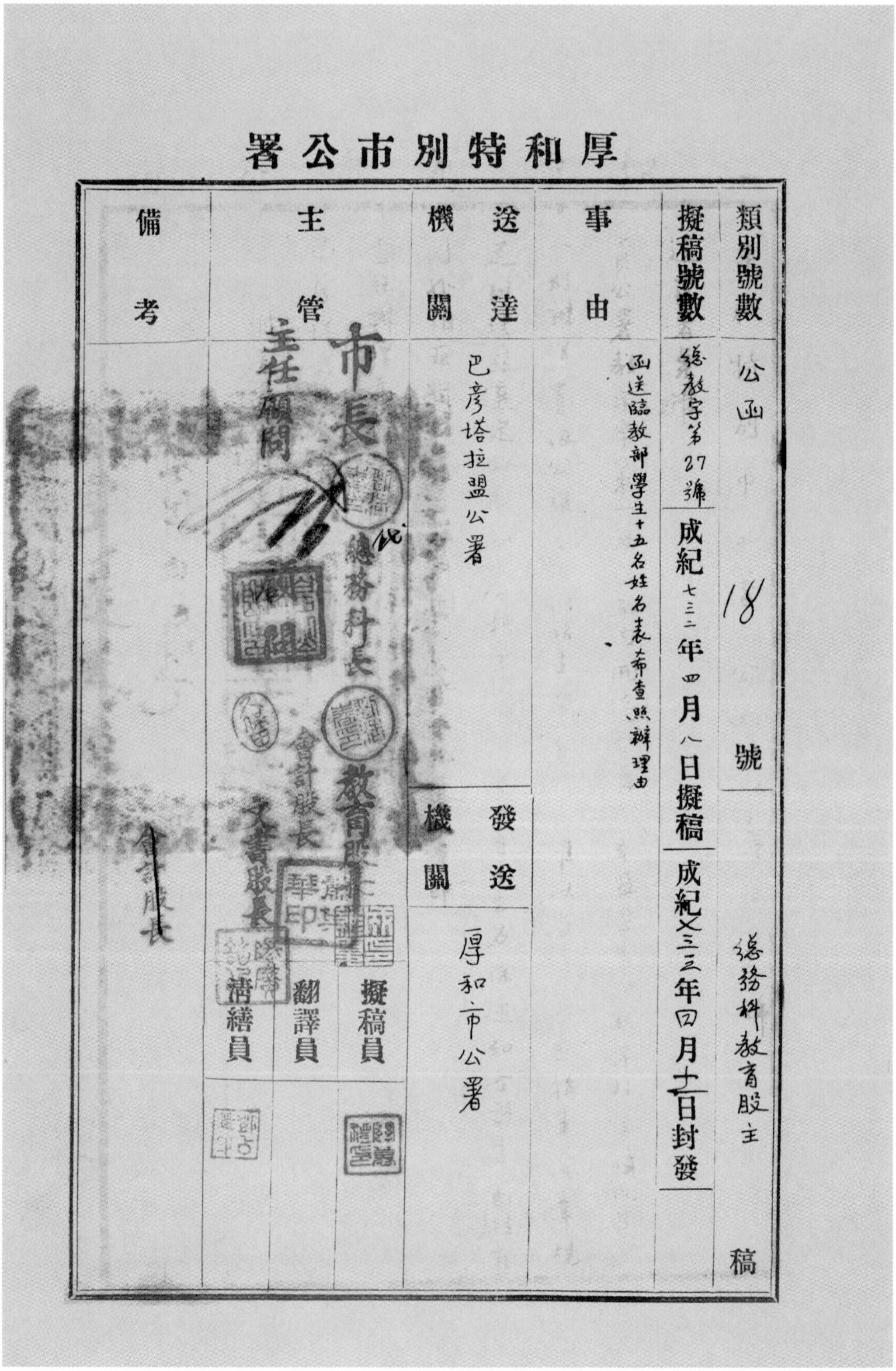
厚和特別市公署

類別號數：公函 18 號 總務科教育股主稿

擬稿號數：總教字第27號

成紀七三三年四月八日擬稿

成紀七三三年四月十一日封發

事由：函送臨教部學生十五名姓名表希查照辦理由

送達機關：巴彥塔拉盟公署

發送機關：厚和市公署

主管：市長 總務科長 教育股主任 主任顧問 會計股長 文書股長

擬稿員 翻譯員 清繕員

備考：會計股長

图 4- 附录 -14 “厚和市公署”为送“盟立师范学校临教部”学生十五名姓名表致“巴彦塔拉盟公署”公函（附表）（1938 年 4 月 11 日）（一）

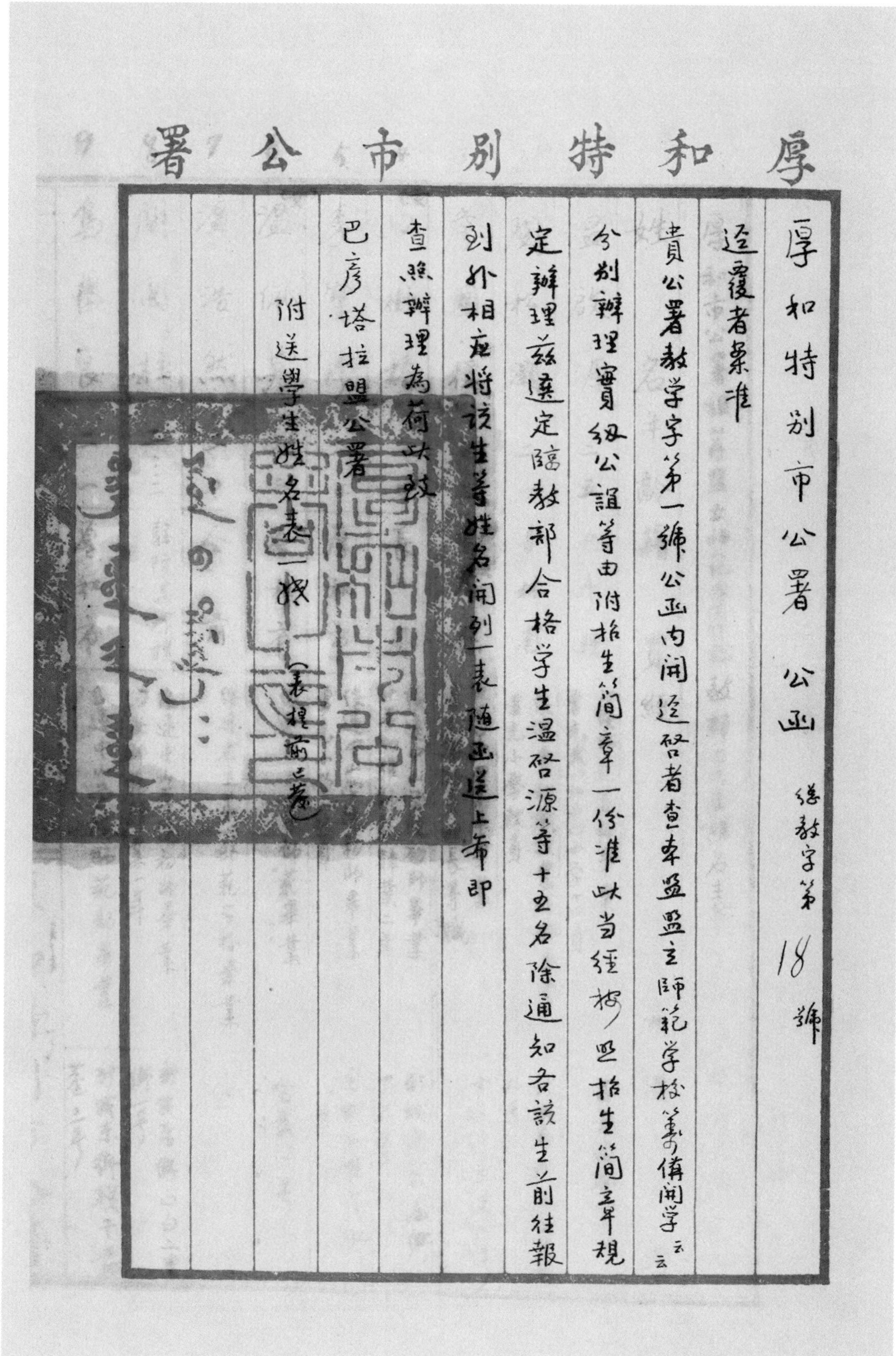

厚和特別市公署

厚和特別市公署公函　總教字第18號

逕覆者案准

貴公署教字第一號公函內開逕啓者查本盟盟立師範學校籌備開學云云

分別辦理實級公誼等由附招生簡章一份准此当經按照招生簡章規

定辦理茲送定臨教部合格学生温啓源等十五名除通知各該生前往報

到外相應將該生等姓名開列一表隨函送上希即

查照辦理為荷此致

巴彥塔拉盟公署

附送學生姓名表一紙（表提前已送）

图 4- 附录 -14　“厚和市公署”为送“盟立师范学校临教部”学生十五名姓名表致“巴彦塔拉盟公署”公函（附表）（1938 年 4 月 11 日）（二）

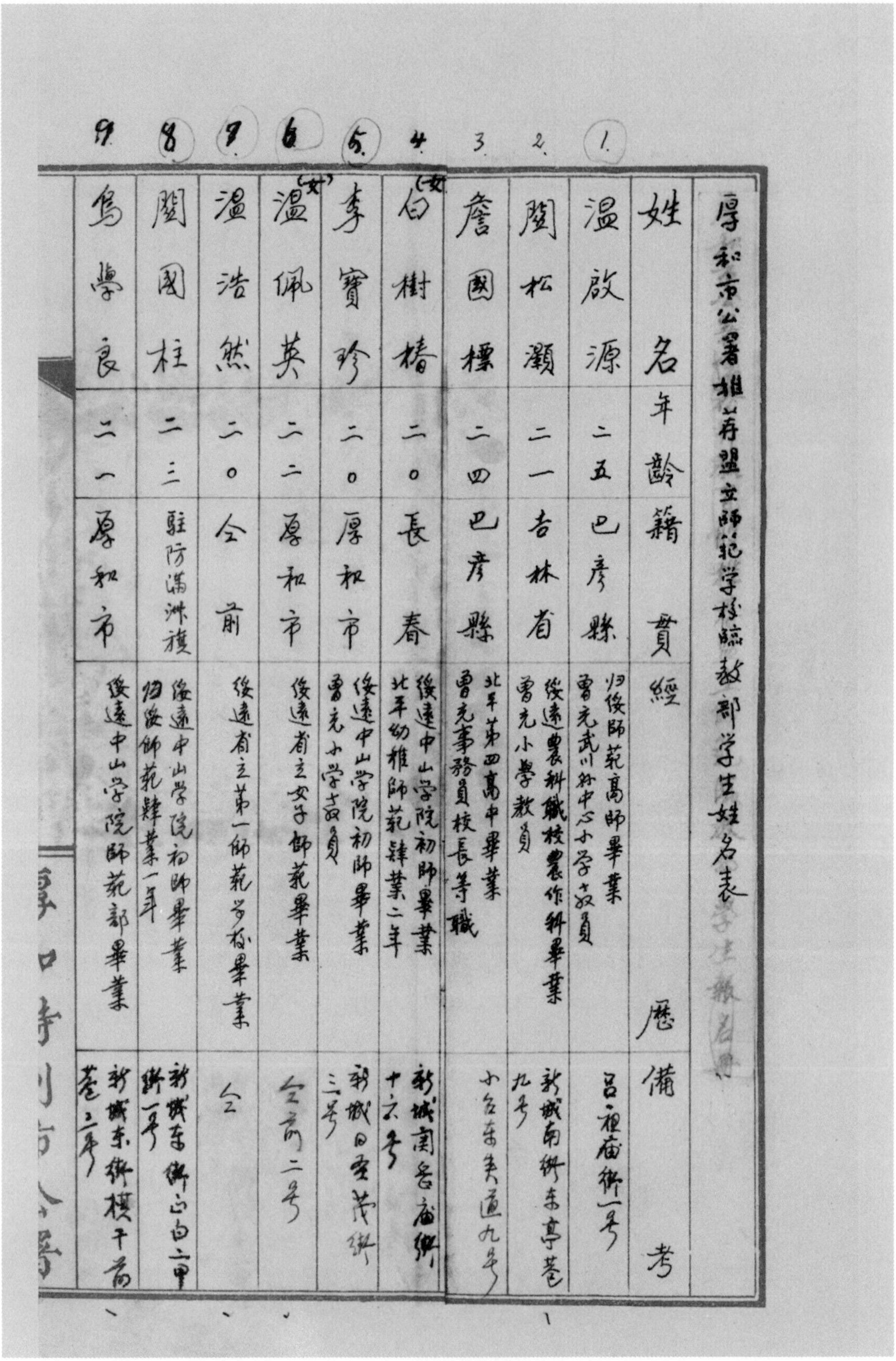

厚和市公署推荐盟立師範学校臨教部学生姓名表

	姓名	年齡	籍貫	經歷	備考
1.	温啟源	二五	巴彦縣	归綏師範高師畢業 曾充武川縣中心小学教員	吕祖廟街一号
2.	閻松灝	二一	吉林省	綏遠農科職校農作科畢業 曾充小學教員	新城南街東亭巷九号
3.	詹國標	二四	巴彦縣	北平第四高中畢業 曾充事務員校長等職	小召東夾道九号
4.	白樹椿（女）	二〇	長春	綏遠中山学院初師畢業 北平幼稚師範肄業二年	新城關岳廟街十六号
5.	李寶珍（女）	二〇	厚和市	綏遠中山学院初師畢業 曾充小学教員	新城[illegible]街三号
6.	温佩英	二二	厚和市	綏遠省立女子師範畢業	仝前二号
7.	温浩然	二〇	仝前	綏遠省立第一師範学校畢業	仝
8.	閻國柱	二三	駐防滿洲旗	綏遠中山学院初師畢業 归綏師範肄業一年	新城東街正白二甲街一号
9.	烏學良	二一	厚和市	綏遠中山学院師範部畢業	新城東街橫千前巷二号

图 4- 附录 -14 “厚和市公署”为送“盟立师范学校临教部”学生十五名姓名表致“巴彦塔拉盟公署”公函（附表）（1938 年 4 月 11 日）（三）

10	竇金星	二〇	巴彦縣	綏遠正風中學畢業 曾充小學教員	新城日陞茂街七号
11	李文濬	二九	山西崞縣	綏遠省立第一中學畢業 曾任會計教員等職	南市街天云店
12	馬遇伯	二〇	巴彦縣	綏遠中山學院師範部畢業	新城仁普巷七号
13	舒沈毅	二〇	厚和市	綏遠中山學院師範部畢業	新城隆壽巷十六号
14	侯創業	二一	巴彦舒	綏遠中山學院師範部畢業 曾充小學教員	新城棋子巷六号
15	吳子俊	二五	山西太原省	山西省立第一師範學校畢業 曾充教員稽查員記者	新城公文府巷八号

图 4- 附录 -14 “厚和市公署”为送“盟立师范学校临教部”学生十五名姓名表致“巴彦塔拉盟公署”公函（附表）（1938 年 4 月 11 日）（四）

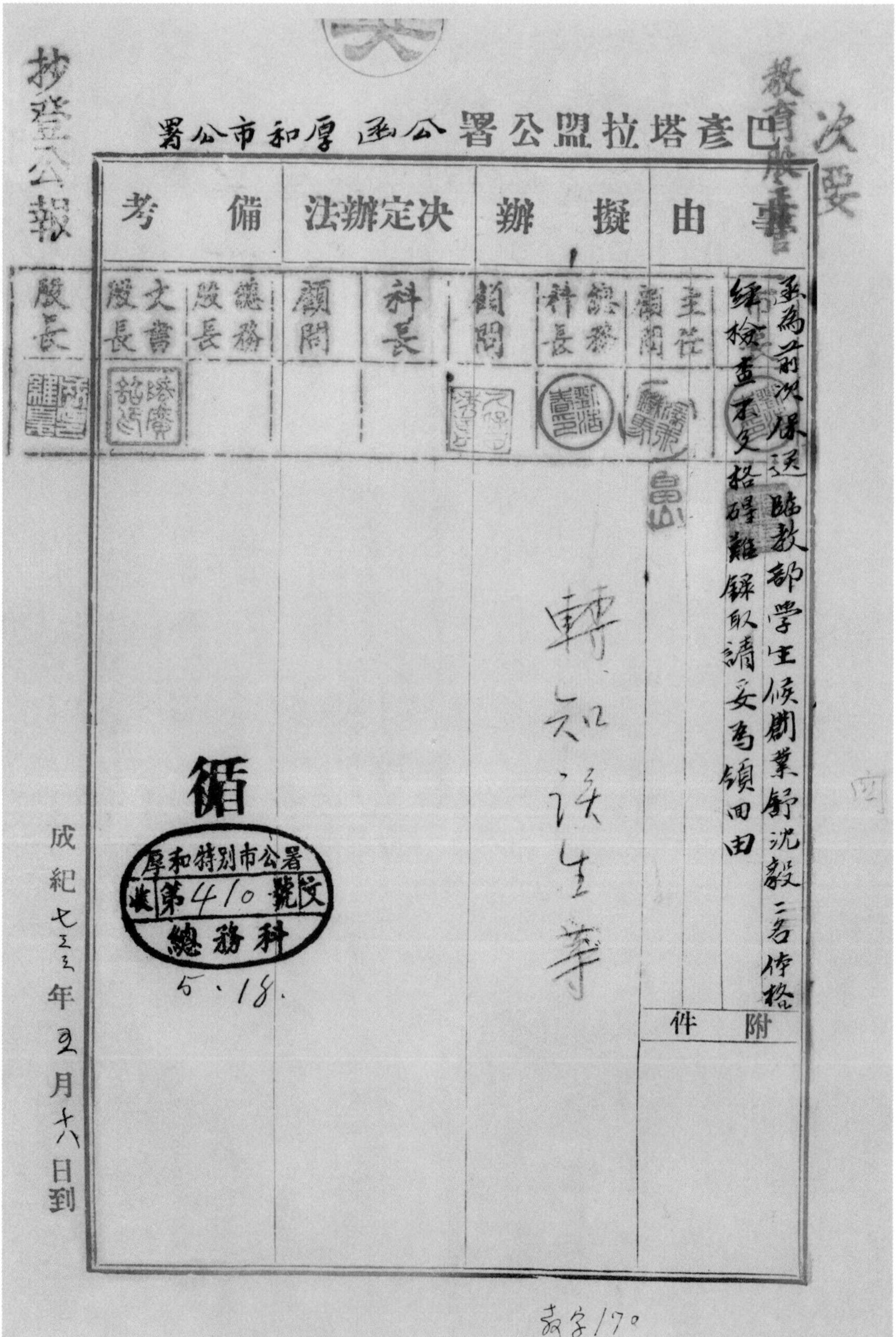

图 4- 附录 -15 “巴彦塔拉盟公署”为前次保送“盟立师范学校临教部”学生侯创业舒沈毅二名体格经检查不及格碍难录取请妥为领回致“厚和市公署”公函（1938年5月18日）（一）

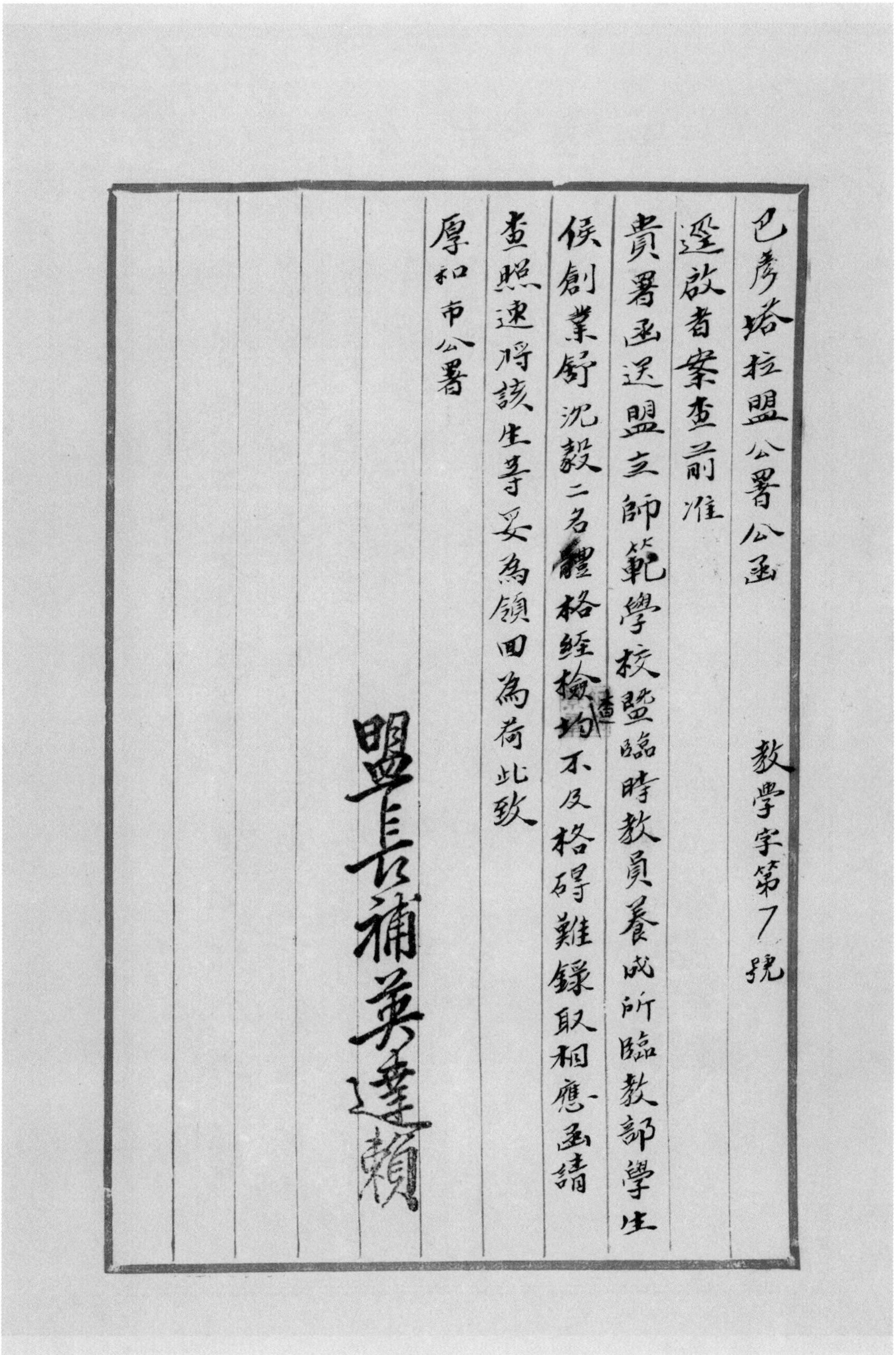
巴彥塔拉盟公署公函　教學字第7號

逕啟者案查前准

貴署函送盟立師範學校臨時教員養成所臨教部學生

侯創業舒沈毅二名體格經檢查不及格碍難錄取相應函請

查照速將該生等妥為領回為荷此致

厚和市公署

盟長補英達賴

图 4- 附录 -15　“巴彦塔拉盟公署”为前次保送“盟立师范学校临教部”学生侯创业舒沈毅二名体格经检查不及格碍难录取请妥为领回致“厚和市公署”公函（1938 年 5 月 18 日）（二）

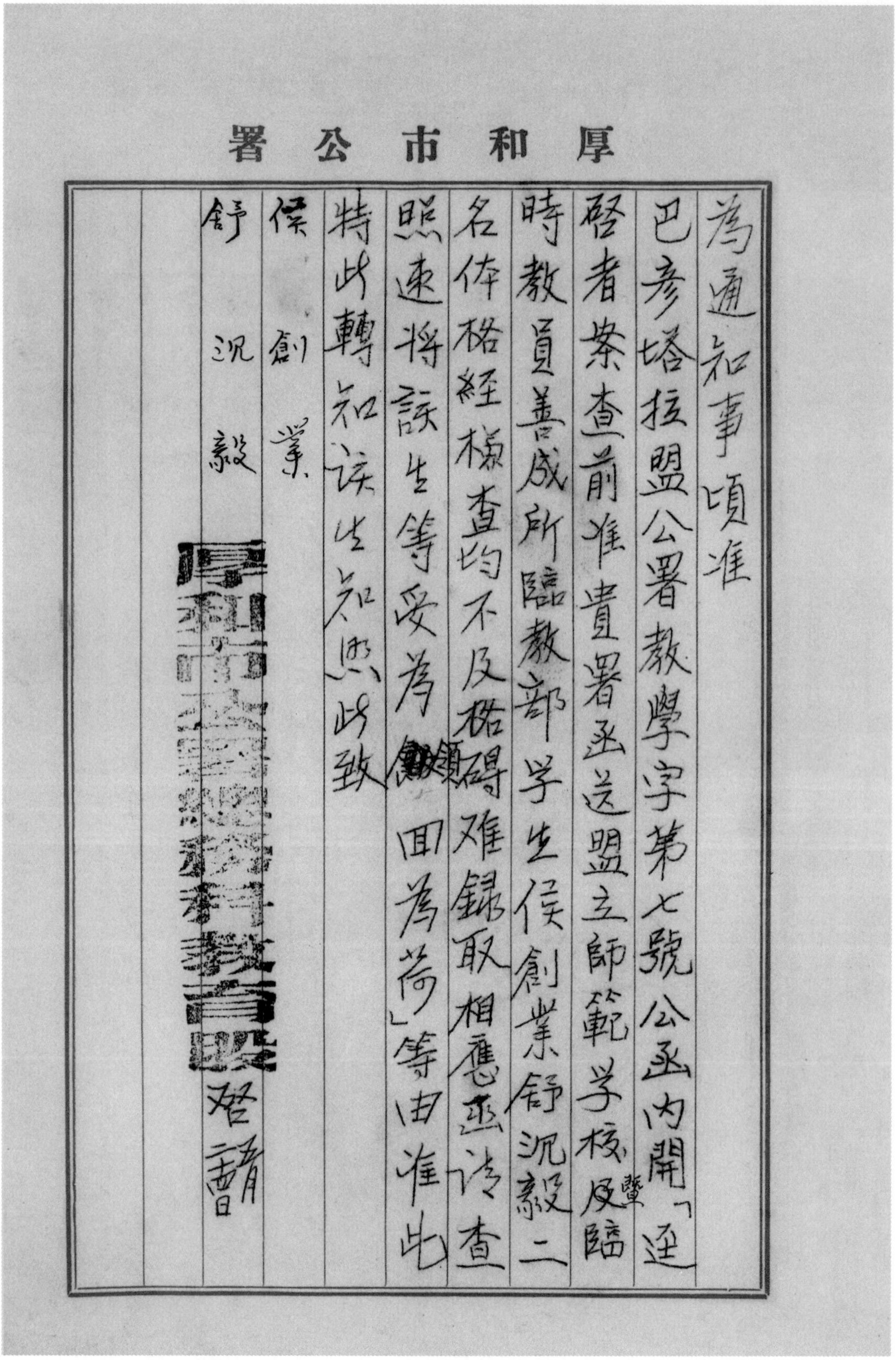

厚和市公署

為通知事頃准
巴彥塔拉盟公署教學字第七號公函內開「逕
啓者案查前准貴署函送盟立師範学校及臨
時教員養成所臨教部学生侯創業舒沉毅二
名体格経檢查均不及格碍难録取相應函請查
照速将該生等妥為飭知即為荷」等由准此
特此轉知該生知照此致
侯創業
舒沉毅

厚和市公署總務科教育股 啓

图 4- 附录 -16 “厚和市公署总务科教育股”为转体格经检查不及格碍难录取给侯创业舒沈毅的通知（1938 年 5 月 24 日）

厚和市公四巻

巴彥塔拉師範學校第一期卒業生名簿

七三六年十月調

出身縣市別	出身小學校名	族稱	姓名	生年月日	年齡	備考 第一志望	奉職希望先 第二志望
厚和市	綏遠省立第一小學校	漢	呂秉剛	七一九、七、一	十八	厚和市立第一小學校	厚和權運清查署
陶林縣	陶林縣立小學校卒業	〃	呂紹儀	七一八、十一、十五	十九	厚和市立第五小學校	厚和實業銀行（日本留學豫定）
浙江紹興	大同扶輪小學校	〃	彭孝英（女）	七二〇、二、十	十七	厚和扶輪小學校	厚和運輸公司
厚和市	綏遠中山學院附屬小學校	〃	閻葆昌	七一六、五、九	二一	市立模範第二小學校	經濟監視署
厚和市	厚和市立第五小學校	〃	閻培昌	七一七、二、十	十九	厚和市立第五小學校	巴盟公署
厚和市	厚和市立第二小學校	〃	閻湧	七一八、三、二	十九	厚和市立第二小學校	稅務監督署
厚和市	厚和市立第五小學校	〃	杜英順	七一七、十、三	十九	厚和市立第二小學校	盟公署庶務科
厚和市	厚和市立第一小學校	〃	董文斌	七一九、九、二五	十八	厚和市立第二小學校	盟公署警務廳
厚和市	厚和市立第五小學校	〃	竇金亭	七一八、七、十五	十八	厚和市立第四小學校	市內各役所
厚和市	土默特旗立小學校	〃	張家驥	七一六、三、二四	二十	市內各小學校	市內各役所

图 4- 附录 -17 “巴彦塔拉盟立师范学校”第一期毕业生名簿（1941 年 10 月）（一）

厚和市	省立第一小學校	漢	趙德義 七五、十、二	二十	市立各小學校	市内各役所
厚和市	厚和市立第五小學校	〃	趙秉衡 七七、三、六	二十	厚和市立第五小學校	盟公署庶務科
厚和市	厚和市立第五小學校	〃	張文立 七七、二、十	十九	市立各小學校	外縣各縣公署
厚和市	厚和市立第五小學校	満	姚世雄 七八、一、八	十八	市立各小學校	盟公署庶務科
厚和市	厚和市立第一小學校	漢	李品芝 七七、四、十一	十九	厚和市立第一小學校	市内各役所
厚和市	土默特旗立小學校	〃	李秀葉 七七、五、二四	十九	市内各小學校	市内各役所
厚和市	厚和市立第一小學校	回	劉培毅 七七、七、五	十九	市内各小學校	厚和回部青年學校
厚和市	模範第二小學校	漢	劉鉞 七七、十、十四	十九	模範第二小學校	盟公署警務廳
厚和市	厚和縣立女子小學校	回	女 李秀貞 七八、五、十七	十九	厚和回部小學校	回民總公會本部
北東	綏遠省立第六小學校	漢	女 劉永珍 七八、三、十五	十八	市立第五或扶輪小學校	蒙疆銀行
厚和市	厚和市立第二小學校	〃	王俊彥 七八、三、二	十九	厚和市立第二小學校	厚和市公署

图 4- 附录 -17　“巴彦塔拉盟立师范学校”第一期毕业生名簿（1941 年 10 月）（二）

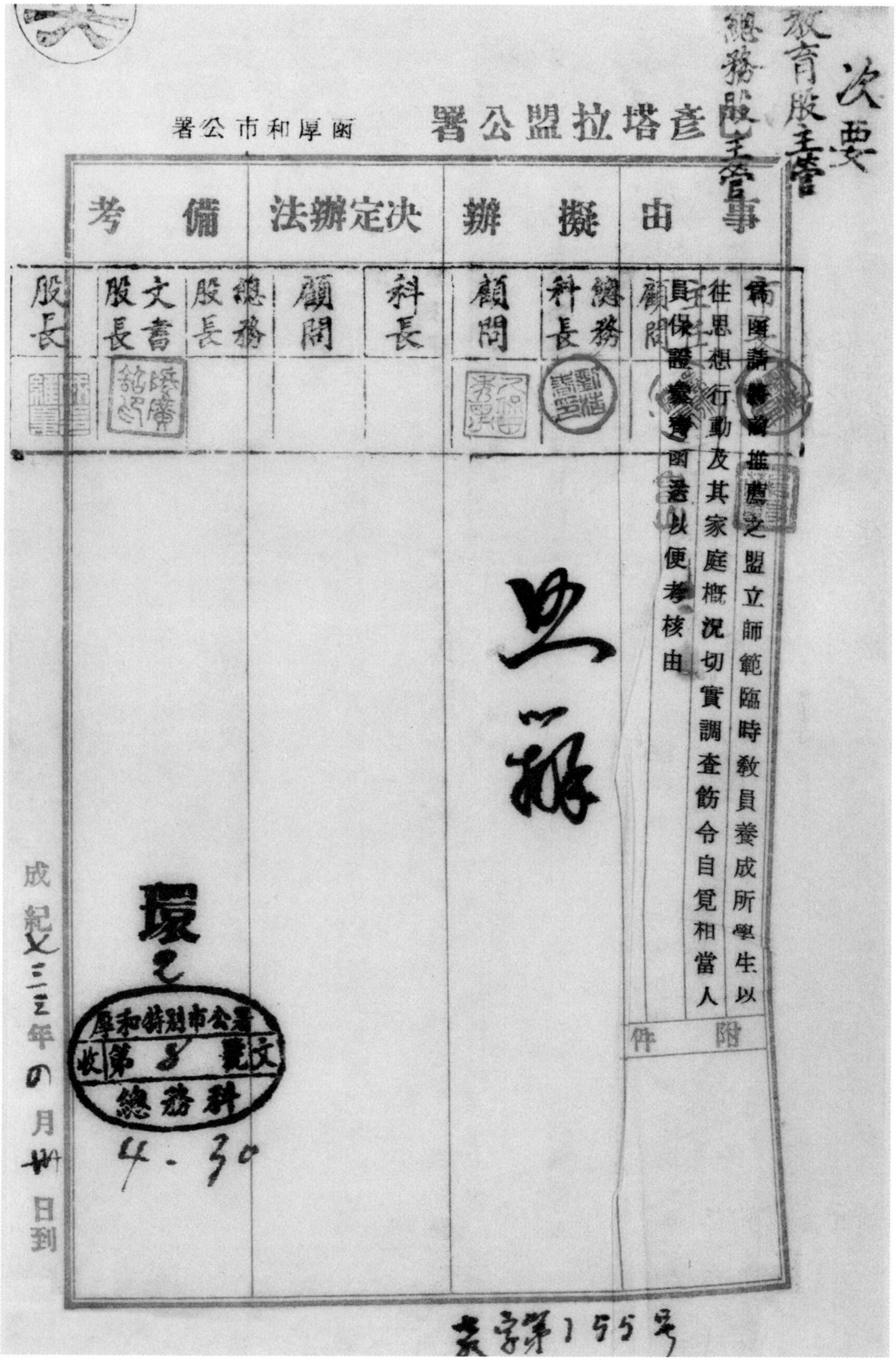

次要
教育股主管
總務股主管

巴彥塔拉盟公署
函 厚和市公署

事由：為函請將所推薦之盟立師範臨時教員養成所學生以往思想行動及其家庭概況切實調查飭令自覓相當人員保證[illegible]書函送以便考核由

附件

擬辦：照辦

決定辦法

備考

總務科長　顧問　科長　顧問　總務股長　文書股長　股長

環之

厚和特別市公署
收第 號 文
總務科

成紀七三三年四月卅日到

4.30

款字第155號

图 4- 附录 -18　“巴彦塔拉盟公署”为“盟立师范临时教员养成所”学生调查具保致“厚和市公署”公函（附保证书式样及温浩然保证书）（1938 年 4 月 30 日）（一）

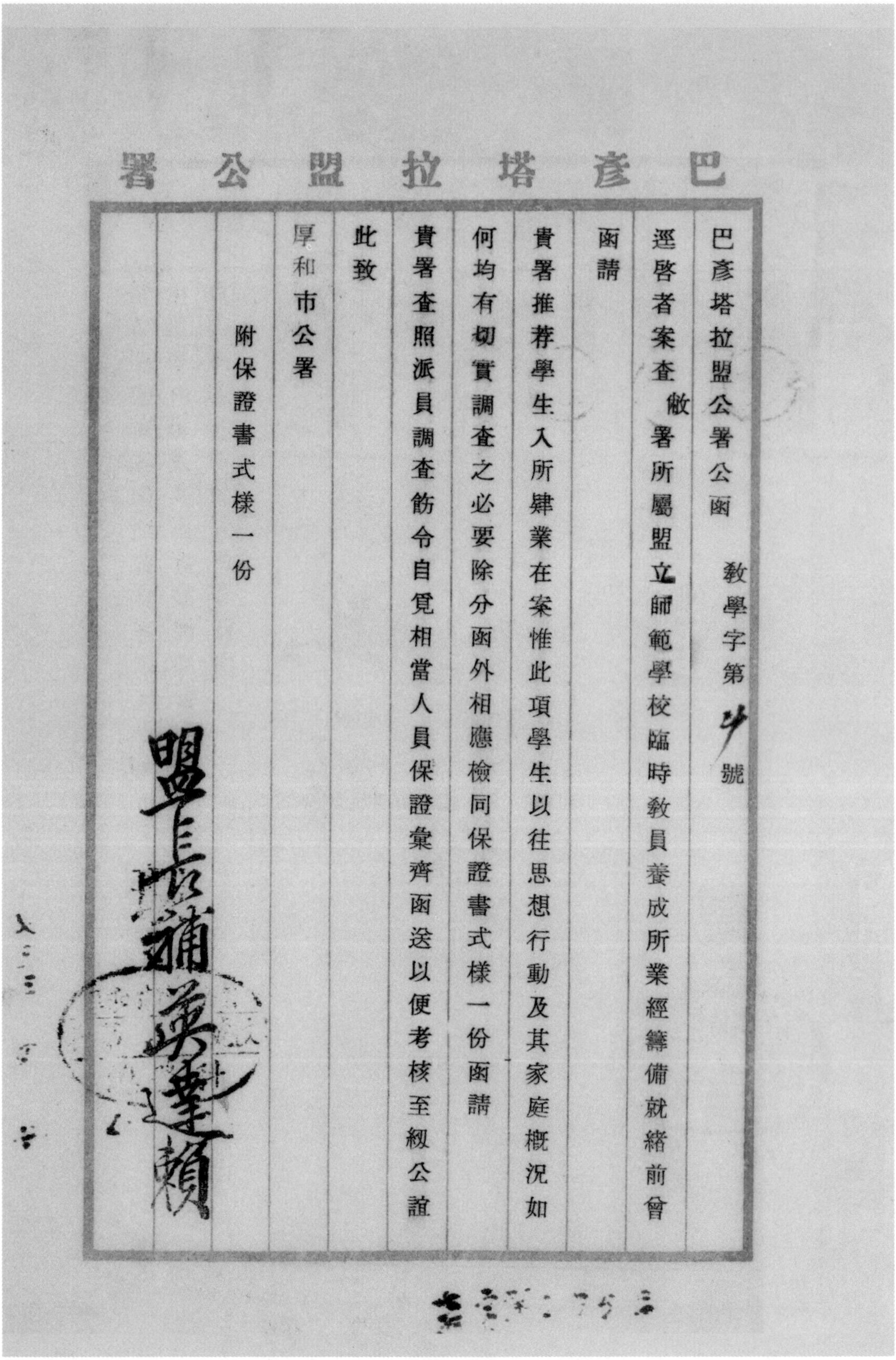

巴彦塔拉盟公署

巴彦塔拉盟公署公函　教學字第少號

逕啓者案查敝署所屬盟立師範學校臨時教員養成所業經籌備就緒前曾

函請

貴署推荐學生入所肄業在案惟此項學生以往思想行動及其家庭概況如

何均有切實調查之必要除分函外相應檢同保證書式樣一份函請

貴署查照派員調查飭令自覺相當人員保證彙齊函送以便考核至紉公誼

此致

厚和市公署

附保證書式樣一份

盟長補英達賴

图 4- 附录 -18　“巴彦塔拉盟公署”为“盟立师范临时教员养成所”学生调查具保致“厚和市公署”公函（附保证书式样及温浩然保证书）（1938 年 4 月 30 日）（二）

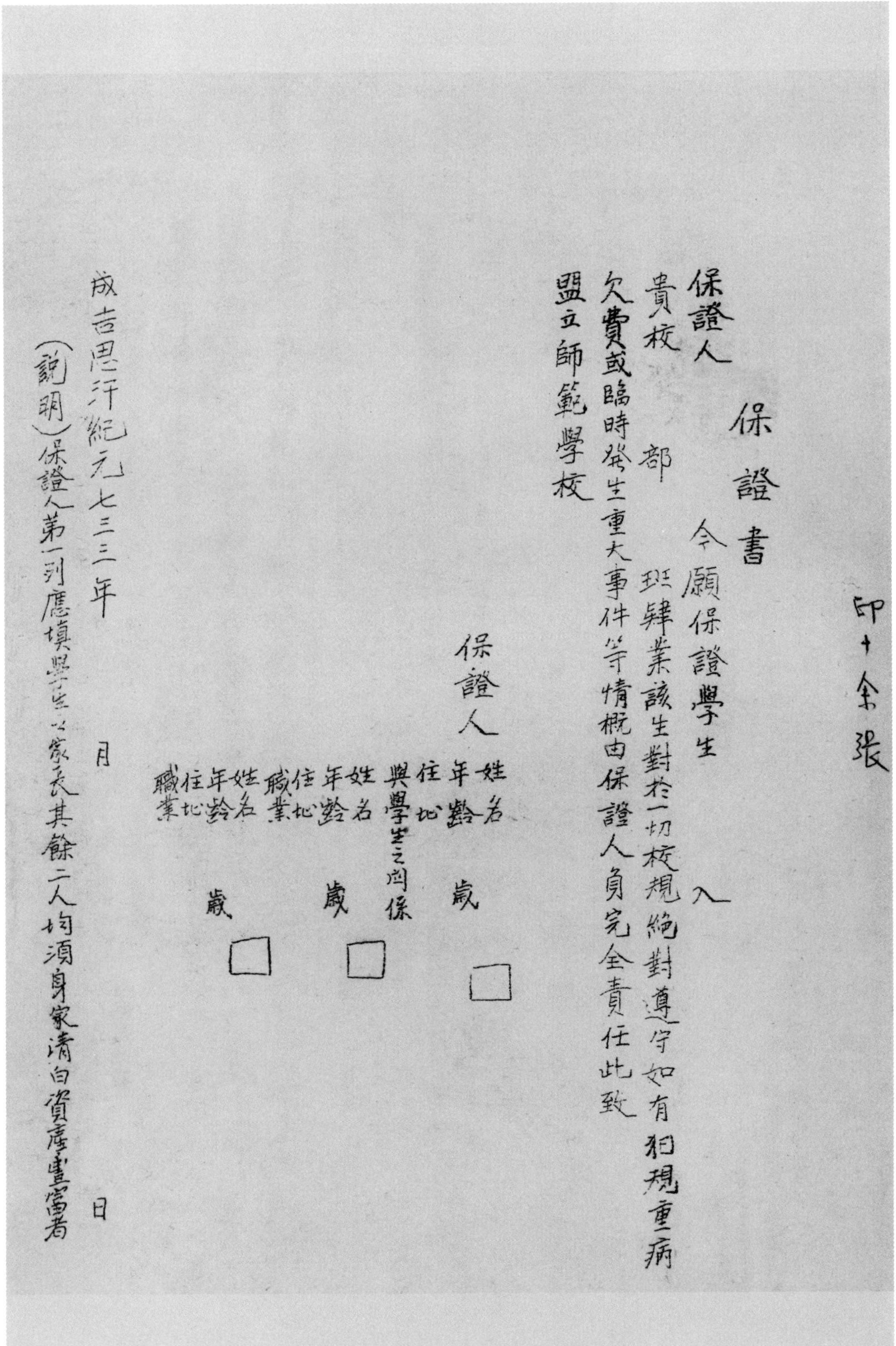

印十余張

保證書

保證人　　令願保證學生　　入

貴校　　部　　班肄業該生對於一切校規絕對遵守如有犯規重病

欠費或臨時發生重大事件等情概由保證人負完全責任此致

盟立師範學校

保證人

姓名
年齡　　歲
住址
與學生之關係

姓名
年齡　　歲
住址
職業

姓名
年齡　　歲
住址
職業

成吉思汗紀元七三三年　　月　　日

（說明）保證人第一列應填學生之家長其餘二人均須身家清白資產豐富者

图 4- 附录 -18　“巴彦塔拉盟公署”为“盟立师范临时教员养成所”学生调查具保致“厚和市公署”公函（附保证书式样及温浩然保证书）（1938 年 4 月 30 日）（三）

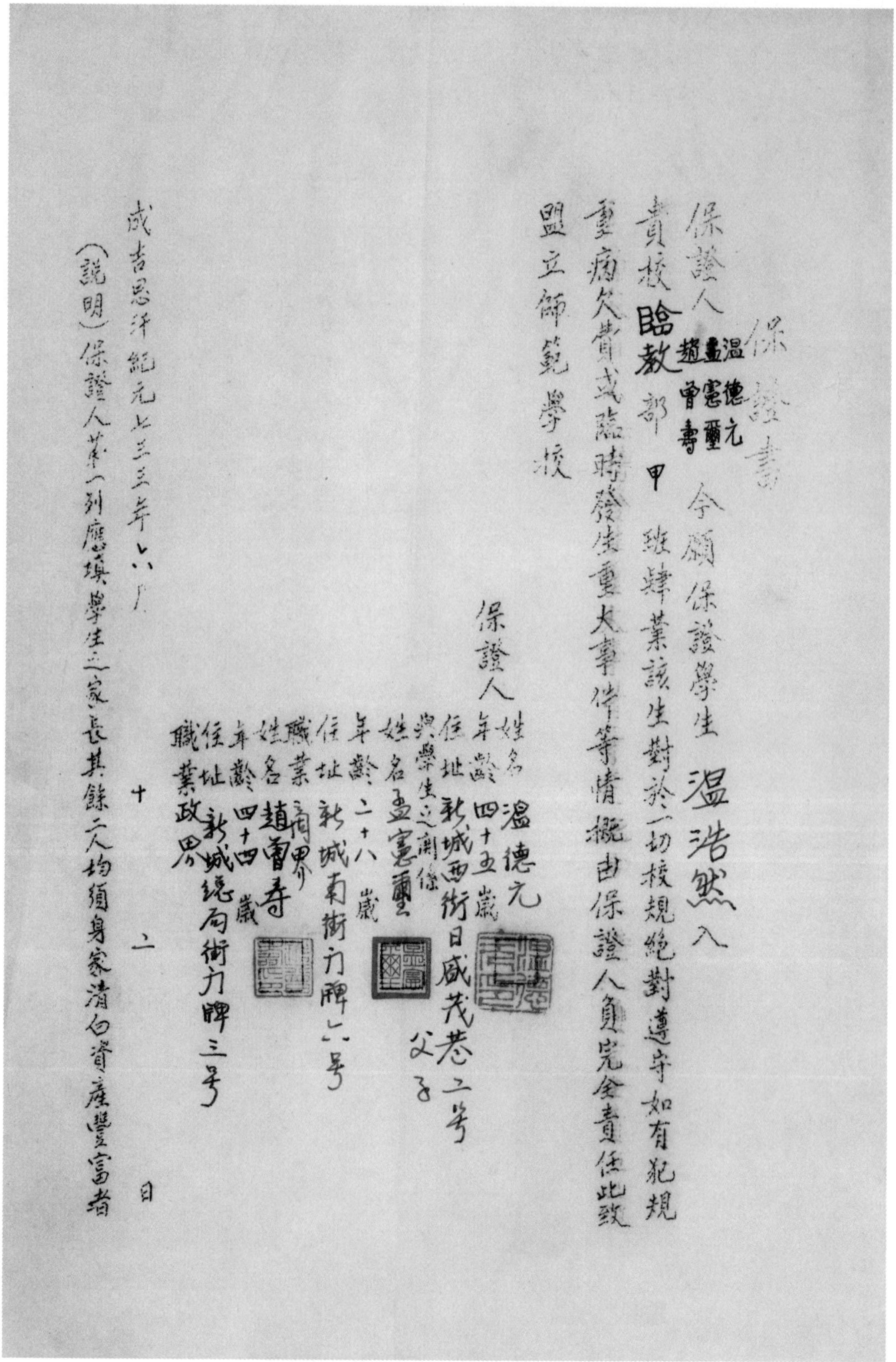

保證書

保證人 溫德元 孟憲璽 趙曾壽 今願保證學生溫浩然入

貴校臨教部甲班肄業該生對於一切校規絕對遵守如有犯規

重病欠費或臨時發生重大事件等情概由保證人負完全責任此致

盟立師範學校

保證人

姓名 溫德元

年齡 四十五歲

住址 新城西街日盛茂巷二号

與學生之關係 父子

姓名 孟憲璽

年齡 二十八歲

住址 新城南街门牌六号

職業 商界

姓名 趙曾壽

年齡 四十四歲

住址 新城綏局街门牌三号

職業 政界

成吉思汗紀元七三三年六月 十二 日

（說明）保證人第一列應填學生之家長其餘二人均須身家清白資產豐富者

图 4- 附录 -18 “巴彦塔拉盟公署”为“盟立师范临时教员养成所”学生调查具保致“厚和市公署”公函（附保证书式样及温浩然保证书）（1938 年 4 月 30 日）（四）

后　记

2019年7月，为更好地开展“国家重点档案保护与开发”项目选题及申报工作，呼和浩特市档案馆成立了由馆党支部书记、馆长朱璧任组长，各科室业务骨干组成的项目申报工作领导小组。承担项目申报工作的同志对馆藏档案进行了细致梳理，并对馆藏档案开发利用情况做了社会调查和成果评估。经过项目申报工作领导小组的多次讨论，最终确定将馆藏数量、质量有保证，并对呼和浩特地区教育史研究具有重要价值的民国时期教育档案汇编作为选题申报项目。2020年3月，项目通过国家档案局评审。7月，按照国家档案局要求调整的专项资金任务预算和相关绩效目标获得批复。11月，完成政府采购工作。随即档案汇编工作进入实施阶段。历时两年，《呼和浩特市档案馆藏民国时期教育档案汇编》（以下简称《汇编》）终于交付刊印。

呼和浩特档案馆所藏民国时期档案内容杂芜，形制各异，有关教育内容的档案庞杂无序，且相互参杂。据此编撰专题文献汇编，有一定的困难。为此，我们与长期从事文献研究和整理工作的曹惠民先生，以及内蒙古师范大学教育科学学院周娟、李栋、成欣欣、阿木古楞等专家，剥茧抽丝，精心筛选，依据档案内容，制定了编纂大纲和分类体系，并对入选资料要件进行了反复查证与审核，进而为《汇编》的专业性、学术性提供了坚实的保障。

书稿经过牛敬忠、于永、全荣三位专家评审，内蒙古自治区档案馆审验。

项目工作组按照各方面意见对书稿进行了精心修改，最终形成定稿。

尤为令人感动的是，在项目实施时间大为缩短的情况下，项目工作组成员以极大的工作热情、忘我的奋斗精神和严谨的治学态度保证了《汇编》的质量。在此，向项目工作组所有成员表示衷心的感谢！

感谢广西师范大学出版社，始终以打造文化精品的标准，为本项目配备了较好的编辑、出版、印刷力量，保障了项目在任务重、要求高、时间紧的情况下得以顺利完成。

感谢内蒙古自治区档案馆的悉心指导、鼎力支持。

对馆内各位同仁的支持和帮助，在此一并致以衷心的感谢！

祈愿《呼和浩特市档案馆藏民国时期教育档案汇编》对地方文化的研究能有所贡献，并希望未来能将更多的成果呈现给大家，开发出更多具有地方特色、影响力强的档案文化产品。

由于经验不足，加之时间仓促，疏漏和错误之处在所难免，恳请专家和读者批评指正。

本书编委会